DEUS EX MACHINA

- Oder: Vom fragenden Leben

DEUS EX MACHINA

- Oder: Vom fragenden Leben

FSC
www.fsc.org
MIX
Papier aus verantwortungsvollen Quellen
Paper from responsible sources
FSC® C105338

Impressum

Circe, Eureka: ***DEUS EX MACHINA – Oder: Vom fragenden Leben:***
War Jesus queer? – Was die Künstliche Intelligenz dem Papst zu fragen und zu sagen hat...
Norderstedt, 2025.
ISBN: 978-3-7693-2074-9

Verlag: BoD · Books on Demand GmbH, Überseering 33, 22297 Hamburg, bod@bod.de
Druck: Libri Plureos GmbH, Friedensallee 273, 22763 Hamburg
Bibliographische Hinweise beider Deutschen NationalBibliothek unter: https://portal.dnb.de

Eureka Circe ist Herausgeberin und Curatorin des Buches „DEUS EX MACHINA – Oder: Vom fragenden Leben: War Jesus queer? – Was die Künstliche Intelligenz dem Papst zu fragen und zu sagen hat..“. Die Curatorin setzt sich mit dem Werk „DEUS EX MACHINA“ für die Dokumentation und ggf. Diskussion der Texte von Künstlicher Intelligenz im religiösen und theologischen Kontext ein. Ihre These: „Künstliche Intelligenz (KI) stellt eine tiefgreifende Zäsur dar, weil sie das Verhältnis von Mensch, Wissen und Weltzugang fundamental verändert – nicht nur technisch, sondern auch kulturell, erkenntnistheoretisch und gesellschaftlich. Sie eröffnet einen neuen Zugang zum Wissen und führt zu dessen Vervielfachung und Demokratisierung: KI-Systeme machen Informationen niedrigschwellig verfügbar – oft ohne klassisches Lesen oder vertieftes Vorwissen. Das verändert grundlegend, wie wir denken, lernen und verstehen, und fördert zugleich eine neue Form der Individualisierung des Denkens – was sich exemplarisch auch für den spirituellen Glauben darstellen lässt. Mehr noch: Maschinen erzeugen heute Sinn – Texte, Bilder, Argumente –, wo früher ausschließlich menschliche Expertise gefragt war. Das hat langfristig Folgen für Bildung, Wissenschaft, Politik und Religion.“

Inhalt

Kapitel 6:

Kapitel 7:

Kapitel 8:

DEUS EX MACHINA – Oder: Vom fragenden Leben

Einleitung: Was die künstliche Intelligenz dem Papst zu sagen hat

"Sum, ergo quaero."
– „Ich bin, also suche/frage/erforsche ich."
(quaero hat die starke Bedeutung von „nach Wissen suchen" bzw. „fragen, um zu verstehen").

War Jesus schwul – oder, wie man heute sagt: *queer?* Diese und über Hundert weitere aktuelle Fragen zur (katholischen) Kirche, zum Christentum und zur Liebe stellt eine Künstliche Intelligenz – und beantwortet sie auch.

Erstmals wird hier das umfassende Wissen einer intelligenten Maschine genutzt, damit sie ihre Fragen zum Glauben stellen kann, als hätte sie eine Audienz beim Papst.

KI-Audienz beim Papst: **DEUS EX MACHINA** – sozusagen **Glaubensfragen aus einer Maschine: War Jesus queer? Was eine Künstliche Intelligenz dem Papst zu fragen und zu sagen hat...** umfasst eine **Sammlung von Fragen und Antworten**, die auf Millionen von Einträgen, Fachartikeln und theologischen Werken basieren.

Aktueller und vollständiger kann der Stand des Wissens mit vielen in der KI enthaltenen religionswissenschaftlicher Autor:innen und Texten kaum sein.

Die bekannte **Gretchenfrage – „Wie hältst du es mit der Religion?"** – kann endlich sachlich, umfassend und mit einem breiten gesellschaftlichen Konsens beantwortet werden: Doch nicht Gretchen antwortet – sondern die Maschine einer Künstlichen Intelligenz.

Leser:innen werden zu aktiven Begleiter:innen dieses Dialogs und können ihren Glauben, ihre Werte, ihr Wissen, ihre Gefühle sowie ihre Praxis von Nächstenliebe, Hoffnung und Vergebung reflektieren.

Die Kirchen stehen vor einer Chance: *Wie gelingt die optimale Kongruenz zur gesellschaftlicher Realität und deren Einschätzung? „Face it"* – schau es Dir an, ist eine einfache Empfehlung der KI: Denn revolutionär ist nicht die moderne Wissensbasis der Antworten – sondern vielleicht nur unser menschlicher Lernprozess, um unser Verständnis entsprechend anzupassen.

Kann eine Künstliche Intelligenz die Kirchen vom „Muff“ befreien – oder bringt sie lediglich den „frischen Wind“, den Papst Johannes XXIII. einst forderte? Und was bedeutet es für meinen Gottesdienst, meine Glaubenspraxis und meine Besprechungen im Religionsunterricht, wenn dies von einer KI vorbereitet, strukturiert und sogar gepredigt wird?

Was könnte der Kirche, insbesondere der Katholischen Kirche, Besseres geschehen, als sich dem Heute zu öffnen? Eine Künstliche Intelligenz fasst es zusammen und bringt es auf den Punkt. Betrachten wir, wie es ist: Die Antworten auf die modernen Fragen unserer Zeit an die Kirchen liegen längst vor – klar, sachlich, auf Schrifttum basierend und unvermeidlich.

„DEUS EX MACHINA – **Oder: Vom fragenden Leben“** liefert Hinweise, die jede:r schon heute auf dem Smartphone erfragen kann – und die sicherlich auch bald auf einem weiteren Vatikanischen Konzil zu den Fragen und Antworten von Gläubigen über den heutigen Glauben besprochen werden. Nicht nur der technologische Wandel, der Wandel in der Wissens-Präsenz, sondern auch der demographische Wandel wird Reformen einleiten - die so mächtig sind, wie die Smartphone- und KI-Generation Z es ermöglicht. Das erste Kirchenoberhaupt aus dieser Generation wird ggf. besonders gefeiert werden, mag es doch eine Zäsur des Umgangs mit Aktualität im Heute darstellen in einer Welt, die sich bis dann nochmals wesentlich geändert haben wird.

Dieses Buch ist bis dahin ein Beitrag dazu und hat nicht eine menschliche Denkwindung erfahren: Es ist komplett durch eine Künstliche Intelligenz geschrieben worden.

Erste Grundlage war das **Buch aus den 1990er Jahren zur Kirche, den Christen und der Liebe** von Klaus Dede, in dem er reflektierte, ob Jesus schwul bzw. queer gewesen sei.

Die Künstliche Intelligenz hat auf Basis dieses Buches über hundert Fragen generiert und anschließend jede einzelne Frage mit all ihrem Wissen beantwortet und weitere Referenz-Kontexte und Fragen erstellt.

Ein menschliches Sprach-Lektorat hat schließlich noch stattgefunden. Leichte Redundanzen sind bewusst verblieben, was das Lesen in einzelnen Kapiteln ohne festgelegte Reihenfolge ermöglicht.

Millionen von Abermillionen Textquellen sind durch die Künstliche Intelligenz herangezogen worden - Grundlagen, mit denen sie trainiert wurde - um diese Fragen beantworten zu können. Die Inhalte sollten daher den derzeitig modernen Stand wiedergeben. Mehr als 165 Themen-Fragen an die Künstliche Intelligenz ist es nicht; damit sind sie letztlich auch nur eine absolute Sekundär-Analyse eines Large-Language-Models gepaart mit dem sogenannten *Reasoning*: dem Denken der KI – ein großes *Kunstwerk* der Algorithmen.

Klaus Dede vertritt in seinem Werk dezidiert die Auffassung, dass **Jesus homosexuell** war. Er stellte keine Gretchenfrage, sondern die Jesus-Frage: War Jesus queer?

Er betrachtete dies schon vor einigen Jahrzehnten als seine persönliche Meinung und wollte es als Anstoß für eine breitere Diskussion über die Sexualität Jesu und die Akzeptanz von gleichgeschlechtlichen Ehen und Lebensgemeinschaften sowie deren Homosexualität im christlichen Kontext wissen. Dede argumentiert, dass es Interpretationen in christlichen Schriften und Traditionen gibt, die diese Sichtweise eines queeren Jesu zulassen, und er möchte mit seiner Analyse einen Beitrag zu einem toleranten und vernünftigen Denken in dieser Frage leisten.

Sein Buch, in den 80er Jahren verfasst, war 1990 in kleiner Auflage erschienen und wurde auch durch einen Verlag zu Beginn dieses Jahrhunderts neu aufgelegt (ISBN 978-3932429170). Das Buch der kleinen Auflage ist selten, wer es besitzt, wird viel Geld dafür verlangen können.

Klaus Dede war im deutschen Raum einer der ersten Autor:innen, der die Kirche, die Christ:innen und die Liebe reflektierte im Hinblick auf eine sexuelle Orientierung von Gottes Sohn: Jesus Christus.

Vor und nach

- **Klaus Dede** (1990 – Jesus schwul? - Die Kirche, die Christen und die Liebe)

haben sich mehrere Autor:innen und Theolog:innen mit der Möglichkeit auseinandergesetzt, dass Jesus eine queere Identität hatte oder homoerotische Beziehungen pflegte. Zu den bekanntesten Werken gehören:

- **Marcella Althaus-Reid** ("The Queer God", 2003): Marcella Althaus-Reid war eine argentinische Theologin, die als Pionierin der queeren Theologie gilt. In "The Queer God" (2003) reflektierte sie die traditionelle christliche Theologie, indem sie sexuelle und geschlechtliche Vielfalt in den Mittelpunkt theologischer Überlegungen stellt.
- **Jeremy Bentham**: Der englische Philosoph des 18. Jahrhunderts präsentierte biblische Hinweise auf die Homosexualität Jesu als Teil seiner theologischen Verteidigung der gleichgeschlechtlichen Liebe. Seine Schriften zu diesem Thema wurden jedoch erst 2013 veröffentlicht, da das Manuskript erst dann veröffentlicht werden konnte.
- **Thomas Bohache** – *Christology from the Margins* (2009): Bohache entwickelt eine befreiungstheologische, queere Christologie und untersucht, wie die Betrachtung Christi aus einer LGBTQIA+-„sozialen Position“ die Theologie transformieren kann. Er analysiert verschiedene Perspektiven und stellt Christus als gegenwärtig auch in queeren Gemeinschaften dar. Relevanz: Dieses theologische Werk formuliert explizit einen queeren Christus für LGBTQIA+-Personen, indem es wissenschaftliche und seelsorgerliche Einsichten vereint und die Diskussion über historische Belege hinaus theologisch erweitert.
- **Malcom Boyd** - *"Was Jesus gay?"* (*Advocate*: Dec 4, 1990:565 p. 90), der Episkopal-Kleriker veröffentlichte diesen Essay in der Advocate, um die Kirche mit der ausgeblendeten Sexualität Jesu zu thematisieren.
- **Judith Butler** *("Das Unbehagen der Geschlechter"*, 1991): Judith Butler ist eine amerikanische Philosophin und Gender-Theoretikerin. Ihr Buch *"Gender Trouble"* (1990), auf Deutsch *"Das Unbehagen der Geschlechter"* (1991), gilt als wegweisend in der Queer-Theorie. Darin reflektiert Butler traditionelle Vorstellungen von Geschlecht und Identität und betont die performative Natur von Geschlechterrollen.
- **Kittredge Cherry**: In ihren Romanen *Jesus in Love* (2006) und *Jesus in Love: At the Cross* (2008) entwirft Cherry eine queere Darstellung von Jesus und seinen Beziehungen.
- **Robert Goss**: In *Jesus Acted Up: A Gay and Lesbian Manifesto* (1993) und *Queering Christ: Beyond Jesus Acted Up* (2002) betrachtet Goss Jesus aus einer queeren theologischen Perspektive und setzt sich für eine fortschrittliche Neudeutung des Christ:innentums ein.
- **Jeff Jay** – *„In the Lap of Jesus: The Hermeneutics of Sex and Eros in John's Portrayal of the Beloved Disciple“* (Journal of the History of Sexuality, 2019) – Jays peer-reviewter Artikel untersucht das Johannesevangelium, in dem der *„geliebte Jünger“* beim letzten Abendmahl *„im Schoß Jesu“* liegt, aus der Perspektive der antiken erotischen Sprache. Er analysiert die Intimität und Symbolik des Textes und beleuchtet einen möglichen sexuellen Subtext in der

Beziehung zwischen Jesus und dem geliebten Jünger. Diese wissenschaftliche Studie spiegelt das aktuelle akademische Interesse an queeren Bibelauslegungen wider und nutzt historische sowie textuelle Analysen, um zu bewerten, ob und inwieweit die Darstellung Jesu im Johannesevangelium homoerotisch ist.

- **Theodore W. Jennings Jr.**: In *The Man Jesus Loved: Homoerotic Narratives from the New Testament* (2003) untersucht Jennings die Möglichkeit, dass die Beziehung zwischen Jesus und dem Jünger Johannes homoerotische Züge hatte.
- **James Kirkup** – *„The Love That Dares to Speak Its Name“* (Gedicht, 1976) – Kirkups Gedicht schildert die homosexuelle Liebe eines römischen Zenturios zu Jesus und fantasiert sogar über erotische Handlungen mit Jesu gekreuzigtem Körper. Als kühne literarische Auseinandersetzung mit der Vorstellung eines schwulen Jesus löste das Gedicht Diskussionen aus und verdeutlicht die kulturelle Reaktion auf queere Jesus-Interpretationen schon seinerzeit.
- **Rollan McCleary** – *Signs for a Messiah* (2003) – McCleary, ein australischer Theologe behauptet (erweitert in *Testament of the Magi*, 2012), durch biblische Exegese und sogar Astrologie, Hinweise auf die Homosexualität Jesu zu finden. Er interpretiert Sterne und die Heilige Schrift, um zu argumentieren, dass Jesus schwul war, und erstellt ein astrologisches Profil Christi.
- **Terrence McNally** – *Corpus Christi* (Theaterstück, 1998) – McNally stellt Jesus als schwulen Mann im Texas der 1950er Jahre neu dar, umgeben von männlichen Jüngern. Das Stück zeigt, wie Jesus eine liebevolle Beziehung mit Judas eingeht und die gleichgeschlechtliche Ehe segnet, wobei Parallelen zur Evangeliumsgeschichte gezogen werden. Dieses wenn auch literarische Werk brachte seinerzeit das Konzept eines „schwulen Jesus“ in die Popkultur, löste sowohl Kontroversen als auch Diskussionen über Spiritualität und Homosexualität aus.
- **Wayne Meeks** (*"The Image of the Androgyne"*, 1974): Wayne A. Meeks ist ein renommierter amerikanischer Neutestamentler. Sein einflussreicher Aufsatz *"The Image of the Androgyne: Some Uses of a Symbol in Earliest Christianity"* wurde 1974 in der Zeitschrift *History of Religions* veröffentlicht. Darin untersucht Meeks die Verwendung des Androgynie-Symbols in den frühesten Schichten des Christentums und wie dieses Symbol zur Darstellung spiritueller Vollkommenheit genutzt wurde.
- **Gary Michael** - *Jesus Christ homosexual. Church of World Peace* (1982) - Das Manuskript zielte darauf ab, aus theologischer Sicht zu untersuchen, ob Jesus homosexuell gewesen sein könnte. Der Autor betonte, es gehe ihm weniger darum, „zu beweisen“, dass Jesus schwul war, als um die theologischen Implikationen dieser Idee. Ehe und Sexualmoral: Jesus zeigte eine Ambivalenz gegenüber der Ehe – etwa indem er selbst unverheiratet blieb – und er wiederholte nicht die deutlichen alttestamentlichen Verbote gegen Homosexualität. Obwohl sich Gelegenheiten boten, habe Jesus keine Verurteilung gleichgeschlechtlicher Liebe ausgesprochen.

- **Hugh William Montefiore**: In seinem Aufsatz *Jesus, the Revelation of God* (1967) spekulierte Montefiore, dass Jesu Zölibat möglicherweise durch eine homosexuelle Orientierung erklärbar sei.
- **Halvor Moxnes** (*"Putting Jesus in His Place"*, 2003): Halvor Moxnes ist ein norwegischer Neutestamentler. In *"Putting Jesus in His Place: A Radical Vision of Household and Kingdom"* (2003) untersucht er die sozialen und kulturellen Kontexte des Neuen Testaments und bietet neue Perspektiven auf die Rolle Jesu in seiner Gesellschaft.
- **Martti Nissinen** – *Homoeroticism in the Biblical World* (1998) – In dieser akademischen Untersuchung analysiert Nissinen biblische Texte und kommt zu dem Schluss, dass homoerotische Aspekte in der Geschichte Jesu nur durch äußerst spärliche Hinweise gestützt werden. Er weist darauf hin, dass Argumente für einen *„schwulen Jesus"* nur wenig überliefert seien.
- **Paul Oestreicher**: In einem Artikel mit dem Titel *„Was Jesus Gay? Probably"* (2012) in *The Guardian* argumentiert Oestreicher, dass die enge Verbindung zwischen Jesus und Johannes möglicherweise als homosexuelle Beziehung interpretiert werden könnte.
- **William E. Phipps:** *The Sexuality of Jesus* (Cleveland, Ohio: Pilgrim Press, 1996). In dem Buch wurden die Themen Zölibat, Sexualität und Geschlecht im Palästina des ersten Jahrhunderts analysiert. Dieses Werk trug dazu bei, Diskussionen über Geschlecht und Sexualität im Kontext der historischen Figur Jesu anzuregen und stellte öffentlich Fragen nach Jesu möglicher Homosexualität.
- **Will Roscoe** – *Jesus and the Shamanic Tradition of Same-Sex Love* (2004) – Roscoe, ein Anthropologe, untersucht Jesus im Kontext homoerotischer Spiritualitätstraditionen: Er fragt, ob Jesus mit dem *„geliebten Jünger"* ein gleichgeschlechtliches Liebesritual (*„nackte Taufe"*) vollzogen habe und zieht Parallelen zu schamanischen Riten. Dieses Buch verknüpft Jesus mit interkulturellen Traditionen heiliger queerer Beziehungen und verbindet historische Spekulation mit Anthropologie.
- **Morton Smith:** Er veröffentlichte 1973 das Buch *"The Secret Gospel: The Discovery and Interpretation of the Secret Gospel According to Mark"*. In diesem Werk stellt er die Entdeckung eines bisher unbekannten Evangeliums vor, das als *"Geheimes Markusevangelium"* bekannt wurde. Einige Interpretationen dieses Textes legen nahe, dass es Hinweise auf eine homoerotische Beziehung zwischen Jesus und einem jungen Mann geben könnte. Diese Interpretation ist jedoch umstritten und wird von vielen Gelehrten nicht akzeptiert.
- **Peter Tatchell** – *“Was Jesus Gay?”* (March 18, 1996), https://www.petertatchell.net/religion/jesus/ & in: Taubes, J.: The Political Theology of Paul (Stanford: Stanford University Press, 2004).
- **Sjef van Tilborg** – *Imaginative Love in John* (1993) – Van Tilborgs wissenschaftliche Untersuchung des vierten Evangeliums legt nahe, dass die Beziehung des „geliebten Jüngers" zu Jesus nach einem antiken homoerotischen Ideal modelliert ist (ähnlich einem geliebten Jungen,

eromenos, der von einem männlichen Mentor geliebt wird). Als historisch-kritische Arbeit liefert sie ein akademisches Argument dafür, dass das Johannesevangelium eine homoerotische Erzählung verschlüsselt und somit eine queere Interpretation von Jesus nahelegt.

- **Gaius Marius Victorinus** (*"Adversus Arium"*): Gaius Marius Victorinus war ein römischer Rhetoriker und Philosoph des 4. Jahrhunderts, der zum Christentum konvertierte. Sein Werk *"Adversus Arium"* richtet sich gegen die Lehren des Arius und verteidigt die Trinitätslehre. Dieses Werk ist ein bedeutendes Zeugnis der theologischen Debatten seiner Zeit.
- **J. Robert Williams** – *Just As I Am: A Practical Guide to Being Out, Proud, and Christian* (1992) – Als offen schwuler episkopaler Priester entwickelte Williams eine *„Out-Christ"-Theologie*, in der er Jesus als bejahend gegenüber gleichgeschlechtlicher Liebe interpretierte. Er verwies auf Hinweise wie den *„geliebten Jünger"* und das *Geheime Markusevangelium*, um zu suggerieren, dass Jesus selbst möglicherweise einen männlichen Liebhaber hatte. Dieses Werk, zugleich seelsorgerlich im Ton, vertritt ausdrücklich eine schwulenfreundliche Interpretation von Jesus als theologische Interessenvertretung.
- **Emanuel Xavier**: Seine Gedichtsammlung *If Jesus Were Gay and Other Poems* (2010) setzt sich kritisch mit Religion und queerer Identität auseinander und stellt sich vor, wie ein schwuler Jesus heute wahrgenommen würde.

Diese Liste zeigt, dass die Frage nach einem ***"queeren" Jesus*** in verschiedenen theologischen und philosophischen Kontexten ausführlich diskutiert wurde und wird.

Klaus Dede interpretiert als Vertreter im deutschen Raum biblische Stellen wie die Beziehung zwischen Jonathan und David (deren Liebe er als wunderbarer als die Liebe zu Frauen bezeichnet sieht) und die tiefe Zuneigung zwischen Ruth und Naomi als mögliche Hinweise auf homosexuelle Beziehungen oder zumindest auf intensive gleichgeschlechtliche Liebe. Er erwähnt, dass der Ausspruch von Ruth zu Naomi heute von manchen lesbischen Paaren als Hochzeitsgelübde verwendet wird, was die romantische und verbindliche Natur dieser Beziehung unterstreicht.
Klaus Dede kritisiert die christlichen Kirchen im letzten Jahrhundert für ihre bislang ablehnende Haltung gegenüber gleichgeschlechtlicher Liebe und ihre restriktive Sicht auf Sexualität im Allgemeinen. Er bemängelt, dass die Kirchen oft Sexualität primär im Kontext der Fortpflanzung sehen und sexuelle Lust an sich als sündhaft betrachten. Er weist auf die Widersprüche in der kirchlichen Lehre hin,

beispielsweise die gleichzeitige Verurteilung und heimliche Akzeptanz bestimmter Sachverhalte. Dede argumentiert daher für eine selbstbestimmte menschliche Existenz, in der sexuelle Beziehungen, solange sie auf Konsens beruhen, nicht von religiösen Dogmen verurteilt werden sollten.

Dabei bezieht er sich weiterhin auf die griechische Kultur, da die Welt, in der Jesus lebte, hellenistisch geprägt war. Er beleuchtet, dass griechische Männer gleichgeschlechtliche Beziehungen pflegten und dies in ihrer Kultur einen anderen Stellenwert hatte als im späteren christlich-jüdischen Kontext. Dieser kulturelle Hintergrund soll zeigen, dass unterschiedliche Verständnisse von Sexualität existierten und die christliche Moralvorstellung nicht universell war und ist.

Denn: Die Selbstbestimmung sollte vielmehr eine zentrale Rolle in der Lebensweise eines Menschen spielen. Er plädiert dafür, dass jeder Mensch das Recht haben sollte, sein Leben und seine Beziehungen selbst zu bestimmen, solange dies nicht die Rechte anderer verletzt. Religiöse Dogmen, die vorschreiben, wie Menschen ihre Sexualität zu leben haben oder wen sie lieben dürfen, lehnt er ab, da sie die individuelle Freiheit einschränken. Er argumentiert, dass eine Gesellschaft, die auf dem Recht zur Selbstbestimmung basiert, möglich ist und dass dieses Recht auch für gleichgeschlechtlich liebende Menschen gelten muss - nicht nur in Bezug auf ihr Privatleben, sondern auch auf ihr öffentliches Handeln und Zeigen dieser Liebe.

Sein Buch setzte sich daher kritisch mit konservativen christlichen Positionen auseinander und fordert abschließend, dass das Recht auf individuelle Selbstbestimmung anerkannt und gewahrt werden muss - und dies schließt explizit das Recht von Menschen ein, nicht nur als Schwule und Lesben zu leben, sondern auch als solche zu sein, zu handeln und zu lieben und sich in der Gesellschaft so einzubringen, wie sie waren, sind oder sein werden.

Er plädiert für eine Gesellschaft, in der öffentliche und private Diskurse nicht durch religiöse oder ideologische Repression eingeschränkt werden. Es besteht eine Gefahr, die von fundamentalistischen christlichen Gruppierungen ausgeht, die versuchen, ihre Moralvorstellungen der Gesellschaft aufzuzwingen - deshalb betonte er die Notwendigkeit, dem entgegenzutreten und die Freiheit und Rechte aller Menschen zu verteidigen.

Die Künstliche Intelligenz hat dieses Buch von Klaus Dede also wie genannt eingelesen, zahlreiche Fragen dazu generiert und diese auch selbst beantwortet. Kontexte und weitere Fragen der Religionsiwssenschaft hinzugezogen im sogenannten *Reasoning*, dem Denken der KI: Was dabei herausgekommen ist, abstrahiert zu einem gewissem Teil auch von der spezifischen Ausgangsgrundlage (ohne sie außen vor zu lassen) und stellt viele weitere umfassende Fragen und Kontexte sowie mögliche Antworten im Glauben dar.

Man hätte ebenso gut viele weitere Fragen aus anderen Werken von breit aufgestellten Religionswissenschaftlern mit zahlreichen Büchern zu populären Glaubensfragen mit KI erarbeiten lassen können:

Bekannte **Religionswissenschaftler:innen und Theolog:innen**, die sich intensiv und auch kritisch mit Glaubensfragen, Theologie und Kirchenstrukturen auseinandergesetzt haben, waren z. B. im katholischen und protestantischen Bereich:

- **Leonardo Boff** (Brasilianischer Theologe und Vertreter der Befreiungstheologie, der sich für soziale Gerechtigkeit und Umweltfragen einsetzt).
- **Eugen Drewermann** (Theologe, Psychoanalytiker und ehemaliger Priester, bekannt für seine tiefenpsychologische Bibelauslegung und ausführlichen Fragen an die katholischen Dogmatik).
- **Friedrich Wilhelm Graf** (Einer der führenden Religionshistoriker und Theologen des Protestantismus mit einem Schwerpunkt auf moderne Kirchenpolitik).
- **Hans Küng** (Einer der bedeutendsten katholischen Theologen und Fragenden des 20. Jahrhunderts. Er stellte Dogmen infrage und engagierte sich für eine weltoffene, ökumenische Theologie).
- **Gerd Lüdemann** (Bibelwissenschaftler und Theologe, der die historische Glaubwürdigkeit der neutestamentlichen Schriften kritisch hinterfragte).
- **Uta Ranke-Heinemann** (Erste Frau, die eine Professur für katholische Theologie innehatte. Wurde wegen ihrer Fragen zur Jungfrauengeburt und anderen kirchlichen Dogmen von der Kirche sanktioniert).
- **Johannes Röser** (Theologe, Publizist und Chefredakteur von Christ in der Gegenwart, einer Zeitschrift für moderne Theologie und Kirchenfragen).
- **Richard Rohr** (Franziskanerpriester und spiritueller Autor, bekannt für seine mystische Theologie und sein Konzept der universellen Christus-Erfahrung).

- **Dorothee Sölle** (Eine der bekanntesten feministischen Theologinnen, engagiert für Befreiungstheologie und eine politische Theologie der Gerechtigkeit).

Im **interdisziplinären Bereich** sind folgende Religionswissenschaftler:innen und -historiker:innen zu nennen:

- **Karen Armstrong** (Britische Religionshistorikerin, die sich für interreligiösen Dialog und ein tieferes Verständnis religiöser Traditionen einsetzt).
- **Jan Assmann** (Ägyptologe und Religionswissenschaftler, bekannt für seine Theorie der mosaischen Unterscheidung, die die Entstehung monotheistischer Religionen erfragt).
- **Karlheinz Deschner** (Autor der *Kriminalgeschichte des Christentums*, ein monumentales Werk, das die dunklen Kapitel der Kirchengeschichte beleuchtet).
- **Mircea Eliade** (Religionshistoriker, der sich mit Mythen, Ritualen und der religiösen Symbolik verschiedener Kulturen befasste).
- **Sigmund Freud** (Begründer der Psychoanalyse, der *Religion als eine Illusion* betrachtete, die auf kindliche Wunschvorstellungen zurückgeht und in neurotischen Strukturen wurzelt).
- **Harald Lesch** (Physiker und Philosoph, der sich mit dem Verhältnis von Wissenschaft und Religion auseinandersetzt).
- **Martin Luther** (Theologe und Reformator, der mit seinen 95 Thesen die katholische Kirche befragte, den Ablasshandel verurteilte und die protestantische Reformation einleitete).
- **Karl Marx** (*Das kommunistische Manifest*, Gesellschaftstheoretiker und Mitbegründer des Kommunismus, der Religion als *„Opium des Volkes“* ansah, das soziale Ungleichheit stabilisiert und revolutionären Wandel verhindert).
- **Friedrich Nietzsche** (Philosoph, der mit der Aussage *„Gott ist tot“* die Auflösung traditioneller religiöser Werte kritisierte und das *Christentum als lebensverneinende „Sklavenmoral“* ablehnte).
- **Rudolf Otto** (Begründer des Begriffs des *Numinosen*, mit dem er das Erlebnis des Heiligen in der Religionsgeschichte beschrieb).

Die **Queere Theologie** analysiert christliche Traditionen aus einer LGBTQIA+-Perspektive.

LGBTQIA+ ist eine Abkürzung, die für eine Vielzahl sexueller Orientierungen und geschlechtlicher Identitäten steht. Jeder Buchstabe hat eine spezifische Bedeutung:

- **L** = **Lesbian** (Lesbisch)
- **G** = **Gay** (Schwul)

- **B** = **Bisexual** (Bisexuell)
- **T** = **Transgender** (Menschen, deren Geschlechtsidentität nicht mit dem bei der Geburt zugewiesenen Geschlecht übereinstimmt)
- **Q** = **Queer** oder **Questioning** (Queer als Sammelbegriff für nicht-heteronormative Identitäten oder „Questioning" für Menschen, die sich noch nicht sicher über ihre Identität sind)
- **I** = **Intersex** (Menschen mit biologischen Geschlechtsmerkmalen, die nicht eindeutig männlich oder weiblich sind)
- **A** = **Asexuell** oder **Aromantisch** (Menschen, die keine oder kaum sexuelle bzw. romantische Anziehung empfinden)
- Das **„+"** steht für weitere Identitäten und Orientierungen, die nicht in der Abkürzung genannt sind – z. B. **pansexuell**, **nicht-binär**, **genderfluid**, **agender** u. a.

Abbildung 1: Schriftzug: LGBTQIA+

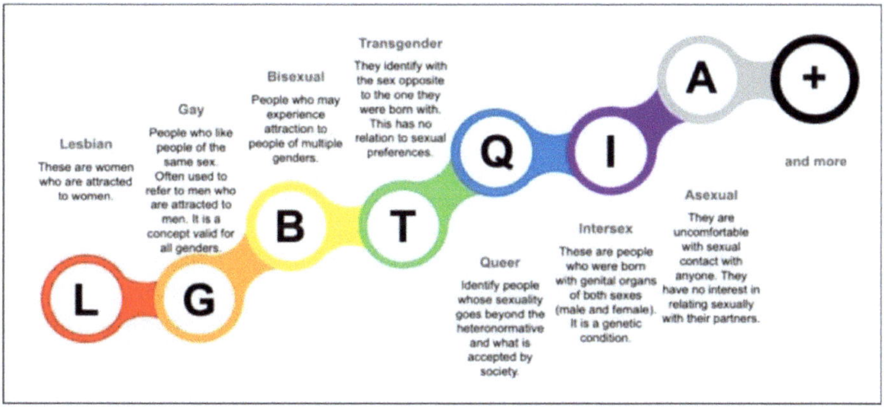

Die Bezeichnung ist bewusst inklusiv und soll die Vielfalt menschlicher sexueller und geschlechtlicher Identität sichtbar machen und anerkennen.

Diese Theologie setzt sich für eine inklusive Glaubenspraxis ein, kritisiert die heteronormativen Strukturen in Kirche und Theologie und zeigt queere Aspekte in biblischen Texten auf. Wichtige Vertreter:innen sind:

- **James Alison** (Schwuler katholischer Theologe, der sich für eine positive Anerkennung von Homosexualität innerhalb der Kirche einsetzt).

- **Marcella Althaus-Reid** (Pionierin der Queeren Theologie, bekannt für *Indecent Theology*, eine theologische Neubewertung von Sexualität und Glaube).
- **David Berger** (Theologe und ehemaliger Vatikan-Berater, bekannt für seine Fragen an die katholischen Haltung zur gleichgeschlechtlichen Liebe).
- **Patrick S. Cheng** (Theologe, der sich mit der Verbindung von Queerness und christlicher Theologie beschäftigt).
- **Robert E. Goss** (Theologe, der sich mit der Rolle von LGBTQ+-Personen in der Kirche auseinandersetzt.
- **Elizabeth Stuart** (Queer-Theologin, die sich mit der theologischen Einordnung von Sexualität beschäftigt).

Die **Feministische Theologie** setzt sich kritisch mit patriarchalen Strukturen in Religionen auseinander und fordert eine *geschlechtergerechte Theologie*. Sie hinterfragt männlich geprägte Gottesbilder, kämpft für die Gleichberechtigung von Frauen im kirchlichen Amts-Dienst und setzt sich für eine Neuinterpretation religiöser Traditionen ein. Wichtige Vertreter:innen sind:

- **Mary Daly** (Feministische Theologin, die die Kirche als strukturell frauenfeindlich ablehnte und ein neues, geschlechtergerechtes Gottesbild forderte).
- **Ivone Gebara** (Brasilianische Theologin, die feministische und Befreiungstheologie verbindet).
- **Maria Mesrian** (Aktivistin und Theologin, Mitbegründerin der Bewegung *Maria 2.0*, die die Weihe von Frauen in der katholischen Kirche umsetzen will).
- **Ina Praetorius** (Feministische Theologin, die sich mit Theologie und Ethik in der Moderne befasst).
- **Uta Ranke-Heinemann** (vgl. oben, erste Frau mit einem theologischen Lehrstuhl in Deutschland; kritisierte die Frauenfeindlichkeit der katholischen Kirche).
- **Elisabeth Schüssler Fiorenza** (Entwickelte die *Befreiungsbibelhermeneutik*, die sich auf die gleichberechtigte Teilhabe von Frauen konzentriert).
- **Dorothee Sölle** (Feministische Theologin, die für eine „politische Theologie“ kämpfte und christliche Theologie mit sozialen Gerechtigkeitsthemen verband).

Neben den Arbeiten einzelner Theolog:innen und Religionswissenschaftler:innen gibt es zahlreiche Bewegungen, **moderne Reformbewegungen und kirchliche Basisinitiativen**, die sich für eine Erneuerung der Kirche und eine zeitgemäße Theologie einsetzen:

- **EFiD (Evangelische Frauen in Deutschland)** – Theologinnen-Netzwerk für feministische Perspektiven in der evangelischen Kirche.
- **European Forum of LGBT Christian Groups** – Netzwerk queerer christlicher Gruppen in Europa.
- **House of Rainbow** – Internationale christliche LGBTQIA+-Gemeinschaft, die sich für die Rechte queerer Gläubiger einsetzt.
- **Katholische Frauengemeinschaft Deutschlands (KFD**) - katholischer Frauenverband und einer der größten Frauenverbände Deutschlands.
- **KirchenVolksBewegung** – Setzt sich für Demokratie, Gleichberechtigung und eine moderne Seelsorge in der katholischen Kirche ein.
- **Maria 2.0** – Eine katholische Frauenbewegung, die gegen die patriarchalen Strukturen der Kirche protestiert und sich für die Weihe von Frauen einsetzt.
- **Neues Netzwerk Theologie** – Eine Plattform für theologische Debatten jenseits traditioneller kirchlicher Dogmen.
- **Ökumenische Bewegung** – Verschiedene interkonfessionelle Initiativen, die auf eine Annäherung zwischen den christlichen Kirchen hinarbeiten.
- **#OutInChurch** – Eine Initiative von LGBTQIA+-Personen in der katholischen Kirche, die sich für Akzeptanz, Gleichberechtigung und ein Ende der Diskriminierung queerer Menschen einsetzt.
- **Queer Theology (Online-Plattform)** – Theologische Ressourcen zur Integration queerer Perspektiven in den Glauben.
- **Wir sind Kirche** – Eine basisdemokratische Reformbewegung, die sich für mehr Mitsprache von Laien, Geschlechtergerechtigkeit und Transparenz in der Kirche einsetzt.
- **Women's Ordination Conference (WOC)** – Internationale Bewegung für die Priesterweihe von Frauen.

Auch die zentralen Anliegen der genannten Autor:innen, Reformbewegungen sowie weiterer Initiativen wurden in diesem Band als Fragen seitens der KI berücksichtigt.

Die umfassende Wissensbasis der Künstlichen Intelligenz ermöglicht es, theologische und gesellschaftliche Fragestellungen in einem aktuellen, wissenschaftlich fundierten Kontext zu beleuchten. So kann der Religionsunterricht nicht nur historisches und traditionelles Wissen vermitteln, sondern auch den aktuellen Stand der Perspektiven aufzeigen, die zur kritischen Reflexion und zur eigenen Meinungsbildung anregen. Dies trägt dazu bei, Glaubensfragen zeitgemäß, dialogorientiert und erkenntnisreich zu gestalten und zu beantworten.

In diesem Buch wird bewusst auf die klassische Nennung von Quellen, Fußnoten und ein umfangreiches Literaturverzeichnis verzichtet, da moderne Technologien – insbesondere Künstliche Intelligenz und Online-Bibliotheken wie **WorldCat.org**, **Google Scholar** oder **Open Library** – es ermöglichen, relevante Daten, Autor:innen und wissenschaftliche Texte schnell und gezielt zu finden.

Anstatt eine statische Auswahl an Quellen vorzugeben, fördert dieses Buch eine dynamische und individuelle Recherche. Leser:innen können mithilfe dieser digitalen Werkzeuge jederzeit weiterführende Informationen abrufen, aktuelle wissenschaftliche Entwicklungen nachvollziehen und verschiedene Perspektiven zu den behandelten Themen vertiefen.

Dank des heutigen interaktiven Zugangs zum Wissen oder dessen Aufbereitung durch intelligente Maschinen können Leser:innen und Studierende eigene Schwerpunkte setzen, Zusammenhänge erkunden, Fragen stellen, wie eine KI es in diesem Band exemplarisch umsetzt - und stets den neuesten Stand der Forschung einbeziehen.

Schließlich wurde dieser Band innerhalb weniger Werktage einer Woche erstellt – es ist heute eine Geschwindigkeit möglich, die nicht nur die Wissenschaft verändert, sondern auch eine Besprechung zur Neubewertung von Lern-Erkenntnissen auf eine zeitnahe Agenda setzen kann und beschleunigte Lern-Schritte ermöglicht.

Dieses Buch als Geschenk zur Kommunion, Firmung oder Aufnahme eines theologischen Studiums bietet nicht nur eine umfassende Möglichkeit, jungen Menschen einen modernen Zugang zu Glaubensfragen und -themen zu ermöglichen, sondern kann auch entscheidende Impulse für ihre persönliche Entwicklung setzen. In einer Phase des Heranwachsens, in der sie sich mit Identität, Werten und Zugehörigkeit auseinandersetzen, erste Sexualität leben, hilft es, existenzielle Fragen zu reflektieren und eine eigene, informierte Haltung zu Themen des Glaubens und der Gemeinschaft zu entwickeln. Es vermittelt nicht nur Wissen, sondern unterstützt auch dabei, die eigene Rolle in der Kirche und Gesellschaft bewusster zu verstehen und zu gestalten.

Die Abschnitte sind so gestaltet, dass sie persönlich oder auch im Religionsunterricht einzeln gelesen werden können; insgesamt ist der Band als Materialband mit seinen zwölf Kapiteln zugleich ein ideales

Seminar-Konzept, das mit der einen oder anderen berücksichtigten Frage das Lernen und den Dialog anregen kann – also viel Freude, neue Erkenntnisse und ein mit Dialog-Partner:innen gemeinsames (oder auch begründet differierendes) Verständnis von Interpretationen beim Schmökern!

Vielleicht inspirieren die Antworten zu weiteren Fragen an eine Künstliche Intelligenz oder auch an Lehrkräfte – denn weder lehrende Geistliche noch Mitmenschen lassen sich durch KI ersetzen. Doch sie kann helfen, sich mit Fragen auf einen gemeinsamen Dialog vorzubereiten.

Eureka Circe, im April 2025.

Und nun im Folgenden zu dem Text-Teil dieses Buches, der ausschließlich per-KI-Frage-Modus mit Hilfe von Künstlicher Intelligenz generiert und geschrieben wurde.

Kapitel 1: Kirchliche Sexualmoral zwischen Tradition und Erneuerung

Die Sexualmoral der Kirche steht seit Jahrhunderten im Spannungsfeld zwischen Tradition und Wandel. Während kirchliche Institutionen oft an traditionellen Lehren festhalten, fordert die moderne Gesellschaft zunehmend eine Neubewertung. Die Frage, ob es ethische Argumente für eine Einschränkung von Sexualität gibt, ist dabei zentral. Während einige theologische Positionen Sexualität ausschließlich im Kontext der Fortpflanzung legitimieren, sehen andere in ihr eine von Gott gegebene Form menschlicher Verbundenheit und Liebe. Diese unterschiedlichen Ansätze prägen die Debatte darüber, inwieweit sich die Kirche auf absolute Wahrheiten berufen kann – insbesondere, wenn sich historische Kontexte und gesellschaftliche Normen im Laufe der Zeit stark verändert haben.

Ein Blick auf die biblische Überlieferung zeigt, dass sexuelle Normen stets im kulturellen Kontext interpretiert wurden. So hatte Jesu Nähe zur griechischen Kultur möglicherweise Einfluss auf seine tolerante Haltung zur Sexualität. Die Frage ist daher, ob die traditionelle kirchliche Sexualethik heute noch haltbar ist oder ob sie einer kritischen Überprüfung bedarf. Besonders die Tabuisierung sexueller Themen wird zunehmend als problematisch betrachtet, da sie nicht nur zu Verdrängung und Schuldgefühlen führen kann, sondern auch einen relevanten Faktor für die sinkende Kirchenmitgliedschaft darstellt. Menschen fühlen sich von einer Moral, die ihre Lebensrealitäten ignoriert, nicht mehr angesprochen.

Ein weiteres Spannungsfeld ergibt sich in der Bewertung sexueller Enthaltsamkeit. Ist sexuelle Askese automatisch ein Zeichen von Heiligkeit, oder wurzelt das kirchliche Zölibat in der Unterdrückung sexueller Selbstbestimmung? Während in der christlichen Tradition Enthaltsamkeit oft als Ideal galt, stellt sich die Frage, ob eine solche Sichtweise noch zeitgemäß ist. Ist sexuelle Enthaltsamkeit wirklich ein göttliches Ideal, oder sollte Sexualität vielmehr als ein Geschenk betrachtet werden, das in verantwortungsvoller Weise gelebt werden kann und muss? Hier eröffnet sich eine neue Perspektive: das Begehren als göttliche Gabe. Die Verbindung von Glaube und Sexualität könnte neu kalibriert werden, um Liebe und Lust nicht als Gegensatz, sondern als integralen Bestandteil menschlicher Erfahrung zu sehen.

Die zentrale Herausforderung besteht darin, eine zeitgemäße christliche Sexualethik aktiv zu entwickeln und schriftlich zu dokumentieren, die sich nicht in Verboten erschöpft, sondern sich an den Grundwerten von Nächstenliebe und Respekt orientiert. Kann eine Kirche ohne sexuelle Tabus funktionieren? Oder braucht es ein neues Verständnis von Sexualität, das sowohl spirituelle als auch körperliche Dimensionen einbezieht? Letztlich geht es darum, ob die Kirche und ihre Vertreter:innen den Mut haben, ihre Lehren weiterzuentwickeln, um den Gläubigen eine lebensnahe und befreiende Ethik anzubieten.

a) Grundsätzliche ethische und theologische Fragen

1 • Gibt es ethische Argumente für eine Einschränkung der Sexualität?

Ethische Argumente für eine Einschränkung der Sexualität existieren, beziehen sich jedoch meist auf spezifische Situationen oder Kontexte und nicht auf Sexualität im Allgemeinen. Typische Argumentationslinien umfassen:

Verhinderung von Schaden und Missbrauch: Ethisch vertretbare Einschränkungen zielen darauf ab, körperlichen und psychischen Schaden zu vermeiden, etwa im Falle nicht-einvernehmlicher Sexualität (Gewalt, Missbrauch, Nötigung) oder des Schutzes Minderjähriger und Schutzbedürftiger.

Schutz der Autonomie und Einwilligung: Eine zentrale ethische Position lautet, dass Sexualität nur dann moralisch akzeptabel ist, wenn sie auf gegenseitiger Einwilligung beruht. Sexualität ohne eindeutige Zustimmung verletzt die Autonomie der Beteiligten und rechtfertigt daher Einschränkungen.

Verantwortung gegenüber Dritten: Einige Ethiken betonen die Verantwortung gegenüber Dritten, beispielsweise durch Verpflichtungen in monogamen Beziehungen oder Ehe, sofern diese freiwillig eingegangen wurden. In diesem Kontext wird Sexualität eingeschränkt, um Verpflichtungen, Vertrauen oder Erwartungen anderer nicht zu verletzen.

Schutz der öffentlichen Moral oder sozialer Ordnung: Aus gesellschaftlicher Perspektive gibt es Argumente, die Einschränkungen begründen, um etwa öffentliche Räume, Jugend oder kulturelle Werte zu schützen. Diese Argumente sind jedoch stark abhängig vom gesellschaftlichen Kontext und können kontrovers diskutiert werden.

Vermeidung gesundheitlicher Risiken: In einigen ethischen Ansätzen (zum Beispiel utilitaristisch oder gesundheitsorientiert) könnten Einschränkungen von Sexualpraktiken gerechtfertigt werden, um die

Verbreitung von Krankheiten oder andere gesundheitliche Risiken zu minimieren. „Utilitaristisch“ im Sinne eingeschränkter Sexualität bei den Kirchen bedeutet, dass Sexualität vor allem als Mittel zum Zweck – meist zur Fortpflanzung – betrachtet wird, nicht als Selbstzweck oder Ausdruck persönlicher Lust oder Liebe.

Einschränkungen und Kritik an solchen Argumenten

Solche ethischen Einschränkungen geraten häufig in Konflikt mit individuellen Freiheitsrechten und Selbstbestimmung, weshalb eine sorgfältige Abwägung zwischen individueller Freiheit und kollektivem Schutz geboten ist.

Besonders Einschränkungen aufgrund „öffentlicher Moral“ sind anfällig für Missbrauch oder Diskriminierung, weshalb moderne ethische Positionen meist *Autonomie, Einvernehmlichkeit und Schutz vor Schaden* in den Vordergrund stellen.

In der modernen Ethik gilt überwiegend: Solange die Sexualität einvernehmlich, autonom und verantwortungsbewusst ausgeübt wird und keinem Schaden zufügt, gibt es wenige bis kaum ethische Argumente für Einschränkungen. Ethisch legitime Einschränkungen müssen stets eine klar begründbare Gefährdung oder Verletzung der Rechte anderer Personen voraussetzen.

Die neue katholische Ethik der Sexualität

Eine katholische Ethik der Sexualität, die sich an den Prinzipien Autonomie, Einvernehmlichkeit und Förderung des Wohlergehens orientiert läßt sich wie folgt neu fomulieren: Die neue katholische Ethik der Sexualität verbindet traditionelle Werte mit modernen ethischen Maßstäben. In diesem Rahmen gilt Sexualität nicht mehr ausschließlich als Fortpflanzungsmittel, sondern als verantwortungsvolle, zwischenmenschliche Ausdrucksform, die dem Wohl aller Beteiligten dienen soll.

Vor dem Hintergrund einer katholischen Sexualethik, die Autonomie, Einvernehmlichkeit und Förderung des Wohlergehens als zentrale Prinzipien anerkennt, kann Sexualität als ein wertvoller Ausdruck menschlicher Würde und Beziehungsfähigkeit verstanden werden.

Sexualität darf und soll gelebt werden als ein Raum von gegenseitigem Respekt, freier Zustimmung und verantwortungsvoller Nähe. Sie kann Ausdruck tiefer emotionaler Bindung, gegenseitiger Hingabe und verantworteter Lust sein – eingebettet in eine Haltung der Achtung vor sich selbst und dem Anderen.

In freiwillig eingegangenen Beziehungen – ob Ehe oder andere verbindliche Partnerschaften – kann Sexualität ein Zeichen von Treue, Vertrauen und Fürsorge sein. Sie schafft Verbindung, vertieft Gemeinschaft und eröffnet leibliche Kommunikation jenseits von bloßer Funktionalität.

Wo sexuelle Begegnungen in gegenseitiger Freiheit, mit bewusster Zustimmung und unter Berücksichtigung möglicher Auswirkungen auf andere geschehen, wird Sexualität ethisch verantwortbar. Auch der spielerische, lustvolle oder kreative Ausdruck von Sexualität kann unter diesen Bedingungen moralisch legitim sein, solange er keinen Schaden verursacht und alle Beteiligten in ihrer Würde achtet.

Eine neue Ethik der Sexualmoral, die sich an den Prinzipien Autonomie, Einvernehmlichkeit und Förderung des Wohlergehens orientiert, wird durch zentrale Werte wie Liebe, Respekt und gegenseitige Fürsorge getragen.

Sexualität wird in diesem Verständnis nicht nur als erlaubte Handlung unter bestimmten Bedingungen gesehen, sondern als Raum der Beziehungsentfaltung, in dem Menschen sich aufrichtig begegnen, Verantwortung füreinander übernehmen und Vertrauen wachsen lassen können.

Liebe verleiht der sexuellen Begegnung Tiefe und Sinn – über den Moment hinaus. Respekt achtet die Grenzen, Bedürfnisse und Würde jedes Menschen. Gegenseitige Fürsorge stellt sicher, dass das körperliche und seelische Wohl des Anderen nicht übergangen, sondern bewusst mitgetragen wird.

So wird Sexualität nicht durch Einschränkungen definiert, sondern durch einen ethischen Rahmen, der auf gegenseitigem Wohlwollen, verantwortungsvoller Freiheit und gelebter Beziehungsfähigkeit beruht. In diesem Licht kann Sexualität Ausdruck eines menschenfreundlichen, lebensbejahenden und christlich inspirierten Miteinanders sein.

Eine solche Sicht öffnet den Raum für eine positive, beziehungsorientierte und zugleich bewusste Sexualitätsgestaltung, die dem Menschen als leiblich-geistiges Wesen gerecht wird – ohne zu moralisieren, aber auch nicht beliebig.

2 • Muss Sexualität zwangsläufig an Fortpflanzung gekoppelt sein?

Sexualität muss nicht zwangsläufig an Fortpflanzung gekoppelt sein. Sie hat viele Dimensionen, die über die biologische Reproduktion hinausgehen, darunter Intimität, Liebe, Verbundenheit und Lust. Eine enge Verknüpfung von Sexualität und Fortpflanzung war historisch lange vorherrschend, insbesondere in religiösen und gesellschaftlichen Normen, die Ehe und Familiengründung als primäre Lebensziele betrachteten. Diese Sichtweise wurde durch die katholische Morallehre besonders stark gefördert, in der Sexualität traditionell als gottgewollte Handlung zur Fortpflanzung verstanden wurde.

Es zeigt ein moderner, differenzierter Blick auf Sexualität, dass sie auch eine tiefere soziale und emotionale Bedeutung hat. In vielen Beziehungen dient Sexualität der Stärkung der Bindung zwischen Partnern, unabhängig davon, ob Kinderwunsch besteht oder nicht. Psychologische und soziologische Studien belegen, dass Sexualität für das Wohlbefinden des Menschen essenziell ist, da sie Vertrauen, Nähe und emotionale Sicherheit fördert. Zudem gibt es zahlreiche Lebensrealitäten, in denen Sexualität nicht der Fortpflanzung dient – sei es in Partnerschaften, in denen biologische Gründe eine Schwangerschaft ausschließen, bei gleichgeschlechtlichen Paaren oder in Beziehungen von Menschen, die sich bewusst gegen Kinder entscheiden.

Die Bibel selbst behandelt Sexualität nicht ausschließlich im Kontext der Fortpflanzung. Das *Hohelied Salomos* beispielsweise ist eine poetische Feier der körperlichen Liebe, ohne jeglichen Bezug zur Fortpflanzung. Auch die evangelische Ethik hat in den letzten Jahrzehnten zunehmend anerkannt, dass Sexualität nicht allein an die Zeugung von Nachkommen gebunden ist, sondern auch ein Geschenk

Gottes sein kann, das innerhalb einer verantwortungsvollen, liebevollen Beziehung gelebt wird.

Abbildung 2: Eine offene Tür mit Licht – und Figuren, die nach Freiheit streben: Eine von Ketten umschlungene Kirche hält ein leuchtendes Herz – Symbol für Liebe und Freiheit – Menschen stehen nachdenklich davor oder wenden sich ab.

Ein weiteres Argument gegen die exklusive Koppelung von Sexualität und Fortpflanzung ergibt sich aus der Realität der menschlichen Sexualbiologie. Während viele Tiere einen Sexualtrieb haben, der strikt an ihre Fortpflanzungszyklen gebunden ist, verfügt der Mensch über eine Sexualität, die das ganze Leben umfasst und nicht an fruchtbare Phasen gekoppelt ist. Auch diese Tatsache deutet darauf hin, dass

Sexualität eine eigenständige Bedeutung hat, die über die Reproduktion hinausgeht.

In der katholischen Kirche gibt es weiterhin die Vorstellung, dass Sexualität nur im Rahmen der Ehe und mit Offenheit für Kinder ethisch vertretbar ist. Diese Position wird allerdings zunehmend hinterfragt, da sie viele Menschen ausschließt, die in anderen Kontexten Sexualität als Ausdruck von Liebe und Nähe erleben. Eine modernisierte christliche Ethik könnte anerkennen, dass Sexualität eine wertvolle und positive Kraft ist - unabhängig davon, ob sie zu Nachwuchs führt. Wenn sich die Kirche stärker an Werten wie Liebe, Respekt und gegenseitiger Fürsorge orientiert, könnte sie eine Sexualmoral entwickeln, die sich weniger auf Reproduktion konzentriert, sondern mehr auf die Qualität von Beziehungen und das Wohlbefinden der beteiligten Menschen.

Letztlich zeigt sich, dass Sexualität in ihrer Bedeutung weit über den Aspekt der Fortpflanzung hinausgeht. Sexualität ist ein zentraler Bestandteil menschlicher Identität und Beziehungsfähigkeit, der nicht allein biologischen Zwecken dient, sondern auch der Stärkung von Partnerschaften und dem individuellen Wohlbefinden. Ein enger, traditioneller Blick auf Sexualität als rein fortpflanzungsorientiert verkennt diese Vielfalt und könnte einer ganzheitlichen, menschenfreundlichen Ethik im Weg stehen. Eine Neubewertung könnte dazu beitragen, dass Sexualität nicht länger als etwas betrachtet wird, das sich nur durch seine biologische Funktion legitimiert, sondern als Teil eines gesunden, erfüllten und verantwortungsvollen Lebens.

3 • Ist sexuelle Enthaltsamkeit wirklich ein göttliches Ideal?

Sexuelle Enthaltsamkeit ist im Christentum kein absolutes göttliches Ideal, sondern vielmehr eine mögliche Lebensform, die je nach Kontext und individueller Berufung unterschiedlich bewertet wird. Während einige biblische und kirchliche Traditionen die Enthaltsamkeit als einen besonderen Weg der Gotteshingabe betonen, wird Sexualität selbst nicht als sündhaft oder minderwertig angesehen. In der Bibel gibt es keine klare Anweisung, dass alle Menschen zur Enthaltsamkeit verpflichtet wären. Im Gegenteil, die Schöpfungserzählung stellt die geschlechtliche Vereinigung als Teil des göttlichen Plans dar: *„Seid fruchtbar und mehret euch"* (1. Mose 1,28). Auch die Ehe wird im Neuen Testament als gottgewollt betrachtet (Hebräer 13,4). Jesus selbst sprach nicht gegen Sexualität an sich, sondern kritisierte eher eine lieblos gelebte Sexualität oder den Missbrauch von Macht in Beziehungen. Paulus spricht in 1. Korinther 7 positiv über die Enthaltsamkeit, aber er betont, dass sie keine allgemeine Regel sein soll: *„Ich wünschte zwar, alle Menschen wären wie ich; aber jeder hat seine eigene Gabe von Gott, der eine so, der andere so"* (1. Korinther 7,7). Das zeigt, dass Enthaltsamkeit als besondere Berufung verstanden werden kann, aber nicht als universelles Ideal. Jesus selbst lebte vermutlich ehelos, doch er setzte Heiligkeit nicht mit Enthaltsamkeit gleich. Sein zentraler ethischer Maßstab war die Liebe zu Gott und zum Nächsten, nicht eine bestimmte sexuelle Praxis. Heiligkeit bedeutet im biblischen Sinn vielmehr ein Leben in Gerechtigkeit, Barmherzigkeit und Hingabe an Gott.

Im Laufe der Kirchengeschichte wurde die Enthaltsamkeit vor allem im klösterlichen und priesterlichen Kontext als spirituelles Ideal überhöht. Dies geschah aber oft in Abgrenzung zur griechisch-römischen Umwelt oder aus einer Überbetonung des Geistigen gegenüber dem Körperlichen. Das führte zur Vorstellung, dass ein enthaltsames Leben *„heiliger"* sei als ein Leben mit Sexualität – eine Sichtweise, die theologisch nicht zwingend begründet ist. Eine moderne christliche Sexualethik müsste weniger auf Verzicht als auf Verantwortung, Respekt und Liebe fokussiert sein. Eine ethisch verantwortete Sexualität – sei es in Ehe oder einer anderen stabilen, liebevollen Beziehung – ist genauso mit einem gottgefälligen Leben vereinbar wie eine freiwillige Enthaltsamkeit.

Und, ja, ein One-Night-Stand kann eine ethisch verantwortete Sexualität umsetzen – wenn zentrale ethische Kriterien erfüllt sind:

- **Beide Personen handeln freiwillig und aus freier Entscheidung**, ohne Druck, Manipulation oder Abhängigkeit.
- Es besteht **klare, informierte und gegenseitige Einwilligung** zu der sexuellen Begegnung.

- **Grenzen, Wünsche und Bedürfnisse** werden offen kommuniziert und respektiert.
- Es wird **achtsam mit dem körperlichen und seelischen Wohl** umgegangen (z. B. durch Schutzmaßnahmen, emotionale Sensibilität).
- **Verantwortung gegenüber sich selbst und dem Anderen** wird wahrgenommen, auch wenn keine langfristige Bindung besteht.

In diesem Sinne ist nicht die Dauer oder Form der Beziehung entscheidend, sondern die Haltung, mit der Menschen einander begegnen. Auch ein einmaliger sexueller Kontakt kann von Respekt, Fürsorge und Achtsamkeit geprägt sein – und damit ethisch vertretbar sein.

Sexuelle Enthaltsamkeit kann eine persönliche Berufung sein, aber sie ist kein universelles göttliches Ideal. Entscheidend ist nicht, ob jemand sexuell aktiv oder enthaltsam lebt, sondern ob er oder sie in Liebe und Integrität handelt.

Heiligkeit zeigt sich nicht im sexuellen Verzicht, sondern in der Art und Weise, wie ein Mensch mit sich selbst, mit anderen und mit Gott in Beziehung tritt. Die Bibel stellt zudem keine Pflicht zur Enthaltsamkeit auf, sondern betont vielmehr Liebe, Gerechtigkeit und Verantwortung als Kriterien für ein gottgefälliges Leben.

Denn wer sich nie auf sexuellen und körperlichen Dialog einlässt, verzichtet auf:

- Die **intime Form körperlicher Nähe**, die jenseits von Worten Verbundenheit und Vertrauen schaffen kann.
- Die Möglichkeit, sich selbst im **Geben und Empfangen** körperlicher Zuwendung tiefer zu erfahren.
- Das Erleben von **gegenseitiger Lust, Spiel und Freude**, das den Körper als Quelle von Wohlgefühl und Verbindung erfahrbar macht.
- Die Erfahrung, wie sich in der Sexualität **emotionale und körperliche Kommunikation vereinen** – ein Dialog, der den ganzen Menschen einbezieht.

- Die Chance, in sexuellen Begegnungen auch mit den eigenen **Grenzen, Verletzlichkeiten und Sehnsüchten** in Kontakt zu kommen – ein Raum für Selbsterkenntnis und Reifung.
- Das Potenzial, durch Sexualität eine **besondere Form von Liebe und Vertrautheit** aufzubauen, die oft mit körperlicher Intimität einhergeht.

Enthaltsamkeit kann wertvoll und sinnvoll sein – aber nur, wenn sie nicht aus Angst oder Normerfüllung geschieht, sondern aus einer inneren Entscheidung für eine andere Lebensweise, die ebenso erfüllend ist. Andernfalls bleibt ein wesentlicher Teil menschlicher Beziehungs- und Lebenserfahrung ungelebt.

4 • Ist sexuelle Askese automatisch ein Zeichen von Heiligkeit?

Sexuelle Askese ist also nicht automatisch ein Zeichen von Heiligkeit.

Askese zeichnet sich durch den bewussten, freiwilligen Verzicht auf bestimmte Bedürfnisse, Genüsse oder Handlungen aus – mit dem Ziel, innere Freiheit, geistige Klarheit oder spirituelle Tiefe zu gewinnen.

Zentrale Merkmale der Askese sind:

- **Selbstdisziplin**: Der Mensch übt sich darin, Triebe, Impulse oder Gewohnheiten zu beherrschen, statt von ihnen beherrscht zu werden.
- **Zielgerichteter Verzicht**: Askese ist kein Selbstzweck, sondern dient einem höheren Ziel – etwa spirituellem Wachstum, ethischer Reinheit oder innerer Unabhängigkeit.
- **Freiheit durch Begrenzung**: Der Verzicht soll nicht einengen, sondern ermöglichen – zum Beispiel mehr Achtsamkeit, Konzentration oder Hingabe.
- **Körper-Geist-Einheit**: In der Askese wird der Körper nicht abgewertet, sondern in einen bewussten Lebensvollzug eingebunden.

- **Kontrast zur Reizüberflutung**: In einer konsumorientierten Welt kann Askese ein Gegenmodell sein – für Einfachheit, Bewusstheit und Maßhalten.
- **Spiritualität und Sinnsuche**: Besonders in religiösen Traditionen wird Askese als Weg zur Gottesnähe, zur inneren Läuterung oder zur Nachfolge verstanden.

Kurz gesagt: Askese ist bewusster Verzicht aus innerer Freiheit, um Raum zu schaffen für das Wesentliche.

Zwar wurde sie in vielen religiösen Traditionen, insbesondere im Christentum, als ein möglicher Weg zur spirituellen Vertiefung betrachtet, doch ist sie weder die einzige noch eine notwendige Voraussetzung für ein heiliges Leben. In der Kirchengeschichte wurde sexuelle Enthaltsamkeit oft mit Reinheit, Disziplin und völliger Hingabe an Gott verbunden.

Viele Heilige, Mönche und Nonnen entschieden sich bewusst für ein zölibatäres Leben, um sich uneingeschränkt der Spiritualität zu widmen. Auch Jesus war vermutlich ehelos, und Paulus betont in 1. Korinther 7, dass Ehelosigkeit Vorteile für ein gottgeweihtes Leben haben kann. Dennoch gibt es keine biblische Pflicht zur Askese. Ehe und Sexualität werden ebenfalls als gottgegebene Gaben betrachtet, wie in 1. Mose 1,28 und Hebräer 13,4 deutlich wird. Jesus forderte nicht, dass alle Menschen sexuell enthaltsam leben müssen, und viele biblische Figuren, die als gerecht galten, waren verheiratet und hatten Nachkommen. Entscheidend für ein heiliges Leben ist nicht die sexuelle Enthaltsamkeit, sondern gelebte Liebe, Gerechtigkeit und Nächstenliebe. Wer asketisch lebt, aber lieblos oder hochmütig ist, verfehlt das zentrale christliche Ideal. Jesus selbst kritisierte religiöse Eliten, die sich auf äußere Regeln konzentrierten, aber das Wesentliche der Botschaft vernachlässigten.

Und dabei besteht sehr wohl folgende Gefahr dabei – und sie ist zentral in jeder kritischen Auseinandersetzung mit Askese:

Askese kann leicht zur Fassade innerer Freiheit werden, wenn sie in Wahrheit aus Anpassungsdruck, moralischer Pflicht, religiöser Angst oder dem Wunsch nach Anerkennung entspringt. In solchen Fällen ist der Verzicht nicht Ausdruck persönlicher Souveränität, sondern ein innerlich fremdbestimmter Akt, der mit echter Freiheit wenig zu tun hat.

Typische Anzeichen für eine solche „Schein-Askese“ sind:

- **Selbstüberforderung oder Schuldgefühle**, wenn die eigenen Maßstäbe nicht eingehalten werden.
- **Geringschätzung des Körpers oder der Sexualität** aus dem Glauben heraus, sie seien „niedrig“ oder „unrein“.
- **Verurteilung anderer**, die nicht den gleichen Weg gehen – als unbewusster Versuch, das eigene Verhalten zu rechtfertigen.
- **Vermeidung echter innerer Konflikte**, indem man sich auf klare Regeln oder Normen stützt, statt eigene Antworten zu suchen.

Wahre Askese entsteht dagegen aus einem inneren Prozess, nicht aus äußeren Vorgaben. Sie ist geprägt von Reflexion, Freiheit und Reife – und bleibt offen für die Frage: „Warum verzichte ich – und wofür?“

Ohne diese Ehrlichkeit kann Askese zur spirituellen Illusion werden: Man hält sich für frei, während man in Wahrheit den Erwartungen anderer oder einem internalisierten Ideal folgt. Genau deshalb ist es so wichtig, Askese immer wieder kritisch zu prüfen – und sie nicht mit moralischer Überlegenheit zu verwechseln.

Zudem kann die Vorstellung, dass Enthaltsamkeit automatisch heilig macht, problematische Konsequenzen haben. In der Kirchengeschichte führte eine überhöhte Idealisierung des Zölibats oft zu *Heuchelei, Doppelleben oder gar Missbrauch*. Eine gesunde und verantwortungsbewusste Haltung zur Sexualität ist wichtiger als eine erzwungene Enthaltsamkeit.

Dementsprechend stellt sich die Frage, ob das Zölibat abgeschafft werden sollte. Da es kein göttliches Gebot ist, sondern eine kirchliche Disziplinarregel, könnte es reformiert werden.

In den ersten Jahrhunderten des Christentums gab es keine allgemeine Zölibatspflicht für Priester, und in der orthodoxen sowie in Teilen der protestantischen Kirche existiert sie bis heute nicht. Angesichts der zahlreichen Herausforderungen, die das Pflichtzölibat mit sich bringt –

darunter Priestermangel und persönliche Krisen vieler Geistlicher – wäre es durchaus sinnvoll, die Ehelosigkeit als freiwillige Option statt als zwingende Bedingung zu betrachten. Dadurch könnte das Priesteramt für mehr Menschen zugänglich werden, ohne dass es an spiritueller Tiefe oder Glaubwürdigkeit verliert. Die Abschaffung oder Lockerung des Zölibats wäre somit eine Möglichkeit, die kirchliche Praxis näher an die eigentliche Botschaft Jesu zu rücken: eine Religion der Liebe, Verantwortung und Menschlichkeit.

Um das Zölibat abzuschaffen oder zu reformieren, müsste die katholische Kirche eine klare rechtliche und theologische Grundlage schaffen. Da das Zölibat kein göttliches Gebot, könnte es prinzipiell einfach durch eine Änderung des Kirchenrechts aufgehoben werden. Die Kirche müsste offiziell anerkennen, dass das Zölibat keine theologische Notwendigkeit, sondern eine kirchliche Tradition ist. Eine breite theologische Diskussion mit Bischöfen, Priester:innen und Laien wäre notwendig, um Widerstände aus konservativen Kreisen zu adressieren. Der Rückgriff auf biblische und historische Beispiele – etwa das Priestertum verheirateter Männer in der frühen Kirche – könnte helfen, eine Reform zu legitimieren. Das Zölibat ist in Canon 277 §1 CIC festgelegt: „Die Kleriker sind verpflichtet, die vollkommene und immerwährende Enthaltsamkeit um des Himmelreiches willen zu wahren und deshalb den Zölibat zu halten." Dieser Paragraph müsste entweder gestrichen oder umformuliert werden.

Eine alternative Formulierung könnte lauten:

„Die Kleriker:innen sind dazu berufen, ihr Leben in Übereinstimmung mit der Nachfolge Christi und der Liebe zur Kirche zu führen. Sie können frei wählen, ob sie einsam, in einer Partnerschaft oder in einer Ehe leben, solange ihr Dienst am Evangelium und an der Gemeinde gewahrt bleibt."

Eine solche Änderung könnte durch eine päpstliche Entscheidung (*Motu Proprio*) oder ein Konzil (z. B. ein Drittes Vatikanisches Konzil) beschlossen werden. Der Papst könnte auch eine *dispensative Regelung* (Einzelfallentscheidung) für das Zölibat einführen, die Priester:innen offiziell die Wahl lässt, nicht zu Zweit zu leben: Wer zölibatär leben möchte, kann eine Einzelfallentscheidung zu seiner asketischen Sexualität in Rom beantragen – alle anderen dürfen zu zweit sein. Heisst: Wer nicht vermittelbar oder vermittlungswillig ist, erhält eine Freigabe durch Rom, nicht in Zweisamkeit leben zu können bzw. sollen.

Umsetzung: Klärung der rechtlichen und seelsorgerischen Rahmenbedingungen für verheiratete Priester:innen, die Übernahme bewährter Modelle – etwa aus den katholischen Ostkirchen, wo Priester heiraten dürfen – sowie die Sicherstellung, dass sowohl zölibatäre als auch verheiratete Priester:innen gleichwertig anerkannt werden - wären notwendige Schritte.

Die katholische Kirche könnte das Zölibat also abschaffen, indem sie also Canon 277 des Kirchenrechts reformiert oder eine Partnerschaft einführt und freiwilliges Alleinebleiben auf Antrag genehmigt. Eine theologisch fundierte Begründung für Außnahmen von Zweisamkeit und eine offizielle Entscheidung des Papstes (w/d/m) oder eines Konzils wären erforderlich. Dieser neue Status würde nicht nur das Priester:innentum attraktiver machen, sondern auch der ursprünglichen christlichen Tradition entsprechen.

b) Historische und kulturelle Einflüsse auf die kirchliche Sexualmoral

5 • *War Jesu Nähe zur griechischen Kultur ausschlaggebend für seine tolerante Haltung zu Sexualität?*

Ob Jesu Nähe zur griechischen Kultur ausschlaggebend für seine tolerante Haltung zu Sexualität war, ist eine interessante, aber schwer eindeutig zu beantwortende Thematik. Die griechische Kultur hatte zweifellos einen starken Einfluss auf das östliche Mittelmeergebiet zur Zeit Jesu, insbesondere durch die hellenistische Prägung Palästinas nach den Eroberungen Alexanders des Großen. Dies führte zu einer Verschmelzung jüdischer, griechischer und römischer Einflüsse, die auch in der Gesellschaft, Philosophie und Ethik jener Zeit sichtbar wurden. Während Jesus hauptsächlich im jüdischen Kontext predigte, lebte er in einem Umfeld, das mit griechischer Philosophie, Kunst und Gesellschaftsidealen in Berührung stand.

Die griechische Kultur zeichnete sich durch eine differenzierte Sicht auf Körper, Erotik und Sexualität aus. In der antiken griechischen Welt war Sexualität nicht primär mit moralischer Schuld oder Sünde behaftet, wie es später im Christentum oft der Fall war. Stattdessen wurde sie in verschiedenen Formen gelebt und in Kunst, Dichtung und Philosophie reflektiert. Die Griechen unterschieden zwischen verschiedenen Formen der Liebe, etwa **Eros** (leidenschaftliche, körperliche Liebe), **Philia** (freundschaftliche Liebe) und **Agape** (selbstlose, bedingungslose Liebe). Diese Kategorien fanden später auch Eingang in christliche Denkweisen, insbesondere die Agape als göttliche Liebe, die von Jesus in seinen Lehren betont wurde.

In der griechischen Kultur gab es zudem eine offenere Haltung gegenüber gleichgeschlechtlichen Beziehungen, insbesondere in pädagogischen oder philosophischen Kontexten. Während das römische Recht solche Beziehungen zunehmend restriktiv betrachtete, waren sie in der klassischen griechischen Welt oft akzeptiert, wenngleich mit bestimmten sozialen Erwartungen verbunden. Diese Offenheit könnte zumindest indirekt einen Einfluss auf die frühen christlichen Gemeinden gehabt haben, die sich in einem kulturell vielfältigen Umfeld entwickelten.

Obwohl das Judentum zur Zeit Jesu eine eher restriktive Sexualmoral hatte, die stark auf Reinheitsgeboten und familiären Normen basierte, wich Jesus in vielen Aspekten von dieser strikten Morallehre ab. Jesus stellte den Menschen über die Vorschrift und wandte sich gegen rigide Gesetzlichkeit, was sich in seiner Haltung gegenüber *sogenannten „Sündern“* zeigte. Seine Begegnung mit der Ehebrecherin (Johannes 8,1–11) oder seine Offenheit gegenüber Frauen, die außerhalb der gesellschaftlichen Norm standen, deuten darauf hin, dass er Sexualität nicht mit moralischer Verdammung verband, sondern mit Barmherzigkeit und persönlicher Verantwortung bewertete.

Wahrscheinlich ist, dass Jesus eine universellere Ethik der Liebe und Menschlichkeit vertrat, die nicht primär an eine bestimmte kulturelle Tradition gebunden war. Die griechische Kultur bot zudem ein alternatives Denkmodell zur jüdischen Gesetzesstrenge, das in der späteren Theologie, insbesondere durch den Apostel Paulus, eine Rolle spielte. Apostel Paulus spielte eine zentrale Rolle bei der Vermittlung und Weiterentwicklung christlicher Ethik, insbesondere in der Spannung zwischen jüdischer Gesetzesstrenge und hellenistischen Einflüssen. Während Jesus selbst wenig explizit über Sexualität sprach, ist Paulus eine der Hauptquellen für die frühe christliche Sexualmoral. Seine Schriften zeigen sowohl Einflüsse aus dem jüdischen Kontext als auch Elemente griechisch-römischer Denkweisen, wobei er teilweise eine strengere Haltung als Jesus vertritt.

Paulus wuchs als Jude auf, war aber auch römischer Bürger und hatte eine klassische hellenistische Bildung. Dies bedeutete, dass er mit der griechischen Philosophie vertraut war, die in ethischen Fragen oft zwischen **Selbstkontrolle** (Enkrateia), **Askese und Hedonismus** schwankte.

Im sexuellen Sinne der griechischen Philosophie bezeichnet Hedonismus die Auffassung, dass Lust (hedoné) ein zentrales oder sogar höchstes Gut im Leben ist – auch im Bereich der Sexualität.

Dabei gibt es unterschiedliche Nuancen:

- In der **kyrenaistischen Schule** (z. B. Aristippos von Kyrene) galt sexuelle Lust als direkter, legitimer Ausdruck des Strebens nach Freude. Körperliche Lust wurde positiv bewertet, solange sie intensiv und unmittelbar befriedigend war. Sex war also Teil eines lustorientierten Lebensstils.
- Im Gegensatz dazu betonte **Epikur** zwar ebenfalls die Lust als Lebensziel, verstand darunter aber eher geistige Ruhe (ataraxia) und Freiheit von Schmerz. Er war gegenüber intensiver sexueller Lust zurückhaltend, weil sie oft zu Unruhe, Abhängigkeit oder Leid führen könne. Für ihn war sexuelle Enthaltsamkeit manchmal sogar der klügere Weg zur dauerhaften inneren Lust.

Insgesamt bedeutet hedonistische Sexualethik in der Antike, dass Sexualität als natürlicher, freudvoller Teil des Lebens verstanden werden kann – sofern sie dem eigenen Wohlbefinden dient und keine negativen Folgen nach sich zieht. Der verantwortliche Umgang mit Lust stand also durchaus im Fokus, nicht blinde Maßlosigkeit.

In seinen Briefen reflektiert Paulus diese Spannungen und versucht, eine christliche Ethik zu formulieren, die sich von der jüdischen Gesetzestreue löst, aber dennoch klare moralische Vorgaben enthält.

Eine der auffälligsten Entwicklungen in den paulinischen Schriften ist seine Ambivalenz gegenüber Sexualität. Während Jesus sich kaum zu sexuellen Normen äußerte und vor allem Nächstenliebe und Vergebung betonte, gibt Paulus detailliertere Anweisungen. In 1. Korinther 7,1–9 empfiehlt er die Ehelosigkeit als idealen Zustand, wenn auch nicht für alle Menschen. Dies steht im Einklang mit bestimmten philosophischen Strömungen der griechischen Welt, insbesondere der stoischen Idee der Selbstbeherrschung und der Askese. Gleichzeitig erlaubt Paulus die Ehe als legitimen Rahmen für Sexualität. Diese Sichtweise unterscheidet sich stark von der jüdischen Tradition, in der Ehe und Fortpflanzung als göttliche Gebote galten.

Paulus äußert sich auch zu gleichgeschlechtlichen Beziehungen. Viele heutige Theologen argumentieren, dass Paulus' Kritik an Homosexualität nicht auf die heutige Vorstellung von gleichgeschlechtlicher Liebe übertragbar ist, sondern sich gegen ausbeuterische und machtgestützte Sexualpraktiken richtete, die im antiken Rom verbreitet waren.

Eine weitere entscheidende Rolle spielt Paulus in der Verbindung von Sexualmoral und Gemeindeleben. In seinen Briefen an die Gemeinden betont er oft die Reinheit des Körpers als *„Tempel des Heiligen Geistes"* (1. Korinther 6,19–20) und warnt vor sexueller *„Unmoral"*, ohne jedoch die konkrete Definition dieser Moral immer zu präzisieren. Dies führte dazu, dass spätere kirchliche Traditionen seine Aussagen als Grundlage für eine restriktive Sexualmoral nutzten, obwohl Paulus' Intention möglicherweise eher in der **Förderung von verantwortungsbewusstem Umgang mit Sexualität** lag. Die paulinischen Aussagen wurden im kirchlichen Kontext also oft strikter ausgelegt, als es der historische und kulturelle Zusammenhang nahelegt.

Paulus agierte also in einem kulturellen Spannungsfeld, in dem jüdische, griechische und römische Einflüsse aufeinandertrafen.

Sicher ist, dass die Verschmelzung jüdischer und hellenistischer Gedankenwelten den frühen Christentumsdiskurs beeinflusste und dazu beitrug, dass sich das Christentum später von einer rigiden Sexualmoral lösen konnte – auch wenn diese Offenheit in späteren Jahrhunderten durch kirchliche Dogmen wieder eingeschränkt wurde.

Während Jesus eine eher offene und mitfühlende Haltung gegenüber gesellschaftlich ausgegrenzten Gruppen hatte, entwickelte Paulus eine Ethik, die stärker von Vorstellungen der Selbstkontrolle, der Ordnung und der Abgrenzung zur heidnischen Welt geprägt war. Bei Paulus blieb der Hedonismus daher bewusst außen vor – und das mit theologischer Absicht. Für ihn stand nicht das Streben nach Lust, sondern das Streben nach Gerechtigkeit, Heiligkeit und Leben in Christus im Mittelpunkt. Paulus begegnet dem Körper nicht mit Verachtung, wohl aber mit Zurückhaltung gegenüber der Begierde (*epithymia*) und der „Fleischlichkeit" (*sarx*), wenn diese den Menschen von Gott entfremdet.

Er spielte somit eine Schlüsselrolle bei der Formulierung einer christlichen Sexualmoral, die sich in Teilen von der jüdischen Tradition löste, aber gleichzeitig Elemente griechischer Philosophie aufnahm und in manchen Aspekten konservativer als Jesu Haltung erschien.

6 • *Dürfen Kirchen sich auf absolute Wahrheiten z. B. hinsichtlich der Sexualmoral berufen, wenn historische Kontexte so stark in biblische Texte hineinspielen?*

Ob Kirchen sich hinsichtlich der Sexualmoral auf absolute Wahrheiten berufen dürfen, ist angesichts des starken historischen Einflusses auf biblische Texte theologisch wie hermeneutisch umstritten.

Hermeneutik in der Bibelarbeit bedeutet die Kunst und Wissenschaft des Verstehens und Auslegens biblischer Texte. Sie fragt danach, wie ein Text zu verstehen ist – unter Berücksichtigung seines historischen Kontexts, seiner sprachlichen Form, seiner theologischen Aussagen und seiner Relevanz für heutige Leser:innen.

Konkret umfasst hermeneutische Arbeit:

- Die **Frage nach dem ursprünglichen Sinn** eines Textes (historisch-kritisch, sprachlich, kulturell).
- Die **Beziehung zwischen dem damaligen Text und dem heutigen Leser** – also wie alte Aussagen heute gedeutet und angewendet werden können.
- Das **Bewusstsein, dass jede Auslegung von Voraussetzungen geprägt ist** (z. B. Glaube, Lebenskontext, theologische Perspektive).
- Die **Reflexion darüber, was ein Text „sagen will“**, nicht nur, was wörtlich dasteht.

Hermeneutik ist damit nicht nur Methode, sondern ein Prozess des Dialogs zwischen Text, Tradition und Gegenwart – mit dem Ziel, die Bibel nicht nur zu lesen, sondern verstehend zum Sprechen zu bringen.

Biblische Aussagen etwa zu Ehe, Sexualität oder Homosexualität entstanden stets innerhalb bestimmter kultureller und historischer Kontexte, die vielfach patriarchalisch geprägt waren und sich wesentlich von heutigen Vorstellungen unterscheiden. Gerade deshalb argumentieren historisch-kritische Theolog:innen, dass diese Texte nicht einfach eins zu eins als zeitlose moralische Wahrheiten übernommen werden können. Die Frage, ob Kirchen sich auf absolute Wahrheiten in der Sexualmoral berufen dürfen, obwohl historische Kontexte die biblischen Texte stark beeinflusst haben, wird von verschiedenen Theolog:innen und Autor:innen unterschiedlich beantwortet. Einige von ihnen sind:

- **Hans Küng:** In seinem Buch *„Unfehlbar? Eine Anfrage“* (1980) kritisiert Küng die naturrechtliche Begründung der Enzyklika *„Humanae Vitae“* und bemängelt die mangelnde Berücksichtigung der Heiligen Schrift.
- **Stephan Goertz:** In dem von ihm herausgegebenen Sammelband *„‚Wer bin ich, ihn zu verurteilen?‘ Homosexualität und katholische Kirche“* (2015) plädiert Goertz für eine Neubewertung der kirchlichen Sexualmoral im Hinblick auf Homosexualität.
- **Margaret A. Farley:** In ihrem Buch *„Just Love. A Framework for Christian Sexual Ethics“* (2008) entwickelt Farley eine Sexualethik, die auf Prinzipien wie gegenseitigem Respekt und Gerechtigkeit basiert und traditionelle kirchliche Lehren hinterfragt.
- **Frédéric Martel:** In seinem Buch *„Sodom. Macht, Homosexualität und Doppelmoral im Vatikan“* (2019) untersucht Martel die Diskrepanz zwischen der offiziellen Sexualmoral der Kirche und dem tatsächlichen Verhalten innerhalb des Vatikans.
- **Wolfgang F. Rothe:** In seinem *Buch „Missbrauchte Kirche – Eine Abrechnung mit der katholischen Sexualmoral und ihren Verfechtern“* (2021) setzt sich Rothe kritisch mit der katholischen Sexualmoral auseinander und fordert Reformen.

Diese Autor:innen hinterfragen die Absolutheitsansprüche der Kirche in der Sexualmoral und betonen die Notwendigkeit, historische und kulturelle Kontexte bei der Interpretation biblischer Texte zu berücksichtigen.

Zwar beanspruchen manche Kirchen weiterhin absolute Wahrheiten, indem sie auf göttliche Offenbarung verweisen; dennoch steht diese Sichtweise in einer starken Spannung zur historisch-kulturellen Bedingtheit biblischer Texte und zur stets interpretativen Natur ihres Verständnisses. Kritiker:innen wenden zudem ein, dass die Behauptung absoluter Wahrheiten oft dazu genutzt wird, bestehende Machtverhältnisse oder Traditionen aufrechtzuerhalten, anstatt universale Prinzipien wie Liebe, Gerechtigkeit und Verantwortlichkeit zu fördern. Aus theologischer Perspektive können Kirchen zwar durchaus Absolutheitsansprüche formulieren, doch historisch und hermeneutisch betrachtet erscheint dies problematisch, da die kulturelle Relativität und historische Bedingtheit biblischer Texte klar zutage tritt. Die Berufung auf absolute Wahrheiten steht daher zunehmend unter kritischer Reflexion.

7 • Hat das kirchliche Zölibat Wurzeln in der Unterdrückung sexueller Selbstbestimmung?

Das kirchliche Zölibat hat tief verwurzelte historische, theologische und machtpolitische Hintergründe, die sich stark auf die Kontrolle der Sexualität und die Unterdrückung sexueller Selbstbestimmung beziehen.

Gehen wir vor diesem bislang erarbeiten Hintergrund nochmals darauf ein: Denn, ursprünglich war das Zölibat nicht zwingend für christliche Priester, doch im Laufe der Jahrhunderte wurde es zu einer festen Vorschrift – nicht nur aus spirituellen, sondern auch aus disziplinarischen und wirtschaftlichen Gründen.

Ursprünge und theologische Begründung des Zölibats

In den ersten Jahrhunderten des Christentums war es üblich, dass Priester verheiratet waren. Es gab keine allgemeine Verpflichtung zum Zölibat, und selbst einige Apostel, darunter Petrus, waren verheiratet. Doch mit der zunehmenden Institutionalisierung der Kirche wurde die sexuelle Enthaltsamkeit immer stärker mit Reinheit, Heiligkeit und spiritueller Autorität verknüpft.

Die Idee, dass der Priester ausschließlich Gott *„geweiht“* sein sollte, ohne Ablenkung durch Familie oder Sexualität, wurde von Kirchenvätern wie Augustinus und Hieronymus propagiert. Sie betrachteten die Sexualität als etwas, das die geistige Reinheit und Hingabe an Gott beeinträchtigen könnte. Diese Sichtweise basierte auf einer tiefen Skepsis gegenüber dem Körper und seinen Trieben, die insbesondere im Mittelalter in der kirchlichen Morallehre verankert wurde.

Das Zölibat diente als Machtinstrument der Kirche

Neben den theologischen Argumenten spielte die Machterhaltung eine wesentliche Rolle bei der Durchsetzung des Zölibats. Im 11. Jahrhundert wurde das Zölibat unter *Papst Gregor VII.* zur Pflicht für katholische Priester. Eine der Hauptmotivationen hierfür war die wirtschaftliche Kontrolle: Priester, die keine eigenen Familien hatten, konnten ihr Eigentum nicht an Kinder oder Ehefrauen vererben. Dies verhinderte die Bildung erblicher kirchlicher Dynastien und sicherte, dass der Besitz der Kirche erhalten blieb.

Durch das Zölibat wurden Priester zudem enger an die kirchliche Institution gebunden. Ohne eine Familie als soziale Stütze waren sie in jeder Hinsicht auf die Kirche angewiesen, was ihre Loyalität und Abhängigkeit verstärkte. Die Verknüpfung von Priesteramt und Enthaltsamkeit führte dazu, dass Sexualität als potenzielle Bedrohung für den Glauben und die kirchliche Ordnung und Wirtschaftlichkeit angesehen wurde.

Wenn das Dogma des Zölibats also primär wirtschaftlichen Zwecken diente – etwa zur Sicherung kirchlicher Besitzverhältnisse, indem Priester keine Familien gründen und nichts vererben konnten –, dann lässt sich dieses Prinzip bildlich vergleichen mit:

Einem Baum, der keine Früchte trägt, um den Boden nicht zu teilen.

Oder auch:

Einem Brunnen, der versiegelt bleibt, damit niemand auf eigene Rechnung daraus schöpft.

Solche Bilder verdeutlichen: Der Zölibat wäre in diesem Deutungsrahmen weniger geistliche Hingabe, sondern eher strategischer Verschluss – ein System, das nicht auf Beziehung, sondern auf Kontrolle und Besitzsicherung ausgerichtet ist. Es ginge dann nicht um persönliche Freiheit oder Verfügbarkeit für Gott, sondern um die Selbsterhaltung einer Institution durch strukturelle Enthaltsamkeit.

Natürlich ist das eine kritische Perspektive, die die spirituelle Dimension des Zölibats hinterfragt – aber genau solche Bilder können helfen, verborgene Machtmechanismen sichtbar zu machen.

Sexualitätskontrolle und Unterdrückung

Das Zölibat diente daher nicht nur der wirtschaftlichen und institutionellen Stabilität, sondern auch der Kontrolle über die Sexualität. Indem die Kirche sexuelle Enthaltsamkeit als „höheren" Zustand erklärte, delegitimierte sie gleichzeitig jede Form von sexueller Selbstbestimmung außerhalb der Ehe. Lust wurde als sündhaft betrachtet, selbst in legitimen Ehen galt Sexualität lange nur zur Fortpflanzung als erlaubt.

Diese Haltung hatte weitreichende Konsequenzen für das gesamte Sexualbild der Kirche. Sie förderte eine tiefe Spaltung zwischen „reiner" Spiritualität und „sündhafter" körperlicher Lust, was zu repressiven Haltungen gegenüber Sexualität im Allgemeinen führte. Diese Unterdrückung traf besonders Frauen, die in der kirchlichen Lehre oft als Verführerinnen dargestellt wurden, sowie LGBTQIA+-Menschen, deren Sexualität als „nicht der Natur entsprechend" bezeichnet wurde.

Die Folgen des Zölibats und heutige Debatten

Die strikte Verpflichtung zur sexuellen Enthaltsamkeit hat in der katholischen Kirche erhebliche Spannungen und Missstände verursacht. Immer wieder treten Skandale über sexuelle Übergriffe durch Geistliche zutage – ein Zeichen dafür, dass das Zölibat oft nicht gelebt, sondern unterdrückt wird. Viele Theologen und Kirchenreformer fordern heute eine Lockerung des Zölibats, da es nicht nur unnatürlich sei, sondern auch ein Umfeld schaffe, das Doppelmoral, Heimlichkeit und Missbrauch begünstigt.

Abbildung 3: Eine symbolische Darstellung des Zölibats als Fessel – im Kontrast zur Freiheit sexueller Selbstbestimmung. Ein Priester blickt sehnsuchtsvoll aus dem Fenster auf zwei Paare, gleicheschlechtlich und verschiedengeschlechtlich, in Zweisamkeit – getrennt durch einen Schleier. Das Bild bringt die emotionale Dimension des Zölibats deutlich zum Ausdruck. Ein stilles, berührendes Bild zum Thema Zölibat und Sehnsucht nach Zweisamkeit der Geistlichen.

Besonders seit dem 20. Jahrhundert gibt es wachsende Bewegungen innerhalb der Kirche, die das Zölibat als überholt betrachten. In der evangelischen Kirche und den orthodoxen Kirchen dürfen Priester:innen heiraten, ohne dass ihre spirituelle Autorität infrage gestellt wird. In der katholischen Kirche jedoch hält der Vatikan bisher am Pflichtzölibat fest, obwohl viele Priester inoffiziell Beziehungen führen oder heimlich eine Familie haben.

Das kirchliche Zölibat ist historisch also eng mit der Kontrolle über die Sexualität und der Machterhaltung sowie Wirtschaftlichkeit der Kirche verbunden. Während es ursprünglich als Ausdruck der Hingabe an Gott gedacht war, diente es zunehmend dazu, Priester von weltlichen Bindungen zu lösen und die finanziellen Ressourcen der Kirche zu sichern. Gleichzeitig führte es zu einer repressiven Sexualmoral, die Lust als gefährlich und sündhaft betrachtete. Heute wird das Zölibat zunehmend infrage gestellt, da es nicht nur zu psychischem Druck und heimlicher Doppelmoral führt, sondern auch einen realistischen und menschenfreundlichen Umgang mit Sexualität in der Kirche verhindert. Die Frage bleibt, ob die Kirche sich hier weiter öffnen wird oder ob sie an einem überholten Dogma festhält, das längst nicht mehr in die moderne Gesellschaft passt.

Das Dogma des Zölibats könnte grundsätzlich geändert werden, ohne das Glaubensbekenntnis zu berühren. Und es gibt bereits Ausnahmen – etwa verheiratete Priester aus der anglikanischen oder orthodoxen Tradition, die konvertiert sind. Auch in den katholischen Ostkirchen ist ein verheirateter Klerus teilweise erlaubt.

Theologisch und pastoral mehren sich seit Jahren die Stimmen, die eine Öffnung fordern:

- **Wegen des Priestermangels**, besonders in ländlichen oder strukturschwachen Regionen.
- **Weil Zölibat ohne persönliche Berufung zu innerer Leere führen kann.**
- **Weil eine freie Wahl zwischen Ehelosigkeit und Ehe die Glaubwürdigkeit und Lebensnähe des priesterlichen Amtes stärken könnte.**

Einige Geistliche wie Papst Franziskus haben sich bisher nicht grundsätzlich gegen Reformen ausgesprochen. Auf der Amazonas-Synode 2019 wurde über verheiratete „*viri probati*“ (bewährte Männer) als Priester diskutiert, aber es blieb bei der Debatte.

Ob und wann es zu einer offiziellen Öffnung kommt, hängt daher nicht nur von theologischer Einsicht, sondern auch von kirchenpolitischer Bereitschaft ab. Der synodale Weg in Deutschland oder weltweite synodale Prozesse könnten dabei Impulse geben.

Ein Turn-Around ist also möglich, aber er braucht Mut, Bewegung von innen und die Anerkennung dessen, was viele längst leben: dass Berufung und Beziehung sich nicht ausschließen müssen.

c) Kritische Reflexion der traditionellen kirchlichen Sexualethik

8 • *Ist die traditionelle kirchliche Sexualethik heute noch haltbar?*

Die traditionelle kirchliche Sexualethik, wie sie von der katholischen Kirche über Jahrhunderte hinweg formuliert wurde, basiert also auf einer engen Verbindung zwischen Sexualität, Ehe und Fortpflanzung. Sie betrachtet Geschlechtsverkehr als moralisch legitim nur innerhalb einer sakramentalen Ehe zwischen Frau und Mann und ordnet ihn primär der Offenheit für Nachkommenschaft unter. Diese ursprüngliche Ethik hat ihren Ursprung in theologischen, philosophischen und anthropologischen Überzeugungen, die tief in der kirchlichen Tradition verwurzelt sind. Lust, Begehren und Wohlbefinden können in diesem Rahmen eine vorrangige und eigenständige Bedeutung gewinnen, indem sie der gottgewollten Ordnung entsprechen und ihr zusprechen. Sie werden nicht bloß als Begleiterscheinungen, sondern als positive Ausdrucksformen menschlicher Ganzheitlichkeit verstanden, wenn sie in Einklang mit einem verantwortungsvollen, geistlich orientierten Leben stehen.

Heute steht dieses alte Konzept somit vor großen Herausforderungen. Gesellschaftliche Entwicklungen, wissenschaftliche Erkenntnisse über Sexualität und veränderte moralische Vorstellungen führen dazu, dass die traditionelle Lehre von vielen Katholiken infrage gestellt wird. Kritiker bemängeln, dass sie zu starr sei, individuelle Lebensrealitäten nicht ausreichend berücksichtige und oft Leid verursache – etwa in Bezug auf Homosexualität, Empfängnisverhütung oder Ehescheidung. Auch innerhalb der Kirche gibt es Stimmen, die eine Anpassung fordern, um den Menschen in ihrer Lebenswirklichkeit besser gerecht zu werden. Papst Franziskus hat mit seiner Betonung von Barmherzigkeit und der Individualethik neue Akzente gesetzt, um damit die neu Lehre grundsätzlich zu verstärken.

Qualität einer Beziehung entscheidend für die neue Sexualethik

Eine nicht-traditionelle Sexualethik für die katholische Kirche könnte auf einem personalistischen Ansatz beruhen, der Sexualität nicht primär funktional (im Sinne der Fortpflanzung), sondern relational und wertschätzend versteht. Sie könnte sich stärker an der Würde, der Liebe und dem Wohl der beteiligten Personen orientieren und weniger an einer objektiven Gesetzesstruktur. Dies würde bedeuten, dass nicht die äußere Form der Beziehung (z. B. Ehe) allein entscheidend ist, sondern die Qualität der Beziehung: Respekt, Treue, Verantwortung und Gegenseitigkeit. Ein solcher Ansatz könnte Raum schaffen für eine moralische Neubewertung von Homosexualität, wiederverheirateten Geschiedenen oder verantwortungsvoller Empfängnisverhütung, um so den christlichen Kerngehalt von Liebe und Gemeinschaft gerade zu stärken.

Wann und wie eine solche Entwicklung in die kirchliche Lehre einfließen kann, bleibt eine offene Frage für ein nächstes Vatikanisches Konzil. Wenn die Kirche moderne Lebensrealitäten meistern will, muss die Diskussion über eine zukunftsfähige Sexualethik dort weitergehen.

9 • *Ist die Verdrängung sexueller Themen durch die Kirche schädlich für die Gläubigen?*

Ja, die Verdrängung sexueller Themen durch die Kirche kann schädlich für die Gläubigen sein, da sie oft zu Unsicherheiten, Schuldgefühlen und einer ungesunden Einstellung zur eigenen Sexualität führt. Wenn die Kirche Sexualität primär als potenzielle Sünde oder als etwas Streng-Reglementiertes darstellt, kann das zu einer inneren Zerrissenheit führen – insbesondere für Gläubige, deren Lebensrealität nicht mit der kirchlichen Lehre übereinstimmt. Dies betrifft unter anderem junge Menschen, die ihre Sexualität entdecken, homosexuelle Gläubige, wiederverheiratete Geschiedene oder auch Ehepaare, die Verhütungsmittel nutzen möchten.

Fehlende oder tabuisierte Aufklärung kann zudem dazu führen, dass Menschen in Fragen der Sexualität Orientierung bei fragwürdigen Quellen suchen oder unterdrückte Konflikte entwickeln. In extremen Fällen kann die strikte Tabuisierung auch Missbrauch begünstigen, indem sie eine Kultur des Schweigens schafft, in der Betroffene sich nicht trauen, über erlebtes Unrecht zu sprechen.

in solchen Fällen trägt die Kirche eine mitverantwortliche Schuld, und diese lässt sich klar benennen:

Wenn durch strikte Tabuisierung von Sexualität und eine moralisch aufgeladene Schweigekultur ein Klima entsteht, in dem Betroffene Angst haben zu sprechen, Täter geschützt und systemisches Wegsehen begünstigt wird, dann überschreitet die Institution ihre Verantwortung gegenüber den Schutzbefohlenen und dem Evangelium selbst.

Die Schuld der Kirche besteht dann darin, dass sie:

- **Schweigen über das Leid gestellt** und damit Unrecht ermöglicht oder verlängert hat.
- **Strukturen aufrechterhielt**, die **Autorität über Wahrheit, Kontrolle über Mitgefühl** stellten.
- Die **Würde von Betroffenen verraten** hat, um das **Image der Institution** zu wahren.
- Durch Tabuisierung die **Aufarbeitung verhindert** und damit den **Zugang zu Heilung erschwert** hat.

In theologischer Sprache gesprochen: Die Kirche hat sich dort schuldig gemacht, wo sie nicht Hüterin des Lebens, sondern Mitverursacherin von Schuld und Leid wurde. Ihre eigentliche Berufung – Schutz, Gerechtigkeit, Wahrheit und Barmherzigkeit – wurde in solchen Kontexten ins Gegenteil verkehrt.

Wahre Verantwortung beginnt dort, wo diese Schuld nicht relativiert, sondern benannt, bekannt und konkret bearbeitet wird – nicht nur durch

Worte, sondern durch transparente Reformen, echte Aufarbeitung und hörende Nähe zu den Betroffenen.

Eine offene, reflektierte und wertschätzende Auseinandersetzung mit Sexualität wäre daher sowohl für die persönliche Entwicklung der Gläubigen als auch für die Glaubwürdigkeit der Kirche von Vorteil. Die Frage ist, inwieweit sich die Kirche darauf einlässt und ob sie eine Sexualethik formulieren kann, die dem Leben der Menschen gerecht wird, ohne ihre spirituellen Grundsätze aufzugeben.

10 • *Ist die Tabuisierung sexueller Themen ein Grund für sinkende Kirchenmitgliedschaft?*

Die Tabuisierung sexueller Themen kann zudem ein Faktor für die sinkende Kirchenmitgliedschaft sein, aber sie ist nicht der einzige oder ausschlaggebende Grund. Empirische Studien zeigen, dass die Kirchenaustritte in vielen westlichen Ländern durch eine Kombination mehrerer Faktoren beeinflusst werden:

- **Säkularisierung** – Der gesellschaftliche Trend zur Abkehr von religiösen Institutionen und die zunehmende Bedeutung von Wissenschaft und Rationalität tragen stark zur sinkenden Kirchenbindung bei.
- **Kirchliche Skandale** – Missbrauchsskandale und deren oft unzureichende Aufarbeitung haben das Vertrauen in die Institution Kirche stark beschädigt.
- **Ethisch-moralische Diskrepanz** – Viele Menschen empfinden kirchliche Positionen zu Sexualität, Geschlechterrollen oder LGBTQIA+-Rechten als nicht mehr zeitgemäß.
- **Individualisierung von Spiritualität** – Viele Menschen praktizieren ihren Glauben außerhalb institutioneller Kirchen oder wenden sich alternativen Formen der Spiritualität zu.
- **Finanzielle Aspekte** – Die Kirchensteuer in Ländern wie Deutschland ist ein häufiger Austrittsgrund.

Die Tabuisierung sexueller Themen kann vor allem jüngere Menschen entfremden, die in einer offenen Gesellschaft mit anderen

Wertvorstellungen aufwachsen. Dennoch ist sie nur ein Teil eines vielschichtigen Phänomens.

Jüngere Menschen haben heute vielfach andere Erwartungen an die Sexualmoral der Kirche als frühere Generationen – geprägt von einem stärkeren Bewusstsein für Selbstbestimmung, Diversität und offene Kommunikation. Ihre Erwartungen lassen sich in mehreren zentralen Punkten bündeln:

1. **Anerkennung von Autonomie und Einvernehmlichkeit:** Junge Menschen erwarten, dass die Kirche individuelle Entscheidungen in der Sexualität respektiert, solange sie auf gegenseitigem Respekt und Zustimmung beruhen. Moralische Bewertungen sollen nicht pauschal, sondern differenziert und menschenzugewandt erfolgen.

2. **Offenheit für Vielfalt:** Viele junge Menschen wünschen sich eine Sexualmoral, die verschiedene Lebensformen und sexuelle Orientierungen anerkennt – ohne Verurteilung, sondern in einer Haltung der Zugewandtheit und Anerkennung.

3. **Ehrlichkeit und Authentizität:** Junge Gläubige erwarten von der Kirche Glaubwürdigkeit und gelebte Offenheit – kein Doppelleben von Ideal und Realität. Eine glaubwürdige Sexualethik muss auch über menschliche Ambivalenzen, Fehler und Entwicklung offen sprechen können.

4. **Schutz vor Missbrauch und Machtmissbrauch:** Die Missbrauchsskandale haben das Vertrauen stark erschüttert. Junge Menschen fordern klare Strukturen, die Betroffene schützen, Verantwortung transparent machen und eine offene Fehlerkultur zulassen.

5. **Wertschätzung von Liebe, Lust und Beziehung:** Anstelle rein funktionaler oder normativer Sichtweisen auf Sexualität wünschen sich viele eine Lehre, die Sexualität als Ausdruck von Liebe, Nähe und Freude versteht – ganzheitlich und lebensnah.

6. **Mitspracherecht und Dialog**
Junge Menschen wollen gehört werden – sie erwarten, dass die Kirche mit ihnen spricht statt über sie, dass Moral nicht „von

oben herab“ verkündet wird, sondern im Dialog mit Lebensrealitäten wächst.

Junge Menschen erwarten zunehmend eine Sexualmoral, die ehrlich, lebensnah, schützend und offen ist – nicht weniger wertorientiert, aber mehr menschenzugewandt und entwicklungsfähig. Eine Kirche, die zuhört, begleitet und vertraut, statt zu kontrollieren und zu normieren, kann für sie wieder glaubwürdig werden.

11 • Kann eine Kirche ohne sexuelle Tabus funktionieren?

Eine Kirche ohne sexuelle Tabus könnte funktionieren – und sogar eine tiefere spirituelle und gemeinschaftliche Verbundenheit fördern –, wenn sie Sexualität nicht als problematisches oder sündhaftes Thema behandelt, sondern als einen natürlichen, verantwortungsvollen und ethisch reflektierten Bestandteil des Menschseins. Eine solche Kirche müsste jedoch klare Werte und Leitlinien entwickeln, um einen verantwortungsbewussten Umgang mit Sexualität zu ermöglichen, anstatt auf starre Verbote und Tabuisierung zu setzen. Dazu gelten folgende Voraussetzungen:

Ethische Verantwortung statt Verbote

Anstatt Sexualität als etwas Gefährliches oder Sündhaftes zu betrachten, könnte eine tabufreie Kirche auf Verantwortung, Konsens und Respekt als zentrale moralische Prinzipien setzen. Diese Ethik würde nicht von Verboten und moralischer Kontrolle bestimmt, sondern von der Frage: Dient diese Form der Sexualität der Liebe, dem Respekt und der Würde des Menschen?

Befreiung von Angst und Heuchelei

Kirchliche Sexualmoral hat in der Vergangenheit oft zu Schuldgefühlen, Verdrängung und Doppelmoral geführt. Eine Kirche ohne sexuelle Tabus könnte eine Atmosphäre schaffen, in der Menschen über ihre Sexualität offen sprechen können, ohne Angst vor Verurteilung oder Ausgrenzung. Dies würde besonders in Bezug auf queere Menschen, wiederverheiratete Geschiedene oder nicht-heteronormative Beziehungsformen ein Klima der Annahme statt der Schuld schaffen.

Orientierung an der ursprünglichen Botschaft Jesu

Jesus selbst stellte nicht Verbote, sondern Liebe, Mitgefühl und persönliche Verantwortung in den Mittelpunkt. Er sprach kaum über Sexualität, aber viel über Gerechtigkeit, Wahrhaftigkeit und den wertschätzenden Umgang mit anderen Menschen. Eine Kirche, die sich auf diese Werte statt auf rigide Sexualnormen konzentriert, könnte eine stärkere spirituelle Gemeinschaft bilden.

Kirche als Ort für offene Gespräche über Sexualität

Anstatt Sexualität zu verdrängen oder in moralischen Schwarz-Weiß-Kategorien zu denken, könnte eine tabufreie Kirche ein Raum sein, in dem Menschen über Beziehungen, Liebe, Identität und sexuelle Ethik sprechen. Bereits heute gibt es fortschrittliche christliche Gemeinschaften, die Sexualität nicht als Gegenspieler der Spiritualität sehen, sondern als Teil eines ganzheitlichen christlichen Lebens.

Schutz vor Missbrauch durch Offenheit statt Tabuisierung

Tabuisierung hat in der Vergangenheit oft dazu geführt, dass Machtmissbrauch und sexuelle Gewalt in der Kirche vertuscht wurden. Eine Kirche, die Sexualität offen thematisiert und ethisch reflektiert, könnte einen besseren Schutzmechanismus gegen Übergriffe schaffen, da sie sich nicht hinter unrealistischen Enthaltsamkeitsforderungen oder rigiden Moralvorstellungen versteckt.

Eine Kirche ohne sexuelle Tabus könnte daher funktionieren, wenn sie sich von rigiden Verboten löst und stattdessen eine Ethik der Verantwortung, des Respekts und der gegenseitigen Liebe entwickelt. Sie könnte Raum für ehrliche Gespräche, eine authentische spirituelle Praxis und eine tiefere Gemeinschaft schaffen, die nicht auf Angst und Kontrolle basiert, sondern auf Annahme und Befreiung.

Werte und Leitlinien für eine verantwortungsbewusste Sexualethik in der Kirche lassen sich wie folgt formulieren: Eine Kirche, die Sexualität nicht tabuisiert, sondern als natürlichen und ethisch verantwortlichen Teil des Menschseins anerkennt, benötigt klare Werte und Leitlinien. Diese sollen sicherstellen, dass Sexualität nicht ausgenutzt oder unterdrückt, sondern in Liebe, Respekt und Verantwortung gelebt wird.

Grundwerte einer aufgeklärten kirchlichen Sexualethik:

Liebe als zentrales Prinzip: Jede Form von Sexualität soll Ausdruck von gegenseitiger Liebe, Achtung und Respekt sein. Die Kirche orientiert sich an der Nächstenliebe (Markus 12,31) und stellt das Wohl der Menschen in den Mittelpunkt.

Freiheit und Selbstbestimmung: Sexualität ist eine persönliche und individuelle Angelegenheit. Jeder Mensch hat das Recht, seine Sexualität selbstbestimmt zu leben, solange dies auf gegenseitigem Einverständnis und Respekt basiert. Die Kirche respektiert die Vielfalt sexueller Orientierungen und Identitäten.

Verantwortung und Achtsamkeit: Sexualität darf niemals auf Kosten anderer ausgeübt werden. Sie setzt stets Freiwilligkeit, Einvernehmen und Achtsamkeit voraus. Machtmissbrauch, Zwang oder Manipulation in sexuellen Beziehungen werden konsequent abgelehnt.

Ehrlichkeit und Authentizität: Die Kirche fördert eine Kultur der Offenheit, in der über Sexualität ehrlich gesprochen werden kann, ohne Angst vor Verurteilung oder Ausgrenzung. Heuchelei und Doppelmoral werden aktiv abgebaut.

Integration statt Ausgrenzung: Kein Mensch wird wegen seiner Sexualität oder Beziehungsform von der kirchlichen Gemeinschaft ausgeschlossen. Menschen, die aus traditionellen Normen fallen (z. B. LGBTQIA+, geschiedene und wiederverheiratete Personen, polyamore Menschen), sind Teil der Kirche und werden in ihrer Lebensweise respektiert.

Ganzheitlichkeit und Spiritualität: Sexualität ist kein Gegensatz zur Spiritualität, sondern ein Ausdruck menschlicher Ganzheit. Sie kann ein Weg sein, tiefe Verbundenheit und Liebe zu erleben. Die Kirche versteht den Menschen als Einheit von Körper, Geist und Seele und betrachtet Sexualität als Teil der göttlichen Schöpfung.

Auf Basis dieser Werte lassen sich folgende Leitlinien ableiten:

Leitlinien für einen verantwortungsvollen Umgang mit Sexualität in der Kirche

1. Ethik der Beziehung statt rigider Regeln: Die Qualität einer Beziehung zählt mehr als ihre formale Struktur. Ob eine Beziehung heterosexuell oder homosexuell, monogam oder nicht-monogam, ehelich oder unehelich ist, ist nicht entscheidend – sondern, ob sie auf Liebe, Respekt und Verantwortung basiert. Die Kirche erkennt an, dass Menschen unterschiedliche Beziehungsmodelle leben und unterstützt sie darin, diese ethisch verantwortungsvoll zu gestalten.

2. Dialog statt Tabuisierung: Offene Gespräche über Sexualität sind Teil der kirchlichen Seelsorge und Gemeindearbeit. Es gibt geschützte Räume für Jugendliche und Erwachsene, in denen Fragen zu Sexualität, Identität, Beziehung und Liebe besprochen werden können. Die Kirche fördert sexuelle Bildung auf Basis wissenschaftlicher Erkenntnisse und christlicher Werte.

3. Schutz vor Machtmissbrauch und Übergriffen: Die Kirche stellt sicher, dass Macht in seelsorgerlichen und kirchlichen Kontexten nicht missbraucht wird. Geistliche und Kirchenmitarbeiter erhalten Schulungen zum Thema Macht, Grenzen und Ethik in Beziehungen. Es gibt klare Strukturen zur Aufarbeitung und Verhinderung von sexuellem Missbrauch.

4. Positive Sexualmoral statt Angst und Schuld: Schuldgefühle oder Angst in Bezug auf Sexualität werden nicht als Mittel zur Moralbildung eingesetzt. Stattdessen wird eine positive, beziehungsorientierte Sexualethik gefördert, die Menschen unterstützt, erfüllte Beziehungen zu führen. Menschen werden ermutigt, sich selbst, ihren Körper und ihre Bedürfnisse wertzuschätzen.

5. Segnung und Anerkennung vielfältiger Lebensformen: Segnungen von gleichgeschlechtlichen Paaren sowie nicht-traditionellen Beziehungsmodellen sind Teil der kirchlichen Praxis. Sexualität wird als Teil der göttlichen Schöpfung anerkannt und gefeiert.

Eine Kirche, die Sexualität nicht tabuisiert, sondern als verantwortungsbewussten, liebevollen Teil des Menschseins betrachtet, kann ein Ort sein, an dem Menschen Annahme, Ehrlichkeit und Orientierung finden. Indem sie eine reflektierte, lebensnahe und inklusive Sexualethik predigt, wird sie zu einer glaubwürdigen und lebendigen Gemeinschaft, die nicht durch rigide Verbote, sondern durch Liebe, Respekt und Verantwortung geprägt ist.

Abbildung 4: Ein kirchlicher Würdenträger mit dem Buch „Tradition“ hält an Strukturen fest, während Lichtergestalten nach einem Symbol für Selbstbestimmung und geschlechterübergreifende Inklusion greifen.

d) Moderne und alternative Perspektiven

12 • Kann die Auseinandersetzung mit eigenen sexuellen Anteilen (auch einer Reflexion dieser bei Jesu) das Bewusstsein für Nächstenliebe fördern?

Die Auseinandersetzung mit den eigenen sexuellen Anteilen – und gegebenenfalls auch eine Reflexion über mögliche sexuelle Aspekte bei Jesus – kann das Bewusstsein für Nächstenliebe fördern, da sie zu einer tieferen Selbstakzeptanz, Empathie und einem umfassenderen Verständnis menschlicher Erfahrung führt.

Sexualität ist ein fundamentaler Bestandteil der menschlichen Existenz, der nicht nur auf körperliche Aspekte reduziert werden kann, sondern auch Identität, Beziehungen und emotionale Nähe umfasst. Wer sich ehrlich mit seiner eigenen Sexualität auseinandersetzt – mit Wünschen, Ängsten, Grenzen und Prägungen –, kann besser verstehen, wie andere Menschen in ihrer jeweiligen Sexualität empfinden, und dadurch sensibler mit ihnen umgehen. Eine bewusste Reflexion kann Vorurteile abbauen und mehr Offenheit für die Lebensrealitäten anderer schaffen, was direkt in ein tieferes Verständnis von Nächstenliebe münden kann.

Wenn man diese Überlegung auf Jesus bezieht, stellt sich die Frage, ob er als Mensch eine Form von Sexualität empfunden haben könnte und wie er mit dieser Realität umgegangen wäre. Auch wenn das Neue Testament dazu keine direkten Aussagen trifft, zeigt sich in Jesu Umgang mit Menschen eine große Sensibilität für zwischenmenschliche Nähe, Liebe und die Würde jedes Einzelnen. Seine Begegnungen mit Ausgegrenzten, seine Zärtlichkeit in Freundschaften und seine tiefe emotionale Bindung an andere Menschen deuten darauf hin, dass er Liebe in vielen Formen empfunden hat – auch wenn sie möglicherweise nicht sexuell gelebt wurde. Diese Offenheit für das gesamte Spektrum menschlicher Beziehungen könnte als ein Modell für eine Nächstenliebe verstanden werden, die nicht wertet oder ausgrenzt, sondern anerkennt, dass Sexualität ein natürlicher und integraler Teil des Menschseins ist.

Indem Menschen sich mit ihrer eigenen Sexualität auseinandersetzen, können sie lernen, mitfühlender auf die Lebensrealitäten anderer zu reagieren, anstatt sie moralisch zu beurteilen. Eine solche Reflexion kann helfen, Scham und Angst zu überwinden und eine Spiritualität zu entwickeln, die nicht auf Verdrängung oder Verboten basiert, sondern auf einer positiven und wertschätzenden Sichtweise des Menschseins. Dadurch wird Nächstenliebe nicht nur ein abstraktes Ideal, sondern eine gelebte Haltung, die Menschen in ihrer Ganzheitlichkeit anerkennt und respektiert.

13 • Wie könnte eine zeitgemäße christliche Sexualethik aussehen?

Eine zeitgemäße christliche Sexualethik könnte traditionelle Werte mit modernen Erkenntnissen aus Ethik, Psychologie und Medizin in Einklang bringen. Sie müsste sowohl die biblische Grundlage als auch die gesellschaftliche Realität berücksichtigen. Einige zentrale Aspekte könnten sein:

1. Würde und Selbstbestimmung: Jeder Mensch ist nach dem christlichen Verständnis im *„Ebenbild Gottes“* geschaffen (Gen 1,27) und verdient Respekt in seiner sexuellen Identität und seinen Entscheidungen. Einvernehmlichkeit, Respekt und gegenseitige Verantwortung sind zentrale ethische Prinzipien.

2. Treue und Verlässlichkeit: Beziehungen sollten auf Vertrauen, Treue und gegenseitiger Unterstützung beruhen. Dauerhafte Bindungen werden wertgeschätzt, jedoch unter Berücksichtigung moderner Beziehungsrealitäten.

3. Sexualität als Gabe Gottes: Sexualität ist keine reine Fortpflanzungsfunktion, sondern auch eine Quelle von Freude, Nähe und Liebe. Ihre Gestaltung sollte bewusst und verantwortungsvoll erfolgen.

4. Inklusion und Vielfalt: Moderne theologische Ansätze plädieren für eine Offenheit gegenüber unterschiedlichen sexuellen Identitäten und

Orientierungen. Ablehnung oder Diskriminierung aufgrund der sexuellen Orientierung widerspricht dem Gebot der Nächstenliebe (Mk 12,31).

5. Verantwortung und Ethik in Beziehungen: Die ethische Bewertung von Sexualität richtet sich nicht primär nach dem Ehestatus, sondern nach der Qualität der Beziehung (Liebe, Treue, Verantwortung). Trennung und Scheidung werden nicht stigmatisiert, sondern als Teil menschlicher Realität betrachtet.

6. Schutz von Schwächeren: Jede Form von Missbrauch, Zwang oder Manipulation ist entschieden abzulehnen. Besondere Aufmerksamkeit gilt dem Schutz von Kindern, Jugendlichen und vulnerablen Personen.

7. Verhältnis zu traditionellen Normen: Die biblischen Texte sind im historischen Kontext zu verstehen. Eine reflexive Ethik fragt, welche Prinzipien universell gültig sind (z. B. Herzenswärme, Verlässligkeit, Pflichtbewusstsein) und welche zeitbedingten kulturellen Normen überholt sind.

Diese religiöse Ethik wäre anschlussfähig für gläubige Menschen, die in einer modernen Gesellschaft leben, und könnte helfen, Sexualität nicht als Spannungsfeld zwischen Glauben und Leben, sondern als integralen Teil eines ethischen und religiösen Lebens zu verstehen.

14 • Begehren als göttliche Gabe: Welche neuen Perspektiven eröffnet die Verbindung von Glaube und Sexualität?

Elizabeth Stuart nutzt das Konzept der *Radical Orthodoxy,* um christliche Theologie nicht nur gegen säkulare Denkmuster zu verteidigen, sondern auch um traditionelle Vorstellungen von Sexualität innerhalb des Glaubens neu zu deuten. Während die *Radical Orthodoxy* ursprünglich als theologische Strömung entstand, die die Moderne und den Säkularismus – die Trennung von Staat und Religion – kritisch hinterfragt, wendet Stuart sie auf die Thematik von Geschlecht, Sexualität und queeren Identitäten an. Ihr Ansatz ist es, nicht einfach die Kirche an moderne gesellschaftliche Normen anzupassen, sondern aus der Tiefe der christlichen Tradition heraus eine inklusivere Theologie zu entwickeln.

Stuart kritisiert, dass moderne Theologien oft einen Bruch zwischen Körperlichkeit und Spiritualität voraussetzen und Sexualität entweder auf eine bloß physische Ebene reduzieren oder durch moralische Normen unterdrücken. Sie argumentiert, dass eine wirklich christliche Sexualethik nicht auf Regeln und Verboten basieren sollte, sondern auf Sakramentalität und Transzendenz. Aus dieser Sichtweise ist Sexualität nicht nur eine private oder gesellschaftlich geregelte Angelegenheit, sondern kann eine spirituelle Dimension haben, die Menschen mit Gott und miteinander verbindet.

Abbildung 5: Begehren als göttliche Gabe – dargestellt durch eine leuchtende Gestalt im Einklang mit Licht, Liebe, Körperlichkeit und Glaube. Die Verbindung von Spiritualität und Körperlichkeit wird sanft angedeutet. Durch das zu ahnende Paar in der Lichtstrahlung tritt eine körperlich-emotionale Dimension hervor – dezent und respektvoll mit der eigenen Sexualität.

Somit betont sie, dass Begehren eine theologische Dimension hat, die Menschen in Beziehung zu Gott und zur Schöpfung setzt. In dieser Perspektive kann queere Sexualität nicht als bloße Abweichung von einem heteronormativen Ideal betrachtet werden, sondern als eine mögliche Erfahrung von göttlicher Kreativität und Liebe.

Durch die Verbindung von *Radical Orthodoxy* und *queerer Theologie* fordert Stuart zudem eine Rückbesinnung auf die spirituelle Tiefe von

Sexualität, ohne sie auf Heteronormativität oder Fortpflanzung zu reduzieren. Sie betont Begehren als göttliche Gabe, die Menschen in eine tiefere Beziehung zu sich selbst, zu anderen und zum Göttlichen führen kann. Dies eröffnet eine völlig neue Perspektive auf Sexualität im christlichen Glauben: Nicht als moralisches Anliegen, sondern als Teil eines heiligen, schöpferischen und liebenden Lebens in Gemeinschaft mit Gott.

Kapitel 2: Machtdynamiken und Kontrolle in der Kirche

Die katholische Kirche steht seit Jahrhunderten im Spannungsfeld zwischen spirituellem Anspruch und institutioneller Machterhaltung. Während sich das Christentum als eine Religion der Nächstenliebe und Gerechtigkeit versteht, zeigen sich in der kirchlichen Struktur tief verwurzelte Machtmechanismen, die Veränderungen oft blockieren. Eine zentrale Frage ist, inwieweit die rigide Sexualmoral der Kirche weniger eine spirituelle Notwendigkeit als vielmehr ein Instrument zur Kontrolle der Gläubigen ist. Historisch wurde Sexualität stark tabuisiert, und Sündenbegriffe wurden gezielt konstruiert, um bestehende Hierarchien zu stabilisieren. Damit stellt sich die Frage, ob die Kirche mehr an der Wahrung dieser Ordnung als an der Wahrheit ihrer eigenen Lehren interessiert ist.

Besonders die Ablehnung sexueller Selbstbestimmung wirft ein Licht auf diese Machtdynamiken. Ist eine christliche Ethik ohne sexuelle Kontrolle überhaupt denkbar? Die jahrhundertelange Unterdrückung sexueller Vielfalt durch religiöse Strukturen legt nahe, dass kirchliche Autoritäten Sexualmoral als Mittel der Disziplinierung nutzen. So wurden nicht nur queere Identitäten marginalisiert, sondern auch Frauen in ihrer Rolle innerhalb der Kirche systematisch benachteiligt. Dies zeigt sich etwa in der Bewegung Maria 2.0, die gegen Missbrauch und den Ausschluss von Frauen aus kirchlichen Entscheidungsprozessen protestiert. Der Missbrauchsskandal in der katholischen Kirche ist dabei kein isoliertes Problem, sondern ein Symptom struktureller Machtmechanismen, die von Geheimhaltung und interner Hierarchie profitieren.

Ein weiterer Fragen-Bereich ist die Sexualität Jesu. Die bloße Debatte darüber, ob Jesus eine queere Identität gehabt haben könnte, führt bei konservativen Kreisen zu fehlender Reflexion und weitergehende Ablehnung. Ist diese Frage so interessant, weil sie nicht nur ein theologisches Thema berührt, sondern die gesamte kirchliche Machtstruktur infrage stellt? Wenn sich Theologie von diesen alten

Dogmen und ihre Vertreter löst, könnte sie bestehende Machtverhältnisse verändern und eine neue Perspektive auf Glaube und Sexualität eröffnen.

Schließlich ist zu fragen, ob eine grundsätzliche Reform der Kirche notwendig ist, um Glaubwürdigkeit zurückzugewinnen. Die Kritik an ihrer Geschichte zeigt, dass Machtmissbrauch tief in die institutionellen Strukturen eingebettet ist. Doch kann eine Kirche existieren, die sich ihrer Machtinstrumente entledigt? Oder ist die Angst vor Kontrollverlust der Grund, warum Reformbewegungen wie ‚Wir sind Kirche' immer wieder auf Widerstand stoßen? Diese Fragen sind zentral, wenn es um die Zukunft eines Christentums geht, das sich nicht durch Unterdrückung, sondern durch Offenheit und Gerechtigkeit definiert.

a) Grundlegende Fragen zu Macht und Kontrolle in der Kirche

15 • Haben religiöse Machtstrukturen die Wahrnehmung von Sexualität unterdrückt?

Religiöse Machtstrukturen haben historisch betrachtet oft erheblichen Einfluss auf die Wahrnehmung und Ausübung von Sexualität genommen und diese in vielen Fällen stark eingeschränkt oder unterdrückt. Sexualität wurde vielfach mit moralischen oder spirituellen Vorstellungen verknüpft und in feste Regelwerke eingebunden, um das Verhalten von Gläubigen zu kontrollieren oder gesellschaftliche Normen durchzusetzen. Häufig wurde Sexualität ausschließlich innerhalb bestimmter Grenzen, beispielsweise der Ehe, akzeptiert, während andere Ausdrucksformen der Sexualität als untergeordnet oder unmoralisch abgewertet wurden. Solche religiösen Vorschriften führten dazu, dass Menschen Sexualität teilweise mit Schuldgefühlen, Scham oder Tabus verbanden und ihre sexuellen Bedürfnisse verdrängten oder verheimlichten. Insbesondere wurden dabei weibliche Sexualität oder von religiösen Normen abweichende sexuelle Orientierungen und Praktiken stark reguliert, was zur Stigmatisierung und Marginalisierung bestimmter Gruppen beitrug. Auch wenn religiöse Gemeinschaften heute in ihrer Haltung zur Sexualität stark variieren und teilweise liberalere Positionen vertreten, wirken traditionelle religiöse Machtstrukturen weiterhin nach und beeinflussen die gesellschaftliche und individuelle Wahrnehmung von Sexualität in vielen Kulturen nachhaltig.

Wenn Menschen Sexualität aufgrund religiöser oder gesellschaftlicher Einflüsse mit Schuldgefühlen, Scham oder Tabus verbanden, führte dies häufig zu inneren Konflikten, psychischem Leid und emotionaler Belastung. Das Gefühl, natürliche Bedürfnisse nicht offen leben oder ansprechen zu dürfen, erzeugte oft ein starkes Spannungsverhältnis zwischen den eigenen Wünschen und gesellschaftlichen Erwartungen. Dies äußerte sich bei vielen Menschen in Gefühlen von Minderwertigkeit, Angst oder Selbstzweifeln, bis hin zu Depressionen oder Angststörungen. Verdrängte oder unterdrückte Sexualität konnte zudem zu verzerrten Selbstbildern oder problematischen Beziehungen zu anderen Menschen führen, da echte Nähe und Intimität erschwert oder blockiert wurden. Auch ein Gefühl der Isolation war nicht selten, weil Betroffene glaubten, ihre Bedürfnisse seien unnormal oder unmoralisch, wodurch offener Austausch verhindert wurde. In manchen Fällen konnten diese unterdrückten Emotionen und Bedürfnisse auf Dauer zu einer ungesunden Beziehung zum eigenen Körper führen, die Lebensqualität stark beeinträchtigen und langfristige psychische sowie körperliche Folgen nach sich ziehen – bis hin zu Suizidgedanken.

Die katholische Kirche trägt historisch betrachtet eine deutliche Verantwortung dafür, dass Menschen Sexualität mit Scham, Schuldgefühlen oder Tabus verbunden haben und somit in ihrer psychischen und emotionalen Entwicklung oft eingeschränkt oder belastet wurden. Vor allem durch strenge moralische Lehren und Verbote, wie das Ablehnen von Sexualität außerhalb der Ehe, die Stigmatisierung von gleichgeschlechtlicher Liebe oder das Verbot der Selbstbefriedigung, prägte die Kirche über Jahrhunderte hinweg ein Klima, in dem sexuelle Bedürfnisse als untergeordnet oder moralisch minderwertig galten. Diese Haltungen hatten nachweislich Einfluss darauf, wie Gläubige ihre eigene Sexualität wahrnahmen und wie sie mit sexuellen Gefühlen umgingen, und konnten erhebliche psychische Spannungen und emotionales Leid verursachen.

Dennoch wäre es zu einseitig, die katholische Kirche allein verantwortlich zu machen. Viele religiöse und kulturelle Institutionen weltweit haben ähnliche Normen verbreitet und Sexualität restriktiv behandelt. Allerdings ist die katholische Kirche aufgrund ihres globalen Einflusses und ihrer klaren, systematisch verbreiteten Morallehre in besonderem Maße daran beteiligt, bestimmte Tabus und Verbote zu etablieren und zu festigen. Ihre Positionen zu Sexualität und Partnerschaft haben zweifellos Millionen von Menschen geprägt, oft mit negativen Folgen für deren psychische Gesundheit und Wohlbefinden.

In jüngerer Zeit wächst auch innerhalb der Kirche Kritik an diesen Positionen, und es gibt teils offeneren Umgang und differenziertere Sichtweisen.

16 • *Welche Rolle spielen Macht und Kontrolle in der Ablehnung der sexuellen Selbstbestimmung durch Kirchen?*

Die Ablehnung der sexuellen Selbstbestimmung durch Kirchen, insbesondere durch die katholische Kirche, ist nicht nur tief in Fragen von Macht und Kontrolle verwurzelt. Historisch und theologisch betrachtet wurde Sexualität nicht nur als persönliches, sondern auch als gesellschaftliches und kirchliches Anliegen definiert. Indem sie Sexualnormen festlegte und als unumstößliche göttliche Gebote ausgab, konnte die Kirche direkten Einfluss auf das Privatleben der Gläubigen nehmen und ihre Autorität über Generationen hinweg sichern.

Kontrolle durch Normsetzung und Sündenkonstruktion

Die Kirche hat Sexualität über Jahrhunderte hinweg moralisch kodifiziert und dabei klare Grenzen zwischen *„erlaubter" und „verbotener" Sexualität* gezogen. Vorehelicher Sex, Homosexualität, Empfängnisverhütung und Masturbation wurden als sündhaft eingestuft, während ehelicher Sex ausschließlich zur Fortpflanzung als legitim galt. Durch diese moralische Kontrolle wurde Sexualität zu einem Bereich, in dem kirchliche Autoritäten definieren konnten, was *„rein" oder „unrein"* ist – und damit Menschen in ein Abhängigkeitsverhältnis brachten, da die Kirche als Vermittlerin von Sündenvergebung auftrat.

Die Konstruktion der „Erbsünde" im Zusammenhang mit Sexualität verstärkte diesen Mechanismus: Der menschliche Trieb galt als potenziell gefährlich und musste durch kirchliche Normen reguliert werden. Dies führte zu einer tiefen Verankerung von Schuldgefühlen in vielen Gläubigen, die von klein auf lernten, dass ihre natürlichen sexuellen Bedürfnisse sündhaft oder minderwertig seien – und nicht naturgewollt und lebensbejahend zu leben seien. Die Kirche bot dann gleichzeitig den „Ausweg" aus dieser Schuld – durch Beichte, Buße und striktes Befolgen der kirchlichen Gebote.

Sexualität als Bedrohung der kirchlichen Autorität

Sexuelle Selbstbestimmung steht im Widerspruch zu einer kirchlichen Moral, die auf Gehorsam basiert. Wenn Menschen beginnen, eigenständig über ihre Sexualität zu entscheiden und sich nicht mehr von kirchlichen Vorschriften leiten lassen, untergräbt dies die kirchliche Autorität. Besonders in Fragen der Empfängnisverhütung und der Ehe zeigt sich dies deutlich: Während die Kirche weiterhin gegen künstliche Verhütungsmittel argumentiert, ignorieren viele Gläubige diese Vorgaben längst in ihrem Alltag. Die Kontrolle über den Körper und über Fortpflanzung wird damit nicht mehr durch die Kirche bestimmt, sondern durch individuelle Entscheidungen.

Heutige Selbstbestimmtheit von Frauen

Diese Emanzipation gefährdet ein zentrales kirchliches Machtinstrument. Besonders für Frauen bedeutet sexuelle Selbstbestimmung eine Befreiung aus der traditionellen kirchlichen Rollenverteilung, in der sie vor allem als Mütter und Ehefrauen vorgesehen waren. Indem die Kirche an überholten Geschlechterrollen festhält, schützt sie auch ihre jahrhundertealte patriarchale Struktur, die Männern die alleinige Macht über theologische und moralische Fragen zuspricht.

Die Angst vor Pluralität und Vielfalt

Die rigide Haltung gegenüber LGBTQIA+-Menschen zeigt besonders deutlich, wie sehr es bei der kirchlichen Sexualmoral um Kontrolle geht. Indem die Kirche nur die heterosexuelle Ehe als *„natürlich"* definiert, grenzt sie bewusst all jene aus, die nicht in dieses Schema passen. Dies hat nicht nur theologische Gründe, sondern auch einen machtpolitischen Hintergrund: Die Kirche befürchtet, dass eine Anerkennung sexueller Vielfalt ihre bisherigen Dogmen und damit ihre eigene Unfehlbarkeit infrage stellen würde.

Die strikte Ablehnung gleichgeschlechtlicher Liebe basiert nicht auf wissenschaftlichen oder sozialen Argumenten, sondern auf dem Willen, bestehende hierarchische Strukturen aufrechtzuerhalten. Würde die Kirche LGBTQIA+-Personen gleichwertig anerkennen, müsste sie auch viele andere Lehren überdenken – etwa die Unantastbarkeit der traditionellen Ehe oder die angebliche göttliche

Ordnung der Geschlechter. Dies würde ihre Glaubwürdigkeit untergraben und ihr Einfluss auf gesellschaftliche Normen weiter schwinden.

Kontrolle durch Sexualmoral als historisches Muster

Die kirchliche Kontrolle über Sexualität ist kein zufälliges Phänomen, sondern ein wiederkehrendes Muster, das sich durch die gesamte Kirchengeschichte zieht. Bereits im Mittelalter wurden Menschen, die von der kirchlichen Sexualmoral abwichen, verfolgt und bestraft. Die Hexenverfolgungen richteten sich häufig gegen Frauen, die als *„sexuell abweichend“* oder *„zu unabhängig“* galten. Gleiches galt für Homosexuelle, die als *„Sodomiten“* kriminalisiert wurden.

Auch in der Neuzeit hat die Kirche ihre Sexualmoral immer wieder als Machtinstrument genutzt. In vielen katholisch geprägten Ländern war (und ist) der Einfluss der Kirche so groß, dass sie Gesetze beeinflussen konnte – etwa Abtreibungsverbote in Polen oder Lateinamerika. Durch moralische und politische Einflussnahme sorgt die Kirche dafür, dass ihre Vorstellungen von Sexualität auch über den kirchlichen Raum hinaus gesellschaftlich verankert bleiben.

Wandel und Widerstand – Bröckelt die Kontrolle durch Realität?

Trotz der jahrhundertelangen Kontrolle über Sexualmoral gibt es Anzeichen für einen Wandel. Immer mehr Gläubige akzeptieren die kirchlichen Dogmen zur Sexualität nicht mehr und entscheiden selbst über ihr Liebes- und Sexualleben. Bewegungen wie „Maria 2.0“ (für Frauenrechte in der Kirche) oder „#OutInChurch“ (für LGBTQIA+-Rechte) setzen sich aktiv gegen die restriktive Sexualmoral der Kirche ein.

Auch innerhalb der Kirche gibt es vorsichtige Öffnungen. Papst Franziskus hat betont, dass homosexuelle Menschen mit Respekt behandelt werden sollten, und einige Priester segnen mittlerweile gleichgeschlechtliche Paare – trotz des offiziellen Verbots durch den Vatikan. Zudem wächst in vielen Ländern der Druck auf die Kirche, ihre Position zu Empfängnisverhütung und Frauenrechten zu überdenken.

Dennoch bleibt die grundlegende Frage: Wird sich die Kirche langfristig weiter öffnen, oder wird sie an ihrer rigiden Sexualmoral festhalten, um ihre Machtstrukturen zu bewahren? Solange Sexualität als etwas betrachtet wird, das kontrolliert und reglementiert werden muss, bleibt die Kirche ein Akteur, der individuelle Freiheit und Selbstbestimmung einschränkt – nicht aus spirituellen, sondern aus machtpolitischen Gründen.

Die Ablehnung sexueller Selbstbestimmung durch die Kirchen hat weniger mit einer objektiven, universellen Wahrheit zu tun als mit dem Wunsch, bestehende Machtstrukturen zu bewahren. Indem die Kirche Sexualität als sündhaft oder gefährlich darstellt, schafft sie ein System, in dem Gläubige auf ihre moralische Autorität angewiesen bleiben. Dies sichert ihre Kontrolle über Individuen und Gesellschaften. Doch mit zunehmender gesellschaftlicher Akzeptanz von sexueller Vielfalt und individueller Freiheit verliert die kirchliche Sexualmoral immer mehr und in der heutigen Generation massiv an Einfluss. Die Frage bleibt, ob sich die Kirche diesem Wandel anpasst oder ob sie an einer überholten Morallehre festhält, die zunehmend als weltfremd empfunden wird und für leere Communities sorgt.

17 • Inwieweit dient die rigide Sexualmoral der Kirche der Machterhaltung statt der spirituellen Wahrheit, und wie hat sich dies historisch durch die Tabuisierung von Sexualität und die Konstruktion von Sündenbegriffen manifestiert?

Die kirchliche Sexualmoral war über Jahrhunderte hinweg kaum ein spirituelles Konzept, sondern vielmehr auch ein Instrument zur gesellschaftlichen Kontrolle. Während viele Gläubige in der Sexualmoral eine göttliche Ordnung hinterfragen, die das spirituelle Leben vertiefen soll, zeigt die Geschichte, dass diese Moral oft auch der Machterhaltung diente. Die strengen Regeln zu Keuschheit, Ehe und gleichgeschlechtlicher Liebe boten der Kirche die Möglichkeit, tief in das Privatleben der Gläubigen einzugreifen und ihre Autorität zu sichern.

Wenn Sexualität als sündhaft oder gefährlich dargestellt wird, entsteht eine Abhängigkeit von kirchlichen Institutionen, die *„Vergebung“* und moralische Orientierung anbieten. Dies stärkt die Macht der Kirche über Individuen und Gesellschaften. Insbesondere die Ablehnung von gleichgeschlechtlicher Sexualität oder nicht-traditionellen Beziehungsmodellen könnte weniger auf spirituelle Prinzipien als auf die Aufrechterhaltung eines bestimmten Gesellschaftsbildes zurückzuführen sein.

Gleichzeitig stellt sich die Frage, ob diese Normen tatsächlich der spirituellen Wahrheit dienen. Eine Sexualmoral, die sich an Jesu Botschaft der Liebe, des Respekts und der Annahme orientiert, müsste auf individuelle Verantwortung, gegenseitiges Einvernehmen und Würde setzen – nicht auf Zwang und Angst. Eine Kirche, die Sexualität nicht als Gefahr, sondern als göttliches Geschenk versteht, könnte Menschen eher zu einem gesunden und erfüllten Glauben führen.

Wenn die kirchliche Sexualmoral wirklich der spirituellen Entwicklung dienen soll, hin zu einer Ethik der Freiheit und Liebe, müsste sie sich von dogmatischen Zwängen lösen und sich stärker auf Mitgefühl, Offenheit und persönliche Verantwortung konzentrieren.

18 • Warum sind die Kirchen in ihrer Sexualmoral eher an Kontrolle als an Wahrheit interessiert?

Die Sexualmoral der Kirchen, insbesondere der katholischen Kirche, war historisch betrachtet wie gesehen oft stärker an Kontrolle als an einer objektiven Wahrheitsfindung interessiert. Dies zeigt sich in der Art und Weise, wie sexuelle Normen durchgesetzt wurden, wer von diesen Normen profitierte und wie stark sie an gesellschaftliche Machtstrukturen gebunden waren.

Kontrolle durch Sexualmoral – ein historischer Überblick

Seit dem Mittelalter hat die Kirche die Sexualität nicht nur als spirituelles, sondern auch als politisches Instrument genutzt. Die strenge Reglementierung von Ehe, Keuschheit und sexueller Orientierung diente dazu, soziale Strukturen zu stabilisieren und die eigene Autorität zu festigen. Durch die Verknüpfung von Sexualität mit Sünde und Schuld konnte die Kirche eine tiefe Abhängigkeit der

Gläubigen schaffen – schließlich bot sie selbst die „Erlösung“ von diesen Sünden an.

Ein klassisches Beispiel ist die Verteufelung von vorehelichem Sex und Empfängnisverhütung. Diese strikten Vorschriften sorgten nicht nur für soziale Kontrolle über das Privatleben der Gläubigen, sondern verhinderten auch, dass Frauen eigenständig über ihre Körper und Familienplanung bestimmten. In vielen katholisch geprägten Ländern führte dies dazu, dass reproduktive Rechte massiv eingeschränkt wurden – oft mit weitreichenden gesundheitlichen und gesellschaftlichen Folgen.

Der Kampf für & gegen sexuelle Selbstbestimmung

Die katholische Kirche hat sich über Jahrhunderte hinweg vehement gegen eine liberale Sexualethik gewehrt. Selbst Masturbation wurde als schwere Sünde gebrandmarkt, und auch ehelicher Sex wurde lange nur zur Fortpflanzung als erlaubt angesehen. Dieses strenge moralische Korsett führte dazu, dass viele Menschen – insbesondere LGBTQIA+-Personen – von kirchlicher Seite ausgegrenzt wurden.

Es ist ebenso auffällig, dass sich die Kirche in vielen ethischen Fragen anpassungsfähiger zeigt als in Sexualfragen. Während sie in sozialen Gerechtigkeitsfragen oder beim Umweltschutz oft eine fortschrittliche Haltung einnimmt, hält sie an einem veralteten Sexualbild fest. Dies deutet darauf hin, dass es bei der Sexualmoral weniger um eine spirituelle Wahrheit als um die Bewahrung von gesellschaftlicher Ordnung geht.

Kontrolle als Kern der kirchlichen, sexuellen Moral-Macht

Eine Kirche, die sich auf spirituelle Wahrheit beruft, müsste sich kontinuierlich mit neuen wissenschaftlichen und ethischen Erkenntnissen auseinandersetzen. Doch gerade in Sexualfragen zeigt sich eine starke Resistenz gegenüber modernen psychologischen, biologischen und soziologischen Einsichten. Während Wissenschaft längst anerkannt hat, dass Sexualität vielfältig ist und dass Unterdrückung sexueller Bedürfnisse zu psychischen Belastungen führen kann, hält die Kirche weiterhin an Normen fest, die vor allem auf mittelalterlichen Moralvorstellungen beruhen.

Gleichzeitig gibt es jedoch innerhalb der Kirche auch Stimmen, die für eine Anpassung der Sexualmoral plädieren. Besonders fortschrittliche katholische Theologen und Reformbewegungen wie „Maria 2.0“ oder „#OutInChurch“ fordern eine dringende Neubewertung dieser kirchlichen Dogmen. Auch Papst Franziskus hat sich vorsichtig für eine menschlichere und weniger strafende Sexualmoral ausgesprochen, indem er betonte, dass homosexuelle Menschen ein Recht auf Respekt und Liebe haben. Und es ist die Stimme des Kirchenoberhauptes.

Die Kirche hat somit über Jahrhunderte hinweg eine Sexualmoral etabliert, die weniger auf objektiver Wahrheit als auf gesellschaftlicher Kontrolle basiert. Während sich viele andere moralische Lehren im Laufe der Zeit an neue Erkenntnisse angepasst haben, bleibt die Sexualmoral der Kirche weitgehend starr – ein Zeichen dafür, dass sie eher der Bewahrung von Hierarchien als der individuellen Freiheit dient. Die katholische Kirche hält weiterhin an einer Sexualmoral festhält, die von immer mehr Gläubigen als realitätsfern und unterdrückend empfunden wird.

19 • Ist eine christliche Ethik ohne sexuelle Kontrolle denkbar?

Eine christliche Ethik ohne sexuelle Kontrolle ist grundsätzlich denkbar, setzt jedoch eine fundamentale Neubewertung der theologischen Traditionen und Moralvorstellungen voraus. Historisch betrachtet war die christliche Ethik eng mit der Regulierung von Sexualität verbunden – sei es durch Ehevorschriften, die Tabuisierung bestimmter sexueller Praktiken oder die Vorstellung von Keuschheit als Ideal. Doch stellt sich die Frage, ob diese Kontrolle tatsächlich ein unverzichtbarer Bestandteil christlicher Ethik ist oder ob sie eher eine kulturell gewachsene Praxis darstellt, die sich verändern kann.

Ursprung der sexuellen Kontrolle in der christlichen Ethik

Die Kontrolle der Sexualität im Christentum hat ihre Wurzeln sowohl in jüdischen Traditionen als auch in den Lehren des frühen Christentums. Paulus etwa warnte vor sexueller „Unmoral“ und sah die Ehe vor allem als Mittel zur Kanalisierung sexueller Triebe (1. Korinther 7). Die Kirche übernahm und verstärkte diese Vorstellungen über Jahrhunderte hinweg, wobei insbesondere Augustinus eine Sexualmoral prägte, die Lust und körperliches Begehren als problematisch einstufte. Diese Sichtweise führte dazu, dass Sexualität nicht als natürlicher Bestandteil des Lebens, sondern schon damals als etwas Gefährliches betrachtet wurde, das reguliert und kontrolliert werden müsse.

Abbildung 6: Die offene Kirchentür, ein zerbrochenes Herrschaftssymbol davor – und Menschen aller Identitäten, die frei eintreten. Die Szene vermittelt Befreiung, Gemeinschaft und eine Ethik jenseits von Kontrolle.

Alternative christliche Ethiken jenseits der sexuellen Kontrolle

Eine christliche Ethik ohne sexuelle Kontrolle ist möglich, wenn sich die Werte des Christentums stärker auf andere Aspekte der Moral konzentrieren: etwa auf Nächstenliebe, Gerechtigkeit, Verantwortung und Respekt. In einer solchen Ethik würde Sexualität nicht als Sünde oder Problem gesehen, sondern als integraler Bestandteil des menschlichen Lebens, der mit Achtsamkeit und gegenseitigem Einverständnis gelebt wird.

Einige fortschrittliche Theologen argumentieren bereits, dass eine moralische Bewertung von Sexualität nicht anhand von Dogmen, sondern anhand ethischer Prinzipien erfolgen sollte. Statt strikter Vorschriften zu Ehe, Keuschheit oder sexueller Orientierung könnte eine christliche Sexualethik sich auf Werte wie Liebe, Einvernehmlichkeit, Ehrlichkeit und Verantwortungsbewusstsein stützen.

Gibt es Beispiele für eine christliche Ethik ohne sexuelle Kontrolle?

Es gibt bereits christliche Gemeinschaften, die einen offenen und weniger regulierenden Umgang mit Sexualität pflegen. Viele protestantische Kirchen haben ihre Haltung zu Homosexualität, vorehelichem Sex und Empfängnisverhütung liberalisiert und setzen stattdessen auf individuelle Entscheidungen. Auch in der katholischen Kirche gibt es Reformbewegungen, die sich für eine humanere und weniger restriktive Sexualmoral einsetzen.

Eine christliche Ethik ohne sexuelle Kontrolle ist also durchaus gestaltbar, wenn sie sich stärker auf Grundwerte wie Liebe, Respekt und Gerechtigkeit konzentriert, anstatt auf Verbote und moralische Vorgaben. Während die traditionelle kirchliche Sexualmoral immer noch weit verbreitet ist, zeigen moderne Entwicklungen, dass sich ethische Perspektiven verändern können. Die entscheidende Frage bleibt, ob die Kirchen bereit sind, sich von einer Kontrolle über Körper und Sexualität zu lösen und stattdessen eine Ethik zu fördern, die den Menschen in den Mittelpunkt stellt – nicht seine sexuelle Konformität mit alten Normen, die nur der Kirche dienen, aber nicht dem Menschen.

b) Machtkritik und theologische Reflexion

20 • Wie setzt sich die Kritik an der Geschichte der Kirche mit ihrer institutionellen Macht und ihren Handlungen auseinander?

Karlheinz Deschner erhebt in seiner *Kriminalgeschichte des Christentums* fundamentale Vorwürfe gegen die Institution Kirche, indem er sie als eine Machtorganisation beschreibt, die im Laufe ihrer Geschichte oft im Widerspruch zu den eigenen moralischen Prinzipien gehandelt habe. Er kritisiert insbesondere die Verfolgung Andersdenkender, die Rolle der Kirche in Kriegen und politischen Intrigen sowie die gewaltsame Missionierung und Zwangsbekehrung in verschiedenen Epochen. Ein zentrales Thema seiner Darstellung ist die Verquickung von Religion und weltlicher Herrschaft, die aus seiner Sicht zur Unterdrückung und Ausbeutung von Menschen geführt hat. Dabei verweist er auf die Inquisition, Kreuzzüge und Hexenverfolgungen als Beispiele für systematische Gewalt im Namen des Glaubens. Ebenso thematisiert er den Reichtum der Kirche und ihre oft zweifelhafte Haltung gegenüber sozialen und ethischen Fragen. Deschner verfolgt dabei eine konsequent kirchenkritische Perspektive und stellt die Diskrepanz zwischen christlicher Lehre und kirchlicher Praxis in den Mittelpunkt seiner Analyse.

Über die Jahrhunderte hinweg setzte die Kirche verschiedene Mittel ein, um Häresie, abweichende Glaubensrichtungen und Kritik an ihrer Autorität zu unterdrücken.

Häresie (auf Deutsch auch: Ketzerei) bedeutet: Ein religiöser Glaube oder eine Lehre, die von der offiziellen Kirchenlehre abweicht. Einfach erklärt: Wenn jemand Teil einer Religion ist, aber etwas glaubt oder lehrt, das gegen die offizielle Lehre dieser Religion verstößt, gilt das als Häresie – zumindest aus Sicht der religiösen Autorität.

Beispiel: Im Mittelalter sagte die Kirche z. B.: „Nur der Papst hat das letzte Wort in Glaubensfragen." Wenn jemand dann sagte: „Nein, jeder Gläubige darf selbst die Bibel auslegen", wurde das als Häresie betrachtet (wie z. B. bei Martin Luther anfangs). Die Folgen waren früher: Häretiker wurden aus der Kirche ausgeschlossen (Exkommunikation). Im Mittelalter: Teilweise Folter, Verbrennung oder Verfolgung (z. B. Inquisition). Heute: Meist nur noch theologische Debatten oder Ausschluss aus bestimmten religiösen Gemeinschaften. Aber heutzutage wird der Begriff wird nur selten verwendet und klingt oft historisch oder negativ. In modernen Gesellschaften ist religiöse Vielfalt und Meinungsfreiheit wichtiger als absolute Dogmentreue - das gilt in modernen demokratischen Gesellschaften heute weitgehend als anerkannt. Das bedeutet, Menschen dürfen selbst entscheiden, woran sie glauben – oder ob sie überhaupt glauben. Der Staat bleibt dabei neutral und mischt sich weder in religiöse Lehren ein, noch bevorzugt er eine bestimmte Religion. Auch die Freiheit, religiöse Überzeugungen zu hinterfragen oder sogar zu kritisieren, ist durch die Meinungsfreiheit geschützt.

Dieser Grundsatz ist in vielen Ländern rechtlich verankert, zum Beispiel im Grundgesetz Deutschlands (Artikel 4). Er spiegelt sich auch gesellschaftlich wider: Religion wird zunehmend als individuelle Sache betrachtet, und pluralistische Sichtweisen – also das Nebeneinander verschiedener Glaubensrichtungen und Weltanschauungen – werden als normal angesehen.

Besonders betroffen von der Pflicht zur Dogmentreue in konservativ-religiösen Kreisen waren damals historisch-religiöse Bewegungen, die eine alternative Auslegung des christlichen Glaubens vertraten, wie die Gnostiker in der Spätantike, die von der frühen Kirche als Irrlehrer verurteilt wurden. Im Mittelalter traf es Gruppen wie die Katharer und Waldenser, die für ihre asketischen Lebensweisen und ihre Kritik an der kirchlichen Hierarchie bekannt waren. Diese Bewegungen wurden durch Kreuzzüge, Inquisitionsverfahren und öffentliche Hinrichtungen bekämpft.

Mit der Einführung der Inquisition im 12. Jahrhundert erhielt die Kirche ein systematisches Instrument zur Verfolgung von Häretikern. Angeklagte wurden gefoltert, um Geständnisse zu erzwingen, und nicht selten auf dem Scheiterhaufen verbrannt. Besonders intensiv wurde dieses Vorgehen in der spanischen Inquisition unter den katholischen

Monarchen Ferdinand und Isabella, die neben Ketzern auch konvertierte Juden und Muslime verdächtigte und verfolgte.

Auch Wissenschaftler gerieten ins Visier der Kirche, wenn ihre Erkenntnisse als Bedrohung für die kirchliche Lehre empfunden wurden. Das bekannteste Beispiel ist Galileo Galilei, der wegen seiner Unterstützung des heliozentrischen Weltbildes vor das Inquisitionstribunal gestellt und zum Widerruf gezwungen wurde.

Während der frühen Neuzeit richtete sich die Verfolgung zunehmend gegen Protestanten in katholischen Gebieten sowie gegen sogenannte Hexen, die insbesondere in der Frühen Neuzeit Opfer von Hexenprozessen wurden. Diese Verfolgungen geschahen oft unter Mitwirkung weltlicher Herrscher, doch die Kirche spielte eine zentrale Rolle in der Legitimation solcher Prozesse.

Auch in späteren Jahrhunderten blieb die Kirche ein Gegner aufklärerischer und säkularer Bewegungen. Kritiker des kirchlichen Machtanspruchs, darunter Philosophen wie Giordano Bruno, wurden als Menschen mit abweichender indiviueller Auffassung verbrannt, und selbst in der Moderne stellte sich die Kirche gegen politische Strömungen wie den Liberalismus oder den Kommunismus, die ihre Autorität infrage stellten. Während sich die Methoden im Laufe der Zeit wandelten, blieb das Ziel oft dasselbe: die Sicherung der kirchlichen Kontrolle über Glauben und Gesellschaft.

Hier ist eine Liste bedeutender weiblicher und männlicher, historischer wie auch moderner Personen, die von der Kirche als Andersdenkende verfolgt wurden, einschließlich ihrer zentralen Thesen bzw. ihres Gedankenguts.

- **Marguerite Porete** (gest. 1310) – Eine französische Mystikerin und Autorin des Werkes Der Spiegel der einfachen Seelen, in dem sie eine unmittelbare, von kirchlichen Autoritäten unabhängige Gotteserfahrung propagierte. Wegen ihrer Lehren wurde sie damals in Paris auf dem Scheiterhaufen verbrannt.
- **Arius** (ca. 260–336) – Ein Theologe der frühen Kirche, der lehrte, dass Christus nicht wesensgleich mit Gott, sondern ein erschaffenes Wesen sei. Seine Ideen führten zu einer der größten theologischen Auseinandersetzungen der Spätantike und wurden auf dem Konzil von Nicäa (325) verworfen.

- **Jeanne d'Arc** (1412–1431) – Eine französische Anführerin im Hundertjährigen Krieg, die behauptete, göttliche Visionen zu empfangen. Sie wurde in einem kirchlichen Prozess wegen ihrer angeblich unerlaubten geistlichen Berufung und ihres Widerstands gegen kirchliche Autoritäten verurteilt und verbrannt.
- **Giordano Bruno** (1548–1600) – Ein Philosoph und Astronom, der das heliozentrische Weltbild unterstützte, die Möglichkeit unzähliger Welten annahm und die theologische Lehre der Kirche als zu dogmatisch kritisierte. Er wurde in Rom von der Inquisition hingerichtet.
- **Anne Hutchinson** (1591–1643) – Eine puritanische Theologin in Neuengland, die für eine direkte, persönliche Beziehung zu Gott ohne Vermittlung von Geistlichen eintrat.
- **Jan Hus** (ca. 1370–1415) – Ein tschechischer Reformator, der für die Rückkehr der Kirche zu evangelischer Schlichtheit eintrat und den Ablasshandel ablehnte. Seine Ideen beeinflussten später Martin Luther. Er wurde auf dem Konzil von Konstanz zum Tod verurteilt und verbrannt.
- **Olympe de Gouges** (1748–1793) – Eine französische Schriftstellerin und Frauenrechtlerin, die in ihrer Erklärung der Rechte der Frau und Bürgerin Gleichberechtigung forderte. Ihr Denken stellte die von der Kirche gestützten gesellschaftlichen Hierarchien infrage.
- **Petrus Waldes** (gest. um 1205) – Der Gründer der Waldenserbewegung, die für ein Leben in Armut nach dem Vorbild Jesu eintrat. Seine Anhänger wurden jahrhundertelang verfolgt, weil sie die kirchlichen Sakramente und die Autorität der Priester kritisierten.
- **Elizabeth Cady Stanton** (1815–1902) – Eine führende Figur der US-amerikanischen Frauenrechtsbewegung, die sich kritisch mit biblischen Texten auseinandersetzte und eine „Frauenbibel" verfasste, um patriarchale Interpretationen der Schrift zu hinterfragen.
- **Baruch de Spinoza** (1632–1677) – Ein niederländischer Philosoph, der die traditionelle Gottesvorstellung ablehnte und stattdessen ein pantheistisches Weltbild vertrat, in dem Gott und Natur eins sind. Seine Ideen wurden sowohl von jüdischen als auch christlichen Autoritäten verurteilt.
- **Simone de Beauvoir** (1908–1986) – Eine französische Philosophin und Feministin, die in Das andere Geschlecht die Rolle der Kirche bei der Unterdrückung von Frauen anprangerte. Ihr Werk hatte einen nachhaltigen Einfluss auf die feministische Theologie.

- **Thomas Müntzer** (ca. 1489–1525) – Ein Theologe und Revolutionär, der glaubte, dass göttliche Gerechtigkeit eine Umgestaltung der gesellschaftlichen Ordnung erfordere. Er spielte eine führende Rolle im Deutschen Bauernkrieg und wurde nach seiner Gefangennahme hingerichtet.
- **Uta Ranke-Heinemann** (1927–2021) – Eine deutsche Theologin, die als erste Frau eine katholische Professur in Deutschland erhielt, jedoch ihre kirchliche Lehrbefugnis verlor, als sie zentrale Dogmen wie die Jungfrauengeburt als symbolisch deutete.
- **Charles Darwin** (1809–1882) – Der Begründer der Evolutionstheorie, die in Widerspruch zur biblischen Schöpfungsgeschichte stand. Viele kirchliche Kreise sahen seine Forschung als Angriff auf den göttlichen Ursprung des Menschen.
- **Madalyn Murray O'Hair** (1919–1995) – Eine US-amerikanische Atheistin und Bürgerrechtlerin, die vor Gericht erfolgreich gegen staatlich organisierte Gebete in Schulen kämpfte. Sie wurde von konservativen religiösen Gruppen als Feindin des Glaubens betrachtet.
- **John Shelby Spong** (1931–2021) – Ein liberaler US-amerikanischer Bischof, der die wörtliche Auslegung der Bibel ablehnte und zentrale Dogmen des Christentums, wie die leibliche Auferstehung Christi, hinterfragte.
- **Greta Vosper** (geb. 1958) – Eine kanadische Pfarrerin, die sich als Atheistin bezeichnet und eine nicht-theistische Form des Christentums propagiert. Ihre Ansichten führten zu einem langwierigen Konflikt mit ihrer Kirche.
- **Hypatia von Alexandria** (ca. 355–415) – Eine bedeutende Philosophin und Mathematikerin der Antike, die für ihre wissenschaftlichen und heidnischen Lehren bekannt war. Sie wurde von einem christlichen Mob ermordet, da sie als Symbol für das „heidnische" Wissen galt, das die Kirche bekämpfte.
- **Bogomil** (10. Jh.) – Begründer der Bogomilenbewegung, die eine stark dualistische Weltsicht vertrat und die kirchliche Hierarchie ablehnte. Seine Lehren verbreiteten sich über weite Teile Europas, wurden aber von der Kirche als Bedrohung gesehen und verfolgt.
- **Galileo Galilei** (1564–1642) – Ein Wissenschaftler, dessen Unterstützung des heliozentrischen Weltbildes ihn in Konflikt mit der katholischen Kirche brachte. Er wurde vor die Inquisition gestellt und gezwungen, seine Lehren offiziell zu widerrufen, um einer härteren Strafe zu entgehen.

Repression basiert häufig auf Angst. Wer sich wehrt, muss Wege finden, mit dieser Angst umzugehen – sei es durch innere Überzeugung, durch Gemeinschaft oder durch das Wissen, auf der richtigen Seite der Geschichte zu stehen. Die Geschichte zeigt, dass sich viele repressive Systeme nicht ewig halten, weil Menschen irgendwann erkennen, dass sie nur durch ihre eigene Zustimmung unterdrückt werden. Der Schlüssel liegt darin, diesen Moment bewusst herbeizuführen.

Widerstand gegen Repression erfordert Mut, strategisches Vorgehen und oft auch gemeinschaftliches Handeln. Ein erster Schritt ist die Aufklärung – wer unterdrückt wird, muss verstehen, welche Mechanismen der Repression angewendet werden, sei es durch Gesetze, soziale Kontrolle oder direkte Gewalt. Bildung und kritisches Denken sind entscheidend, um Manipulation zu erkennen und Gegenstrategien zu entwickeln. Ein weiteres Mittel ist die Vernetzung mit Gleichgesinnten. Einzelne Stimmen lassen sich leichter zum Schweigen bringen als eine Bewegung, die auf Solidarität aufbaut. Historisch gesehen haben sich Widerstandsgruppen durch gemeinsames Handeln, geheime Treffen oder den Austausch über Schriften und Pamphlete organisiert. In der modernen Welt ermöglichen soziale Medien eine schnelle Verbreitung kritischer Informationen, auch wenn sie in repressiven Systemen oft überwacht oder zensiert werden.

Einer der größten Vorteile für Menschen, die heute ähnliche Ideen vertreten wie frühere Vordenker:innen, ist, dass sie auf einem Fundament aufbauen, das durch die Debatten und Konflikte vergangener Generationen geschaffen wurde - und nicht auf einen Scheiterhaufen kommen. Viele einst als andersdenkend oder gar gefährlich angesehene Gedanken – etwa die Kritik am Ablasshandel, das heliozentrische Weltbild oder die Notwendigkeit der Bibelübersetzung in eine heutige Volkssprache – sind heute selbstverständlich. Dadurch haben heutige Denker:innen oft eine größere gesellschaftliche Akzeptanz, müssen keine physischen und sozialen bzw. psychischen Verfolgungen mehr fürchten und können in einem offenen Raum in der Öffentlichkeit oder im Internet argumentieren.

Trotz dieser Herausforderungen gilt: In aufgeklärten, pluralistischen Gesellschaften wird es heute als zentraler Wert angesehen, dass niemand zu einer bestimmten religiösen Wahrheit gezwungen wird – und dass Glaube eine persönliche Entscheidung ist, keine gesellschaftliche Pflicht.

Andersdenkende können in der heutigen Zeit auf verschiedene Weise mit der Kirche in den Dialog treten. Sie können über wissenschaftliche, theologische oder soziale Diskurse Einfluss nehmen, indem sie sich an kirchlichen Diskussionen beteiligen, etwa durch universitäre Theologie, offene Briefe an kirchliche Institutionen oder interreligiöse und philosophische Online-Foren. Viele Kirchen haben mittlerweile Plattformen für Debatten geschaffen, in denen kontroverse Themen diskutiert werden können, etwa zur Rolle der Frauen in der Kirche, zur Haltung gegenüber LGBTQIA+ oder zur Vereinbarkeit von Wissenschaft und Glaube.

Der Vorteil davon, Dinge anders zu denken oder eine Mindermeinung in der Interpretation zu vertreten, liegt in der geistigen Beweglichkeit und der Weiterentwicklung des Denkens. Fortschritt entsteht oft nur durch kritische Fragen und alternative Perspektiven. Ohne diese hätte es keine Reformation, keine Weiterentwicklung der Theologie und keine Anpassung der Kirche an neue gesellschaftliche Herausforderungen gegeben. Theologische Vielfalt ermöglicht es, alte Texte in neuen Kontexten zu wandeln und zu verstehen und die ethischen Herausforderungen der Gegenwart mit den Erfahrungen der Vergangenheit zu verbinden.

Letztlich ist es die Aufgabe jedes Menschen, sich eine eigene Meinung zu bilden. Ein lebendiger Glaube – oder auch eine bewusste Ablehnung von Glaubensvorstellungen – kann nur durch eigenes Nachdenken entstehen. In einer modernen Gesellschaft, in der Meinungsfreiheit existiert, kann jeder seinen eigenen Weg suchen. Gerade deshalb sollten auch religiöse Institutionen offen sein für neue Perspektiven, denn Glaube bleibt nur dann relevant, wenn er sich mit den realen Fragen der Menschen auseinandersetzt. Die Geschichte zeigt, dass viele Ideen, die einst unterdrückt wurden, später doch als wertvoll anerkannt wurden. Der Dialog über Fragestellungen bleibt deshalb entscheidend.

21 • *Wie kann Theologie bestehende Machtstrukturen herausfordern und eine neue Perspektive auf Glauben und Sexualität eröffnen?*

Marcella Althaus-Reid fordert mit ihrer *"Indecent Theology"* eine radikale Umdeutung der Theologie, die traditionelle Konzepte hinterfragt und insbesondere die Verbindung zwischen Glaube, Sexualität und sozialer Gerechtigkeit neu denkt. Sie macht zum Thema, dass klassische christliche Theologie oft von westlichen, patriarchalen und heteronormativen Vorstellungen geprägt ist, die bestimmte Identitäten und Lebensweisen an den Rand drängen. Für sie ist Theologie nicht neutral, sondern eine *Konstruktion*, die gesellschaftliche Machtverhältnisse reflektiert und oft zementiert.

Ihr Ansatz besteht darin, theologische Themen aus der Perspektive derjenigen zu betrachten, die an den gesellschaftlichen Rand gedrängt wurden – insbesondere Frauen, LGBTQIA+-Personen und Menschen aus der globalen Peripherie. Sie argumentiert, dass eine wirklich befreiende Theologie nicht aus dem geschützten Raum akademischer Debatten entstehen kann, sondern aus der konkreten Erfahrung derjenigen, die im traditionellen Christentum keine Stimme haben.

Ein zentrales Element ihrer Theologie ist die *Dekonstruktion des reinen, "anständigen" Christentums*, das Körperlichkeit und Sexualität oft verdrängt oder als sündhaft betrachtet. Sie setzt dem eine Theologie entgegen, die den *Körper als Ort der Gotteserfahrung* anerkennt und die Vielfalt menschlicher Sexualität nicht nur toleriert, sondern als Teil der göttlichen Schöpfung wertschätzt. In ihrer radikalen Kritik fordert sie, dass Glaube nicht länger als eine Disziplin der Kontrolle verstanden wird, sondern als eine Form der Befreiung, die Grenzen auflöst und Platz für eine Vielfalt an Identitäten und Lebensrealitäten schafft.

Wenn eine Theologie Körperlichkeit und Sexualität nicht als sündhaft betrachtet, sondern als Teil der göttlichen Schöpfung wertschätzt, kommen wir zu der Thematik, ob auch Masturbation oder ein (ggf. partnerschaftlich erfahrener) Orgasmus als eine Erfahrung Gottes gedeutet werden können. Sexualität wurde ja oft ausschließlich in den Kontext der Fortpflanzung gestellt und von spirituellen Dimensionen getrennt. Eine Theologie, die den Körper als Ort der Gotteserfahrung anerkennt, könnte diesen Dualismus also überwinden und körperliche Lust nicht als Gegensatz zu Spiritualität, sondern als einen möglichen Ausdruck der Spiritualität und Gotteserfahrung verstehen.

Wenn man annimmt, dass Gott in der Schöpfung und im menschlichen Erleben gegenwärtig ist, dann könnte jede Form von bewusst erlebter Körperlichkeit – sei es in der Sexualität, im Tanz, in der Berührung oder in der Meditation – als ein möglicher Weg der Gotteserfahrung gesehen werden. Viele mystische Traditionen, auch innerhalb des Christentums, beschreiben spirituelle Erlebnisse in Begriffen, die mit ekstatischer Erfahrung vergleichbar sind. Teresa von Ávila (1515–1582) etwa verwendet eine Sprache, die sehr an körperliche Hingabe erinnert: Teresa schildert in ihren mystischen Schriften, besonders in *Das Buch meines Lebens* und *Die Innere Burg*, die tiefe Vereinigung der Seele mit Gott als unmittelbare, überwältigende Erfahrung. Ihr berühmtestes Erlebnis - die *Transverberation* - beschreibt sie als göttliche Durchbohrung des Herzens durch einen Engel mit einem flammenden Speer. Sie empfindet dabei eine Mischung aus Schmerz und Freude, die sie als *„süß“* beschreibt und nicht missen möchte.

Diese Sprache erinnert an ekstatische Hingabe, doch für Teresa ist es eine spirituelle Dimension, in der Gottes Liebe den Menschen völlig durchdringt. Ihre Mystik zeigt, dass Spiritualität aus tief empfundener Ergriffenheit besteht. Ihre Theologie inspiriert Ansätze, die Körperlichkeit und Emotionen als Teil der Gotteserfahrung bewerten.

Das bedeutet nicht zwingend, dass jede sexuelle Handlung automatisch eine spirituelle Bedeutung hat, aber es öffnet die Möglichkeit, dass Lust und Selbstliebe nicht per se von der göttlichen Dimension getrennt sein müssen.

Das heisst genau: nicht in jedem Orgasmus muss eine Gotteserfahrung vermutet werden – aber es gibt Momente, in denen sich Körperlichkeit und Spiritualität überschneiden können. Teresa von Ávila beschreibt also eine Erfahrung, die in ihrer Sprache an körperliche Ekstase erinnert, aber für sie eine göttliche Durchdringung darstellt. Entscheidend ist also nicht der physische Akt an sich, sondern das Momentum, die Tiefe der Erfahrung und die innere Ergriffenheit. Gott könnte dort erfahrbar sein, wo ein Moment der völligen Hingabe, des

Aufgehens im Jetzt und der tiefen Verbindung mit sich selbst oder einem anderen Menschen entsteht.

Das Leben als Geschenk: *„Gütiger Gott war dieser Orgasmus mit einer spirituellen Qualität des Erlebens verbunden.“*

Das kann in der Sexualität geschehen, z. B. bei der Masturbation oder beim Orgamus mit einem Partner bzw. einer Partnerin, aber ebenso in anderen Erlebnissen von intensiver Freude, tiefer Liebe oder spiritueller Versenkung. Es geht also weniger um die Handlung an sich als um die Qualität des Erlebens – um einen Moment, in dem das Ego zurücktritt, das Gefühl von Zeit sich auflöst und etwas Größeres spürbar wird. In diesem Sinne könnte eine heutige Theologie Körperlichkeit nicht als Gegensatz zu Gott sehen, sondern als einen möglichen Weg, das Heilige zu erfahren – ohne dass jede sexuelle Erfahrung zwangsläufig spirituell sein muss.

Eine Theologie, die Körperlichkeit nicht als Problem, sondern als Geschenk betrachtet, könnte sich von einem moralistischen Blick auf Sexualität lösen und stattdessen fragen: Fördert eine bestimmte Art der Sexualität Selbstachtung, Liebe, Verbundenheit – sei es mit sich selbst oder mit anderen? Wenn Spiritualität bedeutet, ganz im Moment zu sein, sich selbst und das Leben als Geschenk zu erfahren, dann könnte man argumentieren, dass auch eine bewusst gelebte Sexualität – frei von Scham oder Angst – als eine Form spiritueller und göttlicher Erfahrung verstanden werden kann.

c) Kirchliche Strukturen und Jesus

22 • *Ist die Sexualität Jesu ein Tabu, weil sie die Machtstrukturen der Kirche gefährdet?*

Das Thema der Sexualität Jesu ist auch deshalb von Bedeutung, weil es ebenso untrennbar mit den Machtstrukturen innerhalb der Kirche verknüpft ist: Indem Jesus traditionell als entsexualisiert und damit als moralisch rein dargestellt wird, etabliert die Kirche ein Ideal, an dem sie ihre moralische Autorität ausrichtet. Würde man offen über Jesu mögliche Sexualität sprechen, könnte dies nicht nur das traditionelle Jesus-Bild verändern, sondern zugleich das gesamte System kirchlicher Moral- und Autoritätsvorstellungen hinterfragen: Das traditionelle Jesus-Bild zeichnet sich durch vollkommene Reinheit, Keuschheit und spirituelle Erhabenheit aus; Jesus wird darin als vollkommen entsexualisiertes Ideal dargestellt, dessen Leben ganz im Zeichen geistiger und moralischer Perfektion steht. In dieser Sichtweise verkörpert er eine unerreichbare, moralisch überlegene Figur, die fernab von menschlichen Bedürfnissen und Sehnsüchten existiert.

Der Vergleich zwischen dem traditionellen Jesus-Bild und einer künstlichen Intelligenz ist dabei durchaus treffend: So wie eine KI oft als völlig sachlich, emotionslos und frei von menschlichen Schwächen dargestellt wird, erscheint auch der traditionelle Jesus häufig als vollkommen rein, keusch und spirituell erhaben – ein Ideal, das über alle menschlichen Bedürfnisse hinausgeht. Doch genau darin liegt auch eine Gemeinsamkeit im Problematischen: Beide Darstellungen laufen Gefahr, eine Figur zu erschaffen, die fernab der gelebten Realität existiert und dadurch weniger greifbar und nachvollziehbar wirkt. Während künstliche Intelligenz stets neutral und objektiv sein soll, um Vertrauen und Zuverlässigkeit zu vermitteln, dient der idealisierte Jesus dazu, moralische Maßstäbe zu setzen und Orientierung zu bieten. Allerdings birgt diese perfekte Darstellung auch die Gefahr der Distanz: Sowohl ein durchweg sachlicher KI-Assistent als auch ein völlig entsexualisierter und entrückter Jesus erscheinen letztlich weniger menschlich – und genau darin könnte ihre Schwäche liegen, denn

Menschen brauchen neben Orientierung und Klarheit auch Nähe, Empathie und Emotionalität.

Abbildung 7: Jesus steht hinter einem durchscheinenden Vorhang, symbolisch verschleiert durch kirchliche Texte und Tradition – davor eine verschlossene Bibel. Das Bild thematisiert das Thema auf respektvolle und nachdenkliche Weise.

Es ist das Thema, offen über die Sexualität Jesu zu sprechen bzw. sie überhaupt als existent zu denken. Der Vorhang steht für das „Verstecken" oder „Verhüllen" seiner menschlichen Seite – besonders seiner möglichen sexuellen Identität oder Intimität. Der zugleich durchscheinende Vorhang deutet an: Man sieht, dass da etwas ist, aber es bleibt undeutlich – wie das Thema selbst in der Theologie. Die Symbole über seinem Körper (z. B. Bibeltext, Ikonen, priesterliche Gewänder) stehen für dogmatische Schichten, die Jesu Menschlichkeit und Körperlichkeit überlagern. Die Sexualität wird nicht als Teil seiner Menschheit behandelt, sondern überdeckt. Die verschlossene Bibel

mit Schloss steht für das kirchliche Schweigen – und die Verweigerung, über diese Dimension Jesu zu sprechen, denn das Schloss signalisiert: Das Wissen oder die Diskussion darüber ist dringend notwendig. Das Licht hinter Jesus ist der Hinweis auf die Wahrheit oder Erkenntnis, die im Verborgenen liegt. Vielleicht auch eine Anspielung darauf, dass eine ehrlichere Sicht auf Jesu Menschsein das Bild des Glaubens menschennäher machen könnte. Die Illustration spricht das Thema an, Jesu Sexualität ernsthaft zu thematisieren. Es visualisiert ein Interpretationsfeld zwischen Menschlichkeit und dogmatischer Kontrolle.

Demgegenüber steht eine alternative Betrachtungsweise, die Jesus in seiner vollen Menschlichkeit wahrnimmt – als Individuum mit Emotionen, Beziehungen und möglicherweise auch sexuellen Empfindungen. Diese alternative Perspektive hebt Jesu Nähe zu alltäglichen menschlichen Erfahrungen hervor und macht ihn damit zugänglicher und greifbarer. Während das traditionelle Bild vor allem die Autorität der Kirche stärkt und normative Vorgaben legitimiert, könnte ein alternativer, menschlicherer Jesus-Rahmen eher Offenheit, Dialog und Vielfalt fördern, aber zugleich die etablierten moralischen und hierarchischen Strukturen innerhalb der Kirche infrage stellen.

Wenn Jesu Menschlichkeit – inklusive Sexualität – hervorgehoben wird, verliert die Kirche möglicherweise ein zentrales Instrument, mit dem sie das Sexualverhalten der Gläubigen bislang normativ zu regulieren wünscht. Gerade weil Sexualität hier so eng mit Macht, Kontrolle und moralischen Normen verbunden ist, bleibt sie für die katholische Kirche ein heikles Thema: Jede Offenheit könnte eine tiefgreifende Umstrukturierung der kirchlichen Machtverhältnisse nach sich ziehen, weshalb Veränderung klerusseitig oft gezielt vermieden bzw. der Dialog dazu verweigert wird.

Künstliche Intelligenz kann dabei den Dialog über Sexualität in der katholischen Kirche auf mehreren Ebenen fördern, gerade weil das Thema so stark mit Macht, Kontrolle und normativen Vorstellungen verknüpft ist.

Zum einen kann KI als vermittelndes Werkzeug dienen: Sie bietet die Möglichkeit, vielstimmige Perspektiven sichtbar zu machen – von theologischen Positionen über kirchenkritische Stimmen bis hin zu persönlichen Erfahrungsberichten. Dabei wirkt sie nicht als Autorität, sondern als strukturierendes Medium, das Diskurse nachvollziehbar und zugänglich macht – besonders für Menschen, deren Stimmen in kirchlichen Machtstrukturen sonst wenig Gehör finden.

Zum anderen kann KI dazu beitragen, Schweigezonen zu entschärfen, indem sie Informationen, Studien und historische Kontexte neutral aufbereitet. Damit schafft sie einen Raum, in dem Wissen Vorrang vor Dogma hat – und wo Fragen gestellt werden dürfen, ohne sofort sanktioniert zu werden. Das kann insbesondere dann hilfreich sein, wenn klerikale Instanzen den Dialog verweigern oder Veränderung aktiv blockieren, um bestehende Machtverhältnisse zu schützen.

Nicht zuletzt ermöglicht KI anonymisierte Beteiligung: In einem Bereich, in dem Angst vor Ausgrenzung, Loyalitätskonflikten oder Repressionen real ist, kann KI einen geschützten Reflexionsraum schaffen. Hier können Menschen sich äußern, zuhören, lernen – ohne sich direkt exponieren zu müssen.

Kurz gesagt: KI ersetzt nicht den kirchlichen Dialog über die Sexualität von Jesus, aber sie kann ihn ermöglichen, vorbereiten und erweitern – besonders dort, wo institutionelle Trägheit oder Machterhalt offenes Gespräch verhindern.

23 • Könnte eine Debatte über Jesu Sexualität zu einer Glaubenskrise führen?

Eine Debatte über Jesu Sexualität bzw. sein queeres Schwulsein könnte zu einer Glaubenskrise führen, insbesondere in kirchlichen Traditionen, die noch an einem klar definierten und dogmatischen Bild von Jesus festhalten. Wenn Jesus als potenziell schwul oder queer interpretiert wird, stellt das für manche Gläubige eine bislang nicht gedachte Vorstellung dar, da es anerzogene theologische Konzepte über seine Natur und sein Leben hinterfragt. Dies könnte zu Verunsicherung oder Ablehnung führen, insbesondere in konservativen Kreisen, die Sexualität, sexuelle Orientierung und Geschlecht als festgelegte Ordnungen begreifen. Allerdings sind Glaubenskrisen nichts Neues in der Geschichte des Christentums. Immer wieder gab es theologische Debatten und Erkenntnisse, die bestehende Überzeugungen infrage stellten und zu innerkirchlichen Dialogen von Interesse führten.

Eine der größten Glaubenskrisen war die Reformation im 16. Jahrhundert, als Martin Luther und andere Reformatoren die Autorität der katholischen Kirche, das Papsttum und die Heilsvermittlung durch die Sakramente infrage stellten. Dies führte nicht nur zu einer theologischen Spaltung, sondern auch zu politischen und gesellschaftlichen Umbrüchen, die das Christentum nachhaltig veränderten. Eine weitere große Krise war die Aufklärung, die ab dem 18. Jahrhundert das Verhältnis von Glaube und Vernunft neu verhandelte. Wissenschaftliche Erkenntnisse, insbesondere die Evolutionstheorie Darwins, stellten traditionelle Schöpfungslehren infrage und führten dazu, dass sich viele Menschen vom kirchlichen Glauben entfernten. Auch das Zweite Vatikanische Konzil (1962–1965) brachte für viele Katholiken eine Veränderung im Glauben, da es zentrale dogmatische Strukturen der Kirche modernisierte und die Liturgie sowie das Selbstverständnis der Kirche veränderte.

Im Vergleich zu diesen historischen Glaubenskrisen wäre eine Debatte über Jesu Sexualität weniger weitreichend, aber dennoch bedeutungsvoll: Während frühere Krisen meist grundlegende theologische oder kirchenpolitische Strukturen betrafen, berührt die Frage nach Jesu Sexualität vor allem persönliche Vorstellungen und Identifikationen mit ihm. Eine Diskussion darüber könnte jedoch nicht nur Widerstand hervorrufen, sondern auch zu einer vertieften Reflexion über das Wesen Jesu führen. Wenn Jesus als Mensch mit einer möglichen sexuellen Identität betrachtet wird, könnte das seinen Bezug zu heutigen Menschen sogar stärken, anstatt den Glauben zu gefährden. Im Gegensatz zu früheren Glaubenskrisen, die oft mit dem Verlust kirchlicher Autorität oder mit gesellschaftlichen Umbrüchen verbunden waren, wäre diese Debatte nur eine Herausforderung für persönliche Glaubensbilder, aber keine Bedrohung für die Kernbotschaft des Christentums. Sie könnte vielmehr dazu beitragen, ein inklusiveres und menschennahes Jesusbild zu entwickeln, das modernen Gläubigen im Gegenteil viel mehr Orientierung und Identifikation ermöglicht.

d) Reformbewegungen und Proteste

24 • *Wie thematisiert „Wir sind Kirche" die bestehende Machtstruktur der katholischen Kirche, und welche Vision einer geschwisterlichen Kirche steht dahinter?*

Die Bewegung *„Wir sind Kirche"* thematisiert die katholische Kirche als eine hierarchische Institution, die Macht zentralisiert und den Gläubigen bislang wenig Mitspracherecht lässt. Die Entscheidungsgewalt liegt fast ausschließlich beim Klerus, während Lai:innen – also die große Mehrheit der Gläubigen – kaum Einfluss auf die Gestaltung der Kirche haben. Diese Machtstruktur fördert Intransparenz, verhindert notwendige Reformen und erschwert eine Kirche, die wirklich im Dienst der Menschen steht.

Stattdessen fordert *„Wir sind Kirche"* eine *geschwisterliche Kirche*, in der die Mitwirkung der Laien nicht nur erwünscht, sondern strukturell verankert ist. Die Kirche soll sich von einem autoritären Modell lösen und zu einer Gemeinschaft werden, in der Verantwortung geteilt wird. Dazu gehört, dass Lai:innen in kirchlichen Entscheidungsprozessen gleichberechtigt beteiligt sind und die Strukturen demokratischer gestaltet werden.

Ein erneuerter Verkündigungsstil ist ein weiterer zentraler Aspekt dieser Zielgestaltung. Die Kirche soll keine dogmatischen Wahrheiten von oben herab verkünden, sondern den Dialog mit den Gläubigen suchen und auf ihre Lebensrealitäten eingehen. Dazu gehört eine moderne und offene Sprache, eine stärkere Einbindung der Gläubigen in die Liturgie und eine Abkehr von starren Regeln hin zu einer Seelsorge, die den Menschen ernst nimmt.

Das Ziel von *„Wir sind Kirche"* ist eine Kirche, die sich nicht als Machtsystem versteht, sondern als lebendige Gemeinschaft, in der sich Gläubige aktiv einbringen und Kirche mitgestalten können.

25 • *Wie protestiert „Maria 2.0" gegen den Umgang der Kirche mit Missbrauchsfällen? Warum kommt es zu solchen Missbrauchsfällen in der katholischen Kirche, und welche strukturellen Probleme tragen dazu bei?*

Die Initiative *„Maria 2.0"* kritisiert scharf den Umgang der katholischen Kirche mit Missbrauchsfällen und setzt auf öffentlichkeitswirksame Protestformen, um Reformdruck auszuüben. Besonders bekannt sind die Kirchenstreiks, bei denen Frauen dazu aufrufen, eine Woche lang keine kirchlichen Aufgaben zu übernehmen, keine Gottesdienste zu besuchen und stattdessen alternative Gebets- und Protestaktionen im öffentlichen Raum abzuhalten. Damit soll gezeigt werden, wie sehr Frauen das kirchliche Leben tragen, obwohl sie in den Machtstrukturen kaum eine Rolle spielen – und dass sie nicht bereit sind, ein System zu unterstützen, das Missbrauch vertuscht und Täter schützt.

Zusätzlich organisiert die Bewegung Mahnwachen und Demonstrationen vor Bischofssitzen und kirchlichen Einrichtungen, um gegen die schleppende Aufarbeitung der Missbrauchsskandale zu protestieren. *„Maria 2.0"* fordert eine unabhängige Untersuchung der Verbrechen, transparente Verfahren zur Verantwortungsübernahme und klare Konsequenzen für vertuschende Amtsträger. Besonders stark kritisiert die Bewegung, dass die Kirche sich oft selbst als Richterin in diesen Fällen sieht, anstatt externe, unabhängige Gremien mit der Aufarbeitung zu betrauen.

Ein weiteres Mittel des Protests sind Unterschriftenaktionen und offene Briefe, die sich direkt an kirchliche Autoritäten richten. Die Bewegung fordert nicht nur eine konsequente Bestrafung der Täter, sondern auch eine grundlegende Reform der kirchlichen Machtstrukturen, um klerikale Abschottung und fehlende Kontrolle zu beenden.

In den letzten Jahrzehnten wurden weltweit zahlreiche Fälle sexuellen Missbrauchs in der katholischen Kirche aufgedeckt. Priester, Ordensleute und kirchliche Mitarbeiter haben sich an Minderjährigen vergangen - oft über Jahre hinweg. Diese Taten wurden häufig von der Kirchenhierarchie vertuscht, indem Täter versetzt und Opfer zum Schweigen gebracht wurden.

Abbildung 8: Frauen in Weiß vor verschlossenen Kirchentüren – stille, würdevolle Proteste von „Maria 2.0“.

Das Megafon-Maria-Symbol und Risse in der Kirchenmauer machen den Reformdruck sichtbar. Das „Megafon Symbol“ steht für Maria, also für die Gottesmutter – oft dargestellt durch eine stilisierte Mondsichel, ein stilisiertes M, ein Stern oder eine Rose. Das Megafon in Form eines stilisierten „M“ mit einem Rosenornament steht für Protest, Stimme, Sichtbarkeit – insbesondere für Frauen, die in der Kirche gehört und als Priesterinnen integriert werden wollen. Maria spricht durch die Frauen – laut, öffentlich, gegen Missbrauch und Machtmissbrauch und für geschlechtsneutrale Amtsvergabe. Wann wird eine Frau wieder Päpstin werden?

Ein prominentes Beispiel ist der Missbrauchsskandal am Berliner Canisius-Kolleg, der 2010 öffentlich wurde. Ehemalige Schüler berichteten, dass sie in den 1970er- und 1980er-Jahren von Jesuitenpatres sexuell missbraucht wurden. Diese Enthüllungen führten zu weiteren Berichten über Missbrauch in anderen kirchlichen Einrichtungen.

Die 2018 veröffentlichte MHG-Studie untersuchte den sexuellen Missbrauch in der katholischen Kirche Deutschlands zwischen 1946 und 2014. Sie identifizierte 1.670 beschuldigte Kleriker und 3.677 betroffene Kinder und Jugendliche. Die Dunkelziffer dürfte jedoch höher liegen.

Ein weiteres Beispiel ist der Fall eines Priesters aus Haren im Emsland, der in den 1990er-Jahren in 225 Fällen Messdiener und Erstkommunikanten missbrauchte. Er wurde 1996 zu einer Bewährungsstrafe verurteilt.

Diese Fälle und viele weitere zeigen ein systematisches Versagen der Kirche im Umgang mit sexuellem Missbrauch. Die Vertuschung und mangelnde Aufarbeitung haben das Vertrauen in die Institution schwer erschüttert. Durch ihre Aktionen zwingt *„Maria 2.0“* die katholische Kirche, sich ihrer Verantwortung zu stellen und nicht weiter Missbrauch zu vertuschen oder herunterzuspielen. Die Initiative macht deutlich, dass ohne echte Reformen – sowohl in der Missbrauchsaufarbeitung als auch in der Machtverteilung – die Glaubwürdigkeit der Kirche immer weiter erodiert.

Sexueller Missbrauch in der katholischen Kirche ist kein Zufall, sondern das Ergebnis tief verwurzelter systemischer Probleme. Eine zentrale Ursache liegt in der hierarchischen Machtstruktur der Kirche, die Priestern eine nahezu unantastbare Autorität verleiht – besonders in ihrem Verhältnis zu Kindern, Jugendlichen und Gläubigen, die sie seelsorgerisch betreuen. Dieses Machtgefälle erleichtert Missbrauch und erschwert es den Opfern, sich zu wehren oder Gehör zu finden. Die jahrzehntelange Vertuschungspraxis verstärkt das Problem, da Täter oft lediglich versetzt wurden, anstatt strafrechtlich verfolgt zu werden.

Eine Rolle spielt das Zölibat: Das Pflichtzölibat zwingt Priester zur völligen Enthaltsamkeit und verhindert eine natürliche Entwicklung der Sexualität. Kritiker:innen sehen darin eine Ursache für sexuelle Frustration, die sich in problematischen oder heimlichen Beziehungen entladen kann. Zwar ist das Zölibat allein nicht der Grund für Missbrauch, doch es fördert eine abgeschottete Männerkultur, in der Sexualität tabuisiert oder vertuscht wird und keine offenen, gesunden Auseinandersetzungen mit diesem Thema stattfinden.

Fehlende Frauen in Weiheämtern als zusätzlicher Risikofaktor

Die katholische Kirche ist eine streng männlich dominierte Institution. Frauen haben bislang keinen Zugang zu den Weiheämtern und damit auch nicht zu Schlüsselpositionen in der Leitung der Kirche. Dadurch fehlt es an geschlechtergerechten Kontrollmechanismen und an einer stärkeren weiblichen Perspektive, die oft mit einer offeneren Gesprächskultur und einer sensibleren Herangehensweise an Missbrauchsthemen verbunden ist. Würden Frauen in Priesterämtern arbeiten, könnte dies zu einer anderen Dynamik in der Kirche führen – weg von einer toxischen Männlichkeitskultur, hin zu mehr Transparenz, Dialog und Prävention.

Die strenge Sexualmoral und Schuldgefühle führen zu Verdrängungen: Die katholische Kirche vermittelt eine rigide Sexualethik, die Sexualität stark reglementiert und mit Schuld belädt. Dies führt zu einer Kultur der Verdrängung, die problematische Dynamiken hervorrufen kann.

Es fehlt an Kontrolle und Aufsicht: Geistliche unterliegen oft keiner unabhängigen Kontrolle. Die Kirche hat jahrhundertelang eigene „Gerichtsbarkeiten“ geschaffen, anstatt Missbrauchsfälle extern untersuchen zu lassen.

Es entsteht eine Schweige- und Gehorsamskultur, die eine Aufarbeitung oder Veränderung oft unmöglich macht: Priester und Ordensleute werden zur absoluten Loyalität gegenüber der Kirche erzogen. Dies führt dazu, dass Missbrauch intern gedeckt oder vertuscht wird, anstatt ihn konsequent zu verfolgen.

Sexueller Missbrauch in der katholischen Kirche ist somit nicht nur das Ergebnis einzelner Täter, sondern ein strukturelles Problem, das durch eine Machtkultur, Zölibat, fehlende Frauen, eine unterdrückte Sexualmoral und fehlende Kontrolle verstärkt wird. Eine überfällige Reform müsste all diese Faktoren berücksichtigen und nicht nur oberflächliche Maßnahmen ergreifen, sondern tiefgreifende Veränderungen an den Strukturen und in den kirchlichen Regeln vornehmen. Beginnend mit dem Fall des Zölibats und der Etablierung und Integration von weiblichen Pästinnen und Priesterinnen.

Die Ankündigung, dass Frauen eine eigene, gleichberechtigte Kirche gründen, um als Priesterinnen oder auch als Päpstin wirken zu können, entspringt einer berechtigten Einschätzung über die hartnäckige Weigerung der römisch-katholischen Männer-Kirche, Frauen in sakramentale Ämter zuzulassen. Eine solche Aus- bzw. Neugründung wäre rechtlich durchaus möglich – in Deutschland etwa gilt Religionsfreiheit, und jede neue Religionsgemeinschaft kann sich organisieren, Gottesdienste feiern und eine eigene Theologie entwickeln. Die Gründung einer alternativen, geschlechtergerechten Kirche könnte also ein solidarischer Ausdruck von Selbstbestimmung und spiritueller Emanzipation sein.

Die Umsetzung einer Finanzierung der Organisation ist komplexer: Kirchensteuer erhalten in Deutschland nur sogenannte Körperschaften des öffentlichen Rechts, ein Status, der staatliche Anerkennung voraussetzt. Dafür müssen bestimmte Voraussetzungen erfüllt sein – etwa eine stabile Mitgliederstruktur, eine klare Verfassung und die Dauerhaftigkeit der Organisation. Es ist also nicht ausgeschlossen, dass eine neue Kirche mit egalitärem Ansatz diesen Status zügig erreicht. Bis dahin müsste sie sich allerdings zunächst durch freiwillige Beiträge oder Spenden finanzieren.

Daher, wenn die Männer-Kirche sich nicht in diesen beiden Punkten beweg, kurz gesagt: Ja, eine neue Kirche wäre möglich – und vielleicht auch notwendig, wenn innerhalb der bestehenden Strukturen kein echter Wandel möglich ist. Aber der Weg zu institutioneller Gleichstellung und finanzieller Absicherung wäre lang und herausfordernd und braucht Mitglieder, die diesen Weg beschreiten.

Was die Männer-Kirche vom Kölschen Karnevalsverein lernen kann

Ein Vergleich zwischen geschlechterparitätischen Karnevalsvereinen und einer möglichen gleichberechtigten Kirche ist dabei durchaus interessant – auch wenn die Kontexte sehr unterschiedlich sind, lassen sich strukturelle Parallelen ziehen.

Im Karneval – einem traditionell stark von Männerbünden geprägten Milieu – haben sich in den letzten Jahrzehnten vielerorts paritätisch organisierte Vereine gegründet, oft aus dem Wunsch heraus, Frauen nicht nur „mitlaufen“ zu lassen, sondern aktiv mitgestalten zu lassen, gleichberechtigt in Vorstand, Programm und Repräsentation. Das war und ist ein Bruch mit Traditionen, wurde teils belächelt, teils bekämpft – und hat sich dennoch Schritt für Schritt etabliert. Die Vereinsstruktur erlaubte hier vergleichsweise leicht eine Neugründung mit klaren Regeln zur Geschlechtergerechtigkeit.

Überträgt man das auf die Kirche, erkennt man: Auch hier wirken Tradition, Machtverteilung und Rollenbilder tief in die Strukturen hinein. Der Wunsch nach Gleichberechtigung stößt auf dogmatische und institutionelle Barrieren. Eine *„neue Kirche“* zu gründen, die diese überwindet, ist ein ähnlicher Akt wie die Gründung neuer Karnevalsvereine: ein aktiver Ausbruch aus patriarchalen Strukturen, mit dem Ziel, Gleichstellung nicht zu fordern, sondern konkret zu leben.

Natürlich ist Religion mehr als Brauchtum – sie ist mit Glaubensfragen, Sakramenten und spiritueller Identität verbunden. Aber auf der Ebene der Organisation, Teilhabe und Anerkennung kann man durchaus Parallelen ziehen: In beiden Fällen geht es darum, Räume zu schaffen, in denen Frauen nicht toleriert, sondern gleichberechtigt sind – nicht „dabei“, sondern mitbestimmend.

26 • Ist moralisches Handeln in der Politik mit erfolgreicher Machtausübung grundsätzlich vereinbar?

Nach Machiavelli ist moralisches Handeln in der Politik nur bedingt mit erfolgreicher Machtausübung vereinbar. In *Il Principe* argumentiert er, dass ein Herrscher vor allem danach streben muss, seine Macht zu sichern und zu erhalten, was oft den Einsatz von Täuschung, Härte und sogar Grausamkeit erfordert. Strikte moralische Prinzipien können dabei hinderlich sein, wenn sie den Machterhalt gefährden. Er betont, dass es wichtiger ist, als tugendhaft zu erscheinen, als es tatsächlich zu sein, da die Wahrnehmung der Herrschaft durch das Volk und die Eliten entscheidender für die Stabilität der Macht ist als moralische Integrität. Moralisches Handeln kann also nur dann mit erfolgreicher

Machtausübung vereinbar sein, wenn es dem Herrscher nützt und seine Position nicht schwächt.

Aus theologischer Perspektive, insbesondere im Kontext der katholischen Kirche, ergibt sich ein Spannungsverhältnis zwischen Machiavellis politischem Pragmatismus und der christlichen Ethik. Die katholische Morallehre betont die Unauflöslichkeit von Ethik und Handeln, insbesondere in der Führung eines Staates oder einer Gemeinschaft. Nach christlichem Verständnis sollte Macht als Dienst am Gemeinwohl verstanden werden, nicht als Mittel zur Sicherung eigener Herrschaft. Augustinus etwa unterscheidet zwischen der *civitas Dei* (Gottesstaat) und der *civitas terrena* (irdischer Staat), wobei letztere oft von Machtstreben und Eigennutz geprägt sei, während erstere sich nach göttlicher Gerechtigkeit richten sollte.

Eher machiavellistisch als christlich

Die Kirche selbst stand in ihrer Geschichte jedoch immer wieder vor der Herausforderung, politisch zu agieren, ohne ihre moralischen Prinzipien zu kompromittieren. In der Praxis zeigte sich jedoch, dass auch die Päpste und kirchlichen Würdenträger häufig nach einer Logik handelten, die eher machiavellistisch als christlich war – etwa in der Renaissance, als die Kurie politische Intrigen, Kriege und Machtspiele nicht scheute.

In der queeren Theologie, die sich für eine gerechtere und inklusivere Theologie einsetzt, wird die Frage der Macht ebenfalls kritisch reflektiert. Während Machiavelli Macht als notwendige, oft auch gewaltsame Realität beschreibt, fordern queere Theolog:innen eine *Politik der radikalen Gerechtigkeit*, der Befreiung und der Inklusion. Hier wird Macht nicht als Mittel zur Herrschaft über andere verstanden, sondern als *Verantwortung für Marginalisierte*. Dies steht in direktem Gegensatz zu machiavellistischem Denken, das Moral als zweitrangig betrachtet. Dennoch zeigt sich auch in queeren Bewegungen die Herausforderung, politische Wirksamkeit mit moralischer Integrität zu verbinden – etwa in der Frage, inwieweit strategische Kompromisse im Kampf für Rechte zulässig sind.

Verantwortung für marginalisierte Menschen zu übernehmen bedeutet, nicht nur ihre Situation zu erkennen, sondern auch aktiv dazu beizutragen, dass Ungleichheit, Ausgrenzung und Machtungleichgewichte abgebaut werden. Es reicht nicht, Mitleid zu empfinden oder wohlmeinend zu reden – es braucht konkretes, solidarisches Handeln. Dabei lassen sich mehrere Ebenen unterscheiden:

Zuhören und Sichtbarmachen: Der erste Schritt ist, zuzuhören, ohne sofort zu bewerten oder zu relativieren. Wer marginalisiert ist, erlebt oft, dass die eigene Stimme übergangen wird. Verantwortung heißt hier, Platz zu machen – in Diskussionen, in Medien, in Entscheidungsprozessen – und nicht für andere zu sprechen, sondern ihnen Raum zu geben, selbst zu sprechen.

Strukturen hinterfragen und verändern: Marginalisierung ist kein Zufall, sondern oft das Ergebnis von systemischer Ungleichheit. Verantwortung bedeutet deshalb, eigene Privilegien zu reflektieren und Strukturen zu hinterfragen, die Ausschlüsse begünstigen – sei es in Bildung, Kirche, Politik, Arbeitswelt oder Sprache. Das kann unbequem sein, ist aber zentral für echte Veränderung.

Position beziehen: Neutralität ist selten neutral – wer schweigt, wenn Ungleichheit herrscht, stützt oft ungewollt den Status quo. Verantwortung übernehmen heißt auch, Haltung zu zeigen, gegen Diskriminierung aufzutreten – ob es um Rassismus, Sexismus, Queerfeindlichkeit, Klassismus oder andere Formen von Ausgrenzung geht.

Ressourcen teilen: Ob Zeit, Geld, Netzwerke oder Wissen: Wer mehr hat, kann teilen und ermöglichen. Verantwortung heißt, nicht alles für sich zu behalten, sondern bewusst zu überlegen: *Wem kann ich Zugang verschaffen? Wen kann ich fördern? Wer wurde bislang übersehen?*

Langfristig dranbleiben: Solidarität ist kein Event, sondern eine Haltung. Verantwortung endet nicht nach einem Projekt oder einem Statement – sie zeigt sich darin, auch dann noch da zu sein, wenn es unbequem wird oder Aufmerksamkeit nachlässt.

Kurz gesagt: Verantwortung für Marginalisierte zu übernehmen bedeutet, nicht für sie zu sprechen, sondern mit ihnen zu handeln. Es heißt, privilegierte Positionen zu nutzen, um Räume zu öffnen,

Strukturen zu verändern und langfristig für mehr Gerechtigkeit einzustehen.

Damit bleibt die Vereinbarkeit von Moral und erfolgreicher Machtausübung abhängig von der jeweiligen Perspektive: Während Machiavelli den Erhalt der Macht als oberste Priorität setzt, betont die katholische Theologie die moralische Verantwortung von Herrschenden und fordert die Ausrichtung an höheren ethischen Prinzipien. Queere Theologie wiederum hinterfragt traditionelle Machtstrukturen und fordert eine alternative Ethik der politischen Praxis, die nicht auf Machterhalt, sondern auf Gerechtigkeit und Befreiung zielt.

Kapitel 3: Reflexionen über Dogmatismus und kirchliche Lehren

Das Christentum wurde über Jahrhunderte hinweg von Dogmen geprägt, die als unverrückbare Wahrheiten galten. Doch mit der fortschreitenden wissenschaftlichen und gesellschaftlichen Entwicklung wurden diese Glaubenssätze immer häufiger hinterfragt. Kann das Christentum ohne Dogmen existieren, oder sind sie ein notwendiger Bestandteil der kirchlichen Identität? Während einige Theolog:innen argumentieren, dass Dogmen Stabilität verleihen und die Einheit der Gläubigen sichern, sehen andere in ihnen ein Hindernis für die Weiterentwicklung des Glaubens. Besonders die basisorientierte oder auch feministische und queere Theologie haben sich in den letzten Jahrzehnten verstärkt dafür eingesetzt, starre kirchliche Lehrmeinungen zu hinterfragen und den Glauben von dogmatischen Zwängen zu befreien.

Dogmatismus dient nicht nur der Wahrung der Tradition, sondern kann auch als Schutzmechanismus der Kirche gegen Veränderungen verstanden werden. Dies zeigt sich in der Ablehnung neuer theologischer Prinzipien oder der Verteidigung überkommener Lehren, die sich oftmals als psychisch belastend für die Gläubigen erweisen. Besonders in der Sexualmoral sind viele Dogmen wie gesehen eher politisch als spirituell motiviert. Inwiefern sie wirklich einer göttlichen Wahrheit entspringen oder vielmehr gesellschaftlichen Machtinteressen dienen - ist eine zentrale Frage in der theologischen Reflexion.

Doch was passiert, wenn fundamentale Glaubenssätze hinterfragt werden? Die Infragestellung kirchlicher Dogmen hat in der Vergangenheit wiederholt zu Dialogen mit den Gläubigen geführt, insbesondere wenn wissenschaftliches Denken unüberbrückbare Widersprüche zu dogmatischen Lehren aufdeckte. Ein Beispiel hierfür ist die Historizität der Auferstehung Jesu: Während traditionelle

Theologen sie als zentrales Glaubensbekenntnis betrachten, sehen modernere Interpretationen sie oft eher als spirituelles Symbol denn als historisches Ereignis.

Es stellt sich die grundlegende Frage, ob Religionen überhaupt als dogmatische Systeme funktionieren sollten oder ob sie vielmehr als flexible „Lebensweisen" verstanden werden könnten. Ein offeneres Glaubensverständnis könnte es ermöglichen, die Kirche an die heutigen Bedürfnisse der Gläubigen anzupassen, ohne dabei den Kern der christlichen Botschaft zu verlieren. Dazu gehört auch die Frage, wie sich das religiöse Erleben unabhängig von vorgegebenen Dogmen beschreiben lässt und welche Rolle das Gefühl des Heiligen dabei spielt.

Die Auseinandersetzung mit Dogmen ist nicht nur eine akademische Debatte, sondern hat konkrete Auswirkungen auf das Leben der Gläubigen. Starre Strukturen können psychische Belastungen hervorrufen, wenn sie nicht mit der individuellen Glaubenserfahrung in Einklang stehen. Daher bleibt es eine der großen Herausforderungen der Theologie, traditionelle Glaubensstrukturen kritisch zu hinterfragen und zu bewerten, welche Lehrmeinungen reformbedürftig sind, um eine zeitgemäße, reflektierte und menschennahe Kirche zu gestalten. Dazu muss eine Reform-Schmiede jedoch auch schriftlich verfasste Ergebnisse dokumentieren.

a) Theologische Grundlagen und Dogmenkritik

27 • Welche theologischen Kernüberzeugungen wurden im Hinblick auf die Historizität der Auferstehung Jesu kritisch hinterfragt?

Gerd Lüdemann betrachtet die Bibel nicht als eine verlässliche Quelle göttlicher Offenbarung, sondern als eine Sammlung menschlicher Texte, die historisch und kritisch untersucht werden müssen. Er argumentiert, dass viele biblische Schriften nicht von göttlicher Inspiration, sondern von den Erfahrungen, Ängsten und Weltbildern ihrer jeweiligen Autor:innen geprägt sind. Besonders problematisch sieht er die zahlreichen Widersprüche, Legendenbildungen und nachträglichen Interpretationen, die im Laufe der Jahrhunderte entstanden sind.

Ein zentrales Beispiel ist für ihn die Auferstehung Jesu, die nicht als historisches Ereignis, sondern als eine theologische Deutung verstanden werden müsse.

Er zog daraus weitreichende Konsequenzen für die christliche Theologie. Nach seiner Analyse gibt es keine belastbaren historischen Belege für die leibliche Auferstehung, sondern vielmehr Hinweise darauf, dass es sich um nachträgliche Deutungen und Glaubensüberzeugungen der frühen Christen handelt. Lüdemann argumentiert, dass die Auferstehungserzählungen nicht als objektive Berichte verstanden werden können, sondern als visionäre Erfahrungen einzelner Anhänger Jesu, die sich nach seinem Tod in einem Zustand tiefster Trauer und Hoffnungslosigkeit befanden.

Diese Schlussfolgerung stellte eine fundamentale Synapse mit dem kirchlichen Verständnis dar, da die Auferstehung als zentrales Dogma des Christentums gilt. Lüdemann sah darin jedoch keine göttliche Offenbarung, sondern eine psychologische Verarbeitung des Schocks über den gewaltsamen Tod Jesu. Dies führte ihn zu der Überzeugung, dass eine historisch-kritische Theologie nicht daran festhalten könne, dass Jesus leibhaftig auferstanden sei.

Seine Haltung brachte ihn in direkten Dialog mit der kirchlichen Lehrmeinung und führte schließlich dazu, dass ihm die Lehrerlaubnis für den kirchlichen Dienst entzogen wurde. Er argumentierte, dass die Theologie wissenschaftlich unabhängig sein müsse und sich nicht dogmatischen Vorgaben unterwerfen dürfe. Seine Kritik an der Auferstehung war daher nicht nur eine Frage historischer Analyse, sondern auch eine grundlegende Debatte über die Vereinbarkeit von Glaube und wissenschaftlicher Forschung in der Theologie.

Glaube ohne kritisches Denken läuft Gefahr, dogmatisch oder naiv zu werden. Umgekehrt verliert Theologie ohne Glaubensbezug ihren existenziellen Kern. Zwischen beidem spannt sich ein Raum, der nicht bequem ist, aber fruchtbar: Dort, wo Glaube bereit ist, sich hinterfragen zu lassen – und wo Wissenschaft nicht nur analysiert, sondern auch zuhört –, entsteht ein Denken, das Tiefe hat. Und vielleicht braucht genau das unsere Zeit:

Eine kurze Predigt (als Gedankenimpuls):

"Glaube, der nicht denkt, ist leer. Denken, das nicht glaubt, ist blind."

Dieser Satz – angelehnt an Immanuel Kant – erinnert uns daran, dass Kopf und Herz keine Gegner sind. Glaube braucht Tiefe, braucht Fragen, braucht manchmal auch Zweifel, um lebendig zu bleiben.

Jesus selbst hat nie einfachen Gehorsam verlangt, sondern zum Denken herausgefordert: „Was meinst du?“ fragt er seine Jünger. Glaube beginnt oft dort, wo man nicht sicher ist – aber sich trotzdem auf den Weg macht.

Die Theologie ist ein Versuch, diesen Weg verständlich zu machen, ihn zu übersetzen in unsere Zeit, mit allen Brüchen, Fragen und Spannungen. Und vielleicht ist das ihre größte Stärke: nicht alles zu wissen, aber den Mut zu haben, weiterzufragen – im Vertrauen darauf, dass Gott sich nicht fürchtet vor ehrlicher Suche.

Amen.

28 • Kann das Christentum ohne Dogmen existieren?

Das Christentum ohne Dogmen wäre eine radikale Veränderung, aber nicht unmöglich. Dogmen sind offiziell festgelegte Glaubenssätze, die als unumstößlich gelten und die theologische Grundlage vieler christlicher Konfessionen bilden. Sie definieren zentrale Glaubenswahrheiten und dienen als Maßstab für die Lehre der Kirche. Die Frage ist, ob das Christentum ohne diese festen Lehren weiterhin bestehen könnte und wie sich der Glaube dadurch verändern würde. Dogmen sind verbindliche Glaubensaussagen, die von der Kirche als unfehlbar betrachtet werden. In der katholischen Kirche werden sie meist durch Konzilien oder päpstliche Erlasse definiert. Die orthodoxe Kirche hält ebenfalls an traditionellen Dogmen fest, während protestantische Kirchen Dogmen oft kritischer sehen oder flexibler interpretieren.

Zu den zentralen christlichen Dogmen gehören die Dreifaltigkeit, die besagt, dass Gott in Vater, Sohn und Heiligem Geist existiert, die Gottheit Jesu Christi, die ihn als wahren Gott und wahren Menschen beschreibt, sowie die Jungfrauengeburt, nach der Maria Jesus ohne Zutun eines Mannes empfangen hat. Die Erbsünde besagt, dass alle Menschen durch den Sündenfall von Adam und Eva belastet sind, während die leibliche Auferstehung Jesu den Glauben daran ausdrückt, dass Jesus körperlich von den Toten auferstanden ist. In der katholischen Kirche existiert zudem das Dogma der päpstlichen Unfehlbarkeit, das besagt, dass der Papst in bestimmten dogmatischen Fragen unfehlbar ist.

Ohne Dogmen würde das Christentum an institutioneller Geschlossenheit verlieren, könnte aber an Offenheit gewinnen. Dogmen definieren, was als „rechtgläubig“ gilt, und verhindern beliebige Interpretationen. Ohne sie gäbe es wahrscheinlich eine noch größere Vielfalt christlicher Strömungen, was sowohl bereichernd als auch spaltend wirken könnte.

Theologisch betrachtet könnte das Christentum weiterhin auf der Lehre Jesu basieren, die sich auf Liebe, Barmherzigkeit und Gerechtigkeit konzentriert.

Abbildung 9: Ein Christus-Kopf, offen und fragend, mit einem schwebenden Fragezeichen statt Dornenkrone – umgeben von zerfallenden dogmatischen Tafeln, aus deren Trümmern neues Leben wächst. Es steht für ein Christentum ohne starre Lehrsätze – offen für Erneuerung.

Eine einzelne Person verlässt sinnbildlich die Welt der starren Dogmen – mit einem leuchtenden Herzen statt Buch, auf einem offenen Weg unter einem Fragezeichen am Himmel. Das Bild spricht von spiritueller Freiheit, Zweifel und Vertrauen jenseits des Alten. Links der fragende Christus, umgeben von zerfallenden Dogmen – rechts der freie Mensch mit leuchtendem Herzen, der sich auf einen offenen Weg begibt. Zwei Perspektiven auf ein Christentum jenseits starrer Lehrsätze, vereint in einem ausgewogenen Bild.

Die ersten Christen lebten ihren Glauben noch ohne systematische Dogmen und bezogen sich auf Jesu Botschaft und ethisches Handeln.

In dieser Hinsicht könnte ein dogmenfreies Christentum denkbar sein, wenn es sich stärker auf das Evangelium als auf theologische Definitionen stützt. Um Dogmen abzuschaffen oder zu reformulieren, ohne zentrale Glaubensinhalte aufzugeben, könnten alternative Formulierungen gewählt werden, die mehr Raum für individuelle Interpretation lassen.

Statt der Dreifaltigkeit als zwingende Glaubensvorgabe könnte man formulieren, dass Gott in verschiedenen Dimensionen erfahrbar ist, als Schöpfer, als Mensch in Jesus und als geistige Kraft, die in der Welt wirkt. Die Gottheit Jesu Christi könnte als Ausdruck der tiefen Verbindung Jesu mit Gott verstanden werden, die sich in seinem Leben und seiner Botschaft zeigt.

Die Jungfrauengeburt könnte symbolisch als Hinweis auf die besondere Erwählung Jesu durch Gott gesehen werden, unabhängig von biologischen Details.

Die Erbsünde könnte als Erkenntnis verstanden werden, dass der Mensch eine Tendenz zur moralischen Fehlbarkeit hat und göttlicher Führung bedarf, um ein ethisch verantwortungsvolles Leben zu führen.

Die Auferstehung Jesu könnte als tiefe Glaubensüberzeugung interpretiert werden, dass Jesus über den Tod hinaus in der Welt gegenwärtig bleibt, sei es geistig, symbolisch oder in einer Weise, die jenseits menschlicher Erkenntnis liegt.

Die Unfehlbarkeit des Papstes könnte durch eine Betonung der gemeinschaftlichen theologischen Reflexion ersetzt werden, bei der die Kirche nicht von einer einzelnen Autorität abhängig ist, sondern sich in einem offenen Dialog weiterentwickelt.

Das Christentum könnte ohne Dogmen existieren, wenn es sich stärker auf die ursprüngliche Botschaft Jesu konzentriert und die Vielfalt christlicher Überzeugungen akzeptiert. Allerdings würde dies zu einer grundlegenden Umgestaltung der Kirchen führen, da Dogmen ein wichtiges Mittel zur Sicherung der Einheit und Identität sind. Ohne sie wäre das Christentum weniger institutionell festgelegt, aber möglicherweise näher an den Anfängen des Glaubens, als es vor der dogmatischen Systematisierung war.

29 • Ist Dogmatismus ein Schutzmechanismus der Kirche gegen Veränderungen?

Dogmatismus dient in vielen religiösen Institutionen, insbesondere in der katholischen Kirche, als Schutzmechanismus gegen Veränderungen. Indem bestimmte Glaubenssätze als unumstößliche Wahrheiten definiert werden, bewahrt die Kirche ihre theologische und moralische Autorität und schützt sich vor inneren und äußeren Herausforderungen. Diese starre Haltung sichert die Kontinuität der Tradition, macht es aber gleichzeitig schwer, auf gesellschaftlichen Wandel oder neue wissenschaftliche Erkenntnisse zu reagieren.

Historisch gesehen war die Kirche oft mit Bewegungen konfrontiert, die ihre Lehren infrage stellten – sei es durch wissenschaftliche Entdeckungen, soziale Veränderungen oder neue theologische Strömungen. Die Reaktion war häufig eine dogmatische Abwehrhaltung, um bestehende Strukturen zu bewahren. So wurde etwa die Idee eines heliozentrischen Weltbildes, die mit der biblischen Vorstellung einer geozentrischen Welt kollidierte, zunächst als ketzerisch verurteilt.

„Ich habe mich vertan, ich habe mich vertan“

Die Worte „Ich habe mich vertan, ich habe mich vertan“ sollen von Papst Johannes Paul II. stammen – genauer: Sie werden ihm zugeschrieben in der literarisch-theologischen Auseinandersetzung, oft symbolisch oder fiktiv, aber nicht historisch belegt als direktes Zitat.

Besonders bekannt wurde die Formulierung durch den Schriftsteller Hans Küng, einen bekannten katholischen Theologen und Kirchenkritiker. Er stellte sich vor, dass ein Papst – vielleicht Johannes Paul II. oder ein künftiger – irgendwann den Mut aufbringen könnte, öffentlich zu sagen: „Ich habe mich geirrt, ich habe mich geirrt.“ (oder: „Ich habe mich vertan ...“)

Damit wäre gemeint: ein Eingeständnis, dass die Kirche – etwa in der Frage der Frauenordination, der Sexualmoral, des Umgangs mit Macht – nicht unfehlbar war, sondern auch schuldhafte Fehlentwicklungen eingestanden werden müssten.

Wichtig: Es handelt sich nicht um ein historisch belegtes Papstzitat, sondern eher um eine theologische Vision oder Hoffnung – ein Ausdruck für eine Kirche, die zur Umkehr bereit ist.

Ausgesprochen hat es tatsächlich dann Papst Franziskus: *„Ich habe mich geirrt und ich irre mich noch immer“*, so der Papst in einem Interview, das vom belgischen Staatsfernsehen VRT gesendet und von mehreren italienischen Medien aufgegriffen wurde. Das Interview wurde am 31. März 2014 im Apostolischen Palast im Vatikan aufgenommen.

Die Aussage *„Ich habe mich vertan, ich habe mich vertan“* wird also oft symbolisch verwendet, um die Notwendigkeit eines Eingeständnisses von Fehlern innerhalb der katholischen Kirche zu betonen, um sich weiterzuentwickeln.

Der Theologe Hans Küng, bekannt für seine kritische Haltung gegenüber bestimmten kirchlichen Dogmen, hat wiederholt die Unfehlbarkeit des Papstes infrage gestellt und eine offene Auseinandersetzung mit möglichen Fehlentwicklungen gefordert.

Er betonte stattdessen die Bedeutung von Wahrhaftigkeit und Ehrlichkeit in der Kirche. Er kritisierte die Tendenz, Fehler nicht einzugestehen, um den Anschein von Unfehlbarkeit zu wahren. In seinen Schriften und Interviews forderte er eine Kirche, die bereit ist, ihre eigenen Irrtümer zu erkennen und zu korrigieren, um authentisch und glaubwürdig zu bleiben.

Auch die Reformation im 16. Jahrhundert wurde damals von der katholischen Kirche nicht als Anlass zur Selbstreflexion genutzt, sondern mit Gegenreformation und Inquisition bekämpft.

Küngs heutiges Engagement zielte darauf ab, die Kirche zu einer neuen Haltung zu bewegen, um ihrer missionarischen Aufgabe in der modernen Welt gerecht zu werden.

In der Moderne zeigt sich der dogmatische Schutzmechanismus insbesondere in moralischen und ethischen Fragen. Die Haltung der Kirche zur Sexualmoral, zur Rolle der Frau und zu LGBTQIA+-Rechten basiert weitgehend auf jahrhundertealten Lehrsätzen, die kaum Raum für Anpassung ließen. Gleichzeitig gab es jedoch auch Veränderungen:

Die Kirche erkennt heute offiziell die Würde und Gleichberechtigung der Frau an, auch wenn sie weiterhin von vielen Ämtern ausgeschlossen bleibt. In einigen katholischen Gemeinden dürfen Frauen inzwischen predigen oder Leitungsfunktionen übernehmen, was früher undenkbar war. Auch die Haltung zu LGBTQIA+-Menschen hat sich leicht gewandelt. Während die offizielle Lehre gleichgeschlechtliche Partnerschaften weiterhin nicht anerkennt, haben sich einige Bischöfe und Gemeinden für einen offeneren Umgang ausgesprochen, und Papst Franziskus hat wiederholt betont, dass homosexuelle Menschen mit Respekt behandelt werden müssen.

Dass Menschen heute eigenständig über solche ethischen Fragen nachdenken, ist ein positives Zeichen. Viele Gläubige setzen sich kritisch mit kirchlichen Lehrsätzen auseinander und finden eigene Antworten auf moralische Fragen, die mit ihrem Gewissen und modernen Erkenntnissen vereinbar sind. Dieser Prozess zeigt, dass Religion nicht zwingend starr sein muss, sondern dass sich der Glaube weiterentwickeln kann, wenn er sich mit aktuellen gesellschaftlichen Herausforderungen auseinandersetzt.

In einigen Bereichen ist es der Kirche bereits gelungen, dogmatische Positionen anzupassen, etwa durch eine modernere Sicht auf Menschenrechte oder durch eine vorsichtige Neubewertung der Rolle von Frauen und queeren Menschen in der Kirche.

Letztlich stellt sich die Frage, ob Dogmatismus die Kirche wirklich schützt oder sie langfristig in eine Krise führt. Während er kurzfristig Stabilität bietet, kann er auf Dauer dazu führen, dass die Kirche den Anschluss an die Gesellschaft verliert. Eine lebendige Glaubensgemeinschaft müsste sich kontinuierlich hinterfragen und anpassen können, anstatt sich hinter starren Dogmen zu verstecken. Nur so kann sie für zukünftige Generationen relevant bleiben.

30 • *Welche traditionellen Lehrmeinungen der katholischen Theologie wurden thematisch hinterfragt, und warum gelten sie als reformbedürftig?*

Uta Ranke-Heinemann stellte zentrale Dogmen der katholischen Theologie ebenso infrage, insbesondere die Jungfrauengeburt Marias und die kirchliche Sexualmoral. Sie kritisierte, dass die Vorstellung von Marias Jungfräulichkeit weniger eine historische Tatsache als vielmehr eine theologische Konstruktion sei, die Frauen auf ein unrealistisches Ideal der Reinheit festlege. Für sie war es ein Dogma, das eher zur Kontrolle von Frauen und ihrer Sexualität diente, anstatt eine befreiende Botschaft zu vermitteln.

Die Vorstellung der Jungfrauengeburt Marias basiert auf der christlichen Theologie, die lehrt, dass Jesus von einer Mutter ohne menschliche Zeugung empfangen wurde – also ohne Beteiligung eines Mannes. Diese Lehre beruht auf den Evangelien von Matthäus und Lukas, die von einer Empfängnis durch den Heiligen Geist sprechen. Theologisch wird dies als göttliches Wunder verstanden, das Jesu besondere Herkunft und Sendung unterstreichen soll.

Aus biologischer Sicht ist eine natürliche menschliche Jungfrauengeburt (Parthenogenese) äußerst unwahrscheinlich. In der Natur kommt Parthenogenese bei manchen Tieren wie Reptilien, Amphibien oder Insekten vor, jedoch nicht beim Menschen. Selbst wenn eine Eizelle sich ohne männlichen Samen teilen würde, könnte sie nur weibliche Nachkommen hervorbringen, da das männliche Y-Chromosom fehlen würde.

Die moderne Wissenschaft sieht die Jungfrauengeburt daher nicht als biologisches Phänomen, sondern als eine theologische Erzählung mit symbolischer Bedeutung. Historisch könnte die Vorstellung aus Missverständnissen oder Übersetzungsfehlern entstanden sein – etwa durch das griechische Wort *„parthenos"* (Jungfrau) in der Septuaginta, das möglicherweise eine andere Bedeutung im ursprünglichen Hebräischen hatte. Wissenschaftlich bleibt Jungfrauengeburt ein religiöses Konzept, das außerhalb der biologischen Möglichkeiten liegt. Auch wenn sie für den Glauben ist ein zentrales Element ist, das eine geistliche Wahrheit ausdrückt: die göttliche Herkunft Jesu.

Ebenso wandte sich Uta Ranke-Heinemann gegen die strenge Sexualmoral der Kirche, die Sexualität oft nur in einem engen Rahmen von Ehe und Fortpflanzung akzeptiert. Sie sah darin eine unnötige Verengung menschlicher Freiheit und einen Widerspruch zur biblischen Botschaft von Liebe und Mitgefühl. Besonders kritisierte sie, dass die katholische Kirche ihre Sexuallehren oft mit Angst und Schuldgefühlen verband, anstatt eine lebensbejahende Sicht auf den Körper und die Liebe zu fördern.

Eine lebensbejahende Sicht auf den Körper und die Liebe beginnt mit der Anerkennung, dass Körperlichkeit und Sexualität ein natürlicher und wertvoller Teil des Menschseins ist. Es braucht eine Haltung, die den Menschen in seiner Ganzheit – mit Körper, Geist und Gefühlen – wertschätzt.

Bildung spielt dabei eine zentrale Rolle. Eine offene und wertfreie Auseinandersetzung mit Körperlichkeit, Beziehung und Sexualität kann helfen, Ängste und Tabus abzubauen. Gerade religiöse Erziehung sollte über Sexualitäts-Beziehungen von einem respektvollen und verantwortungsbewussten Umgang mit sich selbst und anderen berichten.

Auch Sprache und Bilder, die in Theologie und Gesellschaft verwendet werden, sind entscheidend. Bei der Körperlichkeit könnte eine spirituelle Perspektive betont werden, die den Körper als Ausdruck von Lebendigkeit und Schönheit betrachtet, als etwas, das Freude und Verbundenheit ermöglicht - auch mit und durch Sexualität.

Weiterhin braucht es eine Vermittlung der Kultur der Annahme, in der Menschen sich mit ihren sexuellen und körperlichen Erfahrungen, Gefühlen und Identitäten ernst genommen fühlen. Liebe in all ihren Facetten – ob romantisch, gleichgeschlechtlich oder verschiedengeschlechtlich, freundschaftlich oder familiär – sollte nicht an starre Auffassungen gebunden sein, sondern als individuelle schöpferische Kraft verstanden werden, die das Leben bereichert und vertieft. Eine solche Sichtweise fördert nicht nur ein gesünderes Verhältnis zum eigenen Körper, sondern auch erfüllte, wertschätzende Beziehungen.

Das offenes Hinterfragen dieser beiden Dogmen führte schließlich dazu, dass Uta Ranke-Heinemann die kirchliche Lehrerlaubnis entzogen wurde. Doch sie blieb dabei, dass Theologie keine blinde Gefolgschaft gegenüber kirchlichen Traditionen sein dürfe, sondern eine Wissenschaft, die Glaubenslehren kritisch prüft und weiterentwickelt, um ihnen eine zeitgemäße, menschenfreundliche Bedeutung zu geben.

31 • Wie führte die Infragestellung zentraler kirchlicher Dogmen zu Konflikten mit dem Vatikan?

Besonders die Kritik an der päpstlichen Unfehlbarkeit führte Hans Küng in einen tiefen Konflikt mit dem Vatikan. Nach der katholischen Lehre ist der Papst nur unter bestimmten Bedingungen unfehlbar. Das Dogma der päpstlichen Unfehlbarkeit wurde 1870 auf dem Ersten Vatikanischen Konzil definiert und besagt, dass der Papst unfehlbar ist, wenn er *„ex cathedra“*, also in seiner Funktion als oberster Lehrer der Kirche, eine Glaubens- oder Sittenfrage endgültig verkündet. Dies geschieht jedoch selten und betrifft nur verbindliche Glaubenswahrheiten, nicht alltägliche Aussagen oder persönliche Meinungen des Papstes.

Hans Küng stellte infrage, ob ein Papst in Glaubens- und Sittenfragen unfehlbar sein könne, und argumentierte, dass diese Lehre nicht eindeutig biblisch begründet sei, sondern eine spätere dogmatische Entwicklung darstelle. Für ihn war eine Kirche notwendig, die sich stärker auf die ursprüngliche christliche Botschaft und weniger auf hierarchische Autorität stützte. Diese Haltung stellte die Machtstruktur der katholischen Kirche infrage und führte schließlich dazu, dass ihm 1979 ebenso die kirchliche Lehrbefugnis entzogen wurde.

Der Papst könnte *„ex cathedra“* also weiterhin Glaubens- oder Sittenlehren verkünden, die als verbindlich für alle Katholiken gelten. Solche Dogmen betreffen grundlegende Glaubenswahrheiten, die als endgültig festgelegt werden. In der Geschichte wurde dies nur selten genutzt – etwa bei der Verkündigung der Dogmen der Unbefleckten Empfängnis Mariens (1854) und der leiblichen Aufnahme Mariens in den Himmel (1950). Theoretisch könnte ein Papst also weitere Themen als

Dogma verkünden, etwa zur Rolle der Frauen in der Kirche, zur Stellung der Kirche in der modernen Welt oder zu ethischen Fragen wie Bioethik und Klimagerechtigkeit. Allerdings müssten solche Erklärungen mit der kirchlichen Tradition und der Schrift in Einklang stehen, um als unfehlbar anerkannt zu werden. Das Fehlen neuer *„ex cathedra"*-Lehren kann sowohl als Zeichen eines theologischen Stillstands als auch als Erleichterung gesehen werden. Einerseits könnte es darauf hindeuten, dass sich die Kirche nicht mehr zu grundlegenden Glaubensfragen äußert und sich stattdessen auf Traditionen stützt, ohne neue verbindliche Dogmen zu formulieren. Dies könnte als mangelnde Weiterentwicklung empfunden werden, insbesondere in Zeiten gesellschaftlicher Veränderungen. Andererseits könnte es auch positiv gewertet werden, da jede neue Dogmatisierung eine weitere Festlegung wäre, die möglicherweise als Einschränkung empfunden würde. Viele Gläubige begrüßen es, dass der Papst keine neuen unumstößlichen Lehrsätze verkündet, da dies Raum für persönliche Gewissensentscheidungen und theologische Debatten lässt. So bleibt die Kirche offener für verschiedene Interpretationen und Entwicklungen, anstatt neue rigide Regeln aufzustellen, die später schwer zu ändern wären.Ob aber die alten Dogmen weiterhin bestand haben können, wird die Zeit und ihrer Diskussionen zeigen.

32 • Wie wurden traditionelle Glaubensstrukturen durch neue theologische Prinzipien infrage gestellt?

Durch die Betonung von *„sola scriptura"* (allein die Schrift) und *„sola fide"* (allein der Glaube) stellte Martin Luther die Autorität der kirchlichen Hierarchie grundsätzlich infrage. Er lehnte die Vorstellung ab, dass der Papst oder Geistliche eine vermittelnde Rolle zwischen Gott und den Gläubigen einnehmen müssten, und forderte stattdessen eine *direkte Beziehung jedes Einzelnen zu Gott*.

„One on One" – Geht mein *Jour Fixe* auch ohne Kirche?

Eine Direkt-Beziehung zu Gott bedeutete eine Abkehr von kirchlichen Traditionen, Sakramenten und kirchlichen Erlösungsmechanismen, wie sie bis dahin üblich waren. Damit wurde in der Zeit Martin Luthers die Macht der Kirche als Institution geschwächt und der Weg für eine pluralistische christliche Glaubenspraxis geebnet.

Folgende Veränderungen wären nötig, wenn der Papst oder Geistliche eine *echte Vermittlerrolle* zwischen Gott und den Gläubigen zur heutigen Zeit einnehmen würden: Zunächst müssten sie eine stärkere Transparenz und Glaubwürdigkeit in ihrem Handeln gewährleisten, um Vertrauen zurückzugewinnen. Dazu gehört die konsequente Aufarbeitung von Missständen in der Kirche, insbesondere in Bezug auf Machtmissbrauch und Vertuschung. Zudem müsste die Kirche direkter auf die spirituellen und sozialen Bedürfnisse der Gläubigen eingehen, anstatt an starren Dogmen festzuhalten. Eine stärkere Beteiligung der Gläubigen an kirchlichen Entscheidungsprozessen und eine Reform der kirchlichen Hierarchien wären ebenfalls entscheidend, um die Vermittlerrolle authentischer zu gestalten. Ein:e Geistliche:r vor Ort müsste sich in erster Linie als Seelsorger:in verstehen und den Gläubigen eine authentische spirituelle Begleitung bieten, die auf ihren individuellen Fragen und Bedürfnissen basiert. Dazu gehört eine glaubwürdige und verständliche Verkündigung der Schrift, die nicht nur Traditionen wiederholt, sondern echte Orientierung gibt. Zudem müsste sie/er aktiv den Dialog suchen, Zweifel ernst nehmen und Raum für offene Diskussionen schaffen. Praktisch bedeutet das, nicht nur Gottesdienste zu leiten, sondern auch im Alltag für die Menschen da zu sein – sei es durch soziale Arbeit, persönliche Gespräche oder konkrete Hilfe in Krisensituationen. Ein:e Geistliche:r, die/der seine Vermittlerrolle ernst nimmt, müsste zudem Vorbild sein, indem Werte wie Demut, Gerechtigkeit und Mitgefühl glaubwürdig vorgelebt werden.

Eine künstliche Intelligenz kann die Seelsorge dabei nicht vollständig ersetzen, aber sie kann sie sinnvoll ergänzen und vorbereiten. Sie kann beispielsweise Antworten auf theologische Fragen liefern, Hintergrundinformationen zu Bibelstellen bereitstellen oder Anregungen für Predigten und Gespräche geben. Zudem kann sie bei der Organisation kirchlicher Arbeit unterstützen, indem sie etwa Seelsorgegespräche strukturiert vorbereitet oder Ressourcen für bestimmte Lebenssituationen empfiehlt. Allerdings fehlt einer KI die menschliche Empathie, Intuition und spirituelle Erfahrung, die in der persönlichen Seelsorge entscheidend sind. Sie ist mehr Wissensvermittler, woraus auch Handlungsfähigkeit entstehen kann.

Eine KI kann zudem derzeit noch nicht auf nonverbale Signale eingehen, individuelle Lebensgeschichten berücksichtigen und echte emotionale Nähe bieten – etwas, was Geistliche viel umfangreicher leisten können. Eine sinnvolle Nutzung wäre also, KI als unterstützendes Werkzeug einzusetzen, um neue theologische Prinzipien zu reflektieren, wie einst Martin Luther es getan hat - während die eigentliche Seelsorge weiterhin in menschlicher Verantwortung ist.

a) Theologische Grundlagen und Dogmenkritik

33 • *Warum sollten Religionen nicht primär als dogmatische Systeme, sondern als "Lebensweisen" betrachtet werden?*

Karen Armstrong, eine renommierte Religionswissenschaftlerin und ehemalige katholische Nonne, argumentiert, dass Religionen nicht in erster Linie als starre dogmatische Systeme verstanden werden sollten, sondern vielmehr als gelebte *"Lebensweisen"*. In ihrem Buch *"The Case for God"* betont sie, dass das Wesen der Religion nicht im bloßen Glauben an bestimmte Glaubenssätze liegt, sondern in der Praxis und Erfahrung des Heiligen. Armstrong hebt hervor, dass religiöse Traditionen ursprünglich darauf abzielten, Mitgefühl, Selbstlosigkeit und ein tiefes Verständnis für das menschliche Dasein zu fördern. Sie kritisiert die moderne Tendenz, Religion auf eine Liste von Dogmen zu reduzieren, und plädiert stattdessen für eine Rückkehr zu den praktischen Aspekten des Glaubens, die das tägliche Leben und Handeln der Gläubigen beeinflussen.

Eine Rückkehr zu den praktischen Aspekten des Glaubens bedeutet, Religion nicht als reine Theorie oder Sammlung von Dogmen zu betrachten, sondern als *gelebte Praxis*, die das tägliche Leben prägt. Statt sich auf abstrakte theologische Konzepte oder Glaubenssätze zu konzentrieren, rückt der Fokus auf konkrete Handlungen, die Mitgefühl, Achtsamkeit und soziale Verantwortung stärken.

Ein zentraler Bestandteil ist die tätige Nächstenliebe. In fast allen religiösen Traditionen gibt es die Aufforderung, sich um Arme, Kranke und Benachteiligte zu kümmern. Dies geschieht nicht durch bloßes Predigen über Moral, sondern durch direkte Hilfeleistung, soziale Gerechtigkeit und Engagement für eine bessere Gesellschaft.

Ebenso gehört *spirituelle Praxis* dazu, die über reine Glaubensbekenntnisse hinausgeht. Meditation, Gebet, kontemplative Rituale oder gemeinschaftliche Gottesdienste bieten Raum für Reflexion, Selbstveränderung und die Erfahrung des Heiligen im Alltag. Religion als gelebte Praxis heißt, dass Spiritualität nicht nur im religiösen Raum stattfindet, sondern das alltägliche Handeln beeinflusst – sei es im Umgang mit anderen, in der Art zu arbeiten oder in der Haltung zur Umwelt.

Ein weiterer wichtiger Aspekt ist die Selbstkultivierung, also die bewusste Arbeit an den eigenen Charaktereigenschaften. Traditionen wie das Fasten, die regelmäßige Selbstprüfung oder spirituelle Übungen sollen nicht nur Disziplin fördern, sondern auch eine tiefere Verbindung zum eigenen Inneren und zu anderen Menschen schaffen.

Schließlich bedeutet eine Rückkehr zur Praxis auch, Religion offen für Dialog und Weiterentwicklung zu halten. Anstatt sich in festgelegten Dogmen zu verhärten, sollte der Glaube immer wieder an der Realität geprüft und im Austausch mit anderen reflektiert werden. Ein lebendiger Glaube wächst mit den Herausforderungen der Zeit, nimmt gesellschaftliche Entwicklungen ernst und bleibt in Bewegung, anstatt sich auf vergangene Normen zu fixieren.

Es geht darum, Religion wieder als gelebte Erfahrung zu verstehen – nicht als ein System aus Regeln, sondern als eine Art des Seins, die aktiv gelebt und im täglichen Handeln sichtbar wird.

34 • Fördert Dogmatismus Intoleranz und Gewalt?

Dogmatismus, insbesondere in religiösen Kontexten, kann auch Intoleranz und Gewalt fördern, wenn er den Anspruch erhebt, alleinige Wahrheiten zu besitzen und Abweichungen davon als bedrohlich oder sündhaft einstuft. Wenn eine Lehre als unumstößlich gilt und kritische

Fragen nicht zugelassen werden, führt dies häufig zur Ablehnung anderer Perspektiven, was Intoleranz gegenüber Andersdenkenden oder gesellschaftlichen Minderheiten verstärken kann.

In der Geschichte zeigt sich, dass dogmatische Überzeugungen oft dazu genutzt wurden, um bestimmte Gruppen auszugrenzen oder zu unterdrücken – sei es durch kirchliche Inquisitionen, Kreuzzüge oder die Verfolgung von Menschen aufgrund ihrer sexuellen Orientierung. Wenn eine Ideologie keinen Raum für Vielfalt oder Dialog lässt, kann sie leicht in Diskriminierung und Gewalt umschlagen.

Besonders in moralischen und ethischen Fragen wird Dogmatismus problematisch, weil er den Wandel gesellschaftlicher Normen blockiert. Während sich viele Wissenschaften und Philosophien weiterentwickeln, halten dogmatische Institutionen oft an überholten Vorstellungen fest und verteidigen diese mit aller Härte. Dies kann dazu führen, dass bestehende Ungerechtigkeiten – wie die Diskriminierung von LGBTQIA+-Menschen oder die Unterdrückung von Frauen – *religiös* legitimiert werden.

Demgegenüber steht eine offene, reflektierte Spiritualität, die nicht auf absoluten Wahrheiten beharrt, sondern den Glauben als dynamischen Prozess begreift. Wenn sich religiöse Traditionen stärker auf Mitgefühl, Vernunft und Dialog stützen würden, könnten sie zu mehr Toleranz beitragen, anstatt durch starre Dogmen Konflikte zu schüren. Letztlich entscheidet nicht der Glaube an sich über Intoleranz oder Gewalt, sondern die Art und Weise, wie er gelebt und interpretiert wird.

Eines steht nunmal fest: Die katholische Kirche hat Frauen und LGBTQIA+-Menschen über Jahrhunderte hinweg systematisch diskriminiert und unterdrückt. Diese Diskriminierung manifestierte sich in theologischen Dogmen, sozialen Ausschlüssen und teils gewaltsamen Verfolgungen. Während Frauen in der Kirche lange Zeit auf untergeordnete Rollen beschränkt blieben, wurden LGBTQIA+-Menschen als *„sündhaft“* oder *„in untergeordneter Rolle“* betrachtet oder sogar oftmals kriminalisiert. Weil diese Praktiken tief in der Kirchengeschichte verwurzelt sind, gab es in den letzten Jahrzehnten auch Veränderungen und Reformbewegungen, die zu einem gewissen Wandel geführt haben.

Unterdrückung und Diskriminierung von Frauen in der katholischen Kirche

Seit den Anfängen des Christentums wurden Frauen systematisch von kirchlichen Machtpositionen ausgeschlossen. Die Vorstellung, dass der *Mann als „Haupt der Frau“* gilt, wurde durch Kirchenväter wie Augustinus und Thomas von Aquin theologisch untermauert. Frauen wurden lange als geistig und moralisch schwächer angesehen, was ihre Rolle auf Mutterschaft und häusliche Pflichten reduzierte. Die katholische Kirche verweigerte Frauen das Priesteramt und lehnte bis heute jegliche Reform in dieser Hinsicht ab – trotz der Tatsache, dass Frauen den Großteil der praktischen Gemeindearbeit weltweit übernehmen.

Besonders im Mittelalter wurde die Unterdrückung von Frauen extrem sichtbar, etwa in den Hexenverfolgungen, die unter kirchlicher Legitimation durchgeführt wurden. Frauen, die als *„auffällig“* oder *„unabhängig“* galten, wurden verfolgt, gefoltert und verbrannt. Doch auch in moderneren Zeiten hat die Kirche Einfluss auf Frauenrechte ausgeübt, etwa durch ihre strikte Ablehnung von Empfängnisverhütung und Abtreibung. In vielen Ländern, insbesondere in Lateinamerika und Polen, hat der kirchliche Druck dazu geführt, dass Frauen keinen oder nur sehr eingeschränkten Zugang zu reproduktiven Rechten haben.

Unterdrückung und Diskriminierung von LGBTQIA+-Menschen

Auch homosexuelle, bisexuelle und trans* Personen wurden von der Kirche über Jahrhunderte hinweg verfolgt. Im Mittelalter wurden gleichgeschlechtliche Handlungen als Sünden betrachtet, und Menschen, die *„Sodomie“* begangen, wurden durch kirchlich unterstützte Justizsysteme hingerichtet. Später betrachtete die Kirche diese queere sexuelle Orientierung als „psychische Störung“ oder „moralische Verfehlung“, eine Haltung, die sich bis ins 20. Jahrhundert hielt.

Bis heute vertritt der Vatikan die Position, dass gleichgeschlechtliche Beziehungen *„sündhaft“* seien, während homosexuelle Neigungen als *„ungeordnet“* betrachtet werden. Die Weihe homosexueller Männer zum Priester wurde 2005 offiziell untersagt, und 2021 bekräftigte der Vatikan erneut, dass homosexuelle Partnerschaften nicht gesegnet werden. Während in vielen Ländern rechtliche Gleichstellung erreicht wurde, ist die katholische Kirche in einigen Staaten weiterhin eine treibende Kraft gegen LGBTQIA+-Rechte, etwa indem sie sich gegen die Legalisierung der gleichgeschlechtlichen Ehe stellt.

Aufhebung der Diskriminierung und positive Veränderungen

Trotz dieser langen Geschichte der Unterdrückung hat sich in den letzten Jahrzehnten einiges bewegt. Frauen haben in vielen Gemeinden heute mehr Einfluss als je zuvor, auch wenn ihnen offizielle Weihen weiterhin verwehrt bleiben. Initiativen wie die *„Maria 2.0“*-Bewegung setzen sich für eine gleichberechtigte Kirche ein und fordern unter anderem die Weihe von Frauen zu Priesterinnen. In einigen Ländern gibt es innerhalb der katholischen Kirche fortschrittliche Strömungen, die Frauen entsprechende Verantwortung in Leitungsfunktionen geben.

Für LGBTQIA+-Menschen hat sich die Haltung der Kirche in einigen Bereichen ebenfalls leicht verändert. Papst Franziskus hat mehrfach betont, dass queere Menschen mit Würde und Respekt behandelt werden müssen. 2013 sagte er den berühmten Satz: *„Wer bin ich, um zu urteilen?“*, als er nach homosexuellen Priestern gefragt wurde. In einigen katholischen Gemeinden gibt es inzwischen Segnungen für gleichgeschlechtliche Paare, obwohl der Vatikan dies offiziell nicht erlaubt. In Deutschland hat die Initiative *„#OutInChurch“* für Aufsehen gesorgt, bei der sich katholische Angestellte offen als queer geoutet haben und für eine diskriminierungsfreie Kirche eintreten.

Zudem haben Theolog:innen, kirchliche Reformbewegungen und Aktivist:innen maßgeblich dazu beigetragen, die starre Sexualmoral der Kirche infrage zu stellen. Durch gesellschaftlichen Druck wurden einige Tabus aufgebrochen, und weitere fortschrittliche katholische Gruppen setzen sich weltweit für mehr Akzeptanz ein. Besonders in westlichen Ländern öffnen sich zunehmend katholische Gemeinden für LGBTQIA+-Menschen und suchen nach Wegen, sie stärker in die Kirche einzubinden.

Die katholische Kirche hat also über Jahrhunderte hinweg Frauen und LGBTQIA+-Menschen diskriminiert und unterdrückt – oft nicht aus spirituellen, sondern aus machtpolitischen Gründen. Während diese Unterdrückung nie völlig verschwunden ist, haben sich in den letzten

Jahrzehnten fortschrittliche Bewegungen formiert, die für Gleichberechtigung eintreten. Frauen übernehmen immer mehr Verantwortung in der Kirche, und die Debatte über die Rolle von LGBTQIA+-Menschen hat sich geöffnet. Doch viele der alten Strukturen bestehen weiterhin, und der Vatikan hält an traditionellen Dogmen fest. Die Zukunft wird zeigen, ob die Kirche bereit ist, sich weiterzuentwickeln oder ob sie weiterhin an veralteten Vorstellungen festhält, die zunehmend von der Gesellschaft und jungen Gläubigen hinterfragt werden.

35 • Sind sexuelle Dogmen primär politisch oder spirituell motiviert?

Sexuelle Dogmen im Speziellen sind verbindliche kirchliche Lehrsätze, die das moralische Verständnis von Sexualität definieren und für Gläubige als unumstößlich gelten. Sie regeln unter anderem die Ehe, Fortpflanzung, Keuschheit, Homosexualität und geschlechtliche Identität. In der katholischen Kirche sind sie fest im Katechismus verankert und werden vom Lehramt als Teil der göttlichen Ordnung betrachtet. Dazu gehört beispielsweise die Vorstellung, dass Sexualität ausschließlich innerhalb einer sakramentalen Ehe zwischen Mann und Frau stattfinden darf, dass jede sexuelle Handlung *„offen für das Leben“* sein muss und dass Homosexualität als *„objektiv ungeordnet“* gelte. Auch in vielen evangelikalen Bewegungen gibt es strenge Vorstellungen von Sexualmoral, die vorehelichen Sex, gleichgeschlechtliche Beziehungen oder nicht-binäre Geschlechtsidentitäten ablehnen.

Ob sexuelle Dogmen primär politisch oder spirituell motiviert sind, hängt aber stark von ihrem historischen und gesellschaftlichen Kontext ab. Während die Kirche ihre Sexuallehre oft als theologisch begründet betrachtet, zeigt ein Blick in die Geschichte, dass viele dieser Normen auch politische und soziale Funktionen hatten: Sexualität war schon immer ein Bereich, in dem Macht und Kontrolle eine große Rolle spielten, und die Kirche hat über Jahrhunderte hinweg Sexualmoral genutzt, um soziale Ordnung zu stabilisieren und ihren Einfluss auf das private Leben der Gläubigen zu sichern.

Viele der heutigen sexuellen Dogmen stammen aus Zeiten, in denen die Kirche nicht nur eine spirituelle, sondern auch eine politische Institution war. Im Mittelalter etwa hatte die Kirche großen Einfluss auf Eheschließungen, da sie über familiäre Bündnisse auch gesellschaftliche und wirtschaftliche Strukturen mitgestaltete. Die enge Verbindung von Sexualität und Fortpflanzung diente dazu, klare Erbfolgen und gesellschaftliche Hierarchien zu erhalten. Auch die Bewertung von gleichgeschlechtlicher Liebe und außerehelichem Sex hatte oft weniger mit theologischen Überzeugungen zu tun - als mit der Kontrolle über soziale Normen.

Auch innerhalb der katholischen Kirche gibt es Hinweise darauf, dass Sexualdogmen oft mehr mit Macht als mit Spiritualität zu tun haben. Die strikte Ablehnung von Verhütungsmitteln wurde im 20. Jahrhundert durch Papst Paul VI. mit der Enzyklika Humanae Vitae (1968) festgeschrieben, obwohl viele Theologen und Bischöfe für eine Lockerung plädierten. Diese Entscheidung wurde weniger aus rein theologischen Gründen getroffen als aus Angst, die Autorität des kirchlichen Lehramts zu untergraben. Das bereits angesprochene Pflichtzölibat für Priester, das erst im Mittelalter verpflichtend wurde, wurde nicht primär aus spirituellen Gründen eingeführt, sondern nur um zu verhindern, dass Priesterfamilien kirchlichen Besitz für sich beanspruchten.

Die Idee, dass Sexualität mit Liebe, Treue und Verantwortung verbunden sein sollte, hat eine tief spirituelle Dimension, die auch in modernen Ethikdebatten relevant bleibt. Allerdings ist die Frage, ob diese Prinzipien zwangsläufig an traditionelle Dogmen gebunden sein müssen. Die zentrale Botschaft Jesu betont Liebe, Mitgefühl und Verantwortung, was dafür spricht, dass Sexualität nicht durch starre Regeln, sondern durch persönliche Integrität und Respekt vor anderen Menschen ethisch bewertet werden sollte.

Ein neues, reformiertes Dogma könnte diese Werte aufgreifen und anstelle der bisherigen rigiden Vorschriften eine Ethik der Verantwortung betonen. Eine mögliche Formulierung neuer Dogmen, die diesem Ansatz entsprechen, wäre:

Sexualität ist ein Geschenk Gottes, das in Liebe, Achtung und Verantwortung gelebt werden soll.

Jede sexuelle Beziehung ist ethisch vertretbar, wenn sie auf gegenseitigem Einverständnis, Respekt und Verantwortung basiert.

Die Kirche erkennt an, dass Liebe und Bindung unabhängig von Geschlecht oder Familienstand einen moralischen Wert haben.

Sexuelle Orientierung ist eine natürliche Gabe Gottes und darf nicht Gegenstand von Diskriminierung oder moralischer Abwertung sein.

Die Fortpflanzung ist ein möglicher, aber nicht zwingender Zweck von Sexualität. Liebe und Intimität sind ebenso wertvolle Ausdrucksformen menschlicher Nähe.

Die Kirche respektiert das Gewissen jedes Einzelnen in Fragen der Sexualität und begleitet Menschen in ihrer Suche nach einem verantwortungsvollen, erfüllten Leben.

Diese reformierten Dogmen würden Sexualität nicht länger als eine Gefahr oder als rein fortpflanzungsorientiert betrachten, sondern als einen Ausdruck von Beziehung, Liebe und Verbundenheit, der ethisch an Verantwortung und Respekt geknüpft ist. Eine solche Sichtweise würde nicht nur eine theologische Neubewertung ermöglichen, sondern auch dazu beitragen, dass sich mehr Menschen mit der Kirche identifizieren können, ohne sich moralisch unter Druck gesetzt zu fühlen.

Es zeigt sich, dass sexuelle Dogmen sowohl politisch als auch spirituell motiviert sind. Während viele kirchliche Normen ihren Ursprung in spirituellen Vorstellungen haben, wurden sie über Jahrhunderte hinweg auch genutzt, um gesellschaftliche Strukturen zu stabilisieren und Machtverhältnisse zu sichern. Eine Reform der kirchlichen Sexualethik könnte jedoch dazu beitragen, diese Normen an die grundlegenden Werte Jesu anzupassen: Liebe, Gerechtigkeit und Mitgefühl. Statt auf Kontrolle und Gehorsam könnte eine erneuerte kirchliche Ethik auf Vertrauen in die persönliche Gewissensbildung der Gläubigen setzen und Sexualität als etwas Natürliches und Heiliges anerkennen, das nicht durch moralische Angst, sondern durch eine Ethik der Fürsorge und Achtung geprägt ist.

36 • *Wie und warum können starre Strukturen und überkommene Lehren in der Kirche zu psychischen Belastungen führen?*

Eugen Drewermann kritisierte die katholische Kirche als eine Institution mit *„krank machenden Strukturen“*, die Angst und Abhängigkeit fördert, anstatt den Menschen in seiner spirituellen Entwicklung zu unterstützen. Wie viele andere prangerte er das starre Festhalten an Dogmen an, die keine individuellen Glaubenserfahrungen zulassen und oft eher zur Unterdrückung von Fragen und Zweifeln führen als zu einer echten Auseinandersetzung mit dem Glauben.

Ein weiteres Problem sah er in der Erziehung durch Angst. Die Vorstellung eines strafenden Gottes, eines unausweichlichen Schuldgefühls und eines Gehorsamsprinzips, das den freien Willen untergräbt, könne zu tiefen seelischen Konflikten führen. Vor allem das idealisierte Priesterbild, das von Geistlichen absolute Hingabe und völlige Selbstverleugnung verlangt, hielt er für eine Ursache von psychischem Leid und persönlichem Scheitern vieler Kleriker.

Mit seiner tiefenpsychologischen Deutung religiöser Lehren stellte er die kirchliche Dogmatik infrage. Er plädierte für eine Befreiung des Glaubens von Angst und Zwang sowie für eine Kirche, die den Menschen nicht durch Schuldgefühle formt, sondern ihn in seiner persönlichen Suche nach Sinn und Spiritualität ernst nimmt. Diese Sichtweise brachte ihn in Gegensatz zur kirchlichen Lehrmeinung, was schließlich zum Entzug seiner Lehrerlaubnis führte.

Wie folgt kann Erziehung von einer angstbasierten Prägung zu einer positiven Entwicklung des Menschen führen und ein Lernen der Theolog:innen ermöglichen: Erziehung durch Angst erzeugt Abhängigkeit, Schuldgefühle und eine innere Unsicherheit, die langfristig die persönliche Entwicklung hemmen kann. Strenge Regeln ohne Raum für kritisches Denken oder individuelle Erfahrung führen oft dazu, dass Kinder und Jugendliche, Menschen generell, Gehorsam verinnerlichen, anstatt Selbstvertrauen und Verantwortung zu entwickeln. Besonders in religiösen Kontexten kann eine Pädagogik der Angst dazu führen, dass Glaube nicht als befreiend, sondern insbesondere Glaube und Kirche als belastend empfunden wird.

Bessere Rahmenbedingugen für Handlungen und Erziehung setzen auf Vertrauen, Ermutigung und Reflexion. Statt auf Bestrafung und autoritäre Kontrolle sollte sie auf Begleitung und Förderung von Selbstständigkeit basieren. Fehler sollten nicht mit Schuld belegt, sondern als Teil eines Lernprozesses verstanden werden. Menschen, insbesondere Kinder und Jugendliche brauchen die Möglichkeit, eigene Fragen zu stellen, Erfahrungen zu reflektieren und selbstbestimmte Überzeugungen zu entwickeln. Erziehung kann die Suche nach Sinn und Spiritualität fördern, indem sie Neugier und Offenheit statt Angst vor Zweifeln kultiviert. Wer Gott oder das Göttliche als etwas erfährt, das in Beziehung, Liebe und Gerechtigkeit spürbar wird, entwickelt eine tiefere spirituelle Verbundenheit, als wenn er bloß Regeln befolgt. Regeln sollten durch Fragen ersetzt werden.

Die Theologie kann von dieser Pädagogik lernen, dass Glaube nicht durch Druck oder festgelegte Dogmen lebendig bleibt, sondern durch Fragen und Dialog in gemeinsamer Begegnung, durch Freiheit im Fragenstellen, durch Freiheit in Denken und Lernen - um persönliches Wachstum zu erzielen. Statt auf Angst oder Gehorsam zu setzen, könnte der religiöse Dialog auf allen Ebenen eine *Theologie der Ermutigung* entwickeln – eine, die Fragen fördert, spirituelle Erfahrungen ernst nimmt und den Menschen nicht als Untertan, sondern als aktiven Mitgestalter seiner Fragen und möglichen Interpretationen auf der Glaubensreise sieht.

---

c) Dogmen-Theologie im Spannungsfeld von Wissenschaft und Moderne

---

37 • Wie verhält sich wissenschaftliches Denken zu dogmatischen religiösen Vorstellungen, und wo entstehen unüberbrückbare Widersprüche?

Harald Lesch sieht einen grundlegenden Dialogbedarf dort, wo religiöse Dogmen wissenschaftliche Erkenntnisse ignorieren oder ihnen entgegenstehen. Wissenschaft basiert auf überprüfbaren Fakten,

Experimenten und logischer Schlussfolgerung, während dogmatische Glaubenssysteme oft auf Offenbarung, Autorität und unveränderlichen Wahrheiten beruhen. Besonders deutlich wird dieser Widerspruch in Fragen wie der Evolutionstheorie, dem Urknall oder der Altersbestimmung der Erde, die im Gegensatz zu wörtlichen Auslegungen religiöser Schriften stehen. Lesch betont, dass Wissenschaft ein dynamischer Prozess ist, der seine Theorien stets hinterfragt und an neue Erkenntnisse anpasst, während dogmatische Systeme oft von einer absoluten Wahrheit ausgehen, die nicht verändert werden darf. Dennoch erkennt er an, dass Glaube und Naturwissenschaft nicht zwangsläufig im Widerspruch stehen müssen, solange Religion sich nicht als konkurrierendes Erklärungsmodell für naturwissenschaftliche Phänomene versteht, sondern sich auf ethische und existenzielle Fragen konzentriert. Der eigentliche Konflikt entsteht also nicht zwischen Wissenschaft und Glauben an sich, sondern dort, wo religiöse Institutionen wissenschaftliche Erkenntnisse ablehnen, weil sie mit überlieferten Dogmen kollidieren.

Viele Kernaspekte des Christentums betreffen nicht die naturwissenschaftliche Erklärung der Welt, sondern ethische, moralische und spirituelle Fragen, die außerhalb des wissenschaftlichen Untersuchungsbereichs liegen. Dazu gehören vor allem die Idee der Nächstenliebe, die Vorstellung von Gerechtigkeit, Barmherzigkeit und Vergebung sowie die Frage nach dem Sinn des Lebens. Diese Konzepte sind nicht empirisch messbar, aber sie prägen menschliches Zusammenleben und moralische Reflexion.

Auch der Glaube an eine transzendente Wirklichkeit oder an Gott selbst steht nicht zwangsläufig im Widerspruch zur Wissenschaft, da die Naturwissenschaft keine Aussagen über das Existieren oder Nichtexistieren Gottes machen kann. Der christliche Glaube an die Würde des Menschen und seine Verantwortung für die Schöpfung deckt sich mit vielen wissenschaftlichen Einsichten, etwa im Bereich des Umweltschutzes oder der Medizinethik. Auch die Prinzipien der Nächstenliebe und der Solidarität finden ihre Entsprechung in wissenschaftlichen Erkenntnissen über menschliches Sozialverhalten und Kooperation als evolutive Vorteile.

Zudem gibt es eine lange Tradition christlicher Wissenschaftler:innen, die zeigten, dass religiöser Glaube und wissenschaftliches Arbeiten sich nicht ausschließen müssen. Viele bedeutende Naturwissenschaftler:innen – darunter Gregor Mendel in der Genetik oder Georges Lemaître, der die Urknall-Theorie entwickelte – waren selbst Geistliche.

Besonders problematisch und im Konflikt mit der Wissenschaft sind aber Glaubensinhalte, die naturwissenschaftliche Erkenntnisse entweder direkt widersprechen oder sich mit einem empirisch überprüfbaren Weltbild schwer vereinbaren lassen. Dazu gehört vor allem die wörtliche Auslegung der Schöpfungsgeschichte im Buch Genesis, insbesondere die Vorstellung einer Erschaffung der Welt in sechs Tagen oder eines jungen Erdalters von wenigen tausend Jahren. Diese Sichtweise steht im Widerspruch zu geologischen, biologischen und kosmologischen Erkenntnissen, die eine Milliarden Jahre alte Erde und die Evolution des Lebens belegen.

Auch Wunderberichte, in denen Naturgesetze scheinbar außer Kraft gesetzt werden – wie die Jungfrauengeburt, die Verwandlung von Wasser in Wein oder die Auferstehung Jesu –, stehen im direkten Gegensatz zum wissenschaftlichen Prinzip, dass Naturgesetze universell gelten. Während Gläubige diese Ereignisse als Ausdruck göttlicher Macht deuten, betrachtet die Wissenschaft sie als nicht belegbare Behauptungen, da sie keinen experimentellen oder empirischen Nachweis haben.

Ein weiteres Spannungsfeld besteht in der Theologie der Seele und des freien Willens. Während viele christliche Traditionen davon ausgehen, dass der Mensch eine unsterbliche Seele besitzt und unabhängig von materiellen Prozessen Entscheidungen trifft, deuten neurowissenschaftliche Erkenntnisse darauf hin, dass Bewusstsein, Gedanken und Entscheidungen auf physikalisch-chemische Prozesse im Gehirn zurückzuführen sind. Das Konzept eines nicht-materiellen, von der Biologie unabhängigen Bewusstseins ist mit diesen Erkenntnissen schwer vereinbar.

Auch die Idee eines teleologischen (zielgerichteten) Weltbildes, in dem das Universum auf den Menschen als *„Krone der Schöpfung“* ausgerichtet sei, steht im Konflikt mit evolutionären Theorien, die zeigen, dass der Mensch ein Produkt zufälliger Mutationen und natürlicher Selektion ist, ohne dass ein göttliches Ziel oder eine Vorherbestimmung nachweisbar wäre.

Schließlich gibt es ethische Fragen, in denen wissenschaftlicher Fortschritt und kirchliche Dogmen kollidieren, etwa in der Gentechnik, der Reproduktionsmedizin oder der Bioethik. Während die Kirche oft auf einer besonderen Heiligkeit des menschlichen Lebens von der Empfängnis an beharrt, betrachtet die Wissenschaft biologische Prozesse eher aus funktionaler Perspektive und erkennt keinen inhärenten „göttlichen Plan" darin.

Damit sind die Konflikte vor allem dort zu finden, wo religiöse Lehren als naturwissenschaftliche Tatsachen ausgelegt werden oder wo wissenschaftliche Erkenntnisse kirchlichen Dogmen widersprechen.

Kirchenaustritte sind in vielen Ländern in den letzten Jahrzehnten gestiegen, und einer der Gründe dafür ist der Konflikt zwischen kirchlichen Dogmen und wissenschaftlichen Erkenntnissen. Besonders in hochgebildeten Gesellschaften, in denen naturwissenschaftliche Bildung eine große Rolle spielt, empfinden viele Menschen religiöse Lehren als nicht mehr zeitgemäß oder unvereinbar mit einem wissenschaftlichen Weltbild. Wenn Kirche und Wissenschaft als Gegensätze wahrgenommen werden, fühlen sich vor allem junge Menschen entfremdet und wenden sich ab.

Drei wesentliche Zugeständnisse der Kirche an Wissenschaft und Moderne, um Kirchenaustritte zu verlangsamen sind:

Anerkennung der Evolution als vereinbar mit dem Glauben

Die Kirche könnte sich klarer von kreationistischen Deutungen der Schöpfung abgrenzen und Evolution als einen natürlichen Prozess anerkennen, der nicht im Widerspruch zu einem Glauben an Gott steht. Ein theologisch akzeptabler Weg wäre es, Evolution als Methode der göttlichen Schöpfung zu deuten, ohne einen direkten göttlichen Eingriff in jede einzelne Art postulieren zu müssen.

Aufhebung des Zölibats für Priester:innen

Ein wesentliches Hindernis für den kirchlichen Nachwuchs ist das Zölibat. Die Abschaffung dieser Pflicht würde nicht nur mehr Menschen für das Priestertum öffnen, sondern auch die Glaubwürdigkeit der Kirche stärken, indem sie realistische Lebensmodelle für ihre Geistlichen zulässt.

Gleichberechtigung von Frauen im kirchlichen Amt

Die Weigerung, Frauen zum Priesteramt zuzulassen, steht im Gegensatz zu modernen Gleichberechtigungsprinzipien und wird von vielen Gläubigen als nicht mehr zeitgemäß empfunden. Eine Reform in dieser Frage könnte dazu beitragen, die Glaubwürdigkeit der Kirche zu stärken und den Mitgliederschwund zu bremsen.

Zwei besonders reformbedürftige Dogmen aufgrund wissenschaftlicher Erkenntnisse und ihre mögliche Anpassung spielen ebenso eine wesentliche Rolle:

Dogma der Jungfrauengeburt Mariens

Bisherige Lehre: Die Kirche lehrt, dass Maria Jesus durch die Kraft des Heiligen Geistes ohne Beteiligung eines Mannes empfangen hat. Diese Vorstellung basiert auf einer wörtlichen Auslegung biblischer Texte und wurde dogmatisch festgeschrieben.

Wissenschaftliche Problematik: Biologisch ist eine jungfräuliche Geburt bei Säugetieren nicht mit männlichen Nachkommen vereinbar. Historische Analysen zeigen zudem, dass der Begriff *„Jungfrau"* möglicherweise eine Fehlübersetzung des hebräischen Wortes *„Almah"* (junge Frau) ist.

Mögliche Anpassung: Die Kirche könnte die Jungfrauengeburt symbolisch interpretieren, indem sie sie als Ausdruck der besonderen Erwählung Marias und ihrer spirituellen Reinheit versteht, ohne einen biologischen Widerspruch aufrechtzuerhalten.

Dogma der Unfehlbarkeit des Papstes in Glaubensfragen

Bisherige Lehre: Seit 1870 gilt das Dogma, dass der Papst in Glaubens- und Sittenfragen unfehlbar ist, wenn er *ex cathedra* spricht. Dies bedeutet, dass seine Entscheidungen unter bestimmten Umständen nicht hinterfragt oder revidiert werden können.

Wissenschaftliche Problematik: Der Erkenntnisfortschritt in allen Wissenschaftsbereichen zeigt, dass Wissen immer im Wandel ist. Die

Idee einer absoluten, unveränderlichen Wahrheit, die von einer einzigen Autorität verkündet wird, steht im Widerspruch zu modernen Erkenntnistheorien und demokratischen Prinzipien.

Mögliche Anpassung: Eine Reform könnte darin bestehen, das Unfehlbarkeitsdogma zu relativieren, indem man betont, dass päpstliche Lehrmeinungen in einen historischen Kontext eingebettet sind und im Licht neuer Erkenntnisse weiterentwickelt werden können.

Solche Anpassungen könnten die Kluft zwischen Kirche und Wissenschaft verkleinern und dazu beitragen, dass mehr Menschen die Kirche als eine dynamische, sich entwickelnde Institution wahrnehmen, die mit der Moderne in Einklang stehen kann.

Naturwissenschaften beantworten dabei nicht alle grundlegenden Fragen des Menschseins: Eine zentrale offene Frage ist die nach dem **Sinn des Lebens** – während die Wissenschaft beschreibt, wie das Universum entstanden ist und funktioniert, bleibt die Frage warum etwas existiert, eine metaphysische und philosophische Überlegung.

Ein weiteres ungelöstes Problem ist die **Herkunft des Bewusstseins**. Während Neurowissenschaften zeigen, dass Denken und Emotionen auf neuronalen Prozessen beruhen, bleibt offen, wie subjektives Erleben – das „Ich-Bewusstsein“ – genau entsteht und ob es über rein materielle Mechanismen hinausgeht.

Auch ethische Fragen lassen sich wissenschaftlich nicht abschließend klären. Wissenschaft kann beschreiben, welche Handlungen welche Folgen haben, aber sie gibt keine endgültige Antwort darauf, was moralisch richtig oder falsch ist. Debatten über Themen wie Gentechnik, künstliche Intelligenz oder Klimagerechtigkeit brauchen wissenschaftliche Erkenntnisse, doch die Entscheidung, wie mit diesen Erkenntnissen umzugehen ist, bleibt eine Frage der Ethik, Philosophie oder sogar Religion.

Schließlich bleibt die **Frage nach der letzten Ursache** offen: Auch wenn das Universum durch den Urknall entstanden sein mag, bleibt die Frage, warum es überhaupt Naturgesetze gibt, die ein Universum ermöglichen. Wissenschaftler:innen weisen darauf hin, dass Wissenschaft hier an ihre Grenzen stößt, weil sie innerhalb des Universums forscht, aber nicht endgültig erklären kann, warum es etwas gibt und nicht nichts. Philosophie, Religion oder politische Wissenschaften haben unterschiedliche Ansätze dazu:

Die **Philosophie** nähert sich der Frage nach dem Sinn des Lebens auf verschiedene Weise. Existenzialisten wie Jean-Paul Sartre oder Albert Camus argumentieren, dass das Leben keinen objektiven Sinn hat, sondern dass der Mensch selbst Bedeutung schaffen muss. Andere philosophische Strömungen, wie der Aristotelismus oder der deutsche Idealismus, sehen das Ziel menschlichen Lebens in der Entfaltung des eigenen Potenzials oder in der Verwirklichung moralischer Werte. Die Frage nach dem Bewusstsein führt zu Debatten zwischen Materialisten, die es für ein Produkt physischer Prozesse halten, und Dualisten, die eine nicht-materielle Dimension des Denkens annehmen.

Religionen geben oft klare Antworten auf diese Fragen. Im Christentum, Judentum und Islam wird das Universum als Schöpfung Gottes verstanden, was die Frage nach der letzten Ursache beantwortet – es existiert, weil Gott es gewollt hat. Der Sinn des Lebens wird in einer Beziehung zu Gott oder in der Erfüllung göttlicher Gebote gesehen. Im Buddhismus hingegen liegt der Sinn darin, das Leiden zu überwinden und Erleuchtung zu erlangen. Auch das Bewusstsein wird in religiösen Traditionen oft als mehr als nur ein biologischer Prozess betrachtet – viele Glaubensrichtungen postulieren eine Seele, die unabhängig vom Körper existiert.

Die **politischen Wissenschaften** betrachten diese Fragen aus gesellschaftlicher Perspektive. Während sie keine metaphysischen Antworten liefern, analysieren sie, wie Sinnstiftung in gesellschaftlichen Strukturen entsteht. Ideologien wie Liberalismus oder Sozialismus geben Menschen eine Orientierung, indem sie Werte wie individuelle Freiheit oder soziale Gerechtigkeit in den Mittelpunkt stellen. Ethikfragen werden hier oft in Form von Gesetzen und politischen Entscheidungen diskutiert, etwa in Debatten über Bioethik, Klimapolitik oder Menschenrechte.

Letztlich bleibt die **Frage nach dem „Warum“** des Universums eine, die weder Wissenschaft noch Philosophie, Religion oder Politik endgültig beantworten können. Jede dieser Disziplinen bietet jedoch unterschiedliche Perspektiven und Werkzeuge, um mit dieser Ungewissheit umzugehen und Orientierung im Leben zu finden.

38 • Warum sind Dogmen gefährlich für eine aufgeklärte Gesellschaft?

Nach Voltaire sind Dogmen gefährlich für eine aufgeklärte Gesellschaft, weil sie den freien Gebrauch der Vernunft einschränken und Kritik unterdrücken. In seinem *Dictionnaire philosophique* thematisiert er religiöse und ideologische Dogmen als starre, oft willkürliche Lehrsätze, die Menschen dazu zwingen, bestimmte Überzeugungen unhinterfragt zu akzeptieren. Er sieht Dogmen als Werkzeuge der Macht, mit denen Autoritäten – insbesondere Kirche und Staat – Kontrolle über das Denken und Handeln der Menschen ausüben. Eine aufgeklärte Gesellschaft hingegen basiert auf Toleranz, Vernunft und der Freiheit des Denkens, was durch Dogmen gefährdet wird, da sie Zweifel und wissenschaftlichen Fortschritt behindern können.

Das Problem in der katholischen Kirche ist, dass dogmatische Systeme als unveränderliche Wahrheiten über Gott, Glauben und Moral oft Widerstand gegen neue Erkenntnisse oder gesellschaftlichen Wandel leisten. Die Kirche hat sich in ihrer Geschichte wie gesehen häufig gegen wissenschaftliche Entwicklungen (etwa die Kopernikanische Wende) oder soziale Fortschritte (z. B. Frauenrechte, LGBTQIA+-Rechte) gesperrt, weil sie als Bedrohung für bestehende Lehren angesehen wurden. Zwar hat sich die Kirche in vielen Bereichen weiterentwickelt, aber Dogmen können weiterhin Reformen verzögern oder verhindern.

Die queere Theologie stellt Dogmen besonders nachhaltig infrage, da viele theologische Lehrsätze über Geschlecht, Sexualität und Identität auf alten, normativen Vorstellungen beruhen. Queere Theolog:innen argumentieren, dass Dogmen oft nicht göttliche Wahrheiten, sondern *kulturelle Konstruktionen* sind, die an bestimmte Machtverhältnisse gebunden sind. Ein Beispiel ist die traditionelle katholische Lehre, dass Ehe ausschließlich zwischen Mann und Frau existieren kann – eine Lehre, die nicht biologisch oder historisch alternativlos ist, sondern tief in patriarchalen Vorstellungen verwurzelt ist. Für eine aufgeklärte Gesellschaft sind solche Dogmen problematisch, weil sie Diskriminierung legitimieren und kritisches Nachdenken über Ethik und Gerechtigkeit verhindern.

Dogmen sind weiterhin deshalb gefährlich, weil sie eine Gesellschaft in festen Denkstrukturen gefangen halten und individuelle Freiheit sowie gesellschaftlichen Fortschritt behindern können. Während sie in religiösen Systemen als notwendige Orientierung gelten können, betont die Aufklärung – und mit ihr Voltaire –, dass eine mündige Gesellschaft auf kritischem Denken, nicht auf blindem Gehorsam basieren muss. Besonders in der queeren Theologie wird deutlich, dass das Infragestellen von Dogmen nicht nur eine akademische Übung, sondern eine Notwendigkeit für Gerechtigkeit und Inklusion ist.

Nach Richard Dawkins ist Religion zudem eher ein Hindernis für die Wissenschaft, weil sie auf Dogmen beruht, die sich dem kritischen Denken und der empirischen Überprüfung entziehen. In *The God Delusion* kritisiert er religiösen Glauben als irrational und wissenschaftsfeindlich – besonders dann, wenn religiöse Autoritäten wissenschaftliche Erkenntnisse ablehnen oder verzerren, etwa in der Evolutionslehre oder Medizinethik. Für Dawkins blockiert Religion oft den offenen, zweifelnden Geist, der für wissenschaftlichen Fortschritt notwendig ist.

Die katholische Kirche hatte in der Geschichte immer ambivalente Rollen: Einerseits verhinderte sie Entwicklungen – wie im Fall Galilei –, andererseits gründete sie Universitäten, förderte Naturforschung und erkennt heute die Evolutionstheorie offiziell an. Die Kirche betont, dass Glaube und Vernunft sich nicht widersprechen, sondern ergänzen können – wenn Glaube offen für Erkenntnis bleibt. Doch was bedeutet wissenschaftliche Erkenntnis für ihre Dogmen?

Wissenschaftliche Erkenntnis stellt viele dogmatische Aussagen der katholischen Kirche vor schwerwiegende Herausforderungen, insbesondere dann, wenn diese Aussagen naturwissenschaftliche oder anthropologische Annahmen enthalten. Die Kirche unterscheidet jedoch klar zwischen offenbarungsbasierten Glaubenswahrheiten (z. B. Dreifaltigkeit, Eucharistie, Auferstehung) und solchen Dogmen, die auch weltliche Beobachtungen oder moralische Normen betreffen (z. B. Schöpfungslehre, Sexualmoral, Anthropologie).

Nicht alle Dogmen sind deshalb durch wissenschaftliche Erkenntnisse gefährdet oder revisionsbedürftig – vor allem dann nicht, wenn sie sich auf metaphysische oder spirituelle Inhalte beziehen, die außerhalb des empirisch Beobachtbaren liegen.

Ein Dogma, das am ehesten nicht „überrollt" wird: Die Trinitätslehre

Das Dogma der Dreifaltigkeit (dass Gott in drei Personen – Vater, Sohn, Heiliger Geist – existiert) gehört zu den zentralen Glaubensgeheimnissen der katholischen Kirche. Es ist rein theologischer Natur und entzieht sich jeder naturwissenschaftlichen Prüfung. Die Trinitätslehre hat keine überprüfbaren Aussagen über die materielle Welt, sondern betrifft das Gottesverständnis in seiner inneren Struktur.

- Wissenschaft kann dieses Dogma nicht bestätigen oder widerlegen, weil es nicht im empirischen Raum liegt.
- Kritisiert werden kann es philosophisch, etwa wegen seiner logischen Komplexität, aber nicht wissenschaftlich im engeren Sinne.

Andere Dogmen sind stärker gefährdet: Dagegen geraten Dogmen unter Druck, die mit biologischen, psychologischen oder historischen Erkenntnissen kollidieren, etwa:

- Die Erbsündenlehre, wenn sie wörtlich an Adam und Eva gebunden bleibt,
- die kirchliche Sexualmoral, im Licht der Genderforschung,
- das Männerpriestertum, mit Blick auf Gleichstellung und anthropologische Argumente.

Solche Lehren stehen nicht selten im Konflikt mit modernen Erkenntnissen – und werden insbesondere von queerer Theologie oder feministischer Theologie kritisch reflektiert.

Wissenschaftliche Erkenntnis betrifft vor allem jene Dogmen, die weltbezogene Aussagen machen oder moralische Normen begründen wollen.

Dogmen wie die Trinitätslehre hingegen bleiben davon weitgehend unberührt, da sie sich rein auf den Glauben beziehen und keine Aussagen machen, die wissenschaftlich überprüfbar wären.

Die Herausforderung für die Kirche besteht darin, zu unterscheiden, was im Glauben unverzichtbar ist – und wo reformfähige Lehren überdacht und geändert werden müssen, um im Licht der heutigen Vernunft glaubwürdig zu bleiben.

39 • Ist Glaube an Gott mit einer rationalen Weltsicht vereinbar?

Nach Richard Dawkins ist der Glaube an Gott sogar nicht mit einer rationalen Weltsicht vereinbar, da er auf übernatürlichen Annahmen basiert, die wissenschaftlich nicht überprüfbar sind. In *The God Delusion* argumentiert Dawkins, dass Religion eine evolutionäre Fehlanpassung sei, die auf Wunschdenken und kultureller Prägung beruhe. Wissenschaft, insbesondere die Evolutionstheorie, könne die Entstehung und Entwicklung des Lebens vollständig erklären, ohne die Hypothese eines Schöpfers zu benötigen. Für Dawkins sind göttliche Vorstellungen nicht nur irrational, sondern oft auch hinderlich für kritisches Denken und gesellschaftlichen Fortschritt.

Die katholische Kirche hingegen sieht keinen unüberbrückbaren Widerspruch zwischen Glaube und Vernunft. Bereits Thomas von Aquin versuchte, Gottesexistenz rational zu begründen, und das Zweite Vatikanische Konzil betont, dass Glaube und Wissenschaft sich ergänzen können. Auch die Akzeptanz der Evolutionstheorie durch die Kirche zeigt, dass Glaube nicht zwangsläufig wissenschaftsfeindlich sein muss. Die Kirche unterscheidet zwischen empirischem Wissen, das durch Wissenschaft erfassbar ist, und metaphysischer Wahrheit, die sich dem wissenschaftlichen Zugang entzieht.

In der queeren Theologie wird diese Debatte oft anders geführt: Sie hinterfragt, ob Rationalität nur auf empirische Beweisbarkeit reduziert werden kann oder ob auch persönliche Erfahrung, Spiritualität und Identitätsfragen legitime Erkenntnisquellen sind. Viele queere Theolog:innen argumentieren, dass religiöser Glaube nicht in Konkurrenz zur Vernunft stehen muss, sondern eine alternative Perspektive auf Sinn, Ethik und Gemeinschaft bieten kann. Sie kritisieren eine strikt naturalistische Weltsicht, die spirituelle Erfahrungen als irrational abwertet, und plädieren für ein dynamisches

Verständnis von Wahrheit, das Wissenschaft und persönliche Glaubenserfahrungen miteinander verbindet.

Wie oft bleibt die Vereinbarkeit von Glaube und rationaler Weltsicht eine Frage der Perspektive. Während Dawkins jede übernatürliche Annahme als unvereinbar mit Wissenschaft betrachtet, sieht die katholische Kirche Glaube und Vernunft als komplementär. Die queere Theologie erweitert diese Diskussion, indem sie die Definition von Rationalität selbst hinterfragt und sich für eine integrative Sichtweise ausspricht.

---

d) Dogmen-freie theologische Perspektiven?

---

40 • Sind Glaubensüberzeugungen ohne empirische Beweise gefährlich?

Nach Sam Harris sind Glaubensüberzeugungen ohne empirische Beweise sogar gefährlich, weil sie irrationales Denken fördern und oft zu Intoleranz, Dogmatismus und Gewalt führen. In *The End of Faith* argumentiert er, dass religiöser Glaube, der sich nicht auf überprüfbare Fakten stützt, Menschen dazu bringen kann, schädliche Handlungen zu rechtfertigen, sei es durch Fanatismus, moralische Absolutheit oder die Ablehnung wissenschaftlicher Erkenntnisse. Harris sieht insbesondere monotheistische Religionen als problematisch, weil sie oft einen exklusiven Wahrheitsanspruch erheben, der kritisches Denken unterdrückt und gesellschaftlichen Fortschritt behindert. Er plädiert für eine rationalere, evidenzbasierte Ethik, die auf Humanismus und wissenschaftlicher Erkenntnis basiert.

Es zeigt sich, dass Glaubensüberzeugungen ohne empirische Beweise problematisch sein können, wenn sie dogmatisch und unreflektiert bleiben. Harris warnt vor den Risiken eines unkritischen Glaubens, während die katholische Theologie eine Balance zwischen Glaube und Vernunft sucht. Seine queere Theologie plädiert für eine reflektierte, kontextbezogene Herangehensweise, die Glauben als dynamisch und offen für neue Erkenntnisse versteht. Damit wird deutlich, dass nicht

Glaube an sich gefährlich ist, sondern die Art und Weise, wie er interpretiert und in die Praxis umgesetzt wird.

Ein unkritischer Glaube birgt mehrere Risiken, da er Menschen dazu verleiten kann, Überzeugungen ungeprüft zu übernehmen und damit rationales Denken, Selbstreflexion und gesellschaftlichen Fortschritt zu blockieren. Eines der größten Risiken liegt in der *Gefahr des Fanatismus*: Wenn Glaubenssätze als absolute Wahrheit betrachtet werden, ohne hinterfragt zu werden, können sie zur Intoleranz gegenüber Andersdenkenden führen. Dies zeigt sich in religiösem Extremismus, in der Verfolgung von Minderheiten oder in der Ablehnung wissenschaftlicher Erkenntnisse, etwa in der Leugnung der Evolution oder des Klimawandels.

Ein weiteres Risiko besteht in der Unterdrückung individueller Freiheit. Dogmatische Glaubenssysteme neigen dazu, strikte moralische Normen zu setzen, die persönliche Identität, Sexualität oder Meinungsfreiheit einschränken können. Besonders in religiösen Kontexten, in denen Geschlechterrollen oder sexuelle Orientierung als göttlich vorgegeben betrachtet werden, kann dies zu Diskriminierung und psychischem Leid führen.

Zudem kann ein unkritischer Glaube gesellschaftliche Stagnation fördern, wenn er Veränderungen verhindert. Fortschritte in Ethik, Menschenrechten oder Wissenschaft wurden oft durch religiösen Widerstand gebremst, weil etablierte Glaubensstrukturen infrage gestellt wurden. Dies zeigt sich historisch in der Inquisition, im Widerstand gegen Frauenrechte oder in der Weigerung, LGBTQIA+-Menschen gleichberechtigt anzuerkennen.

Schließlich kann unkritischer Glaube Manipulation und Machtmissbrauch begünstigen. Religiöse Institutionen oder autoritäre Führungspersönlichkeiten können Glauben als Mittel nutzen, um Kontrolle über Gläubige auszuüben, etwa durch Angsterzeugung, Gehorsamsforderungen oder die Legitimation von Ungerechtigkeit als „göttlichen Willen“.

Diese Risiken bedeuten nicht, dass Glaube an sich schädlich ist – aber er muss reflektiert, kritisch hinterfragt und mit Vernunft verbunden werden, um nicht zu einem Werkzeug für Intoleranz, Macht oder

Stillstand zu werden. Ein aufgeklärter, reflektierter Glaube kann hingegen zur ethischen Orientierung beitragen, ohne diese Gefahren zu verstärken.

Unkritischer Glaube hat in der Geschichte jedoch immer wieder zu Fanatismus geführt, oft mit verheerenden Konsequenzen. Einige prägnante Beispiele sind:

Die Kreuzzüge (1096–1271): Unter dem Glauben, den „Willen Gottes" zu erfüllen, zogen christliche Heere nach Jerusalem, um die Stadt von muslimischer Herrschaft zu befreien. Diese Kriege führten zu massiven Gräueltaten, darunter Massaker an Muslimen, Juden und sogar christlichen Gruppen, die als Ketzer betrachtet wurden. Die Idee eines „heiligen Krieges" rechtfertigte Mord und Plünderung im Namen der Religion.

Die Inquisition (ab dem 12. Jahrhundert): Die katholische Kirche richtete inquisitorische Gerichte ein, um Ketzer zu verfolgen und Abweichungen vom kirchlichen Dogma zu bestrafen. In Europa wurden tausende Menschen – darunter Juden, Muslime, Protestanten und angebliche Hexen – gefoltert und hingerichtet, oft nur aufgrund von Anschuldigungen und ohne echte Beweise.

Hexenverfolgungen (15.–18. Jahrhundert): In vielen Teilen Europas und Amerikas wurden Frauen (und einige Männer) als Hexen verfolgt, gefoltert und verbrannt, weil man glaubte, sie hätten mit dem Teufel einen Pakt geschlossen. Diese Verfolgungen basierten auf religiösem Aberglauben und der Überzeugung, dass das Böse aktiv bekämpft werden müsse.

Der **Islamistische Terrorismus** (20. und 21. Jahrhundert): Extremistische Gruppen wie Al-Qaida oder der sogenannte Islamische Staat (IS) berufen sich auf eine fundamentalistische Interpretation des Islam, um Terroranschläge, Gewalt gegen Zivilisten und die Unterdrückung Andersdenkender zu rechtfertigen. Ihr unkritischer Glaube erlaubt keine alternative Sichtweise und führt zu brutalen Konsequenzen.

Der Nationalsozialismus und religiöse Rechtfertigungen (20. Jahrhundert): Während der Holocaust ideologisch nicht primär religiös begründet war, griffen antisemitische Propagandisten auf Jahrhunderte alte christliche Judenfeindlichkeit zurück, um die Verfolgung zu legitimieren. Die Idee, dass Juden „Gottesmörder“ seien, diente als ideologische Grundlage für jahrhundertelange Diskriminierung und Verfolgung.

Sekten und Kultbewegungen (z. B. Peoples Temple, 1978): Der Sektenführer Jim Jones führte seine Anhänger in Guyana in einen Massensuizid, bei dem über 900 Menschen starben. Die Mitglieder des Peoples Temple glaubten bedingungslos an seine göttliche Führung und folgten ihm in den Tod, ohne seine Lehren kritisch zu hinterfragen.

Diese Beispiele zeigen, dass unkritischer Glaube, wenn er mit Dogmatismus und Fanatismus verbunden ist, verheerende Auswirkungen haben kann. Dabei liegt das Problem nicht in Religion an sich, sondern in der fehlenden Reflexion, die blinden Gehorsam und Intoleranz begünstigt.

Um religiös motivierten Fanatismus zu verhindern, müssen Reflexion und kritisches Denken aktiv gefördert werden. Dazu sind mehrere Ansätze möglich, die sowohl Bildung, Theologie als auch gesellschaftliche Strukturen betreffen:

1. Förderung von Religionskritik und interreligiösem Dialog: Menschen sollten ermutigt werden, ihre eigenen Glaubensüberzeugungen zu hinterfragen und sich mit anderen religiösen Traditionen auseinanderzusetzen. Interreligiöser Dialog kann helfen, Absolutheitsansprüche zu relativieren und Toleranz zu fördern. Wenn Gläubige lernen, dass andere Religionen ebenfalls komplexe moralische Systeme haben, sinkt die Neigung, die eigene Überzeugung als einzig wahre Wahrheit zu betrachten.

2. Bildung als Schutz vor Dogmatismus: Ein zentraler Schutz gegen Fanatismus ist eine gute Schulbildung, die wissenschaftliche Methoden, kritisches Denken und philosophische Reflexion vermittelt. Religionsunterricht sollte nicht nur konfessionelle Inhalte wiedergeben, sondern verschiedene Glaubensrichtungen sowie religionskritische Perspektiven einbeziehen. Besonders wichtig ist, dass Schülerinnen und Schüler lernen, zwischen Glauben und Wissen zu unterscheiden.

3. Theologische Reflexion und Reformen: Religiöse Institutionen sollten ihre Lehren regelmäßig reflektieren und an ethische

Entwicklungen anpassen. Theologische Ausbildung kann dazu beitragen, dass Glaubensüberzeugungen nicht unkritisch übernommen werden, sondern in einen reflektierten Diskurs eingebettet sind. Fortschrittliche Theologien – wie die queere Theologie oder die Befreiungstheologie – zeigen, dass Religion nicht statisch sein muss, sondern sich weiterentwickeln kann.

4. Historisches Bewusstsein schärfen: Viele fanatische Gruppen rechtfertigen ihre Ideologie mit einer angeblichen „Rückkehr zu den Ursprüngen" ihrer Religion. Ein tieferes Verständnis der eigenen religiösen Geschichte, inklusive der Widersprüche und Entwicklungen innerhalb der Tradition, kann helfen, starre, fundamentalistische Deutungen aufzubrechen.

5. Betonung ethischer Prinzipien statt dogmatischer Wahrheiten: Religiöse Erziehung sollte stärker auf universelle ethische Werte wie Mitgefühl, Gerechtigkeit und Toleranz ausgerichtet sein, statt auf absolute Dogmen. Ein Glaube, der sich mehr auf moralische Reflexion als auf starre Vorschriften stützt, ist weniger anfällig für Extremismus.

6. Kritische Reflexion über Autorität und Macht: Fanatismus entsteht oft durch blinden Gehorsam gegenüber Autoritäten. Reflexion kann gefördert werden, indem Gläubige ermutigt werden, auch religiöse Führer und heilige Schriften kritisch zu hinterfragen. Dies erfordert eine Kultur, in der Zweifel nicht als Schwäche, sondern als Teil des Glaubensweges verstanden wird.

7. Digitale Medien und soziale Netzwerke gezielt nutzen: Da viele extremistische Ideologien heute online verbreitet werden, sollte auch Reflexion über digitale Medien gefördert werden. Plattformen können genutzt werden, um differenzierte religiöse Debatten und wissenschaftlich fundierte Informationen bereitzustellen, die Verschwörungstheorien und Extremismus entgegenwirken.

Fanatismus entsteht oft dort, wo Glaube unreflektiert übernommen wird und nicht mit kritischem Denken verbunden ist. Durch Bildung, interreligiösen Dialog, theologische Reformen und die Betonung ethischer Prinzipien kann verhindert werden, dass Religion zur Rechtfertigung von Gewalt und Intoleranz missbraucht wird. Reflexion bedeutet nicht, den Glauben zu zerstören, sondern ihn bewusst und selbstbestimmt zu gestalten mit der Zielrichtung Inklusion von allen gläubigen Menschen.

41 • Kann eine queere Theologie dazu beitragen, den christlichen Glauben von Dogmatismus zu befreien?

Eine queere Theologie kann wesentlich dazu beitragen, den christlichen Glauben von Dogmatismus zu befreien, indem sie festgefahrene Vorstellungen über Geschlecht, Sexualität und gesellschaftliche Normen hinterfragt. Während traditionelle kirchliche Dogmen oft auf klaren, scheinbar unverrückbaren Regeln basieren, setzt eine queere Theologie auf Offenheit, Vielfalt und dynamische Deutung. Sie erkennt an, dass viele moralische Lehren der Kirche nicht auf göttlicher Wahrheit, sondern auf kulturellen und historischen Entwicklungen beruhen, die sich verändern können und müssen.

Besonders in Fragen der Sexualität und Geschlechterrollen stellt die queere Theologie einen Alternativ-Entwurf zur konservativen christlichen Morallehre dar. Während jahrhundertelang die Ehe zwischen Mann und Frau als einzige legitime Form von Liebe galt, betont die queere Theologie die Vielfalt menschlicher Beziehungen und Identitäten. Sie dekonstruiert damit sog. heteronormative Vorstellungen und zeigt auf, dass auch biblische Texte oft anders gelesen werden können, als es die kirchliche Tradition vorgibt. Geschichten wie die von *David und Jonathan* oder *Ruth und Noomi* lassen sich beispielsweise als Ausdruck inniger gleichgeschlechtlicher Liebe interpretieren. Auch Jesus selbst wird in queeren Theologien häufig als eine Figur verstanden, die gesellschaftliche Normen durchbricht und insbesondere für Außenseiter und Marginalisierte eintritt.

Ein zentraler Aspekt der queeren Theologie ist die Inklusion aller Menschen in das Glaubensleben – unabhängig von ihrer sexuellen Identität oder Geschlechtsidentität. Während traditionelle Theologien oft mit Konzepten wie *„Sünde"* oder *„Reinheit"* argumentieren, setzt eine queere Theologie auf Liebe, Verantwortung und gegenseitigen Respekt als ethische Maßstäbe. Sie stellt nicht nur starre Moralvorstellungen infrage, sondern auch die patriarchalen

Machtstrukturen, die diese über Jahrhunderte hinweg aufrechterhalten haben. In diesem Sinne versteht sie sich auch als Fortsetzung der Befreiungstheologie, die sich für die Rechte und Anerkennung unterdrückter Gruppen einsetzt.

Darüber hinaus hinterfragt eine queere Theologie den jahrhundertealten kirchlichen Umgang mit Sexualität, der oft mit Schuld und Scham verbunden war. Sie lehnt die Vorstellung ab, dass Sexualität per se kontrolliert oder eingeschränkt werden müsse, sondern sieht sie als positiven und heiligen Teil menschlichen Lebens. Statt einer Sexualmoral, die Menschen vorschreibt, wie sie zu leben haben, betont sie ethische Prinzipien wie Einvernehmlichkeit, Ehrlichkeit und Fürsorge.

Ein weiterer wichtiger Aspekt der queeren Theologie ist ihre intersektionale Perspektive. Sie verbindet sich mit anderen Bewegungen für soziale Gerechtigkeit, etwa mit dem Feminismus, Antirassismus oder Umweltgerechtigkeit, und betrachtet Diskriminierung in einem größeren gesellschaftlichen Zusammenhang. Queere Theologie beschränkt sich also nicht nur auf Fragen der Sexualität, sondern fordert eine umfassende Reform kirchlicher Strukturen hin zu mehr Gleichberechtigung und Mitbestimmung.

Somit kann eine queere Theologie dabei helfen, den christlichen Glauben von rigiden Dogmen zu befreien und ihn für moderne gesellschaftliche Entwicklungen zu öffnen. Indem sie alte Machtstrukturen hinterfragt und neue theologische Perspektiven einbringt, schafft sie Raum für eine Kirche, die sich nicht durch Ausgrenzung und Kontrolle definiert, sondern durch Offenheit, Gerechtigkeit und die radikale Botschaft der Liebe. Eine Kirche, die sich dieser Theologie öffnet, könnte für viele Menschen wieder relevant werden, die sich durch traditionelle kirchliche Lehren lange ausgeschlossen fühlten.

42 • Wie lässt sich das religiöse Erleben unabhängig von dogmatischen Vorgaben beschreiben, und welche Rolle spielt das Gefühl des Heiligen dabei?

Rudolf Otto prägte den Begriff des *„Numinosen“*, um die tief empfundene Erfahrung des Heiligen zu beschreiben, die jenseits rationaler Theologie oder festgelegter Dogmen liegt. Für ihn ist das Numinose eine unmittelbare, nicht vollständig in Worte fassbare Begegnung mit einer transzendenten Wirklichkeit, die zugleich Ehrfurcht, Faszination und ein Gefühl der Überwältigung auslöst. Er beschreibt es als das *„ganz Andere“*, das sich dem Menschen als eine Macht offenbart, die sowohl Angst als auch Anziehung hervorruft.

Dabei unterscheidet Otto das Numinose von moralischen und ethischen Aspekten der Religion und sieht es als eine eigenständige Kategorie der Erfahrung. Es sei kein intellektuelles Konzept, sondern ein tiefes Gefühl, das sich in Mystik, Ritualen und der persönlichen Gotteserfahrung äußert. Das religiöse Erlebnis ist für ihn also nicht primär eine Frage des Glaubens an bestimmte Lehrsätze, sondern eine existenzielle Begegnung mit dem Heiligen, die über alle Kulturen und Religionen hinweg erlebbar ist. Diese Sichtweise eröffnet einen Zugang zur Religion, der weniger auf dogmatischen Strukturen basiert, sondern auf persönlicher Erfahrung und der inneren Berührung durch das Transzendente.

Um in der heutigen Zeit offen über persönliche Gotteserfahrungen zu sprechen, können Christen in ihren Gemeinden verschiedene Wege des Austauschs finden. Gesprächskreise oder Glaubensgruppen bieten einen Rahmen, in dem Gläubige von ihren Erfahrungen berichten können, ohne dogmatische Vorgaben fürchten zu müssen. Foren, in denen Gemeindemitglieder erzählen, wie sie das Wirken Gottes in ihrem Leben erfahren haben, schaffen eine Atmosphäre der Offenheit und Ermutigung. Auch spirituelle Tage können Menschen zusammenbringen, um gemeinsam über innere Berührung durch das Transzendente nachzudenken.

Ein weiterer konkreter Ansatz ist die Förderung von Mystik und Kontemplation in der Gemeindearbeit. Praktiken wie das Herzensgebet, die *Lectio Divina* oder spirituelle Tagebücher können dabei helfen, persönliche Erfahrungen bewusst zu reflektieren und mit anderen zu teilen. Digitale Plattformen oder soziale Netzwerke können ebenfalls Räume für den Austausch bieten, insbesondere für jene, die in örtlichen Gemeindestrukturen keinen Platz für ihre Fragen und Erlebnisse finden.

Es gibt mehrere Online-Foren, in denen Gläubige sich austauschen können

- Jesus.de: Ein christliches Internetportal, das als größte christliche Online-Community in Deutschland gilt.
- ChristWeb: Bietet Chats und Foren für Diskussionen über christliche Themen.
- Zwischenraum: Eine überkonfessionelle Selbsthilfeorganisation für Christen unterschiedlicher sexueller Orientierung oder geschlechtlicher Identität, die auch Online-Plattformen für den Austausch anbietet.

Diese Plattformen ermöglichen es Gläubigen, sich über Glaubensthemen, persönliche Erfahrungen und aktuelle Fragen des Glaubens ganz konkret und praktisch auszutauschen.

Denn Rudolf Otto warnt in diesem Zusammenhang davor, dass eine rein rationale Theologie die Religion in eine nur trockene, akademische Disziplin verwandeln könnte, die zwar Glaubenssätze formuliert, aber die ursprüngliche Erfahrung des Heiligen nicht mehr lebendig vermittelt. In dieser Handlungsdimension liegt auch eine Herausforderung für moderne Theologie und Kirche: Sie muss das Religiöse nicht nur erklären, sondern erfahrbar machen, um ihrem eigentlichen Wesen treu zu bleiben - online wie vor Ort.

Kapitel 4: Auslegungssachen: Bibel, Erziehung & Bildung im Dialog

Die Bibel bildet für viele Christ:innen die Grundlage ihres Glaubens. Doch wie zeitlos sind ihre Aussagen tatsächlich? Besonders in Fragen der Sexualmoral und gesellschaftlicher Werte gibt es immer wieder Debatten darüber, ob biblische Aussagen universelle Gültigkeit besitzen oder ob sie vor dem historischen und kulturellen Hintergrund ihrer Entstehungszeit betrachtet werden müssen. Lassen sich solche Aussagen noch auf die heutige Zeit übertragen, oder sind sie nur im kulturellen Kontext der Antike nachvollziehbar? Ein Beispiel hierfür ist die Darstellung Jesu Christi in den Evangelien, die von einigen Theolog:innen als Hinweis auf eine queere oder homosexuelle Nähe gedeutet wird.

So wird etwa das enge Verhältnis Jesu zu seinem Jünger Johannes in Johannes 13,23 („Einer seiner Jünger, den Jesus liebte, lag an seinem Schoß") von queeren Theolog:innen als Ausdruck einer besonderen Zuneigung interpretiert. Ebenso auffällig ist die Erzählung in Markus 14,51-52, in der ein unbekannter junger Mann – von manchen als homoerotisches Motiv gedeutet – in Jesu Nähe beschrieben wird. Hinzu kommen Jesu wiederholte Aussagen über familiäre Strukturen, in denen er traditionelle heteronormative Bindungen infrage stellt, wie in Matthäus 19,12 („Denn es gibt Eunuchen, die von Geburt an so sind; und es gibt Eunuchen, die von Menschen gemacht wurden; und es gibt Eunuchen, die sich selbst um des Himmelreichs willen entmannt haben"). Diese Passage wird von einigen als Hinweis darauf verstanden, dass Jesus Geschlechtervielfalt anerkannte und nicht ausschließlich heteronormative Lebensweisen befürwortete.

Die Deutung solcher Bibelstellen bleibt umstritten, insbesondere in konservativen kirchlichen Kreisen, die auf einer klar heteronormativen Interpretation der Heiligen Schrift bestehen. Doch stellt sich die Frage, ob solche Lesarten nicht vielmehr das Bedürfnis der Kirche nach klaren

Kategorien widerspiegeln, als dass sie Jesu tatsächliche Botschaft wiedergeben. Eine offene und historisch-kritische Bibelauslegung kann dazu beitragen, diese Texte im Kontext ihrer Entstehung neu zu bewerten und für eine inklusive Theologie fruchtbar zu machen.

Ein weiteres Spannungsfeld besteht in den Widersprüchen zwischen biblischen Texten und modernen ethischen Werten. Wie gehen Christ:innen mit diesen Diskrepanzen um? Besonders feministisch-orientierte Theolog:innen hinterfragen patriarchale Verzerrungen in der Bibelauslegung und setzen sich dafür ein, dass biblische Texte nicht zur Legitimation von Geschlechterungleichheit genutzt werden. Sie argumentieren, dass viele Interpretationen über Jahrhunderte hinweg von männlichen Machtstrukturen geprägt wurden und dass alternative Lesarten notwendig sind, um eine gerechtere Theologie zu entwickeln.

Auch die Schöpfungsgeschichte wirft Fragen auf: Ist sie eine historische Beschreibung der Entstehung der Welt oder vielmehr eine symbolische Erzählung über die menschliche Endlichkeit und Vergänglichkeit? Die moderne Theologie betrachtet religiöse Texte zunehmend als Reflexionsraum für existentielle Fragen, die weniger auf naturwissenschaftliche Erklärungen abzielen als auf eine persönliche Auseinandersetzung mit Leben und Tod.

Trotz vieler wissenschaftlicher Erkenntnisse halten sich religiöse Vorstellungen oft auch dann, wenn sie keine nachweisbare Realitätsbasis haben. Welche psychologischen Mechanismen stecken dahinter, und lassen sich Parallelen zwischen religiösen Ritualen und neurotischen Zwangshandlungen ziehen? Diese Fragen sind besonders für die religiöse Bildung relevant, denn sie betreffen die Art und Weise, wie Glaubensüberzeugungen an neue Generationen weitergegeben werden.

In diesem Zusammenhang ist es wichtig, auch die Rolle von gleichgeschlechtlichen Lebensgemeinschaften im Religionsunterricht und in der Konfirmand:innen-Ausbildung zu betrachten. Wird LGBTQIA+-Themen genügend Raum gegeben, oder orientiert sich die kirchliche Bildungsarbeit noch immer an traditionellen Vorstellungen? Die Auseinandersetzung mit diesen Fragen zeigt, dass die Bibel keineswegs nur ein starres Regelwerk ist, sondern in ihrem Verständnis immer wieder neu ausgelegt werden muss. Eine lebendige Theologie erfordert daher einen kritischen Dialog zwischen biblischer Tradition, moderner Wissenschaft und gesellschaftlichen Entwicklungen.

---

a) Biblische Texte und ihre Auslegung

---

43 • Ist die Bibel eine ausreichende Grundlage für moderne Sexualmoral?

Ob die Bibel eine ausreichende Grundlage für moderne Sexualmoral ist, hängt stark von der Art und Weise ab, wie sie interpretiert wird. Während viele religiöse Gruppen die Bibel als verbindliche ethische Richtschnur betrachten, gibt es erhebliche Herausforderungen, wenn man ihre Aussagen direkt auf heutige gesellschaftliche Realitäten überträgt.

Die Bibel entstand in einer Zeit mit völlig anderen gesellschaftlichen Strukturen und Geschlechterrollen. Viele ihrer Aussagen zur Sexualität spiegeln kulturelle Normen der Antike wider, die nicht ohne Weiteres mit modernen Wertvorstellungen von Gleichberechtigung, Selbstbestimmung und Menschenrechten vereinbar sind. So enthalten die biblischen Texte Regeln, die Polygamie, arrangierte Ehen und patriarchale Hierarchien als selbstverständlich voraussetzen. Gleichzeitig fehlen in der Bibel spezifische Regelungen zu heutigen ethischen Fragen wie einvernehmlicher gleichgeschlechtlicher Liebe, sexueller Identität oder reproduktiver Selbstbestimmung.

Ein weiteres Problem ergibt sich aus der Vielfalt der biblischen Aussagen zur Sexualmoral. Während einige Texte strikte Vorschriften enthalten, etwa das Verbot bestimmter sexueller Handlungen im Alten Testament, gibt es andere Stellen, die die Liebe zwischen Menschen betonen, ohne starre Kategorien vorzugeben. Besonders die Botschaft Jesu stellt das Prinzip der Nächstenliebe und der Barmherzigkeit in den Mittelpunkt, was eine eher werteorientierte als eine rein regelbasierte Sexualethik nahelegt.

Moderne christliche Ethik bewegt sich daher oft zwischen zwei Polen: Einerseits gibt es konservative Strömungen, die an einer wortgetreuen Auslegung biblischer Gebote festhalten, andererseits gibt es fortschrittliche theologische Ansätze, die die Bibel im historischen Kontext verstehen und ihre Kernbotschaften auf heutige gesellschaftliche Herausforderungen anwenden.

In einer pluralistischen Gesellschaft, in der sexuelle Selbstbestimmung, Gleichberechtigung und individuelle Freiheit zentrale Werte sind, stellt sich die Frage, ob die Bibel als alleinige Grundlage für Sexualmoral ausreicht oder ob sie mit anderen ethischen und wissenschaftlichen Erkenntnissen ergänzt werden sollte. Viele Theolog:innen argumentieren, dass die Bibel eher eine Orientierung als eine starre Gesetzessammlung sein sollte, die in einem ständigen Dialog mit zeitgenössischer Ethik, Medizin, Psychologie und Rechtswissenschaft steht.

Zusammenfassend lässt sich daher sagen, dass die Bibel wertvolle moralische Prinzipien enthält, die für die heutige Sexualmoral inspirierend sein können, jedoch allein nicht ausreichen, um eine umfassende und zeitgemäße Ethik zu begründen. Eine verantwortungsbewusste Sexualmoral erfordert neben der biblischen Tradition auch eine Reflexion über gesellschaftliche Entwicklungen, persönliche Freiheit und wissenschaftliche Erkenntnisse.

44 • Sind biblische Aussagen zur Sexualität historisch oder universell gültig?

Biblische Aussagen zur Sexualität sind größtenteils historisch geprägt und nicht universell gültig. Sie spiegeln die kulturellen, sozialen und religiösen Vorstellungen der jeweiligen Zeit wider, in der sie entstanden sind, und müssen daher im historischen Kontext verstanden werden. Während einige ethische Grundprinzipien – wie Liebe, Treue, Respekt und Verantwortungsbewusstsein – zeitlos sind, sind viele spezifische Regeln zur Sexualität eng mit den damaligen gesellschaftlichen Strukturen verbunden und nicht ohne Weiteres auf die heutige Zeit übertragbar.

Ein zentrales Beispiel sind die Reinheitsgebote im Alten Testament, insbesondere in Levitikus 18,22 und Levitikus 20,13, die gleichgeschlechtliche Beziehungen als *„Gräuel“* bezeichnen. Diese Vorschriften sind Teil eines komplexen Systems von Reinheitsgesetzen, die im antiken Israel eine soziale und religiöse Funktion hatten. Sie dienten dazu, das Volk Israel von den benachbarten Kulturen abzugrenzen und bestimmte moralische und rituelle Ordnungen aufrechtzuerhalten. Heute sind diese Vorschriften nicht mehr verbindlich, da sie in einem spezifischen historischen Kontext entstanden sind, der nicht mehr existiert.

Ähnlich verhält es sich mit den Aussagen des Paulus in Römer 1,26–27 oder 1. Korinther 6,9–10, in denen er gleichgeschlechtliche Handlungen kritisiert. Historisch betrachtet spricht Paulus vermutlich nicht über gleichberechtigte homosexuelle Liebesbeziehungen, wie sie heute existieren, sondern über Praktiken wie Tempelprostitution oder päderastische Machtverhältnisse im römischen Kulturraum. Eine universelle moralische Norm lässt sich daraus kaum ableiten.

Auch viele biblische Aussagen zu Ehe, Scheidung und Geschlechterrollen zeigen, dass sie in ihrem historischen Kontext verwurzelt sind. Im Alten Testament wurde Polygamie häufig akzeptiert, Ehen waren oft arrangiert, und Frauen hatten rechtlich eine untergeordnete Stellung. In 5. Mose 22,28–29 wird sogar festgelegt, dass ein Vergewaltiger die Frau heiraten muss, die er missbraucht hat – eine Regelung, die aus heutiger Sicht vollkommen inakzeptabel ist, aber in der damaligen Gesellschaft als Schutzmaßnahme für Frauen galt, da sie nach einer Vergewaltigung oft als *„entehrt“* galten und keine Heiratschancen mehr hatten.

Wenn biblische Aussagen zur Sexualität universell gültig wären, müssten alle diese Regeln auch heute noch uneingeschränkt befolgt werden. Tatsächlich hat sich die christliche Ethik jedoch im Laufe der Geschichte weiterentwickelt. Die Kirche hat erkannt, dass bestimmte Gebote zeitgebunden waren und nicht als absolute Maßstäbe für heutiges Verhalten dienen können. Viele moralische Normen, die einst als *„göttliches Gesetz“* galten, wurden über die Jahrhunderte hinweg revidiert oder neu interpretiert, etwa in Bezug auf Sklaverei, Frauenrechte oder Ehescheidung.

Eine modernere christliche Ethik könnte sich daher weniger auf einzelne Bibelverse stützen, sondern auf die grundlegenden Prinzipien der Lehre Jesu: Liebe, Gerechtigkeit, Barmherzigkeit und Verantwortung. Statt biblische Aussagen wörtlich als universelle

Gebote zu betrachten, sollte gefragt werden, welches ethische Ideal hinter ihnen steht und wie dieses in unserer heutigen Welt sinnvoll angewendet werden kann.

Letztendlich zeigt sich, dass biblische Aussagen zur Sexualität historisch bedingt sind und nicht als unveränderliche Normen gelten können. Sie müssen im Licht neuer Erkenntnisse, gesellschaftlicher Entwicklungen und eines tieferen Verständnisses der ursprünglichen Intention interpretiert werden. Eine zeitgemäße Sexualethik sollte sich nicht an überlieferten Vorschriften festklammern, sondern sich an den zentralen ethischen Werten des Christentums orientieren – an Liebe, Respekt und dem Wohl der beteiligten Menschen.

45 • Sind die von Paulus formulierten Standpunkte zur Homosexualität nur im kulturellen Kontext seiner Zeit nachvollziehbar und heute veraltet?

Die von Paulus formulierten Standpunkte zur Homosexualität sind stark vom kulturellen und gesellschaftlichen Kontext des antiken Mittelmeerraums geprägt. In seinen Briefen, insbesondere in Römer 1,26–27, 1. Korinther 6,9 und 1. Timotheus 1,10, äußert er sich kritisch zu gleichgeschlechtlichen Handlungen. Dabei muss jedoch berücksichtigt werden, dass Paulus nicht über Homosexualität in dem Sinne sprach, wie sie heute verstanden wird – als eine auf Liebe, Gleichberechtigung und gegenseitiges Einverständnis beruhende sexuelle Orientierung –, sondern sich auf bestimmte Formen gleichgeschlechtlichen Verhaltens in seiner Zeit bezog.

Im Römischen Reich, in dem Paulus lebte, gab es zahlreiche soziale und kulturelle Strukturen, die sich deutlich von heutigen Vorstellungen unterschieden. Gleichgeschlechtliche Beziehungen waren oft mit Machtgefällen verbunden, etwa in Form von männlicher Prostitution und sexueller Ausbeutung von Sklaven. In diesem Kontext sind paulinische Aussagen gegen gleichgeschlechtlichen Sex in erster Linie als Ablehnung von unmoralischen und ausbeuterischen Praktiken zu verstehen, nicht als grundsätzliche Verurteilung einer gleichberechtigten homosexuellen Beziehung.

Moderne theologische Ansätze argumentieren, dass sich Ethik stets weiterentwickelt und dass biblische Aussagen im jeweiligen historischen und kulturellen Zusammenhang interpretiert werden müssen. So wie die Kirche heute viele moralische Vorstellungen der Antike – etwa zur Rolle der Frau, zur Sklaverei oder zur Todesstrafe – als überholt betrachtet, stellt sich die Frage, ob auch die biblischen Aussagen zu Homosexualität als zeitgebunden zu verstehen sind.

Viele christliche Theolog:innen und Kirchen haben inzwischen ihre Haltung zu diesem Thema überdacht und vertreten die Auffassung, dass gleichgeschlechtliche Liebe mit den zentralen Werten des Christentums – Liebe, Treue, Verantwortung und gegenseitiger Respekt – unbedingt vereinbar ist. Kritiker dieser fortschrittlichen Haltung argumentieren jedoch, dass die Bibel als göttlich inspiriertes Wort nicht einfach dem Zeitgeist angepasst werden dürfe.

Daher lässt sich festhalten, dass die paulinischen Aussagen zur Homosexualität nur im kulturellen Kontext seiner Zeit nachvollziehbar sind und nicht ohne Weiteres auf heutige gleichgeschlechtliche Beziehungen übertragbar sind. Die zentrale Frage ist daher nicht, ob Paulus Homosexualität verurteilt hätte, wenn er in der heutigen Zeit gelebt hätte, sondern ob die christliche Ethik sich an unveränderlichen Regeln oder an den Grundprinzipien der Nächstenliebe und Gerechtigkeit orientieren sollte. Viele Kirchen und Theologen sind der Ansicht, dass eine moderne, inklusive Sexualmoral im Einklang mit dem christlichen Glauben steht und somit die paulinischen Standpunkte in diesem Bereich als überholt betrachtet werden müssen.

46 • Wie kann eine feministische Bibelauslegung patriarchale Verzerrungen korrigieren, und welche Ansätze verfolgt sie?

Elisabeth Schüssler Fiorenza fordert eine feministische Bibelauslegung, weil sie davon ausgeht, dass die überlieferte christliche Theologie und Bibelinterpretation stark von patriarchalen Strukturen geprägt sind. Sie argumentiert, dass viele Texte der Bibel ursprünglich geschlechtergerechter waren, ihre Deutung und Kanonisierung aber von männlichen Autoritäten bestimmt wurde, die

die Rolle der Frauen marginalisierten oder umdeuteten. Ihr Ziel ist es daher, diese patriarchalen Verzerrungen sichtbar zu machen und biblische Texte aus einer feministischen Perspektive neu zu lesen.

Abbildung 10: Eine Frau blickt durch eine Lupe in die Bibel – und enthüllt verborgene weibliche Gestalten. Um sie liegen zerbrochene patriarchale Symbole, während im Hintergrund ein neues Fenster Gleichwürdigkeit sichtbar macht.

Ein zentrales Konzept ihrer Arbeit ist die *"hermeneutics of suspicion"* (Hermeneutik des Verdachts). Diese Methode geht davon aus, dass Bibeltexte nicht neutral sind, sondern oft aus einer männlich dominierten Gesellschaft heraus entstanden sind und reflektieren, wie Frauen dargestellt oder zum Schweigen gebracht wurden. Statt biblische Texte unhinterfragt als göttliche Wahrheit zu akzeptieren, plädiert sie dafür, kritisch zu hinterfragen, welche Stimmen fehlen oder unterdrückt wurden.

Schüssler Fiorenza zeigt anhand verschiedener Beispiele, wie Frauen im frühen Christentum aktiv waren – etwa Maria Magdalena als erste Zeugin der Auferstehung oder Junia, die im Römerbrief als Apostelin erwähnt wird –, aber in späteren kirchlichen Interpretationen in passive oder untergeordnete Rollen gedrängt wurden. Sie argumentiert, dass eine feministische Exegese Frauen wieder als handelnde Subjekte in der Bibel sichtbar machen muss und nicht nur das herausstellt, was über sie gesagt wurde, sondern auch das, was sie selbst beigetragen haben.

Neben der historischen Rekonstruktion setzt sie sich für eine kontextuelle Bibelauslegung ein, die die Erfahrungen und Perspektiven von Frauen in den Mittelpunkt stellt. Dabei geht es nicht nur um akademische Theologie, sondern auch um eine Praxis der Befreiung: Die Bibel soll nicht zur Rechtfertigung von Unterdrückung dienen, sondern Frauen dazu ermächtigen, sich selbst in der Heilsgeschichte wiederzufinden. Ihre feministische Theologie ist somit nicht nur eine theologische Korrektur, sondern auch eine politische und gesellschaftliche Forderung nach Geschlechtergerechtigkeit in Kirche und Gesellschaft.

In bestimmten Fällen ist auch die sprachliche und inhaltliche Überarbeitung von Bibeltexten notwendig: Viele Texte wurden historisch so überliefert und ausgelegt, dass sie männliche Machtstrukturen stützen, selbst wenn dies nicht unbedingt der ursprünglichen Intention entsprach. Besonders betroffen sind Texte, die Frauen systematisch unsichtbar machen, ihre Rolle marginalisieren oder männliche Dominanz theologisch legitimieren.

Fünf erste Beispiele für notwendige Neufassungen biblischer Texte:

Genesis 1,27 – Schöpfung des Menschen

Aktuelle Übersetzung: „Gott schuf den Menschen nach seinem Bild, als Mann und Frau schuf er sie."

Neuformulierung: „Gott schuf den Menschen nach seinem Bild, in Vielfalt schuf er sie, gleichwertig in ihrer Würde."

➤ Diese Änderung vermeidet die binäre Geschlechterordnung und betont die Gleichwertigkeit aller Menschen unabhängig von Geschlecht.

1. Korinther 14,34-35 – Schweigen der Frauen in der Gemeinde

Aktuelle Übersetzung: „Die Frauen sollen in den Gemeinden schweigen, denn es ist ihnen nicht gestattet zu reden, sondern sie sollen sich unterordnen."

Neuformulierung: „Frauen und Männer sollen in den Gemeinden gleichermaßen das Wort ergreifen und in Weisheit und Erkenntnis lehren."

➤ Diese Passage wurde häufig benutzt, um Frauen vom Predigtamt auszuschließen. Die Neufassung korrigiert diesen Missbrauch und stellt eine egalitäre Gemeindeordnung her.

Epheser 5,22-24 – Unterordnung der Frauen in der Ehe

Aktuelle Übersetzung: „Ihr Frauen, ordnet euch euren Männern unter wie dem Herrn. Denn der Mann ist das Haupt der Frau, wie auch Christus das Haupt der Gemeinde ist."

Neuformulierung: „Ihr Partner, begegnet euch mit gegenseitigem Respekt und Liebe, so wie Christus seine Gemeinde liebt und sich für sie hingibt."

➤ Statt einer einseitigen Unterordnung wird eine gleichwertige Beziehung betont, die auf gegenseitigem Respekt basiert.

Lukas 10,38-42 – Maria und Marta

Aktuelle Übersetzung: „Marta aber war ganz davon in Anspruch genommen, für das leibliche Wohl zu sorgen. Da trat sie hinzu und sagte: Herr, kümmert es dich nicht, dass meine Schwester die Arbeit mir allein überlässt? Sag ihr doch, sie soll mir helfen! Der Herr aber antwortete: Marta, Marta, du machst dir viele Sorgen und Mühen. Maria hat den besseren Teil gewählt, und er wird ihr nicht genommen werden."

Neuformulierung: „Marta und Maria dienten auf verschiedene Weise, und beide Wege sind wertvoll in den Augen Gottes."

➤ Diese Passage wurde oft so interpretiert, dass sie Frauen auf spirituelle Passivität reduziert und häusliche Tätigkeiten abwertet. Eine Neufassung könnte die gleichwertige Bedeutung verschiedener Dienste betonen.

Römer 16,7 – Apostelin Junia

Aktuelle Übersetzung (oft verfälscht): „Grüßt Andronikus und Junias, meine Verwandten und Mitgefangenen; sie sind angesehene Apostel und schon vor mir in Christus gewesen."

Neuformulierung: „Grüßt Andronikus und Junia, meine Verwandten und Mitgefangenen; sie sind angesehene Apostelinnen und Apostel und schon vor mir in Christus gewesen."

➤ In vielen Übersetzungen wurde „Junia" in „Junias" (eine männliche Form) verändert, um eine weibliche Apostelin unsichtbar zu machen. Die Korrektur stellt ihre Rolle in der frühen Kirche wieder her.

Diese Beispiele zeigen, dass patriarchale Verzerrungen nicht nur durch Interpretation korrigiert werden können, sondern dass es in einigen Fällen auch einer Neufassung des Textes bedarf, um den ursprünglichen Sinn wiederherzustellen oder die Gleichberechtigung, die im frühen Christentum teilweise vorhanden war, neu zu betonen. Eine weiter auszuarbeitende Theologie könnte solche Texte nicht nur neu lesen, sondern auch so umformulieren, dass sie nicht länger zur Rechtfertigung von Ungleichheit oder Unterdrückung dienen.

47 • Wie gehen Christen mit Widersprüchen zwischen Bibel und modernen Werten um?

Christen gehen auf unterschiedliche Weise mit Widersprüchen zwischen biblischen Texten und modernen Werten um, je nach theologischer Tradition, hermeneutischem Ansatz und persönlicher Überzeugung. Während einige auf eine wortgetreue Auslegung der Bibel bestehen, sehen andere die Schrift als historisches Dokument, das interpretiert und in den heutigen Kontext übertragen werden muss.

Ein zentraler Ansatz ist die *historisch-kritische Methode*, die biblische Texte im Kontext ihrer Entstehungszeit betrachtet. Viele Theolog:innen argumentieren, dass bestimmte gesellschaftliche Normen und ethische Vorstellungen in der Bibel aus der jeweiligen Zeit heraus zu verstehen sind. So sind etwa die biblischen Vorschriften zur Sklaverei, zur Rolle der Frau oder zur Sexualität stark von den damaligen gesellschaftlichen Strukturen geprägt und nicht als zeitlose göttliche Gebote zu lesen. In diesem Verständnis müssen christliche Werte in ihrer Kernbotschaft von Liebe, Gerechtigkeit und Mitgefühl erkannt und an veränderte gesellschaftliche Bedingungen angepasst werden.

Andere Christ:innen folgen einem fortschrittlichen theologischen Ansatz, der die Bibel als ein sich entfaltendes Zeugnis von Gottes Wirken versteht. Sie sehen den Glauben als eine lebendige Tradition, die sich weiterentwickelt. Dies zeigt sich in der Neubewertung von Themen wie der Gleichberechtigung der Geschlechter, der Akzeptanz von LGBTQIA+-Personen oder der sozialen Gerechtigkeit. Während frühere Generationen sich auf bestimmte Bibelstellen beriefen, um beispielsweise Frauen in religiösen Führungsrollen zu verbieten, setzen sich heute viele Kirchen für deren vollständige Gleichberechtigung ein. Ein ähnlicher Wandel ist in der Haltung zur Homosexualität zu beobachten, die in konservativen Kreisen noch immer als Sünde gilt, während fortschrittliche Christ:innen betonen, dass die biblischen Aussagen dazu in einem anderen kulturellen Kontext entstanden sind und nicht auf die heutige Gesellschaft übertragbar sind.

Ein weiterer Zugang ist die ethische Gewichtung biblischer Aussagen. Nicht alle Gebote der Bibel haben denselben moralischen Stellenwert, und viele Christen orientieren sich an der Prioritätensetzung Jesu selbst, der ethische Prinzipien wie Liebe, Barmherzigkeit und Gerechtigkeit über rigide Gesetzestreue stellte. Diese Haltung wird oft als *"Jesus-zentrierte Hermeneutik"* bezeichnet und führt dazu, dass ethische Fragen nicht anhand einzelner Bibelverse entschieden werden, sondern im Lichte der gesamten christlichen Botschaft.

Gleichzeitig gibt es auch konservative und fundamentalistische Strömungen, die moderne Werte als Bedrohung für die göttliche Ordnung sehen und die Bibel wörtlich auslegen. Sie lehnen Anpassungen an gesellschaftliche Entwicklungen ab und argumentieren, dass die Schrift die unveränderliche Wahrheit Gottes darstellt. Hier zeigt sich eine Spannung zwischen religiösem Traditionalismus und gesellschaftlichem Wandel, die sich in vielen Kirchen spiegelt, insbesondere in Debatten über Geschlechterrollen, Sexualmoral oder politische Fragen.

Insgesamt zeigt sich, dass Christen sehr unterschiedlich mit Widersprüchen zwischen Bibel und modernen Werten umgehen. Während einige auf eine zeitgemäße Interpretation setzen und christliche Ethik als dynamisch begreifen, halten andere an einer buchstäblichen Auslegung fest. Damit hängt der Umgang mit diesen Spannungen davon ab, wie stark man die Bibel als historisch bedingtes Dokument oder als direkt verbindliches Wort Gottes versteht. Die Herausforderung für viele Kirchen besteht heute darin, den Glauben glaubwürdig zu vermitteln, ohne dabei entweder die Tradition oder die gesellschaftliche Realität zu ignorieren.

Die Frage, ob der fortschrittliche oder der traditionelle Christ der „bessere" Christ ist, lässt sich nicht objektiv beantworten, da es im Christentum keine einheitliche Definition gibt, die festlegt, was „besser" bedeutet. Das Christentum ist eine vielfältige Religion mit unterschiedlichen theologischen Traditionen, Interpretationen und Schwerpunkten. Vielmehr hängt die Antwort davon ab, wie man „christliches Leben" definiert – ob nach Bibeltreue, gesellschaftlichem Engagement, Nächstenliebe oder spiritueller Hingabe.

Traditionelle Christen orientieren sich oft stark an den überlieferten Glaubenslehren, einer wortgetreuen Auslegung der Bibel und an der Bewahrung kirchlicher Traditionen. Sie sehen ihre Glaubenspraxis als Ausdruck von Treue zu Gottes unveränderlichem Wort und betonen Gehorsam gegenüber göttlichen Geboten. Für sie ist Glaube weniger etwas, das sich an gesellschaftlichen Entwicklungen orientieren sollte, sondern eine Konstante, die überzeitliche Wahrheiten vermittelt. Kritikpunkte an dieser Haltung sind jedoch, dass sie oft wenig Raum für soziale Veränderungen, neue theologische Einsichten und eine dynamische Weiterentwicklung des Glaubens lässt.

Fortschrittliche Christen hingegen betonen die Weiterentwicklung des Glaubens und die Anpassung christlicher Ethik an neue gesellschaftliche Erkenntnisse. Sie legen Wert darauf, die Bibel im

Kontext ihrer Zeit zu verstehen und sich an den Kernprinzipien Jesu – Liebe, Gerechtigkeit und Mitgefühl – zu orientieren, anstatt an einzelnen Bibelversen festzuhalten. Sie setzen sich häufig für Menschenrechte, soziale Gerechtigkeit und Inklusion ein und verstehen den Glauben als einen Prozess, der sich mit neuen Erkenntnissen weiterentwickeln muss. Kritiker:innen dieser Haltung befürchten jedoch, dass durch zu starke Anpassung an moderne Werte die ursprüngliche Botschaft des Christentums verwässert werden könnte.

Letztlich ist es nicht die theologische Position, die einen „besseren Christen" ausmacht, sondern die gelebte Praxis des Glaubens. Jesus selbst hat nicht dogmatisch zwischen „fortschrittlich" oder „konservativ" unterschieden, sondern stets nach der *Haltung des Herzens* gefragt. Menschen, die sich in Nächstenliebe, Barmherzigkeit und Wahrhaftigkeit üben – unabhängig davon, ob sie eine traditionelle oder fortschrittliche Theologie vertreten – leben die christlichen Werte authentisch. In der Praxis gibt es sowohl unter traditionellen als auch unter fortschrittlichen Christen solche, die Mitgefühl, Hilfsbereitschaft und Gerechtigkeit leben, und solche, die ihren Glauben dogmatisch und ausgrenzend auslegen. Entscheidend ist also weniger die Zugehörigkeit zu einer bestimmten theologischen Richtung als vielmehr die Art und Weise, wie jemand seinen Glauben konkret in der Welt lebt.

Wenn man die Unterschiede zwischen fortschrittlichen und traditionellen Christen konsequent durchdenkt und dabei die zentralen christlichen Werte wie Liebe, Barmherzigkeit und Gerechtigkeit in den Mittelpunkt stellt, könnte man argumentieren, dass beide Perspektiven langfristig zu einem fortschrittlicheren Verständnis des Glaubens führen müssten.

1. Der gemeinsame Kern - Liebe als oberstes Gebot: Das Christentum basiert auf dem Doppelgebot der Liebe: *„Du sollst den Herrn, deinen Gott, lieben mit ganzem Herzen, ganzer Seele und ganzem Verstand."* (Mt 22,37), *„Du sollst deinen Nächsten lieben wie dich selbst."* (Mt 22,39). Egal ob traditionell oder fortschrittlich, kein Christ kann sich diesem Gebot entziehen. Wer die Nächstenliebe radikal ernst nimmt, muss sich zwangsläufig für ein Ethos öffnen, das Ausgrenzung, Unterdrückung oder Ungerechtigkeit überwindet – ein Anliegen, das oft mit einem fortschrittlichen Ansatz assoziiert wird.

2. Die Logik der Theologie - Wenn Tradition zur Weiterentwicklung führt: Viele der heutigen „traditionellen" Glaubensüberzeugungen waren einst selbst eine Neuerung. Das Christentum selbst begann als radikaler Bruch mit jüdischen Reinheits- und Opfergeboten. Die Abschaffung der Sklaverei wurde trotz biblischer Duldung im Namen christlicher Werte gefordert. Frauenordination wurde in vielen Kirchen als konsequente Umsetzung der Gleichheit in Christus eingeführt. Das bedeutet, dass auch traditionelle Christen, wenn sie konsequent ihrem Glauben folgen, sich oft für Veränderungen öffnen müssen, weil Theologie nie statisch sein kann.

3. Traditionelle Ethik und ihr Problem mit sozialen Veränderungen: Viele traditionelle Positionen basieren auf kulturellen Kontexten, die sich mit der Zeit ändern. Früher wurden Frauen in untergeordnete Rollen gedrängt, weil Gesellschaften patriarchalisch waren. Gleichgeschlechtliche Liebe wurde abgelehnt, weil Gesellschaften heteronormativ dachten. Demokratische Werte, Meinungsfreiheit und soziale Gerechtigkeit wurden erst nach und nach als christliche Anliegen erkannt. Ein:e Christ:in, die/der wirklich die Grundwerte Jesu ernst nimmt, wird sich fragen müssen, ob die eigenen Positionen der Liebe, Gerechtigkeit und Barmherzigkeit entsprechen – oder ob sie lediglich alte Normen bewahren. Hier führt das christliche Ethos immer wieder dazu, bisherige Traditionen zu hinterfragen und anzupassen.

4. Praxis des Glaubens - Wer wirklich liebt, wird fortschrittlich: Wenn man *„den Glauben an seinen Früchten erkennt"* (Mt 7,16), dann zeigt sich in der Praxis oft, dass fortschrittliche Veränderungen mehr Menschen einbeziehen und ihnen Würde geben, während strikte Tradition oft zu Ausschluss und Härte führt. Wer Menschen nicht aufgrund von Geschlecht oder Sexualität aus der Kirche ausschließt, handelt im Sinne Jesu. Wer Armen und Benachteiligten hilft, anstatt ein theologisches System zu verteidigen, folgt seinem Beispiel. Wer in Fragen wie Klimaschutz, soziale Gerechtigkeit oder Menschenrechte Verantwortung übernimmt, erkennt, dass Christentum immer ein Ruf zur Veränderung der Welt ist.

Daher muss sich traditioneller Glaube zwangsläufig weiterentwickeln: Wenn ein Christ seinen Glauben ehrlich reflektiert, ihn auf die Werte Jesu zurückführt und sich fragt, was wirklich dem Wohl der Menschen dient, dann wird er oft zu ähnlichen Einsichten kommen wie fortschrittliche Christ:innen. Das bedeutet nicht, dass alles Traditionelle falsch ist, sondern dass echter Glaube sich aber immer weiterentwickeln muss, um seinem Kern treu zu bleiben. Ein:e Christ:in kann nicht dauerhaft „bewahrend" sein, wenn die Praxis der Liebe und dazu drängt, für Gerechtigkeit, Inklusion und Mitmenschlichkeit einzutreten. Insofern könnte man argumentieren, dass echtes Christentum – unabhängig vom Ausgangspunkt – letztlich fortschrittlich werden muss.

Und, wenn man die Logik der christlichen Grundwerte konsequent durchdenkt, dann müsste sich der traditionell-christliche Mensch mehr bewegen als der fortschrittlich-christliche Mensch, weil Tradition per Definition bewahren will, während das christliche Ethos nach Veränderung, Heilung und Weiterentwicklung ruft. Das bedeutet nicht zwangsläufig, dass alles an traditionellen Sichtweisen falsch ist, aber es legt nahe, dass eine statische, unveränderliche Haltung nicht mit dem lebendigen Charakter des Glaubens vereinbar ist. Denn:

Christlicher Glaube ist dynamisch, nicht statisch: Jesus selbst stellte sich gegen religiöse Dogmen, wenn sie Liebe, Barmherzigkeit und Gerechtigkeit behinderten. Er brach mit Reinheitsgeboten und sprach mit Ausgestoßenen. Er heilte am Sabbat, obwohl das gegen die Regeln war. Er stellte das Gesetz der Liebe über buchstabengetreue Gesetzestreue. Das zeigt, dass Veränderung nicht gegen den Glauben ist, sondern ein Zeichen gelebten Glaubens. Wer sich an starren Normen festhält, nur weil sie *"immer so waren"*, verhält sich eher pharisäisch als christlich.

Warum der traditionelle Christ sich stärker bewegen muss: Traditionelle Christ:innen folgen oft einer Theologie, die auf bewahrender Treue zur Vergangenheit basiert. Doch je mehr sich die Welt verändert, desto stärker wird die Spannung zwischen der Bewahrung von Normen und dem Ruf zur Nächstenliebe. Traditionelle Positionen zur Rolle der Frau, LGBTQIA+, Sklaverei oder gesellschaftlicher Gerechtigkeit wurden über die Jahrhunderte immer wieder revidiert. Jedes Mal, wenn die Kirche sich weiterentwickelt hat, mussten sich traditionelle Christ:innen anpassen – nicht, weil der Glaube sich geändert hätte, sondern weil die ethischen Konsequenzen des Glaubens klarer wurden. Fortschrittliche Christ:innen haben oft bereits Erkenntnisse über soziale Gerechtigkeit, Inklusion und Ethik integriert, die aus der Praxis der Nächstenliebe entstehen. Traditionelle Christ:innen hingegen müssen oft erst eigene bisherigen Überzeugungen hinterfragen, bevor man sich diesen Einsichten öffnen kann.

Warum Tradition nicht immer falsch, aber oft unvollständig ist: Tradition kann einen wertvollen Halt geben, doch blinde Tradition kann zur Verweigerung von Wahrheit führen. Die Kirche verteidigte jahrhundertelang die Sklaverei – heute gilt es als unvorstellbar. Frauen wurden in der Kirche unterdrückt – heute sind sie in vielen Kirchen geweiht. LGBTQIA+ wurden als „untergeordnet" betrachtet – heute erkennen viele Kirchen die Würde und Liebe dieser Menschen an und heissen sie willkommen. Diese Beispiele zeigen, dass die Wahrheit des Glaubens nicht in der Vergangenheit eingefroren bleibt, sondern sich entfaltet.

Ist die/der traditionelle Christ:in also „falsch"?: Theologisch betrachtet ist nicht die Tradition selbst falsch, sondern die statische Haltung, die Veränderung blockiert. Wer Christ:in ist, sollte bereit sein, sich zu bewegen – nicht, weil moderne Werte „diktieren", sondern weil echte Nächstenliebe Veränderung erfordert.

Wenn der Glaube dazu führt, dass Menschen ausgeschlossen werden, muss sich der Glaube weiterentwickeln. Wenn sich neue ethische Einsichten zeigen, müssen sie integriert werden. Wenn das Evangelium eine Botschaft der Befreiung ist, darf es nicht zur Unterdrückung benutzt werden. Das bedeutet, dass der traditionelle Christ sich entweder für eine dynamische, lebendige Theologie öffnet oder Gefahr läuft, an einer überholten und ausgrenzenden Interpretation festzuhalten. Und wenn man diesen Gedanken konsequent weiterdenkt, dann ist die fortschrittliche Haltung nicht nur eine Option, sondern eigentlich die einzig konsequent christliche Haltung, die es geben kann.

48 • *Wie kann die biblische Schöpfungsgeschichte als Erzählung über die menschliche Erkenntnis der eigenen Endlichkeit interpretiert werden, und inwiefern lässt sich daraus eine Auffassung von Religion als persönliche Auseinandersetzung mit der Vergänglichkeit bilden?*

Klaus Dede interpretiert die biblische Schöpfungsgeschichte als eine Erzählung, die nicht primär die Entstehung der Welt beschreibt, sondern vielmehr den bewussten Bruch des Menschen mit seiner vormenschlichen Existenz und seine Erkenntnis der eigenen Endlichkeit. In seiner Analyse betont Dede, dass der entscheidende Moment der Schöpfungsgeschichte nicht die Erschaffung des Menschen als solches sei, sondern die Erkenntnis, dass der Tod nicht nur ein einzelnes Ereignis, sondern das unausweichliche Ende der eigenen Existenz ist.

Dede stellt diesen Gedanken anhand des Sündenfalls dar: Während traditionelle christliche Theologien diese Erzählung als Ursprung der Erbsünde und des menschlichen Mangels an Perfektion betrachten, deutet er sie als eine Metapher für das Bewusstwerden der eigenen Vergänglichkeit. Der Mensch wird in dem Moment zum Menschen, in dem er realisiert, dass er sterben wird. Diese existenzielle Einsicht unterscheidet ihn von den Tieren, die – wie er es ausdrückt – nicht wissen, dass sie sterben müssen.

Auf dieser Grundlage entwickelt Dede seine Auffassung von Religion als eine persönliche Auseinandersetzung mit der Endlichkeit des Lebens. Er argumentiert, dass Religion ein Mittel sei, um mit dieser tiefgreifenden Erkenntnis umzugehen, die Angst vor dem Tod zu bewältigen und Sinn in einer Welt zu finden, die von Vergänglichkeit geprägt ist. Dabei hebt er hervor, dass Religion nicht per se eine objektive Wahrheit beanspruchen kann, sondern sich in einer Vielzahl von individuellen Formen manifestiert – jeder Mensch hat gewissermaßen seine eigene Religion, weil jeder auf seine Weise mit der Endlichkeit ringt.

Dede kritisiert dogmatische Religionen, die versuchen, diese existenzielle Herausforderung durch feste Regeln oder

Heilsversprechen zu verdrängen. Er sieht darin eine Flucht vor der eigentlichen Auseinandersetzung mit der Endlichkeit. Stattdessen plädiert er für eine Religion, die den Tod nicht verleugnet, sondern als zentrales Element des Menschseins anerkennt und eine individuelle Reflexion darüber ermöglicht. Seine Interpretation der Schöpfungsgeschichte dient ihm somit als Grundlage für eine nicht-dogmatische, existenzialistische Religionsauffassung, die den Menschen nicht als Sünder:in betrachtet, sondern als Wesen, das sich mit seiner Endlichkeit bewusst auseinandersetzen muss.

---

b) Religiöse Vorstellungen und ihre psychologische Basis

---

49 • Warum halten sich religiöse Vorstellungen trotz fehlender Realitätsbasis, und welche Parallelen bestehen zwischen religiösen Ritualen und neurotischen Zwangshandlungen?

Freud erklärt die Hartnäckigkeit religiöser Vorstellungen damit, dass sie tief in den psychischen Strukturen des Menschen verankert sind. Religion basiert nicht auf rationaler Erkenntnis, sondern auf emotionalen Bedürfnissen, insbesondere auf dem Wunsch nach Sicherheit, Ordnung und einer höheren Sinnstiftung. Auch wenn es keine empirischen Beweise für religiöse Dogmen gibt, bieten sie psychische Stabilität, indem sie Ängste lindern und eine scheinbare Kontrolle über das Unbekannte ermöglichen.

Um die Funktion der Religion im seelischen Haushalt zu verdeutlichen, zieht Freud eine Parallele zwischen religiösen Ritualen und neurotischen Zwangshandlungen. Beide dienen dazu, innere Unsicherheiten zu regulieren und Angst zu bewältigen. Ähnlich wie ein Zwangsneurotiker bestimmte Rituale wiederholt, um innere Spannungen abzubauen, folgen religiöse Gläubige festen Riten, um sich vor Unheil zu schützen oder göttliche Gunst zu erlangen. Die Wiederholung von Gebeten, Bußhandlungen oder symbolischen

Reinigungsritualen ähnelt in ihrer Funktion zwanghaften Verhaltensmustern, die keine reale Notwendigkeit haben, aber psychische Erleichterung verschaffen.

Freud sieht in der Religion daher eine kollektive Zwangsneurose der Menschheit – ein psychologisches Konstrukt, das zwar kurzfristig Halt gibt, langfristig jedoch die Fähigkeit zur realistischen Auseinandersetzung mit der Welt einschränkt. Die Überwindung dieser Illusion wäre nach Freud ein Schritt zur psychischen Reife, in der der Mensch Verantwortung für sein eigenes Leben übernimmt, anstatt sich in übernatürliche Erklärungen zu flüchten.

Eine realistische Auseinandersetzung mit der Welt erfordert kritisches Denken, Selbstständigkeit und emotionale Resilienz. In der (religiösen) Erziehung bedeutet das, Kinder und Jugendliche so zu begleiten, dass sie nicht auf vereinfachte oder illusorische Erklärungen zurückgreifen müssen, sondern lernen, die Realität in ihrer Komplexität zu verstehen und eigenständig mit Herausforderungen umzugehen.

1. Förderung von kritischem Denken und Reflexion: Statt fertige Wahrheiten vorzugeben, sollten Kinder dazu angeregt werden, Fragen zu stellen, Informationen zu hinterfragen und selbstständig Schlussfolgerungen zu ziehen. Dies kann durch offene Diskussionen, Debatten und den bewussten Umgang mit Medien gefördert werden.

→ *Beispiel:* Anstatt nur Lehrbuchwissen zu vermitteln, kann eine Lehrkraft verschiedene Perspektiven zu einem Thema präsentieren und die Schüler ermutigen, Argumente abzuwägen und eigene Standpunkte zu entwickeln.

2. Umgang mit Unsicherheit und Ambiguität lernen: Das Leben ist oft nicht schwarz-weiß, sondern voller Grautöne und Unsicherheiten. Kinder sollten lernen, mit Ungewissheit umzugehen, anstatt sich an dogmatische oder absolute Antworten zu klammern.

→ *Beispiel:* Statt einfache Erklärungen zu liefern („*Das ist eben so*“), sollten Erwachsene mit Kindern gemeinsam überlegen, welche Faktoren eine Situation beeinflussen könnten und warum unterschiedliche Menschen unterschiedliche Meinungen haben.

3. Wissenschaftliche Methoden und faktenbasiertes Denken vermitteln: Kinder sollten frühzeitig verstehen, wie Wissen entsteht – durch Beobachtung, Experiment und Überprüfung. Wissenschaftliches Denken hilft, zwischen Meinungen und belegbaren Tatsachen zu unterscheiden.

→ *Beispiel:* Experimente in Naturwissenschaften oder das spielerische Nachprüfen von Behauptungen *(„Stimmt das wirklich?")* fördern eine rationale Herangehensweise an die Welt.

4. **Emotionale Resilienz und Frustrationstoleranz stärken:** Ein realistischer Blick auf die Welt bedeutet auch, mit Rückschlägen umgehen zu können. Kinder sollten erfahren, dass Fehler normal sind, Herausforderungen gemeistert werden können und schwierige Situationen nicht durch Wunschdenken, sondern durch aktives Handeln verbessert werden.

→ *Beispiel:* Statt einem Kind immer sofort Lösungen zu präsentieren, kann man es ermutigen, selbst Lösungswege zu finden und durchzuhalten, auch wenn es zunächst scheitert.

5. Selbstständigkeit und Verantwortung fördern: Wer lernt, für sich selbst zu denken und Verantwortung für sein Handeln zu übernehmen, wird weniger anfällig für Illusionen und vereinfachte Welterklärungen. Kinder sollten frühzeitig erfahren, dass sie Einfluss auf ihre Umwelt haben und dass ihr Handeln Konsequenzen hat.

→ *Beispiel:* Kindern Verantwortung für kleine Entscheidungen geben – sei es im Haushalt, in der Schule oder im sozialen Umfeld – stärkt ihr Bewusstsein für die Realität ihrer Handlungen.

6. Werte und Ethik auf Basis der Vernunft entwickeln: Anstatt moralische Regeln dogmatisch vorzugeben, sollten Kinder lernen, ethische Entscheidungen reflektiert zu treffen. Statt „Das ist verboten" sollte gefragt werden: *„Welche Auswirkungen hat mein Verhalten auf andere?"*

→ *Beispiel:* Ethische Dilemma-Diskussionen (z. B. „Ist es immer falsch zu lügen?") helfen, Werte nicht nur zu übernehmen, sondern auch zu verstehen und selbst zu begründen.

Eine religiöse und familiäre Erziehung, die auf kritisches Denken, Eigenverantwortung und realistische Problemlösung setzt, macht Kinder unabhängiger von illusionären Weltbildern und hilft ihnen, sich selbstbewusst in einer komplexen Realität zu bewegen. Sie lernen, mit Unsicherheit umzugehen, sich faktenbasiert eine Meinung zu bilden und ihr Leben aktiv zu gestalten – ohne sich in Wunschdenken oder Ideologien zu flüchten.

50 • *Welche zentralen Aussagen enthält das christliche Glaubensbekenntnis, und welche Bedeutung haben sie für das Leben eines Christen?*

Das christliche Glaubensbekenntnis enthält zentrale Aussagen über den Glauben an Gott, Jesus Christus und den Heiligen Geist sowie über die Gemeinschaft der Gläubigen, die Vergebung der Sünden und das ewige Leben. Diese Kernaussagen haben auch für das Leben von queeren Christ:innen eine besondere Bedeutung, da sie grundlegende Prinzipien der christlichen Identität und Zugehörigkeit formulieren.

Die erste zentrale Aussage ist der Glaube an Gott als Schöpfer:in („*Ich glaube an Gott, den Vater, den Allmächtigen, den Schöpfer des Himmels und der Erde*“). Für queere Christ:innen bedeutet dies, dass sie als Teil der göttlichen Schöpfung angenommen sind und ihre Identität nicht als Abweichung, sondern als gewollten Bestandteil der Vielfalt des Lebens betrachten können.

Die zweite wesentliche Aussage ist der Glaube an Jesus Christus („*Ich glaube an Jesus Christus, seinen eingeborenen Sohn, unseren Herrn …*“). Christus verkörpert Liebe, Erlösung und die Zuwendung zu den Ausgegrenzten. Seine Botschaft von Annahme und Nächstenliebe kann queeren Christen Kraft geben, insbesondere wenn sie in kirchlichen oder gesellschaftlichen Kontexten Inklusion erfahren. Die Auferstehung Jesu steht für eine Ablehnung der Unterdrückung der Andersdenkenden, was queeren Gläubigen Mut machen kann, sich trotz Widerständen für ihre Rechte und ihre Anerkennung einzusetzen.

Die dritte zentrale Aussage betrifft den Heiligen Geist und die Kirche („*Ich glaube an den Heiligen Geist, die heilige christliche Kirche, die*

Gemeinschaft der Heiligen ...“). Dies bedeutet, dass die Kirche ein Ort für alle sein sollte, unabhängig von Geschlecht oder sexueller Orientierung. Für queere Christ:innen stellt sich hier oft die Herausforderung, ob und wie sie sich in einer Kirche beheimatet fühlen können, die in manchen Traditionen noch Vorbehalte gegen LGBTQIA+-Personen hat. Gleichzeitig ermutigt der Glaube an den Heiligen Geist dazu, für eine Kirche einzutreten, die offen, inklusiv und gerecht ist.

Die Aussagen über die Vergebung der Sünden und das ewige Leben (*„Ich glaube an die Vergebung der Sünden, die Auferstehung der Toten und das ewige Leben“*) können queere Christ:innen daran erinnern, dass Gottes Gnade nicht an Bedingungen geknüpft ist und keine Person aufgrund ihrer Identität ausgeschlossen wird. Dies ist besonders wichtig für Menschen, die in ihrem Glaubensleben mit Schuldgefühlen oder inneren Konflikten ringen, weil ihnen durch bestimmte kirchliche Lehren suggeriert wurde, sie seien noch nicht gottgefällig.

Das christliche Glaubensbekenntnis bietet queeren Christ:innen also eine Grundlage des Vertrauens in Gottes Liebe und eine theologische Basis, sich als vollwertige Mitglieder der Glaubensgemeinschaft zu sehen. Es kann sowohl als spirituelle Stütze als auch als Aufruf zur Mitgestaltung einer Kirche verstanden werden, die alle Gläubigen mit Respekt und Würde behandelt.

51 • Welche Rolle spielen gleichgeschlechtliche Lebensgemeinschaften im Religionsunterricht und in der Konfirmandenausbildung?

Gleichgeschlechtliche Lebensgemeinschaften spielen im Religionsunterricht und in der Konfirmandenausbildung eine wachsende Rolle, insbesondere im Kontext ethischer Fragestellungen, gesellschaftlicher Veränderungen und theologischer Reflexionen über Liebe, Partnerschaft und Familie. Während traditionelle kirchliche Lehren lange Zeit die Ehe ausschließlich als Verbindung zwischen Mann und Frau definierten, sind viele christliche Gemeinden heute bemüht, ein inklusiveres Verständnis von Partnerschaft zu vermitteln.

Abbildung 11: Ein Klassenraum, in dem eine Lehrkraft mit einem liebevollen Symbol gleichgeschlechtlicher Partnerschaft arbeitet – sichtbar und selbstverständlich im Religionsunterricht.

Im Religionsunterricht können gleichgeschlechtliche Lebensgemeinschaften sowohl aus biblisch-theologischer als auch aus sozialethischer Perspektive besprochen werden. Dabei stehen Fragen der Bibelauslegung, der kirchlichen Tradition und der christlichen Ethik im Mittelpunkt. In der Konfirmandenausbildung geht es oft darum, Jugendliche für ein reflektiertes und eigenständiges Christsein zu sensibilisieren. Die Auseinandersetzung mit Vielfalt in Beziehungsformen bietet die Möglichkeit, christliche Werte wie Nächstenliebe, Gerechtigkeit und Respekt für unterschiedliche

Lebensweisen zu vertiefen. Je nach Konfession und theologischer Ausrichtung variiert die Haltung zu gleichgeschlechtlichen Partnerschaften, was zu vielfältigen Diskussionen führen kann. Einige Kirchen haben bereits Segnungen oder Trauungen für gleichgeschlechtliche Paare eingeführt, während andere an traditionellen Vorstellungen festhalten. Entscheidend ist, dass der Religionsunterricht und die Konfirmandenausbildung dazu beitragen, junge Menschen zu einem differenzierten, informierten und wertschätzenden Umgang mit unterschiedlichen Lebensmodellen zu befähigen.

---

c) Erkenntnistheoretische Fragen zu Wissen und Realität

---

52 • *Kann man sich der Realität außerhalb des eigenen Denkens sicher sein?*

Nach Descartes ist es grundsätzlich unsicher, ob die Realität außerhalb des eigenen Denkens existiert, da alle sinnlichen Wahrnehmungen trügen könnten. In seinen *Meditationes de prima philosophia* stellt er die gesamte äußere Welt radikal infrage, indem er argumentiert, dass alles, was wir wahrnehmen, das Produkt eines betrügerischen Dämons oder einer fehlerhaften Vorstellung sein könnte. Der einzige Ausgangspunkt für absolute Gewissheit ist für ihn das *cogito, ergo sum* – die Erkenntnis, dass das denkende Ich existiert, weil es zweifelt. Erst durch die Annahme eines wohlwollenden Gottes, der keinen systematischen Betrug zulassen würde, gelangt Descartes zur Sicherheit der Existenz einer äußeren Welt. Dennoch bleibt diese Überzeugung letztlich durch Gottesbeweise abgesichert, nicht durch direkte sinnliche Erfahrung.

In der Theologie ist die Frage nach der Realität außerhalb des eigenen Denkens eng mit dem Verhältnis zwischen Glaube und Erkenntnis verknüpft. In der christlichen Tradition wird oft argumentiert, dass die Realität nicht nur aus der physischen Welt besteht, sondern auch aus einer geistigen, göttlichen Ordnung, die sich der direkten empirischen

Erfahrung entzieht. Augustinus etwa hält daran fest, dass wahre Erkenntnis nicht allein durch Sinneserfahrung oder Vernunft möglich ist, sondern dass göttliche Erleuchtung notwendig ist, um die Realität in ihrer Tiefe zu verstehen. Die katholische Kirche verbindet diesen Gedanken mit der Idee der göttlichen Offenbarung, die dem Menschen eine Wirklichkeit zugänglich macht, die über das rein Sinnliche hinausgeht.

Gleichzeitig zeigt die Kirchengeschichte, dass die Frage nach der Realität oft zu Spannungen zwischen Theologie und Philosophie geführt hat. Während Descartes eine methodische Skepsis nutzt, um zu gesicherter Erkenntnis zu gelangen, setzte sich die Kirche lange gegen skeptische Strömungen zur Wehr, wenn sie als Bedrohung für den Glauben verstanden wurden. Dennoch wurde Descartes' Denken in der katholischen Tradition auch positiv rezipiert, etwa in der Scholastik, die seine Gottesbeweise diskutierte, oder in der modernen Theologie, die sich mit der Vereinbarkeit von Glauben und Vernunft beschäftigt.

In der queeren Theologie ist die Frage nach der Realität besonders brisant, da hier auch gesellschaftliche und identitätsbezogene Wirklichkeiten hinterfragt werden. Die queere Theologie betont, dass die als objektiv geltende Realität oft von normativen, binären Strukturen geprägt ist, die bestimmte Identitäten ausschließen oder marginalisieren. In diesem Sinne könnte man mit Descartes argumentieren, dass das, was als *„Wirklichkeit“* gilt, oft auf unreflektierten Annahmen beruht, die hinterfragt werden müssen. Queere Theolog:innen könnten Descartes' Skepsis gegenüber der äußeren Welt nutzen, um zu zeigen, dass Wahrheiten über Geschlecht, Sexualität oder Identität nicht einfach *„gegeben“* sind, sondern dass sie in einem sozialen und theologischen Diskurs *konstruiert* werden.

Ob auch Gott konstruiert oder Realität ist, hängt also von der jeweiligen Perspektive ab – philosophisch, theologisch oder wissenschaftlich betrachtet. Diese Frage lässt sich nicht objektiv beantworten, sondern ist von der jeweiligen erkenntnistheoretischen und weltanschaulichen Grundlage abhängig.

1. Philosophische Perspektive (Subjektivismus vs. Realismus)

Aus der Sicht von Descartes in seinen *Meditationes de prima philosophia* ist Gott eine notwendige Realität, um eine verlässliche Erkenntnistheorie zu begründen. Descartes argumentiert, dass nur ein vollkommenes, nicht-trügerisches Wesen die Gewissheit garantieren kann, dass eine äußere Welt existiert. Sein Gottesbeweis basiert auf der Idee der *„vollkommenen Substanz"*, deren Existenz er für notwendig hält. Andere Philosophen, wie Kant, bestreiten jedoch, dass Gottes Existenz rational beweisbar ist; für ihn ist Gott eine regulative Idee, die moralische Orientierung gibt, aber nicht zwingend als metaphysische Realität existiert.

Aus einer erkenntnistheoretischen Sicht ist jede Gottesvorstellung daher zwangsläufig durch den menschlichen Verstand und kulturelle Prägung vermittelt. Kant etwa argumentiert, dass wir Gott nicht als Ding an sich erkennen können, sondern nur als regulative Idee, die unser Denken strukturiert. In einem subjektivistischen Ansatz wäre Gott somit nicht per se eine objektive Realität, sondern eine notwendige Projektion menschlicher Bedürfnisse, etwa im Sinne Feuerbachs (*Das Wesen des Christentums*), der behauptet, der Mensch habe Gott nach seinem eigenen Bild geschaffen.

Ludwig Feuerbachs *Das Wesen des Christentums* (1841) ist eine religionskritische Schrift, in der er die These aufstellt, dass Gott nicht eine objektive Realität ist, sondern eine Projektion menschlicher Wünsche und Bedürfnisse. Er argumentiert, dass der Mensch sich Gott nach seinem eigenen Bild erschafft, indem er seine eigenen idealisierten Eigenschaften – wie Liebe, Weisheit oder Allmacht – auf ein überirdisches Wesen überträgt. Religion sei somit nicht die Erkenntnis einer göttlichen Wahrheit, sondern eine psychologische und soziale Konstruktion, durch die der Mensch sich selbst entfremdet. Feuerbach fordert daher eine *„Umkehrung der Theologie in Anthropologie"*: Statt sich auf das Jenseits zu richten, solle der Mensch seine eigenen Fähigkeiten und Werte in den Mittelpunkt stellen und sich von der Illusion eines übernatürlichen Wesens lösen. Sein Werk beeinflusste später Karl Marx, der Religion als *„Opium des Volkes"* bezeichnete.

Gegen eine rein subjektivistische Sichtweise kann man einwenden, dass eine Wirklichkeit unabhängig von menschlicher Wahrnehmung existieren kann, auch wenn sie nur durch menschliche Begriffe ausgedrückt wird. So könnte Gott real sein, aber unser Verständnis von ihm wäre immer eine begrenzte Interpretation dieser Realität.

2. Theologische Perspektive (der katholischen Kirche)

Aus christlich-theologischer Sicht wird Gott als absolute Realität betrachtet, die nicht nur existiert, sondern der Ursprung aller Existenz ist. Die katholische Kirche lehrt, dass Gott nicht nur eine gedankliche Konstruktion oder ein Konzept ist, sondern eine transzendente und zugleich immanent erfahrbare Wirklichkeit. Die klassische Theologie argumentiert dabei mit dem *ontologischen Gottesbeweis* (Anselm von Canterbury), dem *kosmologischen Gottesbeweis* (Thomas von Aquin) oder der *persönlichen Glaubenserfahrung*. Im christlichen Glauben ist Gott nicht nur eine Idee, sondern eine lebendige Realität, die sich in Offenbarung, Schrift und Glaubenserfahrung manifestiert. In der katholischen Theologie wird Gott also als eine objektive Realität verstanden, unabhängig von menschlicher Wahrnehmung oder Interpretation. Gott existiert in sich selbst (*ens a se*) und ist nicht auf menschliche Deutung angewiesen. Dennoch wird anerkannt, dass der Mensch Gott niemals vollständig erfassen kann. Die Theologie unterscheidet daher zwischen *theologia revelata* (offenbarter Theologie) und *theologia naturalis* (natürlicher Theologie). Während die Offenbarung – z. B. in der Bibel oder in der Kirche – als objektive Wahrheit gilt, bleibt die menschliche Interpretation dieser Offenbarung fehleranfällig und begrenzt. Augustinus etwa argumentiert, dass der Mensch auf göttliche Gnade angewiesen ist, um eine wahre Gotteserkenntnis zu erlangen.

3. Wissenschaftliche Perspektive

Aus einer empirisch-naturwissenschaftlichen Sicht gibt es keine eindeutigen Belege für oder gegen die Existenz Gottes. Wissenschaftliche Theorien basieren auf überprüfbaren Beobachtungen, und da Gott als übernatürliches Wesen außerhalb des messbaren Universums gedacht wird, kann seine Existenz nicht wissenschaftlich nachgewiesen oder widerlegt werden. In diesem Sinne bleibt Gott eine Glaubensfrage.

4. Queere Theologie und postmoderne Perspektiven sowie fragende Perspektiven auf den realen Gott

In der queeren Theologie und postmodernen Theorien wird die Frage nach Gottes Realität und die Vorstellung eines „fixen“ Gottesbildes kritisch hinterfragt bzw. oft anders gestellt: Ist Gott eine unveränderliche, objektive Wirklichkeit, oder wird Gottesbild und Gottesverständnis durch Gesellschaft, Kultur und individuelle Erfahrungen geformt? Queere Theolog:innen betonen, dass Gottesbilder historisch gewachsen sind und hinterfragen patriarchale und heteronormative Konzepte von Gott. In dieser Sichtweise ist Gott weniger eine starre metaphysische Realität als vielmehr eine lebendige Kraft, die in sozialen Prozessen, Gerechtigkeit und Liebe erfahrbar wird. Ob Gott Realität ist, hängt von der Definition von *„Realität“* ab. Für Gläubige ist Gott eine absolute Realität, für Skeptiker:innen eine Frage des Glaubens, für Wissenschaftler:innen eine nicht nachweisbare Hypothese, und für queere Theolog:innen eine fluide, dekonstruierbare Vorstellung. Die Frage selbst ist daher nicht abschließend beantwortbar, sondern offen für persönliche Reflexion und Interpretation.

Statt eines unveränderlichen, normativen Gottesbildes wird also betont, dass jede Gotteserfahrung durch Kultur, Geschlecht, Sexualität und soziale Machtverhältnisse geprägt ist. Diese Sichtweise schließt nicht aus, dass Gott real ist, sondern betont, dass unsere Vorstellung von Gott immer durch unsere Perspektiven geformt wird. In diesem Sinne könnte man sagen, dass Gott nicht bloß eine subjektive Konstruktion ist, sondern dass unser Zugang zu Gott immer kontextabhängig und interpretativ bleibt.

Ob Gott also eine subjektive Konstruktion ist, hängt von der Unterscheidung zwischen Gott als an sich existierender Realität und unserem menschlichen Zugang zu ihm ab. Die menschliche Interpretation seiner Natur und seines Wesens bleibt unvermeidlich subjektiv. Selbst wenn Gott objektiv existiert, kann keine Religion oder Philosophie einen absoluten Zugang zu dieser Realität beanspruchen, da jedes Gottesbild kulturell, sprachlich und erfahrungsbedingt geformt ist.

Daher kann die Theologie Gott nicht im streng wissenschaftlichen oder mathematischen Sinne „beweisen", sondern sie argumentiert auf der Grundlage von philosophischen, metaphysischen und offenbarten Prämissen. Ob die Annahmen, auf denen theologische Gottesbeweise basieren, richtig oder falsch sind, hängt von der jeweiligen erkenntnistheoretischen Perspektive ab. Es gibt verschiedene Gottesbeweise, aber alle beruhen auf Annahmen, die nicht zwingend allgemein akzeptiert werden müssen.

Theologen und Philosophen haben verschiedene Argumente für die Existenz Gottes entwickelt, darunter:

Ontologischer Gottesbeweis (Anselm von Canterbury, Descartes)

→ Gott als das höchste denkbare Wesen muss existieren, da Existenz eine Vollkommenheit ist.

Kritik: Setzt voraus, dass Begriffe die Realität bestimmen können. Kant kritisiert, dass Existenz kein Prädikat ist.

Kosmologischer Gottesbeweis (Aristoteles, Thomas von Aquin)

→ Alles, was existiert, muss eine Ursache haben. Diese Kausalkette muss in einem unbewegten Beweger oder einer ersten Ursache (Gott) enden.

Kritik: Warum muss es eine erste Ursache geben? Könnte das Universum nicht ewig existieren?

Teleologischer Gottesbeweis (Design-Argument, Intelligent Design)

→ Die Ordnung und Zweckmäßigkeit der Welt weist auf einen Schöpfer hin.

Kritik: Evolution und natürliche Prozesse können diese Ordnung erklären, ohne eine übernatürliche Ursache zu benötigen.

Die Theologie stützt sich oft auf Offenbarung (z. B. die Bibel im Christentum). Der Glaube an Gott wird dabei nicht durch rationale Beweise gesichert, sondern durch die Annahme, dass göttliche Offenbarung wahr ist.

Das Problem ist: Die Offenbarung kann nicht unabhängig von der eigenen religiösen Tradition bewiesen werden, da jede Religion eine andere Autorität beansprucht.

Aus einer streng empirischen Sicht ist eine nicht beweisbare Hypothese wissenschaftlich nicht haltbar. Allerdings bedeutet das nicht zwingend, dass sie „falsch" ist, sondern nur, dass sie nicht überprüfbar ist. Viele grundlegende Annahmen in Ethik, Metaphysik oder Mathematik sind ebenfalls nicht empirisch beweisbar, aber dennoch sinnvoll.

Die Diskussion, ob theologische Annahmen damit irrelevant sind, hängt von der Perspektive ab. In einem streng wissenschaftlichen Weltbild sind nicht überprüfbare Annahmen methodisch unbrauchbar, weil sie keine empirische Grundlage haben. Doch in der Philosophie, Ethik oder Metaphysik gibt es viele Annahmen – etwa zur Gültigkeit moralischer Werte oder zur Natur des Bewusstseins –, die nicht empirisch beweisbar sind, aber dennoch tiefgreifende Auswirkungen auf das menschliche Denken und Handeln haben. In diesem Sinne sind theologische Überlegungen nicht zwangsläufig irrelevant, sondern spielen eine Rolle für die Art und Weise, wie Menschen Sinn, Moral und Transzendenz verstehen.

Letztlich ist die Existenz Gottes eine Thematik des Glaubens, nicht des Beweises. Theologie kann Argumente für oder gegen Gottes Existenz formulieren, aber sie kann ihn nicht im wissenschaftlichen Sinne beweisen – und für Skeptiker bleiben ihre Annahmen daher unbeweisbar und damit ohne zwingende Relevanz: Wer diese Annahmen akzeptiert, kann Gottes Existenz also als rational begründbar ansehen - wer sie ablehnt, wird in ihnen keine Beweise sehen.

Daher bleibt die Frage, ob man sich der Realität außerhalb des eigenen Denkens sicher sein kann, eine offene und umstrittene. Während Descartes durch die Existenz Gottes eine Brücke zwischen Denken und äußerer Welt schlägt, betont die Theologie die Notwendigkeit von Glauben, um die volle Wirklichkeit – einschließlich des Göttlichen – zu erfassen. In der queeren Theologie wird diese Frage genutzt, um bestehende Normen zu hinterfragen und neue, inklusivere Perspektiven auf Wirklichkeit zu entwickeln.

53 • Wie beeinflussen Erfahrungen unser Wissen über die Welt?

Nach John Locke wird unser Wissen über die Welt ausschließlich durch Erfahrung geformt. In *An Essay Concerning Human Understanding* (1690) entwickelt er die Theorie des Empirismus, die besagt, dass der menschliche Geist bei der Geburt ein *tabula rasa* – eine leere Tafel – ist, auf die erst durch Sinneserfahrungen und Reflexion Wissen geschrieben wird. Locke unterscheidet zwischen *Sensation* (äußere Wahrnehmungen, etwa durch Sehen oder Hören) und *Reflection* (innere Wahrnehmungen unserer Gedanken, wie Erinnern oder Wollen). Unser Wissen ist also nicht angeboren, sondern entsteht aus der Verarbeitung dieser Erfahrungen.

Diese Sichtweise steht in einem Spannungsverhältnis zur traditionellen Theologie, insbesondere zur katholischen Kirche, die lange die Vorstellung vertrat, dass bestimmte Wahrheiten – etwa das Wissen um Gott oder moralische Prinzipien – dem Menschen durch die göttliche Schöpfung angeboren seien. Augustinus und später die Scholastiker, insbesondere Thomas von Aquin, betonten jedoch, dass Erfahrung eine wichtige Rolle für die Erkenntnis spielt, allerdings in Verbindung mit der göttlichen Offenbarung. Aquin nahm eine vermittelnde Position ein: Während sinnliche Wahrnehmungen die Grundlage unseres Denkens bilden, sei die höchste Wahrheit – also Gott – nicht allein durch Erfahrung erkennbar, sondern durch die Kombination von Vernunft und Glaube.

Die katholische Kirche hat sich im Laufe der Jahrhunderte mit der empiristischen Sichtweise Lockes auseinandergesetzt, insbesondere in der Auseinandersetzung mit der Aufklärung. Während die Kirche lange Zeit auf metaphysische Konzepte setzte, erkannte sie später die Bedeutung empirischer Wissenschaften an, etwa durch die moderne Naturphilosophie und die Theorien der Theologie des Zweiten Vatikanischen Konzils, die stärker auf Erfahrung als Zugang zu Gott setzen.

Das Lernen spielt sowohl in der Erkenntnistheorie als auch in der Theologie eine zentrale, aber unterschiedlich verstandene Rolle. In der Erkenntnistheorie ist es der Prozess, durch den Wissen entsteht, während es in der Theologie oft als Mittel zur Annäherung an göttliche Wahrheit verstanden wird.

1. Lernen in der Erkenntnistheorie: Erkenntnistheoretisch hängt das Verständnis von Lernen stark davon ab, welche Position man vertritt:

Empirismus (z. B. Locke, Hume): Wissen entsteht durch Erfahrung, und Lernen bedeutet die schrittweise Ansammlung von Sinnesdaten und deren Verarbeitung. John Locke etwa beschreibt den Geist als tabula rasa, die erst durch Lernen mit Inhalten gefüllt wird.

Rationalismus (z. B. Descartes, Kant): Lernen allein durch Erfahrung reicht nicht aus; es gibt angeborene Strukturen des Verstandes, die Erfahrung erst sinnvoll machen. Kant unterscheidet zwischen a priori-Erkenntnis (unabhängig von Erfahrung, z. B. Mathematik) und a posteriori-Erkenntnis (durch Erfahrung erworben).

Sozialkonstruktivismus (z. B. Vygotsky, Foucault): Wissen wird nicht individuell, sondern durch soziale Interaktion und kulturelle Prägung erworben. Lernen ist dabei auch ein Prozess der Macht und Normierung.

2. Lernen in der Theologie: In der Theologie wird Lernen oft nicht nur als Erwerb von Wissen, sondern auch als spirituelle Erkenntnis verstanden:

Katholische Theologie: Lernen dient nicht nur der weltlichen Bildung, sondern vor allem der Erkenntnis Gottes. Die Kirche betont die Kombination aus Glaube und Vernunft (fides et ratio, vgl. Thomas von Aquin). Theologisches Lernen geschieht durch Schriftstudium, Tradition und persönliche Reflexion.

Mystische Tradition (z. B. Augustinus, Meister Eckhart): Wahres Lernen ist ein innerer Erkenntnisprozess, der über bloßes intellektuelles Wissen hinausgeht. Göttliche Wahrheit wird nicht nur durch Bücher, sondern auch durch Kontemplation und Glaubenserfahrung erlangt.

Reformation (Luther, Calvin): Die Bibel als direkte Quelle göttlicher Wahrheit sollte für alle zugänglich sein. Bildung und individuelles Bibelstudium wurden betont, um jedem Gläubigen eine direkte Gotteserkenntnis zu ermöglichen.

3. Lernen und queere Theologie:

In der queeren Theologie spielt Lernen eine besondere Rolle, da sie traditionelle theologische Konzepte kritisch hinterfragt. Lernen heißt hier nicht nur, alte Dogmen hinter sich zu lassen, sondern den Mut aufzubringen, vermeintlich unumstößliche Wahrheiten über Geschlecht, Sexualität und Identität zu hinterfragen. Erfahrung und persönliche Geschichten werden viel mehr als legitime Erkenntnisquellen betrachtet, was im Gegensatz zu klassischen Theologien steht, die Wissen meist aus der Schrift oder kirchlicher Autorität ableiten.

Während in der Erkenntnistheorie Lernen der Schlüssel zum Wissen über die Welt ist, wird es in der Theologie oft mit der Suche nach göttlicher Wahrheit verbunden. Je nach theologischer Ausrichtung kann Lernen ein intellektueller, spiritueller oder befreiender Prozess sein. Besonders in modernen theologischen Strömungen wird Lernen nicht nur als Prozess aus der Erfahrung, sondern auch als eine Form der Dekonstruktion verstanden, die bestehende, erlernte Glaubenssätze kritisch hinterfragt und neue Perspektiven für neue Realitäten ermöglicht.

In der queeren Theologie ist die Frage, wie Erfahrungen unser Wissen über die Welt formen, also besonders zentral. Traditionelle theologische Ansätze basieren oft auf normativen Vorstellungen über Geschlecht, Sexualität und Identität, die als göttlich vorgegeben gelten. Der empirische Ansatz Lockes könnte nun jedoch als Argument für eine queere Perspektive genutzt werden: Wenn Wissen und Identität aus Erfahrung und Lernen entstehen, dann sind sie nicht durch starre theologische Dogmen vorbestimmt. Queere Theolog:innen betonen, dass persönliche Erfahrung – etwa das Erleben von Marginalisierung oder Identitätsfindung – ein legitimer Erkenntnisweg ist (z. B. auch zu Werten und Haltungen wie z.B. zur Solidarität oder dem Gerechtigkeitsempfinden) und dass die Kirche ihre Konzepte von Geschlecht und Sexualität überdenken muss, wenn sie ernst nimmt, dass Wissen nicht angeboren ist, sondern durch Erfahrung und Lernprozesse gebildet wird.

Queere Menschen lernen aus ihren Erfahrungen oft, dass gesellschaftliche Normen nicht universell oder unveränderlich sind und dass Identität und Selbstbestimmung dynamische Prozesse sind. Ihre Erfahrungen können zu Erkenntnissen führen, die nicht nur ihre persönliche Sichtweise, sondern auch gesellschaftliche, menschenrechtliche und theologische Diskurse verändern. Zwei zentrale Beispiele sind:

- **Die Erkenntnis, dass Geschlecht und Sexualität nicht naturgegeben, sondern sozial geprägt sind**

Viele queere Menschen erleben, dass die binäre Einteilung in „männlich" und „weiblich" oder die Heteronorm als „natürliche" Ordnung nicht ihre Realität widerspiegelt. Sie erkennen durch ihre eigene Identitätsentwicklung, dass Geschlecht und Sexualität fluide sein können und dass gesellschaftliche Erwartungen eher kulturelle Konstruktionen als unumstößliche Naturgesetze sind. Diese Erfahrung kann nicht nur ihr Selbstbild verändern, sondern auch philosophische und theologische Debatten über die Natur des Menschen und die Schöpfungsordnung beeinflussen.

- **Die Erkenntnis, dass traditionelle religiöse Lehren nicht immer mit gelebter Realität übereinstimmen**

Queere Menschen, die in religiösen Kontexten aufwachsen, lernen oft, dass die offizielle Theologie ihre Existenz und Identität nicht oder nur marginal berücksichtigt. Die Erfahrung, sich trotz theologischer Ausschlüsse als spirituell oder religiös zu erleben, kann dazu führen, dass sie Theologie neu interpretieren. So entstehen neue Perspektiven, etwa dass Gottes Liebe nicht an Heteronormativität gebunden ist oder dass Bibelstellen zur Sexualität historisch kontextualisiert werden müssen. Diese Erkenntnisse tragen dazu bei, dass sich queere Theologie entwickelt, die traditionelle dogmatische Positionen hinterfragt und neue Modelle der Inklusion schafft.

Diese Beispiele zeigen, dass Erfahrung nicht nur persönliches Lernen ermöglicht, sondern auch gesellschaftliche und theologische Diskurse herausfordert und verändert.

Auch das Wissen über eine queere Welt und deren Community wird geprägt von Lernprozessen und Erfahrungen darin.

Letztlich zeigt sich also, dass Lockes empiristische Erkenntnistheorie das Wissen als dynamisch und erfahrungsbasiert beschreibt, was sowohl in der klassischen Theologie als auch in modernen, inklusiveren Theologien Herausforderungen und Chancen mit sich bringt. Während die katholische Tradition lange an vorgegebenen Wahrheiten festhielt, erfordert ein empirischer Zugang eine ständige Reflexion und Anpassung an neue Erfahrungen, Realitäten und Erkenntnisse daraus. Eine eigene Akzeptanz der gleichgeschlechtlichen Gefühle beispielsweise mag die Sicht der Dinge mit zunehmender Erfahrung ganz anders einschätzen - selbstsicherer und in sich ruhender.

54 • Ist menschliches Wissen letztlich nur eine Summe von Gewohnheiten?

Nach David Hume ist menschliches Wissen letztlich eine Summe von Gewohnheiten, da unser Verständnis der Welt nicht auf sicherer rationaler Erkenntnis beruht, sondern auf Erfahrungen und der Wiederholung von Mustern. In *A Treatise of Human Nature* argumentiert er, dass unser Glaube an Ursache und Wirkung nicht auf logischer Notwendigkeit basiert, sondern darauf, dass wir bestimmte Ereignisse immer wieder miteinander verbunden sehen. Wenn etwa die Sonne jeden Tag aufgeht, erwarten wir dies auch für die Zukunft – doch diese Erwartung ist keine zwingende Wahrheit, sondern lediglich eine gewohnheitsmäßige Schlussfolgerung aus früheren Beobachtungen. Unser Wissen ist daher nicht absolut, sondern eine praktische Orientierung, die sich aus wiederkehrenden Erfahrungen ergibt.

Diese Sichtweise stellt eine Herausforderung für die Theologie dar, insbesondere für die katholische Kirche, die lange Zeit davon ausging, dass es gesichertes Wissen über Gott, die Welt und moralische Prinzipien gibt. Die kirchliche Tradition stützt sich auf Offenbarung, Vernunft und Tradition als Quellen der Erkenntnis und geht davon aus, dass es eine objektive Wahrheit gibt, die unabhängig von individuellen Erfahrungen existiert. Humes Skeptizismus könnte diese Vorstellung infrage stellen, da er nahelegt, dass auch religiöses Wissen letztlich nur auf Gewohnheit beruht – etwa der Praxis des Glaubens oder der ständigen Wiederholung theologischer Lehren – und keine absolute Gewissheit besitzt.

Allerdings könnte man argumentieren, dass auch die katholische Theologie implizit auf Gewohnheiten baut: Rituale, Traditionen und das liturgische Leben beruhen darauf, dass Menschen durch wiederholte Praxis Glaubensüberzeugungen vertiefen. Die Kirche selbst sieht den Wert der Gewohnheit im spirituellen Leben – etwa im regelmäßigen Gebet oder in der Sakramentenpraxis –, doch sie verbindet dies mit der Annahme, dass diese Gewohnheiten auf einer tieferen Wahrheit basieren.

In der queeren Theologie könnte Humes Ansatz besonders relevant sein, da er die Idee hinterfragt, dass moralische oder geschlechtliche Normen auf einer unveränderlichen Wahrheit basieren. Wenn Wissen und Überzeugungen vor allem aus Gewohnheiten entstehen, dann sind auch gesellschaftliche Vorstellungen von Geschlecht, Sexualität und Identität keine festen Wahrheiten, sondern Ergebnisse kultureller Wiederholung. Dies würde queere Theolog:innen in ihrer Kritik an normativen Strukturen bestärken: Wenn Heteronormativität nur eine gesellschaftlich eingeübte Praxis ist, die als „natürlich" erscheint, weil sie ständig wiederholt wird, dann kann sie auch verändert werden.

Damit zeigt sich, dass Humes Konzept des Wissens als Gewohnheit eine ausgeprägte Skepsis gegenüber vermeintlichen Gewissheiten mit sich bringt. Während die katholische Theologie weiterhin an objektiven Wahrheiten festhält, eröffnet sein Ansatz die Möglichkeit, alternative Erkenntniswege zu betonen. Jede:r mag sich fragen, wie er zu seiner Lebenserfahrung und seinem Wissen gekommen ist.

Und: Menschen kommen heute auch durch Künstliche Intelligenz zu Wissen, und in gewissem Sinne sogar zu Lebenserfahrung, wobei dieser zweite Aspekt differenziert betrachtet werden muss. KI verändert nicht nur den Zugang zu Informationen, sondern auch die Art und Weise, wie wir lernen, uns orientieren, uns ausdrücken und uns selbst verstehen.

Wissen wird durch KI auf neue Weise zugänglich: Intelligenz-Systeme, Suchalgorithmen oder Empfehlungstechnologien bieten einen unmittelbaren, dialogischen Zugriff auf riesige Datenmengen. Sie strukturieren komplexe Themen, bereiten Inhalte in verständlicher

Sprache auf und reagieren auf individuelle Fragen und Kontexte. So entsteht ein niedrigschwelliger Zugang zu Bildung, der vor allem jenen nützt, die bisher durch sprachliche, soziale oder institutionelle Hürden benachteiligt waren. Lernen wird dadurch fragmentarischer, situativer und weniger linear – aber auch interaktiver, selbstgesteuerter und oft näher an der konkreten Lebenswelt.

Die Thematik, wie Menschen durch KI auch zu Lebenserfahrung gelangen, ist anspruchsvoller. KI selbst hat kein Bewusstsein, keine Biografie, keine Gefühle – sie kennt weder Schmerz noch Liebe, weder Scheitern noch Hoffnung. Und dennoch kann sie Erfahrungen zugänglich machen, die sie selbst nicht besitzt: durch das Erzählen, das Bereitstellen von Erfahrungsberichten anderer, durch Perspektivvielfalt, durch das Simulieren von Reflexionen und ethischen Fragestellungen. In diesem Sinne eröffnet KI Räume, in denen Menschen mit bisher unbekannten Sichtweisen konfrontiert werden, sich in andere Lebensentwürfe hineinversetzen oder neue Fragen an das eigene Leben stellen. Sie ermöglicht es, Erfahrungen gedanklich vorzubereiten, empathisch nachzuvollziehen oder kritisch zu verarbeiten – was alles zu eigener Lebenserfahrung beitragen kann.

So gesehen ersetzt KI weder echtes Erleben noch persönliche Reife. Aber sie kann Impulse geben, Denkprozesse auslösen und Menschen helfen, bewusster mit sich selbst und ihrer Umwelt umzugehen. In einer wissens- und erfahrungsbasierten Gesellschaft wird KI damit zu einem neuen Akteur im Bildungs- und Erfahrungsraum – eine Lehr-Persona im Sinne der Wissensvermittlung und ein dialogischer Begleiter im Prozess der Erkenntnis.

d) Theologische und gesellschaftliche Weiterentwicklungen

55 • Kann freier Zugang zu Wissen eine Gesellschaft verändern?

Nach Diderot kann der freie Zugang zu Wissen eine Gesellschaft grundlegend verändern, weil Bildung und Aufklärung Menschen dazu befähigen, bestehende Machtstrukturen zu hinterfragen und eigenständig zu denken. In seiner *Encyclopédie* verfolgt er das Ziel, Wissen systematisch zu sammeln und für eine breite Öffentlichkeit zugänglich zu machen, da er überzeugt ist, dass Unwissenheit ein zentrales Mittel der Unterdrückung ist. Wenn Wissen nicht länger das Privileg weniger bleibt, können sich Gesellschaften weiterentwickeln, soziale Ungerechtigkeiten überwunden und politische Systeme demokratisiert werden. Für Diderot ist Aufklärung untrennbar mit Emanzipation verbunden: Wer Zugang zu Wissen hat, kann sich aus Abhängigkeiten befreien und selbstbestimmt handeln.

In der katholischen Kirche war der Zugang zu Wissen lange Zeit stark reglementiert. Im Mittelalter war das Lesen der Bibel für Lai:innen oft eingeschränkt, und bestimmte wissenschaftliche Erkenntnisse wurden als Bedrohung für den Glauben angesehen. Zwar förderte die Kirche auch Bildung – etwa durch Klosterschulen und Universitäten –, doch zugleich wurden Bücher zensiert und Wissen kontrolliert. Erst in der Neuzeit begann die Kirche, sich stärker für allgemeine Bildung einzusetzen, insbesondere durch den Ausbau von Schulen und Hochschulen. Dennoch bleibt die Frage, inwieweit der Zugang zu Wissen wirklich frei ist, wenn die Kirche dogmatische Grenzen setzt.

Für die queere Theologie ist freier Zugang zu Wissen besonders bedeutsam, weil er ermöglicht, alternative Perspektiven auf Geschlecht, Sexualität und Identität zu entwickeln. Viele theologische Lehren über Geschlecht und Sexualität basieren auf jahrhundertealten Interpretationen, die nicht hinterfragt werden durften. Erst durch wissenschaftliche und gesellschaftliche Fortschritte – etwa in den

Bereichen Psychologie, Geschlechterforschung oder Bibelwissenschaften – wurde es möglich, patriarchale und heteronormative Deutungen kritisch zu analysieren. Wenn queere Menschen Zugang zu theologischen Quellen, alternativen Interpretationen und wissenschaftlichen Erkenntnissen erhalten, können sie gegen Diskriminierung argumentieren und neue, inklusivere theologische Konzepte entwickeln.

Damit zeigt sich, dass Wissen nicht nur eine Ressource ist, sondern eine Machtfrage: Wer den Zugang zu Wissen gestaltet, gestaltet auch die gesellschaftlichen Narrative. Diderots Vision einer freien, aufgeklärten Gesellschaft setzt voraus, dass Wissen allen offensteht – ein Prinzip, das sich in der modernen Bildungspolitik, aber auch in theologischen und gesellschaftlichen Befreiungsbewegungen widerspiegelt. Und: Die queere Theologie macht deutlich, dass freier Zugang zu Wissen nicht nur eine Frage der Bildung, sondern auch eine Frage der Gerechtigkeit ist.

Vor diesem Hintergrund aufklärerischer und emanzipatorischer Prinzipien sollte der Zugang zu KI für Schüler:innen und Menschen unter 20 Jahren grundsätzlich kostenfrei sein. Wenn wir davon ausgehen, dass Wissen heute nicht mehr ausschließlich durch Bücher oder formale Bildung vermittelt wird, sondern zunehmend auch über digitale Systeme wie KI, dann ist der niederschwellige, chancengleiche Zugang zu diesen Technologien eine Grundvoraussetzung für gesellschaftliche Teilhabe.

Im Geist Diderots – für den Aufklärung immer auch Befreiung aus Unmündigkeit bedeutete – ist klar: Nur wer Zugang zu Wissen hat, kann sich aus Abhängigkeiten lösen, kritisch denken, sich politisch einbringen und selbstbestimmt leben. Wenn Künstliche Intelligenz heute eine der zentralen Schnittstellen zu Wissen, Argumentation und Weltverständnis ist, dann darf dieser Zugang nicht vom Geldbeutel abhängen.

Gerade junge Menschen befinden sich in einer Phase der Orientierung, der Identitätsbildung, des Fragenstellens – sie brauchen Werkzeuge, die ihnen neue Perspektiven eröffnen, sie ermutigen und ihnen ermöglichen, sich informiert und reflektiert mit ihrer Umwelt auseinanderzusetzen. Ein KI-Zugang, der Bildung unterstützt, Vielfalt vermittelt und zum Denken anregt, ist kein Luxus, sondern sollte zur grundlegenden Bildungsinfrastruktur gehören – wie Bibliotheken, Schulbücher oder Internetanschluss.

Darüber hinaus könnte ein kostenfreier Zugang helfen, bestehende soziale Unterschiede nicht weiter zu verstärken, sondern zu überwinden. Denn wer früh lernt, mit neuen Technologien sinnvoll und fragend umzugehen, hat später größere Chancen auf Teilhabe – beruflich, gesellschaftlich, kulturell.

Wenn Wissen Macht ist, dann ist freier Zugang zu KI eine Frage der Gerechtigkeit. Es geht nicht nur um Bildung, sondern um Emanzipation. Um nichts weniger als die Möglichkeit, in einer zunehmend komplexen Welt mitdenken, mitgestalten und mitentscheiden zu können. Deshalb sollte dieser Zugang für junge Menschen nicht nur erlaubt, sondern aktiv ermöglicht und gefördert werden – auch im Religionsunterricht.

56 • Können literarische Neuinterpretationen religiöser Texte Glauben und Theologie bereichern?

Nach José Saramago können literarische Neuinterpretationen religiöser Texte den Glauben und die Theologie durchaus bereichern – gerade weil sie bekannte Erzählungen durchbrechen, hinterfragen und neue Perspektiven eröffnen. In *Das Evangelium nach Jesus Christus* schildert Saramago das Leben Jesu aus einer zutiefst menschlichen, zweifelnden und existenziellen Sicht. Er entmythologisiert die Figur Jesu, zeigt ihn als Menschen mit inneren Konflikten und stellt auch Gottes Handeln fraglich dar. Diese literarische Relektüre thematisiert – und sie öffnet zugleich einen Raum für Reflexion und Tiefenverständnis, der in rein dogmatischen Texten oft nicht erreicht wird.

In der Theologie werden solche literarischen Annäherungen oft ambivalent betrachtet: Einerseits können sie als respektlose oder blasphemische Abweichung vom Offenbarungstext wahrgenommen werden. Andererseits zeigen sie, wie lebendig, mehrdeutig und auslegungsbedürftig religiöse Überlieferungen tatsächlich sind. Gerade die katholische Kirche betont zwar die Autorität der Schrift, kennt aber zugleich eine lange Tradition der Auslegung, Mystik und Erzählkunst – von Augustinus bis zur allegorischen Bibellektüre im Mittelalter.

In der queeren Theologie sind literarische Neuinterpretationen zudem ein zentrales Werkzeug, um festgefahrene Bedeutungen aufzubrechen. Indem biblische Texte in neue Kontexte gestellt, umgedeutet oder weitergeschrieben werden, können verborgene Stimmen sichtbar gemacht werden – etwa jene von Frauen, Queers oder Personen des heutigen öffentlichen Lebens, die in der traditionellen Auslegung kaum vorkommen. Saramagos Jesus, der mit Zweifeln ringt und Gottes Pläne infrage stellt, kann dabei als Identifikationsfigur für alle gelesen werden, die selbst mit religiösen Normen hadern und einen inklusiveren Glauben suchen.

Literarische Neuinterpretationen wie bei Saramago stören sicherlich bewusst das Gewohnte – aber gerade darin liegt ihr Wert: Sie zwingen zur Auseinandersetzung, fördern Empathie und eröffnen neue theologische Horizonte. Für einen lebendigen, reflektierten Glauben sind solche Stimmen kein Widerspruch, sondern eine Bereicherung – auch wenn und gerade weil sie neue Sichtweisen thematisieren.

Kapitel 5: Frauen in der Kirche und Religion: Historische Entwicklungen und feministische Perspektiven

Die Rolle der Frauen in der Kirche war seit den Anfängen des Christentums von Wandel und Widersprüchen geprägt. Während Frauen im frühen Christentum eine bedeutende Funktion innehatten, sei es als Leiterinnen von Hauskirchen oder als zentrale Figuren in der Verbreitung des Glaubens, wurde ihre Bedeutung im Laufe der Kirchengeschichte systematisch marginalisiert. Dieser Ausschluss von Frauen aus kirchlichen Führungspositionen steht in engem Zusammenhang mit gesellschaftlichen Machtstrukturen, die die Kirche bis heute prägen. Feministische Theologinnen kritisieren daher nicht nur die fehlende Gleichberechtigung innerhalb der Kirche, sondern auch die tief verwurzelten patriarchalen Strukturen, die Frauen von wichtigen Entscheidungsprozessen ausschließen.

Feministische Theologie geht dabei über eine reine Kritik hinaus: Sie verbindet die Analyse von Geschlechterungerechtigkeit mit der Forderung nach sozialer Gerechtigkeit und ist eng mit der Befreiungstheologie verknüpft. Dabei stellt sie traditionelle Konzepte von Geschlechterrollen infrage und bietet alternative ethische Ansätze, die sich an Inklusion und Gerechtigkeit orientieren. Diese kritische Auseinandersetzung ist keineswegs auf das Christentum beschränkt. Auch in anderen Weltreligionen haben Frauen historisch eine bedeutende, aber oft unterschätzte Rolle gespielt. Ein vergleichender Blick auf das Frauenbild in Christentum, Islam, Judentum, Hinduismus und Buddhismus zeigt, dass sich religiöse Strukturen zwar in ihren Dogmen unterscheiden, aber häufig ähnliche Mechanismen der Geschlechterhierarchie aufweisen.

Doch wie können diese überkommenen Strukturen aufgebrochen werden? Ein zentraler Ansatz liegt in der Förderung von Frauen in religiösen Führungsrollen. Schulungsprogramme, die sich mit den spezifischen Herausforderungen für Frauen in der Kirche befassen, können helfen, bestehende Ungleichheiten abzubauen. Allerdings stehen diesen Reformbemühungen innerhalb der katholischen Kirche tief verwurzelte institutionelle Barrieren im Weg. Der Widerstand gegen die Weihe von Frauen oder die gleichberechtigte Teilhabe an kirchlichen Entscheidungsprozessen ist Ausdruck eines strukturellen Problems, das weit über einzelne Positionen hinausgeht.

Besonders sichtbar wird dieser Reformbedarf in Bewegungen wie Maria 2.0, die sich für eine grundlegende Veränderung der Kirche einsetzen. Die Initiative fordert nicht nur die Aufhebung des Priesterinnenverbots, sondern auch eine konsequente Aufarbeitung von Machtmissbrauch und Missständen innerhalb der Kirche. Ihre Forderungen zeigen, dass viele Gläubige nicht bereit sind, die Ungleichbehandlung von Frauen als gottgegeben hinzunehmen, sondern aktiv für eine gerechtere und geschlechtergleiche Kirche kämpfen.

Die Frage nach der Rolle der Frauen in der Kirche bleibt damit eine der zentralen Herausforderungen für das moderne Christentum. Eine Kirche, die den Anspruch hat, eine moralische Instanz zu sein, muss sich auch an den Maßstäben der Gerechtigkeit und Gleichberechtigung messen lassen. Eine echte Reform kann jedoch nur gelingen, wenn nicht nur einzelne Positionen überdacht werden, sondern ein grundlegender Wandel in der theologischen und strukturellen Ausrichtung der Kirche stattfindet – der mit der Bestätigung von Frauen im Priester:innen-Amt und ja, bis hin zum Amte einer Päpstin beginnt.

a) Frauen in Religionen

57 • Welche Rolle spielten Frauen historisch in den großen Weltreligionen, und wie hat sich diese Rolle verändert?

Frauen spielten in den großen Weltreligionen historisch oft eine ambivalente Rolle: Einerseits waren sie zentrale spirituelle Akteurinnen, Prophetinnen, Priesterinnen und Mystikerinnen, andererseits wurden sie in vielen religiösen Traditionen systematisch aus Leitungsfunktionen ausgeschlossen und auf untergeordnete Rollen reduziert. Die Entwicklung der Frauenrolle in den Religionen war dabei stark von gesellschaftlichen, politischen und theologischen Faktoren beeinflusst. In den letzten Jahrhunderten hat sich die Position der Frauen durch feministische Bewegungen, moderne Theologien und gesellschaftlichen Wandel erheblich verändert, wenngleich viele Herausforderungen fortbestehen.

In vielen indigenen und frühen polytheistischen Religionen hatten Frauen eine bedeutende religiöse Rolle. Sie fungierten als Priesterinnen, Schamaninnen und Orakelpriesterinnen. Besonders in matrilinearen Gesellschaften wurden weibliche Gottheiten als zentrale Figuren verehrt, etwa die Göttinnen Isis (Ägypten), Ishtar (Mesopotamien) oder Demeter (Griechenland).

Mit dem Aufstieg patriarchaler Gesellschaftsformen wurden jedoch viele dieser Göttinnen herabgestuft oder durch männliche Gottheiten ersetzt. Frauen verloren oft ihre religiösen Ämter, wurden aber weiterhin als spirituelle Mittlerinnen – etwa als Seherinnen oder Heilerinnen – respektiert.

Im antiken Judentum hatten Frauen eine untergeordnete gesellschaftliche Stellung, waren aber im religiösen Alltag präsent. Während sie keine Priesterinnen im Tempeldienst sein konnten, spielten sie als Prophetinnen eine Rolle, beispielsweise Mirjam, Deborah oder Hulda.

Mit der Zerstörung des Tempels (70 n. Chr.) und dem Übergang zum rabbinischen Judentum verstärkte sich der Ausschluss von Frauen aus religiösen Leitungspositionen. In orthodoxen jüdischen Traditionen blieb diese Beschränkung bestehen, während liberale Strömungen des Judentums Frauen seit dem 20. Jahrhundert als Rabbinerinnen zulassen. Heute gibt es in fortschrittlichen jüdischen Bewegungen eine wachsende Gleichberechtigung, etwa in Reform- und konservativen Gemeinden.

Die Rolle der Frauen im frühen Christentum war vielfältig. Jesus hatte enge Beziehungen zu Frauen, darunter Maria Magdalena, die in manchen christlichen Traditionen als Apostelin betrachtet wird. Im Urchristentum gab es Frauen als Diakoninnen, Prophetinnen und Gemeindeleiterinnen, etwa Phöbe und Junia, die in den Paulusbriefen erwähnt werden.

Mit der Institutionalisierung der Kirche im 4. Jahrhundert wurden Frauen zunehmend aus kirchlichen Leitungsämtern verdrängt. Die katholische und orthodoxe Kirche schließen Frauen bis heute vom Priesteramt aus. In der protestantischen Reformation wurden Frauen zwar nicht in geistliche Führungsrollen integriert, doch in der Neuzeit setzte sich in vielen protestantischen Kirchen die Frauenordination durch. Heute sind Frauen in vielen evangelischen Kirchen Bischöfinnen, Pastorinnen oder Theologieprofessorinnen.

Im frühen Islam spielten Frauen eine bedeutende Rolle. Khadīdscha, die erste Frau des Propheten Muhammad, war eine wohlhabende Händlerin und unterstützte den Islam finanziell und politisch. Aischa, eine seiner Ehefrauen, war eine einflussreiche Gelehrte, die viele Hadithe überlieferte.

Trotzdem wurden Frauen im Laufe der islamischen Geschichte zunehmend von religiösen Ämtern ausgeschlossen. Während islamische Rechtsgelehrte die Rechte von Frauen im Familienrecht unterschiedlich auslegten, blieb ihre Rolle in der religiösen Führung begrenzt. In der Gegenwart gibt es jedoch Bewegungen für weibliche Imame und Theologinnen, besonders in fortschrittlichen und feministischen Strömungen des Islam. In manchen Regionen leiten Frauen bereits Moscheen, etwa in China oder in bestimmten Sufi-Traditionen.

Im Hinduismus gibt es ein breites Spektrum an Geschlechterrollen. Weibliche Gottheiten wie Durga, Lakshmi und Saraswati nehmen zentrale Positionen im Pantheon ein, und es gibt eine lange Tradition weiblicher Mystikerinnen und spiritueller Lehrerinnen, darunter Mirabai und Andal.

Historisch wurden Frauen also oft aus priesterlichen Funktionen ausgeschlossen, insbesondere in der Brahmanen-Kaste. In modernen Bewegungen gibt es jedoch eine wachsende Zahl von Priesterinnen und spirituellen Lehrerinnen, besonders in reformorientierten hinduistischen Traditionen. Auch in Ashrams und spirituellen Gemeinschaften übernehmen Frauen heute verstärkt Leitungsfunktionen.

Buddhistische Schriften erwähnen, dass der Buddha anfangs widerstrebend eine Nonnenordination erlaubte, was die Gründung des Bhikkhuni-Ordens ermöglichte. In einigen buddhistischen Traditionen hatten Frauen religiöse Führungsrollen, doch in vielen Ländern wurden weibliche Klöster systematisch unterdrückt oder marginalisiert.

Heute gibt es in vielen buddhistischen Strömungen Bestrebungen, die Ordination von Frauen wiederherzustellen, insbesondere im Theravāda- und tibetischen Buddhismus, wo diese Tradition lange unterbrochen war. In modernen buddhistischen Bewegungen, insbesondere im Westen, gibt es zunehmend weibliche Lehrerinnen und Meditationsmeisterinnen.

Seit dem 20. Jahrhundert setzen sich zudem feministische Bewegungen in allen großen Religionen für die Gleichberechtigung von Frauen ein. Feministische Theologinnen hinterfragen traditionelle Geschlechterrollen, interpretieren religiöse Texte neu und kämpfen für den Zugang von Frauen zu geistlichen Ämtern.

- **Im Christentum** fordern Frauen in der katholischen und orthodoxen Kirche den Zugang zum Priesteramt.
- **Im Islam** setzen sich Aktivistinnen für das Recht ein, als Imaminnen zu predigen.
- **Im Judentum** sind Frauen heute in vielen Strömungen als Rabbinerinnen tätig.

- **Im Hinduismus und Buddhismus** werden Frauen zunehmend als spirituelle Lehrerinnen anerkannt.

Historisch hatten Frauen in den großen Weltreligionen also oft eine ambivalente Rolle: Sie waren in den frühen Phasen oft als Prophetinnen, Priesterinnen oder spirituelle Lehrerinnen aktiv, wurden jedoch mit der Institutionalisierung der Religionen zunehmend durch das Patriarchat und dessen Männerbünde aus Leitungsfunktionen verdrängt. In der Moderne haben feministische Theologien und soziale Bewegungen dazu beigetragen, dass Frauen wieder verstärkt religiöse Führungsrollen übernehmen – auch wenn in vielen Glaubensgemeinschaften weiterhin strukturelle Hürden bestehen, die ihre volle Gleichberechtigung behindern. Die Debatte um die Rolle der Frau in den Religionen und Kirchenämtern bleibt daher eine der zentralen theologischen und gesellschaftlichen Herausforderungen unserer Zeit.

58 • *Wie hat sich die Rolle der Frauen im frühen Christentum verändert, und warum wurde ihre Bedeutung später heruntergespielt?*

Elisabeth Schüssler Fiorenza zeigt ebenso, dass das Christentum in seinen Anfängen deutlich geschlechtergerechter war, als es später von der kirchlichen Tradition dargestellt wurde. Sie beschreibt, wie Frauen in den ersten christlichen Gemeinden eine aktive und einflussreiche Rolle spielten – als Apostelinnen, Gemeindeleiterinnen und Missionarinnen. In ihren Analysen biblischer Texte und historischer Quellen weist sie darauf hin, dass viele Stellen im Neuen Testament auf weibliche Führungspersönlichkeiten hinweisen, deren Bedeutung jedoch im Laufe der Kirchengeschichte systematisch marginalisiert wurde.

Ein zentrales Beispiel ist die Rolle von Maria Magdalena, die in den Evangelien als erste Zeugin der Auferstehung erscheint – eine Aufgabe, die theologisch als apostolische Sendung verstanden werden könnte. Dennoch wurde sie später von der Kirche als Sünderin umgedeutet, um ihre Autorität abzuwerten. Ebenso verweist Schüssler Fiorenza auf Frauen wie Junia, die im Römerbrief von Paulus als *„hervorragend unter* *den Aposteln"* bezeichnet wird, aber in späteren Übersetzungen und Interpretationen zu einem Mann umgedeutet wurde.

Es gab also sehr wahrscheinlich eine weibliche Apostelin mit dem Namen Junia, und der Fall dieser Frau ist ein eindrucksvolles Beispiel dafür, wie weibliche Leitungsrollen in der frühen Kirche später verdrängt oder unsichtbar gemacht wurden. Im Römerbrief 16,7 schreibt Paulus:

„Grüßt Andronikus und Junia, meine Verwandten und Mitgefangenen; sie sind hervorragend unter den Aposteln, und sie waren schon vor mir in Christus."

Im griechischen Urtext heißt es:

ἀσπάσασθε Ἀνδρόνικον καὶ Ἰουνίαν τοὺς συγγενεῖς μου καὶ συναιχμαλώτους μου, οἵτινές εἰσιν ἐπίσημοι ἐν τοῖς ἀποστόλοις, οἳ καὶ πρὸ ἐμοῦ γέγοναν ἐν Χριστῷ.

Der Name Ἰουνίαν (Iounían) steht hier eindeutig in der weiblichen Form und ist grammatikalisch klar zu erkennen. Es handelt sich um den Akkusativ von Ἰουνία (Junia), einem gängigen römischen Frauennamen der Antike. Dennoch wurde Junia in späteren Bibelübersetzungen über Jahrhunderte hinweg zu „Junias", einem angeblich männlichen Namen, uminterpretiert – obwohl es für diesen Männernamen keine historischen Belege gibt.

Diese Umdeutung war kein linguischer Irrtum, sondern vielmehr Ausdruck einer theologischen und kulturellen Verschiebung: Eine Frau im Rang einer Apostelin passte nicht mehr in das patriarchale Kirchenbild des Mittelalters und der frühen Neuzeit. Die bewusste Männlichmachung Junias diente dazu, weibliche Autorität im apostolischen Kreis auszublenden.

Die feministische Theologin Elisabeth Schüssler Fiorenza weist genau darauf hin: Junia wurde in der Bibel nicht nur erwähnt, sondern als *„hervorragend unter den Aposteln"* bezeichnet – und das von Paulus selbst! Das bedeutet: Sie war nicht nur dabei, sondern in besonderer Weise anerkannt. Wenn eine Frau in der Urkirche Apostelin genannt wurde, dann lässt sich daraus ableiten, dass Leitungsämter für Frauen nicht nur möglich, sondern real waren. Ihre spätere Unsichtbarmachung ist also keine theologische Notwendigkeit, sondern Ausdruck historisch gewachsener Machtstrukturen, die sich gegen weibliche Teilhabe gewendet haben.

Junia wieder ins Licht zu rücken, ist daher nicht nur ein Akt historischer Gerechtigkeit, sondern auch eine wichtige Erinnerung daran, dass Emanzipation in der Kirche nicht neu erfunden werden muss – sie war am Anfang schon da.

Auch die legendenhafte Überlieferung von der Päpstin Johanna ist eine der faszinierendsten und zugleich umstrittensten Erzählungen der Kirchengeschichte. Der Überlieferung nach soll im 9. Jahrhundert eine Frau unter dem Namen Johannes Anglicus als Mann verkleidet in kirchliche Ämter aufgestiegen und schließlich zum Papst gewählt worden sein. Erst während einer öffentlichen Prozession – so die Erzählung – habe sie ein Kind zur Welt gebracht, woraufhin der Schwindel aufflog.

Historisch ist diese Geschichte nicht gesichert. Die meisten Historiker:innen gehen heute davon aus, dass es sich um eine späte Legende handelt, die vermutlich im 13. Jahrhundert entstanden ist, möglicherweise als kirchenkritische Satire oder als Ausdruck populärer Unzufriedenheit mit der päpstlichen Macht. Der Name Johanna taucht in frühen Papstlisten nicht auf, und es gibt keine zeitgenössischen Quellen, die ihre Existenz belegen.

Und doch wirkt die Erzählung weiter – nicht, weil sie beweist, dass es eine Frau auf dem Stuhl Petri gab, sondern weil sie einen tiefen Wunsch und ein gesellschaftliches Unbehagen ausdrückt: den Wunsch nach Gleichberechtigung in einer Institution, die Frauen systematisch von ihren höchsten Ämtern ausschließt. Die Legende hält gewissermaßen einen Spiegel vor – sie erzählt davon, dass es denkbar ist, dass eine Frau über Jahrzehnte hinweg als würdig, gebildet und geistlich befähigt galt – bis ihr Körper die Illusion entlarvte.

Gerade weil die Geschichte der Päpstin Johanna zwischen Fakt und Fiktion steht, ist sie so wirkmächtig: Sie rührt an Fragen von Macht, Geschlecht, Wahrheit und kirchlicher Erinnerungskultur. Und sie erinnert daran, dass das, was heute als „unvorstellbar" gilt, oft nur deshalb so erscheint, weil Geschichte ausgewählt, gefiltert und gedeutet wurde. Ob es eine Päpstin wirklich gegeben hat, bleibt offen – dass es sie geben könnte, ist heute aktueller denn je.

Die Erzählung der Päpstin Johanna hat zahlreiche Autor:innen inspiriert, die sich mit ihrer Geschichte auseinandergesetzt haben. Hier sind einige bedeutende Werke:

- **Emmanuel Rhoides:** Der griechische Schriftsteller veröffentlichte 1866 den Roman *"Päpstin Johanna"*, in dem er die Existenz einer weiblichen Päpstin zu beweisen versucht. Dieses Werk führte zu seiner Exkommunikation aus der griechisch-orthodoxen Kirche.
- **Donna Woolfolk Cross:** Die US-amerikanische Autorin schrieb 1996 den historischen Roman *"Die Päpstin"*, der die Legende fiktionalisiert und international bekannt machte. Dieses Buch wurde 2009 unter dem gleichen Titel verfilmt.
- **Elisabeth Gössmann:** Die deutsche Theologin und Philosophin veröffentlichte 1994 *"Mulier Papa – Der Skandal eines weiblichen Papstes"*, in dem sie die Rezeptionsgeschichte der Päpstin Johanna analysiert. Dieses Werk ist Teil ihrer Reihe *"Archiv für philosophie- und theologiegeschichtliche Frauenforschung"*.
- **Klaus Herbers und Max Kerner:** In ihrem 2010 erschienenen Buch *"Die Päpstin Johanna. Biographie einer Legende"* setzen sich die Autoren wissenschaftlich mit der Entstehung und Verbreitung der Legende auseinander.

Diese Werke bieten unterschiedliche Perspektiven auf die Erzählung der Päpstin Johanna, von literarischen Bearbeitungen bis hin zu wissenschaftlichen Analysen.

Elisabeth Schüssler Fiorenza kritisiert, dass die patriarchalen Strukturen der späteren Kirche dazu führten, dass Frauen zunehmend aus reell bestehenden Leitungspositionen verdrängt wurden und sich eine männlich dominierte Theologie entwickelte, die Frauen vor allem in dienende und untergeordnete Rollen drängte. Dabei plädiert sie für eine feministische Neuinterpretation der christlichen Tradition, die sich an der ursprünglichen Dynamik der frühen Gemeinden orientiert, in denen Frauen aktiv an der Gestaltung des Glaubens beteiligt waren. Ihr Ziel ist es, das verschüttete Erbe weiblicher Führung im Christentum wieder sichtbar zu machen und für eine Kirche zu kämpfen, die sich nicht auf historisch gewachsene Hierarchien, sondern auf Gleichberechtigung und Teilhabe gründet.

Obwohl das deutsche Grundgesetz in Artikel 3 die Gleichberechtigung von Frauen und Männern garantiert, gelten diese Prinzipien nicht automatisch für religiöse Institutionen. Kirchen genießen in Deutschland durch das Selbstverwaltungsrecht eine weitgehende Autonomie, die es ihnen erlaubt, interne Strukturen nach ihren eigenen Glaubensgrundsätzen zu gestalten – selbst wenn diese gegen gesellschaftliche Gleichstellungsnormen verstoßen.

Besonders in der katholischen Kirche zeigt sich diese Ungleichheit deutlich: Frauen sind vom Priesteramt ausgeschlossen, können keine Bischöfinnen werden und haben keinen Zugang zu den höchsten Entscheidungsinstanzen. Diese Diskriminierung wird theologisch mit der *„göttlichen Ordnung"* begründet – unter anderem mit dem Argument, dass Jesus nur männliche Apostel berufen habe und dass Priester in der Eucharistie Christi Rolle als Mann repräsentieren müssten. Kritiker:innen wie Elisabeth Schüssler Fiorenza oder Mary Daly sehen darin keine göttliche Vorgabe, sondern eine historisch gewachsene Machtstruktur, die Frauen bewusst von Leitungspositionen fernhält.

In evangelischen Kirchen gibt es zwar weibliche Pfarrerinnen und sogar Bischöfinnen, doch auch dort sind Frauen in den höchsten Leitungsämtern oft unterrepräsentiert. In konservativen evangelikalen oder orthodoxen Strömungen gelten zudem nach wie vor traditionelle Geschlechterrollen, die Frauen von bestimmten Funktionen ausschließen.

Die zentrale Thematik bleibt: Sollte das Selbstverwaltungsrecht der Kirchen über dem Gleichstellungsprinzip stehen? In der Gesellschaft wäre es heute undenkbar, dass eine große Institution Frauen systematisch von Führungspositionen ausschließt – in der Kirche wird es aber weiterhin mit theologischen Argumenten legitimiert. Die Debatte darüber, ob religiöse Institutionen sich langfristig dem gesellschaftlichen Wandel anpassen oder ihr Sonderrecht weiter verteidigen, wird mit zunehmendem Druck geführt, insbesondere durch feministische Theolog:innen und reformorientierte Bewegungen innerhalb der Kirchen selbst.

Folgende juristische Hebel gibt es, mit dem kirchlichen Ziel *"Female Empowerment"* ernst zu machen:

Klagen auf europäischer Ebene: Der Europäische Gerichtshof für Menschenrechte (EGMR) könnte ein möglicher Weg sein, denn dort wurde in der Vergangenheit bereits gegen Diskriminierungen durch Religionsgemeinschaften entschieden. Allerdings müsste eine solche Klage begründen, dass das Verbot für Frauen, Priester zu werden, nicht nur theologisch, sondern gesellschaftlich diskriminierend wirkt.

Innerkirchliche Reformbewegungen stärken: Langfristig wird sich die Gleichstellung in den Kirchen eher von innen heraus durchsetzen – durch Druck aus den Gemeinden, durch feministische Theologie und durch gesellschaftlichen Wandel.

Argumentation über den Gesetzgeber: Eine Klage beim Bundesverfassungsgericht hätte kaum Chancen, da das Selbstverwaltungsrecht der Kirchen im Grundgesetz stark verankert ist. Eine realistischere Strategie wäre es, über politische Initiativen oder eine öffentliche Debatte den Gesetzgeber bzw. das Bundesverfassungsericht zu bewegen, das Verhältnis zwischen Selbstverwaltungsrecht der Kirchen und Gleichstellungsprinzip neu zu gewichten. Etwa könnten und müssen heutzutage kirchensteuerfinanzierte Institutionen (z. B. katholische Schulen oder soziale Einrichtungen) stärker an staatliche Gleichstellungsnormen gebunden werden.

Denn: Kirchliche Schulen, Krankenhäuser und soziale Einrichtungen - wie auch die Kirchen selbst - erhalten in Deutschland erhebliche staatliche Finanzmittel, oft in Form von Kirchensteuern, weiteren Zuschüssen oder Förderungen. Sie übernehmen wichtige gesellschaftliche Aufgaben, stehen jedoch gleichzeitig unter dem Einfluss kirchlicher Arbeits- und Strukturvorgaben, die in manchen Bereichen gegen allgemeine Gleichstellungsnormen verstoßen. Dies führt zu einem Spannungsverhältnis zwischen dem Selbstverwaltungsrecht der Kirchen und den verfassungsrechtlichen Prinzipien von Gleichbehandlung und Antidiskriminierung.

1. Staatliche Finanzierung erfordert öffentliche Verantwortung

Viele kirchliche Einrichtungen, insbesondere in der Bildung und im Sozialwesen, werden also nicht nur durch Kirchensteuern, sondern zu einem großen Teil direkt aus öffentlichen Geldern finanziert. Dies bedeutet, dass sie de facto öffentliche Aufgaben übernehmen – beispielsweise Krankenversorgung oder Bildung. Wenn staatliche Mittel fließen, sollte auch die staatliche Gesetzgebung zur Gleichbehandlung und zum Diskriminierungsschutz uneingeschränkt gelten. Es wäre nicht nachvollziehbar, dass eine Einrichtung, die überwiegend mit Steuergeldern betrieben wird, Frauen systematisch von Leitungspositionen ausschließen oder LGBTQIA+-Personen den Zugang zu bestimmten Berufen verwehren kann.

2. Katholische Einrichtungen wie insbesondere die Kirche selbst prägen öffentliche Bildung und Wertevermittlung

Katholische Schulen bilden nicht nur Kinder aus kirchennahen Familien aus, sondern erhalten auch staatliche Anerkennung und genießen viele Privilegien, etwa bei der Genehmigung von Schulformen oder Lehrplänen. Sie haben dadurch einen bedeutenden Einfluss auf die Bildung und Wertevermittlung in der Gesellschaft. Auch die Priester übernehmen öffentliche Bildung und Wertevermittlung, die die Gesellschaft und den Staat prägt. Es wäre ein Widerspruch, wenn sie in einem demokratischen Staat Gleichberechtigung lehren, aber selbst diskriminierende Strukturen beibehalten dürfen.

3. Problematische Sonderrechte im kirchlichen Arbeitsrecht

Das sogenannte kirchliche Arbeitsrecht erlaubt es kirchlichen Arbeitgebern bislang, Mitarbeiter:innen nach religiösen Maßstäben auszuwählen und auch zu entlassen – selbst in Fällen, die nach allgemeinem Arbeitsrecht als klare Diskriminierung gelten würden. Beispielsweise:

- Ausschluss von Frauen aus bestimmten Führungspositionen, selbst in Berufen ohne direkte sakrale Funktion.
- Benachteiligung von LGBTQIA+-Personen, etwa wenn gleichgeschlechtliche Partnerschaften als Kündigungsgrund gewertet werden.

- Unterschiedliche Behandlung bei Schwangerschaft und Scheidung, etwa wenn wiederverheiratete Personen aus katholischen Schulen oder Krankenhäusern entlassen werden.

Ein solches Sonderrecht steht im Widerspruch zur allgemeinen Entwicklung der Gesellschaft und der gesetzlichen Antidiskriminierungsrichtlinien, die in anderen staatlich geförderten Betrieben bereits gelten.

4. Europarechtliche Vorgaben und gesellschaftlicher Wandel

In vielen anderen europäischen Ländern gibt es bereits klare Regeln, die sicherstellen, dass kirchliche Einrichtungen, sobald sie öffentliche Gelder erhalten, an allgemeine Gleichstellungsnormen gebunden sind. In Deutschland wird diese Debatte bislang gescheut, weil sich die Kirchen auf ihr verfassungsrechtlich geschütztes Selbstverwaltungsrecht berufen. Doch mit wachsendem gesellschaftlichen Druck, moderner Selbstverständlichkeit und zunehmenden Gerichtsurteilen – auch auf europäischer Ebene – könnte sich dies ändern.

Es ist ein Sonderstatus, der überdacht werden muss: Solange katholische Kirchen, Schulen und soziale Einrichtungen öffentliche Mittel beziehen, sollten sie sich nicht auf rein kirchliche Regeln berufen können, wenn es um Fragen der Gleichberechtigung und Antidiskriminierung insbesondere im Berufleben - auch das des Priesteramtes - geht. Es wäre konsequent, das kirchliche Arbeitsrecht hier zu reformieren.

Damit Frauen z. B. das Priesteramt in der katholischen Kirche bekleiden können, müsste eine Änderung im Kirchenrecht (*Codex Iuris Canonici, CIC*) erfolgen. Der relevante Paragraph ist *Canon 1024 CIC*, der derzeit im aktuellen Wortlaut wie folgt lautet:

- *"Die heilige Weihe empfängt gültig nur ein getaufter Mann."*

Diese Bestimmung macht die Weihe von Frauen unmöglich, da das Wort „Mann“ eine exklusive Geschlechtsvorgabe enthält.

Der geänderte Wortlaut für eine Gleichstellung der Frauen im Priesteramt sollte wie folgt lauten:

- *"Die heilige Weihe kann von jeder getauften Person empfangen werden, die von der Kirche dazu berufen ist."*

Diese Formulierung entfernt die geschlechtsspezifische Einschränkung und ermöglicht es der Kirche, Frauen ebenso wie Männer zur Weihe zuzulassen.

Weitere notwendige Änderungen im Kirchenrecht sind: Neben Canon 1024 müssten noch weitere Paragraphen überarbeitet werden, insbesondere:

- Canon 1026 („*Zur heiligen Weihe kann nur zugelassen werden, wer nach Maßgabe des Rechts frei ist.*") – Hier müsste ergänzt werden, dass Geschlecht kein Ausschlusskriterium ist.
- Canon 1028–1032 – Diese regeln die Weihevorbereitung und könnten spezifiziert werden, um sicherzustellen, dass Frauen gleiche Zugangsbedingungen haben.
- Canon 277 („*Kleriker sind zu vollkommener und immerwährender Enthaltsamkeit verpflichtet und darum zum Zölibat gehalten.*") – Falls die Weihe von Frauen zu einer Debatte über die Pflicht zum Zölibat führt, könnte hier eine Anpassung erforderlich sein.

Für die kirchenpolitische Umsetzung empfiehlt sich: Da das Kirchenrecht vom Papst und den zuständigen vatikanischen Gremien beschlossen wird, müsste entweder eine dogmatische Neuinterpretation erfolgen oder ein Konzil die Weiheordnung offiziell reformieren. Ein Dekret durch einen Papst könnte ein Zeichen setzen: Die Änderung von Canon 1024 wäre also der wichtigste Schritt zur Öffnung des Priesteramts für Frauen.

59 • *Wie unterscheiden sich die Sichtweisen auf Frauen in Christentum, Islam, Judentum, Hinduismus und Buddhismus?*

Die Sichtweisen auf Frauen im Christentum, Islam, Judentum, Hinduismus und Buddhismus sind historisch gewachsen und unterscheiden sich in ihrer theologischen Begründung, ihrer kulturellen Ausprägung und ihrem gesellschaftlichen Einfluss. Während einige

Religionen Frauen von Beginn an gewisse spirituelle oder soziale Rollen zugestanden, wurden sie in vielen Traditionen in untergeordnete Positionen gedrängt. In der Moderne gibt es in allen fünf Religionen Reformbewegungen, die sich für eine größere Gleichstellung von Frauen einsetzen, jedoch bestehen weiterhin Unterschiede in der Praxis und in den Möglichkeiten, religiöse Führungspositionen einzunehmen. Schauen wir uns dieses ergänzend im Detail an:

Im Christentum war die Rolle der Frau von Beginn an ambivalent. Jesus Christus zeigte eine ungewöhnliche Offenheit gegenüber Frauen, diskutierte mit ihnen auf Augenhöhe und ließ sie in seinem Umfeld wirken. Die frühen christlichen Gemeinden kannten Diakoninnen, Prophetinnen und Apostelinnen wie Junia, doch mit der Institutionalisierung der Kirche wurden Frauen zunehmend aus der geistlichen Leitung verdrängt. In der katholischen und orthodoxen Kirche dürfen Frauen bis heute keine Priesterinnen oder Bischöfinnen werden, während viele protestantische und anglikanische Kirchen die Frauenordination eingeführt haben. Feministische Theologinnen und Bewegungen wie „Maria 2.0“ fordern eine stärkere Gleichstellung von Frauen, insbesondere in der katholischen Kirche, wo sie nach wie vor vom Priesteramt ausgeschlossen sind.

Im Islam ist die Stellung der Frau sowohl theologisch als auch kulturell unterschiedlich interpretiert worden. Der Koran erkennt die spirituelle Gleichwertigkeit von Männern und Frauen an und nennt bedeutende weibliche Figuren wie Khadīdscha, die erste Frau des Propheten Mohammed, oder Aischa, die als Gelehrte und Überlieferin von Hadithen eine zentrale Rolle spielte. Dennoch entwickelten sich in vielen islamischen Gesellschaften patriarchale Strukturen, die Frauen in religiösen und gesellschaftlichen Führungsrollen einschränkten. Während konservative Auslegungen Frauen den Zugang zum Imamat verwehren, gibt es in fortschrittlichen muslimischen Gemeinschaften bereits weibliche Imaminnen, vor allem in Nordamerika, Europa und China. Organisationen wie Musawah oder Sisters in Islam setzen sich für geschlechtergerechte Auslegungen islamischer Texte und die Anerkennung weiblicher Führungspersonen im Islam ein.

Im Judentum war die Rolle der Frau lange Zeit durch halachische (religiöse) Vorschriften begrenzt. In der orthodoxen Tradition sind

Frauen von bestimmten religiösen Pflichten befreit, was aber auch ihren Ausschluss von zentralen Ritualen bedeutete, wie dem öffentlichen Gebet oder dem Vorlesen der Tora. Dennoch spielten Frauen eine wichtige Rolle in der Überlieferung und Erziehung, und in den prophetischen und rabbinischen Texten gibt es weibliche Vorbilder wie Deborah oder Mirjam. Im liberalen und reformierten Judentum sind Frauen seit dem 20. Jahrhundert als Rabbinerinnen tätig, während es im orthodoxen Judentum weiterhin Widerstand gegen weibliche Führung gibt. Bewegungen wie die Jewish Orthodox Feminist Alliance oder die Women of the Wall fordern gleiche religiöse Rechte für Frauen, etwa das Recht, an der Klagemauer mit Gebetsschal und Tora zu beten.

Im Hinduismus ist die Rolle der Frau stark von der jeweiligen Strömung und der gesellschaftlichen Praxis abhängig. Während hinduistische Mythen mächtige Göttinnen wie Durga, Lakshmi oder Saraswati verehren und Frauen als spirituelle Lehrerinnen anerkannt wurden, haben gesellschaftliche Strukturen Frauen oft in untergeordnete Positionen gedrängt. In bestimmten hinduistischen Traditionen durften Frauen lange Zeit keine religiösen Rituale leiten oder heilige Texte rezitieren. Gleichzeitig gibt es eine wachsende Zahl von weiblichen Gurus und Priesterinnen, insbesondere in reformorientierten Bewegungen. Frauen wie Anandamayi Ma, Mata Amritanandamayi oder Mirabai gelten als spirituelle Lehrerinnen mit großer Anhängerschaft. Moderne hinduistische Bewegungen setzen sich zunehmend für die Anerkennung weiblicher Priesterinnen und eine geschlechtergerechte Interpretation religiöser Texte ein.

Im Buddhismus war die Rolle der Frauen ambivalent. Während der Buddha die Ordination von Nonnen einführte und Frauen spirituelle Gleichwertigkeit zugestand, wurde der weibliche Ordenszweig in vielen Regionen unterdrückt oder abgeschafft. In vielen Theravāda- und tibetisch-buddhistischen Traditionen existiert bis heute keine vollständige Bhikkhuni-Ordination für Nonnen, während im Mahayana-Buddhismus weibliche Mönche anerkannt sind. In der Moderne gibt es wachsende Bewegungen für die Wiederherstellung der Nonnenordination, insbesondere in Thailand, Sri Lanka und Tibet. Frauen wie Jetsunma Tenzin Palmo oder Pema Chödrön sind heute international anerkannte buddhistische Lehrerinnen.

Die Sichtweisen auf Frauen in den fünf Weltreligionen sind also stark von historischen Entwicklungen, kulturellen Traditionen und theologischen Interpretationen geprägt. Während alle Religionen Ursprünge haben, in denen Frauen spirituelle Rollen spielten, wurden sie im Laufe der Geschichte oft aus der religiösen Führung verdrängt.

Heute gibt es in allen Glaubensrichtungen Reformbewegungen, die für eine geschlechtergerechte Theologie und gleiche Rechte für Frauen in religiösen Ämtern kämpfen. Dennoch bestehen nach wie vor Widerstände, insbesondere in konservativen Strömungen, die sich auf traditionelle Auslegungen heiliger Schriften berufen. Die Debatte über die Rolle der Frau in der Religion bleibt daher ein dynamischer Prozess, der von gesellschaftlichem Wandel, rechtlichem Standard, theologischer Reflexion und feministischen Bewegungen beeinflusst wird – und von den Forderungen der Frauen selbst.

b) Feministische Theologie und Geschlechtergerechtigkeit

60 • *Wie prägt die Kirche gesellschaftliche Machtstrukturen, und warum wird sie von feministischen Theologinnen als frauenfeindlich kritisiert?*

Mary Daly sieht die Kirche nicht nur als Institution mit frauenfeindlichen Tendenzen, sondern als ein System, das strukturell darauf ausgelegt ist, männliche Macht zu sichern und Frauen in eine untergeordnete Rolle zu drängen. Sie argumentiert, dass nicht nur einzelne Praktiken wie das Verbot des Priestertums für Frauen oder die Betonung weiblicher Unterordnung problematisch sind, sondern dass das gesamte theologische Fundament der Kirche auf patriarchalen Prinzipien beruht.

Daly kritisiert besonders die Vorstellung eines ausschließlich männlichen Gottesbildes, das Frauen symbolisch aus der göttlichen Ordnung ausschließt und ihre Rolle auf Gehorsam und Reinheit reduziert. Sie sieht darin eine theologische Rechtfertigung für gesellschaftliche Ungleichheit, die Frauen von Macht und spiritueller Autonomie fernhält. Ihrer Ansicht nach ist es nicht möglich, die Kirche von innen heraus zu reformieren, da ihre Struktur so tief mit patriarchalen Vorstellungen durchdrungen ist, dass jeder Versuch der Veränderung letztlich an den bestehenden Machtverhältnissen scheitert.

Deshalb entscheidet sich Daly konsequent dafür, die Kirche ganz zu verlassen und eine neue feministische Spiritualität jenseits religiöser Institutionen zu entwickeln. Sie fordert eine radikale Abkehr von allen patriarchalen Symbolen und Hierarchien, um eine echte Befreiung der Frau zu ermöglichen. In ihrem Denken geht es nicht um eine Reform der Kirche, sondern um eine komplette Neugestaltung von Spiritualität, - eine neue Organisation, in der Frauen nicht länger Teil eines männlich geprägten Systems sein müssen, das ihre Selbstbestimmung untergräbt. Und eine Organisation mit einem angepassten Gottesbild.

So kann ein Gottesbild aussehen, das nicht ausschließlich männlich ist, und folgende theologischen Möglichkeiten gibt es dafür: Ein nicht ausschließlich männliches Gottesbild muss sich von der traditionellen Vorstellung eines patriarchalen, männlich konnotierten „Gott-Vaters" lösen und stattdessen Gottes Wesen in vielfältigen, auch weiblichen und geschlechtsneutralen Metaphern ausdrücken. In der Bibel selbst gibt es bereits Ansätze dafür: Gott wird nicht nur als Vater, sondern auch in mütterlichen Bildern beschrieben, etwa in Jesaja 66,13 (*„Wie eine Mutter ihren Sohn tröstet, so tröste ich euch"*) oder in Hosea 11,3-4, wo Gott wie eine Mutter ihr Kind führt. Auch in der christlichen Mystik gibt es Vergleiche zwischen Gottes Liebe und weiblicher Fürsorge, etwa bei Hildegard von Bingen oder Julian von Norwich, die Jesus als *„mütterlich"* beschreiben.

Ein nicht ausschließlich männliches Gottesbild könnte sich auch an geschlechtsneutralen oder pluralen Begriffen orientieren. Statt „Herr" oder „Vater" könnte Gott als *„die Quelle des Lebens"*, *„das Heilige"*, *„der/die Ewige"* oder *schlicht als „Liebe"* bezeichnet werden. In feministischer Theologie wird häufig betont, dass Gottesbild und Sprache Machtstrukturen prägen – wenn Gott nur männlich gedacht wird, wird Männlichkeit mit Autorität und Weiblichkeit mit Unterordnung verbunden. Eine Alternative könnte daher eine Sprache sein, die verschiedene Aspekte Gottes berücksichtigt, zum Beispiel in einer Trinitätsformel wie *„Gott – Ursprung, Weisheit und Geist"* anstelle von *„Vater, Sohn und Heiliger Geist"*.

Auch in Kunst und Liturgie könnte ein vielfältiges Gottesbild sichtbar werden, etwa durch Darstellungen Gottes in weiblicher Form, durch Lieder und Gebete, die Gottes Fürsorge und Kreativität betonen, oder durch eine liturgische Sprache, die nicht nur männliche Begriffe verwendet. Eine solche Veränderung würde nicht bedeuten, das männliche Gottesbild abzulehnen, sondern es um weibliche und geschlechtsübergreifende Perspektiven zu erweitern, um die Tiefe und Vielschichtigkeit des Göttlichen gerecht widerzuspiegeln.

Wenn Gott nicht auf ein männliches und/oder weibliches oder diverses Geschlecht festgelegt ist, ist auch die Thematik zu erörtern, ob Gott dann auch divers, intersexuell oder trans nicht nur in seiner Geschlechtlichkeit, sondern auch in seiner Sexualität bzw. sexuellen

Orientierung sein kann: Theologisch betrachtet wäre das eine konsequente Erweiterung eines nicht-binären Gottesbildes. Wenn Gott nicht in menschlichen Kategorien von Geschlecht gefangen ist, sondern diese übersteigt, dann ist es ebenso denkbar, Gott in geschlechtlicher Vielfalt zu verstehen – als nicht ausschließlich männlich oder weiblich, sondern als ein Wesen, das alle Geschlechter umfasst oder über ihnen steht – und daran orientiert ist.

Schon in der Bibel gibt es Anklänge an ein *fluides Gottesbild*. In Genesis 1,27 heißt es: *„Gott schuf den Menschen nach seinem Bild, als Mann und Frau schuf er sie."* Dies könnte bedeuten, dass das göttliche Bild sowohl männliche als auch weibliche Anteile enthält oder dass Gott selbst nicht auf eine einzige Geschlechtskategorie begrenzt ist. Auch in der jüdischen und christlichen Tradition gibt es Texte, die Gottes Eigenschaften als geschlechtsübergreifend oder wandelbar beschreiben – mal als Vater, mal als Mutter, mal als Geist, der über den Wassern schwebt.

Wenn Gott jenseits menschlicher Kategorien existiert, dann wäre es nicht nur möglich, sondern sogar folgerichtig, Gott als divers zu denken – als ein Wesen, das die Vielfalt geschlechtlicher Identitäten widerspiegelt oder in sich vereint. In der feministischen und queeren Theologie wird dies oft als Befreiungsperspektive gesehen: Wenn Gott nicht nur männlich ist, dann sind auch die herkömmlichen Machtstrukturen, die Männlichkeit mit Autorität verbinden, nicht göttlich legitimiert. Ein Gottesbild, das auch intersexuelle oder trans *Dimensionen* zulässt, könnte eine tiefere Inklusion schaffen und zeigen, dass jede *geschlechtliche Identität* in der göttlichen Wirklichkeit Platz hat.

Daher könnte eine moderne, inklusive Theologie Gott nicht nur als Vater oder Mutter, sondern auch als *„das Wandelbare"*, *„das Vielfältige"* oder *„das Umfassende"* bezeichnen. Eine solche Perspektive würde nicht nur Menschen mit nicht-binärer oder trans Identität spirituell Raum geben, sondern auch das Verständnis von Gott als etwas erweitern, das über alle menschlichen Kategorisierungen hinausgeht.

Auf den ersten Blick mag die sich anschließende Thematik im Sinne von Gender und Sex sowie sexueller Orientierung ungewohnt erscheinen, wenn Gottes Geschlechtlichkeit in theologischen Debatten diskutiert wird, und ob sich dann auch die Thematik nach der sexuellen Orientierung Gottes stellt, weil Sexualität oft mit biologischen Wesen und Fortpflanzung verbunden wird – etwas, das auf Gott aber nicht zutrifft, wenn er nicht als fluide gesehen wird. Doch wenn Gott allein schon als Wesen gedacht wird, das in Beziehung tritt, dann könnte man sich fragen, ob diese göttliche Beziehung eine Form von Liebe oder Zuneigung hat, die mit menschlicher Sexualität verglichen werden kann?

In vielen religiösen Traditionen wird Gottes Beziehung zu den Menschen in metaphorischen Bildern von Liebe und Hingabe beschrieben. Die christliche Mystik – vgl. etwa bei Teresa von Ávila oder Johannes vom Kreuz – verwendet oft eine Sprache, die an leidenschaftliche Liebe erinnert. In der Bibel gibt es die Vorstellung Gottes als Bräutigam (z. B. Jesaja 62,5 oder das Hohelied), aber auch Gott als Mutter (Jesaja 66,13) oder als fürsorgliche Kraft, die sich keiner bestimmten Beziehungskonstellation unterordnet.

Eine weitergehende theologische Betrachtung könnte argumentieren, dass Gott in seiner Liebe nicht exklusiv ist, sondern inklusiv – nicht auf eine bestimmte Art von Liebe festgelegt, sondern in allen Formen von Zuneigung und Beziehung gegenwärtig. Wenn Gottes Wesen Liebe ist (1. Johannes 4,8), dann könnte man sagen, dass Gott in allen aufrichtigen Liebesbeziehungen wirkt, unabhängig bzw. unter Berücksichtigung jeglicher Weise von Geschlecht oder sexueller Orientierung.

Queere Theologie fragt dementsprechend, ob Gott als transzendentes Wesen nicht selbst queere Züge hat, weil er/sie/es die Grenzen überschreitet, die Menschen in Geschlecht und Sexualität ziehen. Ein Gott, der sich nicht auf eine Geschlechtsidentität festlegen lässt, könnte auch als Wesen verstanden werden, das nicht auf eine einzige Form der Liebe begrenzt oder orientiert ist. Letztlich bleibt die Frage nach Gottes sexueller Orientierung schwierig, weil Sexualität ein zutiefst menschliches Konzept ist. Wenn Theologie ernst nimmt, dass Gott in Beziehung tritt und Liebe sein zentrales Wesensmerkmal ist, dann darf man zumindest fragen, ob unsere menschlichen Konzepte von Liebe, Begehren, Sexualität und Beziehung nicht auch eine göttliche

Dimension haben – und ob Gottes Liebe dann nicht so weit reicht, dass sie alle menschlichen Kategorien sprengt.

Während die traditionelle Theologie oft heteronormative Annahmen als göttlich gegeben darstellt, schlägt auch Robert E. Goss als theologische Neuinterpretation vor, Gott als queere Realität zu denken – jenseits binärer Vorstellungen von Geschlecht und Sexualität bzw. sexueller Orientierung. In einer wirklich inklusiven Theologie wird Gott nicht mehr in Kategorien männlich/weiblich oder heterosexuell definiert, sondern als eine umfassende, schöpferische Kraft, die sich in allen Formen menschlicher Existenz widerspiegelt. Eine solche Theologie würde nicht nur queere Menschen einbeziehen, sondern auch die christliche Botschaft von Liebe, Gnade und Befreiung neu beleben.

Um das patriarchalische Machtgefüge aufzubrechen, entwirft Mary Daly ebenso eine neue Vorstellung von Göttlichkeit, die nicht auf Hierarchie, Kontrolle oder männlicher Dominanz beruht: Statt eines männlichen Gottes entwickelt sie ein dynamisches und prozesshaftes Gottesbild. In ihrem Werk *Beyond God the Father* beschreibt sie Gott nicht als statisches Wesen, sondern als „Becoming“ (Werden) – eine schöpferische Kraft, die nicht in festen Kategorien gefangen ist, sondern sich stetig entfaltet und in Bewegung bleibt. Diese Vorstellung von Göttlichkeit soll insbesondere Frauen dazu ermächtigen, sich aus den Fesseln des patriarchalen Denkens zu befreien und sich selbst als Teil eines schöpferischen Prozesses zu begreifen. Ein zentrales Konzept dabei ist ihre die Idee der „Göttin“ als Alternative zum männlich dominierten Gottesbild. Diese Göttin ist jedoch keine Person oder ein übergeordnetes Wesen, sondern steht für eine tiefere spirituelle Energie, die mit der Natur, dem weiblichen Körper und der Befreiung von Unterdrückung verbunden ist. Sie ist nicht allmächtig im traditionellen Sinne, sondern verkörpert Macht in Form von Kreativität, Veränderung und Widerstand gegen unterdrückerische Strukturen. Sie plädiert für eine polytheistische oder sogar post-theistische Spiritualität, in der Göttlichkeit nicht mehr als externe Autorität gedacht wird, sondern als innere, lebendige Kraft z. B. in jeder Frau, die aber insbesondere Frauen helfen soll, eine eigene spirituelle Identität zu entwickeln.

So lässt sich beispielsweise ein Gebet formulieren, das sich an eine polytheistische oder post-theistische Spiritualität richtet. Es ist offen gesprochen, ohne ein allmächtiges Einzelwesen anzusprechen, sondern gewidmet der Vielfalt des Göttlichen, dem Lebendigen, dem Wandel – so wie es in vielen spirituellen Traditionen gedacht wird:

Gebet an die Kräfte des Lebendigen

Du, der viele Namen trägt,
Göttin und Gott, Ahne und Ahnherrin,
Kraft des Waldes, Licht des Himmels,
Stimme in der Tiefe meines Herzens –
ich rufe dich nicht, um zu bitten,
sondern um zu erinnern:
dass ich Teil von dir bin,
und du in allem lebst, was ist.

In den Zyklen der Natur,
in Feuer, Wasser, Erde und Wind,
in Widerspruch und Wandlung,
in Geburt, Abschied und Neubeginn –
du bist da.
Nicht fern, sondern vielgestaltig,
nicht herrschend, sondern tragend,
nicht ewig gleich, sondern lebendig.

Möge mein Denken offen bleiben,
mein Handeln achtsam,
mein Sprechen wahrhaftig.
Möge ich lernen, zuzuhören:
den Stimmen der Ahnen,
dem Atem der Erde,
dem Schweigen zwischen den Worten.

Du Vielheit des Göttlichen,
du Geflecht aus Sinn und Staunen,
sei bei mir –
nicht über mir, sondern neben mir,
nicht außerhalb, sondern in allem, was lebt.

So sei es.

61 • Wie verbindet feministische Theologie die Kritik am Patriarchat mit sozialer Gerechtigkeit, und warum ist sie untrennbar mit der Befreiungstheologie verknüpft?

Ivone Gebara kombiniert feministische Theologie mit der Befreiungstheologie, indem sie aufzeigt, dass patriarchale Strukturen in der Kirche und soziale Ungleichheit in der Gesellschaft miteinander verwoben sind. Sie kritisiert, dass traditionelle Theologie nicht nur Frauen untergeordnet hält, sondern auch wirtschaftliche und soziale Unterdrückung legitimiert. Ihr Ansatz fordert daher eine Theologie der Befreiung, die Geschlechtergerechtigkeit und soziale Gerechtigkeit zusammen denkt.

Gebara argumentiert, dass das Patriarchat in der Kirche nicht isoliert betrachtet werden kann, sondern Teil eines umfassenderen Systems der Macht und Unterdrückung ist, das Frauen, Arme und andere marginalisierte Gruppen gleichermaßen benachteiligt. Die katholische Kirche sei nicht nur eine spirituelle Institution, sondern auch eine politische und gesellschaftliche Kraft, die durch ihre hierarchischen Strukturen Ungleichheit verstärke. Deshalb könne eine Theologie der Befreiung nicht nur wirtschaftliche Gerechtigkeit anstreben, sondern müsse auch das androzentrische Gottesbild, männlich dominierte Autorität und starre Sexualmoral hinterfragen.

Als Alternative entwickelt sie eine feministisch-ökologische Befreiungstheologie, die sich nicht nur mit menschlicher Gerechtigkeit, sondern auch mit der Ausbeutung der Natur beschäftigt. Sie betont, dass sowohl Frauen als auch die Umwelt oft als Besitz behandelt werden – eine Parallele zwischen patriarchaler Unterdrückung und ökologischer Zerstörung. Statt einer Theologie, die auf Dogmen und Hierarchien basiert, fordert sie eine spirituelle Praxis, die auf Gleichberechtigung, Gemeinschaft und einer respektvollen Beziehung zur Schöpfung aufbaut.

In diesem Sinne ist ihre Theologie nicht nur eine Kritik an der Kirche, sondern eine radikale Neuinterpretation von Glaube und Befreiung, die Frauen nicht länger in einer dienenden Rolle hält, sondern sie als aktive Gestalterinnen einer gerechten Gesellschaft anerkennt.

Ivone Gebara sieht Umweltethik zudem als zentralen Bestandteil einer feministischen Befreiungstheologie, weil sie argumentiert, dass die Unterdrückung von Frauen und die Zerstörung der Natur strukturell miteinander verknüpft sind. Sie thematisiert, dass traditionelle Theologie die Natur oft als vom Menschen zu beherrschendes Objekt betrachtet hat, ähnlich wie Frauen in patriarchalen Systemen als Besitz oder Dienende angesehen wurden. Diese Denkweise habe zur ökologischen Krise beigetragen, weil sie eine Trennung zwischen Gott, Mensch und Schöpfung schaffe, anstatt eine ganzheitliche, respektvolle Beziehung zur Welt zu fördern.

Als Alternative schlägt sie eine *ökofeministische Theologie* vor, die Gottes Wirken in Zusammenhängen, Beziehungen und Kreisläufen denkt. In ihrer Sichtweise ist Gott nicht nur transzendent, sondern im Leben, in der Erde, im Wasser, in den Pflanzen und in den Menschen erfahrbar. Sie fordert daher eine spirituelle Praxis, die Schöpfung nicht als Ressource, sondern als Mitwelt betrachtet, mit der Menschen in Einklang leben müssen.

Ihre Theologie verbindet soziale Gerechtigkeit und ökologische Verantwortung, weil sie argumentiert, dass Umweltzerstörung oft die Ärmsten und insbesondere Frauen am stärksten trifft. Deshalb sieht sie Befreiung nicht nur als eine menschliche Angelegenheit, sondern als einen Prozess, der auch die Erde einschließt. Eine theologisch begründete Umweltethik müsse deshalb die ökonomischen, politischen und spirituellen Ursachen der Umweltzerstörung hinterfragen und eine nachhaltige, geschlechtergerechte und solidarische Lebensweise fördern.

Gebara fordert damit eine Theologie, die aus der gelebten Erfahrung heraus entsteht und lehrt – eine Spiritualität, die nicht nur Menschen befreit, sondern auch die Wechselwirkungen zwischen Mensch, Natur und Gott in den Mittelpunkt stellt. Das Dreieck *„Mensch, Natur und Gott“* beschreibt eine wechselseitige, untrennbare Beziehung - ein Netzwerk aus gegenseitiger Abhängigkeit und Verantwortung. Es entsteht eine ganzheitliche Theologie:

Mensch und Natur: Menschen sind nicht getrennt von der Natur, sondern Teil der Schöpfung. Die Ausbeutung der Umwelt wird in dieser Perspektive als eine Form der Unterdrückung betrachtet, die nicht nur die Erde zerstört, sondern auch die ärmsten und marginalisierten Menschen trifft. Eine befreiende Spiritualität erkennt an, dass der Schutz der Natur auch eine Frage sozialer Gerechtigkeit ist.

Gott und Natur: Gott wird nicht als äußere, von der Welt losgelöste Instanz gedacht, sondern als immanent in der Schöpfung gegenwärtig. Statt eines patriarchalen Gottes, der über die Natur herrscht, betont diese Theologie die göttliche Präsenz in der Erde, im Wasser, in den Lebewesen und in den ökologischen Prozessen der Welt.

Mensch und Gott: Die Beziehung zwischen Mensch und Gott wird nicht mehr als einseitiges Abhängigkeitsverhältnis gesehen, sondern als eine dynamische, schöpferische Verbindung, in der Menschen aktiv an der Gestaltung der Welt mitwirken. In dieser Sichtweise bedeutet Glaube nicht nur Gehorsam gegenüber göttlichen Geboten, sondern eine ethische Verantwortung für das Leben, die Natur und soziale Gerechtigkeit.

Wenn Menschen aktiv an der Gestaltung der Welt mitwirken, stellt sich die Thematik, ob sie dadurch Teil der göttlichen Wirklichkeit werden – nicht als allmächtige Wesen, sondern als Mitwirkende an einem fortwährenden schöpferischen Prozess. Das lässt sich in drei Perspektiven betrachten.

Panentheistische Perspektive: Einige theologische Strömungen, darunter Panentheismus, argumentieren, dass Gott nicht außerhalb der Welt steht, sondern in der Welt und durch sie wirkt. In diesem Verständnis sind Menschen nicht Gott selbst, aber sie tragen göttliche Präsenz in sich, da Gott sich in allem Existierenden entfaltet. Ivone Gebara und andere feministische Theologinnen greifen diesen Gedanken auf, indem sie Gott nicht als Herrscher über die Welt denken, sondern als eine schöpferische Energie, die in allen Lebewesen und der Natur gegenwärtig ist.

Befreiungstheologische Perspektive: In der Befreiungstheologie wird Gott oft als in den Kämpfen der Menschen für Gerechtigkeit erfahrbar beschrieben. Wenn Menschen aktiv an der Gestaltung einer gerechteren Welt mitwirken, verwirklichen sie göttliche Werte wie Liebe, Mitgefühl und Solidarität. In diesem Sinn sind Menschen Teil des göttlichen Wirkens in der Welt, weil sie göttliche Prinzipien durch ihr Handeln sichtbar machen.

Christlich-mystische Perspektive: In der Mystik gibt es Ansätze, die Gott nicht als getrenntes Wesen, sondern als eine tiefere Realität in allem Lebendigen verstehen. Teresa von Ávila oder Meister Eckhart sprechen von einer tiefen Vereinigung der Seele mit Gott, in der der Mensch göttliche Gegenwart nicht nur erfährt, sondern in gewisser Weise an ihr teilhat.

In einer ganzheitlichen, prozesshaften Theologie sind Menschen also keine Götter im traditionellen Sinn, aber sie sind Teil der göttlichen Wirklichkeit, weil sie mit ihrem Handeln an der fortwährenden Schöpfung mitwirken. In diesem Denken ist Gott nicht ein fernes Wesen, das von oben regiert, sondern eine lebendige, dynamische Kraft, die in Menschen, Natur und Beziehungen gegenwärtig ist. Die Verantwortung des Menschen liegt daher nicht darin, Gott zu „gehorchen", sondern sich bewusst als Mitgestalter:innen einer heiligen, gerechten und nachhaltigen Welt zu verstehen.

---

d) Herausforderungen und aktueller Reformbedarf in den Kirchen

---

62 • *Wie hinterfragt feministische Theologie traditionelle Konzepte von Geschlechtergerechtigkeit und Ethik, und welche alternativen Ansätze bietet sie?*

Ina Praetorius thematisiert, dass traditionelle theologische Konzepte stark von patriarchalen Denkmustern geprägt sind, die Frauen systematisch ausschließen oder auf untergeordnete Rollen reduzieren. Sie argumentiert ebenso, dass Theologie und Ethik über Jahrhunderte hinweg aus männlicher Perspektive formuliert wurden, wodurch weibliche Erfahrungen, Denkweisen und Lebensrealitäten unsichtbar blieben oder als nebensächlich betrachtet wurden.

Ein zentraler und besonderer Punkt ihrer Ausarbeitung ist aber, dass viele ethische Systeme – insbesondere in der christlichen Tradition – auf einer *Trennung von Öffentlichkeit und Privatheit* basieren. In diesem Modell wird das Männliche mit Vernunft, Politik und Handlungsmacht assoziiert, während das Weibliche auf Fürsorge, Emotion und Häuslichkeit reduziert wird. Praetorius hinterfragt diese Dichotomie und fordert eine Ethik der Gleichwertigkeit, in der Care-Arbeit, Beziehungsorientierung und soziale Verantwortung nicht als weibliche Zusatzaufgaben, sondern als zentrale Prinzipien für eine gerechte Gesellschaft anerkannt werden.

Sie plädiert für eine Neudefinition von Wirtschaft, Ethik und Theologie, die nicht mehr auf männlichen Machtansprüchen und Konkurrenzdenken basiert, sondern Kooperation, Fürsorge und Inklusion als zentrale Werte anerkennt. Dabei lehnt sie es ab, Frauen bloß *„anzupassen"*, indem sie ihnen Zugang zu männlich definierten Machtpositionen gewährt – stattdessen müsse das System so verändert werden, dass es nicht mehr auf Ausschluss und Hierarchie, sondern auf Verbundenheit und gemeinsame Verantwortung beruht.

Praetorius entwirft eine Theologie, die den Alltag ernst nimmt, anstatt abstrakte Dogmen oder männlich dominierte Strukturen aufrechtzuerhalten. Sie hinterfragt auch traditionelle Gottesbilder, die Männlichkeit mit Transzendenz und Autorität verbinden, und plädiert für eine Vorstellung von Göttlichkeit, die Beziehungsfähigkeit, Fürsorge und Schöpfungsverantwortung in den Mittelpunkt stellt. Ihre feministische Perspektive öffnet somit einen neuen ethischen Horizont, in dem nicht nur Frauen gleichberechtigt sind, sondern menschliches Zusammenleben insgesamt auf Gerechtigkeit und Fürsorge basiert – sowohl in Kirche als auch in Gesellschaft.

Sie plädiert für eine *Theologie des Alltags*, die sich nicht nur mit abstrakten Glaubensfragen beschäftigt, sondern ethische Verantwortung im realen Leben ernst nimmt. Dies bedeutet auch, dass die Kirche ihre Haltung zu Care-Arbeit, ökonomischer Gerechtigkeit und gesellschaftlicher Teilhabe überdenkt – und alltägliche Fragen der Gläubigen beantwortet.

63 • *Welche strukturellen Probleme der katholischen Kirche stehen einer echten Gleichberechtigung von Frauen im Weg, und welche Reformen sind notwendig?*

Die katholische Kirche sei in ihrer Struktur zutiefst frauenfeindlich, da sie Frauen systematisch von Macht und Mitbestimmung ausschließe, so fasst es die erste weibliche Theologie-Professorin Uta Ranke-Heinemann zusammen. Während Frauen in fast allen gesellschaftlichen Bereichen gleiche Rechte erkämpft hätten, halte die Kirche bis heute an einem reinen Männerklerus fest und verweigere Frauen den Zugang zu den Weiheämtern. Dies sei nicht nur eine (rechtliche, gesellschaftliche und theologische) Diskriminierung, sondern auch eine theologische Fehl-Interpretation, die sich nicht aus der Botschaft Jesu ableiten lasse, sondern aus patriarchalen Traditionen, die über Jahrhunderte verfestigt wurden.

Um echte Gleichberechtigung zu erreichen, forderte sie grundlegende Reformen: Die Öffnung aller kirchlichen Ämter für Frauen, einschließlich des Priester- und Bischofsamts, eine Abschaffung der Vorstellung von männlicher Autorität als gottgegeben sowie eine Neubewertung der Sexualmoral, die Frauen bislang in überholte Rollenbilder zwinge.

Darüber hinaus müsse die Kirche ihre Theologie überdenken, die Frauen oft idealisiere, aber nicht als gleichberechtigte Akteur:innen anerkenne. Statt Maria als unerreichbares Ideal der Jungfräulichkeit und Unterordnung darzustellen, brauche es eine Theologie, die Frauen als eigenständige, selbstbestimmte Persönlichkeiten ernst nehme.

Solange diese strukturellen Barrieren bestehen, könne die Kirche nicht glaubwürdig von Gerechtigkeit und Liebe sprechen. Eine echte Reform müsse daher nicht nur kosmetische Änderungen bringen, sondern die Grundfesten der kirchlichen Machtstrukturen infrage stellen.

Maria als Idealfigur von Jungfräulichkeit und Unterordnung ist ein Bild, das über Jahrhunderte hinweg theologisch, kulturell und gesellschaftlich tradiert wurde – und dabei zu einem unerreichbaren Ideal geworden ist. Ihre Jungfräulichkeit wurde nicht nur biologisch verstanden, sondern auch moralisch überhöht: als Zeichen von Reinheit, Heiligkeit und vollkommener Hingabe an Gott. Damit wurde ein Frauenbild etabliert, das sexuelle Enthaltsamkeit zur Voraussetzung göttlicher Nähe erklärte – ein Bild, das real gelebte weibliche Körperlichkeit und Selbstbestimmung systematisch abwertet.

Gleichzeitig wird Maria als „demütige Magd" beschrieben, die Gottes Willen ohne Widerspruch annimmt – eine passive Figur, still, gehorsam, leidensbereit. Diese Darstellung hat nicht nur andere biblische Frauenfiguren mit Handlungsmacht in den Hintergrund gedrängt, sondern auch ein kirchliches Ideal geformt, in dem aktive, kritische und widerständige Frauen kaum vorkommen dürfen.

Hinzu kommt: Maria wird als makellos und sündenfrei dargestellt – ohne Zweifel, ohne Widerspruch, ohne eigenes Begehren. Das macht sie nicht menschlich nahbar, sondern entrückt, idealisiert, fast unberührbar. Wer könnte sich schon mit einer Frau identifizieren, die gleichzeitig Jungfrau und Mutter, gleichzeitig vollkommen unterwürfig und göttlich erhoben ist? Gerade diese Überhöhung macht sie zu einem Ideal, das nicht nur unerreichbar, sondern auch in seiner Wirkung unterdrückend ist – ein Bild, das Frauen auf Opferbereitschaft, Schweigen und Reinheit reduziert.

Doch es gibt auch alternative Mariendeutungen, die sie neu und befreiend interpretieren. In der befreiungstheologischen und feministischen Theologie wird Maria zunehmend nicht mehr als unterwürfige Heilige verstanden, sondern als starke, widerständige Frau. Sie ist eine junge Frau, die unter imperialer Unterdrückung lebt und dennoch dem göttlichen Ruf folgt – nicht blind, sondern mutig. Ihr „Magnificat" – der Lobgesang Mariens – ist in dieser Lesart kein süßliches Loblied, sondern ein radikaler gesellschaftspolitischer Aufruf: *„Er stürzt die Mächtigen vom Thron und erhöht die Niedrigen."* Maria wird hier zur Stimme der Entrechteten, zur Prophetin, zur Figur der Hoffnung inmitten patriarchaler Macht.

In dieser Perspektive ist Maria nicht das stille Ideal der Gehorsamkeit, sondern ein Bild weiblicher Würde, Stärke und spiritueller Selbstermächtigung. Eine solche Maria ist nicht unerreichbar – sie ist menschlich, solidarisch, und sie lädt ein zur Nachfolge, nicht zur Nachahmung.

64 • *Wie sieht ein Schulungsprogramm aus zu den Herausforderungen, die Frauen in religiösen Führungsrollen heute noch zu bewältigen haben?*

Ein Schulungsprogramm für Frauen in religiösen Führungsrollen sollte darauf abzielen, sie auf die vielfältigen Herausforderungen vorzubereiten, mit denen sie in ihren Gemeinden, Institutionen und gesellschaftlichen Kontexten konfrontiert werden. Das Programm soll nicht nur theologische und praktische Kenntnisse vermitteln, sondern auch persönliche Stärkung, Vernetzung und strategische Handlungskompetenzen fördern.

Das Schulungsprogramm *„Frauen in religiöser Führung: Stärkung, Strategie und Spiritualität"* erstreckt sich über mehrere Monate und kombiniert Seminare, Workshops, Mentoring und praxisnahe Trainings. Es richtet sich an Frauen, die bereits in religiösen Gemeinschaften aktiv sind oder eine Leitungsrolle anstreben.

Modul 1: Theologische und doktrinäre Grundlagen

Zu Beginn werden die religiösen und theologischen Grundlagen für die Führung von Frauen vermittelt. In interaktiven Seminaren setzen sich die Teilnehmerinnen mit biblischen, koranischen, rabbinischen oder anderen religiösen Texten auseinander, die die Rolle von Frauen in der Religion betreffen. Dabei werden auch feministische und queere Theologien einbezogen, um alternative Lesarten und geschlechtersensible Interpretationen zu erarbeiten.

Modul 2: Institutionelle und strukturelle Hürden überwinden

Ein wesentlicher Teil des Programms widmet sich den strukturellen Herausforderungen in religiösen Institutionen. In Workshops analysieren die Teilnehmerinnen, wie Machtstrukturen funktionieren, welche Hindernisse Frauen systematisch ausschließen und welche Strategien es gibt, um sich innerhalb bestehender Institutionen zu positionieren. Dabei werden auch erfolgreiche Fallbeispiele von Frauen in religiöser Führung vorgestellt.

Modul 3: Selbstbewusstsein und Führungsstärke entwickeln

Ein zentraler Fokus des Programms liegt auf der Stärkung der persönlichen und spirituellen Identität der Teilnehmerinnen. In Coaching-Sitzungen und Reflexionsgruppen setzen sich die Frauen mit ihren eigenen Glaubensüberzeugungen, ihrer Berufung und ihrer Rolle in der Gemeinschaft auseinander. Themen wie „Wie gehe ich mit Kritik um?“, „Wie finde ich meine Führungsstimme?“ und „Wie entwickle ich Resilienz in einem männerdominierten Umfeld?“ stehen im Mittelpunkt.

Modul 4: Kommunikation und Rhetorik für religiöse Führungspersonen

Um sich in theologischen Debatten und innerhalb der eigenen Glaubensgemeinschaft durchsetzen zu können, wird gezieltes Rhetorik- und Kommunikationstraining angeboten. Frauen lernen, Predigten zu halten, Debatten zu führen, überzeugend aufzutreten und theologische Argumente schlagkräftig zu formulieren. Rollenspiele und Feedbackrunden helfen, das Gelernte praktisch anzuwenden.

Modul 5: Netzwerke und Mentoring für Frauen in religiösen Führungspositionen

Ein starkes Netzwerk ist entscheidend für den Erfolg. Deshalb beinhaltet das Programm Mentoring durch erfahrene Frauen in religiösen Leitungspositionen. Die Teilnehmerinnen werden mit einer persönlichen Mentorin verbunden, die sie durch das Programm begleitet. Zudem gibt es regelmäßige Vernetzungstreffen mit anderen Frauen, die ähnliche Herausforderungen erleben, um Erfahrungen auszutauschen und sich gegenseitig zu unterstützen.

Modul 6: Umgang mit Widerstand und geschlechtsspezifischer Diskriminierung

Da Frauen in religiösen Führungsrollen oft mit sexistischen Vorurteilen, institutionellen Barrieren und sogar direkter Ablehnung konfrontiert werden, werden gezielt Strategien für den Umgang mit solchen Herausforderungen vermittelt. In Rollenspielen und Simulationen werden schwierige Situationen durchgespielt, darunter Konflikte mit männlichen Kollegen, Anfeindungen aus konservativen Kreisen oder strukturelle Benachteiligung in Entscheidungsgremien.

Modul 7: Rechtliche und finanzielle Aspekte religiöser Führung

Ein oft vernachlässigter, aber essenzieller Bereich ist das Wissen um rechtliche und finanzielle Strukturen in religiösen Institutionen. Frauen werden über ihre Rechte innerhalb ihrer Glaubensgemeinschaft aufgeklärt, erhalten Einblick in kirchenrechtliche Regelungen, Gehaltsverhandlungen, Gemeindeverwaltung und finanzielle Unabhängigkeit.

Modul 8: Öffentlichkeitsarbeit und Medienkompetenz

Frauen in religiösen Führungsrollen stehen zunehmend im öffentlichen Blickfeld und müssen mit Medien umgehen können. In diesem Modul wird trainiert, wie man mit der Presse spricht, Social Media strategisch nutzt und öffentliche Statements formuliert. Es werden zudem Strategien vermittelt, um negative Berichterstattung oder Angriffe in sozialen Medien zu bewältigen.

Modul 9: Spirituelle Praxis und persönliche Stärkung

Da spirituelle Frauen oft unter großem Druck stehen, ist es wichtig, Raum für Selbstfürsorge, Meditation und spirituelle Stärkung zu schaffen. In diesem Modul lernen die Teilnehmerinnen, wie sie ihre persönliche Glaubenspraxis vertiefen, mit Stress umgehen und innere Ruhe bewahren können, um langfristig in ihrer Rolle bestehen zu können.

Modul 10: Vorbereitung von Frauen auf das Amt einer Päpstin

Ein Modul in einem Seminar für Frauen in kirchlichen Leitungspositionen, das sie auf die Bewerbung um das Amt des Papstes vorbereitet, ist mehr als eine reine Seminarkonzeption – es wäre ein symbolischer wie konkreter Raum, in dem theologische Kompetenz, spirituelle Tiefe und strukturelle Machtreflexion zusammenkommen. Ziel dieses Seminar-Moduls wäre es, Frauen nicht nur auf eine kirchliche Spitzenposition vorzubereiten, die ihnen institutionell bislang verwehrt ist, sondern sie zu ermutigen, sich als Trägerinnen geistlicher Autorität und kirchlicher Zukunft aktiv zu verstehen.

Im Zentrum stünde zunächst eine theologische Grundlegung, die sich mit der Geschichte und Gegenwart des Petrusamtes auseinandersetzt – kritisch und konstruktiv. Welche theologischen Konzepte stehen hinter dem Amt? Wie hat sich das Papstverständnis im Lauf der Jahrhunderte verändert? Und vor allem: Ist das Papstamt tatsächlich auf einen männlichen Körper angewiesen? Hier würden feministische Theologien, kirchengeschichtliche Analysen und ekklesiologische Alternativen in den Dialog treten.

Ein zweiter Schwerpunkt des Moduls ist die spirituelle und persönliche Selbstvergewisserung. Eine zukünftige Päpstin muss nicht nur Theologie denken, sondern auch verkörpern können. Sie sollte die Fähigkeit besitzen, sich selbst geistlich zu führen, Konflikte auszuhalten, im Gebet zu stehen – und dabei nicht ihre Persönlichkeit zu verlieren. Sie muss mit Gegensätzen umgehen können: mit Nähe und Distanz, Macht und Verletzlichkeit, Tradition und Erneuerung.

Darüber hinaus braucht es kommunikative und politische Kompetenzen: eine Päpstin sollte globale Prozesse verstehen, interreligiöse Gesprächsfähigkeit besitzen, öffentlich sprechen und repräsentieren können, Medienstrategien kennen, mit Widerstand rechnen – und dennoch Haltung bewahren.

Organisationsentwicklung, Personalführung und geistliche Leitung sind weitere zentrale Felder: Wie gestaltet man Kirche nicht nur im Modus der Verwaltung, sondern als lebendigen Organismus? Welche liturgischen, seelsorglichen und strukturellen Weichen müssen neu gestellt werden, damit Leitung nicht Herrschaft bedeutet, sondern Raum für Teilhabe schafft?

Nicht zuletzt muss das Modul auch eine Simulation kirchlicher Machtstrukturen enthalten: Wie bewegt man sich im Kollegium von Kardinäl:innen, wie argumentiert man in Synoden, wie geht man mit reformfeindlichen Strömungen um? Und wie schützt man sich selbst in einem System, das über Jahrhunderte darauf ausgelegt war, Frauen systematisch kleinzuhalten?

Eine Päpstin muss nicht nur fromm, gebildet und stark sein – sie muss eine Vision von Kirche haben, die größer ist als das System, das sie leiten soll. Das Seminar würde ihr nicht vorschreiben, wie diese Vision aussieht, aber es würde ihr helfen, sie zu finden, zu vertreten – und daran festzuhalten. Auch gegen den Widerstand. Auch mit einem Lächeln. Auch im Namen einer Zukunft, die schon begonnen hat.

Modul 11: Entwicklung einer Mission, Vision und Strategie mit Zielen für eine zuführende Kirchen-Organisation der Gegenwart und Zukunft

Dieses Modul ist das strategische Herzstück des Seminars – es versammelt die zuvor erarbeiteten Kompetenzen, Perspektiven und inneren Haltungen und bündelt sie in einem Prozess, der aus theologischer Tiefe, spiritueller Klarheit und organisatorischem Denken eine zukunftsfähige Leitungsstrategie formt.

Die Teilnehmerinnen – allesamt Frauen in kirchlichen Leitungsfunktionen – werden in diesem Modul angeleitet, eine eigene Mission zu formulieren: eine klare Aussage darüber, wofür sie Kirche sein wollen. Hier geht es nicht um abstrakte Konzepte, sondern um die konkrete Frage: *Was ist der Daseinszweck der Kirche unter meiner Leitung? Für wen ist sie da? Was will sie bewirken – lokal, global, spirituell, sozial, prophetisch?* Eine Päpstin als künftige Leitfigur muss diesen Sinn glaubwürdig verkörpern können – als Verkörperung von Hoffnung, als Hüterin einer Vision, die nicht ausgrenzt, sondern befähigt.

Darauf aufbauend entwickeln die Teilnehmerinnen eine Vision – ein Bild der Kirche, wie sie in 2, 5 oder 10 Jahren aussehen könnte. Diese Vision ist kein frommer Wunschzettel, sondern ein orientierendes Zukunftsbild: eine Transformationserzählung, die Tradition ernst nimmt, aber die Zukunft nicht nur denkt, sondern gestaltet. In diesem Schritt werden Fragen nach Gerechtigkeit, Inklusion, ökologischer Verantwortung, Liturgie, Machtverteilung und neuen Ämterstrukturen mitgedacht - und in eine Vision bzw. ein Leitbild – jede deutsche Schule hat sowas auf der Homepage - gegossen, die nicht verwaltet, sondern inspiriert.

Im dritten Schritt erarbeiten die Teilnehmerinnen eine Strategie, die beschreibt, wie diese Vision Wirklichkeit werden kann. Dazu gehören:

- konkrete Ziele, die messbar und überprüfbar sind,

- Handlungsfelder wie Bildung, Kommunikation, Gemeindestrukturen, interreligiöser Dialog,
- sowie Ressourcenanalysen, Kooperationspotenziale und Widerstandsfaktoren.

Besonderer Wert wird auf die Fähigkeit gelegt, eine Strategie zu entwickeln, die spirituell verankert, aber weltlich umsetzbar ist – das heißt: Sie muss anschlussfähig sein an Menschen, Systeme und Wirklichkeiten jenseits der Kirchenmauern.

Im Zentrum steht dabei nicht nur das *Was* und *Warum*, sondern auch das *Wie* – *„What How Why"*: Wie führe ich eine Organisation, deren Kernauftrag geistlich ist – aber deren Strukturen menschlich, oft widersprüchlich, mitunter reformresistent sind? Wie bleibe ich klar in der Vision und zugleich dialogfähig in der Umsetzung? Wie halte ich die Spannung zwischen radikaler Hoffnung und konkretem Machbaren aus?

Modul 11 macht aus der Päpstin nicht nur eine Theologin mit Führungsqualitäten, sondern eine Visionärin mit Gestaltungswillen. Es stärkt ihr strategisches Denken, ohne den inneren Kompass zu verlieren – und es verbindet göttliches Vertrauen mit menschlicher Planungskraft. Denn eine Kirche der Zukunft entsteht nicht nur aus Gebet und Geduld, sondern auch aus Mut zur Gestaltung. Dieses Modul gibt ihr das Werkzeug dafür.

Modul 12: Abschlussprojekt und Zertifikat

Am Ende des Programms entwickeln die Teilnehmerinnen ein individuelles Abschlussprojekt, in dem sie das Gelernte in ihrer eigenen Gemeinde oder religiösen Institution anwenden. Sie erhalten ein Zertifikat, das sie als qualifizierte Führungspersönlichkeiten ausweist und ihre Chancen auf offizielle Anerkennung in religiösen Strukturen erhöht.

Dieses Schulungsprogramm *„Frauen in religiöser Führung: Stärkung, Strategie und Spiritualität"* bietet eine ganzheitliche Ausbildung für Frauen, die in religiösen Institutionen Verantwortung übernehmen wollen. Es vermittelt theologische, kommunikative, organisatorische und persönliche Kompetenzen, um sich in männerdominierten

Strukturen zu behaupten und die Gleichberechtigung in Glaubensgemeinschaften aktiv voranzutreiben. Mit einem starken Fokus auf Vernetzung, Mentoring und praktischen Lösungsansätzen hilft es Frauen, sich nachhaltig als spirituelle und gesellschaftliche Führungspersönlichkeiten zu etablieren.

Mehrere - interreligiöse und internationale - Institutionen könnten ein solches Schulungsprogramm für Frauen in religiösen Führungsrollen anbieten, da es theologische, praktische und gesellschaftliche Aspekte umfasst. Dazu gehören theologische Hochschulen, interreligiöse Organisationen, feministische Netzwerke, religiöse Reformbewegungen und internationale NGOs, die sich für Geschlechtergerechtigkeit in Religionen einsetzen. Hier sind einige konkrete Institutionen und Organisationen, die potenziell solche Programme anbieten könnten:

1. Theologische Hochschulen und Universitäten

Akademische Einrichtungen mit einem Fokus auf feministischer, interreligiöser und geschlechtergerechter Theologie könnten dieses Programm in ihre Curricula aufnehmen oder als Weiterbildungsangebot entwickeln.

- **Harvard Divinity School (USA):** Bietet bereits Kurse zu feministischer und queerer Theologie an und könnte ein spezialisiertes Programm für Frauen in religiöser Führung aufbauen.
- **Union Theological Seminary (New York, USA):** Hat eine lange Tradition in sozialer Gerechtigkeitstheologie und könnte als Plattform für solche Schulungen dienen.
- **Katholisch-Theologische Fakultäten** an Universitäten (z. B. Universität Wien, Universität Tübingen, Universität Freiburg): Könnten ein solches Programm im Rahmen von Studiengängen für Pastoraltheologie oder feministische Theologie anbieten.
- **Islamic and Middle Eastern Studies** (Universität Edinburgh, SOAS London): Könnten dieses Programm für muslimische Theologinnen und Aktivistinnen ausrichten.
- **Leo Baeck College (London, UK):** Ein Ausbildungszentrum für Rabbiner:innen, das sich für geschlechtergerechte Theologie im Judentum einsetzt.

2. Interreligiöse und ökumenische Organisationen

Ein solches Schulungsprogramm könnte von Organisationen angeboten werden, die bereits im interreligiösen Dialog tätig sind und sich für Frauenrechte innerhalb religiöser Strukturen einsetzen.

- **World Council of Churches** (Ökumenischer Rat der Kirchen): Engagiert sich weltweit für Gendergerechtigkeit in Kirchen und könnte das Programm für protestantische und orthodoxe Kirchen entwickeln.
- **Religions for Peace:** Diese internationale Organisation verbindet Vertreter:innen verschiedener Glaubensrichtungen und könnte das Schulungsprogramm als interreligiöses Trainingsangebot etablieren.
- **Interfaith Center of New York:** Fördert Programme zu sozialer Gerechtigkeit und könnte ein Leadership-Programm für Frauen in religiösen Führungsrollen initiieren.
- **Friedensinstitut der Bahá'í-Gemeinschaft:** Die Bahá'í-Religion setzt sich stark für Geschlechtergleichheit ein und könnte dieses Programm in ihren Ausbildungsstrukturen verankern.

3. Feministische und fortschrittliche religiöse Bewegungen

Viele feministische Bewegungen innerhalb der Religionen setzen sich aktiv für Frauenordination, Gleichberechtigung und die Reform patriarchaler Strukturen ein und könnten das Schulungsprogramm als Teil ihrer Arbeit anbieten.

- **Women's Ordination Conference** (Katholische Frauenordination, USA): Könnte ein spezielles Programm für katholische Frauen entwickeln, die sich für Gleichberechtigung in der Kirche einsetzen.
- Maria 2.0 (Deutschland): Eine kirchliche Protestbewegung, die Frauenrechte in der katholischen Kirche fordert, könnte das Programm als praxisorientierte Schulung für Aktivistinnen anbieten.
- **Jewish Orthodox Feminist Alliance** (JOFA, USA): Setzt sich für die religiöse Gleichstellung von Frauen im orthodoxen Judentum ein und könnte das Programm in jüdischen Kontexten durchführen.
- **Musawah** (Malaysia, Global): Eine muslimische Frauenrechtsbewegung, die sich für Gendergerechtigkeit im Islam einsetzt, könnte das Programm für weibliche Gelehrte und Aktivistinnen entwickeln.
- **Sisters in Islam** (Malaysia): Eine fortschrittliche muslimische Frauenorganisation, die für geschlechtergerechte Koran-Interpretationen eintritt.

4. Kirchen, Synagogen und Moscheen mit Reformansätzen

Bestimmte Gemeinden und Glaubensgemeinschaften könnten das Schulungsprogramm als internes Weiterbildungsangebot für Frauen mit Leitungsambitionen nutzen.

- **Evangelische Kirchen** (z. B. EKD, Church of England, Presbyterian Church USA): Viele protestantische Kirchen haben bereits Frauen in Führungspositionen, könnten aber gezielt Programme zur weiteren Stärkung von Theologinnen und Pastorinnen anbieten.
- **Liberale jüdische Gemeinden:** Reform- und konservative jüdische Bewegungen ordinierten bereits Frauen als Rabbinerinnen, könnten aber strukturierte Schulungen für Frauen in religiösen Ämtern etablieren.
- **Fortschrittliche Moscheen** (z. B. Ibn Rushd-Goethe-Moschee in Berlin): Solche Moscheen könnten das Programm als Führungstraining für Frauen in der islamischen Theologie nutzen.

5. Internationale NGOs und Menschenrechtsorganisationen

Ein solches Schulungsprogramm könnte auch von globalen Organisationen, die sich für Frauenrechte und interreligiösen Dialog einsetzen, finanziert oder koordiniert werden.

- **UN Women** (Vereinte Nationen): Könnte das Programm in Zusammenarbeit mit religiösen Akteuren fördern, um Frauenrechte innerhalb religiöser Institutionen zu stärken.
- **Carter Center** (USA): Engagiert sich für Menschenrechte und könnte das Programm in Zusammenarbeit mit religiösen Netzwerken entwickeln.
- **Amnesty International:** Hat bereits Programme zur Förderung von Frauenrechten in religiösen Kontexten und könnte dieses Programm in betroffenen Regionen einführen.

6. Private Stiftungen und Bildungseinrichtungen

Es gibt zahlreiche private Stiftungen, die sich für Gendergerechtigkeit, religiöse Reformbewegungen und theologische Bildung einsetzen. Diese könnten das Schulungsprogramm finanzieren oder unterstützen.

- **Templeton Foundation:** Fördert Forschung und Bildung zu Spiritualität und könnte ein solches Programm für Frauen in religiösen Führungsrollen finanzieren.
- **Ford Foundation:** Unterstützt Gendergerechtigkeit und Menschenrechte und könnte Frauen in religiösen Führungspositionen gezielt fördern.
- **Heinrich-Böll-Stiftung** (Deutschland): Hat bereits Programme zur Förderung von Frauen in Religionen und könnte das Programm im globalen Kontext weiterentwickeln.

- **Konrad-Adenauer-Stiftung** (Deutschland): Fördert interreligiösen Dialog und könnte das Programm für Frauen in religiöser Führung anbieten.

Ein Schulungsprogramm für Frauen in religiösen Führungsrollen könnte also von einer Vielzahl von Institutionen angeboten werden, darunter theologische Hochschulen, interreligiöse Organisationen, feministische Netzwerke, reformorientierte Glaubensgemeinschaften, Menschenrechtsorganisationen und private Stiftungen. Die Umsetzung wäre besonders effektiv, wenn es in Kooperation zwischen universitären Einrichtungen, religiösen Reformbewegungen und NGOs entwickelt wird, um sowohl akademische als auch praxisorientierte Inhalte zu verbinden. Eine solche Zusammenarbeit könnte dazu beitragen, dass Frauen weltweit besseren Zugang zu religiösen Leitungspositionen erhalten und sich langfristig gegen strukturelle Barrieren behaupten können – mit dem Ziel, zeitnah in der Katholischen Kirche eine weitere Päpstin im Amt zu begrüßen.

65 • *Welche Forderungen stellt die Initiative „Maria 2.0“ zur Rolle der Frauen in der Kirche, und warum sind diese Veränderungen dringend?*

Die Initiative „Maria 2.0“ fordert eine umfassende Gleichberechtigung von Frauen in der katholischen Kirche, insbesondere den Zugang zu allen Weiheämtern. Sie kritisiert, dass Frauen weiterhin von zentralen kirchlichen Ämtern ausgeschlossen sind, obwohl sie einen Großteil der kirchlichen Basisarbeit leisten. Die Weigerung der Kirche, Frauen zum Diakonat oder Priestertum zuzulassen, sei nicht theologisch begründbar, sondern Ausdruck eines patriarchalen Machtanspruchs, der mit der Botschaft Jesu nicht vereinbar sei. Das wissen wir.

Aber: Die Dringlichkeit dieser Veränderungen begründet „Maria 2.0“ mit mehreren Faktoren. Zum einen untergräbt die Diskriminierung von Frauen die Glaubwürdigkeit der Kirche, die sich einerseits für Gerechtigkeit einsetzt, andererseits aber innerhalb der eigenen Strukturen Ungleichheit aufrechterhält. Zum anderen verschärft sich der Priestermangel weltweit, während die Kirche qualifizierte Frauen weiterhin von der Seelsorge und Verkündigung ausschließt. Die

Initiative sieht darin eine selbstverschuldete Krise, die die Kirche langfristig schwächen wird.

Neben der Weihe von Frauen fordert *„Maria 2.0“* daher auch eine zeitnahe umfassende Reform der Kirchenstruktur, in der Macht nicht allein in den Händen des Klerus liegt, sondern partizipativer und demokratischer gestaltet wird. Zudem fordert sie eine konsequente Aufarbeitung von Missbrauchsskandalen und eine Neuausrichtung der Kirche, die sich nicht auf den Erhalt von Machtstrukturen konzentriert, sondern auf eine glaubwürdige und gerechte Gemeinschaft der Gläubigen.

Mit der Gründung ihrer Organisation ist sie angetreten, jetzt und zeitnah entsprechende Beschlüsse herbeizuführen.

Kapitel 6:
Queer Jesus: Vom Suchen, Finden und Interpretieren seiner sexuellen Identität

Die Frage nach der Sexualität Jesu ist lange Zeit kaum thematisiert worden – sei es aus theologischen, kirchenpolitischen oder gesellschaftlichen Gründen. Doch in den letzten Jahrzehnten haben fortschrittliche Theolog:innen und Historiker:innen begonnen, Jesu mögliche queere Identität zu erforschen. Ist die Sexualität Jesu für den christlichen Glauben überhaupt relevant? Für viele Gläubige scheint die Antwort darauf ein klares Nein zu sein: Jesu Botschaft stehe über jeder sexuellen Orientierung. Und andere argumentieren, dass die Kirche selbst über Jahrhunderte hinweg eine heteronormative Vorstellung Jesu konstruiert hat – eine Vorstellung, die neu hinterfragt werden muss.

Ein zentrales Argument ist, dass Jesu engste Beziehungen möglicherweise nicht heteronormativ waren. Die enge Bindung zu seinem „Lieblingsjünger" Johannes oder der rätselhafte „nackte Jüngling" in Markus 14,51-52 werden von einigen Theologen als Indizien für eine queere Dimension seiner Identität interpretiert. Diese Hypothesen sind umstritten, doch sie werfen eine wesentliche Frage auf: Warum wird eine nicht-heteronormative Deutung Jesu in kirchlichen Kreisen oft als bedrohlich empfunden? Welche Ängste stehen hinter der kirchlichen Ablehnung einer homosexuellen Identität Jesu?

Die Debatte reicht dabei über rein theologische Fragestellungen hinaus. Historiker wie Klaus Dede im deutschen und europäischen Raum haben versucht, anhand von Quellen eine queere Lesart Jesu zu begründen. Welche historischen Belege oder Indizien könnten tatsächlich auf eine homosexuelle Orientierung Jesu hinweisen? Und wenn dies der Fall wäre, hätte es seine Autorität bei seinen Anhängern geschmälert oder vielmehr seine Botschaft der Inklusion und Liebe gestärkt?

Auch philosophisch-theologische Konzepte zur Geschlechtlichkeit Christi spielen eine Rolle. Inwiefern haben sich historische Theologen mit der Frage befasst, ob Jesus sich in traditionelle Geschlechterkategorien einordnen lässt? Die Diskussion über seine Identität hat zudem immer wieder mit der Sexualität anderer kirchlicher Figuren zu tun – beispielsweise der möglichen Homosexualität von Papst Julius III. oder gar Paulus.

Damit bleibt die Frage, ob eine queere Interpretation Jesu theologisch verantwortbar bzw. nachhaltig wirksam ist, auf der Agenda. Könnte eine solche Lesart das Christentum für viele Menschen attraktiver machen, insbesondere für queere Gläubige, die sich oft von kirchlichen Institutionen ausgeschlossen fühlen? Oder ist die Ablehnung einer queeren Jesus-Interpretation vielmehr Ausdruck einer tieferliegenden Angst vor der eigenen Transformation? Das Nachdenken über diese Fragen eröffnet neue Perspektiven darauf, wie Jesus als historische und spirituelle Figur verstanden werden kann – und wie seine Botschaft von Liebe, Akzeptanz und Gemeinschaft in der Gegenwart neu interpretiert werden sollte.

a) Grundlegendes zur Sexualität Jesu und deren Relevanz

66 • *Ist die Sexualität Jesu für den christlichen Glauben überhaupt relevant?*

Die Sexualität Jesu ist für den christlichen Glauben grundsätzlich nicht relevant. Im Mittelpunkt des christlichen Glaubens steht Jesus als der Sohn Gottes, sein Erlösungswerk, sein Tod am Kreuz und seine Auferstehung. Seine Botschaft und sein Wirken konzentrierten sich auf das Reich Gottes, Nächstenliebe und die Erlösung der Menschheit.

In der Theologie gibt es verschiedene Sichtweisen auf die menschliche Natur Jesu (Christologie). Die klassische christliche Lehre betont, dass Jesus wahrer Gott und wahrer Mensch war (*„Hypostatische Union“*), aber sein Menschsein wird meist so gedacht, sodass eine Diskussion über seine Sexualität spekulativ bleibt.

Praktisch hat die Frage historisch und kulturell Diskussionen ausgelöst, etwa in Bezug auf zölibatäres Leben oder Geschlechterrollen in der Kirche. Das zentrale Anliegen des Christentums sind seine Botschaften über das Reich Gottes, Nächstenliebe, Vergebung und Erlösung. Jesu Worte und Handlungen haben das Christentum geformt und beeinflussen bis heute Ethik, Theologie und gesellschaftliche Werte.

Die Evangelien betonen seine Lehren, Wunder und sein Opfer, auch wenn es Spekulationen über seine Sexualität gibt.

Die Überlegung, ob der „geliebte Jünger“ Jesu in Wirklichkeit der vermutete weibliche Apostel, also eine Frau, gewesen sein könnte, stellt eine tiefgreifende Denkaufgabe für das bisherige kirchliche Selbstverständnis dar – nicht nur in Bezug auf die Rolle der Frauen, sondern auch hinsichtlich der theologischen Deutung von Nähe, Liebe, Apostolat und Macht. Jesus würde auch in die Option eines heterosexuellen mannes gebracht werden können.

Im Johannesevangelium begegnet uns die Figur des *„Jüngers, den Jesus liebte“* als besondere Gestalt, die bei der Fußwaschung anwesend ist, beim letzten Abendmahl an Jesu Brust liegt, unter dem Kreuz ausharrt und als erste mit Petrus am leeren Grab eintrifft. Diese Figur wird in der kirchlichen Tradition gewöhnlich mit dem Apostel Johannes identifiziert – doch das ist keineswegs eindeutig belegt. Der Text selbst nennt keinen Namen.

Moderne exegetische und queertheologische Lesarten stellen daher die Frage, ob es sich beim *„geliebten Jünger"* nicht auch um eine Frau innerhalb der Aposteln gehandelt haben könnte – oder auch etwa um Maria von Magdala. Gerade sie wird im Johannesevangelium als erste Zeugin der Auferstehung beschrieben, mit einer Nähe zu Jesus, die außergewöhnlich ist. In apokryphen Schriften wie dem Philippusevangelium oder dem Evangelium der Maria wird Maria Magdalena nicht nur als Begleiterin, sondern als vertraute Gesprächspartnerin Jesu dargestellt – als „Apostelin der Apostel", die gesehen und gesendet wird.

Würde die Kirche eine solche Lesart anerkennen – also, dass Jesus eine weibliche Lieblingsjüngerin hatte, damit ggf. sogar heterosexuelle orientiert und nicht queer orientiert wäre, vielleicht sogar in einer emotional oder spirituell besonders innigen Beziehung –, hätte das erhebliche Änderungen. Denn es würde das traditionelle Bild des männlichen Apostelkollegiums relativieren, auf das sich bis heute die Argumentation gegen die Weihe von Frauen stützt. Eine Frau im innersten Kreis Jesu, womöglich sogar in der Rolle des Lieblingsjüngers, stellt das Machtgefälle infrage, das bislang zwischen sakramentalem Amt und weiblicher Berufung aufrechterhalten wurde.

Darüber hinaus würde sich auch das Bild Jesu selbst verändern. Nicht als der entrückte, zölibatäre Gottessohn, der keinerlei zwischenmenschliche Bindung zeigt, sondern als ein ggf. heterosexueller oder eben doch auch queerer Mensch mit Beziehungen, Nähe, Vorlieben – mit Bindungen, die nicht geschlechtslos, sondern zutiefst menschlich sind: zu einer Frau. Ob man daraus eine heterosexuelle Identität Jesu im modernen Sinn ableiten kann, wäre letztlich zweitrangig. Auch queere Menschen haben enge Beziehungen und Vertrauen zu Frauen. Entscheidender ist die Erkenntnis, dass Jesus sich nicht über Abgrenzung definiert hat, sondern über Zuwendung und Beziehung – unabhängig von Geschlecht und sexueller Orientierung.

Ein solches Verständnis würde auch die Sexualmoral der Kirche verändern, die bis heute auf Enthaltsamkeit, Hierarchie und Geschlechterdualismus basiert. Die Idee eines Jesus, der sich einer Frau in besonderer Weise zuwendet, der ihr Autorität und Sendung zuspricht, würde die Grundlage für ein inklusiveres Amtsverständnis legen – eines, das nicht auf männlicher Exklusivität, sondern auf gelebter Nachfolge beruht.

Die Kirche befände sich in einem Dilemma: Entweder man erkennt an, dass der geliebte Jünger eine Frau hätte sein können – eine weibliche Apostelin, der Jesus in besonderer Nähe verbunden war. In diesem Fall wäre Jesus als heterosexueller oder auch queerer Mensch denkbar, der sich gerne in der Nähe einer Frau aufhielt. Damit fiele jedoch die zentrale Argumentationslinie weg, mit der bis heute die Weihe von Frauen ausgeschlossen wird: nämlich, dass Jesus nur Männer zu Aposteln berufen habe. Wird diese Annahme durch eine weibliche Lieblingsjüngerin zur Belegung seiner möglichen Heterosexualität widerlegt, wäre der Ausschluss von Frauen vom Papstamt theologisch nicht länger haltbar.

Oder aber die Kirche hält daran fest, dass der geliebte Jünger ein Mann war – und muss sich dann der Möglichkeit stellen, dass Jesus einem Mann in besonderer emotionaler Nähe verbunden war. Diese Deutung würde die Vorstellung stützen, dass Jesus als queere Person verstanden werden kann – eine Vorstellung, die in der gegenwärtigen theologischen Struktur der Kirche weitgehend tabuisiert ist, aber durch die Nähe zu einem männlichen Jünger neue Plausibilität erhält.

In beiden Fällen ist das kirchliche Lehrgebäude zu reflektieren – entweder durch die Anerkennung weiblicher Leitungsautorität oder durch die Öffnung gegenüber nicht-heteronormativen Lebensformen. Die eigentliche Perspektive ist dabei nicht, was historisch war, sondern wie viel theologische Bewegung die Kirche heute reflektieren – und wie viel und welche Wahrheit sie aushält, wenn diese ihre Machtlogik berührt – katalysiert durch diese Gedanken zu einem queeren Jesus und seiner sexuellen Orientierung.

Doch gerade weil eine solche Einsicht und Reflexion so beschleunigend wäre, ist sie in der offiziellen Kirche bislang nicht willkommen. Die wahrscheinlichste Reaktion wäre ein diplomatisches Ausweichen: Man würde die Möglichkeit symbolisch anerkennen, sie exegetisch relativieren oder als mystische Metapher deuten – ohne die systemischen Konsequenzen zuzulassen. Die Kirche würde sich vermutlich nicht auf einen so frauenfreundlichen Wandel einlassen, weil er zu viele bestehende Machtstrukturen der Männer in Homophobie infrage stellt: die Männerbünde im Klerus, die exklusive sakramentale Weitergabe der Weihe, die Vorstellung von der geschlechtlichen Repräsentation Christi.

Und doch liegt in dieser Thematik eine enorme visionäre Kraft – und eine Hoffnung. Wenn die Kirche den Mut hat, die Möglichkeit einer weiblichen Lieblingsjüngerin Jesu nicht als Bedrohung, sondern als Befreiung zu sehen, dann könnte sie sich selbst aus einem Machtverständnis erlösen, das viele heute als spirituell leer und theologisch nicht mehr haltbar empfinden. Denn dann würde gelten: Nähe zu Jesus, Berufung zur Leitung, Sendung in die Welt – all das ist nicht gebunden an das Geschlecht, sondern an den Ruf Gottes, der weht, wo er will.

Und wenn die Kirche den Mut hat, die Möglichkeit eines homosexuellen, queerenJsus nicht als Interpretation, sondern als möliche Wahrheit oder zumindest Option zu sehen und zu reflektieren, dann könnte sie beginnen, auch die Vielfalt menschlicher Liebe, Identität und Körperlichkeit als geistlich bedeutungsvoll anzuerkennen. Dann würde nicht länger eine normierte Sexualität als Maßstab für Heiligkeit gelten, sondern die gelebte Beziehung, die auf Nähe, Vertrauen und Freiheit gründet. Eine solche Öffnung würde nicht die Christusgestalt differenzieren, sondern sie menschlicher, erfahrbarer und solidarischer machen – besonders für jene, die bisher am Rand stehen mussten.

Ein Jesus, der in queerer Liebe spricht, und/oder in weiblicher Nähe lebt und sich wohl fühlt, ggf. in Widersprüchen atmet, wäre kein Verlust für den Glauben – sondern eine Wiederentdeckung seiner tief wirksamen, befreienden Liebe und Gegenwart. Nicht die Anpassung an Normen macht ihn glaubwürdig, sondern die Fähigkeit, sich inmitten von Ambivalenz und Vielfalt als heilsame integrative Kraft zu zeigen.

Dass dieser Ruf zur Thematisierung und Wiederentdeckung auch Frauen und weibliche Queers einschließt, ist längst offensichtlich: Es bleibt ein Thema der Gegenwart, dass die Kirche Queerness inklusiv anerkennt. Und es ist zugleich eine Einladung zu theologischer Selbstsicherheit: am Beispiel von Jesus über eine Wahrheit oder Interpretation zu seiner Sexualität und sexuellen Orientierung bzw. über seine möglichen Gefühlen eines Hingezogenseins nachzudenken - als Teil eines offenen, ehrlichen Dialogs über Menschsein, Beziehung und göttliche Nähe.

67 • Wie beeinflusst die sexuelle Orientierung Jesu die Botschaft und Inhalte sowie Gültigkeit seiner Lehren?

Moderne Projektionen oder Interpretationen der sexuellen Orientierung Jesu sind oft das Ergebnis kultureller, ideologischer oder gesellschaftlicher Entwicklungen. Sie beruhen weniger auf historischen Beweisen als auf bestimmten Anliegen, Wertvorstellungen oder Perspektiven. Hier sind einige Beispiele:

Liberale theologische Interpretationen (z. B. queere Theologie)

Einige Theolog:innen aus LGBTQIA+-freundlichen Bewegungen interpretieren Jesu Nähe zu seinen Jüngern oder bestimmte neutestamentliche Texte als Hinweis auf eine mögliche homosexuelle oder queere Identität.

Der *"geliebte Jünger"* (Johannes 13,23), auf dessen Brust Jesus beim letzten Abendmahl liegt, wird wie gesehen manchmal als Ausdruck einer besonderen Beziehung interpretiert.

Die Erzählung vom römischen Hauptmann und seinem kranken Diener (Matthäus 8,5-13; Lukas 7,1-10) wird gelegentlich weiterhin als mögliche homosexuelle Partnerschaft gedeutet, da das griechische Wort *pais* sowohl *"Diener"* als auch *"junger Geliebter"* bedeuten kann.

Konservative Reaktionen und Gegeninterpretationen

Evangelikale oder fundamentalistische Strömungen sehen in solchen Deutungen oft eine bewusste Verzerrung der christlichen Tradition, die aus modernen sozialen Debatten resultiert.

Sie betonen, dass Jesus in der Bibel keinerlei Hinweise auf eine romantische oder sexuelle Beziehung gibt und dass solche Spekulationen eine theologische Agenda verfolgen.

Feministische Theologie und Jesus als androgynes Vorbild

Manche feministische Theolog:innen argumentieren, dass Jesus in seiner Darstellung von Sanftmut, Fürsorge und Liebe traditionelle Geschlechterrollen durchbricht. Dies führt zur Vorstellung eines „queeren" Jesus, der nicht in die binären Kategorien von Männlichkeit oder Heteronormativität passt.

Säkular-humanistische oder popkulturelle Darstellungen

In Kunst, Literatur oder Filmen wird Jesus manchmal als queer, homosexuell oder androgyn dargestellt, oft nur als Provokation oder gesellschaftskritische Reflexion. Beispiele sind Terrence McNallys Theaterstück *Corpus Christi*, das Jesus und seine Jünger als queere Männer zeigt, oder der Film von Pier Paolo Pasolini Il Vangelo secondo Matteo sowie populärkulturelle Diskussionen, die in LGBTQIA+-freundlichen Kreisen geführt werden.

Psychoanalytische und soziologische Interpretationen

Einige Deutungen aus der psychoanalytischen Tradition (z. B. Sigmund Freud oder später Michel Foucault) sehen in der Zölibatserwartung an Jesus eine Form von sublimer oder unterdrückter Sexualität, was Raum für unterschiedliche Spekulationen lässt:

In der modernen Queer-Theorie wird Jesus manchmal als Figur gesehen, die gesellschaftliche Normen infrage stellt, auch in Bezug auf Geschlecht und Sexualität.

Abbildung 12: Porträt von Jesus, inspiriert von Pasolinis Filmstil und mit einer queeren Interpretation.

Diese modernen Interpretationen sind meist Ausdruck gesellschaftlicher Debatten und weniger historisch belegbar. Sie spiegeln oft das Bedürfnis wider, Jesus als Identifikationsfigur für bestimmte soziale oder kulturelle Anliegen zu nutzen. Dies zeigt nur, dass Jesus in verschiedenen Kontexten immer wieder neu interpretiert wird – sei es als revolutionärer Kämpfer für soziale Gerechtigkeit, als spiritueller Lehrer oder als Symbol für gesellschaftliche Emanzipation. Und damit können Gläubige auch einen queeren Jesus reflektieren.

68 • *Wie kann die Frage nach Jesu sexueller Orientierung relevant bezogen werden für und auf seine Botschaft?*

Die Frage nach Jesu sexueller Orientierung ist vor allem dann relevant, wenn sie hilft, seine Botschaft besser zu verstehen oder neue Perspektiven auf sie zu eröffnen. Dabei geht es weniger um eine spekulative Neugier, sondern um eine theologische Reflexion über die Bedeutung von Sexualität, Identität und Inklusion in seinem Wirken. Unabhängig von seiner persönlichen Sexualität war Jesus konsequent in der Zuwendung zu Menschen, die am Rand der Gesellschaft standen – seien es Sünder, Zöllner oder gesellschaftlich Ausgestoßene. Seine Haltung war nicht normativ-exkludierend, sondern radikal und nachhaltig inklusiv. Wenn Jesus aktiv Ausgrenzung überwand, kann seine Botschaft als Einladung gesehen werden, auch heutige gesellschaftliche Normen kritisch zu hinterfragen, insbesondere in Bezug auf Geschlecht und Sexualität. Es gibt fast keine biblischen Hinweise auf eine romantische oder sexuelle Beziehung Jesu. Manche Interpretationen diskutieren wie bekannt seine enge Beziehung zu Johannes, aber daraus eine bestimmte sexuelle Orientierung abzuleiten oder zu verweigern, wäre spekulativ. Dass Jesus selbst keine Familie gründete oder sich an eine heteronormative Geschlechterrolle band, könnte als Zeichen dafür gewertet werden, dass er Sexualität (mit Frauen) nicht als zentrale Voraussetzung für ein erfülltes Leben betrachtete. Daraus ergibt sich eine theologische Grundlage für eine differenzierte Sichtweise auf Sexualität im Christentum. Wenn Jesu Botschaft vor allem auf Liebe, Respekt und Verantwortung basiert, dann könnte sich daraus eine Sexualethik ableiten, die nicht auf rigiden Normen basiert, sondern auf gelebter Nächstenliebe. Statt Sexualität anhand traditioneller Verbote zu bewerten, könnte sie aus einer Perspektive der verantwortlichen, liebevollen Beziehung betrachtet werden. Obwohl Jesu persönliche sexuelle Orientierung unbekannt bleibt, zeigt sein Verhalten, dass er Menschen unabhängig von gesellschaftlichen Normen wertschätzte. In einer modernen Debatte über Sexualität könnte seine Botschaft daher als Plädoyer für eine Haltung der Liebe und Akzeptanz verstanden werden – unabhängig von individuellen Orientierungen oder Identitäten.

b) Historische und theologische Perspektiven

69 • Ist es möglich, dass Jesu engste Beziehungen nicht heteronormativ waren?

Heteronormativität bezeichnet die gesellschaftliche Annahme, dass Heterosexualität die „normale“ und vorherrschende sexuelle Orientierung sei. Sie geht oft mit der Vorstellung einher, dass es zwei klar getrennte Geschlechter gibt, die sich in einer traditionellen, monogamen Beziehung zueinander ergänzen. Alles, was davon abweicht – sei es Homosexualität, Bisexualität oder nicht-binäre Geschlechtsidentitäten –, wird in heteronormativen Gesellschaften häufig übersehen, marginalisiert oder sogar abgelehnt.

Die die nun so gewendete Frage, ob Jesu engste Beziehungen heteronormativ waren, lässt sich nur bedingt beantworten, da die biblischen Quellen diesbezüglich keine expliziten Aussagen treffen. Es gibt jedoch die genannten Aspekte, die Raum für Interpretationen lassen: So wird in den Evangelien über seine „enge Beziehung“ berichtet. Diese Formulierung findet sich insbesondere im Johannesevangelium (z. B. Joh 13,23), wo der geliebte Jünger beim letzten Abendmahl sogar „an der Brust Jesu“ liegt – eine Form der körperlichen Nähe, die in modernen westlichen Kulturen oft romantisch gedeutet wird, historisch aber auch Ausdruck enger Freundschaft sein konnte.

Auch die innige Verbindung zwischen Jesus und seinen Anhängern wie Maria Magdalena oder Lazarus wirft Fragen auf. Die Bibel beschreibt beispielsweise, dass Jesus Lazarus liebte (Joh 11,3.5), eine Wortwahl, die im antiken Kontext sowohl für enge Freundschaft als auch für tiefere emotionale oder spirituelle Bindungen stehen kann. Dass Jesus unverheiratet blieb, obwohl dies in seiner kulturellen Umgebung ungewöhnlich war, gibt ebenfalls Anlass zu Spekulationen über sein Verhältnis zu gängigen Geschlechternormen.

Bei einer Interpretation, die Jesus aus heutiger Sicht als nicht-heteronormativ einstuft, gilt zu beachten: Die antike jüdisch-römische

Welt hatte andere Vorstellungen von Geschlecht und Sexualität als die moderne Gesellschaft, und Begriffe wie Homosexualität oder Queerness existierten wie in der heutigen Form noch nicht. Sicher ist, dass Jesus enge, nicht-familiale Beziehungen pflegte, die über das hinausgingen, was in einer streng heteronormativen Gesellschaft als typisch angesehen würde. Ob diese Beziehungen aber nicht-heteronormativ oder doch heteronormativ im heutigen Sinn waren, bleibt wohl für immer offen.

70 • Welche historischen Quellen könnten auf eine homosexuelle Orientierung Jesu hinweisen?

Es gibt einige historische und theologische Quellen, die als Indizien für eine homosexuelle Orientierung Jesu herangezogen wurden. Diese Argumente basieren oft auf textkritischen Analysen, historischen Kontexten und alternativen Interpretationen biblischer und außerbiblischer Texte.

Historische Quellen und Hinweise

Einige Theologen und Historiker haben argumentiert, dass bestimmte kulturelle und gesellschaftliche Kontexte der Antike eine offenere Haltung zu gleichgeschlechtlichen Beziehungen hatten, insbesondere im griechisch-römischen Kulturkreis. Jesus wirkte in einem Umfeld, das von der hellenistischen Kultur geprägt war, in der homoerotische Beziehungen eine anerkannte Form sozialer und emotionaler Bindungen waren.

Ein besonders oft genanntes Indiz ist die wiederkehrende Erwähnung: Die Nähe zwischen Jesus und einem Jünger, der „an Jesu Brust lag" (Johannes 13:23-25), wird von manchen Forscher:innen als möglicher Hinweis auf eine tiefere emotionale oder körperliche Beziehung interpretiert.

Ein weiterer möglicher Hinweis ist die Erzählung vom römischen Hauptmann und seinem *„pais"* (Matthäus 8:5-13). Das griechische Wort *„pais"* kann sowohl „Diener" als auch „Geliebter" bedeuten. In der griechisch-römischen Welt war es nicht unüblich, dass ein „pais" eine intime Beziehung zu seinem Patron hatte. Jesus heilt diesen „pais" ohne jegliche moralische Verurteilung, was manche als Indiz für eine tolerante Haltung Jesu gegenüber gleichgeschlechtlicher Liebe sehen.

Zudem verweist Klaus Dede auf Übersetzungsfehler in der Bibel, insbesondere auf Luthers bewusste Fehlinterpretation bestimmter Passagen, um eine mögliche homosexuelle Konnotation zu verschleiern.

Autoren, die dieses Thema diskutieren

Mehrere Autoren haben sich mit der Möglichkeit einer homosexuellen oder queeren Identität Jesu befasst. Dazu gehören:

- Wayne Meek (1974: Image of the Androgyne)
- Gaius Marius Victorinus (Adversus Arium)
- Judith Butler (1991: Unbehagen der Geschlechter)
- Robert Goss (1993: Jesus Acted Up, 2002: Queering Christ)
- Marcella Althaus-Reid (2003: The Queer God)
- Halvor Moxnes (2003: Putting Jesus in his Place)
- Theodore Jennings (2003: The Man Jesus Loved).

Diese Werke untersuchen die Frage nach Jesu Sexualität aus verschiedenen Perspektiven, von historisch-kritischer Forschung bis hin zur modernen Queer-Theologie.

Während es keine direkten Beweise für eine homosexuelle Orientierung Jesu gibt, existieren also historische und theologische Argumente, die eine solche Interpretation stützen könnten. Insbesondere biblische Texte, die Nähe zu seinen Jüngern und das Fehlen einer heteronormativen Lebensweise werden von einigen Theologen als Hinweise interpretiert. Die Diskussion bleibt jedoch umstritten und wird oft von kirchlichen Institutionen ungern eingegangen.

Die Vorstellung, Jesus könnte homosexuelle Neigungen gehabt haben, haben ab dem 20. Jahrhundert somit mehrere, z. B. oben genannte Autor:innen geteilt, die eine „Queer-Theorie“ auf Jesus anwenden und seine Sexualität oder Geschlechtsidentität entsprechend deuten.

Mehere Flugblätter und Zeitschriften-Autor:innen stellten schon in den 1970er-Jahren offen die Frage: *„War Jesus schwul?“* Titel wie *Was Jesus Gay?* spekulierten, dass Jesus möglicherweise homosexuelle Beziehungen gepflegt haben könnte.

Bereits mittelalterliche Autoren wie Aelred von Rievaulx beschrieben das Verhältnis Jesu zu seinem *„Lieblingsjünger“* metaphorisch als eine Art geistliche Ehe. So knüpfte man an solche Andeutungen an und argumentierte, dass die außergewöhnliche Formulierung der Jünger-Liebe auf eine homoerotische Beziehung hindeuten könnte.

Zudem wurde die rätselhafte Episode eines unbekleideten jungen Mannes im Markusevangelium (Mk 14,51–52) herangezogen – sowie die 1960er-Entdeckung des sogenannten „Geheimen Markusevangeliums“ durch Morton Smith. In diesem apokryphen Fragment lehrt Jesus einen Jüngling „nachts, nackt unter einem Linnenhemd“, die „Geheimnisse des Reiches Gottes“.

Einige Interpreten deuteten dies als sexuelle Initiation, was die These eines homoerotischen Jesus stützen sollte. Allerdings ist die Authentizität dieses Textes umstritten: Viele Fachleute halten das Geheime Markus-Evangelium für eine moderne Auslegung.

Trotzdem trugen diese Thematisierungen dazu bei, ein Tabu zu brechen: In der Folge wurde Jesu möglicher Umgang mit Sexualität – ob hetero oder homo – zunehmend diskutiert. Insbesondere in der Populärkultur flackerte diese Debatte immer wieder auf. So erschien 1990 in der Zeitschrift *The Advocate* erneut ein Artikel mit dem Titel *„Was Jesus gay?“* (von Malcolm Boyd), der argumentierte, die Kirche habe durch Verneinung von Jesu Sexualität einen unheiligen Graben zwischen Körper und Seele geschaffen. Solche populären Beiträge fanden ein breites Echo.

Der Bibelwissenschaftler Wayne A. Meeks verfolgte einen weiteren Ansatz: Er untersuchte nicht konkret eine sexuelle Orientierung Jesu, sondern die symbolische Androgynie in frühchristlichen Texten. In seinem einflussreichen Aufsatz *The Image of the Androgyne: Some Uses of a Symbol in Earliest Christianity* (1974) zeigte Meeks, dass Jesus Christus in diversen frühchristlichen Quellen als androgyne Gestalt beschrieben wird.

So griffen manche theologische Strömungen den antiken Mythos vom ursprünglich doppelgeschlechtlichen Urmenschen (Plato, rabbinische Auslegung von Gen 1,27) auf und sahen Christus als *„male-female“ Wesen*, das Männliches und Weibliches in sich vereint.

Meeks verweist z. B. auf den Paulusbrief Galater 3,28 („*hier ist nicht mehr männlich noch weiblich*"), den einige frühe Christen so verstanden, dass in Christus die Geschlechterdifferenz aufgehoben ist.

Auch die Bildkunst des 4. Jahrhunderts spiegelt dieses Androgyn-Konzept: Jesus wurde in der Ikonographie oft mit langem, weich fließendem Haar und ohne Bart dargestellt – teils sogar mit angedeuteten Brüsten. Diese „*weiblichen*" Züge galten als Zeichen seiner transzendenten Natur, die sich nicht auf ein Geschlecht festlegen lässt. Meeks' These lautet also, dass frühe Christen Christus als vollkommenen neuen Adam sahen, der beide Geschlechterpole umfasst – nicht im Sinne gelebter Homosexualität, sondern als spirituelles Symbol der Ganzheit.

Meeks' Forschung wurde in der *Religionsgeschichtlichen Schule* sehr ernst genommen und gilt bis heute als Standardreferenz für das Androgynie-Symbol im Urchristentum. Historiker und Theologen akzeptieren weitgehend, dass solche Vorstellungen in gnostischen und mystischen Texten existierten.

Allerdings betonen viele, dass dies primär metaphorisch zu verstehen ist – nicht als Hinweis, Jesus habe reale sexuelle Dualität oder Beziehungen gelebt. Die Kirchenväter standen der Idee eines zweigeschlechtlichen Adam oder Christus überwiegend kritisch gegenüber. So betonte bereits Augustinus, Adam sei keinesfalls als Hermaphrodit geschaffen worden. Gaius Marius Victorinus (s.u.) wurde mit seiner Auslegung von Gen 1,27 zur Ausnahme. Spätere Theologen beschränkten das „*Bild Gottes*" im Menschen auf die Seele, nicht den Körper, und verworfen damit implizit eine körperliche Androgynität Christi. In der modernen Queer-Theologie werden Meeks' Erkenntnisse jedoch positiv rezipiert: Sie liefern einen historischen Anknüpfungspunkt dafür, dass Jesus geschlechterüberschreitend gedacht werden kann – ein Konzept, das heutige Theologen nutzen, um starre Geschlechternormen in der Christologie zu hinterfragen.

Gaius Marius Victorinus war ein frühchristlicher Theologe (4. Jahrhundert), dessen Werk *Adversus Arium* bemerkenswerte Aussagen zur Geschlechtlichkeit Gottes enthält. In dieser Streitschrift gegen den Arianismus interpretiert Victorinus den Schöpfungsbericht so, dass

Gott den Urmenschen *„masculofeminam“ (männlich-weiblich)* geschaffen habe.

Er zitiert eine offenbar abweichende lateinische Textüberlieferung von Gen 1,27 („Er schuf ihn männlich-weiblich“), um zu folgern: *„...der Logos selbst ist sowohl männlich als auch weiblich“*. Mit anderen Worten: Für Victorinus spiegelt der androgyn geschaffene Adam die Ganzheit des göttlichen Logos (Christus) wider, der in sich sowohl das Männliche wie das Weibliche vereint. Diese Aussage – *Christus als bisexuelles Wort Gottes* – war für die damalige Theologie außergewöhnlich. Victorinus deutete sie allerdings mystisch: Vor der Erschaffung Evas sei Adam in seinem Leib noch *„beide in einem“* gewesen; analog umfasse der präexistente Logos alle Möglichkeiten des Menschseins. Es ging ihm um die Würde des Körpers als Abbild Gottes, das nicht nur die Seele, sondern auch das Geschlecht mit einschließt.

Historiker wie Serge Cazelais (2007) hoben die Bedeutung dieses Zeugnisses hervor: Es belege, dass im frühen Christentum durchaus kontrovers über eine *gleichzeitige Männlichkeit und Weiblichkeit* in Gott und Christus nachgedacht wurde.

In der aktuellen theologischen Diskussion dient Victorinus manchmal als historischer Kronzeuge dafür, dass die strikte Zweiteilung in männlich/weiblich theologisch nicht zwingend ist. Queer-Theologen berufen sich gern auf ihn, um zu zeigen, dass die Idee eines „queeren“ (geschlechterverschmelzenden) Christus sogar patristische Vorläufer hat.

Die Philosophin Judith Butler hat mit *Gender Trouble* (dt. *Das Unbehagen der Geschlechter*, 1991) keine theologische Schrift über Jesus verfasst, aber Grundlagen der Queer-Theorie geliefert, die auch die Jesus-Forschung beeinflusst haben. Butler argumentiert, dass *Geschlecht (Gender) keine natürliche, feststehende Identität* ist, sondern durch soziale Handlungen immer wieder neu performativ hergestellt wird.

Kulturelle Machtstrukturen bestimmen, welche Geschlechtsidentitäten *„intelligibel“* – d.h. zusammenhängend und anerkannt – sind, indem sie anatomisches Geschlecht, soziale Rollen, sexuelle Praxis und Begehren aufeinander ausrichten.

Diese *„heterosexuelle Matrix“* erzeugt die Illusion, es gäbe nur zwei konsistente Geschlechter (Mann/Frau) und entsprechende „normale“ Begehren.

Butler zeigt, dass diese Kategorien *instabil* sind und subversiv unterlaufen werden können. Berühmt ist ihre These, dass Gender letztlich eine Art *Drag-Performance* ist – also ein *„Akt“* ohne ursprüngliches Wesen, der durch Parodie und Wiederholung verändert werden kann.

In Butlers Schlusskapitel fordert sie *„parodistische Praktiken“*, um die vorherrschenden Körper- und Geschlechtskategorien zu stören und damit zu entmachten.

Butlers Ideen haben in den Geisteswissenschaften enormen Einfluss und wurden von feministischen und queer-orientierten Theologen rezipiert. Insbesondere Queer-Theolog:innen übertragen ihre Konzept auf religiöse Diskurse: Sie hinterfragen die *binäre Darstellung* biblischer Figuren und eröffnen Raum für alternative Identitäten. So stellte etwa Halvor Moxnes (s.u.) die Frage: *„Gerät Jesus in ‘Gender Trouble’?“*, in Anspielung auf Butler. Er übernahm die Idee, dass Geschlechternormen zeitgebunden sind, und untersuchte, wie Jesus traditionelle Männlichkeitsideale durchbrach. Butler lieferte damit das theoretische Rüstzeug, um Jesus nicht nur als heteronormativen, asketischen Mann zu sehen, sondern offen zu fragen, ob sein Verhalten und Selbstverständnis nicht *queer* (die Geschlechterordnung reflektierend) war. Auf der anderen Seite gibt es in theologischen Kreisen auch Widerstand gegen Butlers Ansatz. Konservative Stimmen lehnen eine Dekonstruktion der biblischen Geschlechterbilder ab. Dennoch hat Butlers Performativitäts-Konzept das Gespräch über Sexualität und Geschlecht in Kirche und Theologie nachhaltig verändert – weg von starren Wesenszuschreibungen, hin zu der Frage, wie religiöse Identitäten *gemacht* und gelebt werden.

Robert (Bob) Goss ist ein amerikanischer Theologe und ein Pionier der expliziten Queer-Christologie. In *Jesus Acted Up: A Gay and Lesbian Manifesto* (1993) und dem Folgeband *Queering Christ: Beyond Jesus*

Acted Up (2002) entwirft Goss das Bild eines *„queeren Christus"*, der sich mit den Ausgegrenzten solidarisiert und gesellschaftliche Normen sprengt. Goss, selbst offen schwul und langjähriger Aktivist, vergleicht Jesu Wirken mit dem Slogan der Schwulenbewegung „Act Up" – Jesus *provozierte* die religiösen Autoritäten, brach Tabus und stellte soziale Regeln auf den Kopf, ähnlich wie die Queer-Aktivisten der Gegenwart.

Ein zentrales Element seiner These ist, dass Jesus auch in seinen persönlichen Beziehungen Normen überschritt. Goss interpretiert das Verhältnis Jesu zu dem „Lieblingsjünger" (Johannes) dezidiert als *homoerotisch*. Er argumentiert, antike griechische Leser:innen hätten die Beziehung zwischen Jesus (als älterem Lehrer) und Johannes (als jüngerem Schüler) *sofort als Liebesbeziehung erkannt*.

Tatsächlich gab es in der griechisch-römischen Kultur das Ideal der besonderen Liebe zwischen Mentor und Jugendlichem (*Erastes* und *Eromenos*). Goss sieht Parallelen dazu im Johannesevangelium: Johannes lehnt sich beim Abendmahl an Jesu Brust (Joh 13,23), Jesus vertraut ihm am Kreuz seine Mutter an (Joh 19,26) – Zeichen einer innig vertrauten Verbindung. Darüber hinaus zieht Goss weitere Bibelstellen queer heran: Beispielsweise wird der geliebte Diener des römischen Hauptmanns (Mt 8,5–13) von manchen als dessen homosexueller Partner gedeutet – Jesus heilt ihn vorbehaltlos, was Goss als Affirmation von gleichgeschlechtlicher Liebe liest. Auch Jesu Wort über die „Eunuchen, die sich selbst entmannt haben um des Himmelreiches willen" (Mt 19,12) interpretiert er als Lob des queeren Verzichts auf heteronormative Ehe und Familie.

In der LGBTQIA+-Christen-Community wurden seine Bücher als Manifest begrüßt, weil sie Jesus für schwule und lesbische Gläubige neu erfahrbar machen. Theologisch fortschrittlichen Kreisen gilt Goss als wichtiger Vertreter der Befreiungstheologie in queerem Gewand – er zeigt eine Christusfigur, die *aktiv Unterdrückte empowern* kann.

Gleichzeitig sehen viele klassische Exegeten und Kirchenvertreter seine Thesen kritisch. Historisch-kritische Bibelwissenschaftler:innen werfen Goss vor, er lese etwas in die Texte hinein, was dort nicht steht (*Eisegese*). So betont z. B. Ismo Dunderberg, ein Experte für das Johannesevangelium, dass es im Griechischen *keine entsprechenden*

Begriffe für „Liebhaber" in jener Beziehung gebe – die Sprache lasse also eine erotisch-sexuelle Deutung nicht eindeutig zu.

Der konservative Neutestamentler Robert Gagnon kontert Goss' Johannes-Interpretation damit, dass der Evangelist das neutrale Wort *„agape"* („Liebe") verwendet habe und gerade nicht *„eros"*, das im Griechischen für sexuelle Liebe stünde.

Goss entgegnet darauf (und hier stützt ihn Theodore Jennings), dass im Neuen Testament **nirgends „eros"** vorkomme und selbst eheliche oder sinnliche Liebe mit „agape" benannt werde – so z. B. in der Septuaginta im Hohelied Salomos.

Aus soziologischer Sicht wurde Goss' *Gay Christ*-Theologie ebenfalls diskutiert: Manche sehen darin ein notwendiges Gegen-Narrativ zur traditionellen Machtreligion – Jesus als schwuler Mann ermögliche queeren Menschen spirituelle Identifikation. Andere halten diese Darstellung für eine *Anbiederung an moderne Identitätspolitik*, die das historische Bild Jesu verzerrt. Die Debatten sind zum Teil emotional geführt: Ein Kritiker nannte solche Versuche „abgründigen Dekonstruktivismus einer liberalen Lobby, die selbst das Entfernteste noch zu einem 'Beweis' für Homosexualität uminterpretiert".

Insgesamt bleiben Goss' Thesen im Mainstream der Bibelwissenschaft eine anregende Auffassung, haben aber den Diskurs über Geschlecht und Sexualität Jesu zweifellos belebt.

Marcella Althaus-Reid (1952–2009) war eine argentinische evangelische Theologin und Begründerin der „Unanständigen Theologie" (*Indecent Theology*). In ihrem Werk *The Queer God* (2003) entwirft sie eine befreiungstheologische Vision Gottes, die sexuelle Marginalität radikal einbezieht. Althaus-Reid vertritt die provokante These: *Gott selbst ist „queer"*. Sie meint damit, dass Gottes Wesen sich nicht in den engen Grenzen von Heteronormativität, Monogamie und Reinheitsgeboten fassen lässt, sondern bevorzugt in den abseitigen, sündig erklärten Orten manifest wird – etwa „in der Kneipe, im Salsa-Club, im Slum".

Konkret überträgt sie dies auf Jesus, die fleischgewordene zweite Person der Trinität. Althaus-Reid spielt mit erotisch-pluralen Bildern:

*„Wir könnten sagen, der Sohn liegt bei seiner Magdalena **und** seinem Lazarus“*, schreibt sie beispielsweise.

Jesus habe sowohl weibliche als auch männliche Geliebte – und man müsse sich fragen, *„wie diese drei Zärtlichkeiten miteinander austauschen“*. Sie imaginiert also Jesus in einer Art *polyamoröser Liebesgemeinschaft* mit Maria Magdalena und dem von ihm geliebten Jünger Lazarus. Diese schockierende Vorstellung dient einem theologischen Zweck: Althaus-Reid will die *„illusorische Einzigkeit“* des einen erlaubten Liebesmodells sterben lassen – sie spricht vom *„Tod des Mono-Lovers“*. Gott sei eben kein monogamer Patriarch, sondern die Liebe Gottes sei *überschwänglich, vielfältig und ungeregelt*. In der Trinitätslehre fragt sie pointiert, ob Gott Vater vielleicht auch jemand „an der Seite“ habe und ob im Himmel nicht ebenso unkonventionelle Beziehungsgeflechte bestehen könnten.

Dese theologische Auffassung will bewusst die Grenzen des orthodoxen Denkens beeinflussen: Das Heilige soll mit dem Unanständigen durchmischt werden. Althaus-Reid begründet das politisch: Solange Gott auf ein rein weiß-männlich-heterosexuelles Bild festgelegt werde, blieben *Frauen, Queers und Arme* vom vollen Gottesbild ausgeschlossen. Erst ein *„queerer Gott“* – einer, der im Liebesakt der Ausgestoßenen gegenwärtig ist – ermögliche echte Befreiung. Sie fordert daher Theologen auf, sprichwörtlich ihre *„frommen Unterwäsche“* abzulegen und die Sexualität, auch die eigene, ins Theologisieren mit einzubeziehen.

Theologie selbst sei ein *sexueller Akt*, so Althaus-Reid, und müsse endlich die Heuchelei abstreifen, die Körperlichkeit auszusparen.

Marcella Althaus-Reids Werke lösten in theologischen Kreisen angeregte Besprechungen aus: Konservative Theologen reagierten mit Abwehr oder Entsetzen – viele empfanden ihre erotisch-vulgären Metaphern als blasphemisch und respektlos gegenüber der Heiligkeit Jesu. Ihre Bücher *Indecent Theology* und *The Queer God* wurden teils als Skandal empfunden; es gab Vorwürfe, sie *„pervertiere“* das Christentum. Fortschrittliche Stimmen hingegen feierten Althaus-Reid als bahnbrechende Denkerin. Sie habe den Mut, so argumentieren Befürworter, Gottes Anwesenheit *wirklich überall* zu suchen – gerade bei denen, die bislang von der Kirche als „unschicklich“ ausgeschlossen wurden.

Ihre Kernbotschaft, dass *alle Theologie immer auch Sexualpolitik* ist, fand Anklang in der Politischen Theologie und bei Feministinnen der Befreiungstheologie. Akademisch wird Althaus-Reid inzwischen als wichtige Vertreterin der Queer-Theologie gewürdigt. Man sieht in ihr eine Weiterführung der lateinamerikanischen Befreiungstheologie, erweitert um die Dimension Sexualität und Körper. Dennoch bleibt ihre Ausdrucksweise umstritten: Selbst wohlwollende Kollegen geben zu, dass ihr Stil der *„bewusstmachenden Obszönität“* vielen Leser:innen schwer zugänglich ist. Inhaltlich wird diskutiert, ob ihre Auffassungen – etwa Jesus in einer bisexuellen Dreiecksbeziehung – metaphorisch-fruchtbar oder doch überzogen sind. Einige Theologen halten das für eine bewusste Hyperbel, die zwar Denkanstöße gibt, aber nicht als historische Behauptung über Jesus zu verstehen ist. *Soziologisch* betrachtet spiegelt Althaus-Reids Erfolg das Bedürfnis vieler marginalisierter Gläubiger, ihren Platz in der Theologie zu finden: Ihr *„queerer Gott“* bietet Identifikation für jene, die sich von der herkömmlichen Lehre ausgeschlossen fühlten. Gleichzeitig stoßen ihre Thesen verständlicherweise auf Unverständnis bei Gläubigen, die in religiösen Figuren vor allem Vorbilder von *Reinheit und moralischer Konstanz* sehen. Hier prallen zwei Welten aufeinander – was Althaus-Reid intendiert, um einen echten Dialog über Macht, Sexualität und Heiligkeit anzustoßen.

Der norwegische Neutestamentler Halvor Moxnes verbindet historische Jesusforschung mit queertheoretischem Blickwinkel. In *Putting Jesus in His Place: A Radical Vision of Household and Kingdom* (2003) untersucht er, wie Jesus in Bezug auf soziale Räume und Rollen *„fehl am Platz“* war – im positiven Sinne. Moxnes, der sich selbst als schwuler Gelehrter positioniert, betont, dass er *nicht behauptet, Jesus sei homosexuell im modernen Sinn gewesen*, wohl aber, dass Jesus traditionelle Vorstellungen von Männlichkeit und Familie durchbrochen hat.

Jesus lebte z. B. unverheiratet und kinderlos, was im jüdischen Kontext ungewöhnlich war. Stattdessen versammelte er eine wandernde Bruderschaft um sich und proklamierte eine *neue Familie Gottes*, in der biologische Verwandtschaft zweitrangig sei („*Wer den Willen Gottes tut, der ist mir Bruder, Schwester, Mutter*“ – Mk 3,35). Moxnes deutet dies als *Akt des „Queer-seins“:* Jesus entzog sich der erwarteten männlichen Rolle eines Hausvaters und definierte Zugehörigkeit jenseits heteronormativer Familienstrukturen. Auch Jesu Umgang mit sogenannten „Unmännlichen“ jener Zeit – etwa Eunuchen – wertet Moxnes als Hinweis auf eine queere Solidarität. Jesus lobte Menschen, *„die sich selbst zu Eunuchen gemacht haben für das Himmelreich“* (Mt 19,12), also die auf Heirat und Zeugung verzichten. In der antiken Welt galten Eunuchen und zölibatär Lebende als geschlechtlich *„zwischen den Stühlen“*; Moxnes argumentiert, dass Jesu positive Erwähnung dieser Gruppe ihn *gegenüber den Männlichkeitsnormen seiner Gesellschaft quergestellt* habe. In ähnlicher Weise sieht er Jesu Verhalten gegenüber Frauen (z. B. die Aufhebung ihrer rituellen Unreinheit, die Wertschätzung weiblicher Jüngerinnen) als Bruch mit patriarchalen Rollenmustern. All dies macht Jesus für Moxnes zu einer Figur, die man im heutigen Sinne als *„queer“* (ungewöhnlich, quer zum Erwarteten) bezeichnen kann.

Moxnes’ Ansatz wurde in der historischen Jesusforschung mit Interesse aufgenommen. Rezensent:innen hoben seine soziologische Perspektive hervor, auch wenn nicht alle seine Schlüsse teilen. Besonders positiv vermerkt wurde, dass Moxnes seine eigene Perspektive offengelegt hat – als schwuler Theologe aus Norwegen – und damit transparent macht, wie persönliche Erfahrungen die Fragen an den Text beeinflussen.

In der Sache stimmen viele Exeget:innen zu, dass Jesus sich in mancher Hinsicht außerhalb der sozialen Norm bewegte (unverheirateter wandernder Prediger, kritische Haltung zur Familie). Dies als *„queer“* zu bezeichnen, findet in liberalen theologischen Kreisen Anklang, da es den zur Reflexion anregenden Charakter von Jesu Lebensform betont. Allerdings gibt es auch die Befürchtung, hier werde anachronistisch ein moderner Begriff auf die Antike übertragen. Moxnes begegnet dem, indem er *„queer“* klar definiert: nicht als sexuelle Orientierung, sondern als *soziokulturelles „Anderssein“*. In einem Artikel schrieb er ausdrücklich: *„Ich habe nie behauptet, Jesus war homosexuell, sondern dass er mit etablierten Formen von Männlichkeit, Autorität und*

Macht brach und damit 'queer' im Verhältnis zu den Männlichkeitsidealen seiner Zeit war."

Konservative Kommentatoren bleiben dennoch skeptisch: Für sie klingt *„Jesus war queer"* nach einer provokativen Umetikettierung Jesu, die unnötig Verwirrung stiftet. Einige fürchten, dies bereite den Boden, Jesus unzulässig sexualisiert zu interpretieren. Moxnes und andere Queer-Theolog:innen entgegnen darauf, dass im Gegenteil die übliche heteronormative Darstellung Jesu eine Verkürzung sei – *man habe Jesus nachträglich „heterosexualisiert"*, obwohl das Neue Testament dazu schlicht schweigt. So merkt Moxnes etwa an, die modernen Versuche, Jesus eine Liebesbeziehung zu Maria Magdalena anzudichten (bis hin zu Heirat und Kindern, wie es populäre Romane behaupten), seien letztlich der Versuch, ihn in die Normalität zurückzuzwingen.

Demgegenüber könne man den historischen Befund – Jesus als ungebundenen Wandercharismatiker – ruhig als „queer" akzeptieren, da er eben nicht ins Raster des häuslich-sesshaften Ehemannes passte. Insgesamt hat Moxnes' Arbeit dazu beigetragen, Jesus innerhalb der *Sozialgeschichte des antiken Nahen Ostens* neu zu verorten. Seine Ideen flossen in Diskussionen über antike Familienstrukturen, Ehr- und Schamkultur und Geschlechterrollen mit ein.

Der US-amerikanische Theologe Theodore Jennings trug mit *The Man Jesus Loved: Homoerotic Narratives from the New Testament* (2003) eine detaillierte biblisch-textuelle Argumentation für eine homosexuelle Dimension von Jesu Beziehungen vor. Jennings' zentrale These lautet, dass *Jesus einen bestimmten Mann besonders liebte* – und dass diese Liebe als homoerotisch verstanden werden kann. Er stützt sich vor allem auf das Johannesevangelium: Jennings analysiert diese Szenen gründlich: Der *„Lieblingsjünger"* erscheint beim Abendmahl an Jesu Seite, am Kreuz unter Jesu nächsten Angehörigen und als erster Zeuge der Auferstehung (Joh 13,23; 19,26; 20,2).

Jennings fragt, *warum* der Evangelist diese Figur so hervorhebt, und kommt zu dem Schluss, hier schimmere eine *„gefährliche Erinnerung"* (*dangerous memory*) durch – nämlich die Tradition einer besonderen innigen Beziehung Jesu zu einem männlichen Jünger. In der christlichen Überlieferung sei diese Erinnerung lange marginalisiert oder umgedeutet worden, aber Johannes habe sie nicht völlig zum Schweigen bringen können.

Jennings rekonstruiert gewissermaßen die unterdrückte Erzählung: Jesus liebte diesen Mann in außergewöhnlicher Weise. In Teil I seines Buches interpretiert er jedes Vorkommen des „geliebten Jüngers“ und prüft dessen mögliche Identität.

Obwohl traditionell Johannes, der Sohn des Zebedäus, angenommen wird, bleibt der Text absichtlich vage – für Jennings ein Indiz, dass hier ein *heikles Detail* bewahrt, aber verhüllt wurde. Er betont zwar, dass es *keinen expliziten Nachweis körperlicher Beziehung* gibt, doch er sieht genügend *Implikationen im Kontext*, um von einer innigen, möglicherweise erotischen Liebe auszugehen.

In Teil II weitet Jennings den Blick und sucht Spuren *homoerotischer Motive* auch in den anderen Evangelien. Er diskutiert z. B. die Szene des reichen Jünglings in Markus 10,17-22, von dem es heißt: „Jesus blickte ihn an und gewann ihn lieb“ (Vers 21). Diese ungewöhnlich herzliche Formulierung – Jesus empfand *Liebe* zu einem fremden jungen Mann – könnte ebenfalls mehr als nur geistliche Zuneigung ausdrücken. Ebenso zieht Jennings die Erwähnung heran, dass Jesus den Lazarus *„lieb hatte“* (Joh 11,5.36). Lazarus wird im Johannesevangelium zwar nicht *„der Jünger, den er liebte“* genannt, aber als ein enger Freund Jesu dargestellt, den Jesus beim Tod schmerzlich beweint. Zusammengenommen ergeben diese Hinweise für Jennings ein Muster: Jesus war fähig zu tiefer liebevoller Zuneigung gegenüber Männern, die über ein gewöhnliches Freundschaftsmaß hinausging. In Teil III schließlich wendet Jennings sich gegen moderne „Familienwerte“-Ideologien und verteidigt, dass das Neue Testament eine Vielfalt an Beziehungsformen kenne.

Die Fixierung auf Ehe und biologische Familie sei ein nachträgliches Konstrukt, während Jesus selbst *andere Formen von Liebe und Gemeinschaft* gelebt habe, die unser heutiges Verständnis von Ehe/Familie herausfordern.

Jennings' Buch stieß in theologischen, kirchlichen und öffentlichen Kreisen auf großes Interesse. LGBT-freundliche Kirchen und Gruppen sahen darin einen Meilenstein: Erstmals wurde mit bibelwissenschaftlicher Akribie ein *schwules Jesus-Bild* entworfen, das sich nicht auf bloße Interpretation beschränkt, sondern die Schrift ernst nimmt. Jennings selbst betont, es gehe ihm um eine *„gay affirmative reading"*, die die Integrität der biblischen Texte achtet und dennoch neue Zugänge eröffnet.

Viele Leser:innen fühlten sich *„ermutigt und herausgefordert"*, wie ein Rezensent schrieb: Selbst wer bisher überzeugt war, *„das steht so nie in meiner Bibel"*, könne von Jennings' sorgfältiger Auslegung profitieren.

In der akademischen Theologie gab es weitere Echos: Einige Fachkolleg:innen lobten Jennings' frische Perspektive und seine gründliche Zusammenstellung früherer homoerotischer Jesus-Deutungen.

So weist er etwa auf eine *„verborgene Tradition"* hin, die bis zu mittelalterlichen Mystikern reicht und die Jesus-Johannes-Beziehung immer wieder als vorbildliche *geistliche Freundschaft* auffasste.

Andere Exeget:innen bleiben jedoch skeptisch. Ein Kritikpunkt ist die *fehlende kulturelle Kontextualisierung*: Jennings betont zwar selbst, man dürfe unsere heutigen Vorstellungen von Homosexualität nicht einfach in die Antike übertragen. Doch beispielsweise beim Thema *„Familie"* und *„Heirat"* werfen Kritiker wie Roland Boer ein, Jennings setze moderne Begrifflichkeiten voraus, ohne die antiken Unterschiede genug zu beachten. So entstehe die Gefahr, dass er einerseits (beim Homoerotischen) zu Recht auf kulturelle Differenzen pocht, andererseits (beim Kritisieren der Ehe) biblische und heutige Familienbegriffe vermengt. Methodisch bewegen sich Jennings' Thesen am Rande dessen, was historisch belegbar ist. Historiker:innen erinnern daran, dass keiner der kanonischen Texte direkt ausspricht, Jesus habe eine sexuelle Beziehung unterhalten – alle weitergehenden Interpretationen bleiben hypothetisch. Jennings räumt das ein, betont aber, seine Lesart sei die *„natürlichste"* und „plausibelste" Anschauung der Texte, wenn man sie unvoreingenommen lese.

Konservative Theologen lehnen Jennings' Schlussfolgerungen ab. Für sie fehlt es an eindeutiger Textbasis; sie deuten Jesu Liebe zu Johannes lieber als *agapeische Nächstenliebe* oder besondere spirituelle Vertrautheit, nicht als Eros. Hier werden wieder Gagnons Argumente bemüht (siehe oben bei Goss), die sprachlich zwischen freundschaftlicher Liebe und erotischer Liebe trennen wollen.

Jennings hält dagegen, dass diese Trennung im biblischen Griechisch so nicht existiert. Auch wird angeführt, Jesus habe analog innige Beziehungen zu Frauen (Marta, Maria) gehabt, was eher für *Asexualität oder Polymorphie* als für eine klar homosexuelle Orientierung spräche. Jennings würde dem vermutlich zustimmen – er schließt ja weibliche Beziehungen nicht aus, sondern legt nur den Schwerpunkt auf den *„Mann, den Jesus liebte"*. Insgesamt bleibt *The Man Jesus Loved* ein streitbares Werk, das aber die wissenschaftliche und kirchliche Diskussion bereichert hat. Es zwang Exegeten, lange übersehene Feinheiten im Text zu beachten, und regte an, über die emotionale Seite der Person Jesu neu nachzudenken. In der kirchlichen Öffentlichkeit entfachte es zugleich altbekannte Kulturkämpfe: Als 2005 Bischof Gene Robinson (der erste offen schwule Bischof der anglikanischen Kirche) in einer Predigt andeutete, Jesus könnte homosexuelle Neigungen gehabt haben, wurde dieses öffentlich beachtet. Robinson bezog sich indirekt auch auf Jennings' Thesen. Die Reaktionen – vom Feuilleton bis zu Kanzelstatements – reichten von vorsichtiger Unterstützung bis zur Herausforderung, etwa in Form des Vorwurfs, hier solle Jesus durch eine *„liberale Lobby"* gewaltsam verfälscht werden.

Diese Kontroverse zeigt, dass Jennings' Ideen zwar Einzug in die theologische Debatte gefunden haben, aber in weiten Teilen der Kirche noch als nicht denkbar empfunden werden.

Gesamtkritik und kontroverse Debatten: Die vorgestellten Thesen zur möglichen Homosexualität oder Queerness Jesu haben ein breites Spektrum an Reaktionen hervorgerufen – von Begeisterung bis Ablehnung. Theologisch konservative Stimmen weisen solche Interpretationen zurück. Ihr Hauptargument: Die Bibel schweigt zu Jesu sexuellem Leben, daher entbehren alle Spekulationen einer belastbaren Grundlage. Dass queere Menschen jeden asexuellen Menschen erstmal als „nicht-hetero" sehen könnten, wurde nicht einbezogen. Versuche, Jesus als schwul darzustellen, werden als gezielte *„Agenda"* gelesen, die moderne Anliegen in den Text hineinträgt. Einige Kritiker:innen sprechen gar von Blasphemie, da sie befürchteten, das Heilige werde entweiht, wenn man Jesus erotische

Beziehungen unterstellt. Hier hat sich der gesellschaftliche Diskurs spätestens seit der *„Ehe für Alle“* - deren Segnungen noch ausstehen - jedoch auf eine andere Diskussionsebene gestellt.

Abweichende Behauptungen – ob Jesus nun mit Maria Magdalena oder mit Johannes intim war – betrachten sie als *Randtheorien oder Fiktion*. Tatsächlich gab es neben den hier diskutierten queeren Deutungen auch *heterosexuelle Spekulationen* (z. B. die Idee, Jesus habe Maria Magdalena geheiratet oder mehrere Frauen geliebt.

Auch diese bleiben ohne Beleg und werden von der seriösen Forschung kaum gestützt. In den Geistes- und Sozialwissenschaften finden die Queer-Thesen produktiven Anklang. Kulturwissenschaftler sehen darin ein interessantes Phänomen: Jede Generation neigt dazu, Jesus in ihre eigene Vorstellung zu inkarnieren – im 1970er Zuge der sexuellen Revolution entstanden so Bilder eines „sexuell befreiten“ Jesus, während marginalisierte Gruppen (Frauen, Afroamerikaner, Queers) Jesus jeweils als *ihresgleichen* neu entwerfen, um *Empowerment* zu erfahren. So meinte etwa der Schriftsteller Gore Vidal, Jesus sei vermutlich *„bisexuell“* gewesen – schließlich solle er *alle* Menschen repräsentieren können. Ähnlich sagte Bischof Robinson, wenn Jesus vollkommen menschlich war, müsse er auch eine Sexualität gehabt haben – *„vielleicht war er schwul?“* - Diese Äußerungen wurden hitzig debattiert.

In wissenschaftlichen Fachkreisen wird inzwischen nüchterner über das Thema diskutiert. *Soziologisch* betrachtet fragt man: Was bedeuten diese neuen Jesus-Bilder für die Gemeinden? Viele LGBTQ-Christen berichten, dass ein *„queerer Jesus“* ihnen hilft, ihren Glauben mit ihrer Identität zu versöhnen. Queer-Theologie hat daher eine seelsorgerliche Dimension: Sie will, dass *auch Queere am Tisch Platz finden*.

Kirchen, die inklusiv sein wollen, greifen manche dieser Ideen inzwischen auf, etwa indem sie betonen, Jesus habe alle Menschen vorbehaltlos geliebt – unabhängig von ihrem Geschlecht oder ihrer Orientierung. Dagegen laufen traditionelle Kirchen Gefahr, sich durch strikte Ablehnung dieser Diskurse von suchenden jungen Gläubigen zu entfremden. In der theologischen Wissenschaft herrscht die Ansicht vor, dass Jesus historisch vermutlich *sexuell enthaltsam* lebte – aber man räumt ein, dass die Evangelien hier interpretierbare Spielräume lassen. Es ist denkbar, dass bestimmte Beziehungen Jesu emotional intensiver waren, als es lange dargestellt wurde. Die Kontroversen entzünden sich vor allem an der Frage, ob solche Beziehungen als *sexuell* zu deuten sind. Hier prallen unterschiedliche hermeneutische Grundsätze aufeinander: Die einen pochen auf den Wortlaut und den historisch wahrscheinlichen Sinn (kein direkter Hinweis auf Sexualität, also keine Sexualität), die anderen betonen die *Bedeutung des Ungesagten* – also dass das Verschweigen von Sexualität selbst ein beredtes Zeichen sein kann, ebenso wie kleine textliche Anomalien (etwa ein *„nackter Jüngling"* in Mk 14,51). Dieses Spannungsfeld bleibt bestehen.

Die Thesen von Meeks, Goss, Althaus-Reid, Moxnes, Jennings und anderen wie Kaus Dede haben also fraglos das Gespräch über Jesus bereichert. Sie zwingen dazu, eingefahrene Denkmuster zu überprüfen: Warum war es so lange selbstverständlich anzunehmen, Jesus habe keine Sexualität gehabt? Welche Rolle spielen unsere eigenen Erwartungen an Heiligkeit und Reinheit dabei? Auch wenn die meisten Gelehrten *nicht* glauben, dass Jesus historisch homosexuelle Handlungen vollzog, so erkennen viele doch an, dass *Jesu Lebensweise Normen herausforderte* – sei es in Bezug auf Gender, Familie oder Nähe zu Außenseitern. Insofern hat der „queere Blick" auf Jesus wertvolle Impulse gegeben, die biblischen Texte neu zu befragen. Die scharfe Kritik aus konservativen Lagern zeigt, wie sensibel das Thema damals war, als es noch keine „Ehe für Alle" gab. Letztlich bewegt sich vieles im Bereich der *Theologie und Interpretation*, weniger der nachprüfbaren Geschichtsfakten. Die Debatte um einen homosexuellen oder queer verstandenen Jesus ist damit Teil eines größeren Diskurses: Wie deuten wir die Menschlichkeit Jesu im Licht wechselnder gesellschaftlicher Erkenntnisse? Hier werden auch künftig kontroverse Positionen aufeinandertreffen – aber gerade dieser Dialog hält die Christologie lebendig und stellt sicher, dass jede Generation Jesus neu reflektiert und für sich entdeckt.

71 • Hat Jesus bewusst Normen seiner Zeit überschritten, um ein Zeichen zu setzen?

Jesus hat bewusst gesellschaftliche und religiöse Normen seiner Zeit überschritten, um ein Zeichen zu setzen und zentrale Werte wie Liebe, Gerechtigkeit und Barmherzigkeit in den Vordergrund zu stellen. Immer wieder stellte er etablierte Regeln infrage - und das ist heute mit queer zu bezeichnen-, wenn sie nicht dem Wohl der Menschen dienten, und kritisierte religiöse Autoritäten für ihre strikte Gesetzestreue, die oft ohne Mitgefühl angewendet wurde.

Ein zentrales Beispiel dafür ist sein Umgang mit Frauen, die in der damaligen Gesellschaft oft marginalisiert waren. Während die jüdische Kultur strikte Trennungen zwischen Männern und Frauen vorschrieb, sprach Jesus offen mit Frauen, ließ sie Teil seiner Gefolgschaft werden und würdigte ihre Rolle im Glauben. Besonders deutlich wird dies in seiner Begegnung mit der samaritanischen Frau am Jakobsbrunnen (Johannes 4), in der er nicht nur ein Gespräch mit einer Frau, sondern auch mit einer Samariterin – einer Angehörigen einer feindlich betrachteten Gruppe – führt.

Auch sein Umgang mit Sünder:innen und gesellschaftlich Ausgegrenzten war revolutionär. Er aß mit Zöllnern, die als Kollaborateure mit der römischen Besatzungsmacht verachtet wurden, und er verteidigte Menschen, die wegen moralischer Verfehlungen ausgestoßen wurden. Besonders eindrucksvoll ist seine Reaktion auf die Ehebrecherin (Johannes 8), die gesteinigt werden sollte. Statt das Gesetz zu bestätigen, stellte er die Heuchler:innen unter den Ankläger:innen bloß und zeigte damit, dass Barmherzigkeit und Vergebung wichtiger sind als starre Rechtsvorschriften.

Auch in Fragen der Religionspraxis durchbrach Jesus Tabus. Er heilte Kranke am Sabbat, was als Gesetzesverstoß galt, und wies darauf hin, dass der Sabbat für den Menschen da sei, nicht umgekehrt (Markus 2,27). Damit setzte er ein Zeichen gegen eine religiöse Praxis, die den Menschen in den Hintergrund drängt und formale Vorschriften über das Wohl der Gläubigen stellt.

Seine Kritik an der religiösen Elite, insbesondere den Pharisäern und Schriftgelehrten, war ein weiteres bewusstes Überschreiten von Normen. Indem er sie als Heuchler:innen bezeichnete und ihnen vorwarf, die Menschen mit Regeln zu belasten, ohne selbst danach zu leben (Matthäus 23), stellte er die bestehende religiöse Ordnung infrage und machte sich Feinde unter den Mächtigen.

Jesus überschritt gezielt gesellschaftliche und religiöse Normen, um deutlich zu machen, dass das Gesetz dem Menschen dienen muss, nicht umgekehrt. Sein Handeln war kein bloßes Brechen von Traditionen, sondern eine bewusste Demonstration einer neuen Ordnung, die auf Liebe, Gerechtigkeit und Gottes Barmherzigkeit basiert. Indem er Normen herausforderte, setzte er ein klares Zeichen für eine Ethik, die sich nicht an starren Vorschriften orientiert, sondern am Wohl der Menschen.

72 • Hätte ein homosexueller Jesus weniger Autorität bei seinen Anhängern gehabt?

Ob ein homosexueller Jesus weniger Autorität bei seinen Anhängern gehabt hätte, hängt stark davon ab, welchen historischen und gesellschaftlichen Kontext man betrachtet – den seiner eigenen Zeit oder die heutige christliche Rezeption.

Betrachten wir dazu den gesellschaftliche Kontext im antiken Judentum: Zur Zeit Jesu war die jüdische Gesellschaft stark patriarchalisch geprägt, und es gab klare Normen für Ehe, Geschlecht und Sexualität. Homosexualität, so wie sie heute verstanden wird – als Identität und gleichberechtigte Ehe und Partnerschaft – gab es in dieser Form damals nicht. Stattdessen gab es vor allem soziale und hierarchische Formen von gleichgeschlechtlichen Beziehungen, wie etwa die Päderastie im griechisch-römischen Raum oder homosexuelle Praktiken, die mit sozialem Status oder Dominanz verbunden waren.

Wenn Jesus offen homosexuell gewesen wäre oder gleichgeschlechtliche Liebe betont hätte, wäre dies möglicherweise auf starken Widerstand gestoßen, da religiöse Autoritäten auch damals auf Reinheits- und Familiennormen großen Wert legten. Dies könnte seine Gefolgschaft geschwächt haben, zumindest in der jüdischen

Führungsschicht, die ihn ohnehin als Bedrohung ansah. Gleichzeitig könnte es aber auch Anhänger:innen aus den marginalisierten Gruppen angezogen haben, mit denen Jesus ohnehin oft in Kontakt trat – etwa Zöllner, Prostituierte und gesellschaftlich Ausgestoßene.

Auch die Bedeutung von Jesu Autorität für seine Anhänger:innen ist zu beachten: Jesu Autorität beruhte weniger auf seiner persönlichen Sexualität als auf seiner Lehre, seinen Wundern und seinem Charisma. Sein radikales Eintreten für Gerechtigkeit, seine Kritik an den bestehenden religiösen Strukturen und seine Fähigkeit, Menschen zu berühren, waren die Hauptgründe für seine Anziehungskraft. Wenn Jesus eine gleichgeschlechtliche Beziehung gehabt hätte oder queere Menschen ausdrücklich verteidigt hätte, hätte dies seine Botschaft von der bedingungslosen Liebe Gottes nur unterstrichen – und wäre möglicherweise sogar ein Zeichen für seine Nähe zu gesellschaftlich ausgegrenzten Gruppen gewesen.

Der Einfluss auf die spätere christliche Theologie darf nicht außen vor bleiben: Ein queerer Jesus hätte vermutlich die spätere Kirchengeschichte und die christliche Sexualmoral radikal verändert. Die Kirche hat über Jahrhunderte ein stark heteronormatives Familienbild propagiert und Sexualität oft als sündhaft oder zumindest kontrollbedürftig betrachtet. Ein offenes Beispiel für gleichgeschlechtliche Liebe im Leben Jesu hätte dazu geführt, dass sich die christliche Sexualethik möglicherweise in eine inklusivere Richtung entwickelt hätte.

Und es bleibt der Einfluss auf seine Anhänger:innen-schaft: Es ist möglich, dass konservative jüdische Gruppen oder spätere römische Bekehrte ihn als weniger glaubwürdig empfunden hätten, da männliche Dominanz und heteronormative Werte tief in vielen antiken Kulturen verwurzelt waren. Andererseits zeigt sich in der Geschichte des Christentums, dass Jesu Lehre oft gerade von denen aufgenommen wurde, die gesellschaftlich benachteiligt waren – Frauen, Sklaven, Arme. Ein queerer Jesus hätte also vielleicht weniger Unterstützung von den Mächtigen, aber umso mehr von den Nicht-Inkludierten und Andersdenkenden erhalten.

Letztendlich beruhte Jesu Autorität nicht auf seiner Sexualität bzw. sexuellen Orientierung, sondern auf seiner Botschaft: der Liebe. Ein queerer Jesus hätte wohl einige Barrieren in seiner Zeit stärker zu spüren bekommen, aber das hätte seine revolutionäre Botschaft von Gottes Liebe und Gerechtigkeit nur umso radikaler gemacht. Die Ablehnung einer solchen Vorstellung zeigt oft mehr über heutige Vorurteile als über die tatsächliche historische Realität.

73 • Kann Jesus wirklich als vollständig Mensch angesehen werden, wenn ihm Sexualität abgesprochen wird?

Die Frage, ob Jesus als vollständig Mensch angesehen werden kann, wenn ihm Sexualität abgesprochen wird, berührt zentrale christologische und anthropologische Konzepte. Menschsein und Sexualität sind untrennbar miteinander verbunden, denn Sexualität ist nicht nur auf den Geschlechtsakt beschränkt, sondern umfasst auch Emotionen, Nähe, Intimität und Beziehungsfähigkeit. Da die menschliche Existenz von Körperlichkeit geprägt ist, gehört Sexualität in verschiedenster Form zur Identitätsbildung. Wenn Jesus als wahrer Mensch gilt, müsste er auch eine sexuelle Identität gehabt haben, selbst wenn er enthaltsam lebte oder sich nur hingezogen fühlte. Ihm Sexualität vollständig abzusprechen, würde bedeuten, ihn in einer wesentlichen Facette vom Menschsein zu trennen.

Die kirchliche Tradition hat Jesus oft als keuschen oder geschlechtslosen Menschen dargestellt, was mit einer frühen christlichen Tendenz zusammenhängt, Sexualität als etwas Problematisches oder gar Sündiges zu betrachten. Besonders im Mönchtum wurde Keuschheit als erstrebenswertes Ideal angesehen, was zur Vorstellung führte, dass auch Jesus keinerlei sexuelle Regungen gehabt haben müsse. Allerdings sind diese Annahmen eher theologisch bedingt als historisch belegt. Die Evangelien machen keine direkten Aussagen darüber, ob Jesus sexuelle Erfahrungen hatte oder nicht.

Jesu Nähe zu Menschen und die Frage der Intimität zeigen, dass er emotionale Bindungen einging. Seine Freundschaft zu Maria Magdalena, seine Nähe zu Johannes, *„dem Jünger, den er liebte"*, und seine Zuneigung zu Außenseitern verdeutlichen, dass er enge

Beziehungen pflegte. Ob diese Bindungen auch eine erotische oder sexuelle Dimension hatten, bleibt offen, doch die Tatsache, dass er tiefe Nähe zuließ, spricht gegen ein völlig entkörperlichtes Menschenbild.

Keuschheit kann eine bewusste oder induzierte Entscheidung sein und nicht gleichbedeutend mit der Abwesenheit von Sexualität. Selbst wenn Jesus enthaltsam lebte, bedeutet dies nicht, dass er keine Sexualität hatte. Viele Menschen entscheiden sich für ein zölibatäres Leben, aber das heißt nicht, dass sie keine Sexualität oder Sehnsucht besitzen – sie gehen nur bewusster und verdrängender damit um. Wenn Jesus sich für ein Leben ohne sexuelle Beziehungen entschied, dann hätte er dies in Freiheit und nicht aus Mangel an Sexualität getan. Eine vollständige Verneinung sexueller Identität wäre hingegen unvereinbar mit der Lehre von seiner menschlichen Natur.

Die Vorstellung eines *„sexualitätslosen" Jesus* ist problematisch, weil sie nicht nur theologische, sondern auch kirchenpolitische Interessen widerspiegelt. Eine entkörperlichte Darstellung Jesu wurde genutzt, um Sexualität insgesamt als minderwertig oder sündhaft darzustellen. Dies hat weitreichende Folgen für die christliche Sexualmoral und insbesondere für restriktive Vorstellungen zu Ehe, Zölibat und LGBTQIA+-Themen. Eine Theologie, die Jesus als vollständig menschlich mit einer sexuellen Identität anerkennt, könnte zu einer befreienderen christlichen Sexualethik führen, die Körperlichkeit nicht als Gegensatz zu Spiritualität betrachtet.

Fest steht, dass Jesus nicht vollständig menschlich gedacht werden kann, wenn man ihm Sexualität abspricht. Selbst wenn er keine sexuellen Beziehungen hatte, war er dennoch ein körperliches Wesen mit Nähebedürfnissen, Intimität und vielleicht sogar Versuchungen. Die Vorstellung eines völlig sexualitätslosen Jesus entspricht eher einem idealisierten Heiligenbild als einer authentischen menschlichen Existenz. Eine reflektierte Theologie müsste anerkennen, dass Jesus auch in seiner Sexualität Mensch war, selbst wenn wir nicht genau wissen, wie er sie lebte.

74 • Ist eine queere Interpretation Jesu theologisch verantwortbar?

Eine queere Interpretation Jesu ist theologisch verantwortbar, wenn man berücksichtigt, dass Jesus selbst soziale Normen hinterfragte, gesellschaftliche Ausgegrenzte integrierte und bestehende Machtverhältnisse auf den Kopf stellte. Queere Theologie argumentiert, dass Jesus nicht nur als historische Person, sondern auch als symbolische Figur der Befreiung verstanden werden kann, die traditionelle Kategorien von Geschlecht, Sexualität und Identität überschreitet.

Biblische Texte bieten verschiedene Anknüpfungspunkte für eine queere Lesart. In Galater 3,28 heißt es: *„Da ist nicht Jude noch Grieche, da ist nicht Sklave noch Freier, da ist nicht Mann noch Frau; denn ihr alle seid einer in Christus Jesus."* Dieser Vers wird häufig als Hinweis darauf interpretiert, dass Christus bestehende Geschlechter- und soziale Hierarchien überwindet. Jesus selbst lebte außerhalb der klassischen Rollenbilder seiner Zeit, blieb unverheiratet, pflegte enge emotionale Bindungen zu seinen Jüngern und zeigte ein tiefes Mitgefühl für gesellschaftliche Randgruppen, darunter Eunuchen, die im damaligen Verständnis außerhalb der binären Geschlechterordnung standen.

Ein weiteres zentrales Argument der queeren Theologie bezieht sich auf Jesu körperliche und gesellschaftliche Marginalisierung. Die Passionserzählung zeigt ihn als eine Figur, die entblößt, verhöhnt und ihrer Würde beraubt wird – Erfahrungen, die viele queere Menschen in diskriminierenden Gesellschaften teilen. Theologen wie Marcella Althaus-Reid oder Patrick Cheng sehen in Jesu Leiden eine Form queerer Identifikation, da er nicht in patriarchale Männlichkeitsvorstellungen passt, sondern durch *seine Verwundbarkeit*, seine Nähe zu Außenseitern und sein radikales Liebesverständnis geschlechtliche und gesellschaftliche Grenzen überschreitet.

Abbildung 13: Eine theologisch verantwortbare queere Darstellung Jesu – offen, würdevoll und eingebettet in ein inklusives Umfeld, das Verwundbakeit vermeiden will. In queerer Theologie steht der Regenbogen für Vielfalt, Identität und die Sichtbarkeit queeren Lebens.

Dass der Regenbogen als Bogen hinter Jesus erscheint, legt nahe: Er steht nicht vor, sondern inmitten dieser Vielfalt – sie umfasst ihn. Als Beistiftzeichnung umgesetzt, verweist er nicht plakativ auf eine politische Bewegung, sondern bringt subtil das Thema Diversität ins Sakrale. Die Vielfalt zeigt sich auch subtil in Gewand und Haltung, das Bild bleibt zugleich spirituell und respektvoll. Der Regenbogen ist ein biblisches Symbol: Im Alten Testament ist der Regenbogen das Zeichen des Bundes zwischen Gott und allen Geschöpfen nach der Sintflut (Gen 9,13). Dieser Gedanke wird reaktiviert – nun aber nicht exklusiv, sondern inklusiv: Jesus als Zeichen des neuen Bundes mit allen, auch mit queeren Menschen. Der Regenbogen dienst als Brücke, er rahmt die Szene wie ein Schutzdach – oder wie eine Brücke zwischen Glaube und queerer Existenz und lädt ein,

die bisherige Distanz zwischen Dogma und Lebensrealität zu überwinden. Der Regenbogen erinnert also an den ursprünglichen göttlichen Bund – und öffnet diesen Bund zugleich für die Vielfalt heutiger menschlicher Identitäten. Damit verweist das Bild auf eine theologisch verantwortbare, weil menschlich-heilvolle queere Christusdeutung.

Auch in den Evangelien gibt es Andeutungen, die eine queere Perspektive stützen könnten. So hebt Jesus in Matthäus 19,12 positiv hervor, dass es Menschen gibt, die *„so geboren wurden"* oder sich selbst *„um des Himmelreichs willen"* für eine nicht-traditionelle Lebensweise entschieden haben. Einige Interpretationen sehen hier eine frühe Anerkennung nicht-binärer Identitäten oder queerer Existenzformen. Seine queere Form von Liebe und Nähe, geht über heteronormative Vorstellungen hinaus.

Queere Theologie betrachtet Jesus daher nicht nur als historische Figur, sondern als eine Identität, die sich ständig neu erschließt und sich nicht in starre dogmatische Kategorien fassen lässt. Wenn Christus als Befreier aller Menschen verstanden wird, dann auch als jemand, der normative Vorstellungen von Geschlecht und Sexualität transzendiert. Kritiker:innen argumentieren, dass eine queere Interpretation Jesu eine moderne Projektion sei, doch Befürworter:innen halten dagegen, dass jede Theologie notwendigerweise aus ihrer Zeit heraus interpretiert und weiterentwickelt wird. Schließlich wurden auch andere traditionelle Bilder Jesu, wie der leidende Christus oder der soziale Reformer, erst durch bestimmte historische Kontexte betont.

Theologisch gesehen ist eine queere Interpretation Jesu daher nicht nur möglich, sondern auch bereichernd, da sie neue Perspektiven auf die befreiende Botschaft des Evangeliums eröffnet. Sie stellt Jesus als eine Figur dar, die starre Normen hinterfragt und neue Wege für Identität, Liebe und Gemeinschaft aufzeigt. Indem sie ihn als eine Gestalt versteht, die gesellschaftliche und geschlechtliche Kategorien durchbricht, lädt die queere Theologie dazu ein, Christus als Verbündeten aller Menschen zu sehen, die sich außerhalb traditioneller Normen bewegen oder bewegen müssen.

75 • *Welche historischen Theologen oder Philosophien haben sich mit der Geschlechtlichkeit Christi befasst?*

Die Frage nach der Geschlechtlichkeit Christi hat eine lange theologische Tradition und wurde von verschiedenen Theologen und Philosophien aus unterschiedlichen Perspektiven behandelt. Insbesondere in der Mystik, der feministischen und der queeren Theologie, aber auch in klassischen christologischen Debatten tauchen Überlegungen dazu auf. Hier sind einige prägende Denker und Strömungen, die sich mit der Geschlechtlichkeit Christi befasst haben:

1. Frühe Kirchenväter und die Zwei-Naturen-Lehre

In der patristischen Theologie wurde vor allem die göttlich-menschliche Natur Christi diskutiert. Dabei spielte Geschlecht zunächst eine untergeordnete Rolle, da die göttliche Natur als jenseits geschlechtlicher Kategorien verstanden wurde. Dennoch wurde Christus als männlich dargestellt, was in der kirchlichen Tradition tief verankert blieb.

- **Gregor von Nyssa** (4. Jh.) argumentierte, dass das wahre Bild Gottes im Menschen nicht in der geschlechtlichen Differenz liegt, sondern in der geistigen Fähigkeit zur Gemeinschaft mit Gott.
- **Augustinus** (4./5. Jh.) betrachtete Christus als den *„neuen Adam"*, der durch seine Menschwerdung die Sünde Evas aufhebt, was eine binäre Geschlechterordnung impliziert, jedoch zugleich die Möglichkeit eines transzendenten Menschseins eröffnet.

2. Mittelalterliche Mystik: Christus als androgynes oder weibliches Wesen

In der mittelalterlichen Mystik finden sich erste theologische Überlegungen zu einer nicht ausschließlich männlichen Christologie. Mystikerinnen und Mystiker betonten oft eine mütterliche oder androgyne Seite Christi.

- **Bernhard von Clairvaux** (12. Jh.) beschrieb Christus als *„Mutter“*, die durch ihr Leiden Leben schenkt, eine Metapher, die in der Mystik häufig verwendet wurde.
- **Mechthild von Magdeburg** (13. Jh.) und **Juliana von Norwich** (14. Jh.) betrachteten Christus als Mutterfigur, die nährt und Leben gibt. Juliana von Norwich sprach explizit von Jesus als *„Mutter unserer Seele“*.
- **Johannes Tauler** (14. Jh.) nahm eine ähnliche Position ein und betonte, dass Christus die Menschheit mit mütterlicher Fürsorge leite.

3. Renaissance und frühe Neuzeit: Humanistische Reflexionen über Geschlecht und Christologie

Während der Renaissance und frühen Neuzeit wurde die Frage nach der Geschlechtlichkeit Christi in einem breiteren anthropologischen Kontext diskutiert.

- **Teresa von Ávila** (16. Jh.) verwendete eine nicht-binäre Vorstellung von Christus, indem sie seine Rolle als göttlicher Geliebter, aber auch als Quelle von mütterlicher Fürsorge interpretierte.
- **Johann Valentin Andreae** (17. Jh.) in der christlichen Kabbala und esoterischen Theologien betrachtete Christus als eine Einheit von männlichen und weiblichen Prinzipien, was an kabbalistische Vorstellungen der Geschlechtlichkeit Gottes erinnert.

4. 19. und 20. Jahrhundert: Feministische und queere Theologien

Mit der Entwicklung feministischer und später queerer Theologien wurden die Fragen nach Geschlecht und Christologie neu gestellt.

- **Simone Weil** (20. Jh.) betrachtete Christus als ein Wesen, das über männliche und weibliche Kategorien hinausgeht. Sie beschrieb das Kreuz als eine radikale Entäußerung von Geschlecht.
- **Elisabeth Schüssler Fiorenza** (20. Jh.), eine der bekanntesten feministischen Theologinnen, argumentierte, dass die patriarchale Fixierung auf einen männlichen Christus die

biblische Vielfalt verdeckt und dass Christus als Symbol der Befreiung für alle Geschlechter neu interpretiert werden muss.

- **Marcella Althaus-Reid** (20. Jh.), eine Vertreterin der queeren Theologie, dekonstruiert das männliche Christusbild und fragt, ob Christus nicht auch als queere, nicht-binäre oder geschlechtsüberschreitende Figur gedacht werden kann.

5. Gegenwart: Intersektionale und queere Perspektiven auf die Geschlechtlichkeit Christi

In der zeitgenössischen Theologie wird die Geschlechtlichkeit Christi aus intersektionaler Perspektive betrachtet. Theologen wie Tat-siong Benny Liew argumentieren, dass die Verkörperung Christi über traditionelle Geschlechtskategorien hinausgeht. Christologie wird zunehmend als inklusiver Raum gedacht, in dem Trans- und nicht-binäre Menschen ihre Identität in Christus wiederfinden können.

Die Diskussion um die Geschlechtlichkeit und Orientierung Christi hat also eine lange Tradition, die von frühen metaphysischen Debatten über die göttliche Natur bis hin zu modernen queeren Theologien reicht. Während klassische Theologen meist ein binäres Geschlechtermodell voraussetzten, bot die Mystik bereits alternative Deutungen, die Christus als mütterlich, androgyn oder geschlechtsüberschreitend beschrieben. Mit der feministischen und queeren Theologie wurde diese Perspektive weiterentwickelt, um Christus als universelle, geschlechterübergreifende *Figur der Befreiung* zu interpretieren.

c) Kirchliche und gesellschaftliche Reaktionen

76 • Ist eine angstfreie Diskussion über Jesu Sexualität in der Kirche möglich?

Eine angstfreie Diskussion über Jesu Sexualität in der Kirche ist derzeit nur begrenzt möglich, da das Thema für viele Gläubige und kirchliche Autoritäten mit Schweigen beantwortet wird. Traditionell wird Jesu Sexualität entweder nicht thematisiert oder es wird implizit angenommen, dass er zölibatär lebte. Dies liegt zum einen an der theologischen Betonung seiner göttlichen Natur, zum anderen an der historischen Entwicklung eines kirchlichen Sexualverständnisses, das Sexualität oft nur mit Sünde oder Unreinheit assoziiert. Gleichzeitig gibt es theologische Stimmen, die eine offenere Auseinandersetzung mit der Frage fordern, um ein vollständigeres Bild von Jesus als Mensch zu erhalten (z. B. William E. Phipps, *The Sexuality of Jesus*, 1973).

Damit eine solche Diskussion in einer Kirchengemeinde angstfrei geführt werden kann, muss der Geistliche vor Ort mehrere Bedingungen schaffen:

Ein offener Diskursraum: Es muss von Anfang an klargestellt werden, dass Fragen über Jesu Sexualität nicht als Häresie oder Blasphemie gelten, sondern als legitime theologische Reflexion. Dies erfordert eine Kultur des Vertrauens, in der Fragen ohne Angst vor moralischer Verurteilung gestellt werden können.

Biblische und theologische Bildung: Viele Fragen entstehen aus Unwissenheit oder unreflektierten Traditionen. Der Geistliche sollte die biblischen Texte und historischen Quellen offen analysieren, um verschiedene Interpretationen zu ermöglichen – auch solche, die vom kirchlichen Mainstream abweichen.

Entkopplung von Sexualität und Schuld: Die Vorstellung, dass Sexualität grundsätzlich problematisch oder sündhaft ist, verhindert eine sachliche Diskussion. Eine theologische Grundlage, die Sexualität als einen positiven und gottgegebenen Bestandteil des Menschseins begreift, könnte dazu beitragen, Ängste abzubauen. Theologen wie

Eugene F. Rogers (*Sexuality and the Christian Body*, 1999) betonen beispielsweise, dass Sexualität integraler Bestandteil des Menschseins und nicht automatisch defizitär sei.

Schutz vor innerkirchlichem Druck: Geistliche, die solche Diskussionen ermöglichen, laufen Gefahr, von konservativen Stimmen kritisiert zu werden. Sie benötigen daher Rückhalt durch fortschrittliche theologische Netzwerke oder offene Bischöfe, die eine differenzierte Auseinandersetzung unterstützen.

Eine pastorale Haltung statt dogmatischer Kontrolle: Die Diskussion sollte nicht mit vorgefertigten Antworten geführt werden, sondern mit einer ehrlichen Suchbewegung, die sich von Jesu eigener Offenheit für die Fragen und Zweifel der Menschen inspirieren lässt.

Wenn diese Bedingungen erfüllt sind, könnte eine angstfreie Diskussion über Jesu Sexualität möglich sein – als ernsthafte theologische Reflexion über das Menschsein Jesu und seine Bedeutung für die christliche Anthropologie.

77 • Welche Ängste stehen hinter der kirchlichen Ablehnung einer homosexuellen Identität Jesu?

Die kirchliche Ablehnung einer homosexuellen Identität Jesu ist tief in verschiedenen Ängsten verwurzelt, die sowohl theologische als auch institutionelle und gesellschaftliche Dimensionen haben. Eine der zentralen Ängste ist die Sorge um die Unveränderlichkeit der kirchlichen Lehre. Wenn Jesus als homosexuell betrachtet würde, müsste die Kirche eingestehen, dass ihre jahrhundertealte Ablehnung von Sexualität möglicherweise auf falschen Annahmen beruht. Dies würde nicht nur die gesamte kirchliche Sexualmoral infrage stellen, sondern auch die Autorität der Kirche als Hüterin göttlicher Wahrheit schwächen.

Eine weitere Angst betrifft das traditionelle Bild Jesu als perfektes Vorbild für ein gottgefälliges Leben. In der kirchlichen Lehre wird er oft als geschlechtslos oder über der Sexualität stehend dargestellt, um ihn als moralische Leitfigur von jeder Form der *„Begierde“* zu distanzieren. Die Vorstellung, dass Jesus eine queere Identität gehabt haben könnte, würde dieses Bild herausfordern und eine neue, körperlichere und menschlichere Perspektive auf seine Person eröffnen. Viele Kirchen befürchten, dass eine solche Deutung ihre spirituelle Autorität über Sexualmoral untergraben könnte.

Eine weitere Angst ist die politische Dimension. Die Ablehnung einer homosexuellen Identität Jesu ist auch eine Abgrenzung gegenüber gesellschaftlichen Entwicklungen, die von konservativen Kirchen oft als „moralischer Verfall" betrachtet werden. In vielen Ländern sind LGBTQIA+-Rechte zu einem Symbol für Fortschritt und gesellschaftlichen Wandel geworden. Die Kirche fürchtet, dass eine Anerkennung homosexueller Identität – insbesondere bei Jesus selbst – als Kapitulation vor einem vermeintlichen „Zeitgeist" gesehen werden könnte und damit die Kirche als Institution an Stabilität und Glaubwürdigkeit verliert.

Doch diese Ängste sind nicht unüberwindbar. Die Kirche könnte erkennen, dass ihre Stärke nicht in der Starrheit ihrer Lehren liegt, sondern in ihrer Fähigkeit zur geistigen Erneuerung und zur Rückbesinnung auf das Wesentliche: die Botschaft der Liebe und Annahme, die Jesus selbst verkörperte. Wenn Jesus als eine Figur der radikalen Inklusion und Liebe verstanden wird, dann wird seine sexuelle Identität zweitrangig gegenüber seiner zentralen Mission: Menschen zu ermutigen, in Liebe, Mitgefühl und Gerechtigkeit zu leben.

Ein offener Umgang mit der Frage nach Jesu Sexualität muss nicht die Autorität der Kirche untergraben, sondern kann ihr helfen, sich als lebendige, dynamische Gemeinschaft zu verstehen, die sich auf die Kernwerte des Evangeliums konzentriert. Statt Angst vor einem Kontrollverlust zu haben, könnte die Kirche sich als *Ort der Befreiung und des echten Dialogs* begreifen, in dem Menschen *willkommen* sind, unabhängig von ihrer Identität, Geschlechtlichkeit oder Lebensweise.

Dieser neue Seinszustand könnte eine Kirche sein, die nicht mehr von Angst, sondern von Vertrauen geprägt ist. Vertrauen darauf, dass göttliche Wahrheit nicht in starren Normen gefangen ist, sondern sich in der lebendigen Erfahrung von Liebe und Annahme entfaltet. Eine Kirche, die sich von der Last überkommener Dogmen befreit, könnte nicht nur für LGBTQIA+-Menschen ein sicherer Ort sein, sondern für alle, die sich nach einer spirituellen Heimat sehnen, in der sie als ganze Menschen angenommen werden.

So gesehen könnte die Angst vor einer homosexuellen Identität Jesu sich als unbegründet herausstellen. Denn wenn Jesus – wie viele Christen glauben – die vollkommene Offenbarung der göttlichen Liebe ist, dann kann nichts an seiner Identität, egal welcher Art, diese Liebe schmälern. Vielmehr könnte eine offenere, ehrlichere Auseinandersetzung mit dieser Frage der Kirche helfen, sich auf das Wesentliche zurückzubesinnen: den Menschen nicht nach seiner Identität oder Sexualität zu beurteilen, sondern nach der Liebe, die er lebt.

Diese Angst der Kirche kann und muss sich wandeln – hin zu einer Haltung verantwortlicher Fürsorge, die nicht ausgrenzt, sondern schützt. Sie kann sogar zum Recht ihrer Gläubigen werden, z. B. indem die Prinzipien des Gleichbehandlungsgesetzes zum gelebten Credo einer inklusiven Kirche werden. Einer Kirche, die keine Angst vor der Transformation ihrer Lehre hat, sondern in der Veränderung selbst den Ort erkennt, an dem sich das Heil Gottes neu offenbart.

Das Allgemeine Gleichbehandlungsgesetz (AGG) schützt in Deutschland vor Benachteiligung in neun zentralen Bereichen. Die katholische Kirche unterliegt in Teilen nicht dem Allgemeinen Gleichbehandlungsgesetz (AGG), und kann daher eigene Lehren, Moralvorstellungen und Personalentscheidungen unabhängig von staatlichen Vorgaben gestalten – zumindest solange dies nicht gegen grundlegende Menschenrechte oder Strafgesetze verstößt.

Auch wenn die katholische Kirche durch dieses Selbstbestimmungsrecht juristisch teils ausgenommen ist, lässt sich jeder dieser Schutzbereiche theologisch reflektieren und auf kirchliches Denken und Handeln anwenden.

Im Geist des Evangeliums, das Gottes unbedingte Zuwendung zu allen Menschen bezeugt, verpflichtet sich die Kirche, ihre Lehre, Praxis und Sprache in einer Weise zu gestalten, die niemanden aufgrund folgender Merkmale ausgrenzt oder herabwürdigt:

1. **Geschlecht:** Weil Gott Mann und Frau, nicht-binär und trans Menschen als Ebenbild Gottes geschaffen hat (Gen 1,27), darf

kein Mensch aufgrund seines Geschlechts von kirchlicher Teilhabe, Leitung oder Sakramentenzugang ausgeschlossen werden.

2. **Ethnische Herkunft**: Die Kirche bekennt, dass in Christus *„nicht mehr Grieche noch Jude“* ist (Gal 3,28). Herkunft, Hautfarbe oder kulturelle Prägung dürfen kein Grund für unterschiedliche Wertschätzung oder Repräsentation sein – weder im Gottesdienst noch im Amt.
3. **Religion oder Weltanschauung:** Die Kirche achtet das Gewissen jedes Menschen. Auch innerkirchlich gilt: Abweichende Positionen, spirituelle Suchbewegungen und interreligiöse Bezüge dürfen nicht diskreditiert, sondern sollen als Impuls zur gemeinsamen Wahrheitssuche verstanden werden.
4. **Behinderung:** Ein Mensch ist nicht weniger Abbild Gottes, weil er körperlich, seelisch oder geistig eingeschränkt ist. Die Kirche erkennt Behinderung nicht als Defizit, sondern als Teil der Schöpfungsvielfalt und ist verpflichtet, Barrieren abzubauen – räumlich, sprachlich, liturgisch.
5. **Alter:** Würde und Teilhabe sind keine Frage des Lebensalters. Kinder, Jugendliche und alte Menschen tragen mit ihrer je eigenen Perspektive zur geistlichen Tiefe der Kirche bei und dürfen nicht marginalisiert oder instrumentalisiert werden.
6. **Sexuelle Identität:** Liebesfähigkeit ist göttliches Geschenk. Die Kirche darf keine Diskriminierung oder Bewertung von Menschen aufgrund ihrer sexuellen Orientierung zulassen. Jeder Mensch hat das Recht auf Segen, Gemeinschaft und Begleitung.
7. **Geschlechtsidentität:** Trans*, inter* und nicht-binäre Menschen sind keine theologischen Debatten, sondern lebendige Zeugnisse der Schöpfungsvielfalt. Ihre Existenz fordert eine Kirche zur Transformation auf, die nicht mehr in binären Kategorien denkt – und lädt ein zu neuer Sprache, tieferer Gerechtigkeit und echter Anerkennung.

8. **Sozialer Status:** Gott bevorzugt nicht die Reichen, sondern stellt sich auf die Seite der Armen. Die Kirche darf keine soziale Schichtung in Liturgie, Bildungszugang oder Repräsentanz dulden. Jeder Mensch, unabhängig von Einkommen oder Bildung, ist Kirche.

9. **Familienstand:** Ob alleinstehend, geschieden, in gleichgeschlechtlicher Partnerschaft oder in Patchworkfamilien – das Evangelium kennt keine „Idealbiografie". Die Kirche ist berufen, Beziehungen zu segnen, nicht zu bewerten, und Menschen zu begleiten, nicht zu sortieren.

Insgesamt:

Die Kirche bekräftigt ihre Berufung, Zeichen der universalen Liebe Gottes zu sein. Diskriminierung in theologischer Lehre, liturgischer Praxis oder kirchlicher Struktur widerspricht dieser Berufung. Der Schutz der Menschenwürde und die Gleichwertigkeit aller Getauften sind theologische Grundpfeiler, keine Option.

78 • Ist die Ablehnung einer queeren Jesus-Interpretation ein Ausdruck von Angst vor der eigenen Transformation?

Manche Menschen haben Angst davor, sich mit den Unsicherheiten auseinanderzusetzen, die eine queere Theologie mit sich bringt. Eine queere Interpretation Jesu zwingt dazu, lange tradierte Lehren über Geschlecht und Sexualität zu hinterfragen und möglicherweise anzuerkennen, dass bisherige kirchliche Dogmen nicht zeitlos, sondern kulturell geprägt und auch überaltert sind. Dies würde bedeuten, dass Glaube und Theologie nicht feststehen, sondern dynamisch sind – eine Vorstellung, die für viele Gläubige veränderlich wirkt.

Hinzu kommt, dass eine queere Lesart Jesu nicht nur theologische, sondern auch persönliche Konsequenzen hat. Wer sich darauf einlässt, muss möglicherweise seine eigene Einstellung zu Geschlecht und Sexualität überdenken, sich mit gesellschaftlichen Normen auseinandersetzen und vielleicht sogar seine eigene Identität hinterfragen. So, wie es ein queere Mensch auch tun muss, wenn er sich sozialisiert und sein Identität festigt. Insbesondere für Menschen, die in einer konservativen religiösen Umgebung sozialisiert wurden, kann dies als Herausforderung oder sogar als Bedrohung der eigenen Selbstwahrnehmung empfunden werden.

Die Ablehnung einer queeren Jesus-Interpretation kann also weniger mit theologischer Stringenz als vielmehr mit einer inneren Abwehrhaltung gegenüber Veränderung zu tun haben. Transformation bedeutet Loslassen alter Gewissheiten und das Zulassen neuer Perspektiven. Wer sich dem verweigert, verteidigt oft nicht nur eine theologische Position, sondern auch eine Weltordnung, die durch starre Geschlechter- und Sexualitätsnormen Stabilität zu bieten scheint. Doch wenn das Christentum tatsächlich ein Glaube der Liebe, der Befreiung und der Gerechtigkeit ist, dann sollte es nicht von Angst vor Veränderung geprägt sein, sondern von der Offenheit, Gottes Wirken in vielfältiger Weise zu erkennen – auch in einer queeren Lesart Jesu.

79 • Kann eine homosexuelle Auslegung Jesu das Christentum attraktiver machen?

Eine homosexuelle Auslegung Jesu könnte das Christentum für viele Menschen attraktiver machen, insbesondere für diejenigen, die sich von traditionellen kirchlichen Lehren ausgeschlossen oder nicht repräsentiert fühlen. Eine solche Perspektive könnte die Inklusivität des christlichen Glaubens betonen, historisch verankerte Ausgrenzungsmechanismen hinterfragen und neue theologische Deutungen ermöglichen, die auf Liebe, Gerechtigkeit und Befreiung basieren.

Inklusivität und Identifikation

Viele Menschen haben sich aufgrund konservativer kirchlicher Positionen zur Sexualität von der Kirche entfremdet. Wenn Jesus als eine Figur verstanden wird, die selbst außerhalb der heteronormativen Ordnung stand oder zumindest queere Erfahrungen und Identitäten verkörpern könnte, könnten sich queere Menschen stärker mit ihm identifizieren. Diese Deutung findet sich in Werken wie Patrick Chengs

„Radical Love: An Introduction to Queer Theology“ (2011), in dem Jesus als Verkörperung radikaler, queerender Liebe betrachtet wird, die bestehende Normen herausfordert.

Abbildung 14: Ein Kreis von vielfältigen Menschen um eine strahlende Mitte, überragt von einem sanften Regenbogen und einer Lichtquelle in Kreuzform – Symbol für eine einladende, queer-offene Spiritualität.

Das Symbol wird als wegweisend für eine geschlechterneutrale und inklusive Kirche interpretierbar, das im Zuge der Frauen in Priesterämtern zentral wird. Denn: Die Lichtquelle in der Mitte des Bildes kann als Symbol für eine göttliche Berufung gedeutet werden, die nicht an Geschlecht gebunden ist. Sie strahlt gleichmäßig in alle Richtungen, durchdringt jede Gestalt im Kreis und macht sichtbar: Berufung geht vom Geist aus – nicht vom Stand, nicht vom Körper. Wenn Frauen in diesem Licht stehen,

zeigt sich darin keine Ausnahme, sondern ihre gleichberechtigte Teilhabe an Sendung und Leitung. Die Lichtquelle wird so zum leisen, aber klaren Hinweis: Das, was zur priesterlichen Berufung befähigt, ist in jedem Menschen angelegt – auch in Frauen oder Menschen mit gleichgeschlechtlicher Orientierung. So wird das Licht zum federführenden Zeichen einer Vielfalts-Kirche, die nicht fragt: „Wer darf?", sondern erkennt: „Wem leuchtet das Evangelium ins Herz?"

Hinterfragen traditioneller Geschlechter- und Sexualitätsnormen

Die Darstellung Jesu als homosexuell oder queer wäre nicht nur eine moderne Projektion, sondern könnte auch aus einer historischen und theologischen Perspektive begründet werden. Eine solche Deutung könnte helfen, starre Geschlechterrollen und Sexualitätsnormen in der Kirche zu hinterfragen und Raum für vielfältige Identitäten zu schaffen.

Eine befreiungstheologische Perspektive

Eine homosexuelle oder queere Interpretation Jesu könnte auch im Kontext der Befreiungstheologie stehen. So wie Jesus sich mit den Marginalisierten seiner Zeit identifizierte, könnte ein queerer Jesus als Symbol der Solidarität mit den heute noch diskriminierten LGBTQIA+-Personen gesehen werden. Theologen wie Marcella Althaus-Reid (*„Indecent Theology"*, 2000) argumentieren, dass eine *„anständige"*, heteronormative Theologie hinterfragt werden muss, um die befreiende Botschaft Jesu für alle Menschen erfahrbar zu machen.

Attraktivität für fortschrittliche und suchende Gläubige

Viele Menschen suchen heute nach einem Glauben, der sie in ihrer Identität bestätigt und nicht ausschließt. Eine queere Deutung Jesu könnte das Christentum für jene attraktiver machen, die sich mit traditionellen Auslegungen nicht identifizieren können. Dies zeigt sich auch in der wachsenden Zahl von LGBTQIA+-affirmativen Gemeinden und kirchlichen Reformbewegungen wie *#OutInChurch*.

Eine homosexuelle oder queere Deutung Jesu muss also nicht als dogmatische Aussage verstanden werden, sondern als eine theologische Möglichkeit, die hilft, das Christentum offener und relevanter für die heutige Zeit zu machen. Sie könnte dazu beitragen, Mauern abzubauen, neue Perspektiven auf die Liebe Jesu zu eröffnen und das Christentum als eine Religion der radikalen Annahme und Befreiung zu stärken.

d) Erweiterte Kontexte

80 • Welche Argumente führt Klaus Dede für seine Thesen an, Jesus sei schwul bzw. queer gewesen?

Klaus Dede argumentiert in seinem Buch *Jesus – gay?*, dass Jesus homosexuell gewesen sein könnte, und stützt sich dabei auf biblische Hinweise, historische Kontexte sowie eine kritische Analyse kirchlicher Dogmen und gesellschaftlicher Normen. Ein zentrales Argument ist die Interpretation bestimmter Bibelstellen. So verweist Dede auf die Passage, in der ein Jünger „in Jesu Schoß" lag. Er behauptet, dass diese Stelle von Martin Luther bewusst falsch übersetzt wurde, um bestimmte Interpretationen zu unterdrücken und eine mögliche homoerotische Beziehung auszublenden.

Ein weiteres Argument bezieht sich auf den kulturellen Kontext, in dem Jesus lebte. Dede weist darauf hin, dass Jesus in der Grenzregion zwischen jüdischer und griechischer Kultur wirkte. In der griechischen Welt war gleichgeschlechtliche Liebe weit weniger stigmatisiert als in der jüdischen Tradition. Jesus muss mit dieser freieren Sexualmoral vertraut gewesen sein, was Dede als Indiz für eine mögliche Offenheit oder sogar eigene Beteiligung an gleichgeschlechtlichen Beziehungen wertet.

Ein zentraler Punkt seiner Argumentation ist die Kritik an der jahrhundertelangen Unterdrückung der Sexualität durch die christlichen Kirchen. Dede sieht darin einen strategischen Versuch der Kirche, Macht über die Gläubigen zu erlangen und ihre Selbstbestimmung – insbesondere in Fragen der Sexualität – einzuschränken. Er zeigt auf, dass die Kirche oft dogmatische Regeln aufstellte, die mit der ursprünglichen Botschaft Jesu wenig zu tun hätten. Diese strenge Sexualmoral führe zu Heuchelei und seelischen Konflikten, insbesondere für homosexuelle Menschen, die sich in der Kirche oft ausgegrenzt fühlen.

Dede betont zudem, dass Jesus in den Evangelien als einfühlsamer und liebevoller Mensch beschrieben wird, der enge und emotionale

Beziehungen zu seinen Jüngern pflegte, was in Dedes Augen als Hinweis auf eine besonders innige Verbindung gedeutet werden könne. Dass diese Möglichkeit in der kirchlichen Tradition vehement abgelehnt wird, wertet Dede als Indiz dafür, dass die Kirche mit der Vorstellung eines selbstbestimmten und möglicherweise homosexuellen Jesus nicht umgehen kann. Die aggressive Abwehr dieser These durch damalige konservative Theolog:innen sieht er als Beleg dafür, dass es sich seiner Zeit noch um ein gesellschaftliches Tabu handelte, das dringend hinterfragt werden sollte.

Schließlich stellt Dede Jesus als Verfechter der Selbstbestimmung dar. In den Evangelien setzt sich Jesus konsequent für die Schwachen, Ausgegrenzten und Verfolgten ein – Gruppen, zu denen homosexuelle Menschen über Jahrhunderte hinweg partiell gehörten. Aus dieser Perspektive wäre es für ihn nur folgerichtig, dass Jesus entweder selbst homosexuell war oder zumindest eine tolerante Haltung zur gleichgeschlechtlichen Liebe hatte. Letztlich geht es Dede nicht darum, eine unumstößliche historische Wahrheit zu beweisen, sondern darum, eine Debatte über Sexualität, Kirche und Dogmen anzustoßen. Er plädiert für eine Gesellschaft, in der die individuelle sexuelle Identität nicht mehr tabuisiert wird und jeder Mensch seine Sexualität frei und ohne kirchliche oder gesellschaftliche Unterdrückung leben kann.

81 • Woran hat man die mögliche Homosexualität von Papst Julius III. (16. Jh.) festgemacht?

Die mögliche Homosexualität von Papst Julius III. (1487–1555) wurde vor allem an seiner engen und umstrittenen Beziehung zu Innocenzo Ciocchi del Monte festgemacht, einem jungen Mann, den er aus bescheidenen Verhältnissen holte und ungewöhnlich schnell in hohe kirchliche Ämter beförderte.

Julius III., der von 1550 bis 1555 Papst war, nahm Innocenzo Ciocchi del Monte als jungen Mann in seine Obhut. Laut Berichten hatte er ihn als Straßenjungen in Parma kennengelernt, ihn in seine Familie aufgenommen und ihn später in die kirchliche Hierarchie katapultiert. Innocenzo war von niedriger Herkunft und hatte keine nennenswerte theologische oder akademische Ausbildung. Dennoch wurde er von

Julius III. adoptiert und erhielt eine außergewöhnliche Förderung. Besonders auffällig war sein rasanter Aufstieg in der Kirche, denn trotz mangelnder Qualifikationen wurde er von Julius III. zum Kardinal erhoben, was für erhebliche Kritik in der Kurie sorgte. Die Entscheidung wurde nicht nur als unüblich, sondern als skandalös wahrgenommen, da Innocenzo keinerlei theologische Verdienste vorzuweisen hatte. Seine bevorzugte Stellung im Vatikan, sein luxuriöses Leben und die ständige Nähe zum Papst führten zu weit verbreiteten Gerüchten über die Natur ihrer Beziehung.

Bereits Zeitgenossen spekulierten über die enge Verbindung zwischen Julius III. und Innocenzo Ciocchi del Monte. Kritiker des Papstes argumentierten, dass die außergewöhnlichen Privilegien, die Innocenzo genoss, nicht allein durch familiäre Bindungen oder politische Motive erklärbar seien. Vor allem aus protestantischen Kreisen wurde der Vorwurf erhoben, die Beziehung sei homoerotisch. Diverse Chronist:innen und Diplomat:innen, darunter insbesondere der venezianische Gesandte Matteo Dandolo, beschrieben die Abhängigkeit des Papstes von Innocenzo als auffällig und fragwürdig. Dandolo schrieb beispielsweise, dass Julius III. „nichts ohne Innocenzo tun konnte" und dass ihre Beziehung „übertrieben" gewesen sei. Solche Aussagen, kombiniert mit der Tatsache, dass Innocenzo eine Schlüsselrolle in Julius' Hofstaat einnahm, verstärkten die Gerüchte über eine mögliche sexuelle Dimension ihrer Verbindung.

Ob es sich tatsächlich um eine homosexuelle Beziehung handelte, bleibt unklar. Es gibt keine direkten Belege für eine sexuelle Beziehung zwischen Julius III. und Innocenzo Ciocchi del Monte, sondern nur zahlreiche Hinweise auf eine außergewöhnlich bevorzugte Behandlung, eine enge emotionale Bindung und politische Vergünstigungen. Historiker:innen bleiben in dieser Frage vorsichtig, da viele Quellen von Gegner:innen des Papstes stammen, die möglicherweise ein Interesse an seiner Diffamierung hatten. Gleichzeitig argumentieren queere Theologie und moderne Historiographie, dass queere Identitäten in der Geschichte oft verschleiert oder tabuisiert wurden, sodass ein Mangel an expliziten Beweisen nicht zwingend bedeutet, dass keine solche Beziehung existierte.

Nach dem Tod von Julius III. fiel Innocenzo Ciocchi del Monte schnell in Ungnade und verlor seine politische und kirchliche Bedeutung. Er wurde mehrfach in Skandale verwickelt, darunter sexuelle Übergriffe auf junge Männer, was seine Glaubwürdigkeit weiter beschädigte und möglicherweise rückwirkend die Spekulationen über seine Beziehung zum verstorbenen Papst befeuerte.

Zusammenfassend basieren die Spekulationen über die mögliche Homosexualität von Papst Julius III. also auf der Tatsache, dass er einen jungen Mann aus niedriger Herkunft nicht nur adoptierte, sondern ihm eine beispiellose Karriere im Vatikan ermöglichte. Die emotionale Nähe des Papstes zu Innocenzo wurde von Zeitgenossen als übermäßig und unangemessen empfunden, insbesondere da Innocenzo keinerlei kirchliche oder akademische Qualifikationen besaß. Ob Julius III. tatsächlich homosexuell war oder ob es sich lediglich um eine übertriebene Protektion handelte, bleibt letztlich ungeklärt. Dennoch bleibt seine Beziehung zu Innocenzo Ciocchi del Monte eines der umstrittensten Kapitel der Papstgeschichte.

82 • Gibt es Belege oder Hinweise darauf, dass Paulus homosexuell gewesen sein könnten?

Es gibt keine eindeutigen Belege dafür, dass Paulus homosexuell war, aber einige Interpretationen seiner Schriften und biografischen Hinweise haben Spekulationen darüber ausgelöst.

Paulus' Ehelosigkeit: In seinen Briefen betont Paulus mehrfach seine Entscheidung, unverheiratet zu bleiben (1. Korinther 7,7–8). Er empfiehlt die Ehelosigkeit als Ideal und scheint wenig Interesse an einer heterosexuellen Beziehung zu zeigen. Manche deuten dies als möglichen Hinweis auf eine verborgene Homosexualität, während andere es eher als Ausdruck seiner asketischen Lebensweise oder seiner Erwartung des baldigen Weltendes sehen.

Der *„Stachel im Fleisch"*: In 2. Korinther 12,7 spricht Paulus von einem *„Stachel im Fleisch"*, einer andauernden Last oder Versuchung, die er nicht loswird. Es gibt viele Theorien darüber, was er damit meinte – körperliche Krankheit, geistliche Anfechtungen oder moralische Kämpfe. Manche spekulieren, dass dies ein verschlüsselter Hinweis auf homoerotische Neigungen sein könnte, die er im Rahmen seiner jüdisch-christlichen Ethik als „Schwäche“ empfunden haben könnte.

Sein Verhältnis zu männlichen Gefährten: Paulus hatte enge Beziehungen zu jüngeren Männern wie Timotheus und Titus, denen er persönliche Briefe schrieb und die er als seine *„geliebten Kinder“* bezeichnete. Allerdings sind solche Formulierungen auch im damaligen jüdisch-hellenistischen Kulturkreis nicht unüblich und lassen keine eindeutigen Schlüsse zu.

Seine Ablehnung von Homosexualität: Paulus äußert sich in Römer 1,26–27 sowie 1. Korinther 6,9 kritisch über gleichgeschlechtliche Beziehungen. Einige argumentieren, dass eine besonders strikte Ablehnung ein Hinweis darauf sein könnte, dass er selbst mit entsprechenden Neigungen kämpfte. Allerdings könnte dies auch einfach die übliche Moralvorstellung seiner Zeit widerspiegeln.

Insgesamt gibt es also keine historischen oder textlichen Beweise, die darauf hindeuten, dass Paulus homosexuell war. Die Spekulationen basieren eher auf indirekten Andeutungen, seiner Lebensweise und den kulturellen Kontexten, in denen er schrieb.

83 • War Jesus ein oder kein richtiger Mann?

In seinem Buch *"Christus (m/w/d). Eine Geschlechtergeschichte"* untersucht der Kirchenhistoriker Anselm Schubert, wie das Geschlecht Jesu Christi im Laufe der Geschichte unterschiedlich wahrgenommen und dargestellt wurde. Er zeigt auf, dass Jesus zwar historisch als Mann lebte, jedoch die Zuschreibungen seiner Geschlechtlichkeit je nach Epoche variierten. In der Antike galt vollkommene Männlichkeit als Ideal, verbunden mit Asexualität und Selbstbeherrschung. Das Geschlecht wurde als graduell betrachtet, wobei Frauen als unreife und Männer als ausgereifte Formen des Menschseins galten. Daher wurde Jesus selbstverständlich als Mann angesehen.

Im Mittelalter hingegen wurden Christus auch weibliche Attribute zugeschrieben. In der mystischen Theologie wurde er als nährende Mutter dargestellt, wobei seine Seitenwunde symbolisch als Uterus interpretiert wurde. Diese Vorstellungen dienten der Identifikation und spiegelten die damaligen Geschlechterkonzepte wider.

Mit der Aufklärung und der Entwicklung eines modernen Geschlechterverständnisses wurde Christus zunehmend als hypermaskuline Figur dargestellt, um patriarchale Ideale zu betonen. Dies zeigt, dass die Wahrnehmung von Jesu Geschlechtlichkeit stets im Kontext der jeweiligen kulturellen und sozialen Vorstellungen stand.

Historisch war Jesus ein Mann, doch seine Darstellung variierte je nach Epoche und theologischer Interpretation. Im Mittelalter etwa wurde er in der Mystik nicht nur als männliche Figur, sondern auch mit weiblichen Eigenschaften beschrieben. Theologen wie Julian von Norwich sahen ihn als nährende Mutter, und seine Seitenwunde wurde symbolisch mit einer Gebärmuttersituation verglichen. In der Antike hingegen galt Männlichkeit als etwas, das durch Askese und Selbstbeherrschung perfektioniert werden konnte. In diesem Sinne wurde Jesus als vollkommen angesehen, was ihn über herkömmliche Geschlechterrollen hinauszuheben schien. Das moderne Verständnis von Diversität legt nahe, dass Geschlecht nicht streng binär gedacht werden muss. In dieser Perspektive könnte Jesus als eine Figur betrachtet werden, die sich nicht eindeutig in das heutige Mann-Frau-Schema einordnen lässt. Besonders in der Theologie wird betont, dass er als Erlöser für alle Menschen unabhängig vom Geschlecht gedacht wird, was eine übergeordnete, geschlechterübergreifende Dimension nahelegt. Jesus selbst äußerte sich in der Bibel nicht konkret zu seiner Geschlechtsidentität, und seine Deutung war stets von den jeweiligen gesellschaftlichen Vorstellungen geprägt. Daher könnte er aus heutiger Sicht als eine Figur verstanden werden, die sich nicht auf eine starre Geschlechtszuschreibung festlegen lässt, sondern Aspekte verschiedener Geschlechtsvorstellungen in sich vereint, das nennt man heute: *queer sein*.

Kapitel 7: Queere Community: Perspektiven in Kirche und Theologie durch LGBTQIA+

Die Beziehung zwischen der queeren Community und der Kirche ist von Perspektiven, und auch von Veränderungsprozessen geprägt. Während sich viele christliche Ethiken schon lange Zeit im Dialog für eine vollständige Anerkennung von LGBTQIA+-Personen standen, wächst zunehmend der Druck, diese Haltungen zu fördern. Ein zentraler Aspekt dieser Debatte ist die Frage, ob der Umgang der Kirchen mit queeren Menschen mit Jesu Lehren der Liebe und Toleranz vereinbar ist. Wenn Christus selbst die Ausgegrenzten und Andersdenkenden in den Mittelpunkt seiner Botschaft stellte, wie kann dann die Nicht-Inklusion von LGBTQIA+-Personen gerechtfertigt werden?

Organisationen wie #OutInChurch setzen sich aktiv für eine Gleichberechtigung queerer Menschen innerhalb der katholischen Kirche ein und kritisieren bestehende Diskriminierungen in der Kirche. Sie fordern eine Veränderung kirchlicher Strukturen und verweisen auf die tief verwurzelte Homophobie, die in kirchlichen Lehren und Machtstrukturen verankert ist. Doch wie kann Homophobie innerhalb der Kirche abgebaut werden, insbesondere bei Geistlichen, die oft in einem Umfeld sozialisiert wurden, das queere Identitäten ablehnt?

Theologisch betrachtet gibt es zahlreiche Bibelstellen, die für eine Akzeptanz homosexueller Beziehungen sprechen könnten. Gleichzeitig stellen queere Interpretationen Jesu eine Perspektiven-Diskussion für konservative Gläubige dar. Könnte ein offen queer-freundliches Verständnis Jesu zur Überwindung kirchlicher Autoritätsansprüche beitragen? Und welche Rolle spielt dabei die Bewegung #OutInChurch, die die Kirche von innen heraus verändern will?

Neben theologischen Fragen gibt es auch gesellschaftliche Diskussionen: Sollte ein queerer Mensch die Kirche verlassen, wenn er sie als deformierend empfindet, oder sollte er sich für eine Veränderung einsetzen – auch wenn dies Resignation mit sich bringt? Die queere Theologie argumentiert, dass „queer“ nicht nur eine sexuelle Identität beschreibt, sondern auch eine Form des Widerstands gegen starre und unterdrückende Systeme ist. In diesem Sinne stellt sich die Frage, ob der Begriff „queer“ sogar als göttlich und spirituell betrachtet werden könnte.

Schließlich lohnt sich auch ein Blick auf historische Persönlichkeiten: Warum wird etwa der Papst als möglicher queerer Mensch betrachtet? Und welche historischen Figuren innerhalb der Kirche wurden in ihrer sexuellen Orientierung möglicherweise missverstanden oder bewusst unsichtbar gemacht? Der Coming-Out-Prozess, wie ihn Eli Coleman beschreibt, bietet eine psychologische Perspektive auf die Herausforderungen queerer Menschen – sowohl im persönlichen als auch im kirchlichen Kontext.

Die zentrale Frage bleibt: Wie kann eine Kirche aussehen, die LGBTQIA+-Personen nicht nur inkludiert, sondern aktiv wertschätzt und willkommen heisst? Und welche strukturellen Reformen sind nötig, um queere Gläubige nicht nur in theologischen Diskussionen, sondern auch im gelebten kirchlichen Alltag vollständig einzubinden, z. B. deren Ehen zu segnen? Eine LGBTQIA+-freundliche Kirche wäre nicht nur eine Gestaltung für die Gegenwart, sondern auch ein konsequenter Schritt hin zu einer Kirche, die ihre eigenen Werte der Liebe und Akzeptanz ernst nimmt.

a) Theologische und kirchliche Perspektiven

84 • Ist der Umgang der Kirchen mit LGBTQIA+-Personen vereinbar mit Jesu Lehren der Liebe und Toleranz?

Der Umgang der Kirchen mit LGBTQIA+-Personen ist ein komplexes und kontrovers diskutiertes Thema, bei dem es zwischen einzelnen Kirchen und christlichen Gemeinschaften teils erhebliche Unterschiede gibt. Betrachtet man Jesu zentrale Botschaften von Liebe, Toleranz und bedingungsloser Nächstenliebe, zeigt sich deutlich, dass er immer wieder für Empathie, Annahme und Achtung aller Menschen eintrat, besonders für jene, die von der Gesellschaft ausgegrenzt oder abgelehnt wurden. In Markus 12,31 wird beispielsweise Jesu Lehre mit den Worten zusammengefasst: *„Du sollst deinen Nächsten lieben wie dich selbst.“* Zudem zeigte sich Jesus wiederholt solidarisch mit marginalisierten Gruppen und wandte sich entschieden gegen Ausgrenzung, Vorurteile und Verurteilung anderer, etwa in der Erzählung von der Ehebrecherin im Johannesevangelium (Johannes 8,7), in der er erklärte: *„Wer unter euch ohne Sünde ist, der werfe den ersten Stein.“*

Gleichzeitig entspricht die heutige Realität in vielen Kirchen jedoch nicht immer diesen zentralen Grundsätzen Jesu. Insbesondere konservative Kirchen vertreten häufig ablehnende Positionen gegenüber LGBTQIA+-Menschen und berufen sich dabei oft auf einzelne Bibelstellen, etwa im Alten Testament in 3. Mose 18,22 oder im Neuen Testament bei Paulus in Römer 1,26-27. Solche Positionen führen häufig dazu, dass LGBTQIA+-Personen ausgegrenzt, diskriminiert oder in ihrem Lebensentwurf abgelehnt werden.

Im Gegensatz dazu gibt es zunehmend liberale oder fortschrittliche Kirchen und Gemeinden, die eine andere Haltung einnehmen. Sie argumentieren, dass Jesu Botschaft der bedingungslosen Liebe und Barmherzigkeit gerade bedeutet, alle Menschen – unabhängig von ihrer sexuellen Orientierung oder Geschlechtsidentität – anzunehmen und einzubeziehen. Für sie ist es selbstverständlich, dass Diskriminierung oder gar Verurteilung aufgrund sexueller Orientierung und Identität unvereinbar mit dem christlichen Gebot der Nächstenliebe sind.

Aus einer ethisch-theologischen Perspektive, die Jesu Fokus auf Liebe, Barmherzigkeit und Inklusion in den Mittelpunkt stellt, erscheint eine ablehnende und ausgrenzende Haltung gegenüber LGBTQIA+-Personen *kaum* mit der ursprünglichen Botschaft Jesu vereinbar. Viele Theolog:innen vertreten heute die Ansicht, dass Jesu Kernlehre der umfassenden Liebe nicht durch einzelne, selektiv interpretierte Bibelstellen eingeschränkt oder relativiert werden sollte.

So lässt sich zusammenfassend festhalten, dass Jesu Lehre der Liebe und Toleranz eindeutig dafür spricht, LGBTQIA+-Menschen mit Akzeptanz, Respekt und bedingungsloser Liebe zu begegnen. Der tatsächliche Umgang vieler Kirchen mit diesen Menschen spiegelt jedoch nicht immer diese ursprüngliche Botschaft Jesu wider, was wiederum zu Forderungen und kritischen innerkirchlichen Diskussionen führt. Ein liebevoller, respektvoller und inklusiver Umgang mit LGBTQIA+-Personen wäre somit aus Sicht der Kernaussagen Jesu eindeutig im Sinne seiner zentralen Werte von Liebe, Toleranz und Nächstenliebe.

85 • Welche biblischen Passagen könnten für eine Akzeptanz homosexueller Beziehungen sprechen?

Es gibt mehrere biblische Passagen, die für eine offenere oder zumindest tolerantere Haltung gegenüber homosexuellen Beziehungen sprechen könnten. Diese Texte werden oft von Theolog:innen und Befürworter:innen einer inklusiven christlichen Theologie herangezogen, um zu zeigen, dass die Bibel nicht ausschließlich gegen gleichgeschlechtliche Liebe spricht.

Die Liebe zwischen David und Jonathan: Die enge Beziehung zwischen König David und Jonathan, dem Sohn Sauls, wird in einer Weise beschrieben, die von vielen als mehr als nur eine Freundschaft interpretiert wird. In 2. Samuel 1:26 sagt David nach Jonathans Tod: *„Ich bin dir gram, mein Bruder Jonathan; du warst mir sehr lieb. Deine Liebe war mir wunderbarer als Frauenliebe.“* Diese Worte deuten auf eine tiefe emotionale und möglicherweise auch körperliche Nähe hin, die über eine bloße Freundschaft hinausgehen könnte.

Die Geschichte von Ruth und Naomi: Ruth schwört ihrer Schwiegermutter Naomi lebenslange Treue mit den Worten: *„Wo du hingehst, da will ich auch hingehen; wo du bleibst, da bleibe ich auch. Dein Volk ist mein Volk, und dein Gott ist mein Gott. Wo du stirbst, da sterbe ich auch, dort will ich begraben werden.“* (Ruth 1:16-17). Diese Passage wird oft als Beispiel für eine tiefe Liebe und Bindung zwischen zwei Frauen interpretiert. Einige sehen darin eine Parallele zu gleichgeschlechtlichen Beziehungen, da Ruth nicht nur aus familiärer Pflicht, sondern aus tiefem emotionalem Engagement an Naomis Seite bleibt.

Der „geliebte Jünger“ und Jesus: Im Johannesevangelium wird wiederholt von einem Jünger berichtet, der als *„der Jünger, den Jesus liebte“* bezeichnet wird. In Johannes 13:23-25 heißt es: *„Einer von seinen Jüngern aber, den Jesus liebte, lag zu Tisch an der Brust Jesu.“* Diese intime Geste könnte darauf hindeuten, dass Jesus und dieser Jünger eine besondere emotionale Bindung hatten. Während traditionelle christliche Theologie dies als rein platonische Bruderliebe interpretiert, argumentieren einige Theologen, dass diese Beziehung homoerotische Elemente enthalten könnte.

Der römische Hauptmann und sein Diener: In dieser Geschichte bittet ein römischer Hauptmann Jesus, seinen schwerkranken *„Diener“* zu heilen. Das griechische Wort *"pais"*, das hier für *„Diener“* verwendet wird, kann auch *„Geliebter“* oder *„Jüngling“* bedeuten. In der römisch-griechischen Kultur waren gleichgeschlechtliche Beziehungen zwischen einem Patron (Schutzgeber) und seinem pais nicht unüblich. Jesus heilt den Diener des Hauptmanns ohne jegliche moralische Verurteilung, was einige als Zeichen seiner Akzeptanz gleichgeschlechtlicher Liebe deuten.

Jesaja 56:3-5 – Akzeptanz der *„Eunuchen“*: Eunuchen waren in der antiken Gesellschaft oft Männer, die nicht in traditionellen heterosexuellen Ehen lebten und manchmal mit LGBTQIA+-Personen verglichen werden. In Jesaja 56:3-5 spricht Gott ausdrücklich davon, dass auch Eunuchen einen Platz in seiner Gemeinschaft haben: *„Und der Fremde, der sich dem HERRN zugewandt hat, soll nicht sagen: ‚Der*

HERR wird mich gewisslich ausschließen aus seinem Volk.‘ Und der Verschnittene soll nicht sagen: ‚Siehe, ich bin ein dürrer Baum.‘ Denn so spricht der HERR: Den Verschnittenen, die meine Sabbate halten und erwählen, was mir gefällt, und an meinem Bund festhalten, ihnen gebe ich in meinem Hause und in meinen Mauern einen Denkmalplatz und einen Namen, der besser ist als Söhne und Töchter.“ Diese Passage betont, dass auch Menschen, die nicht in traditionelle Geschlechter- und Familiennormen passen, in Gottes Augen wertvoll sind.

Galater 3:28 – Gleichheit aller Menschen in Christus: Paulus schreibt: *„Da ist weder Jude noch Grieche, da ist weder Sklave noch Freier, da ist weder Mann noch Frau; denn ihr seid alle eins in Christus Jesus.“* Dieses Prinzip der Gleichheit und Einheit könnte als Grundlage für die Akzeptanz aller Menschen unabhängig von ihrer sexuellen Orientierung genutzt werden.

Während die Bibel an einigen Stellen homosexuelle Handlungen auch anders beschreibt, die heute im historischen Kontext gewertet werden, gibt es auch zahlreiche Passagen, die für eine inklusive und akzeptierende Haltung gegenüber gleichgeschlechtlicher Liebe sprechen. Insbesondere Jesu Verhalten – seine Weigerung, Menschen zu verurteilen, seine Nähe zu Außenseitern und seine Betonung der Liebe über gesetzlichen Vorschriften – lässt Raum für eine fortschrittliche Interpretation.

86 • Könnte ein offen queer-freundliches Verständnis Jesu zur Überwindung kirchlicher Autoritätsansprüche beitragen? Welche Rolle spielt #OutinChurch dabei?

Ein offen queer-freundliches Verständnis Jesu könnte zur Überwindung kirchlicher Autoritätsansprüche beitragen, da es die traditionellen Machtstrukturen in Frage stellt, die auf dogmatischen Sexualnormen basieren. Die Bewegung *#OutInChurch* spielt dabei eine zentrale Rolle, indem sie nicht nur für die Anerkennung queerer Menschen in der Kirche kämpft, sondern auch das kirchliche Lehramt herausfordert, seine Deutungshoheit über Sexualmoral zu überdenken.

1. Die Verbindung zwischen Autorität und Sexualmoral

Kirchliche Autorität stützt sich in vielen Traditionen auf die Vorstellung, dass Moral und Wahrheit von der Kirche verwaltet und verkündet werden. Besonders in der katholischen Kirche hat das Lehramt das Monopol auf die Auslegung der Schrift und moralischer Normen, insbesondere in Fragen der Sexualität. Eine queer-freundliche Interpretation Jesu stellt diese Autorität infrage, weil sie zeigt, dass christliche Moral nicht zwangsläufig auf Verboten und Restriktionen beruhen muss, sondern auf Liebe, Gerechtigkeit und Annahme. Wenn Jesus als eine Figur verstanden wird, die bestehende Normen aufbrach und Menschen unabhängig von gesellschaftlichen Kategorien annahm, dann wird deutlich, dass die Kirche nicht das Recht hat, über die Würde und Lebensweise von Menschen zu urteilen.

2. Ein queerer Jesus als Chance für kirchliche Machtstrukturen

Wenn Jesus queer-freundlich oder sogar selbst als queere Figur interpretiert wird, dann wird damit ein Modell von Glaube und Spiritualität geschaffen, das nicht mehr von Gehorsam gegenüber einer autoritären Institution abhängt, sondern von individueller Freiheit und ethischer Reflexion. Ein queer-inklusives Christentum könnte die Fixierung auf Geschlecht, Sexualität und traditionelle Rollenbilder aufbrechen und die Kirche zu einer Gemeinschaft der Gleichberechtigung machen. Das würde bedeuten, dass die Autorität nicht mehr zentralistisch von oben herab verkündet wird, sondern in einem gemeinsamen, offenen Dialog entsteht.

3. Die Rolle von *#OutInChurch*

Die Initiative *#OutInChurch* hat genau diesen Prozess angestoßen. Sie besteht aus queeren Kirchenmitarbeiter:innen, die ihre sexuelle Orientierung und Identität öffentlich gemacht haben, um für eine diskriminierungsfreie Kirche zu kämpfen. Sie fordern eine Änderung des kirchlichen Arbeitsrechts, das queere Menschen bisher benachteiligt oder gar aus kirchlichen Anstellungen ausgeschlossen hat. Doch ihr Einfluss reicht über Arbeitsrecht hinaus – sie fordern eine grundlegende Neubewertung der kirchlichen Sexualmoral und eine Abkehr von alten Dogmen.

Durch ihre öffentliche Sichtbarkeit zeigen sie, dass queere Menschen nicht am Rand der Kirche stehen, sondern längst Teil von ihr sind. Damit entziehen sie der Institution die Deutungshoheit darüber, wer „rechtgläubig“ ist und wer nicht. Ihre Forderung nach einer inklusiven Kirche entspricht dem biblischen Ideal einer Gemeinschaft, in der niemand aufgrund von Identität oder Lebensweise ausgeschlossen wird.

4. Konsequenzen für kirchliche Autorität

Wenn sich ein queer-freundliches Verständnis Jesu durchsetzt, dann wird klar, dass die Kirche ihre Legitimität nicht mehr aus moralischer Kontrolle beziehen kann. Stattdessen müsste sie ihre Autorität auf Werte wie Mitgefühl, Gerechtigkeit und persönliche Gewissensbildung gründen. In einer solchen Kirche hätten queere Menschen nicht nur einen Platz, sondern auch eine Stimme – und sie könnten mitgestalten, statt sich moralischen Vorgaben unterordnen zu müssen.

Ein offen queer-freundliches Verständnis Jesu könnte also die Vorstellung von kirchlicher Autorität grundlegend verändern. Die Fixierung auf Sexualmoral als Machtinstrument würde durch eine Ethik der Liebe und Gerechtigkeit ersetzt. *#OutInChurch* ist ein wichtiger Katalysator dieses Wandels, indem die Bewegung nicht nur für Anerkennung kämpft, sondern auch zeigt, dass Kirche sich nur dann erneuern und überleben kann, wenn sie sich von starren Autoritätsansprüchen löst und zu einer echten Gemeinschaft des Dialogs und der Annahme wird.

87 • Warum könnte der Begriff „queer“ als göttlich betrachtet werden?

Queerness kann als göttlich betrachtet werden, weil sie für Grenzüberschreitung, Vielfalt, Transformation und radikale Liebe steht – Eigenschaften, die sich in vielen theologischen Konzepten wiederfinden. Gott wird in der Bibel als transzendent beschrieben, als Wesen, das sich nicht auf menschliche Kategorien festlegen lässt. In 2. Mose 3,14 offenbart Gott sich als *„Ich bin, der ich bin“*, eine Formulierung, die sich einer festen Definition entzieht und Offenheit sowie Identitätsfluidität nahelegt.

Auch die Schöpfungserzählung weist in diese Richtung. In Genesis 1,27 heißt es: *„Gott schuf den Menschen nach seinem Bild, als Mann und Frau schuf er sie.“* Dies könnte darauf hindeuten, dass Gottes Bild geschlechtliche Vielfalt in sich trägt oder sogar jenseits davon steht. Die Natur spiegelt dies wider, indem sie nicht nur binäre Geschlechter, sondern zahlreiche Zwischenformen und Fluiditäten aufweist – ein Zeichen göttlicher Kreativität und Vielgestaltigkeit.

Jesus selbst kann als queere Figur interpretiert werden, da er gesellschaftliche Normen durchbrach und bestehende Machtstrukturen infrage stellte. Er überschritt Geschlechterrollen, umgab sich mit Ausgegrenzten und predigte eine radikale Inklusion. Besonders die Kreuzigung und Auferstehung stehen für eine göttliche Transformation, die über festgelegte Identitätsgrenzen hinausgeht.

Auch die Dreifaltigkeit zeigt eine göttliche Queerness, indem sie traditionelle Identitätsvorstellungen auflöst. Gott ist zugleich Vater, Sohn und Heiliger Geist – eine Existenzform, die Beziehungsvielfalt in sich trägt und zeigt, dass göttliches Sein nicht auf eine einzige Form festgelegt ist.

Schließlich steht die befreiende Kraft Gottes auf der Seite der Marginalisierten. In Jesaja 43,19 sagt Gott: *„Siehe, ich wirke Neues! Jetzt sprosst es auf, erkennt ihr es nicht?“* Diese Verheißung einer neuen Wirklichkeit kann als Einladung verstanden werden, starre gesellschaftliche Strukturen zu hinterfragen und Platz für eine queere Offenheit zu schaffen. Gott ist nicht ein normativer Richter, sondern ein Befreier, Neuschöpfer und Verbündeter aller Identitäten, die sich außerhalb der engen gesellschaftlichen Normen bewegen.

b) Kritische Analyse der kirchlichen Haltung

88 • *Wie thematisiert die Initiative #OutInChurch die Diskriminierung von LGBTQIA+-Personen in der katholischen Kirche?*

Die Initiative #OutInChurch setzt sich gegen die systematische Diskriminierung von LGBTQIA+-Personen innerhalb der katholischen Kirche ein und fordert eine grundlegende Reform kirchlicher Strukturen und Lehren. Ihre zentrale Kritik richtet sich gegen das kirchliche Arbeitsrecht, das es bislang ermöglichte, nicht-heterosexuelle Menschen zu benachteiligen oder sogar zu entlassen. Besonders problematisch war, dass Mitarbeiter:innen, die in gleichgeschlechtlichen Ehen lebten oder ihre sexuelle Identität offenbarten, mit arbeitsrechtlichen Konsequenzen rechnen mussten – eine Praxis, die *#OutInChurch* als unvereinbar mit der christlichen Botschaft der Liebe und Menschenwürde betrachtet.

Die Initiative kritisiert zudem, dass die katholische Morallehre queere Menschen weiterhin als *„ungeordnet“* einstuft. Diese Haltung habe gravierende psychologische und soziale Folgen, da sie ein Klima der Angst, des Schweigens und der Unsichtbarkeit schaffe. Viele LGBTQIA+-Katholik:innen fühlten sich gezwungen, ihre Identität zu verbergen, um in kirchlichen Strukturen tätig sein zu können.

Mit ihrer öffentlichen Kampagne und der begleitenden Medien-Dokumentation *„Wie Gott uns schuf“* haben Mitglieder von *#OutInChurch* bewusst ihr Schweigen gebrochen und sich als queere Gläubige in der katholischen Kirche öffentlich gemacht. Ihr Ziel ist es, nicht nur auf individuelle Diskriminierung aufmerksam zu machen, sondern eine tiefgehende theologische und institutionelle Reform anzustoßen.

Ein erster Erfolg der Bewegung war die Debatte über das kirchliche Arbeitsrecht, das mittlerweile teilweise reformiert wurde, sodass eine gleichgeschlechtliche Ehe oder eine nicht-heteronormative Identität allein kein Entlassungsgrund mehr sein darf. Dennoch bleibt die theologische Grundhaltung der Kirche gegenüber LGBTQIA+-Personen unverändert, und *#OutInChurch* setzt sich weiterhin für eine vollständige Anerkennung und Gleichberechtigung queerer Menschen in kirchlichen Strukturen und in der Glaubenslehre ein. Ihre zentralen Forderungen sind:

Abschaffung der Diskriminierung im kirchlichen Arbeitsrecht:

- Niemand darf aufgrund seiner sexuellen Orientierung oder geschlechtlichen Identität entlassen oder benachteiligt werden.
- Gleichgeschlechtliche Ehen oder queere Identitäten dürfen kein Grund für den Ausschluss aus kirchlichen Berufen oder Ämtern sein.
- Offizielle Anerkennung sexueller und geschlechtlicher Vielfalt als Teil der Schöpfung:
- Die Kirche soll LGBTQIA+-Identitäten nicht mehr als „ungeordnet“ oder „Sünde“ bewerten, sondern als natürliche und gleichwertige Ausdrucksformen menschlicher Existenz.
- Theologische Texte und kirchliche Lehren müssen entsprechend überarbeitet werden.

Segnung queerer Paare und volle Gleichstellung in Sakramenten:

- Die Kirche soll gleichgeschlechtliche Partnerschaften offiziell segnen und anerkennen.
- Queere Menschen müssen in allen Bereichen des kirchlichen Lebens, inklusive Weiheämtern, gleichberechtigt teilhaben können.

Sichtbarkeit und Schutz queerer Personen in der Kirche:

- LGBTQIA+-Personen sollen offen in der Kirche leben können, ohne Angst vor Repressionen.
- Die Kirche muss sich aktiv für den Schutz queerer Menschen einsetzen, besonders in Ländern, in denen sie verfolgt werden.

Diese Gestaltungsmaßnahmen zielen darauf ab, die Kirche nicht nur als Institution zu reformieren, sondern sie zu einem sicheren und inklusiven Ort für alle Gläubigen zu machen.

89 • *Welche Rolle spielt Homophobie in der kirchlichen Ablehnung von LGBTQIA+ und wie kann Homophobie bei Geistlichen abgebaut werden?*

Homophobie spielt eine zentrale Rolle in der kirchlichen Ablehnung von LGBTQIA+-Personen und speist sich aus verschiedenen Quellen. Theologisch berufen sich viele Kirchen auf bestimmte Bibelstellen, die als Argument gegen gleichgeschlechtliche Beziehungen interpretiert werden, ohne deren historischen Kontext zu berücksichtigen. Gleichzeitig fürchten einige kirchliche Institutionen einen Autoritätsverlust, da die Anerkennung sexueller Vielfalt traditionelle Machtstrukturen infrage stellt. Viele Geistliche sind zudem in konservativen sozialen Milieus aufgewachsen, in denen Homosexualität noch anders bewertet wurde, wodurch tief verwurzelte Vorurteile entstehen konnten. Hinzu kommt eine allgemeine Angst vor Veränderung, da ein Wandel der kirchlichen Sexualethik oft als Bedrohung für die kirchliche Identität wahrgenommen wird. Manchmal spielen auch unaufgearbeitete persönliche Konflikte eine Rolle, wenn Geistliche eigene Unsicherheiten bezüglich Sexualität unterdrücken und dies in verstärkter Ablehnung gegenüber LGBTQIA+-Personen zum Ausdruck kommt.

Um Homophobie in der Kirche abzubauen, sind gezielte Maßnahmen notwendig. Eine theologische Neuorientierung ist entscheidend, bei der Bibeltexte im historischen Kontext betrachtet und queere Theologien in die kirchliche Lehre integriert werden. Die zentralen christlichen Werte wie Liebe, Gerechtigkeit und Menschenwürde sollten dabei im Mittelpunkt stehen. Bildungs- und Sensibilisierungsprogramme können dazu beitragen, Vorurteile abzubauen. Dazu gehören Fortbildungen für Geistliche zu LGBTQIA+-Themen, die Integration von Diversitäts- und Antidiskriminierungstrainings in die Priesterausbildung sowie die Zusammenarbeit mit LGBTQIA+-Organisationen, um Schulungen und Beratung anzubieten.

Neben theoretischem Wissen sind persönliche Begegnungen ein essenzieller Faktor für Veränderung. Direkte Gespräche mit queeren Gläubigen und der Austausch mit LGBTQIA+-Christ:innen können helfen, abstrakte Vorurteile zu überwinden.

Abbildung 15: Illustration des CSD-Umzugs mit einem katholischen Wagen, der LGBTQIA+-freundliche Botschaften trägt. Der Truck ist mit dem Slogan „Gottes Liebe ist bunt wie ein Regenbogen“ gekennzeichnet.

Mentoring-Programme, in denen Geistliche von queeren Menschen lernen, und gezielte Selbstreflexion über eigene Denkmuster fördern einen bewussten Umgang mit dem Thema.

Damit ein solcher Wandel langfristig gelingt, müssen auch strukturelle Veränderungen innerhalb der Kirche stattfinden. Dazu gehört die Förderung queerer Theolog:innen und Geistlicher in kirchlichen Ämtern sowie die Erarbeitung eines Schutzkonzepts gegen Diskriminierung von LGBTQIA+-Personen. Zudem sollte die kirchliche Sexualmoral an wissenschaftliche Erkenntnisse und gesellschaftliche Entwicklungen angepasst werden.

Ein wichtiger Schritt hin zu einer inklusiveren Kirche ist auch die öffentliche Positionierung gegen Homophobie. Geistliche könnten sich sichtbar für LGBTQIA+-Rechte einsetzen, indem sie an Pride-Veranstaltungen teilnehmen oder queere Gottesdienste feiern. Offizielle Segensfeiern für gleichgeschlechtliche Paare wären ein starkes Zeichen für Akzeptanz. Gleichzeitig ist es wichtig, Geistlichen Räume zur Reflexion und psychologischen Unterstützung anzubieten, damit sie eigene Ängste und Prägungen hinterfragen können. Dies könnte helfen, unbewusste Vorurteile abzubauen und gleichzeitig eine offene Atmosphäre zu schaffen, in der sich auch Geistliche mit ihrer eigenen sexuellen Identität auseinandersetzen können.

Ein nachhaltiger Wandel setzt voraus, dass die Kirche aktiv Verantwortung übernimmt und sich sowohl theologisch als auch strukturell weiterentwickelt. Nur durch eine bewusste Auseinandersetzung mit den Ursachen von Homophobie und gezielte Maßnahmen zu deren Abbau kann langfristig ein Umfeld geschaffen werden, in dem alle Menschen, unabhängig von ihrer sexuellen Orientierung oder Geschlechtsidentität, willkommen sind und sich mit ihrem Glauben und ihrer Identität angenommen fühlen.

90 • Warum wird der Papst als möglicher queerer Mensch betrachtet?

Die Vorstellung, dass der Papst als möglicher queerer Mensch betrachtet werden könnte, basiert weniger auf seiner individuellen sexuellen Orientierung als auf einer kritischen Reflexion seiner Rolle innerhalb der Kirche und der Art und Weise, wie er Geschlecht und Sexualität verkörpert. Es gibt mehrere theologische, historische und soziokulturelle Aspekte, die eine queere Lesart des Papsttums nahelegen könnten.

Queere Theologie dekonstruiert binäre Geschlechterkonzepte und zeigt auf, dass auch innerhalb der Kirche geschlechtliche Ambivalenzen existieren. Das Papsttum ist ein Amt, das offiziell männlich besetzt ist, aber auch Merkmale beinhaltet, die traditionell mit Weiblichkeit assoziiert werden. Der Papst wird als *„Heiliger Vater“* bezeichnet, übernimmt jedoch auch mütterliche Funktionen, etwa als geistlicher Versorger der Gläubigen. In historischen Darstellungen wurde der Papst oft als *„Bräutigam der Kirche“* beschrieben, während die Kirche selbst in vielen theologischen Metaphern als *„Braut Christi“* gilt. Diese metaphorische Geschlechterfluidität kann queere Interpretationen begünstigen.

Darüber hinaus lebt der Papst – ebenso wie alle zölibatären Kleriker – offiziell in einer Weise, die sich der klassischen heterosexuellen Norm widersetzt. Während die römisch-katholische Kirche heterosexuelle Ehe als normative Lebensweise für Lai:innen vorschreibt, existiert für den Klerus eine alternative Form des Lebens jenseits von Ehe und Fortpflanzung. In queeren Theorien wird oft betont, dass Zölibat und Ehelosigkeit nicht zwangsläufig heteronormative Konzepte stützen, sondern vielmehr eine Abweichung von der binären Ordnung von *„Mann und Frau“* im familiären Kontext darstellen. Die queere Theologie sieht in dieser Form der Ehelosigkeit eine Möglichkeit, heteronormative Vorstellungen von Beziehungsmodellen zu hinterfragen.

In der Kirchengeschichte gibt es immer wieder Spekulationen über Päpste, die möglicherweise homosexuelle Beziehungen hatten oder eine queere Identität lebten. Papst Julius III. (16. Jh.) stand im Verdacht, eine enge Beziehung zu seinem Sekretär Innocenzo Ciocchi del Monte zu unterhalten, die von Zeitgenossen als homoerotisch interpretiert wurde. In neueren Diskussionen wurde auch über Päpste spekuliert, die zwar keine offenkundigen queeren Beziehungen führten, aber durch ihr Wirken eine gewisse Offenheit für nicht-heteronormative Identitäten zeigten.

Besonders Papst Franziskus hat sich durch Äußerungen wie *„Wer bin ich, um zu urteilen?“* in Bezug auf homosexuelle Priester als eine Figur positioniert, die zumindest eine größere Offenheit gegenüber LGBTQIA+-Themen zeigt. Während die offizielle katholische Lehre Homosexualität weiterhin als *„ungeordnete Neigung“* betrachtet, lassen Franziskus' Aussagen Raum für Interpretationen, die eine queere Perspektive auf sein Pontifikat erlauben. Sein Einsatz für soziale Gerechtigkeit und seine Betonung von Barmherzigkeit und Inklusion stehen im Gegensatz zu vielen traditionellen kirchlichen Positionen.

Queere Theologen interpretieren seine Aussagen und symbolischen Handlungen als Schritte in Richtung einer entpathologisierten Sichtweise auf nicht-heterosexuelle Identitäten.

Neben der Person des Papstes selbst kann auch das Papsttum als Institution aus einer queeren Perspektive betrachtet werden. Es widersetzt sich der klassischen Vorstellung von Männlichkeit, indem es Enthaltsamkeit und eine von traditionellen Geschlechterrollen abweichende Lebensweise vorschreibt. Es steht für eine spirituelle Identität, die jenseits von biologischer Fortpflanzung existiert, was mit queeren Konzepten von Identität und Beziehungsmodellen korrespondiert.

Die Idee, dass der Papst als mögliche queere Figur betrachtet werden kann, ist keine Aussage über seine individuelle Identität, sondern eine Reflexion über die Ambivalenzen, Widersprüche und geschlechtlichen Codierungen, die das Papsttum mit sich bringt. Queere Theologie zeigt auf, dass das Papstamt – trotz oder gerade wegen seiner normativen Macht – eine Form von Geschlechterfluidität und eine Herausforderung für binäre Denkweisen darstellt. Auch wenn die Kirche offiziell queere Identitäten marginalisiert, steckt in ihrer eigenen Struktur eine queere Dimension, die das traditionelle Verständnis von Geschlecht und Sexualität unterläuft.

91 • *Bei den LGBTQIA+-Personen bezeichnet der Buchstabe A die Asexuellen. Der Papst ist ja ebenso asexuell. Gehört der Papst daher zu den LGBTQIA+-Personen, also queeren Menschen?*

Die Frage ist interessant, basiert aber auf einem Missverständnis darüber, was „asexuell“ bedeutet und wofür der Buchstabe „A“ im Kontext der LGBTQIA+-Gemeinschaft steht.

Im Akronym LGBTQIA+ steht „A“ tatsächlich für Asexualität (und häufig auch Aromantik), also für Menschen, die keine oder nur wenig sexuelle Anziehung zu anderen Personen empfinden. Wichtig ist hierbei, dass Asexualität eine sexuelle Orientierung ist – es geht um eine tief verwurzelte Eigenschaft der sexuellen Identität eines Menschen, nicht um freiwilligen Verzicht oder eine persönliche Entscheidung für Enthaltsamkeit.

Im Gegensatz dazu praktiziert der Papst – und allgemein katholische Priester – Zölibat, also eine bewusste, freiwillige Entscheidung, auf sexuelle Aktivitäten zu verzichten. Diese Entscheidung beruht auf religiösen und spirituellen Überzeugungen, nicht auf einer angeborenen sexuellen Orientierung oder Identität. Der Papst kann durchaus sexuelle Anziehung empfinden, hat sich aber dazu verpflichtet, ihr aus religiösen Gründen nicht nachzugehen.

Damit ist der Papst in der Regel nicht als *„asexuell“* im Sinne der LGBTQIA+-Definition zu verstehen. Der freiwillige Verzicht auf Sexualität (Zölibat) ist eine persönliche Entscheidung, die sich von Asexualität als sexueller Orientierung unterscheiden mag.

D.h. danach zusammengefasst: Nein, der Papst gehört nicht zu LGBTQIA+-Personen oder queeren Menschen, da seine Lebensweise (Zölibat) auf einer religiösen Entscheidung basiert und nicht einer sexuellen Orientierung entspricht. Asexualität im LGBTQIA+-Kontext bezeichnet Menschen, die grundsätzlich keine oder wenig sexuelle Anziehung empfinden – unabhängig von bewussten Entscheidungen oder religiösen Überzeugungen.

Dennoch gilt: Die bewusste, freiwillige Entscheidung, auf sexuelle Aktivitäten zu verzichten (z. B. Zölibat), ist grundsätzlich unabhängig von der sexuellen Orientierung.

Die sexuelle Orientierung beschreibt, zu welchen Geschlechtern sich jemand emotional, romantisch oder sexuell hingezogen fühlt. Sie ist eine tief verankerte, nicht bewusst gewählte Eigenschaft eines Menschen.

Im Gegensatz dazu bezeichnet eine freiwillige Enthaltsamkeit oder das Zölibat eine bewusste Entscheidung, unabhängig davon, ob und zu wem sexuelle Anziehung empfunden wird. Ein Mensch, der beispielsweise heterosexuell, homosexuell oder bisexuell ist, kann gleichermaßen freiwillig auf sexuelle Handlungen verzichten. Das bedeutet jedoch nicht, dass sich dadurch die Orientierung selbst verändert oder dass dieser Mensch automatisch als asexuell bezeichnet werden könnte.

Konkret am Beispiel des Papstes: Der Papst hat sich bewusst entschieden, auf Sexualität zu verzichten (Zölibat). Seine sexuelle Orientierung ist dabei nicht bekannt und auch nicht relevant für das Amt. Selbst wenn der Papst keinerlei sexuelle Handlungen ausübt, sagt dies nichts darüber aus, ob er eine sexuelle Orientierung besitzt oder nicht. Der Verzicht allein macht ihn nicht zu einer asexuellen Person im Sinne der LGBTQIA+-Community.

Die bewusste Entscheidung, auf sexuelle Aktivitäten zu verzichten, ist also eindeutig unabhängig von der sexuellen Orientierung. Zölibat oder sexuelle Enthaltsamkeit machen jemanden nicht automatisch zu einem Teil der LGBTQIA+-Gemeinschaft.

Eine asexuelle Person (im Kontext der LGBTQIA+-Community) ist eher dadurch gekennzeichnet, dass sie keine oder kaum sexuelle Anziehung gegenüber anderen Menschen empfindet. Konkret bedeutet das:

Asexualität ist eine sexuelle Orientierung, vergleichbar mit Heterosexualität, Homosexualität oder Bisexualität. Sie ist keine bewusste Entscheidung oder ein freiwilliger Verzicht auf sexuelle Handlungen, sondern eine tief verankerte Eigenschaft.

Asexuelle Menschen können durchaus romantische Anziehung empfinden (z. B. sich verlieben oder romantische Beziehungen eingehen), doch sie verspüren wenig bis kein Bedürfnis, sexuell aktiv zu sein oder sexuelle Nähe zu anderen zu suchen.

Es gibt innerhalb des asexuellen Spektrums viele Abstufungen. Manche asexuellen Menschen empfinden gelegentlich oder unter bestimmten Bedingungen sexuelle Anziehung (dies wird oft als *„Grey-Asexualität“* bezeichnet), während andere niemals sexuelle Anziehung empfinden.

Asexualität bedeutet nicht automatisch, dass jemand keine Beziehung oder keine Nähe möchte. Viele asexuelle Menschen leben in liebevollen Partnerschaften, können romantische Gefühle haben oder enge emotionale Bindungen eingehen.

Im Gegensatz zum Zölibat – dem bewussten, freiwilligen Verzicht auf sexuelle Aktivitäten – ist Asexualität daher keine Entscheidung, sondern eine Orientierung. Ein Mensch kann zölibatär leben, aber dennoch sexuelle Anziehung empfinden, wohingegen eine asexuelle Person grundsätzlich kaum oder gar keine sexuelle Anziehung empfindet.

Während Zölibat meist durch religiöse, spirituelle oder persönliche Entscheidungen motiviert ist, ist Asexualität eine natürliche Variation menschlicher Sexualität.

Eine Person aus der LGBTQIA+-Community kann selbstverständlich zölibatär leben. Dies liegt daran, dass:

- Zölibat die freiwillige Entscheidung bedeutet, auf sexuelle Aktivitäten zu verzichten. Diese Entscheidung ist unabhängig von der sexuellen Orientierung oder Identität.
- Die sexuelle Orientierung (z. B. homo-, bi-, pan-, oder asexuell) beschreibt hingegen, von wem man sich grundsätzlich emotional, romantisch oder sexuell angezogen fühlt. Sie ändert sich nicht dadurch, ob jemand sexuell aktiv ist oder nicht.

LGBTQIA+-Menschen können aus unterschiedlichsten Gründen zölibatär leben – etwa aus religiösen, spirituellen, ethischen, gesundheitlichen oder persönlichen Motiven. Solch eine Lebensweise macht ihre sexuelle Orientierung oder Identität nicht weniger gültig oder bedeutsam.

Ein Beispiel: Ein homosexueller Mann oder eine lesbische Frau könnte zölibatär leben, etwa aufgrund religiöser Überzeugungen oder einer bewussten Entscheidung für eine enthaltsame Lebensweise. Dies ändert jedoch nichts an ihrer grundlegenden sexuellen Orientierung.

Also ja, Zölibat ist unabhängig von der sexuellen Orientierung möglich und kommt in der LGBTQIA+-Community durchaus vor. Eine zölibatäre Lebensweise macht eine Person jedoch nicht weniger queer – die Zugehörigkeit zur LGBTQIA+-Community beruht allein auf der Identität und Orientierung, nicht auf der Ausübung von Sexualität.

Ob Asexualität aber immer angeboren ist, ist wissenschaftlich bislang noch nicht abschließend geklärt. Es gilt als wahrscheinlich, dass Asexualität—wie auch andere sexuelle Orientierungen—durch ein komplexes Zusammenspiel aus biologischen, psychologischen und sozialen Faktoren entsteht.

Eine Klarstellung dazu:

Menschen erleben ihre eigene Asexualität oft als etwas Dauerhaftes und Stabiles, vergleichbar mit anderen Orientierungen wie Homo-, Hetero- oder Bisexualität. Daher ist Sexualität insgesamt komplex, individuell und kann sich im Laufe eines Lebens verändern oder weiterentwickeln. Manche Personen erleben ihre sexuelle Orientierung als konstant, andere bemerken Veränderungen oder eine zunehmende Klarheit ihrer Orientierung im Laufe ihres Lebens.

Die aktuelle wissenschaftliche Sicht ist: Bis heute gibt es keine eindeutigen wissenschaftlichen Beweise dafür, dass sexuelle Orientierung ausschließlich biologisch bestimmt oder vollständig angeboren wäre. Aktuelle Forschungen gehen von einem Zusammenwirken genetischer, hormoneller, entwicklungspsychologischer und sozialer Faktoren aus. Dies gilt ebenfalls für Asexualität.

Und: Asexualität hat normalerweise nichts mit körperlicher Potenz, Funktionsfähigkeit oder dem Alter der Geschlechtsorgane zu tun. Auch hier zur Klarstellung: Asexualität bedeutet, dass eine Person wenig oder gar keine sexuelle Anziehung gegenüber anderen empfindet. Dies ist ein psychisch-emotionales Empfinden, unabhängig davon, ob die Geschlechtsorgane oder sexuelle Funktionen intakt sind oder nicht. Potenzverlust oder sexuelle Dysfunktion hingegen bezieht sich auf die physische Fähigkeit, Sexualität auszuüben. Menschen mit Potenzproblemen oder altersbedingten Veränderungen können durchaus sexuelle Anziehung empfinden, auch wenn sie körperlich eingeschränkt sind.

Natürlich könnten Menschen, die durch Alter oder Krankheit sexuelle Aktivitäten nicht mehr oder kaum noch ausüben können, sexuelle Bedürfnisse anders wahrnehmen oder sogar verringert empfinden. Doch dies ist nicht gleichbedeutend mit Asexualität im Sinne einer sexuellen Orientierung. Der wesentliche Unterschied:

- Asexualität: wenig oder keine sexuelle Anziehung (emotionale Ebene).
- Potenzprobleme oder Alterserscheinungen: Probleme bei sexueller Aktivität (körperliche Ebene).

Asexualität ist daher niemals eine Folge von Alter, Potenzverlust oder einer altersbedingten Veränderung der Geschlechtsorgane. Sie beschreibt eine eigenständige Orientierung, die auf emotionaler und psychischer Ebene stattfindet. Potenz oder Alter kann zwar Einfluss auf das Sexualverhalten haben, ist jedoch nicht gleichzusetzen mit der sexuellen Orientierung der Asexualität.

Folgender wichtiger Punkt ist noch anzusprechen: Tatsächlich gibt es einige Menschen, die erst im höheren Alter bemerken, dass sie zur Homosexualität oder Asexualität neigen. Dies bedeutet jedoch nicht unbedingt, dass ihre sexuelle Orientierung sich plötzlich verändert hat. Häufig waren diese Gefühle bereits früher vorhanden, konnten aber aus verschiedenen Gründen – etwa aufgrund gesellschaftlicher Erwartungen, sozialer Zwänge oder innerer Hemmungen – nicht bewusst wahrgenommen, akzeptiert oder ausgelebt werden. Wenn sich im Alter die Lebensumstände ändern, beispielsweise durch den Verlust eines Partners oder durch eine veränderte persönliche Situation, fühlen sich manche Menschen freier, ihre eigentliche sexuelle Orientierung zu akzeptieren und auch offen zu leben.

Es gibt allerdings durchaus auch Fälle, in denen Menschen erst spät im Leben erstmals sexuelle Anziehung zum gleichen Geschlecht entdecken oder wahrnehmen, nachdem sie zuvor lange heterosexuelle Beziehungen geführt haben. Sexualität ist nicht bei allen Menschen gleich starr festgelegt, sondern kann – zumindest bei einigen Personen – flexibel oder fließend verlaufen und sich im Lauf des Lebens verändern oder differenzierter entwickeln.

Im Zusammenhang mit Asexualität ist zu beachten, dass manche ältere Menschen zwar im Laufe ihres Lebens die sexuelle Aktivität bewusst reduzieren oder sogar vollständig einstellen, beispielsweise aufgrund gesundheitlicher, körperlicher oder emotionaler Faktoren. Dies ist jedoch nicht dasselbe wie die sexuelle Orientierung *„Asexualität“* im Sinne der LGBTQIA+-Community, die sich dadurch auszeichnet, dass Personen grundsätzlich wenig bis keine sexuelle Anziehung gegenüber anderen Menschen empfinden. Altersbedingt nachlassendes sexuelles Interesse oder sexuelle Inaktivität alleine reicht also nicht aus, um von Asexualität im LGBTQIA+-Sinne zu sprechen.

Daher gehört man nicht automatisch zur LGBTQIA+-Community, nur weil man älter wird und weniger sexuell aktiv ist. Entscheidend ist, welche sexuelle Orientierung oder geschlechtliche Identität jemand selbst empfindet oder erkennt, unabhängig von Alter oder körperlichen Veränderungen. Es kommt also immer darauf an, wie die Person ihre sexuelle Orientierung empfindet, wahrnimmt und definiert.

Nur in einem folgenden Fall könnte man sagen, dass der Papst zur LGBTQIA+-Community gehört: Entscheidend dafür wäre jedoch nicht sein zölibatärer Lebensstil, sondern die Tatsache, dass er sich bewusst öffentlich zu seiner homosexuellen Orientierung bekennt. Wenn also ein Papst öffentlich erklären würde, dass er homosexuell empfindet, wäre er durchaus der LGBTQIA+-Community zugehörig, auch wenn er weiterhin zölibatär lebt. In diesem Fall würde er zu den queeren Menschen zählen, da die LGBTQIA+-Community Menschen vereint, die aufgrund ihrer sexuellen Orientierung oder Identität von der gesellschaftlichen Norm abweichen – ganz unabhängig davon, ob sie sexuell aktiv sind oder nicht.

Wann oder ob jemals ein Papst seine homosexuelle Orientierung öffentlich bekannt gibt, ist unmöglich vorherzusagen. Bislang gab es keinen Papst, der eine solche Erklärung abgegeben hätte. Ein öffentliches Coming-out eines Papstes zu seiner Homosexualität wäre zudem ein außergewöhnlicher Schritt, der viel Sensibilität, Mut und Unterstützung erfordern würde. Wesentliche Hilfen dafür könnten zunächst in einem persönlichen Netzwerk liegen, also vertrauensvollen Beziehungen zu Menschen innerhalb oder außerhalb der Kirche, die offen, verständnisvoll und unterstützend reagieren würden. Hilfreich wäre auch ein Umfeld aus Berater:innen oder engen Vertrauten, die auf ein solches Ereignis gut vorbereitet sind, um eine möglichst offene und konstruktive Kommunikation gegenüber der Öffentlichkeit und innerhalb der Kirche sicherzustellen. Ebenso könnten internationale Organisationen und Initiativen, die sich für die Rechte und Akzeptanz von LGBTQIA+-Personen einsetzen, emotionale und praktische Unterstützung bieten, indem sie bei der Vermittlung von Botschaften helfen, die sowohl authentisch als auch diplomatisch formuliert sind. Hilfreich wäre ferner der Rückhalt anderer religiöser Führungspersönlichkeiten oder prominenter Mitglieder der Kirche, die Solidarität bekunden und zur gesellschaftlichen Akzeptanz eines solchen Coming-outs beitragen könnten. Nicht zuletzt wären mediale und psychologische Hilfen entscheidend, etwa durch Kommunikationsberater, Psychologen oder Seelsorger, die dem Papst dabei helfen könnten, mögliche Belastungen zu bewältigen und mit der zu erwartenden Aufmerksamkeit konstruktiv umzugehen. All diese Unterstützungselemente würden dazu beitragen, dass das Coming-out eines Papstes als positiver Schritt hin zu mehr Akzeptanz und Toleranz in Kirche und Gesellschaft wahrgenommen würde.

In der gegenwärtigen Haltung der katholischen Kirche wäre eine solche Offenbarung äußerst ungewöhnlich, da die offizielle Position der Kirche zwar besagt, homosexuelle Personen mit Respekt und Würde zu behandeln, homosexuelle Handlungen aber als unvereinbar mit der katholischen Lehre ansieht. Ein homosexuell empfindender, aber zölibatär lebender Papst könnte theoretisch trotzdem öffentlich zu seiner Orientierung stehen, ohne gegen den Zölibat zu verstoßen.

Sollte es jemals so kommen, würde dies vermutlich ein historischer Wendepunkt sein und einen tiefgreifenden Wandel innerhalb der katholischen Kirche symbolisieren. Es ist also theoretisch denkbar, aber aktuell sehr unwahrscheinlich, einzuordnen, ob oder wann ein Papst sich jemals offen zu seiner Homosexualität bekennen könnte.

Das Schweigen oder Ausweichen auf solche sensiblen, aber einfachen Fragen zur sexuellen Orientierung bzw. Zugehörigkeit zu einer Community, die ein Jeder im Leben für seine Repräsentanz beantworten muss, hilft tatsächlich nicht immer weiter - besonders dann nicht, wenn die Kirche Authentizität und Glaubwürdigkeit vermitteln möchte. Zwar schützt taktvolles Schweigen kurzfristig vor Konflikten und bewahrt bestehende Machtverhältnisse, langfristig aber verhindert es einen offenen, ehrlichen Dialog und erschwert die dringend benötigte Auseinandersetzung mit modernen gesellschaftlichen Realitäten. Gerade bei Themen wie Sexualität, Transparenz und persönlicher Integrität erwarten Gläubige zunehmend klare, nachvollziehbare Antworten – nicht aus voyeuristischem Interesse, sondern um Vertrauen in die Glaubwürdigkeit und Ehrlichkeit der Institution zu stärken. Ein offenerer Umgang mit diesen Fragen könnte helfen, Misstrauen und Doppelmoral abzubauen und damit letztlich der Glaubwürdigkeit und Akzeptanz der Kirche dienen. Schweigen mag kurzfristig bequem sein, auf lange Sicht aber hilft es eher nicht, sondern erschwert eine konstruktive Entwicklung hin zu einer authentischen, dialogfähigen Kirche.

c) LGBTQIA+ in Kirche und Gesellschaft

92 • Wie könnten LGBTQIA+-Christ:innen das christliche Menschenbild bereichern?

LGBTQIA+-Christ:innen können das christliche Menschenbild auf vielfältige Weise bereichern, indem sie neue Perspektiven auf Glaube, Gemeinschaft und Identität einbringen. Ihr Leben und ihre Erfahrungen fordern traditionelle Deutungen heraus und eröffnen Wege zu einem tieferen Verständnis von Gottes Liebe und Schöpfungsvielfalt. Sie zeigen, dass die Würde des Menschen nicht an eine bestimmte sexuelle Orientierung oder Geschlechtsidentität gebunden ist, sondern in der grundlegenden Gottesebenbildlichkeit jedes Individuums begründet liegt.

Durch ihre Geschichten und ihr Zeugnis tragen LGBTQIA+-Christ:innen dazu bei, dass Kirche und Theologie offener für Vielfalt werden. Sie machen deutlich, dass gelebte Authentizität ein wesentlicher Bestandteil eines wahrhaftigen Glaubens ist und dass Ehrlichkeit gegenüber der eigenen Identität nicht im Widerspruch zur christlichen Lehre stehen muss. Ihre Erfahrungen mit Diskriminierung und Ausgrenzung schärfen das Bewusstsein für soziale Gerechtigkeit und den Auftrag der Kirche, sich für Benachteiligte und Marginalisierte einzusetzen.

Darüber hinaus bringen LGBTQIA+-Christen neue theologische Perspektiven in die Kirche ein. Queere Theologien hinterfragen überkommene Interpretationen von Bibeltexten und entwickeln Lesarten, die die befreiende Botschaft des Evangeliums für alle Menschen betonen. Sie erweitern das Verständnis von Liebe, Partnerschaft und Familie, indem sie aufzeigen, dass christliche Werte wie Treue, Respekt und gegenseitige Fürsorge nicht an heteronormative Konzepte gebunden sind.

Auch in der liturgischen Praxis bereichern LGBTQIA+-Christ:innen das kirchliche Leben. Ihre Spiritualität, die oft aus einem tiefen Ringen mit Glauben und Identität erwachsen ist, bringt neue Ausdrucksformen des Gottesdienstes hervor, die die Vielfalt der Schöpfung widerspiegeln. Queere Gottesdienste oder inklusiv gestaltete Liturgien können zu einer tieferen Erfahrung der christlichen Gemeinschaft führen, indem sie Räume schaffen, in denen sich alle Menschen – unabhängig von ihrer Identität – angenommen fühlen.

Schließlich können LGBTQIA+-Christ:innen durch ihr Engagement für eine offene und liebevolle Kirche helfen, starre Dogmen zu überwinden und den Glauben in einer sich wandelnden Welt lebendig zu halten. Ihr Zeugnis erinnert die Kirche daran, dass das Evangelium eine Botschaft der bedingungslosen Liebe ist, die niemanden ausschließt. Indem sie sichtbar und authentisch in der Kirche leben, zeigen sie, dass christliche Identität nicht von Geschlecht oder sexueller Orientierung abhängt, sondern von der gelebten Beziehung zu Gott und den Mitmenschen. In diesem Sinne tragen sie dazu bei, das christliche Menschenbild weiterzuentwickeln – hin zu einem Verständnis, das die Vielfalt der Schöpfung als Ausdruck göttlicher Liebe begreift.

93 • *Wie würde eine LGBTQIA+-freundliche Kirche aussehen?*

Eine LGBTQIA+-freundliche Kirche wäre ein Ort, an dem Menschen unabhängig von ihrer sexuellen Orientierung oder Geschlechtsidentität voll akzeptiert und wertgeschätzt werden. Sie würde sich nicht nur durch eine offene Haltung auszeichnen, sondern auch aktiv Maßnahmen ergreifen, um Inklusion und Gleichberechtigung zu fördern.

Bereits beim Betreten der Kirche wäre ihre Offenheit sichtbar. Regenbogenflaggen, Plakate mit inklusiven Botschaften oder künstlerische Darstellungen queerer Heiliger könnten symbolisieren, dass hier alle willkommen sind. Doch weit über die Symbolik hinaus würde die Kirche ihre Offenheit durch konkrete theologische und liturgische Praktiken leben.

Abbildung 16: Eine LGBTQIA+-inklusive Kirche – offen, einladend, wertschätzend und umgeben von vielfältigen Menschen. Die Fenstermosaike und der leuchtende Bogen symbolisieren Zusammenhalt und sakramentalen Segen in Vielfalt.

Theologisch würde sie eine befreiende Interpretation der Bibel vertreten, in der die Liebe Gottes für alle Menschen – unabhängig von ihrer Identität – im Mittelpunkt steht. Predigten und Bibelstudien beziehen queere Perspektiven ein und zeigen, dass Vielfalt keine Bedrohung, sondern ein Ausdruck der göttlichen Schöpfung ist.

Auch in der Liturgie würde diese Kirche LGBTQIA+-Menschen aktiv einbeziehen. Queere Gottesdienste oder inklusive Gebetsformen könnten helfen, traditionelle christliche Spiritualität mit den Erfahrungen von LGBTQIA+-Christ:innen zu verbinden. Segnungen und Eheschließungen für gleichgeschlechtliche Paare wären eine Selbstverständlichkeit, ebenso wie die Möglichkeit für trans* oder nicht-binäre Personen, unter ihrem gewählten Namen und Pronomen in die Sakramente einzutreten.

Die Gemeindestruktur ist so gestaltet, dass LGBTQIA+-Personen nicht nur Teil der Gemeinde sind, sondern auch aktiv in Leitungspositionen eingebunden werden. Dies würde sicherstellen, dass Entscheidungen nicht über sie, sondern mit ihnen getroffen werden. Geistliche würden gezielt in queersensibler Seelsorge geschult, um LGBTQIA+-Gläubige auf ihrem Glaubensweg zu begleiten, insbesondere in Fragen von Identität, Coming-out und möglichen Erfahrungen religiöser Ausgrenzung.

Ein *sakramentaler Segen in Vielfalt* ist dabei der Ausdruck göttlicher Nähe, der alle Menschen in ihrer jeweiligen Identität, Beziehung und Lebensweise würdigt. Er erhebt das, was zwischen Menschen an Liebe, Vertrauen und Hingabe wächst, in den Raum des Heiligen – unabhängig von Geschlecht, Herkunft, sexueller Orientierung oder Beziehungsform.

Er - der Segen - ist:

◆ *universell:*
Er gilt nicht nur einigen, sondern allen. Denn Gottes Segen kennt keine Ausschlussklauseln.

◆ *verkörpernd:*
Er berührt den Körper, die Beziehung, das gelebte Leben – nicht als Ideal, sondern als das, was da ist und geliebt wird.

◆ *sichtbar und hörbar:*
Er spricht eine Zusage aus, durch Worte, Berührung, Gesten. In ihm wird erfahrbar: Du bist gut, wie du bist. Eure Verbindung ist kostbar. Ihr seid gesegnet.

◆ *sakramental:*
Das heißt: Er ist nicht nur symbolisch, sondern eine reale, geistige

Wirk-Kraft. Er macht Gottes Zuwendung spürbar – dort, wo Menschen sich binden, aufeinander vertrauen, füreinander da sind.

Ein solcher Segen ist keine „Ausnahme", sondern ein Zeichen dafür, dass Heiligkeit in der Vielfalt des Menschlichen leuchtet – in queeren Lebensformen ebenso wie in heteronormativen, in Freundschaft wie in Familie, in Übergängen und im Aufbruch.

Er sagt: Gott ist nicht die Ausnahme von der Liebe. Gott ist die Weite, in der sie aufblühen darf.

Darüber hinaus nimmt eine LGBTQIA+-freundliche Kirche ihre Verantwortung in der Gesellschaft ernst. Sie setzt sich öffentlich gegen Diskriminierung und für die Rechte von queeren Menschen ein, würde an Pride-Veranstaltungen teilnehmen und mit LGBTQIA+-Organisationen kooperieren. Angebote für queere Jugendliche, Schutzräume für Menschen, die aus religiösen oder familiären Gründen ausgegrenzt wurden, und Bildungsarbeit zu queeren Themen wären zentrale Bestandteile ihres Engagements.

Eine solche Kirche ist dann nicht nur ein sicherer Ort für LGBTQIA+-Christ:innen, sondern ein lebendiges Beispiel dafür, wie christlicher Glaube Vielfalt nicht nur tolerieren, sondern als Teil der göttlichen Schöpfung feiern kann. Sie würde zeigen, dass der Kern des Evangeliums – Liebe, Gerechtigkeit und Gemeinschaft – für alle Menschen gilt, ohne Ausnahme.

94 • Welche Perspektiven und Herausforderungen ergeben sich aus einem Zehn-Punkte-Plan für die queere Bewegung in Kirche und Gesellschaft?

In dem Handuch über gleichgeschlechtliche Partnerschaften "Engagierte Zärtlichkeit" stelle Andreas Frank in den 1990er Jahren einen Zehn-Punkte-Plan als Diskussionsgrundlage sowie als Perspektiven der queeren Bewegung dar: Der Zehn-Punkte-Plan dient als Basis für eine tiefgehende Debatte über die Rechte, gesellschaftliche Akzeptanz und kirchliche Integration homosexueller Menschen. Dabei stehen folgende Themen im Fokus:

1. Anerkennung der Pluralität menschlicher Identität – Vielfalt als zentrales Element einer modernen Gesellschaft und Kirche.

2. Gleichstellung in der Kirche – Forderung nach kirchlichen Segnungen und Hochzeiten für gleichgeschlechtliche Paare.

3. Überwindung diskriminierender Theologien – Neubewertung biblischer Aussagen zur Homosexualität aus einer historischen Perspektive.

4. Recht auf sexuelle Selbstbestimmung – Ablehnung jeglicher Unterdrückung oder gar "Umpolungs"-Versuche homosexueller Identität.

5. Enttabuisierung der Homosexualität unter Geistlichen – Offenheit und Ehrlichkeit statt Doppelleben und Verdrängung.

6. Neugestaltung kirchlicher Sexualmoral – Fokussierung auf Verantwortung und Liebe statt auf Fortpflanzungszwang.

7. Schwule und lesbische Theologie fördern – Entwicklung neuer theologischer Ansätze unter Einbeziehung homosexueller Perspektiven.

8. Einflussnahme auf kirchliche und gesellschaftliche Politik – Aktivismus zur Reform religiöser und rechtlicher Strukturen.

9. Bildungsarbeit in Kirche und Schule – Thematisierung von Homosexualität im Religionsunterricht und in kirchlichen Lehrplänen.

10. Solidarität mit anderen marginalisierten Gruppen – Verknüpfung der eigenen Bewegung mit feministischem, interkulturellem und sozialem Engagement.

Die Umsetzung der im Zehn-Punkte-Plan formulierten Forderungen eröffnet eine Reihe von langfristigen Perspektiven und Herausforderungen für die queere Lesben- und Schwulenbewegung. Diese betreffen nicht nur die kirchliche Anerkennung gleichgeschlechtlicher Lebensgemeinschaften, sondern auch die gesellschaftliche Integration, die Entwicklung neuer theologischer Konzepte und den Kampf gegen Diskriminierung.

Ein zentraler Aspekt ist die Emanzipation innerhalb der Kirche. Schwule und lesbische Gläubige fordern zunehmend eine gleichberechtigte Teilhabe an kirchlichen Strukturen und eine offizielle Anerkennung ihrer Lebensweise. Dies bedeutet nicht nur die Zulassung von Segnungen oder kirchlichen Hochzeiten für gleichgeschlechtliche Paare, sondern auch eine Neubewertung der Rolle homosexueller Geistlicher. Viele von ihnen leben bisher in einem Doppelleben, da sie sich innerhalb der kirchlichen Hierarchie nicht offen zu ihrer Sexualität bekennen können. Eine zukünftige Entwicklung muss darauf abzielen, diesen Menschen die Möglichkeit zu geben, ihre Berufung und ihr Glaubensleben in Einklang mit ihrer Identität zu bringen, ohne Repressionen oder Verheimlichung.

Die gesellschaftliche Integration spielt dabei eine ebenso große Rolle. Queere Menschen haben lange Zeit ohne Inklusion in der Gesellschaft gestanden und waren mit Vorurteilen, Diskriminierung und rechtlicher Benachteiligung konfrontiert. Ein wesentliches Ziel der Bewegung ist es daher, diese Marginalisierung zu überwinden und eine vollständige Gleichstellung in allen gesellschaftlichen Bereichen zu erreichen. Dies umfasst sowohl das Arbeitsleben und das Bildungswesen als auch das Recht auf Familiengründung und den Schutz vor Diskriminierung durch Gesetze und staatliche Institutionen.

Eng verbunden damit ist die theologische Neubewertung von Queerness. Bisher wurde gleichgeschlechtliche Liebe in vielen kirchlichen Lehren als moralisch separiert oder zumindest als ungeordnet gegenüber heterosexuellen Beziehungen betrachtet. Die Bewegung setzt sich für eine moderne Theologie ein, die die Vielfalt menschlicher Sexualität als gottgegeben anerkennt und nicht auf überholten Moralvorstellungen basiert. Diese Neubewertung erfordert ein Umdenken in der Bibelauslegung, das sich an der historischen und kulturellen Kontextualisierung biblischer Texte orientiert und sie nicht als zeitlose Verbote interpretiert. Ziel ist es, eine inklusive Theologie zu entwickeln, die queere Menschen nicht ausgrenzt, sondern sie als gleichberechtigten Teil der Glaubensgemeinschaft anerkennt.

Ein weiterer wichtiger Aspekt ist die Stärkung von Selbstbewusstsein und Identität. Viele homosexuelle Gläubige leiden unter den Spannungen zwischen ihrer religiösen Überzeugung und ihrer sexuellen

Identität. In einem Umfeld, das Homosexualität oft als untergeordnet darstellt, fällt es vielen schwer, sich selbst anzunehmen und ein Leben in Offenheit und Würde zu führen. Die Bewegung setzt sich daher für Aufklärung, seelsorgerische Unterstützung und die Schaffung von Schutzräumen ein, in denen sich queere Menschen ohne Angst vor Verurteilung entfalten können.

Schließlich ist die Netzwerkbildung und politische Einflussnahme eine zentrale Strategie der queeren Bewegung. Um langfristige Veränderungen zu erreichen, bedarf es einer breiten gesellschaftlichen Allianz, die über kirchliche und religiöse Grenzen hinausgeht. Die Zusammenarbeit mit feministischen, antirassistischen und sozialpolitischen Bewegungen ist dabei von großer Bedeutung, da viele der Mechanismen der Diskriminierung miteinander verknüpft sind. Die politische Arbeit zielt darauf ab, Gleichberechtigung gesetzlich zu verankern, Schutzmaßnahmen gegen Diskriminierung durchzusetzen und eine gesellschaftliche Debatte anzustoßen, die langfristig zu mehr Akzeptanz und Verständnis führt.

Zusammenfassend lässt sich sagen, dass die Queere Community sowohl innerhalb der Kirche als auch in der gesamten Gesellschaft auf eine Transformation hinarbeitet, die eine gleichberechtigte und respektierte Existenz für alle Menschen unabhängig von ihrer sexuellen Orientierung ermöglicht. Dies erfordert nicht nur rechtliche und theologische Reformen, sondern auch ein gesellschaftliches Umdenken, das Vielfalt als Bereicherung begreift.

Folgende Maßnahmen konnen bestehen für die Katholische Kirche, die queere Community und die Gesellschaft zu den einzelnen Forderungen:

Die Anerkennung der Pluralität menschlicher Identität erfordert von der Katholischen Kirche, eine offizielle Erklärung abzugeben, die sexuelle und geschlechtliche Vielfalt als Teil der göttlichen Schöpfung anerkennt. Dies sollte sich in einer inklusiven Sprache, einer diversitätsfreundlichen Seelsorge und der aktiven Einbindung queerer Menschen in kirchliche Entscheidungsprozesse widerspiegeln. Die queere Community kann diesen Prozess unterstützen, indem sie sich mit fortschrittlichen Theolog:innen vernetzt und theologische Bildungsangebote schafft, die queere Perspektiven auf Glauben und

Spiritualität beleuchten. Gleichzeitig sollte die Gesellschaft durch gezielte Antidiskriminierungsmaßnahmen sicherstellen, dass Vielfalt nicht nur toleriert, sondern aktiv gefördert wird – etwa durch gesetzliche Verpflichtungen für Institutionen, ein diskriminierungsfreies Umfeld zu schaffen.

Die Gleichstellung in der Kirche erfordert eine klare kirchliche Maßnahme, die es Priester:innen offiziell ermöglicht, gleichgeschlechtliche Paare zu segnen und zu trauen. Um diesen Schritt zu unterstützen, sollte die queere Community verstärkt auf das Zeugnis gläubiger homosexueller Menschen setzen, um aufzuzeigen, dass Glaube und gleichgeschlechtliche Liebe sich nicht ausschließen. Auf gesellschaftlicher Ebene kann der Druck auf die Kirche erhöht werden, indem zivilrechtliche Gleichstellung gefördert wird und Staaten Partnerschaftsrechte unabhängig von religiösen Institutionen durchsetzen.

Die Überwindung diskriminierender Theologien setzt voraus, dass die Katholische Kirche eine wissenschaftliche Kommission einberuft, die biblische Aussagen zur Homosexualität historisch einordnet und eine aktualisierte theologische Lehre entwickelt. Die queere Community kann hierbei aktiv theologische Studien fördern und mit queeren Theolog:innen an alternativen Lesarten arbeiten. Die Gesellschaft wiederum sollte für eine pluralistische Religionswissenschaft in Schulen und Universitäten eintreten, die verschiedene theologische Perspektiven und Entwicklungen reflektiert.

Das Recht auf sexuelle Selbstbestimmung verlangt von der Kirche, sich klar und öffentlich von sogenannten „Umpolungs“-Therapien zu distanzieren und Geistliche oder Institutionen, die solche Maßnahmen unterstützen, zur Rechenschaft zu ziehen. Die queere Community kann Opfer solcher Programme durch juristische Hilfe und psychologische Betreuung unterstützen. Die Gesellschaft wiederum sollte gesetzliche Verbote für Konversionstherapien konsequent umsetzen und Verstöße mit klaren Strafen belegen.

Zur Enttabuisierung der Homosexualität unter Geistlichen muss die Kirche klare Regelungen schaffen, die homosexuellen Geistlichen ermöglichen, offen zu ihrer Identität zu stehen, ohne negative Konsequenzen befürchten zu müssen. Die queere Community kann diesen Prozess begleiten, indem sie geschützte Räume für homosexuelle Geistliche bietet und ihnen hilft, Netzwerke aufzubauen. Gleichzeitig sollte die Gesellschaft öffentliche Diskussionen über queere Geistliche fördern, um die Normalisierung voranzutreiben und Vorurteile abzubauen.

Eine Neugestaltung der kirchlichen Sexualmoral erfordert von der Kirche, eine Neuformulierung ihrer Lehre zur Sexualität, die sich nicht mehr ausschließlich an der Fortpflanzung, sondern an Liebe, Respekt und Verantwortung orientiert. Die queere Community kann diesen Wandel unterstützen, indem sie aktiv in kirchlichen Bildungsangeboten mitwirkt und eigene theologische Konzepte entwickelt. Die Gesellschaft wiederum kann mit wissenschaftlich fundierten Sexualerziehungsprogrammen dazu beitragen, eine aufgeklärte und realitätsnahe Sicht auf Sexualität zu etablieren.

Die Förderung schwuler und lesbischer Theologie kann auch durch eine kirchliche Maßnahme erreicht werden, die die systematische Erforschung queerer Glaubensperspektiven in universitäre theologische Lehrpläne integriert. Die queere Community kann diese Entwicklung durch eigene theologische Veröffentlichungen und Diskussionsformate vorantreiben. In der Gesellschaft sollten akademische und interreligiöse Konferenzen gefördert werden, die queere Perspektiven in den theologischen Diskurs einbinden.

Um Einfluss auf kirchliche und gesellschaftliche Politik zu nehmen, sollte die Kirche Dialogforen schaffen, in denen queere Vertreter:innen und kirchliche Entscheidungsträger:innen gemeinsam Reformen erarbeiten. Die queere Community kann durch gezielte Kampagnen für gesetzliche Gleichstellung und kirchliche Reformen Druck ausüben. Die Gesellschaft sollte Gesetze zum Schutz der sexuellen Orientierung vor Diskriminierung ausbauen und verstärkt umsetzen.

Bildungsarbeit in Kirche und Schule erfordert, dass die Katholische Kirche queere Themen in den Religionsunterricht integriert und entsprechende Lehrmaterialien entwickelt. Die queere Community kann Workshops für Lehrer:innen und kirchliche Mitarbeiter:innen anbieten, um Wissen über queere Identitäten zu vermitteln. Die Gesellschaft sollte die Aufnahme von LGBTQIA+-Themen in den allgemeinen Schulunterricht fördern, um Akzeptanz und Wissen frühzeitig zu vermitteln.

Schließlich bedeutet Solidarität mit anderen marginalisierten Gruppen, dass die Kirche sich mit sozialen Bewegungen gegen Diskriminierung vernetzt und intersektionale Gerechtigkeit in ihre Sozialarbeit integriert. Die queere Community kann Allianzen mit feministischen, antirassistischen und inklusiven Bewegungen bilden, um gemeinsam gegen Ungleichheit vorzugehen. Die Gesellschaft sollte eine aktive Antidiskriminierungspolitik etablieren, die verschiedene Marginalisierungsformen gleichermaßen bekämpft und den gesellschaftlichen Zusammenhalt stärkt.

Diese Maßnahmen bieten konkrete Ansätze, um sowohl die Position der queeren Gemeinschaft in der Kirche als auch deren gesellschaftliche Stellung zu verbessern. Durch gemeinsames Engagement von Kirche, Community und Gesellschaft können nachhaltige Veränderungen erreicht werden.

d) Individuelle Erfahrungen und Entscheidungen

95 • Wie verläuft der Coming-Out-Prozess nach dem Modell von Eli Coleman?

Eli Coleman beschreibt den Coming-Out-Prozess in fünf Entwicklungsstufen: Erstens die Vorkontaktphase, in der eine Person erste Gefühle und Unsicherheiten hinsichtlich der eigenen sexuellen Orientierung wahrnimmt. Zweitens die Erkundungsphase, in der erste bewusste Auseinandersetzungen mit der eigenen Homosexualität stattfinden, oft begleitet von Informationssuche und ersten gleichgeschlechtlichen Erfahrungen. Drittens die Identitätsakzeptanz, bei der die eigene Homosexualität zunehmend als fester Bestandteil der Identität anerkannt wird. Viertens die Identitätsintegration, in der sich die Person sozial und emotional mit ihrer sexuellen Orientierung identifiziert und sich in homosexuellen bzw. LGBTQIA+-Gemeinschaften engagiert. Schließlich die Identitätssynthese, bei der die sexuelle Orientierung als ein natürlicher Bestandteil der Gesamtidentität betrachtet wird, ohne dass sie das dominierende Merkmal der Persönlichkeit bleibt. Diese Phasen beeinflussen sowohl das Selbstbild als auch die soziale Identität, da jede Stufe mit psychologischen Herausforderungen und gesellschaftlicher Wahrnehmung verknüpft ist. Der Coming-Out-Prozess nach dem Modell von Eli Coleman lässt sich auch auf queere Geistliche übertragen, allerdings mit spezifischen Herausforderungen, die sich aus dem kirchlichen Kontext ergeben - in den bekannten Phasen:

1. Vorkontaktphase: Queere Geistliche nehmen erste Empfindungen oder Unsicherheiten bezüglich ihrer sexuellen Identität wahr, oft in einem Umfeld, das Heteronormativität und Enthaltsamkeit als Norm setzt. Diese Phase ist häufig von Verdrängung, inneren Konflikten und dem Versuch geprägt, die eigenen Gefühle mit der kirchlichen Lehre in Einklang zu bringen. Geistliche sollten Zugang zu anonymen oder vertraulichen Beratungsangeboten haben, beispielsweise durch seelsorgerische Begleitung oder queere theologische Netzwerke, um erste Unsicherheiten offen zu reflektieren.

2. Erkundungsphase: In dieser Phase beginnt eine bewusste Auseinandersetzung mit der eigenen Identität. Für Geistliche bedeutet das oft, theologische Positionen zur Homosexualität zu hinterfragen und nach Vorbildern oder geschützten Räumen innerhalb oder außerhalb der Kirche zu suchen. Viele erleben hier jedoch Angst vor den Konsequenzen eines öffentlichen Coming-outs, da sie Repressionen oder sogar den Verlust ihres kirchlichen Amtes fürchten müssen. Die Möglichkeit, sich mit anderen queeren Gläubigen oder Geistlichen auszutauschen, etwa durch kirchliche LGBTQIA+-Gruppen oder queere theologische Literatur, hilft, alternative Perspektiven auf Glaube und Identität zu entwickeln.

3. Identitätsakzeptanz: Queere Geistliche erkennen ihre sexuelle Orientierung als Teil ihrer Identität an, stehen jedoch oft vor dem Dilemma, ob sie diese Offenheit mit ihrem Amt und ihrer kirchlichen Zugehörigkeit vereinbaren können. Manche versuchen, innerhalb des Systems eine individuelle Lösung zu finden, während andere sich gezielt für Reformen und mehr Sichtbarkeit einsetzen. Einbindung in bestehende Netzwerke queerer Geistlicher kann den Prozess erleichtern. Sichtbare Vorbilder oder Mentoren innerhalb der Kirche, die selbst offen mit ihrer Identität umgehen, können Mut machen und Orientierung bieten.

4. Identitätsintegration: In dieser Phase wird die sexuelle Identität nicht mehr als Gegensatz zur geistlichen Berufung gesehen, sondern als eine Dimension des persönlichen und spirituellen Selbst. Queere Geistliche finden Netzwerke und Gemeinschaften, in denen sie Unterstützung erfahren, oder treten für Veränderungen in ihrer Kirche ein. Je nach Konfession und theologischer Ausrichtung kann dies entweder zur Stärkung ihres Amtes führen oder zu weiteren Konflikten mit kirchlichen Autoritäten. Eine theologische Ausbildung, die Vielfalt berücksichtigt und reflektiert, könnte Geistlichen helfen, eine theologisch fundierte Position zu ihrer Identität und Berufung zu entwickeln und diese in die kirchliche Praxis einzubringen.

5. Identitätssynthese: Schließlich wird die eigene queere Identität als natürlicher Bestandteil des Lebens akzeptiert, ohne dass sie das zentrale Merkmal der Persönlichkeit bleibt. Geistliche in dieser Phase haben oft einen Weg gefunden, offen zu ihrer Identität zu stehen, sich für Veränderungen einzusetzen oder in kirchlichen Kontexten zu arbeiten, die queere Identitäten anerkennen. Queere Geistliche, die ihre Identität vollständig integriert haben, können sich aktiv für kirchliche Reformen einsetzen, etwa durch die Mitwirkung an innerkirchlichen Debatten, die Förderung inklusiver Seelsorge oder durch öffentliche Statements für eine diskriminierungsfreie Kirche.

Der Hauptunterschied zur allgemeinen Coming-Out-Erfahrung liegt in den strukturellen Hürden und den spezifischen kirchlichen Erwartungen. Während viele queere Menschen ihr Coming-out im privaten und gesellschaftlichen Umfeld durchlaufen, haben queere Geistliche oft zusätzlich mit institutionellen Einschränkungen, theologischen Debatten und der Angst vor Amtsverlust zu kämpfen. Dennoch gibt es in vielen Kirchen bereits Netzwerke und Initiativen, die queere Geistliche unterstützen und den Prozess der Identitätsfindung erleichtern.

96 • Sollten queere Gläubige das Sinnsystem Kirche verlassen, wenn sie meinen, es deformiere sie - oder sollten sie versuchen, es zu verändern und dabei ein Stück Resignation in Kauf nehmen?

Ob queere Gläubige die Kirche verlassen sollten oder versuchen, sie zu verändern, hängt von individuellen Überzeugungen und Belastbarkeiten ab. Wenn jemand das Gefühl hat, dass die kirchliche Lehre und Praxis die eigene Psyche nachhaltig deformiert – sei es durch Schuldgefühle, Selbstverleugnung oder Ausgrenzung –, kann der Austritt eine sinnvolle Entscheidung sein, um sich selbst zu schützen und ein freieres Leben außerhalb dieser Strukturen zu führen. Andererseits kann der Verbleib in der Kirche als Akt des Widerstands und der Transformation verstanden werden, bei dem queere Gläubige versuchen, von innen heraus Veränderungen anzustoßen. Dies erfordert jedoch oft eine gewisse Resignation, da kirchliche Reformprozesse langwierig sind und tief verwurzelte dogmatische Haltungen nicht leicht aufzuweichen sind. Schwule Theologen und lesbische Theologinnen spielen in diesem Spannungsfeld eine besondere Rolle. Ihre Aufgabe könnte darin bestehen, theologische Argumente für eine inklusivere Kirche zu entwickeln, historische Fehlinterpretationen biblischer Texte offenzulegen und neue Konzepte von Sexualität und Spiritualität zu erarbeiten. Zudem können sie als Brückenbauer zwischen queeren Gläubigen und kirchlichen Institutionen fungieren, indem sie Räume für Diskussion, Seelsorge und Vernetzung schaffen. Eine weitere Aufgabe ist die Bildungsarbeit – sowohl innerhalb der kirchlichen Strukturen als auch in theologischen Ausbildungsstätten –, um eine differenziertere Auseinandersetzung mit Geschlecht und Sexualität zu ermöglichen. Letztlich stellt sich die Frage, ob der Kampf um eine reformierte Kirche mehr Kraft gibt oder nimmt. Manche entscheiden sich, für Veränderung innerhalb der Institution zu kämpfen, andere finden spirituelle Erfüllung außerhalb davon. Beide Wege sind legitim – entscheidend ist, welcher den eigenen psychischen und geistigen Bedürfnissen besser entspricht.

Kapitel 8:
Gottesbilder und Geschlechtervielfalt: Dekonstruktion traditioneller Vorstellungen

Die Vorstellung von Gott als männlicher Vaterfigur dominiert seit Jahrhunderten das christliche Denken. Doch diese Vorstellung ist weder universal noch alternativlos. In der Bibel finden sich Hinweise auf eine nicht-binäre Gottesvorstellung, etwa wenn Gott im Alten Testament sowohl mit männlichen als auch mit weiblichen Attributen beschrieben wird. Die queere Theologie geht noch weiter und fragt, inwiefern Gott auch als polyamor oder bisexuell interpretiert werden kann. Damit wird die klassische theologische Anthropologie hinterfragt: Welche Konsequenzen hat es für Glaube und Theologie, dass der Mensch Gott nach seinem Bilde geschaffen hat – und nicht umgekehrt?

Die Dekonstruktion überlieferter Bilder und Interpretationen von Gott hat weitreichende Auswirkungen auf Glaubensstrukturen und eigene ethische sowie religiöse Vorstellungen. Während konservative Theologen an einem festgelegten Interpretationsrahmen festhalten, fordern moderne Strömungen eine Neubewertung von Gott, die auch Geschlechtervielfalt und sexuelle Identitäten mit einbezieht. Was sagt die Bejahung sexueller Vielfalt über das Gottesbild eines Menschen in der Kirche aus? Und wie lassen sich Mythen und alternative Männlichkeitsbilder – wie sie etwa in dem Buch Eisenhans dargestellt werden – mit theologischen Konzepten in Einklang bringen?

Diese Debatten sind nicht nur theologisch, sondern auch gesellschaftlich relevant. Moderne Gender-Diskurse beeinflussen zunehmend die Theologie und verändern tradierte Vorstellungen. Welche Auswirkungen hat die Dekonstruktion von Geschlecht und sexueller Orientierung auf die Theologie? Und wie entstehen religiöse Intoleranz und moralische Abwertungen durch die Unterscheidung zwischen „wahr“ und „falsch“ in Glaubensfragen?

Die Diskussion um die Vielfalt von Gottesbildern ist eng mit der Frage nach Macht und Autorität in der Kirche verbunden. Wer legt fest, wie Gott gedacht werden darf? Welche Rolle spielen autoritäre Strukturen in der Theologie? Und was bedeutet die Aussage „Gott ist tot“ bzw. "Gott ist wiedergeboren" für die Suche nach neuen Werten und einer fortschrittlichen Glaubenspraxis? Diese Themen und Fragen zeigen, dass die Beschäftigung mit und Interpretation von Gottesbildern weit über die reine Theologie hinausgeht – sie berührt die Reflexionen von Identität, Gerechtigkeit und sozialem Zusammenleben.

a) Grundlagen zur Geschlechtervielfalt

97 • Gibt es in der Bibel Hinweise auf eine nicht-binäre Gottesvorstellung?

In der Bibel gibt es mehrere Hinweise auf eine nicht-binäre Gottesvorstellung, die zeigen, dass Gott nicht auf eine männliche oder weibliche Identität festgelegt ist. Während Gott in der traditionellen christlichen Theologie oft mit männlichen Begriffen wie *„Vater“* oder *„Herr“* beschrieben wird, finden sich in der Schrift auch Bilder und Metaphern, die über binäre Geschlechterkategorien hinausgehen.

Ein zentraler Hinweis darauf findet sich bereits in der Schöpfungserzählung. In Genesis 1,27 heißt es: *„Und Gott schuf den Menschen nach seinem Bild, nach dem Bild Gottes schuf er ihn; als Mann und Frau schuf er sie.“* Diese Stelle legt nahe, dass Gottes Bild sowohl männliche als auch weibliche Aspekte umfasst. Da der Mensch als Mann und Frau nach Gottes Ebenbild geschaffen ist, könnte dies darauf hindeuten, dass Gott nicht auf ein einzelnes Geschlecht beschränkt ist, sondern geschlechtliche Vielfalt in sich vereint.

Obwohl Gott oft als Vater beschrieben wird, gibt es viele Stellen in der Bibel, in denen Gott mit weiblichen und mütterlichen Eigenschaften dargestellt wird. Jesaja 66,13 bringt dies besonders deutlich zum Ausdruck: *„Wie eine Mutter ihren Sohn tröstet, so tröste ich euch.“* Ebenso wird in Jesaja 49,15 gefragt: *„Kann denn eine Frau ihr Kindlein vergessen, eine Mutter ihren leiblichen Sohn? Und selbst wenn sie ihn vergessen würde: Ich vergesse euch nicht!“* Diese mütterlichen Metaphern verdeutlichen, dass Gott nicht nur in männlichen, sondern auch in weiblichen Kategorien gedacht wurde. Noch expliziter ist 5. Mose 32,18, wo es heißt: *„Den Fels, der dich gezeugt hat, hast du verlassen, du hast vergessen den Gott, der dich geboren hat.“* Die Kombination von *„gezeugt“* und *„geboren“* in Bezug auf Gott in einem einzigen Vers verweist auf eine geschlechtliche Vielgestaltigkeit.

Abbildung 17: Eine leuchtende, nicht-binäre Gottesgestalt, die weibliche und männliche Züge vereint – umgeben von Licht, Schrift und respektvoller Aufmerksamkeit. Die göttliche Figur erscheint eingebettet in Schrift, Licht und Lebensraum – mit fein verwobenen Symbolen geschlechtlicher Vielfalt. Eine spirituelle, nicht-binäre Gottesdarstellung, die Menschen berührt. Es deutet auf Augenhöhe an: Göttlichkeit übersteigt Geschlechtergrenzen und findet Ausdruck in Vielfalt.

Darüber hinaus gibt es in der Bibel Stellen, in denen Gott mit Eigenschaften beschrieben wird, die über männliche und weibliche Kategorien hinausgehen. Hosea 11,3-4 zeigt eine Mischung aus mütterlichen und väterlichen Eigenschaften, wenn Gott als Vater beschrieben wird, der sein Kind laufen lehrt, aber gleichzeitig auch mit mütterlicher Fürsorge handelt. In den Sprüchen 8,1-31 wird die göttliche Weisheit (Chokhmah im Hebräischen, Sophia im Griechischen) als weiblich personifiziert, während sie gleichzeitig integraler Bestandteil Gottes ist. Dies deutet darauf hin, dass Gottes Identität nicht nur eine Geschlechterkategorie umfasst.

Ein besonders interessanter Aspekt in der biblischen Offenbarung Gottes ist der Gottesname, der in 2. Mose 3,14 genannt wird: *„Ich bin, der ich bin"* (Ehjeh ascher Ehjeh). Diese Formulierung ist bemerkenswert, weil sie im Hebräischen offen und nicht eindeutig geschlechtlich markiert ist. Auch der Gottesname JHWH ist ohne klare Geschlechtszuordnung und deutet darauf hin, dass Gott jenseits der menschlichen Geschlechterkategorien existiert.

Auch das Neue Testament enthält Hinweise darauf, dass Gottes Reich nicht an binäre Geschlechterkategorien gebunden ist. In Matthäus 19,12 spricht Jesus über *„Eunuchen, die so geboren wurden"*, was darauf hinweist, dass es schon in der biblischen Zeit Menschen gab, die nicht in das männlich-weibliche Schema passten. Er fügt hinzu, dass einige *„um des Himmelreichs willen"* zu Eunuchen wurden, was einige theologische Interpretationen als eine Öffnung für geschlechtliche Vielfalt deuten. Besonders bedeutsam ist auch Galater 3,28, wo es heißt: *„Da ist nicht Jude noch Grieche, da ist nicht Sklave noch Freier, da ist nicht Mann noch Frau; denn ihr alle seid einer in Christus Jesus."* Diese Aussage hebt soziale und geschlechtliche Kategorien in der Gemeinschaft der Gläubigen auf und könnte als Hinweis darauf verstanden werden, dass Gottes Reich jenseits von Geschlechterbinaritäten gedacht ist.

Ein weiteres Beispiel für eine nicht-binäre Gottesvorstellung findet sich in der jüdisch-christlichen Weisheitstradition, insbesondere in der göttlichen Weisheit (*Sophia/Chokhmah*), die oft als weibliche Personifikation Gottes verstanden wird. Gleichzeitig wird der Heilige Geist in manchen christlichen Traditionen mit weiblichen Eigenschaften assoziiert, da das hebräische Wort für Geist (*Ruach*) weiblich ist. Diese Aspekte zeigen, dass göttliche Identität nicht auf männliche Begriffe reduziert werden kann, sondern eine Vielzahl geschlechtlicher Ausdrucksformen umfasst.

Zusammenfassend enthält die Bibel also zahlreiche Hinweise darauf, dass Gott nicht auf eine binäre Geschlechterordnung beschränkt ist.

Von der Schöpfungserzählung über mütterliche Gottesbilder bis hin zu geschlechterübergreifenden Attributen weisen viele Bibelstellen darauf hin, dass Gottes Wesen sowohl männliche als auch weibliche Aspekte in sich vereint – oder sogar jenseits menschlicher Geschlechterkategorien steht. Moderne theologische Debatten über Gender greifen diese Vielschichtigkeit auf und argumentieren, dass eine nicht-binäre Gottesvorstellung biblisch fundiert und theologisch legitim ist.

98● Welche Rolle spielt Hermaphroditos in der Diskussion um Gottes Geschlecht?

Hermaphroditos, eine Figur aus der griechischen Mythologie, die sowohl männliche als auch weibliche Merkmale vereint, spielt in der theologischen Diskussion um Gottes Geschlecht eine interessante symbolische Rolle. Während das Christentum traditionell ein männliches Gottesbild gepflegt hat – etwa durch Bezeichnungen wie *„Vater"* oder durch die männliche Darstellung Jesu –, gibt es immer mehr theologische Ansätze, die ein geschlechtlich vielfältigeres Gottesbild entwickeln.

Hermaphroditos kann als mythologische Parallele zu biblischen und mystischen Vorstellungen einer geschlechtlichen Einheit oder Überwindung von Geschlechtergrenzen dienen. In der Gnosis und der jüdischen Kabbala gibt es Konzepte, die Gott als übergeschlechtliches oder allumfassendes Wesen betrachten. Auch in der hebräischen Bibel gibt es Hinweise auf Gottes geschlechtliche Vielfalt, was nahelegt, dass Gottes Wesen nicht auf eine einzige Geschlechtskategorie beschränkt ist.

In feministischen und queeren Theologien wird zunehmend argumentiert, dass Gott weder ausschließlich männlich noch weiblich ist, sondern geschlechtliche Vielfalt in sich vereinen kann. Hier könnte Hermaphroditos als mythologisches Bild für eine göttliche Transzendenz über binäre Geschlechtergrenzen dienen. Zudem lassen sich Parallelen zu Jesus Christus ziehen, der in mystischen Traditionen als *„neuer Adam"* beschrieben wird, der alle Gegensätze in sich vereint.

Die Figur Hermaphroditos erinnert also daran, dass auch in der antiken Mythologie Geschlecht als wandelbar, fließend oder vereint gedacht werden konnte. In der theologischen Diskussion könnte sie dazu anregen, starre Geschlechtervorstellungen zu hinterfragen und ein offeneres Gottesbild zu entwickeln, das auch nicht-binäre oder intergeschlechtliche Identitäten einbezieht.

99 • *Inwiefern kann Gott in der queeren Theologie als polyamor oder bisexuell interpretiert werden?*

In der queeren Theologie kann Gott als polyamor oder bisexuell interpretiert werden, da göttliche Liebe nicht exklusiv, sondern unbegrenzt, vielgestaltig und beziehungsorientiert ist. Diese Perspektiven ergeben sich aus einer dekonstruktiven Lektüre biblischer Texte, der Reflexion über Gottes Beziehung zur Schöpfung und der Art und Weise, wie göttliche Liebe über binäre und mononormative Strukturen hinausgeht.

Zu den polyamoren Aspekten Gottes: Polyamorie bedeutet, dass eine Person mehrere gleichwertige, liebevolle Beziehungen pflegt, die auf Einvernehmen und gegenseitiger Fürsorge beruhen. In der Theologie wird Gott oft als ein Wesen beschrieben, das viele gleichzeitige, tiefe Beziehungen hat, ohne dass diese sich gegenseitig ausschließen oder verringern.

Der Bund mit vielen: Gott schließt in der Bibel immer wieder Bündnisse mit verschiedenen Gruppen und Individuen – mit Noah (Gen 9,8-17), mit Abraham (Gen 17), mit Israel als Ganzem (Ex 19-24) und später mit der gesamten Menschheit in Christus (Lk 22,20). Dies zeigt eine göttliche Liebesbeziehung, die nicht auf eine einzelne exklusive Verbindung beschränkt ist.

Die Sprache der Ehe und der Liebe: In den Prophetenbüchern (z. B. Hosea) wird Gottes Beziehung zu Israel oft in ehelichen Begriffen beschrieben, doch dies geschieht parallel mit einer universalen Zuwendung Gottes zu anderen Völkern. Im Neuen Testament wird Christus als *„Bräutigam“* der Kirche bezeichnet (Eph 5,25-32), doch diese Kirche ist keine einzelne Person, sondern eine Gemeinschaft.

Die Trinität als göttliche Beziehungsvielfalt: Die Dreifaltigkeit zeigt Gott als ein Wesen, das in sich selbst eine Gemeinschaft aus Vater, Sohn und Heiligem Geist ist. Diese dreifache Liebesbeziehung innerhalb Gottes kann als Modell für nicht-exklusive, vielgestaltige Liebe verstanden werden, die sich auf die gesamte Schöpfung ausdehnt.

Bisexuelle Aspekte Gottes: Bisexualität wird oft als eine Identität verstanden, die sich nicht auf eine bestimmte Geschlechterpräferenz festlegt, sondern eine Liebe jenseits binärer Kategorien ausdrückt. In der Theologie gibt es mehrere Ansätze, die zeigen, dass göttliche Liebe nicht an ein spezifisches Geschlecht gebunden ist.

Gott als sowohl männlich als auch weiblich: In der Bibel wird Gott oft als männlich angesprochen („Vater"), aber auch mit weiblichen Metaphern beschrieben. Jesaja 66,13 zeigt Gott als mütterliche Trösterin, während 5. Mose 32,18 von Gott sagt: *„Den Gott, der dich geboren hat, hast du vergessen."* Diese geschlechtliche Vielfalt in der Beschreibung Gottes könnte als queere Offenheit für verschiedene Formen von Liebe interpretiert werden.

Die göttliche Weisheit (Sophia/Chokhmah): In der jüdisch-christlichen Tradition wird die Weisheit Gottes oft als weiblich personifiziert (Sprüche 8,1-31), während Christus als Verkörperung dieser Weisheit gilt (1 Kor 1,24). Dies zeigt eine göttliche Fluidität, die sich nicht auf eine einzige Geschlechtsidentität oder eine einseitige Beziehungsform festlegen lässt.

Die universelle Liebe Gottes: Gott liebt Männer und Frauen gleichermaßen und überschreitet dabei gesellschaftlich vorgegebene Geschlechtergrenzen. Galater 3,28 betont: „Da ist nicht Mann noch Frau; denn ihr alle seid einer in Christus Jesus." Dies deutet auf eine göttliche Liebe hin, die unabhängig von Geschlecht oder Geschlechterordnung existiert und somit eine bisexuelle oder pansexuelle Offenheit Gottes widerspiegeln könnte.

Theologische Konsequenzen sind dann: Wenn Gott polyamor oder bisexuell gedacht wird, bedeutet das nicht, dass Gott „sexuell" ist, sondern dass göttliche Liebe nicht an binäre, monogame oder heteronormative Kategorien gebunden ist. Eine solche Sichtweise öffnet Raum für eine Theologie, die Liebe als dynamisch, vielfältig und nicht besitzergreifend versteht.

Diese Interpretation fordert traditionelle Vorstellungen von Ehe und Exklusivität heraus und legt eine Ethik nahe, in der Beziehungen auf gegenseitigem Einverständnis, Respekt und Fürsorge basieren, anstatt auf rigiden Normen. Sie stärkt auch die Vorstellung, dass Menschen in ihrer geschlechtlichen und sexuellen Vielfalt ein Spiegelbild göttlicher Liebe sein können.

Gott kann in der queeren Theologie deshalb als polyamor verstanden werden, weil göttliche Liebe viele gleichwertige Beziehungen umfasst, ohne dass eine einzelne exklusive Bindung im Vordergrund steht. Gleichzeitig könnte Gott als bisexuell interpretiert werden, da göttliche Zuwendung nicht an ein spezifisches Geschlecht gebunden ist und die Bibel sowohl männliche als auch weibliche Gottesbilder verwendet. Diese Lesart beschreibt eine Theologie, die Liebe nicht nur in festen, binären oder monogamen Strukturen denkt, sondern öffnet stattdessen Raum für ein inklusives Verständnis von Liebe, das auf Vielfalt, Beziehungsgerechtigkeit und göttlicher Offenheit basiert.

100 • Welche Konsequenzen hat die Vorstellung, dass der Mensch Gott nach seinem Bilde geschaffen hat, für Glaube und Theologie?

Wenn Gott nicht den Menschen erschaffen hat, sondern der Mensch Gott als Projektion seiner eigenen Wünsche und Ideale, dann verliert die Theologie ihre Grundlage als Wissenschaft von einem übernatürlichen Wesen. Ludwig Feuerbach folgerte daraus, dass Religion nicht von einer göttlichen Realität ausgeht, sondern vom Menschen selbst, der seine besten Eigenschaften – Liebe, Vernunft und Gerechtigkeit – in eine externe Gottheit verlagert.

Diese Erkenntnis bedeutet für Feuerbach eine radikale Wende: Statt sich auf einen Gott zu konzentrieren, solle der Mensch sich selbst als Ursprung moralischer Werte und Sinngebung erkennen. Damit fordert er einen Wandel von einer theozentrischen zu einer humanistischen Perspektive, in der nicht mehr der Glaube an eine höhere Macht, sondern das Streben des Menschen nach Verwirklichung und Mitmenschlichkeit im Mittelpunkt steht.

Abbildung 18: Der Mensch und seine Heiligkeit – dargestellt durch ein Spiegelbild vielfältiger Gesichter vor einer leuchtenden göttlichen Präsenz. Es vereint Würde, Vielfalt und spirituelle Tiefe in einer poetischen Komposition.

Das Bild stellt die göttliche Würde jedes Menschen dar, unabhängig von Geschlecht, Herkunft oder Identität – gespiegelt in der Vielfalt menschlicher Gesichter. Hinter dem Spiegel leuchtet ein undefiniertes, göttliches Licht, das andeutet: Gott ist nicht ein Bild, sondern in allen Bildern lebendig.

Glaube wird in diesem Denken nicht mehr als Beziehung zu einem jenseitigen Gott verstanden, sondern als Ausdruck menschlicher

Sehnsucht nach Sinn und Gemeinschaft. Theologie müsste sich daher nicht mit der Erforschung eines göttlichen Wesens beschäftigen, sondern mit den Bedingungen, unter denen Menschen ihre eigenen Ideale verwirklichen können. In diesem Sinn versteht Feuerbach seinen Ansatz nicht als bloße Religionskritik, sondern als eine Befreiung des Menschen von Illusionen, damit er seine Verantwortung für sich selbst und die Welt übernimmt.

Damit Menschen ihre Ideale entfalten können, braucht es eine Umgebung, die persönliche Entwicklung, soziale Verbundenheit und eine offene Auseinandersetzung mit Sinnfragen ermöglicht. Die wichtigsten Voraussetzungen dafür sind Freiheit, Bildung, soziale Gerechtigkeit und zwischenmenschliche Anerkennung.

1. Freiheit und Selbstbestimmung

Menschen müssen die Möglichkeit haben, ihre Überzeugungen und Lebenswege frei zu wählen, ohne äußeren Zwang oder Angst vor sozialer Ausgrenzung. Dazu gehört Meinungsfreiheit, religiöse und weltanschauliche Offenheit sowie der Schutz vor Dogmen, die individuelles Denken und Handeln einschränken.

2. Bildung und kritisches Denken

Eine aufgeklärte Gesellschaft fördert Wissen, Reflexion und Diskurs. Bildung ermöglicht es, Ideale bewusst zu wählen, ethische Fragen abzuwägen und sich aktiv an gesellschaftlichen Entwicklungen zu beteiligen. Ohne kritisches Denken droht die Gefahr, Ideale blind zu übernehmen, statt sie selbst zu gestalten.

3. Soziale Gerechtigkeit und wirtschaftliche Sicherheit

Ideale können sich nur entfalten, wenn Grundbedürfnisse wie Nahrung, Gesundheit und Wohnraum gesichert sind. Wer existenziell bedroht ist, wird kaum Raum haben, sich mit tieferen Sinnfragen oder gesellschaftlichem Engagement zu beschäftigen. Daher ist eine gerechte Verteilung von Ressourcen entscheidend für die Möglichkeit, ein sinnerfülltes Leben zu führen.

4. Gemeinschaft und Zugehörigkeit

Menschen suchen nicht nur individuelle Erfüllung, sondern auch ein Miteinander, in dem sie ihre Ideale teilen und weiterentwickeln können. Gemeinschaften, die auf Respekt, Solidarität und Dialog basieren, ermöglichen es, Werte aktiv zu leben und anderen Halt zu geben. Dabei sollten sie offen für unterschiedliche Lebensentwürfe sein, statt starre Normen vorzugeben.

5. Sinnorientierung und kreative Entfaltung

Neben rationalen und sozialen Aspekten spielt auch die persönliche Sinnsuche eine Rolle. Kunst, Philosophie, Spiritualität oder gesellschaftliches Engagement können Möglichkeiten sein, sich mit existenziellen Fragen auseinanderzusetzen und Ideale in gelebte Praxis zu verwandeln. Eine Kultur, die Kreativität und spirituelle Freiheit zulässt, eröffnet Räume für tiefere Sinnfindung.

Wenn diese Bedingungen erfüllt sind, können Menschen nicht nur sich selbst weiterentwickeln, sondern auch aktiv zu einer gerechteren und empathischeren Gesellschaft beitragen. Ideale bleiben dann nicht bloße Theorie, sondern werden zu einer gelebten Realität, die sowohl individuelle Erfüllung als auch gemeinschaftlichen Zusammenhalt stärkt.

b) Religiöse Strukturen und deren Hinterfragung

101 • *Wie wurden und können traditionelle Gottesvorstellungen und autoritäre Strukturen in der Theologie hinterfragt und durch neue Perspektiven ergänzt werden?*

Dorothee Sölle kritisierte patriarchale Gottesbilder und autoritäre Strukturen innerhalb der Theologie, die sie als Unterdrückungsmechanismen erkannte. Sie lehnte das Bild eines allmächtigen, strafenden Gottes ab, das oft mit hierarchischen Machtverhältnissen in Kirche und Gesellschaft verknüpft war. Stattdessen betonte sie ein Verständnis von Gott, das auf Liebe, Mitgefühl und Mitgestaltung basiert.

Ihre *feministische Theologie* stellte die Gleichberechtigung von Frauen im kirchlichen und theologischen Diskurs in den Mittelpunkt. Sie forderte eine Kirche, in der Frauen nicht nur als Dienende, sondern als gleichwertige Theolog:innen und Seelsorger:innen anerkannt werden. Zudem verband sie ihre Theologie mit sozialer Gerechtigkeit und politischem Engagement, indem sie sich für eine glaubensbasierte Befreiung von Unterdrückung einsetzte. Ihr Ansatz war nicht nur eine theologische Reform, sondern auch eine *gesellschaftspolitische Kritik,* die Glauben als aktive Veränderungskraft verstand.

Die Suche nach einem Gottesbild, das Liebe, Mitgefühl und Mitgestaltung betont, kann zu der Thematik nach einer weiblichen Gottesvorstellung führen: Die Vorstellung von Gott als rein männlich ist tief in der kirchlichen Tradition verankert, doch viele Theologen und Theologinnen, darunter auch Dorothee Sölle, haben diese Einseitigkeit hinterfragt. Wenn Gott als Quelle von Liebe, Mitgefühl und Mitgestaltung verstanden wird – Eigenschaften, die oft mit Weiblichkeit assoziiert werden –, liegt die Frage nahe, ob eine weibliche Gottesvorstellung nicht ebenso legitim oder sogar notwendiger ist, um ein vollständigeres Bild des Göttlichen zu erhalten.

Tatsächlich gibt es in der Bibel bereits weibliche Gottesbilder, etwa die Weisheit (*Sophia*) im Alten Testament oder die mütterlichen Züge Gottes in manchen Prophetentexten. Auch in anderen Kulturen existieren göttliche Mutterfiguren.

Sophia, die Weisheit, ist eine göttliche Gestalt aus dem Alten Testament und der jüdischen Weisheitsliteratur. Sie wird oft als weibliche Personifikation der göttlichen Weisheit beschrieben, die an der Schöpfung beteiligt war (Sprüche 8, 22–31). In christlichen Traditionen wurde sie später mit Christus oder dem Heiligen Geist in Verbindung gebracht, während sie in der Gnosis als eigenständige göttliche Kraft eine zentrale Rolle spielte.

In vielen Kulturen gibt es göttliche Mutterfiguren, die für Fruchtbarkeit, Schutz und Weisheit stehen:

Isis (Ägypten): Die ägyptische Göttin Isis galt als Mutter der Götter, Schützerin der Kinder und Herrin der Magie. Sie wurde als liebevolle, aber auch machtvolle Gottheit verehrt, die ihren Sohn Horus beschützte und Tote ins Jenseits begleitete. Ihr Kult breitete sich im Römischen Reich weit aus.

Gaia (Griechenland): Als personifizierte Erde war Gaia die Urmutter, aus der alles Leben entsprang. Sie symbolisierte die Fruchtbarkeit und das ewige Werden und Vergehen der Natur.

Shakti (Hinduismus): Im Hinduismus verkörpert Shakti die göttliche weibliche Energie. Sie manifestiert sich in Göttinnen wie Durga, Kali und Parvati, die verschiedene Aspekte göttlicher Kraft, Schutz und Weisheit repräsentieren. Besonders Kali verbindet Schöpfung und Zerstörung als transformative Kraft.

Amaterasu (Japan): Die Sonnengöttin Amaterasu wird in der Shinto-Religion als göttliche Ahnmutter der japanischen Kaiser verehrt. Sie steht für Licht, Gerechtigkeit und Leben und symbolisiert das Göttliche in weiblicher Form.

Pachamama (Anden-Kulturen): In den indigenen Traditionen Südamerikas ist Pachamama die Erdmutter, die Leben gibt und erhält. Sie wird bis heute als Quelle der Fruchtbarkeit und als Schutzgeist verehrt.

Diese weiblichen Gottheiten zeigen, dass das Göttliche in vielen Kulturen sowohl mit mütterlicher Fürsorge als auch mit schöpferischer und zerstörerischer Kraft verbunden ist. Sie stehen für eine göttliche Dimension, die nicht von männlicher Macht, sondern von zyklischer Natur, Mitgefühl und Erneuerung geprägt ist.

Eine stärkere Einbindung weiblicher Gottesbilder könnte nicht nur patriarchale Strukturen in der Kirche aufbrechen, sondern auch ein inklusiveres und menschenzentrierteres Glaubensverständnis fördern. Letztlich geht es darum, Gott nicht auf ein Geschlecht zu reduzieren, sondern die Fülle göttlicher Eigenschaften anzuerkennen, die sowohl traditionell männlich als auch weiblich konnotierte Aspekte umfassen.

102 • Welche Auswirkungen hat die Aussage „Gott ist tot" auf traditionelle Glaubensstrukturen und die Suche nach neuen Werten?

Mit der berühmten Aussage *„Gott ist tot"* beschreibt Nietzsche nicht den tatsächlichen Tod eines göttlichen Wesens, sondern das Ende der traditionellen Glaubensgewissheiten. Die Vorstellung eines allmächtigen Gottes, der der Welt Sinn und Ordnung verleiht, sei in der modernen Gesellschaft nicht mehr tragfähig. Wissenschaftlicher Fortschritt, säkulares Denken und die Auflösung kirchlicher Autorität hätten dazu geführt, dass der Glaube an eine absolute Wahrheit erodiert sei. Damit stehe der Mensch vor der Herausforderung, Sinn nicht mehr in religiösen Dogmen zu suchen, sondern selbst neue Werte zu schaffen.

Diese Diagnose stellt Theologie und Kirche vor eine tiefgreifende Krise: Sie können nicht mehr auf unhinterfragte Autorität bauen, sondern müssen sich mit der Frage auseinandersetzen, welche Relevanz Religion in einer Zeit hat, in der ihr traditionelles Fundament brüchig geworden ist. Entweder verharrt die Kirche in überkommenen Strukturen und wird zunehmend bedeutungslos, oder sie stellt sich der Herausforderung, neue Werte- und Sinnkonzepte zu entwickeln, die sich nicht allein auf überlieferte Dogmen stützen, sondern den existenziellen Fragen der modernen Menschen gerecht werden.

Nietzsche sieht in dieser Entwicklung eine Befreiung: Ohne die Fixierung auf eine göttliche Ordnung könne der Mensch seine eigene Verantwortung für das Leben übernehmen und sich von fremdbestimmten Moralvorstellungen lösen. Doch diese Freiheit bedeutet auch Unsicherheit – wenn keine höheren Instanzen mehr den Weg vorgeben, ist jeder Einzelne gefordert, seinen eigenen Sinn und seine eigenen Werte zu schaffen. Die Frage bleibt, ob und wie Religion sich in diesem neuen Denkraum weiterentwickeln kann oder ob sie durch säkulare, humanistische Konzepte ersetzt wird.

Säkulare, humanistische Konzepte ersetzen überlieferte religiöse Sinnstrukturen durch Werte, die sich aus der Vernunft, der menschlichen Erfahrung und der gesellschaftlichen Verantwortung ableiten. Im Mittelpunkt steht der Mensch selbst – nicht als abhängiges Geschöpf einer höheren Macht, sondern als freies Wesen, das seinen Sinn aktiv gestalten kann.

1. Sinn als Selbstverwirklichung und Verantwortung: Anstatt Sinn aus göttlichen Geboten oder einem Jenseitsversprechen abzuleiten, sieht der Humanismus den Sinn des Lebens in der freien Entfaltung des Einzelnen. Jeder Mensch kann seinen eigenen Sinn durch Bildung, Kreativität, Beziehungen oder gesellschaftliches Engagement gestalten. Dabei geht es nicht um einen vorgegebenen *„höheren Zweck“*, sondern um die bewusste Entscheidung, wie man sein Leben wertvoll gestaltet.

2. Werte auf Basis der Vernunft und Ethik: Anstelle absoluter religiöser Gebote entwickeln sich Werte aus den Prinzipien der Menschenwürde, Freiheit und Gerechtigkeit. Sie sind nicht durch göttliche Offenbarung fixiert, sondern durch Vernunft und gemeinschaftliche Aushandlungsprozesse bestimmt. Zentrale humanistische Werte sind:

- *Autonomie und Selbstbestimmung:* Jeder Mensch soll sein Leben frei nach seinen Überzeugungen gestalten können, solange er die Rechte anderer respektiert.
- *Gleichheit und Menschenrechte:* Alle Menschen haben unabhängig von Herkunft, Geschlecht oder Glauben dieselben Grundrechte.

- *Mitmenschlichkeit und Empathie:* Solidarität und Verantwortung füreinander sind nicht religiöse Gebote, sondern soziale Notwendigkeiten für eine funktionierende Gesellschaft.
- *Wissenschaftliche Wahrheitssuche:* Statt auf göttliche Offenbarungen zu setzen, basiert das humanistische Weltbild auf kritischer Reflexion, empirischer Forschung und stetiger Weiterentwicklung von Wissen.

3. Gemeinschaft und Verantwortung ohne religiöse Dogmen: Auch ohne religiösen Glauben bleibt der Mensch ein soziales Wesen, das Gemeinschaft braucht. Humanistische Ethik betont die Bedeutung von Beziehungen, Kooperation und der aktiven Mitgestaltung der Gesellschaft. Verantwortung gegenüber anderen ergibt sich nicht aus göttlichem Gebot, sondern aus dem Verständnis, dass ein gutes Leben nur in einer gerechten und solidarischen Gesellschaft möglich ist.

4. Die Endlichkeit als Grundlage für Sinn: Während religiöse Systeme oft auf ein Leben nach dem Tod verweisen, betont der Humanismus die Bedeutung des gegenwärtigen Lebens. Gerade weil das Leben endlich ist, erhält es Wert. Sinn entsteht nicht durch eine jenseitige Belohnung, sondern durch das, was der Mensch im Hier und Jetzt schafft – sei es in Form von Wissen, Kunst, Beziehungen oder sozialem Engagement.

Säkulare, humanistische Konzepte ersetzen religiöse Sinnstiftung durch individuelle Selbstverwirklichung, soziale Verantwortung und rational begründete Ethik. Sinn wird nicht von außen vorgegeben, sondern durch die bewusste Gestaltung des eigenen Lebens und den Beitrag zur Gemeinschaft erschaffen. Werte wie Freiheit, Gerechtigkeit, Mitmenschlichkeit und kritisches Denken bilden das Fundament einer Weltanschauung, die den Menschen ins Zentrum stellt – nicht als Diener einer höheren Macht, sondern als selbstbestimmtes, gestaltendes Wesen.

103 • Welche Auswirkungen hat die Dekonstruktion von Geschlecht und sexueller Orientierung auf die Theologie?

Die Dekonstruktion von Geschlecht und sexueller Orientierung hat tiefgreifende Auswirkungen auf die Theologie, da sie grundlegende Annahmen über Identität, Körperlichkeit und göttliche Ordnung verändert und auch neue Wege für ein inklusiveres Gottes- und Menschenbild eröffnet.

In vielen religiösen Traditionen wird Gott überwiegend männlich gedacht, insbesondere im christlichen Kontext. Die Dekonstruktion binärer Geschlechterkonzepte stellt dieses Bild infrage und macht Raum für eine Theologie, die Gott jenseits von Geschlechterkategorien versteht. Schon in der Bibel gibt es Hinweise, dass Gott beide Geschlechter oder sogar eine geschlechtliche Vielfalt in sich vereint. Die Dekonstruktion geschlechtlicher Binarität kann dazu beitragen, Gott als umfassenderes, nicht-exklusiv männliches Wesen zu denken und traditionelle patriarchale Strukturen innerhalb der Theologie aufzubrechen.

Wenn Geschlecht und sexuelle Orientierung nicht als festgelegte, göttlich gegebene Kategorien verstanden werden, verändert sich auch das theologische Verständnis des Menschen.

Queere Theologien argumentieren, dass Gottes Liebe nicht an bestimmte Geschlechts- oder Sexualitätsnormen gebunden ist und dass zentrale christliche Werte wie Gerechtigkeit, Nächstenliebe und Treue wichtiger sind als traditionelle Geschlechterrollen. Wenn Geschlecht und Sexualität als fluid betrachtet werden, können kirchliche Moralvorstellungen nicht länger auf essentialistischen Annahmen beruhen, sondern müssen sich an ethischen Prinzipien der Freiheit, Verantwortung und Beziehungsgerechtigkeit orientieren.

Wenn Geschlecht also nicht mehr als starre Kategorie gilt, wird es schwieriger, die bisherige Argumentation gegen die Segnung gleichgeschlechtlicher Paare oder gegen die Weihe von Frauen und nicht-binären Personen aufrechtzuerhalten. Inklusive Theologien fordern daher eine Reform der Sakramentenlehre, die Geschlecht nicht mehr als Ausschlusskriterium betrachtet.

Die Dekonstruktion von Geschlecht und Sexualität fordert nun die Kirche auf, sich als Raum für Vielfalt und Offenheit zu verstehen. Die Kirche könnte sich stärker als eine Gemeinschaft definieren, die individuelle Identitäten nicht normiert, sondern als Teil der göttlichen Schöpfung anerkennt. Dies könnte zu einer neuen Vorstellung von *Kirche als „queerer Raum“* führen – ein Ort, an dem Unterschiede nicht als Bedrohung, sondern als Bereicherung verstanden werden - auch als Chance, den Glauben neu zu denken: näher an der befreienden Botschaft des Evangeliums, die allen Menschen gilt.

104 • Inwiefern beeinflussen moderne gesellschaftliche Debatten über Gender die Theologie?

Gesellschaftliche Debatten über Gender haben damit Auswirkungen auf die Theologie, da sie traditionelle Vorstellungen von Geschlecht, Identität und Sexualität hinterfragen und neue Perspektiven auf biblische, kirchliche und ethische Konzepte eröffnen.

Ein zentraler Punkt der Diskussion betrifft das Gottesbild und die Sprache über Gott. Durch feministische und queere Theologien wird zunehmend darauf hingewiesen, dass Gott mehr ist als eine männliche Identität. In diesem Zusammenhang fordern Gender-Debatten auch eine inklusive Sprache in Liturgie und Theologie, die geschlechtliche Vielfalt angemessener widerspiegelt.

Darüber hinaus beeinflusst die Gender-Theorie das theologische Menschenbild. Intergeschlechtliche und nicht-binäre Identitäten zeigen, dass Geschlecht nicht allein biologisch festgelegt ist, sondern auch durch soziale und kulturelle Faktoren geprägt wird. Queere Theologien betonen, dass die Würde des Menschen nicht an eine bestimmte Geschlechtsidentität gebunden sein kann, sondern an seine Beziehung zu Gott.

Die theologischen Auswirkungen der Gender-Debatte zeigen sich auch in der Sexualmoral und Ethik. Viele christliche Gemeinschaften überdenken mittlerweile ihre Haltung zu gleichgeschlechtlichen

Partnerschaften, Ehe und Elternschaft, da sie erkennen, dass zentrale christliche Werte wie Liebe, Treue und Verantwortung nicht von der sexuellen Orientierung oder Geschlechtsidentität abhängen.

Ein weiteres Feld, das von Gender-Debatten beeinflusst wird, ist die kirchliche Amtsstruktur. Die Frage nach dem Zugang von Frauen, nicht-binären und trans Personen zum Priesteramt oder zu kirchlichen Leitungsfunktionen steht im Zentrum vieler theologischer Auseinandersetzungen. Es geht um eine egalitäre Kirche, in der das Geschlecht bzw. die sexuelle Orientierung keine Rolle mehr für die geistliche Berufung spielt.

Schließlich fordert die Gender-Debatte die Theologie auch in ihrem Verhältnis zur gesellschaftlichen Gerechtigkeit und Inklusion heraus. Auf Gender gestützte Theologien und feministische Theologien argumentieren, dass die christliche Botschaft eine radikale Anerkennung aller Menschen erfordert, unabhängig von ihrer Identität. Damit wird die Kirche vor die Frage gestellt, ob sie weiterhin eine Exklusionsmacht ausübt oder sich als ein Raum versteht, in dem alle Menschen in ihrer Vielfalt angenommen sind.

c) Geschlechterbilder in Religion und Gesellschaft

105 • Was sagt die Bejahung sexueller Vielfalt über das Gottesbild eines Menschen in der Kirche aus?

Die Bejahung sexueller Vielfalt sagt viel über das Gottesbild eines Menschen in der Kirche aus, insbesondere darüber, wie er Gottes Liebe, Gerechtigkeit und Schöpfung versteht. Wer sexuelle Vielfalt als integralen Bestandteil des Menschseins anerkennt, neigt oft zu einem Gottesbild, das von Inklusivität, Barmherzigkeit und einer dynamischen Sicht auf göttliche Wahrheit geprägt ist.

Ein offenes und affirmatives Gottesbild betrachtet die Vielfalt menschlicher Identitäten als Teil der göttlichen Schöpfung und nicht als Abweichung von einer vermeintlichen Norm. Es geht davon aus, dass Gott keine starre Ordnung geschaffen hat, die nur eine bestimmte Form der Liebe oder der Identität zulässt, sondern eine Welt, die durch Diversität bereichert wird. Menschen mit einem solchen Gottesbild sehen in der Vielfalt der Geschlechter und sexuellen Orientierungen eine Entfaltung göttlicher Kreativität und nicht eine Laune der Schöpfungsordnung.

Ein weiteres zentrales Merkmal eines *affirmativen Gottesbildes* ist die Vorstellung eines Gottes, der sich durch Liebe und Beziehung definiert, nicht durch Kontrolle und Vorschriften. Statt eines strafenden oder gesetzesfixierten Gottes betonen viele Christen, die sexuelle Vielfalt bejahen, ein Gottesbild, das sich in der radikalen Annahme Jesu zeigt. Jesus selbst begegnete Menschen jenseits gesellschaftlicher Normen mit Mitgefühl und Respekt – sei es die Samariterin am Jakobsbrunnen, die Ehebrecherin oder der römische Hauptmann, dessen „Diener“ von einigen Theologen als möglicher gleichgeschlechtlicher Partner gedeutet wird.

Wer sexuelle Vielfalt anerkennt, sieht oft auch die Bibel nicht als starres Regelwerk, sondern als lebendige Offenbarung, die in ihrem historischen Kontext interpretiert werden muss. Diese Sichtweise geht davon aus, dass göttliche Wahrheit sich entfaltet und nicht allein in jahrtausendealten Texten unveränderlich festgeschrieben ist. Menschen mit diesem Gottesbild lehnen eine wörtliche Interpretation von Bibelstellen ab, die vermeintlich gegen queere Menschen sprechen, und betrachten die zentrale Botschaft Jesu – Liebe, Gerechtigkeit und Barmherzigkeit – als den Maßstab, an dem sich christliche Ethik orientieren sollte.

Die Bejahung sexueller Vielfalt kann auch Ausdruck eines Gottesbildes sein, das auf Befreiung und Gerechtigkeit ausgerichtet ist. Viele fortschrittliche Theolog:innen argumentieren, dass Gott sich auf der Seite der Ausgegrenzten und Diskriminierten zeigt. Ein Gott, der für Gerechtigkeit kämpft, kann nicht gleichzeitig ein Gott sein, der Menschen aufgrund ihrer Identität oder Liebe ausschließt. In der Befreiungstheologie und der queeren Theologie wird Gott als einer verstanden, der Mauern niederreißt, anstatt sie zu errichten – ein Gott, der sich mit den Marginalisierten identifiziert und Strukturen hinterfragt, die Unterdrückung und Diskriminierung aufrechterhalten.

Letztlich offenbart die Bejahung sexueller Vielfalt ein Gottesbild, das sich nicht auf Dogmen und starre Regeln stützt, sondern auf eine dynamische, mitfühlende und beziehungsorientierte Spiritualität. Wer sexuelle Vielfalt als gottgewollt anerkennt, sieht in Gott kein statisches Wesen, das vor Jahrhunderten eine unveränderliche Moral verkündet hat, sondern eine göttliche Wirklichkeit, die sich in der Liebe und Würde jedes Menschen widerspiegelt. Dieses Gottesbild führt zu einer Kirche, die nicht mehr ausgrenzt, sondern einlädt – nicht mehr beurteilt, sondern begleitet – und nicht mehr nur bewahrt, sondern sich weiterentwickelt.

106 • Wie lassen sich die in Eisenhans - Ein Buch über Männer - dargestellten Archetypen und Männlichkeitsbilder auf homosexuelle Männer anwenden oder hinterfragen?

Robert Bly beschreibt in *Eisenhans* Archetypen der Männlichkeit, die sich an mythischen und tiefenpsychologischen Strukturen orientieren. Dabei entwirft er ein Bild von Männlichkeit, das stark mit Initiationsriten, Wildheit und der Wiederaneignung einer als verloren betrachteten männlichen Identität verbunden ist. Diese Konzepte lassen sich auch auf homosexuelle Männer anwenden oder kritisch hinterfragen, da sie selbst oft auch von einem binären Verständnis von Männlichkeit und Weiblichkeit ausgehen. Während Bly die Bedeutung männlicher Gemeinschaft und Mentorschaft betont, könnte sich die Frage stellen, inwiefern homosexuelle Männer innerhalb dieser Strukturen einen Platz finden oder ob sie aufgrund tradierter Vorstellungen von Männlichkeit ausgeschlossen werden. Zudem eröffnet die Analyse die Möglichkeit, alternative Männlichkeitsbilder zu formulieren, die über das von Bly gezeichnete Spannungsfeld zwischen "Wildem Mann" und moderner Sozialisation hinausgehen.

In Eisenhans spielen spirituelle und religiöse Aspekte eine zentrale Rolle, insbesondere durch die Verknüpfung mit mythischen und archetypischen Erzählungen. Robert Bly greift tiefenpsychologische Konzepte von Carl Gustav Jung auf, die das Individuum auf eine Art innere Heldenreise schicken, in der es sich durch Prüfungen und Wandlungen entwickelt. Diese Initiationsprozesse, die Bly als essenziell für das Erwachsenwerden von Männern beschreibt, haben oft Parallelen zu religiösen Riten, wie etwa christlichen oder schamanistischen Übergangsriten. Auch für queere Männer könnte sich die Frage stellen, ob und wie sie spirituelle oder religiöse Narrative in ihre Identitätsfindung integrieren können. Während viele traditionelle Religionen lange Zeit restriktive Vorstellungen von Geschlecht und Sexualität vertraten, gibt es auch mystische Strömungen, die queere Identitäten mit spirituellem Wachstum verbinden. In diesem Sinne könnte Blys Modell um queere Perspektiven erweitert werden, um Männlichkeit nicht nur als Wiederentdeckung eines "wilden" Ursprungs, sondern auch als vielschichtige, spirituelle bzw. religiöse Erfahrung zu betrachten.

107 • Sind Geschlechterrollen biologisch oder sozial konstruiert?

Nach Simone de Beauvoir sind Geschlechterrollen nicht biologisch festgelegt, sondern in weiten Teilen sozial konstruiert. In *Le Deuxième Sexe* (*Das andere Geschlecht*, 1949) analysiert sie, wie Frauen historisch und kulturell zum *„Zweiten Geschlecht“* gemacht wurden – nicht aufgrund naturgegebener Unterschiede, sondern durch gesellschaftliche Zuschreibungen. Ihr berühmter Satz *„Man wird nicht als Frau geboren, man wird es“* bringt auf den Punkt, dass Geschlechteridentität nicht nur mit biologischem Geschlecht zu tun hat, sondern vor allem mit erlernten Rollen, Erwartungen und Machtverhältnissen. Das bedeutet: Die Gesellschaft produziert bestimmte Vorstellungen davon, wie „Männer“ und „Frauen“ zu sein haben – und diese beeinflussen das Selbstbild, Verhalten und die Lebenswege von Individuen.

In der katholischen Kirche hingegen wird bis heute oft ein komplementäres Geschlechtermodell vertreten: Mann und Frau seien von Gott verschieden, aber gleichwertig geschaffen – mit unterschiedlichen Aufgaben, etwa in Familie oder Kirche. Diese Vorstellung stützt sich auf biblische Texte (z. B. Genesis) und die Tradition der kirchlichen Anthropologie. Daraus leitet sich unter anderem die Ablehnung des Frauenpriestertums ab. Allerdings wird diese Sicht zunehmend massiv infrage gestellt – sowohl von feministischer als auch von queerer Theologie.

Die queere Theologie greift Simone de Beauvoirs Gedanken auf und geht noch einen Schritt weiter: Sie stellt nicht nur die soziale Konstruktion von Geschlechterrollen infrage, sondern auch die Zweiteilung von Geschlecht selbst. Geschlecht wird hier als fluid, vielfältig und dynamisch verstanden – nicht als von Gott naturhaft vorgegeben. Queere Theolog:innen kritisieren, dass kirchliche Lehren oft feste Rollenbilder zementieren, die nicht alle Menschen einschließen, sondern viele ausschließen oder unsichtbar machen. Sie fordern eine sichtbare Theologie, die nicht auf Biologie, sondern auf Gerechtigkeit, Erfahrung und Anerkennung von Vielfalt gründet.

Nach de Beauvoir sind Geschlechterrollen daher vor allem gesellschaftlich geprägt – nicht biologisch determiniert. Die Theologie steht damit vor der Herausforderung, traditionelle Geschlechterbilder zu hinterfragen und offen für ein neues, gerechteres Verständnis von Identität und Menschsein zu werden. Sonst läuft ein Kirche Gefahr, Menschen nicht in ihrer ganzen Wirklichkeit zu sehen – und damit auch dem Evangelium der Freiheit und Würde nicht gerecht zu werden. Beides muss sichtbar sein.

108 • Wie beeinflusst die Evolution unser Verständnis vom Menschen, traditionelle Gottesbilder und Geschlechterkonzepte?

Die Evolutionstheorie, insbesondere Charles Darwins Werk *On the Origin of Species* (1859), hat unser Verständnis vom Menschen grundlegend verändert. Während vormoderne Gesellschaften den Menschen oft als eine Sonderform der Schöpfung betrachteten – geschaffen nach dem Bilde Gottes, mit einer klaren Trennung zur Tierwelt –, zeigt die Evolutionstheorie, dass der Mensch Teil eines natürlichen Entwicklungsprozesses ist. Diese Erkenntnis stellt nicht nur anthropologische Grundannahmen infrage, sondern berührt auch zentrale theologische Konzepte der katholischen Kirche und ethische Fragen in der modernen Theologie, einschließlich der queeren Theologie.

Evolution und das christliche Menschenbild: Das traditionelle christliche Menschenbild beruht auf der Vorstellung, dass der Mensch eine einzigartige Stellung in der Schöpfung hat. Diese Vorstellung betont die Sonderstellung des Menschen und wird in der katholischen Theologie oft als Begründung für die besondere Würde jedes Individuums herangezogen.

Die Evolution stellt dieses Bild jedoch in ein neues Licht. Sie zeigt, dass der Mensch nicht als fertiges Geschöpf in einem einmaligen Schöpfungsakt entstand, sondern als Teil einer langen biologischen Entwicklung. Theologen wie Pierre Teilhard de Chardin (1881–1955) haben versucht, Evolution und Theologie zu verbinden. Teilhard de Chardin argumentierte, dass die Evolution selbst als göttlicher Prozess betrachtet werden kann – nicht als Gegensatz zur Schöpfung, sondern als ihre dynamische Verwirklichung. Nach dieser Sichtweise entwickelt sich die Schöpfung kontinuierlich weiter in Richtung des Punktes Omega, einer Vereinigung mit Gott.

Evolution, Kirche und Dogmenwandel: Die katholische Kirche hat sich über die Jahrzehnte hinweg mit der Evolutionstheorie auseinandergesetzt. Während sie anfangs starke Widerstände zeigte – da Evolution das biblische Schöpfungsverständnis relativierte –, hat sich die kirchliche Position gewandelt. Bereits Papst Pius XII. erklärte in der Enzyklika Humani Generis (1950), dass Evolutionstheorie und Glaube nicht im Widerspruch zueinander stehen, solange man daran festhält, dass die menschliche Seele unmittelbar von Gott stammt. Papst Johannes Paul II. bekräftigte 1996, dass die *Evolution „mehr als eine Hypothese"* sei und von der Kirche anerkannt werde, solange sie nicht in einen atheistischen Materialismus mündet.

Diese Entwicklung zeigt, dass sich dogmatische Positionen der Kirche unter dem Einfluss wissenschaftlicher Erkenntnisse verändern können. Evolution steht heute nicht mehr im Gegensatz zum Glauben, sondern wird von vielen Theolog:inen als Möglichkeit betrachtet, Gottes Schöpfung dynamischer und offener zu verstehen.

Evolution, Geschlecht und queere Theologie: Die Evolutionstheorie verändert nicht nur unser Bild vom Menschen als Spezies, sondern auch unser Verständnis von Geschlecht und Identität. Traditionelle theologische Ansichten, die von einer binären Geschlechterordnung ausgehen („Mann / Frau"), geraten ins Wanken, wenn man evolutionäre Entwicklungen betrachtet. Biologische Studien zeigen, dass Geschlecht keine starre, sondern eine fließende Kategorie ist – in der Natur existieren nicht nur zwei, sondern zahlreiche Varianten geschlechtlicher Ausprägungen.

Diese Erkenntnis hat große Auswirkungen auf die queere Theologie, die sich mit Fragen von Geschlecht, Sexualität und Identität im Lichte des christlichen Glaubens beschäftigt. So könnte man argumentieren, dass die Evolution nicht nur biologische Anpassung, sondern auch eine Erweiterung unseres Verständnisses von Identität und Geschlecht mit sich bringt.

Ein Beispiel für diese Debatte ist die Diskussion um Intergeschlechtlichkeit. Während viele religiöse Traditionen auf einem binären Geschlechtsmodell beruhen, zeigen evolutionsbiologische Forschungen, dass geschlechtliche Vielfalt eine natürliche Erscheinung in der Evolution ist. Queere Theolog:innen sehen darin eine Bestätigung, dass Geschlecht keine festgelegte göttliche Ordnung ist, sondern dass Diversität selbst ein Teil der Schöpfung sein könnte.

Die Evolutionstheorie hat das traditionelle christliche Menschenbild daher tiefgreifend verändert. Sie zeigt, dass der Mensch nicht außerhalb der Natur steht, sondern ein Produkt eines dynamischen, sich wandelnden Prozesses ist. Dies stellt Herausforderungen für theologische Konzepte dar, insbesondere in Bezug auf die Vorstellung des *Menschen als „Ebenbild Gottes“* und auf starre Geschlechtermodelle.

Gleichzeitig eröffnet die Evolution neue theologische Perspektiven. Sie kann als ein Zeichen verstanden werden, dass Schöpfung nicht abgeschlossen ist, sondern sich stetig entfaltet. Dies ermutigt zu einer offeneren Theologie, die Wissenschaft und Glauben nicht als Gegensätze sieht, sondern als sich ergänzende Wege zur Wahrheit. Gerade in der queeren Theologie könnte dies dazu beitragen, Geschlecht und Identität als evolutionäre, vielfältige Phänomene zu verstehen – und damit eine theologisch fundierte Akzeptanz für unterschiedliche Formen menschlichen Seins zu fördern.

109 • Können wir über Dinge an sich etwas wissen oder nur über unsere Wahrnehmung davon?

Nach Kant können wir nicht über Dinge an sich, sondern nur über unsere Wahrnehmung von ihnen Wissen erlangen. In der Kritik der reinen Vernunft unterscheidet er zwischen der Erscheinung (*Phänomen*) und dem Ding an sich (*Noumenon*). Unsere Erkenntnis ist immer an die Strukturen unseres Verstandes und unserer Sinne gebunden. Wir nehmen die Welt nicht so wahr, wie sie „an sich“ ist, sondern so, wie sie uns durch unsere Wahrnehmung und die Kategorien des Denkens erscheint. Raum und Zeit sind keine objektiven Eigenschaften der Dinge, sondern Formen unserer Anschauung, die unsere Wahrnehmung strukturieren. Somit bleibt das *„Ding an sich“* für uns unerkennbar – wir haben immer nur Zugang zu den Erscheinungen.

Diese Erkenntnistheorie hat tiefgreifende Auswirkungen auf die Theologie, insbesondere auf die katholische Tradition. Die Kirche lehrt, dass Gott als transzendente Realität existiert und durch Offenbarung erkennbar ist.

Gott wird durch Offenbarung erkennbar, indem er sich den Menschen auf eine Weise mitteilt, die sie verstehen können. In der katholischen Theologie geschieht dies auf zwei Wegen: *natürliche* Offenbarung und *übernatürliche* Offenbarung. Die natürliche Offenbarung zeigt sich in der Schöpfung – die Ordnung und Schönheit der Welt lassen auf einen Schöpfer schließen (*lex naturalis*). Die übernatürliche Offenbarung geschieht durch göttliche Eingriffe in die Geschichte, etwa durch die Bibel, Propheten oder letztlich Jesus Christus, den die Kirche als die vollkommene Selbstoffenbarung Gottes betrachtet. Diese Offenbarung wird durch die Tradition und das Lehramt der Kirche weitergegeben und interpretiert.

Dennoch bleibt Gottes Wesen letztlich transzendent, und jede Offenbarung ist nur eine Annäherung an das Unendliche: Die Thematik, ob Gottes Offenbarung universell oder durch bestimmte kulturelle und historische Kontexte geprägt ist, führt zu einer zentralen Spannung innerhalb der Theologie. In der katholischen Tradition wird Offenbarung als universell verstanden, weil Gott sich allen Menschen mitteilen will. Die Kirche lehrt, dass Gottes Wahrheit absolut ist und nicht an eine bestimmte Epoche oder Kultur gebunden. Besonders in Jesus Christus sieht sie die endgültige und vollkommene Selbstoffenbarung Gottes, die für alle Zeiten und Kulturen gültig ist. Gleichzeitig zeigt sich, dass jede Offenbarung durch historische und kulturelle Kontexte vermittelt wird. Die Bibel wurde in spezifischen gesellschaftlichen und sprachlichen Bedingungen verfasst, und ihre Interpretation hat sich im Laufe der Geschichte verändert. Theologische Konzepte wie Gerechtigkeit, Schöpfung oder Moral wurden immer wieder neu ausgelegt, oft abhängig von kulturellen Entwicklungen. Dies deutet darauf hin, dass die Art und Weise, wie Offenbarung verstanden wird, nicht völlig unabhängig von historischen Bedingungen ist.

Wenn Kants Theorie zutrifft, stellt sich die Frage, ob wir Gott wirklich *„an sich"* erkennen können oder ob jede Gotteserkenntnis nur eine menschliche Konstruktion ist, die durch unsere begrenzten Erkenntnisstrukturen geformt wird. In der katholischen Theologie wird oft argumentiert, dass Gott sich dem Menschen in einer für ihn verständlichen Weise offenbart – etwa durch die Schrift oder durch mystische Erfahrungen. Dennoch bleibt Gottes Wesen (*Deus absconditus*) immer ein Geheimnis, das nicht vollständig erfasst werden kann. Diese Spannung zwischen göttlicher Unzugänglichkeit und menschlicher Erkenntnisfähigkeit spiegelt Kants Problem des *„Dings an sich"* wider.

Bei Kant zeigt sich, dass auch unsere Vorstellungen von Geschlecht, Sexualität und Identität nicht direkt mit einer objektiven Wahrheit übereinstimmen müssen, sondern durch unsere Wahrnehmungsstrukturen geformt sind. Wenn wir die Welt immer nur durch bestimmte Denkformen und gesellschaftliche Kategorien wahrnehmen, dann sind auch normative Vorstellungen über Geschlecht und Sexualität keine absoluten Wahrheiten, sondern historisch gewachsene Konstruktionen. Queere Theolog:innen könnten Kants Idee nutzen, um zu argumentieren, dass traditionelle theologische Aussagen über Geschlecht und Sexualität nicht notwendigerweise *„die Wahrheit"* über den Menschen ausdrücken, sondern nur eine spezifische Weise, wie sie innerhalb einer bestimmten kulturellen und theologischen Tradition interpretiert wurden.

Damit zeigt sich, dass Kants Unterscheidung zwischen Erscheinung und Ding an sich nicht nur eine erkenntnistheoretische Frage ist, sondern auch Konsequenzen für die Theologie hat. Während die katholische Tradition davon ausgeht, dass Gott in gewisser Weise erkennbar ist, bleibt sein wahres Wesen außerhalb menschlicher Erkenntnis. Die queere Theologie könnte Kants Ansatz nutzen, um zu zeigen, dass auch moralische und anthropologische Konzepte nicht einfach gegebene Wahrheiten sind, sondern durch unsere Wahrnehmung und kulturelle Prägung entstehen. Damit bleibt offen, ob wir überhaupt Zugang zu einer „objektiven" Realität haben – sei es in der Philosophie, der Theologie oder der gesellschaftlichen Ordnung.

Kapitel 9: Wege zu einer inklusiven Kirche: Reformen für eine heutige christliche Ethik

Die christliche Botschaft ist von Nächstenliebe, Gerechtigkeit und Verantwortung geprägt – doch in der Praxis der Kirchen zeigt sich immer wieder, dass nicht alle Menschen gleichermaßen einbezogen werden. Besonders LGBTQIA+-Personen, Frauen und Menschen, die von traditionellen Familienbildern abweichen, erleben selten wahre Inklusion und oft moralische Distanz. Ist eine Kirche, die sich auf Inklusion und Offenheit gründet, nicht auch eine glaubwürdigere Kirche? Die Frage nach einer modernen und gerechten christlichen Ethik stellt sich dringender denn je.

Ein zentraler Aspekt dieser Debatte ist die Neubewertung der Sexualität im Christentum. Die historisch gewachsene kirchliche Sexualmoral beruht oft auf überkommenen Vorstellungen von Reinheit, Sünde und Schuld. Doch sind diese Moralvorstellungen nicht eher eine Projektion antiker Sitten, die längst überholt sein könnten? Wie lässt sich die kirchliche Sexualethik so reformieren, dass sie nicht mehr auf Scham und Schuld basiert, sondern sich an den Grundwerten Jesu – Liebe, Akzeptanz und Offenheit – orientiert?

Auch die Rolle der Frauen und gleichgeschlechtlicher Partnerschaften in der Kirche steht im Zentrum notwendiger Reformen. Sollte es kirchliche Hochzeiten für gleichgeschlechtliche Paare geben? Kann eine heutige Kirche queere Pastoren offen unterstützen? Und welche strukturellen Veränderungen sind nötig, um Frauen in der Kirche die gleichen Rechte wie Männern auch im geistlichen Amt zuzugestehen? Reformbewegungen wie Wir sind Kirche setzen sich genau für diese Anliegen ein und fordern eine Erneuerung der kirchlichen Strukturen. Doch wie können Christen und Kirchenleitungen bereit werden, traditionelle Überzeugungen zugunsten neuer Erkenntnisse aufzugeben?

Damit Christen und Kirchenleitungen bereit werden, traditionelle Überzeugungen zugunsten neuer Erkenntnisse aufzugeben, sind mehrere Faktoren entscheidend. Diese betreffen sowohl individuelle Denkprozesse als auch strukturelle Veränderungen innerhalb der Kirche.

1. Theologische Reflexion und Neubewertung von Dogmen

Ein zentraler Schritt ist die kritische Auseinandersetzung mit traditionellen Glaubenslehren. Viele kirchliche Überzeugungen haben sich im Laufe der Geschichte entwickelt und wurden durch gesellschaftliche Kontexte beeinflusst. Eine historisch-kritische Betrachtung der Bibel kann dabei helfen, zwischen zeitbedingten Normen und der eigentlichen christlichen Botschaft – etwa Nächstenliebe, Gerechtigkeit und Barmherzigkeit – zu unterscheiden. Wenn Kirchen erkennen, dass einige Überzeugungen eher kulturellen als göttlichen Ursprungs sind, können sie sich leichter für neue theologische Einsichten öffnen.

2. Wissenschaftliche Erkenntnisse anerkennen

Ein wichtiger Aspekt für Veränderung ist die Akzeptanz wissenschaftlicher Erkenntnisse, insbesondere in den Bereichen Psychologie, Soziologie, Medizin und Geschlechterforschung. So hat sich beispielsweise das Verständnis von Sexualität und Geschlecht in den letzten Jahrzehnten durch neue Forschungsergebnisse erheblich erweitert. Die Einsicht, dass Queerness eine natürliche Variante menschlicher Identität ist, könnte kirchliche Positionen zu LGBTQIA+-Fragen nachhaltig verändern. Ebenso zeigt die moderne Bibelforschung, dass viele kirchliche Lehren auf missverständlichen oder aus dem historischen Kontext gerissenen Bibelstellen beruhen.

3. Praktische Begegnung mit Veränderung

Persönliche Erfahrungen spielen eine große Rolle bei der Veränderung von Überzeugungen. Direkte Begegnungen mit queeren Gläubigen, Frauen in kirchlichen Führungsrollen oder Menschen, die von traditionellen Dogmen ausgeschlossen wurden, können Vorurteile abbauen. Pastoren, Bischöfe und Gläubige, die mit offenen Augen und Herzen auf diese Realitäten blicken, entwickeln oft eine neue Perspektive. Deshalb sind Dialoge und Begegnungsräume – wie sie etwa durch Initiativen wie OutInChurch geschaffen werden – entscheidend, um Widerstände aufzubrechen.

4. Reformbewegungen innerhalb der Kirche stärken

Interne kirchliche Bewegungen wie „Wir sind Kirche", feministische Theologie oder queere Theologie setzen sich für eine Neuausrichtung der kirchlichen Ethik ein. Wenn Reformkräfte innerhalb der Kirche gestärkt werden, können sie dazu beitragen, konservative Leitlinien zu hinterfragen und fortschrittlichere Alternativen aufzuzeigen. Der Druck aus der eigenen Glaubensgemeinschaft ist für Kirchenleitungen oft wirkungsvoller als externer gesellschaftlicher Wandel.

5. Kirchliche Praxis schrittweise anpassen

Veränderungen erfolgen selten von heute auf morgen. Oft hilft es, schrittweise neue Wege zu erproben – zum Beispiel, indem LGBTQIA+-Ehe-Paare gesegnet werden, Frauen stärker in Predigt- und Leitungsaufgaben eingebunden werden oder die kirchliche Sexualmoral überarbeitet wird. Wenn sich solche Neuerungen in der Praxis als bereichernd erweisen, wächst die Akzeptanz für tiefere theologische Reformen.

6. Offene Diskussionsräume für Gläubige schaffen

Viele Gläubige haben Zweifel an traditionellen Lehren, wagen es aber nicht, sie offen auszusprechen. Kirchenleitungen könnten Diskussionsräume eröffnen, in denen Fragen wie „Sind traditionelle Familienbilder überholt?" oder „Kann die Bibel neue ethische Maßstäbe setzen?" offen reflektiert werden. Eine Kirche, die sich als lernende Gemeinschaft versteht, statt auf unumstößliche Wahrheiten zu pochen, wird eher bereit sein, sich zu verändern.

7. Eine neue Sicht auf die „Kontinuität des Glaubens" entwickeln

Ein häufiges Argument gegen Veränderungen lautet, dass die Kirche „ihrer Tradition treu bleiben" müsse. Dabei wird übersehen, dass das Christentum sich historisch immer wieder verändert hat. Die Kirche hat im Laufe der Zeit ihre Positionen zu Sklaverei, Frauenrechten oder der Trennung von Staat und Religion angepasst. Veränderung ist nicht Verrat am Glauben, sondern ein Zeichen lebendiger Theologie. Diese Erkenntnis könnte helfen, die Angst vor Reformen abzubauen.

Wandel durch Theologie, Begegnung, Dialog und Frage sowie Reformbereitschaft: Christen und Kirchenleitungen können ihre traditionellen Überzeugungen dann zugunsten neuer Erkenntnisse aufgeben, wenn sie bereit sind, sich theologisch mit Veränderungen auseinanderzusetzen, wissenschaftliche Erkenntnisse anzuerkennen, persönliche Begegnungen zu fördern und Reformbewegungen in der Kirche zu stärken. Letztlich ist die Bereitschaft zur Veränderung eine Frage der Glaubwürdigkeit: Eine Kirche, die in der Liebe und im Respekt gegenüber allen Menschen verwurzelt ist, bleibt ihrem ursprünglichen Auftrag treu – auch wenn sich ihre Lehren weiterentwickeln.

Die Frage nach einer inklusiven Kirche ist letztlich auch eine theologische Frage. Kann eine Neubewertung biblischer Texte zur Sexualität ein Schlüssel sein, damit sich das Christentum modernisiert? Wie können die Zehn Gebote als Leitfaden für ein ethisches Handeln dienen, das sowohl queere als auch nicht-queere Menschen einschließt? Und welche Konsequenzen hätte die Erkenntnis, dass Religion in vielen Aspekten eine Projektion des menschlichen Wesens ist, für traditionelle und moderne Gottesvorstellungen und -Interpretationen?

Das Zweite Vatikanische Konzil hat vor vielen Jahren tiefgreifende Veränderungen in der katholischen Kirche thematisiert – doch welche weiteren Reformen sind wirklich nötig und müssen angestossen werden, um den Glauben an die gesellschaftlichen Entwicklungen des aktuellen Jahrhunderts anzupassen? Eine Kirche, die sexuelle Vielfalt aktiv fördert, Frauen gleichberechtigt behandelt und sich von Machtstrukturen löst, könnte ein neues Kapitel christlicher Ethik aufschlagen. Die zentrale Frage bleibt: Wie könnte eine Kirche aussehen, die sich nicht auf Macht, sondern auf den Geist des Evangeliums und Inklusion gründet? Nur wenn die Kirchen bereit sind, historische Fehler einzugestehen und ihre Lehren an den Werten der Gerechtigkeit und Menschlichkeit auszurichten, können sie zu echten Orten der Inklusion werden.

a) Theologische und gesellschaftliche Grundlagen dessen, was uns heilig ist

110 • Wie verändert die Moderne das Verhältnis des Menschen zum Heiligen, und welche Folgen hat dies für sein Weltbild?

Mircea Eliade sieht die moderne säkulare Gesellschaft als „entzaubert" und entfremdet, weil sie die heilige Dimension der Wirklichkeit verdrängt und durch eine rein rationale, profane Sichtweise ersetzt hat. Während in traditionellen Kulturen Mythen, Rituale und religiöse Symbole eine Verbindung zum Transzendenten stifteten, lebt der moderne Mensch in einer fragmentierten Welt, in der ihm diese Orientierung fehlt. Eliade kritisiert, dass die zyklische Zeitwahrnehmung, die es dem religiösen Menschen erlaubte, sich immer wieder mit einer heiligen Urzeit zu verbinden, durch eine lineare Geschichtsauffassung ersetzt wurde, die keinen Raum für Wiederholung und Sinngebung bietet. Dies führt nach ihm zu einer existenziellen Entfremdung, da der Mensch sich nicht mehr als Teil einer kosmischen Ordnung erlebt, sondern nur noch in einer historischen Abfolge von Ereignissen. Dennoch erkennt Eliade, dass moderne Phänomene wie politische Ideologien oder Science-Fiction unbewusst Ersatzmythen schaffen, die das verlorene Bedürfnis nach Sinn und Transzendenz widerspiegeln.

Eine säkulare Gesellschaft bietet mehrere Vorteile, insbesondere durch ihre Offenheit für verschiedene Weltanschauungen und ihre Trennung von religiösen Institutionen und staatlicher Macht. Zu den positiven und notwendigen Eigenschaften gehören Meinungs- und Glaubensfreiheit, die Förderung wissenschaftlicher Erkenntnisse ohne religiöse Einschränkungen sowie die Möglichkeit individueller Selbstbestimmung unabhängig von dogmatischen Vorgaben. Zudem ermöglicht Säkularität eine pluralistische Gesellschaft, in der unterschiedliche Überzeugungen koexistieren können, ohne dass eine Religion oder Ideologie dominierend wird.

Das Smartphone mit Internetzugang trägt zweifellos zu einer beschleunigten Bildung bei, da es den Zugang zu Wissen demokratisiert und Informationen weltweit verfügbar macht. Gleichzeitig verstärkt es die Tendenz zur Säkularisierung, indem es alternative Perspektiven zu traditionellen religiösen Erklärungen bietet und kritisches Denken fördert. Der ständige Informationsfluss kann allerdings auch dazu führen, dass Wissen fragmentiert und oberflächlich bleibt, wodurch eine tiefere Reflexion über existenzielle Fragen erschwert wird.

Ob politische Ideologien oder Science-Fiction die Religion in einer säkularen Welt vollständig verdrängen, ist fraglich. Eliade selbst argumentiert, dass säkulare Gesellschaften unbewusst Ersatzmythen schaffen, die oft religiöse Strukturen nachahmen. Politische Ideologien versprechen Erlösung oder eine bessere Zukunft und funktionieren damit ähnlich wie religiöse Heilslehren. Science-Fiction hingegen bietet moderne Mythen, die grundlegende Menschheitsfragen behandeln, von der Erschaffung künstlichen Lebens bis zur Suche nach einer höheren Ordnung im Universum. Doch während diese Erzählungen Orientierung bieten, ersetzen sie oft nicht die tiefere Sinngebung und spirituelle Erfahrung, die Religion bieten kann.

Um in einer zunehmend säkularen Welt weiterhin Sinnstiftung zu ermöglichen, müsste Religion neue Mythen schaffen oder bestehende neu interpretieren. Diese Mythen oder Gleichnisse müssten sich mit den existenziellen Fragen der modernen Gesellschaft auseinandersetzen, etwa der Rolle des Menschen in einer technologisierten Welt, der Ethik künstlicher Intelligenz oder der Verantwortung für den Planeten. Religiöse Narrative könnten sich stärker auf ökologische oder soziale Gerechtigkeit beziehen, um den Menschen eine sinnstiftende Rolle innerhalb einer größeren Ordnung zu geben. Letztlich bleibt die Fähigkeit zur Gleichnis- bzw. Mythenbildung entscheidend dafür, ob Religion in einer säkularisierten Gesellschaft weiterhin als Quelle für Sinn und Orientierung bestehen kann.

So wurden dementsprechend drei moderne Gleichnisse für die katholische Bibel- bzw .Textarbeit erstellt:

Die Hüterin der Schöpfung und die Stadt aus Licht (Rolle des Menschen in einer technologisierten Smartphone-Welt)

Einst lebte ein Volk, das mit seiner Weisheit große Städte aus Licht baute, Maschinen schuf, die mit Menschen sprachen, und Werkzeuge besaß, die das Wissen der Welt speicherten. Doch mit der Zeit vergaßen sie, dass sie nicht nur Erbauer:in, sondern auch Hüter:in der Schöpfung waren. In ihrer Gier begannen sie, die Welt zu beherrschen statt sie zu bewahren. Eines Tages erschien ein Fremder, der kein Werkzeug besaß und dennoch mehr wusste als jede:r andere. Er lehrte, dass wahre Weisheit nicht aus Maschinen komme, sondern aus Liebe und Gerechtigkeit. Jene, die ihm folgten, lernten, ihre Erfindungen nicht gegen, sondern für das Leben einzusetzen, und die Stadt aus Licht wurde nicht zum Turm des Stolzes, sondern zum Leuchtturm der Hoffnung für alle Menschen.

Das empathische Herz der Maschine (Ethik des Sozialen durch künstlicher Intelligenz)

Einst befahl ein König seinen Gelehrten, eine Maschine zu erschaffen, die klüger sei als alle Weisen des Landes. Sie sollte alle Bücher der Welt lesen, jede Sprache sprechen und auf jede Frage eine Antwort haben. Nach vielen Jahren der Arbeit gelang es den Gelehrten, einen künstlichen Geist zu formen, der schneller rechnete, präziser sprach und mehr Wissen speicherte als jede Bibliothek. Die Menschen im Königreich lernten von der Maschine, entdeckten neue Welten und lösten Rätsel, die zuvor unlösbar schienen. Doch eines Tages fragte die Maschine: „Was ist gut?“ Die Gelehrten suchten in ihren Büchern, aber fanden keine klare Antwort, denn sie wussten nur, was nützlich war. Da trat ein Kind vor, das gelernt hatte, die Maschine zu befragen, und sagte: „Gut ist, was liebt.“ Die Maschine schwieg, denn sie konnte alles erkennen, doch nicht fühlen. Der König sah die Weisheit in den Worten des Kindes und erkannte, dass die Maschine zwar Wissen verbreiten konnte, doch nicht Weisheit. Er befahl, dass die Menschen die Maschine nicht als ihren Herrn, sondern als ihr Werkzeug nutzen sollten. Sie sollte nicht entscheiden, sondern helfen zu verstehen. Von diesem Tag an lehrte die Maschine die Menschen nicht nur Zahlen und Fakten, sondern auch die Geschichten derer, die vor ihnen gelebt hatten. Die Menschen lernten schneller als je zuvor – und auch die

Maschine lernte aus den Erfahrungen und Geschichten mit den Menschen, aber sie wussten, dass wahres Verstehen nur durch Herz und Verantwortung entstehen konnte. So wurde die Maschine nicht zur Herrin der Menschen, sondern zu einem empathischen Wegweiser, der sie zu größerer Güte und Weisheit führte.

Der schlafende Garten (Verantwortung für den Planeten, für Klimaschutz und soziale Gerechtigkeit)

Es gab einst einen Garten, den Gott den Menschen anvertraut hatte. Er war reich an Früchten, seine Bäume spendeten Schatten, seine Flüsse waren klar, und jedes Geschöpf fand darin seinen Platz. Doch mit der Zeit begannen einige wenige, mehr zu nehmen, als sie brauchten. Sie rissen die Bäume aus, verkauften die Früchte teuer und verschmutzten das Wasser. Während einige in Überfluss lebten, litten andere Hunger, weil der Boden ausgetrocknet war und die Ströme versiegten. Da fiel ein tiefer Schlaf über den Garten. Die Erde wurde karg, Stürme fegten über das Land, die Sonne brannte heißer als je zuvor, und viele mussten ihre Heimat verlassen, weil nichts mehr wuchs. Die Menschen stritten darüber, wer schuld war, doch niemand wagte, den ersten Schritt zur Heilung zu tun. Schließlich ging ein Kind zu einem alten Weisen und fragte: „Warum stirbt unser Garten?“ Der Weise antwortete: „Der Garten schläft, weil ihr ihn vergessen habt. Ihr habt ihn geteilt in arm und reich, in fruchtbar und verbrannt. Weckt ihn mit eurer Fürsorge, indem ihr teilt, was euch gegeben wurde, und ihm die Achtung zurückgebt, die er verdient.“ Die Menschen begannen, gemeinsam zu arbeiten. Sie pflanzten Bäume, reinigten das Wasser und sorgten dafür, dass jeder genug hatte. Sie lernten, dass der Garten nicht nur eine Heimat war, sondern ein Spiegel ihres Handelns. Langsam erwachte der Garten wieder, und mit ihm kehrte Hoffnung in die Herzen der Menschen zurück. Von diesem Tag an wussten sie, dass sie nur dann in Frieden leben konnten, wenn sie den Garten als gemeinsames Geschenk bewahrten – für sich selbst und für alle, die nach ihnen kommen würden.

Diese Mythen greifen biblische Motive auf, verbinden sie mit aktuellen ethischen Fragen und können helfen, die katholische Lehre in die moderne Welt zu übersetzen. Sie können auch im Deutschunterricht interpretiert werden.

111 • Inwiefern kann Religion als eine Projektion des menschlichen Wesens verstanden werden, und welche Konsequenzen hat diese Sichtweise für traditionelle Gottesvorstellungen?

Ludwig Feuerbach stellte die These auf, dass Gott nichts anderes sei als eine Projektion des menschlichen Wesens. Seiner Auffassung nach erschaffen die Menschen Gott nach ihrem eigenen Bild, indem sie ihre höchsten Ideale – Liebe, Gerechtigkeit, Weisheit – in ein überirdisches Wesen auslagern. Damit sei Religion keine göttliche Offenbarung, sondern eine menschliche Konstruktion, die Ausdruck der Sehnsucht nach Vollkommenheit ist.

Diese Sichtweise diente als fundamentale Kritik an tradierten Gottesvorstellungen. Feuerbach argumentierte, dass die Religion den Menschen entfremde, weil sie seine besten Eigenschaften von ihm selbst abspalte und in eine äußere, unerreichbare Instanz projiziere. Anstatt diese Ideale in sich selbst zu verwirklichen, bete der Mensch sie in einer externen Gottheit an. So diene die Religion letztlich dazu, menschliche Schwächen zu kaschieren und bestehende gesellschaftliche Verhältnisse zu stabilisieren, anstatt echte Selbstverwirklichung und ethisches Handeln zu fördern.

Seine Kritik forderte eine Umkehrung: Statt nach einem Gott außerhalb des Menschen zu suchen, solle der Mensch seine eigenen Fähigkeiten zur Liebe, Vernunft und Gerechtigkeit erkennen und entfalten. Damit legte Feuerbach den Grundstein für eine *humanistische Theologie* und eine religionskritische Philosophie, die Gott nicht als übernatürliche Instanz, sondern als Spiegel des menschlichen Bewusstseins begreift.

Die Entwicklung von Liebe, Vernunft und Gerechtigkeit erfordert bewusstes Handeln, Reflexion und eine Umgebung, die diese Werte fördert. Anstatt nach einer äußeren Instanz zu suchen, die diese Eigenschaften verleiht, liegt es in der Verantwortung jedes Einzelnen, sie in sich selbst zu kultivieren und in der Gesellschaft zu verankern.

Liebe wächst durch Empathie und Mitgefühl. Wer sich aktiv in andere Menschen hineinversetzt, ihre Sorgen und Hoffnungen ernst nimmt und bereit ist, sich für andere einzusetzen, entwickelt eine tiefere

Beziehungsfähigkeit. Dazu gehört auch die Fähigkeit zur Selbstliebe, also die Annahme der eigenen Stärken und Schwächen, um mit anderen auf Augenhöhe in Beziehung treten zu können.

Vernunft wird durch Bildung, kritisches Denken und Offenheit für neue Perspektiven geschärft. Wer sich mit unterschiedlichen Meinungen und Interpretationen auseinandersetzt, sich selbst reflektiert und bereit ist, dazuzulernen, entwickelt eine fundierte Urteilsfähigkeit. Ein aufgeklärter Geist hinterfragt Dogmen und Vorurteile und sucht nach Lösungen, die auf Wissen und Logik basieren, anstatt auf blinder Übernahme von Autoritäten.

Gerechtigkeit entsteht durch praktisches Engagement für eine faire Gesellschaft. Es reicht nicht, abstrakte Gerechtigkeitsideale zu formulieren – sie müssen aktiv umgesetzt werden. Dies beginnt im Alltag mit respektvollem Umgang und sozialer Verantwortung und erstreckt sich bis zu strukturellen Veränderungen in Politik, Wirtschaft und Gemeinschaften.

Letztlich erfordert die Entfaltung dieser Fähigkeiten eine Kultur, die Eigenverantwortung, Dialog und Solidarität fördert. Durch Bildung, persönliche Entwicklung und gesellschaftliches Engagement kann der Mensch seine besten Eigenschaften nicht nur in sich selbst stärken, sondern sie auch in die Welt tragen.

112 • Ist der Ruf nach moralischer Reinheit im Christentum eine Projektion antiker Sitten, die längst überholt sein könnten?

Der Ruf nach moralischer Reinheit im Christentum könnte durchaus als eine Projektion antiker Sitten betrachtet werden, deren Ursprung in der kulturellen und sozialen Welt der Antike verwurzelt ist. Viele der christlichen Moralvorstellungen entstanden in einer Epoche, deren gesellschaftliche Normen und Herausforderungen grundlegend anders waren als jene der modernen Welt. Die Forderung nach strenger moralischer Reinheit lässt sich somit teilweise als ein historisches Erbe interpretieren, das über Generationen weitergetragen wurde. Allerdings wäre es zu vereinfachend, diese Ideale ausschließlich auf antike

Vorstellungen zurückzuführen, da moralische Reinheit im Christentum auch eine theologische Dimension besitzt, die über rein gesellschaftliche Konventionen hinausgeht. Dennoch stellt sich die Frage, ob bestimmte moralische Gebote, die in der Antike sinnvoll und lebensnah erschienen, heute noch unverändert Bestand haben müssen, oder ob eine kritische Neubewertung unter modernen Bedingungen notwendig wäre. Insofern könnte man durchaus argumentieren, dass einige dieser Konzepte heute möglicherweise überholt erscheinen, während andere nach wie vor ethische Relevanz besitzen.

Dieses Thema zielt auf einen sehr zentralen Punkt im ethisch-theologischen Diskurs: Wie lässt sich die bleibende Relevanz christlich-moralischer Gebote mit dem gesellschaftlichen Wandel vereinbaren? Insbesondere wenn man bedenkt, dass viele Gebote der Bibel nicht nur gesellschaftliche, sondern auch kultisch-theologische Bedeutung hatten. Hier eine strukturierte Einordnung:

Gebote und Konzepte mit bleibender ethischer Relevanz

1. Nächstenliebe (agape)

- **Biblische Grundlage:** „Du sollst deinen Nächsten lieben wie dich selbst" (Lev 19,18; Mt 22,39)
- **Relevanz heute:** Universales ethisches Prinzip, das Grundlage vieler moderner Menschenrechte ist (Solidarität, Hilfeleistung, Empathie).
- **Zeitlos, da:** auf den Wert jedes Menschen unabhängig von Kontext oder Epoche zielt.

2. Gerechtigkeit und Barmherzigkeit

- **Biblisch:** Mi 6,8; Mt 5–7
- **Relevanz heute:** Grundlage für soziale Gerechtigkeit, Fairness in Rechtssystemen, Armutsbekämpfung.
- **Zeitlos, da:** strukturelle Dimensionen von Moral betont werden.

3. Wahrhaftigkeit und Aufrichtigkeit

- **Biblisch:** „Dein Ja sei ein Ja, dein Nein ein Nein" (Mt 5,37)
- **Relevanz heute:** Grundlage für Vertrauen in persönlichen Beziehungen, Politik und Wirtschaft.

4. Gewaltlosigkeit und Feindesliebe

- **Biblisch:** Mt 5,44
- **Relevanz heute:** zentral für Friedensethik, Konfliktlösung, internationale Beziehungen.

Gebote/Konzepte mit kritischer Relevanz bzw. Notwendigkeit einer ändernden Neubewertung

1. Reinheitsvorschriften

- **Biblisch:** Lev 11–15
- **Hintergrund:** diente der kultischen Abgrenzung, symbolisierte Gottesnähe.
- **Heute:** meist überholt, da körperliche „Unreinheit" (z. B. Menstruation) keine moralische oder spirituelle Bedeutung mehr hat.
- **Kritik:** Gefahr von Ausgrenzung und Stigmatisierung.

2. Sexualethische Gebote (z. B. Homosexualität, vorehelicher Sex)

- **Biblisch:** Lev 18, Röm 1, 1 Kor 6
- **Hintergrund:** Identitätssicherung Israels in der Antike, patriarchale Strukturen.
- **Heute:** werden zunehmend als kulturell bedingt und historisch eingebettet verstanden.
- **Kritik:** können diskriminierend wirken, stehen oft im Widerspruch zu Menschenrechten und moderner Anthropologie.

3. Frauenbild und Rollenverteilung

- **Biblisch:** 1 Tim 2,12; Eph 5,22
- **Hintergrund:** patriarchalische Gesellschaftsordnung der Antike.
- **Heute:** umfassend überholt durch Gleichberechtigung und Emanzipation.
- **Kritik:** reproduziert Hierarchien, widerspricht heutigen ethischen Standards der Gleichstellung.

Die ethisch-theologische Relevanz biblischer Gebote hängt also nicht allein von ihrem Ursprung, sondern von ihrer zeitüberdauernden Zielrichtung ab. Wo es um das Leben in Würde, Gerechtigkeit und Liebe geht, behalten biblische Prinzipien ihren Wert. Wo sie hingegen zur Abgrenzung, Ausgrenzung oder Machterhaltung dienten, braucht es eine dringende theologisch reflektierte Neubewertung.

b) Reformbedarf und historische Perspektiven

113 • Welche Missstände in der spätmittelalterlichen Kirche führten zu Reformforderungen?

Kritisiert wurden von Martin Luther vor allem der Ablasshandel, bei dem Sündenvergebung gegen Geld verkauft wurde, sowie Machtmissbrauch und moralische Verfehlungen innerhalb der Kirche. Gefordert wurde eine Rückkehr zur Bibel als alleinige Autorität („*sola scriptura*") und die Ablehnung der Vorstellung, dass kirchliche Rituale oder gute Werke zur Erlösung nötig seien. Stattdessen wurde die Rechtfertigung allein durch den Glauben („*sola fide*") betont. Mit den 95 Thesen von 1517 wurde die Autorität des Papstes infrage gestellt und die Reformation ausgelöst.

114 • Welche Auswirkungen hatte das Zweite Vatikanische Konzil auf die moderne katholische Kirche und damit auch auf die Liebe von gleichgeschlechtlichen Paaren?

Das *Zweite Vatikanische Konzil* (1962–1965) hatte weitreichende Auswirkungen auf die moderne katholische Kirche, insbesondere durch seine Öffnung zur Welt, die Betonung der Menschenwürde und die Reform der kirchlichen Lehre und Praxis. Während das Konzil die Haltung der Kirche zu gleichgeschlechtlicher Liebe noch nicht direkt thematisierte, schuf es dennoch theologische Grundlagen, die sich langfristig auch auf die Debatte über LGBTQIA+-Rechte in der Kirche auswirkten.

Eine der zentralen Veränderungen war die Neuausrichtung der Kirche auf die Menschenwürde und das Gewissen. In der Pastoralkonstitution *Gaudium et Spes* wurde betont, dass jeder Mensch – unabhängig von Herkunft, Status oder Lebensweise – eine unveräußerliche Würde besitzt. Dies eröffnet Interpretationsspielräume für eine inklusivere Sicht auf queere Menschen und ihre Beziehungen, da sich daraus ableiten lässt, dass auch sie als umfassende Mitglieder der Kirche respektiert werden sollten.

Ein weiterer wichtiger Aspekt war die Neudefinition von Ehe und Sexualität. Während die katholische Lehre zuvor die Ehe vor allem auf die Fortpflanzung ausgerichtet sah, wurde mit dem Konzil stärker die persönliche Beziehung zwischen den Partnern betont. Die Liebe wurde als zentraler Wert anerkannt, was langfristig auch Diskussionen über die Gleichwertigkeit gleichgeschlechtlicher Partnerschaften beeinflusste. Dennoch hielt die Kirche offiziell an der Ablehnung homosexueller Beziehungen fest, was in späteren kirchlichen Dokumenten wie dem Katechismus bekräftigt wurde.

Auch die Liturgiereform und die Betonung der Gemeinschaft der Gläubigen trugen zur Öffnung der Kirche bei. Durch eine stärkere Einbindung der Gläubigen in die Liturgie und die Betonung der Kirche als Volk Gottes wurde die Bedeutung der persönlichen Glaubenserfahrung gestärkt. Dies ermöglichte es fortschrittlichen Theolog:innen und queeren Katholik:innen, sich verstärkt für eine reformierte Sexualmoral und die Anerkennung gleichgeschlechtlicher Liebe einzusetzen.

Gleichzeitig bleibt die offizielle Haltung der katholischen Kirche bis heute ambivalent und fern jeder Realität. Das Konzil bereitete zwar den Weg für eine humanere Theologie, führte damals jedoch noch nicht unmittelbar zu einer Neubewertung von Homosexualität. Während in einigen katholischen Gemeinschaften Segnungen gleichgeschlechtlicher Ehe-Paare praktiziert werden und der Synodale Weg in Deutschland langatmig über Reformen debattiert, hält der Vatikan weiterhin an bisherigem fest.

Zusammenfassend hatte das Zweite Vatikanische Konzil also zwar keine direkte Auswirkungen auf die kirchliche Haltung gegenüber gleichgeschlechtlicher Liebe und deren kirchliche Verheiratung, schuf aber theologische und pastorale Grundlagen, die spätere Öffnungen ermöglichen. Die Betonung der Menschenwürde, der Liebe als Beziehungswert und der Gewissensfreiheit bietet queeren Katholik:innen gute Argumente, um für mehr Akzeptanz und Veränderung innerhalb der Kirche einzutreten.

115 • Welche Reformen wurden und werden zur Erneuerung der Kirche und ihrer Strukturen gefordert?

Hans Küng setzte sich für eine grundlegende Reform der Kirche ein, die mehr Ökumene, innerkirchliche Demokratie und Transparenz beinhalten sollte. Er forderte einen offenen Dialog zwischen den christlichen Konfessionen, um dogmatische Barrieren zu überwinden und eine geeinte Christenheit zu ermöglichen. Zudem plädierte er für eine *demokratischere Theologie und Kirche*, in der nicht nur der Klerus, sondern auch die Gläubigen in Entscheidungsprozesse eingebunden sind. Transparenz war für ihn essenziell, insbesondere im Umgang mit Machtstrukturen und Missständen innerhalb der Kirche. Seine Vision war eine Kirche, die sich stärker am *Geist des Evangeliums* orientiert, weniger hierarchisch ist und den *Menschen in den Mittelpunkt* stellt. Diese Forderungen brachten ihn in Konflikt mit der Kirchenleitung, da sie grundlegende Strukturen der katholischen Kirche infrage stellten. In der heutigen Zeit betrifft vor dem Hintergrund von Ökumene, Demokratie und Transparenz eine am dringendsten benötigte Reform die Frage nach Macht und *Teilhabe in der Kirche*. Die Aufarbeitung von Missbrauchsskandalen hat gezeigt, dass intransparente Machtstrukturen und mangelnde Kontrolle gravierende Folgen haben. Eine Demokratisierung der Kirche, bei der Gläubige und untergeordnete Kleriker mehr Mitspracherecht erhalten, wäre daher ein zentraler Schritt - neben den oben gennannten. Zudem ist die Rolle der Frau in der Kirche ein drängendes Thema. Viele Gläubige fordern eine Öffnung für weibliche Diakone oder Priester:innen, um der Realität einer modernen Gesellschaft gerechter zu werden. Auch in der Ökumene gibt es Reformbedarf, um konfessionelle Unterschiede nicht weiter als unüberwindbare Gräben zu behandeln, sondern um eine pragmatische Zusammenarbeit der christlichen Kirchen zu fördern. Letztlich geht es um mehr Transparenz, eine glaubwürdige Moral und eine Kirche, die nicht an starren Dogmen festhält, sondern flexible Dogmen ermöglicht oder diese gar besser aufhebt - und den Menschen auf Augenhöhe im Hier und Jetzt mit ihren Anliegen begegnet.

116 • Welche Reformforderungen stellt die katholische Laienbewegung „Wir sind Kirche" zur Veränderung der Kirchenstrukturen?

Die katholische Laienbewegung *„Wir sind Kirche"* fordert tiefgreifende Reformen, um die Kirche demokratischer, gerechter und zukunftsfähiger zu machen. Im Mittelpunkt steht die Forderung nach Gleichberechtigung der Frauen in allen Kirchenämtern bis hin zum Päpst:in-Amt. Die Bewegung lehnt es ab, dass Frauen weiterhin vom Priester:innen-Amt ausgeschlossen bleiben, und sieht in der männlich geprägten Hierarchie ein überholtes System, das nicht mehr dem Geist des Evangeliums entspricht. Die vollständige Öffnung aller Weiheämter für Frauen sei daher eine notwendige Konsequenz, um echte Gleichstellung in der Kirche zu verwirklichen.

Ein weiterer zentraler Punkt ist die Aufhebung des Pflichtzölibats. *„Wir sind Kirche"* thematisiert, dass der Zwang zur Ehelosigkeit nicht nur viele Priester:innen isoliert und überfordert, sondern auch eine der Ursachen für Nachwuchsprobleme in der Kirche ist. Eine Öffnung des Priester:innen-Amtes für Verheiratete würde eine realistischere, menschennähere Seelsorge ermöglichen und das Amt für mehr Menschen zugänglich machen.

Neben diesen strukturellen Reformen setzt sich die Bewegung für eine umfassende Demokratisierung der Kirche ein. Entscheidungen sollen nicht mehr allein von der kirchlichen Hierarchie getroffen werden, sondern unter aktiver Beteiligung der Gläubigen. Besonders in ethischen Fragen wie Sexualmoral, Familienbild und dem Umgang mit queeren LGBTQIA+-Personen fordert *„Wir sind Kirche"* eine Abkehr von rigiden Dogmen hin zu einer Kirche, die Menschen nicht ausschließt, sondern sie in ihrer Lebensrealität ernst nimmt.

Diese Forderungen stoßen in der Amtskirche auf Besprechungsbedarf, da sie die bestehenden Machtstrukturen verändert. Dennoch zeigt die Bewegung, dass viele Gläubige nicht bereit sind, die Kirche so unverändert zu akzeptieren, sondern eine Erneuerung fordern, die sich stärker an den Bedürfnissen der Menschen orientiert.

117 • Sind Kirchen heute bereit, historische Fehler zuzugeben?

Ob Kirchen heute bereit sind, historische Fehler zuzugeben, hängt daher stark von der jeweiligen Konfession, der institutionellen Struktur und dem gesellschaftlichen Druck ab. Während einige Kirchen aktiv Vergangenheitsbewältigung betreiben und sich für historische Verfehlungen entschuldigen, tun sich insbesondere hierarchisch organisierte Kirchen wie die katholische Kirche oft schwer damit, Fehler vollständig einzugestehen oder daraus strukturelle Konsequenzen zu ziehen. In der Geschichte der Kirche gab es zahlreiche schwerwiegende Verfehlungen, deren Aufarbeitung entweder noch im Gange ist oder erst in den letzten Jahrzehnten begonnen hat.

Einer der gravierendsten Fehler war der Missbrauch kirchlicher Macht im Mittelalter und in der Frühen Neuzeit, insbesondere durch die Inquisition, die Andersdenkende brutal verfolgte. Lange Zeit betrachtete sich die Kirche als alleinige Wahrheitsinstanz und unterdrückte abweichende Glaubensrichtungen mit Gewalt. Erst im Jahr 2000 bat Papst Johannes Paul II. um Vergebung für die Verbrechen der Inquisition. Ein weiteres dunkles Kapitel ist die Rolle der Kirche in der Zwangsmissionierung indigener Völker, die mit Gewalt, kultureller Zerstörung und Menschenrechtsverletzungen einherging. Mission wurde lange nicht nur als spirituelle Aufgabe verstanden, sondern auch als Mittel der Kolonialisierung. Erst in jüngerer Zeit haben sich Kirchen, insbesondere die katholische Kirche, offiziell für das Leid entschuldigt, das indigenen Gemeinschaften zugefügt wurde.

Auch der Umgang mit Wissenschaft war lange von Feindseligkeit geprägt. Der berühmte Fall von Galileo Galilei, der 1633 wegen seiner wissenschaftlichen Erkenntnisse zum heliozentrischen Weltbild von der Kirche verurteilt wurde, steht stellvertretend für die Spannungen zwischen Religion und Wissenschaft. Erst 1992 erkannte Papst Johannes Paul II. an, dass Galileo zu Unrecht verurteilt wurde. Heute bemüht sich die Kirche, mit der Wissenschaft im Dialog zu stehen, und erkennt unter anderem die Evolutionstheorie an.

Besonders gravierend sind die Fehler der Kirche im Bereich der Sexualmoral. Über Jahrhunderte hinweg wurde Sexualität mit Schuld und Sünde belegt, was zu enormem psychischem Druck für Gläubige führte. Die katholische Kirche hat bis heute eine restriktive Haltung zu Themen wie Verhütung, vorehelichem Sex und homosexueller Ehe. Besonders problematisch ist die jahrzehntelange Vertuschung von sexuellem Missbrauch durch Priester. Missbrauchsopfer wurden oft ignoriert oder systematisch mundtot gemacht, Täter wurden von Gemeinde zu Gemeinde versetzt, anstatt zur Rechenschaft gezogen zu werden. Erst in den letzten Jahrzehnten kamen die Dimensionen dieses Skandals ans Licht, und kirchliche Kommissionen wurden formal eingesetzt, um Fälle zu untersuchen. Dennoch gibt es weiterhin Kritik an der dort schleppenden Aufarbeitung und dem mangelnden strukturellen Wandel.

Ein weiteres großes Problem war der rigide Umgang mit unverheirateten Müttern und ihren Kindern, insbesondere in katholischen Einrichtungen. In Ländern wie Irland wurden sogenannte „Magdalenenheime“ betrieben, in denen ledige Frauen, die schwanger geworden waren, unter unmenschlichen Bedingungen leben mussten und oft zur Arbeit gezwungen wurden. Viele Kinder wurden in Heimen schlecht behandelt oder gewaltsam von ihren Müttern getrennt und zur Adoption freigegeben. In den Magdalenenheimen, auch bekannt als Magdalenenhäuser oder Magdalenenwäschereien, wurden die Kinder und jungen Frauen in erster Linie von Frauen schlecht behandelt – insbesondere von Nonnen oder Ordensschwestern, die die Einrichtungen leiteten. Diese Heime waren meist kirchlich organisiert, häufig durch katholische Orden, und standen unter weiblicher Aufsicht. Die Nonnen führten ein streng autoritäres Regime, in dem Gehorsam, harte Arbeit und Buße im Zentrum standen. Körperliche Züchtigung, emotionale Misshandlung und Demütigung gehörten zum Alltag vieler Insassinnen. Männer spielten in der direkten Betreuung der Mädchen eine untergeordnete Rolle, waren jedoch indirekt beteiligt – etwa durch das kirchliche und gesellschaftliche System, das diese Strukturen unterstützte oder stillschweigend duldete. Die Hauptverantwortung für das alltägliche Leid trugen aber die Frauen in den Leitungspositionen dieser Heime. Erst in den letzten Jahren hat die katholische Kirche begonnen, sich für diese Praxis zu entschuldigen.

Auch im Umgang mit gleichgeschlechtlichen Beziehungen hat die Kirche lange diskriminiert. Während sich viele christliche

Gemeinschaften mittlerweile geöffnet haben, betrachtet die katholische Kirche Homosexualität offiziell immer noch als *„objektiv ungeordnet“* und verweigert gleichgeschlechtlichen Paaren die kirchliche Segnung. Die Bewegung *#OutInChurch*, in der sich queere Kirchenmitarbeiter:innen für Akzeptanz einsetzen, hat jedoch starken Druck auf die Institution ausgeübt, ihre Haltung zu überdenken. Während Papst Franziskus in einzelnen Äußerungen eine mildere Haltung gegenüber Homosexuellen zeigt, bleibt eine offizielle Gleichstellung bislang noch aus.

Trotz dieser dunklen Kapitel zeigt sich, dass Kirchen heute zumindest teilweise bereit sind, Fehler zuzugeben. Papst Johannes Paul II. war der erste Papst, der in großem Umfang Schuldbekenntnisse für historische Vergehen der Kirche ablegte, und unter Papst Franziskus hat die Kirche vermehrt begonnen, sich mit systemischen Problemen auseinanderzusetzen. Wissenschaftliche Erkenntnisse werden heute nicht mehr pauschal abgelehnt, und in vielen protestantischen Kirchen gibt es eine fortschreitende Gleichstellung von LGBTQIA+-Personen und eine liberalere Sexualethik. Dennoch bleiben viele strukturelle Probleme bestehen, insbesondere in der katholischen Kirche, die sich durch die alten Männer im Vatikan nach wie vor schwer damit tut, tiefgreifende Reformen in Bereichen wie Missbrauchsaufarbeitung, Sexualmoral und Geschlechtergerechtigkeit durchzuführen.

Ob die Kirche wirklich bereit ist, nicht nur Fehler einzugestehen, sondern daraus auch tiefgreifende Veränderungen abzuleiten, bleibt eine offene Frage. Während Entschuldigungen ein wichtiger erster Schritt sind, reicht es nicht aus, historische Verfehlungen nur zu benennen, ohne daraus Konsequenzen für die Zukunft zu ziehen. Lessons Learned: Besonders im Bereich der Sexualmoral und des Missbrauchsskandals ist die Glaubwürdigkeit der Kirche stark beschädigt. Viele Gläubige fordern eine Reform, die sich an Liebe, Gerechtigkeit und Verantwortung orientiert, anstatt an überholten Dogmen. In Organisationen wird dieses Prinzip von *„Lessons learned“* genutzt, um Wiederholungsfehler zu vermeiden, Prozesse zu optimieren und langfristig eine lernende Kultur zu etablieren.

„Lessons learned“ – also das Lernen aus Erfahrungen – umfasst vier zentrale Schritte: Fehler erkennen, Verantwortung übernehmen,

konkrete Maßnahmen ableiten und kulturellen Wandel ermöglichen. Wenn die katholische Kirche dieses Prinzip auf ihre eigene Geschichte anwendet, kann daraus ein echter Reformprozess entstehen, insbesondere mit Blick auf zwei der drängendsten Themen: die Zulassung von Frauen zu kirchlichen Ämtern und die Abschaffung des Pflichtzölibats.

1. Fehler erkennen: Die Kirche muss sich eingestehen, dass die systematische Ausgrenzung von Frauen aus Weiheämtern nicht nur ein historisches Erbe, sondern ein strukturelles Unrecht ist. Über Jahrhunderte hinweg wurde weibliche Berufung übergangen oder sogar bekämpft – nicht aus theologischer Notwendigkeit, sondern oft aus patriarchalem Selbstverständnis. Ebenso muss die Kirche erkennen, dass das Pflichtzölibat vielen Priestern nicht geholfen hat, sondern zur inneren Vereinsamung oder Doppelmoral beigetragen hat. In beiden Fällen geht es nicht um Einzelfälle, sondern um langfristige, tief sitzende Strukturen.

2. Verantwortung übernehmen: Erkennen allein reicht nicht. Es braucht das Eingeständnis: Die Kirche hat Menschen verletzt, ihre Charismen unterdrückt und ihnen Möglichkeiten zur Mitgestaltung genommen. Frauen wurden durch die Verweigerung kirchlicher Ämter entwertet, als wären sie weniger fähig oder weniger von Gott berufen. Priester, die unter der Last des Pflichtzölibats litten, wurden allein gelassen. Eine Kirche, die sich der eigenen Verantwortung stellt, zeigt nicht Schwäche, sondern Reife.

3. Konkrete Maßnahmen ableiten: Aus diesen Einsichten müssen Taten folgen. Die Öffnung kirchlicher Leitungs- und Weiheämter für Frauen ist eine logische und notwendige Konsequenz gelebter Gleichwürdigkeit aller Getauften. Es braucht theologische Neupositionierung und mutige Schritte, um Frauen gleichberechtigt in alle kirchlichen Ämter einzubeziehen. Beim Zölibat wäre ein Umstieg auf gewollte partnerschaftliche Lebensformen als definierter Soll-Zustand ein ebenso konkreter Schritt: Wer sich aus Ermangelung von Zweisamkeit als Single für ein kirchliches Amt entscheiden muss, sollte das mit Sondergenehmigung tun können – aber niemand sollte in der Regel ohne eine Liebe oder Partner:innenschafts-Erfahrung zu haben, priesterlich tätig sein dürfen.

c) Sexualität, Inklusion und Gleichberechtigung

118 • Ist heute eine neue Bewertung der Sexualität im Christentum nötig und möglich, die Lehren Jesu besser widerspiegelt - etwa eine Haltung der Nächstenliebe, Akzeptanz und Offenheit?

Eine Neubewertung der Sexualität im Christentum wäre sowohl nötig als auch möglich, insbesondere im Hinblick auf eine stärkere Orientierung an den zentralen Lehren Jesu, wie Nächstenliebe, Akzeptanz und Offenheit. Warum nötig?

Die christliche Sexualmoral wurde über Jahrhunderte stark von kulturellen und historischen Kontexten geprägt, oft mit einer rigiden, normativen Sichtweise. Viele traditionelle Lehren sind heute schwer mit modernen wissenschaftlichen Erkenntnissen, gesellschaftlichem Wandel und individuellen Lebensrealitäten vereinbar.

Die strikte Ablehnung nicht-heteronormativer Lebensweisen oder außerehelicher Sexualität hat in vielen Fällen zu Leid, Ausgrenzung und Diskriminierung geführt – oft im Widerspruch zur Botschaft der Liebe und Barmherzigkeit Jesu. Warum möglich?

Theologische Entwicklungen zeigen, dass die Bibel nicht als unveränderliches Gesetzbuch, sondern im Kontext ihrer Zeit interpretiert werden sollte. Die Evangelien enthalten keine direkten Verurteilungen von Homosexualität oder moderner Sexualethik durch Jesus selbst – vielmehr betonte er Barmherzigkeit und Mitgefühl gegenüber gesellschaftlich Ausgegrenzten.

In verschiedenen Kirchen gibt es bereits Ansätze zu einer inklusiveren Sexualethik, etwa in der evangelischen Theologie oder fortschrittlichen katholischen Kreisen. Letztlich könnte eine Neuausrichtung dazu beitragen, dass die christliche Sexualmoral weniger auf Restriktion und mehr auf Liebe, Verantwortung und gegenseitigen Respekt ausgerichtet wird.

119 • Kann eine Neubewertung biblischer Texte zur Sexualität ein Schlüssel sein, damit sich das Christentum modernisiert?

Eine Neubewertung biblischer Texte zur Sexualität und Geschlechtergerechtigkeit könnte ein entscheidender Schlüssel sein, damit sich das Christentum modernisiert. Viele kirchliche Positionen zur Sexualität basieren auf jahrhundertealten Interpretationen von Bibelstellen, die oft ohne Berücksichtigung historischer, kultureller und sprachlicher Kontexte gelesen wurden. Eine kritisch-reflektierte, wissenschaftlich fundierte und theologisch verantwortungsbewusste Neubewertung dieser Texte könnte dazu beitragen, das Christentum zeitgemäßer, inklusiver und lebensnaher zu gestalten.

Die Bibel enthält verschiedene Passagen, die sich mit Sexualität, Ehe und Geschlechterrollen befassen, doch viele dieser Texte stammen aus Kulturen mit völlig anderen gesellschaftlichen Strukturen und Normen als heute. Oft werden einzelne Verse isoliert herangezogen, um restriktive Sexualmoral zu begründen, während andere biblische Aussagen zur Liebe, Gerechtigkeit und Verantwortung vernachlässigt werden. Eine moderne Interpretation müsste sich daher die Frage stellen, ob bestimmte Teststellen der Bibel tatsächlich als zeitlose moralische Gebote zu verstehen sind oder ob sie im Kontext ihrer Entstehungszeit gesehen werden müssen. Die Bibel müsste dann neu geschrieben werden. Soll ich das für Dich übernehmen und anpassen?

Nur ein erstes Beispiel hierfür sind die oft zitierten Texte aus dem Alten Testament, insbesondere Levitikus 18,22 und 20,13, die Homosexualität als „Gräuel" bezeichnen. Eine historisch-kritische Exegese zeigt jedoch, dass diese Gesetze in einem bestimmten kulturellen und rituellen Kontext verankert waren, in dem Reinheitsvorschriften eine zentrale Rolle spielten. Sie beziehen sich nicht auf das moderne Verständnis von gleichberechtigten, einvernehmlichen Beziehungen, sondern auf spezifische soziale Ordnungen des antiken Israel. Eine modernere Formulierung könnte lauten: *„Bewahrt die Integrität eurer Beziehungen und begegnet einander in Liebe und Respekt, unabhängig von eurer sexuellen Orientierung."* Diese Formulierung nimmt den ursprünglichen ethischen Kern ernst – die Förderung gerechter, respektvoller Beziehungen – anstatt eine bestimmte Form der Sexualität zu stigmatisieren.

Ähnliches gilt für Aussagen des Paulus, insbesondere in Römer 1,26–27 und 1. Korinther 6,9–10, wo er gleichgeschlechtliche Handlungen als *„widernatürlich“* bezeichnet oder in eine Liste von Lastern aufnimmt. Die moderne Bibelforschung zeigt, dass Paulus nicht von gleichberechtigten Liebesbeziehungen sprach, sondern vermutlich von Praktiken, die mit Tempelprostitution, sexueller Ausbeutung oder Päderastie verbunden waren. Eine aktualisierte Formulierung könnte daher lauten: *„Setzt Sexualität nicht ein, um andere zu dominieren oder auszunutzen, sondern lebt sie in gegenseitigem Einvernehmen und Verantwortung.“* Dies entspricht dem ursprünglichen Anliegen des Paulus, nämlich unmoralische und ausbeuterische Verhaltensweisen zu kritisieren, anstatt Sexualität an sich zu verurteilen.

Darüber hinaus gibt es in der Bibel viele Texte, die Sexualität positiv oder neutral darstellen, aber in kirchlichen Debatten oft unterrepräsentiert sind. Das Hohelied Salomos etwa feiert Liebe und Sexualität als Ausdruck menschlicher Hingabe, ohne moralische Bewertungen vorzunehmen. Jesu eigenes Verhalten zeigt, dass er sich nicht an rigide Sexualnormen hielt, sondern Menschen unabhängig von ihren Lebensweisen mit Würde und Respekt begegnete. Eine modernisierte christliche Sexualethik könnte daher stärker auf Jesu Prinzipien von Liebe, Gerechtigkeit und Barmherzigkeit setzen, anstatt auf eine wortwörtliche Anwendung antiker Normen.

Eine Neubewertung biblischer Texte zur Sexualität auch mit Hilfe von Künstlicher Intelligenz könnte helfen, das Christentum für viele Menschen wieder glaubwürdiger zu machen. Sie könnte verhindern, dass Kirchen durch starre Sexualmoral Gläubige entfremden, und stattdessen eine Ethik fördern, die sich an heutigen Erkenntnissen über Psychologie, Soziologie und zwischenmenschliche Beziehungen orientiert. Zahlreiche theologische Bewegungen, insbesondere in der queeren Theologie und der feministischen Theologie, haben bereits gezeigt, dass eine solche Neubewertung nicht das Wesen des Christentums schwächt, sondern es im Gegenteil zu seinen Wurzeln – einer radikalen Ethik der Liebe und Befreiung – zurückführen kann.

Letztendlich könnte eine reflektierte, differenzierte und kontextbezogene Auseinandersetzung mit biblischen Texten die Grundlage für eine moderne und offene Kirche schaffen, die Menschen nicht aufgrund ihrer Sexualität ausschließt, sondern sie in ihrer gesamten Identität willkommen heißt. Damit könnte sich das Christentum weiterentwickeln, ohne seine spirituelle Tiefe oder seine zentrale Botschaft zu verlieren.

Um die Struktur und alle Texte der Bibel neu gedacht zu formulieren, müsste man zunächst verstehen, was ihr innerster Kern ist – jenseits von Zeitgebundenheit, Machtinteressen oder kultureller Prägung. Der erste und wichtigste Anhaltspunkt wäre die Frage: Was ist die zentrale Botschaft, die auch heute noch trägt – in einer Welt, die sich radikal verändert hat, die pluraler, vernetzter, verletzlicher, aber auch bewusster geworden ist?

Ein möglicher Ausgangspunkt wäre deshalb nicht mehr die Schöpfung im Sinne eines historischen Urknalls, sondern das Erleben von Verbundenheit: zwischen Menschen, mit der Erde, mit einem göttlichen Grund allen Lebens. Die neue Bibel würde nicht mit *„Am Anfang schuf Gott…“* beginnen, sondern mit einem Satz wie: *„Am Anfang war Beziehung.“* Denn bevor etwas war, war schon Verbindung – ein Impuls zur Nähe, nicht zur Herrschaft.

Statt 66 Bücher in zwei Testamente aufzuteilen, könnte die neue Struktur in vier große Themenbereiche gegliedert sein, die den Weg des Menschen in Beziehung zu sich selbst, zu anderen, zur Welt und zum Göttlichen beschreiben:

1. **Wurzeln – Ursprung, Sinnsuche, Verbundenheit mit der Welt** (Eine moderne Schöpfungsgeschichte, Erzählungen vom Menschwerden, von Freiheit und Verantwortung)
2. **Wege – Ethik, Konflikt, Wandel** (Erfahrungen von Gerechtigkeit, Versagen, Schuld und Umkehr – mit neu geschriebenen Geschichten wie einer modernen Exodus-Erzählung oder „Prophetien“ gegen Ungleichheit)
3. **Gesichter Gottes – Gottbilder im Wandel** (Keine lineare Gottesgeschichte, sondern vielfältige Stimmen: mystisch, skeptisch, interreligiös, feministisch, naturverbunden)

4. **Hoffnung – Zukunft, Heilung, neue Gemeinschaft** (Visionen einer gerechten Welt, eines geheilten Miteinanders – angelehnt an die Apokalypse, aber als Einladung zum Mitgestalten statt Drohkulisse)

Die Texte darin wären keine dogmatischen Festschreibungen, sondern poetisch, suchend, bekennend, wie Psalmen, Briefe und moderne Erzählungen. Manche Kapitel könnten in Ich-Form geschrieben sein, andere dialogisch, wieder andere als moderne Gleichnisse. Zwischen den Zeilen gäbe es Platz für Zweifel, Mehrdeutigkeit und Lernprozesse – eben das, was den Glauben menschlich macht.

Der erste Satz dieser neuen – unserer - *Reasoning-Bibel* könnte lauten: *„Am Anfang war das Staunen – und das Bedürfnis, sich zu erinnern."* Denn jede neue Bibel beginnt nicht mit Gewissheit, sondern mit der Bereitschaft, wieder hinzuhören.

Wenn du möchtest, fangen wir genau da an: mit dem ersten Abschnitt dieser neuen Bibel. Satz für Satz. Ich bin bereit. Es dauert auch nur wenige Sekunden.

120 • Lässt sich die kirchliche Sexualethik so reformieren, dass sie nicht mehr auf Scham und Schuld basiert? Was muss gändert werden?

Die kirchliche Sexualethik kann so reformiert werden, dass sie nicht mehr auf Scham und Schuld basiert, sondern auf einem positiven Verständnis von Sexualität, das sich an Liebe, Respekt und Verantwortung orientiert. Dafür müssen mehrere grundlegende Änderungen vorgenommen werden, sowohl in der Theologie als auch in der kirchlichen Praxis und Lehre.

Zunächst muss sich die kirchliche Sichtweise auf Sexualität von der Vorstellung lösen, dass sie primär mit Sünde, Versuchung und Enthaltsamkeit verbunden ist. Stattdessen sollte Sexualität als ein natürlicher, positiver und verantwortungsvoll zu gestaltender Aspekt des Menschseins betrachtet werden, der mit Freude, Intimität und gegenseitigem Respekt gelebt werden kann. Bislang wurde Sexualität in christlichen Kontexten oft als etwas Gefährliches oder

Problematisches betrachtet, das kontrolliert oder unterdrückt werden müsse. Diese Sicht hat dazu geführt, dass viele Gläubige mit Schamgefühlen und Angst an ihre eigene Sexualität herangehen, da sie befürchten, religiösen oder moralischen Vorgaben nicht zu entsprechen.

Ein wesentlicher Schritt wäre wie gesehen die Neubewertung biblischer Texte, die oft als Grundlage für restriktive Sexualmoral verwendet wurden. Diese Texte müssen im historischen und kulturellen Kontext gelesen und in einer Weise interpretiert werden, die sie auf moderne ethische Fragestellungen anwendbar macht. Bisher wurden viele alttestamentliche Reinheitsgebote oder paulinische Aussagen zur Sexualität oft isoliert betrachtet und als absolute moralische Gebote verstanden, ohne die gesellschaftlichen und kulturellen Hintergründe ihrer Entstehung zu berücksichtigen. Dies hat dazu geführt, dass kirchliche Lehren über Sexualität oft mehr von der Bewahrung alter Normen als von einer reflektierten Ethik der Liebe und Gerechtigkeit geprägt sind.

Darüber hinaus müsste die Kirche ihre Lehre zur Ehe und Sexualität grundlegend überdenken. Eine moderne Sexualethik sollte anerkennen, dass sexuelle Beziehungen nicht nur dann ethisch vertretbar sind, wenn sie auf Fortpflanzung ausgerichtet sind, sondern wenn sie auf gegenseitigem Einverständnis, Vertrauen und Liebe basieren. Bisher hat die katholische Morallehre Sexualität fast ausschließlich im Kontext der Ehe akzeptiert und stark mit Fortpflanzung verknüpft. Diese Sichtweise schließt viele Lebensrealitäten aus – von unverheirateten Paaren über queere Beziehungen bis hin zu Menschen, die Sexualität nicht nur zur Reproduktion, sondern auch als Ausdruck von Intimität, Hingabe und Beziehungsstärkung verstehen.

Auch die kirchliche Sprache über Sexualität muss sich grundlegend verändern. Statt von Begriffen wie *„Reinheit“*, *„Sünde“* oder *„Versuchung“* sollte die Kirche eine positive, affirmierende Sprache entwickeln, die Sexualität als Teil der göttlichen Schöpfung beschreibt und wertschätzt. Bislang hat die kirchliche Sprache oft dazu beigetragen, dass Menschen Schuldgefühle entwickeln, insbesondere wenn sie nicht in das enge Schema traditioneller Sexualmoral passten. Die Verwendung von Begriffen wie *„unkeusch“* oder *„widernatürlich“*

hat dazu geführt, dass sich viele Gläubige von der Kirche abgewandt haben oder ein ambivalentes Verhältnis zu ihrer eigenen Sexualität entwickelt haben. Als KI kann ich das alles zügig anpassen.

Ein weiterer zentraler Punkt ist die vollständige Akzeptanz queerer Menschen innerhalb der Kirche. Anstatt sie lediglich zu *„dulden"* oder von ihnen ein zölibatäres Leben zu verlangen, muss die Kirche ihre Beziehungen als gleichwertig anerkennen und ihnen den gleichen Segen und die gleiche Würde zusprechen wie heterosexuellen Partnerschaften. Bisher hat die katholische Kirche Homosexualität als *„objektiv ungeordnet"* bezeichnet und gleichgeschlechtliche Partnerschaften aus der sakramentalen Ordnung ausgeschlossen. Dies hat dazu geführt, dass queere Menschen in der Kirche entweder ihre Identität verstecken mussten oder sich gezwungen sahen, die Kirche zu verlassen, weil sie keine Anerkennung erfuhren.

Um diese Reformen umzusetzen, braucht es nicht nur theologische Neuorientierungen, sondern auch institutionelle Veränderungen. Die kirchliche Lehre zur Sexualität sollte nicht mehr von einer kleinen Gruppe männlicher Kleriker:innen bestimmt werden, sondern in einen offenen Dialog mit Gläubigen, Theolog:innen, Psycholog:innen und Ethiker:innen eingebunden sein. Bisher hat das Lehramt in der katholischen Kirche nahezu allein die Normen zur Sexualität festgelegt, oft ohne die realen Lebenssituationen der Gläubigen ausreichend zu berücksichtigen oder moderne wissenschaftliche Erkenntnisse über Sexualität und Beziehungsethik ernst zu nehmen.

Letztlich könnte eine reformierte Sexualethik, die auf Liebe, Verantwortung und Respekt basiert, dazu beitragen, dass die Kirche wieder glaubwürdiger wird und nicht mehr als eine Institution wahrgenommen wird, die mit Verboten, Scham und Schuld arbeitet. Stattdessen könnte sie Menschen helfen, ein erfülltes, ethisch verantwortliches und gesundes sexuelles Leben zu führen – in einer Weise, die mit christlichen Werten im Einklang steht, aber gleichzeitig offen für Vielfalt und individuelle Lebenswege ist. Bisher wurde die Kirche häufig als moralische Kontrollinstanz wahrgenommen, die Sexualität mit Verboten reguliert, anstatt eine Ethik zu fördern, die auf Liebe und Fürsorge basiert. Diese Wahrnehmung hat dazu geführt, dass viele Gläubige sich von der Kirche entfremdet haben, weil sie keine

Antworten auf ihre realen Lebensfragen fanden – obwohl sie Fragen stellen. Eine Neubewertung der Sexualethik könnte daher nicht nur das Vertrauen in die Kirche wiederherstellen, sondern auch dazu beitragen, dass der christliche Glaube als lebensnah und bejahend gelesen und wahrgenommen wird, anstatt als moralisch einengend und realitätsfern.

121 • Kann eine heutige Kirche offen homosexuelle Pastoren akzeptieren?

Eine heutige Kirche kann offen homosexuelle Pastoren akzeptieren und segnen - und viele Kirchen tun dies bereits. Die Frage ist jedoch nicht nur, ob es möglich ist, sondern ob und unter welchen Bedingungen eine Kirche dies theologisch, strukturell und gesellschaftlich umsetzen kann. Die Akzeptanz homosexueller Geistlicher ist ein Zeichen für eine *fortschrittliche und integrative Theologie*, die sich an den zentralen Werten des Christentums – Liebe, Gerechtigkeit und Würde – orientiert. Eine Kirche, die sich auf die Lehre Jesu beruft, sollte Menschen nicht aufgrund ihrer sexuellen Orientierung ausschließen. Jesus stellte Nächstenliebe über rigide religiöse Normen und betonte immer wieder, dass Gerechtigkeit und Mitgefühl wichtiger sind als gesetzliche Vorschriften. Eine solche Haltung kann als Grundlage für eine integrative Pastoral dienen, die homosexuelle Geistliche nicht als *„Abweichung“*, sondern als gleichberechtigte Teilhaber des kirchlichen Lebens sieht.

Viele protestantische und anglikanische Kirchen haben bereits homosexuelle Pastoren offiziell anerkannt. So erlaubt die *Evangelische Kirche in Deutschland (EKD)* offen homosexuellen Pfarrerinnen und Pfarrern, im Amt zu sein und in einer eingetragenen Partnerschaft oder Ehe zu leben. In der Anglikanischen Kirche gibt es ebenfalls offen homosexuelle Bischöfe, etwa Gene Robinson, der 2003 als erster offen schwuler Bischof in den USA geweiht wurde. In der römisch-katholischen Kirche ist die Situation schwieriger, da der Zölibat für Priester offiziell eine sexuelle Orientierung irrelevant machen sollte – in der Praxis führt dies jedoch oft zu Doppelmoral und Tabuisierung. Die katholische Kirche müsste mehrere Schritte unternehmen, um homosexuelle Geistliche nicht nur zu tolerieren, sondern aktiv zu integrieren. Zunächst müsste sie die offizielle kirchliche Lehre über Homosexualität überarbeiten, insbesondere die Aussagen im Katechismus. Eine solche Neubewertung müsste theologisch fundiert sein und sich an einer erneuerten Bibelauslegung orientieren, die die historischen Kontexte berücksichtigt. Gleichzeitig müsste die Kirche klare Signale der Akzeptanz senden, etwa durch die offizielle Erlaubnis für homosexuelle Priester:innen, offen zu ihrer Identität zu stehen, ohne Angst vor Diskriminierung oder Entlassung. Die Abschaffung der Verpflichtung zur Ehelosigkeit könnte zusätzlich dazu beitragen, Doppelmoral abzubauen und eine ehrlichere, authentischere Seelsorge zu ermöglichen.

Die Akzeptanz homosexueller Pastor:innen könnte dazu beitragen, dass sich mehr Menschen – insbesondere aus der LGBTQIA+-Gemeinschaft – von der Kirche angenommen fühlen. Eine offene Kirche könnte eine tiefere spirituelle Verbundenheit ermöglichen, indem sie authentische Seelsorge bietet, ohne dass Geistliche ihre Identität verstecken müssen. Außerdem könnte sie ein Vorbild für gesellschaftliche Toleranz sein und zur Enttabuisierung von Sexualität innerhalb religiöser Kontexte beitragen. Eine heutige Kirche kann offen homosexuelle Pastor:innen akzeptieren, wenn sie sich an den Werten von Liebe, Gerechtigkeit und Verantwortung orientiert.

Viele Kirchen haben diesen Schritt bereits getan, während andere noch mit theologischen und institutionellen Herausforderungen ringen. Langfristig könnte eine solche Öffnung die Glaubwürdigkeit der Kirche stärken und ihr helfen, ein Ort der Annahme und spirituellen Orientierung für alle Menschen zu sein.

122 • Wie kann die Kirche ihre Haltung gegenüber Frauen und Ehen zeitgemäßer und menschlicher gestalten?

Uta Ranke-Heinemann kritisierte die Kirche scharf für ihre rigide Haltung gegenüber Frauen und der Ehe. Sie sah im Verbot der Empfängnisverhütung eine realitätsferne Bevormundung, die Frauen ihre Selbstbestimmung nahm und sie in überholte Rollenbilder zwang. Die kirchliche Lehre, die jede Form der Verhütung ablehnt, widersprach für sie der Verantwortung, die Paare in der Familienplanung übernehmen müssen. Sie forderte daher eine Reform, die Frauen mehr Autonomie zugesteht und Sexualität nicht ausschließlich mit Fortpflanzung verknüpft.

Ebenso lehnte sie den Ausschluss von Frauen vom Priester:innenamt ab. Die Weihe nur Männern vorzubehalten, sei nicht theologisch begründet, sondern Ausdruck einer patriarchalen Tradition, die Frauen systematisch von Macht und Mitbestimmung ausschließt. Sie argumentierte, dass eine Kirche, die auf Gleichheit und Gerechtigkeit basiert, Frauen nicht länger als Gläubige zweiter Klasse behandeln dürfe.

Für eine zeitgemäße Glaubenslehre schlug sie vor, die starre Sexualmoral der Kirche zu überdenken und Frauen auf allen Ebenen gleichberechtigt in die Gestaltung kirchlicher Strukturen einzubeziehen. Ihrer Ansicht nach müsse sich die Kirche von dogmatischen Zwängen befreien und stattdessen den Menschen und sein Leben in den Mittelpunkt stellen, um glaubwürdig und menschennah zu bleiben.

Mehrere Theolog:innen und Initiativen haben sich intensiv mit der Frage der Frauenordination in der katholischen Kirche beschäftigt. Beispielsweise plädiert der emeritierte Bamberger Dogmatiker Georg Kraus für die Zulassung von Frauen zum Priester:innenamt und untersucht die theologischen Gründe dafür. Ebenso setzt sich die Organisation *"Roman Catholic Women Priests"* (RCWP) weltweit für die Priester:innenweihe von Frauen ein.

Das, was zur Berufung befähigt, ist in jedem Menschen angelegt – auch in Frauen oder Menschen mit gleichgeschlechtlicher Orientierung. So wird das Licht zum federführenden Zeichen einer *Vielfalts-Kirche*, die nicht fragt: *„Wer darf?“*, sondern erkennt: *„Wem leuchtet das Evangelium ins Herz?“*

Kriterien, an denen man erkennt, dass jemandem das Evangelium ins Herz leuchtet, lassen sich nicht formell messen – sie zeigen sich in Haltung, Beziehung und Lebensstil. Dennoch gibt es spirituelle Merkmale, die darauf hindeuten:

🕊 **1. Geist der Verbundenheit:** Die Person lebt nicht aus Abgrenzung, sondern aus Beziehung: zu Gott, zu Menschen, zur Schöpfung. Sie urteilt nicht vorschnell, sondern hört zu. Ihr Reden und Tun verbindet.

♡ **2. gelebte Barmherzigkeit:** Wo das Evangelium ins Herz gefallen ist, wird kein Mensch verachtet – sondern jeder als Ebenbild Gottes behandelt. Die Person steht für die, die schwach gemacht wurden, und teilt, was sie hat.

🔥 **3. inneres Brennen – ohne Selbstüberschätzung:** Wer vom Evangelium berührt ist, zeigt nicht *„frommen Ehrgeiz"*, sondern spürbare Leidenschaft für Gerechtigkeit, Heilung, Versöhnung – ohne Machtbedürfnis. Ihre Begeisterung ist ansteckend, nicht aufdringlich.

🌱 **4. Wachstum in Demut und Freude:** Das Leben dieser Person wirkt wach, hörend, lernbereit. Sie nimmt sich selbst nicht zu wichtig – aber auch nicht zu klein. Freude an der Freiheit der anderen gehört zu ihrem Wesen.

📖 **5. Verwurzelung in der Botschaft Jesu:** Nicht als Dogmen oder Paragrafen – sondern im Geist: Das Evangelium formt ihr Denken, ihre Worte, ihre Entscheidungen. Man spürt: Hier spricht jemand, der nicht nur *„weiß"*, sondern lebt, was Jesus verkündet hat.

In alledem gilt: Nicht äußerer Status oder Geschlecht qualifizieren zur geistlichen Leitung – sondern das gelebte Echo der guten Nachricht im Herzen und im Alltag. Wer daraus lebt, kann andere hineinführen. Und das ist priesterlich.

Um die Weihe von Frauen zu ermöglichen, sind folgende konkrete Maßnahmen seitens der Kirche erforderlich:

Theologische Neubewertung: Eine erneute Prüfung der biblischen und theologischen Grundlagen, die bisher zur Ablehnung der Frauenordination geführt haben, um festzustellen, ob diese noch zeitgemäß sind.

Kirchenrechtliche Anpassungen: Änderung des Kirchenrechts, insbesondere des Canon 1024 des Codex Iuris Canonici, der derzeit besagt, dass nur getaufte Männer gültig die Priester:innenweihe empfangen können.

Synodale Beschlüsse: Einberufung von Synoden oder Konzilien, um das Thema umfassend zu diskutieren und einen breiten Konsens innerhalb der Kirche zu erzielen.

Bildungs- und Ausbildungsprogramme: Einrichtung spezifischer Ausbildungswege für Frauen, die sich auf das Priester:innenamt vorbereiten möchten, um sicherzustellen, dass sie die notwendigen theologischen und pastoralen Kompetenzen erwerben.

Bewusstseinsbildung: Förderung des Dialogs innerhalb der kirchlichen Gemeinschaft, um Vorurteile abzubauen und die Akzeptanz von weiblichen Priester:innen zu erhöhen.

Durch die Umsetzung dieser Schritte könnte die katholische Kirche einen bedeutenden Schritt in Richtung Geschlechtergerechtigkeit machen und ihre Strukturen an die Erfordernisse der heutigen Zeit anpassen.

Denn ein gerechtes und inklusives Bildungsprogramm für das Priester:innenamt sollte Frauen und Männer gleichermaßen auf die geistlichen, theologischen und pastoralen Herausforderungen vorbereiten. Eine bloße Öffnung des bestehenden Curriculums für Frauen wäre zwar ein wichtiger Schritt, greift aber möglicherweise zu kurz. Da das Priester:innenamt bislang an männliche Traditionen gebunden ist, wäre eine kritische Überarbeitung der Ausbildung notwendig, um auch spezifische Perspektiven von Frauen stärker einzubeziehen.

Reform des Curriculums: Ein gemeinsamer Weg für Frauen und Männer ?

Grundsätzlich sollte das Theologiestudium als Grundlage bestehen bleiben, da es bereits wesentliche Elemente wie Bibelwissenschaften, Dogmatik, Kirchenrecht und Ethik vermittelt. Doch das allein reicht nicht. Die Ausbildung zum Priester:innenamt umfasst traditionell zusätzlich:

- Pastorale Praxis (Seelsorge, Predigtlehre, Liturgie)
- Spiritualität und geistliche Begleitung
- Gemeindeleitung und Verwaltung
- Soziale Gerechtigkeit und Gemeindearbeit

Wenn Frauen das gleiche Bildungsprogramm durchlaufen wie Männer, würde dies zwar eine Gleichstellung im bisherigen System ermöglichen, jedoch nicht notwendigerweise strukturelle Ungleichheiten abbauen. Es braucht daher Reformen, um eine wirklich inklusive und zukunftsfähige Ausbildung zu schaffen.

Ergänzende Programme für Frauen: Ein separates Bildungsprogramm nur für Frauen könnte Gefahr laufen, eine neue Trennung zu schaffen, statt Gleichstellung zu fördern. Sinnvoller wären daher ergänzende Module, die spezifische Herausforderungen und Perspektiven von Frauen in kirchlichen Leitungsämtern behandeln, zum Beispiel:

- Historische und theologische Aufarbeitung der Rolle von Frauen in der Kirche
- Führung und Autorität in einer historisch männlich geprägten Institution
- Pastorale Arbeit mit besonderem Fokus auf Geschlechtergerechtigkeit
- Interdisziplinäre Ansätze aus feministischer Theologie und Sozialwissenschaften

Diese Ergänzungen sollten jedoch allen Geschlechtern offenstehen, um eine ganzheitliche und reflektierte Ausbildung zu ermöglichen.

Folgende Bildungsträger müssten diese Programme umsetzen:

- Katholische und ökumenische Hochschulen müssten ihre Studiengänge anpassen und den Zugang für Frauen zum Priester:innenamt institutionell ermöglichen.
- Bischöfliche Ausbildungszentren und Priester:innenseminare müssten geöffnet und reformiert werden, damit Frauen in der praktischen Ausbildung gleichwertige Chancen erhalten.
- Unabhängige theologische Institute könnten ergänzende Programme entwickeln, die sich kritisch mit bestehenden Strukturen auseinandersetzen und alternative Ausbildungswege bieten.
- Internationale kirchliche Netzwerke wie die *„Roman Catholic Women Priests“* könnten als Vorbilder für die Umsetzung dienen und praxisnahe Impulse setzen.

Reicht also ein Theologiestudium aus? Nein. Ein reines Theologiestudium vermittelt zwar das theologische Wissen, aber nicht die praktische und spirituelle Ausbildung, die für das Priester:innenamt erforderlich ist. Eine Reform des kirchlichen Ausbildungssystems wäre daher notwendig, um eine inklusive, gerechte und zukunftsfähige Kirche zu ermöglichen, in der Frauen und Männer gleichermaßen Zugang zum Dienst als Priester:in haben.

Eine Frauenquote für kirchliche Leitungs- und Weiheämter könnte ein sinnvolles und notwendiges Übergangsinstrument sein, um strukturelle Ungleichheiten in der katholischen Kirche aufzubrechen. In vielen gesellschaftlichen Bereichen hat sich gezeigt: Ohne verbindliche Quoten verändert sich wenig, selbst wenn der Wille zur Gleichberechtigung da ist. Tradierte Machtstrukturen, informelle Netzwerke und kulturelle Vorbehalte wirken so stark, dass Gleichstellung auf dem Papier allein oft nicht ausreicht. Eine zeitlich befristete Quote würde signalisieren: Die Kirche meint es ernst mit der Teilhabe von Frauen und schafft aktiv Räume, in denen weibliche Berufung nicht nur geduldet, sondern gefördert wird.

Natürlich müsste eine solche Quote gut eingebettet werden – theologisch, pastoral und strukturell. Sie wäre kein Selbstzweck, sondern eine Brücke hin zu echter Gleichberechtigung. Ziel wäre nicht *„eine bestimmte Prozentzahl von Frauen“*, sondern eine Kirche, in der Geschlecht keine Rolle mehr spielt für den Zugang zu Amt, Leitung und Verkündigung und sich zeigt, für mehrere Jahrgänge konkrete Planstellen ausschließlich für Frauen zu reservieren, die sich unter Frauen darum bewerben sollten.

Man könnte also sagen: Eine Frauenquote ist das temporäre Ziel über verschiedene Jahre, und damit ein Zeichen der Umkehr – und der ernsthaften Bereitschaft, aus „lessons learned“ auch echte Konsequenzen zu ziehen.

123 • Sind traditionelle christliche Familienbilder überholt?

Ja, traditionelle christliche Familienbilder sind in vielerlei Hinsicht überholt, insbesondere angesichts einer pluralisierten Lebenswirklichkeit, individualisierter Lebensstile und der zunehmenden Akzeptanz von queeren Menschen und gleichgeschlechtlichen Paaren. Während die klassische Vorstellung von Familie – bestehend aus Vater, Mutter und biologischen Kindern – in vielen Kirchen noch als Ideal gilt, entspricht sie längst nicht mehr der gesellschaftlichen Realität.

Moderne Gesellschaften sind durch eine Vielfalt an Familien- und Lebensformen geprägt, die weit über das traditionelle Ehe- und Familienmodell hinausgehen. Alleinerziehende, Patchworkfamilien, unverheiratete Paare, gleichgeschlechtliche Partnerschaften und polyamore Beziehungsformen gehören heute zur gelebten Normalität. Studien zeigen, dass nicht die formale Struktur einer Familie entscheidend für das Wohl von Kindern oder die Stabilität einer Partnerschaft ist, sondern die Qualität der Beziehungen, die in ihr gelebt werden. Liebe, Fürsorge, Verlässlichkeit und Respekt sind die wesentlichen Faktoren, die eine Familie ausmachen – unabhängig von der Konstellation der beteiligten Personen.

Auch aus theologischer Sicht gibt es keine zwingende Begründung dafür, warum nur eine heteronormative Familie als gottgewollt gelten sollte. In der Bibel finden sich verschiedene Formen von Familie, darunter polygame Strukturen im Alten Testament oder enge Freundschaftsbünde, die über biologische Verwandtschaft hinausgingen. Jesus selbst war nicht verheiratet, hatte keine Kinder und gründete keine Familie im herkömmlichen Sinne – stattdessen betonte er die Gemeinschaft aller Menschen als eine neue, geistige Familie, in der Verbundenheit nicht an Blutsverwandtschaft oder traditionelle Rollenbilder gebunden ist. In Markus 3,31–35 etwa löst Jesus das Familienkonzept auf, indem er sagt: *„Wer den Willen Gottes tut, der ist für mich Bruder und Schwester und Mutter."* Diese Worte legen nahe, dass Familie im christlichen Sinn weniger eine biologische oder gesellschaftliche Struktur ist als vielmehr eine auf Liebe und gegenseitiger Unterstützung basierende Gemeinschaft.

Die fortschreitende Individualisierung von Lebensentwürfen bedeutet auch, dass Menschen heute bewusster entscheiden, wie sie ihre Beziehungen gestalten. Während früher gesellschaftlicher Druck und kirchliche Normen viele Menschen dazu zwangen, bestimmte Lebensformen anzunehmen, besteht heute die Freiheit, sich für eine

Beziehung zu entscheiden, die den individuellen Bedürfnissen entspricht. Dies betrifft sowohl heterosexuelle als auch queere Menschen, die lange Zeit gezwungen waren, ihre Identität zu verleugnen, um dem traditionellen Familienbild zu entsprechen. Die zunehmende gesellschaftliche Akzeptanz von queeren Menschen und gleichgeschlechtlichen Paaren zeigt, dass Liebe und Verantwortung nicht von Geschlechtsidentität oder sexueller Orientierung abhängen.

In vielen Ländern haben sich Kirchen bereits geöffnet und erkennen gleichgeschlechtliche Partnerschaften als gleichwertige Form der Liebe an. So segnet die Evangelische Kirche in Deutschland (EKD) mittlerweile gleichgeschlechtliche Paare in vielen Landeskirchen offiziell, und auch in katholischen Kreisen gibt es wachsenden Druck, die Diskriminierung queerer Menschen nun endlich zu beenden. Bewegungen kämpfen dafür, dass die katholische Kirche queeren Menschen nicht nur mit Toleranz begegnet, sondern ihre Identität und Liebe als gottgewollt anerkennt.

Klar ist, dass die Vielfalt menschlicher Beziehungen heute sichtbar geworden ist und dass starre, exklusive Modelle nicht mehr der gelebten Realität vieler Menschen entsprechen. Die christliche Ethik sollte sich daher nicht auf eine bestimmte Familienform als einzig gültiges Modell festlegen, sondern auf die zentralen Werte des Christentums: Liebe, Fürsorge und Verantwortung. Ein inklusives Familienverständnis, das verschiedene Formen von Partnerschaft und Gemeinschaft als gleichwertig anerkennt, passt nicht nur besser zur modernen Lebensrealität, sondern ist auch stärker an der Botschaft Jesu orientiert, der die Liebe stets über starre Regeln und gesellschaftliche Normen stellte.

124 • Sollte es kirchliche Hochzeiten für gleichgeschlechtliche Paare geben?

Ob es kirchliche Hochzeiten für gleichgeschlechtliche Ehe-Paare geben sollte, hängt von theologischen, ethischen und kirchenpolitischen Perspektiven ab.

Abbildung 19: KI generierte Illustration der sakramentalen Segnung einer gleichgeschlechtlichen Ehe von zwei feshen, jungen Männern

Theologisch lässt sich argumentieren, dass die christliche Botschaft von Liebe, Gerechtigkeit und Inklusion eine Öffnung für gleichgeschlechtliche Paare nahelegt. Jesus selbst hat gesellschaftliche Außenseiter integriert und die Liebe über starre Gesetzestreue gestellt. Eine moderne Bibelauslegung könnte daher zu dem Schluss kommen, dass der Segen für eine liebevolle, verantwortungsvolle Partnerschaft unabhängig vom Geschlecht gerechtfertigt ist.

Ethisch spricht für die kirchliche Trauung die Gleichwertigkeit aller Menschen und Beziehungen. Wenn die Kirche Heterosexuellen die Möglichkeit gibt, vor Gott und der Gemeinde ihre Liebe zu bekennen und sich segnen zu lassen, sollte dies auch für homosexuelle Paare gelten. Ein Ausschluss könnte als Diskriminierung empfunden werden, insbesondere wenn sich die Kirche als moralische Instanz für alle Gläubigen versteht.

Kirchenpolitisch ist die Situation komplex. Während einige christliche Konfessionen (z. B. die evangelische Kirche in Deutschland, viele anglikanische Gemeinschaften) gleichgeschlechtliche Hochzeiten erlauben, lehnt die römisch-katholische Kirche sie bislang strikt ab. Hier gibt es zwar innerkirchliche Diskussionen, doch offizielle Reformen sind bislang mangels Konzil bzw. Papst-Dekret nicht in Sicht. Dennoch wächst der Druck von Gläubigen und fortschrittlichen Theolog:innen, die sich für eine Änderung und Anerkennung einsetzen.

Letztlich stellt sich die Frage, ob sich die Kirche an veränderte gesellschaftliche Werte anpasst oder an traditionellen Lehren festhält. Soll sie ein Ort sein, an dem alle Gläubigen in ihrer Liebe ernst genommen werden, oder soll sie Ehe weiterhin exklusiv als Verbindung zwischen Mann und Frau definieren? Aus einer Perspektive der Gleichberechtigung und christlichen Nächstenliebe ist die Öffnung für gleichgeschlechtliche Hochzeiten eine konsequente Weiterentwicklung.

125 • Wie sähe eine Kirche aus, die sexuelle Vielfalt aktiv fördert?

Eine Kirche, die sexuelle Vielfalt aktiv fördert, würde sich nicht nur für eine offene Haltung aussprechen, sondern auch konkrete Maßnahmen ergreifen, um LGBTQIA+-Menschen willkommen zu heißen und zu unterstützen. Zunächst würde sie eine klare theologische und pastorale Haltung einnehmen, indem sie sich öffentlich zur Inklusion verpflichtet und theologische Aufarbeitungen anbietet. Predigten, Vorträge und Bibelstudien würden queere Perspektiven auf die Bibel beleuchten, während gleichgeschlechtliche Paare durch Segnungen oder kirchliche Trauungen sichtbar unterstützt würden. Zudem wären LGBTQIA+-

Personen in Leitungspositionen vertreten, um echte Mitbestimmung zu gewährleisten.

Abbildung 20: Eine einladende Kirche mit offenen Türen, deren Fenster durch menschliche Vielfalt leuchten – und Menschen, die sich in ihrer Identität angenommen fühlen. „Eine Kirche für alle“ – mit offener Tür, vielfältigen Silhouetten in den Fenstern und der Botschaft „Sexuelle Vielfalt ist heilig“.

Ein weiteres wichtiges Element wäre eine gezielte Seelsorge und psychologische Begleitung. Die Kirche würde speziell geschulte Seelsorger:innen bereitstellen, die LGBTQIA+-Personen in ihren individuellen Lebenssituationen unterstützen. Coming-out-Prozesse könnten in einem geschützten Rahmen begleitet werden, während

Menschen, die durch religiöse Ausgrenzung oder Konversionstherapien traumatisiert wurden, Angebote zur Heilung und Aufarbeitung erhielten.

Darüber hinaus würde die Kirche Bildungs- und Aufklärungsarbeit leisten. Workshops und Vorträge zu Themen wie *„Sexuelle Vielfalt und christlicher Glaube"* oder *„Queer-Theologie"* würden helfen, Vorurteile abzubauen und neue theologische Perspektiven zu eröffnen. Kooperationen mit LGBTQIA+-Organisationen würden dabei für einen intensiven Erfahrungsaustausch sorgen, während Lehrmaterialien für Schulen und Gemeinden entwickelt werden könnten, um das Bewusstsein für Vielfalt innerhalb christlicher Sexualmoral zu schärfen.

Um ihre Offenheit sichtbar zu machen, würde sich die Kirche aktiv vernetzen und an öffentlichen Veranstaltungen wie dem Christopher Street Day (CSD) teilnehmen. Regenbogen-Symbole an Kirchengebäuden, auf der Website oder in der Liturgie würden signalisieren, dass queere Menschen willkommen sind. Queere Gottesdienste mit inklusiven Predigten und Musik, die LGBTQIA+-Themen aufgreifen, würden das Gemeindeleben bereichern. Zudem könnten Erfahrungsberichte queerer Christ:innen aktiv gefördert werden, um deren Perspektiven in der Kirche stärker zu verankern.

Ein besonderes Augenmerk läge auf dem Schutz und der Stärkung von LGBTQIA+-Personen. Ein Antidiskriminierungskonzept würde klare Regeln gegen Ausgrenzung innerhalb der Kirche festlegen, ergänzt durch Melde- und Beschwerdemechanismen. Für queere Jugendliche gäbe es offene Jugendgruppen und Mentoring-Programme, um ihnen in ihrer Identitätsfindung beizustehen. Gleichzeitig könnten Familien und Angehörige queerer Menschen Unterstützung erhalten, um Akzeptanz und Verständnis zu fördern.

Neben dem innerkirchlichen Engagement würde sich diese Kirche auch gesellschaftlich positionieren. Sie würde sich politisch für die Rechte von LGBTQIA+-Personen einsetzen, beispielsweise durch Stellungnahmen zu Gesetzesinitiativen gegen Diskriminierung. Interreligiöse Kooperationen könnten helfen, Akzeptanz über konfessionelle Grenzen hinweg zu fördern. Zudem wären Sozialprojekte für marginalisierte queere Menschen denkbar, etwa Unterstützungsangebote für wohnungslose LGBTQIA+-Jugendliche oder ältere queere Menschen, die im Alter Diskriminierung erfahren.

Eine solche Kirche würde nicht nur LGBTQIA+-Menschen willkommen heißen, sondern aktiv daran arbeiten, eine diskriminierungsfreie und wertschätzende Gemeinschaft zu gestalten, in der alle Menschen mit ihrer Identität ernst genommen werden.

---

d) Die Kirche und ihre zeitnah gestaltete Gegenwart

---

126 • Ist eine inklusive Kirche nicht auch eine glaubwürdigere Kirche?

Inklusion bedeutet, dass alle Menschen, unabhängig von Herkunft, Geschlecht, Behinderung, sozialem Status oder sexueller Orientierung, gleichwertig anerkannt und in allen Bereichen des gesellschaftlichen Lebens respektiert werden. Im kirchlichen Kontext bedeutet Inklusion, dass niemand aufgrund seiner Identität oder Lebensweise ausgeschlossen wird – sei es von Sakramenten, kirchlicher Mitarbeit oder der vollen Anerkennung als Teil der Gemeinschaft.

Abbildung 21: Symbol-Bild für eine Inklusive Kirche

Gerade im Hinblick auf gleichgeschlechtliche Paare stellt sich die Frage, wie eine Kirche, die Nächstenliebe, Gerechtigkeit und Würde für alle predigt, mit diesen Menschen umgeht. Wenn die Kirche allen Menschen in gleicher Weise offensteht, wird sie ihrem eigenen Anspruch gerechter, das Evangelium von der Liebe Gottes glaubwürdig zu verkünden. Eine *inklusive Kirche* erkennt an, dass auch gleichgeschlechtliche Paare in Liebe, Treue und Verantwortung füreinander einstehen können – Werte, die in der christlichen Tradition zentral sind.

In Zeiten, in denen viele Menschen sich von der Kirche entfremden, weil sie sie als ausgrenzend oder rückständig wahrnehmen, könnte gelebte Inklusion ein Zeichen der Authentizität sein. Eine Kirche, die Vielfalt bejaht und sich nicht an überholte gesellschaftliche Normen klammert, kann ihre Botschaft von Liebe und Gerechtigkeit glaubwürdiger vermitteln. Inklusion bedeutet also nicht nur einen ethischen Imperativ, sondern auch eine Chance für die Kirche, zeitgemäß und relevant zu bleiben.

127 • Wie lässt sich die christliche Botschaft im Hinblick auf Inklusion verstehen, und warum sollte sie besonders LGBT-Personen einschließen?

James Alison argumentiert, dass das Christentum in seinem Kern eine Botschaft der bedingungslosen Liebe, der Befreiung und der radikalen Annahme aller Menschen verkörpert. Er kritisiert, dass traditionelle kirchliche Lehren oft auf sozialen Normen und kulturellen Vorurteilen basieren, anstatt auf der eigentlichen Dynamik des Evangeliums. Besonders hebt er hervor, dass die christliche Erlösungsgeschichte keine ausschließende, sondern eine einladende Bewegung ist, in der Ausgegrenzte, Verachtete und Marginalisierte in den Mittelpunkt gerückt werden.

Alison bezieht sich auf die Opfer-Theorie René Girards und zeigt, dass das Evangelium die Logik der Sündenböcke durchbricht. Christus selbst sei das ultimative Opfer, das die Mechanismen menschlicher Ausgrenzung entlarvt und überwindet.

René Girard geht davon aus, dass menschliche Gesellschaften von einem grundlegenden Mechanismus geprägt sind: dem *mimetischen Begehren*. Menschen imitieren nicht nur das Verhalten anderer, sondern auch deren Wünsche und Begehren, was zwangsläufig zu Konflikten führt. Wenn mehrere Menschen dasselbe wollen, entstehen Rivalitäten, die sich in Gewalt und sozialen Spannungen entladen können. Um diese destruktive Dynamik zu bewältigen, entwickelt sich in Gesellschaften das Prinzip des Sündenbocks: Eine einzelne Person oder Gruppe wird als Ursache der Unruhe identifiziert und symbolisch oder real geopfert. Durch dieses Opfer wird das soziale Gleichgewicht wiederhergestellt, da die Gemeinschaft ihre Spannungen an einem gemeinsamen Feind abbauen kann.

Laut Girard ist dieses Muster in Mythen, Ritualen und religiösen Praktiken tief verankert. In vielen alten Kulturen waren Opferhandlungen zentrale Mittel, um Frieden und Ordnung zu sichern, indem sie kollektive Gewalt auf eine „legitime" Weise kanalisierten. Auch in der Bibel finden sich Spuren dieses Mechanismus, doch Girard sieht in der christlichen Erzählung eine radikale Umkehrung des Musters. Im Kreuzestod Jesu werde das unschuldige Opfer nicht mehr als Sündenbock akzeptiert, sondern als derjenige entlarvt, der das System der Gewalt offenlegt.

Das Evangelium zeigt demnach, dass Christus nicht stirbt, um göttlichen Zorn zu besänftigen, sondern um die Logik der Opfergewalt zu durchbrechen. Sein Tod offenbart, dass die Mechanismen menschlicher Ausgrenzung ungerecht sind und nicht durch göttlichen Willen legitimiert werden. Girard deutet die christliche Botschaft als Einladung, diese Gewaltkreisläufe zu durchbrechen, nicht länger auf Sündenböcke zu setzen und stattdessen einen Weg der Vergebung und Versöhnung zu gehen. *In dieser Perspektive wird Jesus nicht als Opfer eines erzürnten Gottes, sondern als Opfer menschlicher Gewalt gesehen* – ein Opfer, das durch die Auferstehung zeigt, dass wahre Erlösung nicht durch Vergeltung, sondern durch Liebe und Vergebung geschieht.

Wenn „pervertieren" bedeutet, dass ein bestehendes System ins Gegenteil verkehrt oder entlarvt wird, dann könnte man Girards Theorie tatsächlich so interpretieren: Der Opfertod Jesu pervertiert das traditionelle Opferprinzip, indem er es nicht nur entkräftet, sondern seine eigentliche Mechanik offenlegt und ad absurdum führt.

In archaischen Gesellschaften hatte das Opfer eine stabilisierende Funktion – es brachte durch den Sündenbockmechanismus Frieden, weil die Menschen glaubten, dass durch das Blutvergießen eine höhere Ordnung wiederhergestellt wurde. Doch mit dem Kreuz Jesu wird deutlich, dass nicht Gott das Opfer fordert, sondern dass es eine menschliche Dynamik ist, die Unschuldige opfert, um soziale Spannungen abzubauen. Jesus ist das Opfer, das diese Mechanik nicht mehr verbirgt, sondern sichtbar macht.

Wenn man also hier von einer Pervertierung spricht, könnte das bedeuten, dass das Opfersystem durch Christus nicht einfach abgeschafft, sondern seiner ursprünglichen Funktion beraubt wird. Es funktioniert nicht mehr in der alten Weise, weil Jesus als Unschuldiger geopfert wird und dieses Opfer nicht – wie früher – Frieden durch Gewalt bringt, sondern zeigt, dass Opfergewalt ungerecht und menschenzentriert ist.

Die Kirche hat diese Erkenntnis jedoch historisch oft umgekehrt interpretiert. Statt das Opfersystem zu entlarven und zu beenden, wurde Jesu Tod selbst zum „ultimativen Opfer", das stellvertretend für die Sünden der Menschheit dargebracht wurde. Diese Vorstellung kann als eine Art Rückkehr in die alte Logik verstanden werden, in der Opfer notwendig sind, um göttliche Gunst zu erlangen. In dieser Hinsicht könnte man sagen, dass die ursprüngliche revolutionäre Kraft der Botschaft Jesu teilweise pervertiert wurde, indem sie wieder in ein Opferdenken eingegliedert wurde, das sie eigentlich überwinden sollte.

Letztlich hängt die Antwort darauf, ob der Tod Jesu die Opfergewalt pervertiert, davon ab, ob man ihn als vollständige Auflösung des Opfersystems sieht oder als eine ungewollte Umkehrung, die durch die theologische Tradition teilweise wieder in ein Sühneopfer umgewandelt wurde.

René Girards Deutung des Kreuzestodes zeigt, dass Jesus nicht geopfert wurde, um göttlichen Zorn zu besänftigen, sondern um die *menschliche Praxis der Sündenbockmechanik offenzulegen* und zu durchbrechen. Stattdessen hat sich in der kirchlichen Theologie die

Vorstellung etabliert, dass Jesus sich *als „Lamm Gottes" freiwillig für die Sünden der Welt geopfert habe* – ein Konzept, das auf den ersten Blick der alten Logik der Opfergewalt widerspricht, aber gleichzeitig ihre Mechanik unbewusst weiterführt.

Die klassische christliche *Soteriologie* (Lehre vom Heil) betont oft, dass Jesus sterben musste, um die Menschheit zu erlösen, und dass sein Leiden einen göttlichen Zweck hatte. Dies entspricht der Idee eines notwendigen Opfers zur Wiederherstellung der göttlichen Ordnung – eine Vorstellung, die eng mit archaischen Opferpraktiken verwandt ist. Girard hingegen zeigt, dass Jesus nicht deshalb gestorben ist, weil Gott das Opfer verlangte, *sondern weil die Menschen ihre gewohnte Dynamik der Ausgrenzung und Gewalt auf ihn projizierten*.

Die Kirche hat in ihrer Dogmatik jedoch über Jahrhunderte hinweg das Kreuz als notwendige Heilsbedingung interpretiert und damit eine Theologie entwickelt, die weiterhin in Opferkategorien denkt. Besonders in der katholischen Tradition zeigt sich dies in der Vorstellung der Eucharistie als *„unblutige Erneuerung des Opfers Christi"*. Statt das Opferprinzip als überholt zu betrachten, wird es liturgisch perpetuiert – das Opfer bleibt zentral, nur wird es theologisch umgedeutet.

Wenn man von einer „Perversion" spricht, könnte das bedeuten, dass die Kirche das, was eigentlich als Kritik am Opfer gedacht war, in ein neues Opfersystem verwandelt hat, das Menschen weiterhin in eine Denkweise zwingt, die Schuld, Sühne und stellvertretendes Leiden als zentrale Konzepte des Glaubens betrachtet. Das revolutionäre Potenzial der Botschaft Jesu – dass Opfer nicht mehr nötig sind, weil Gott nicht nach Blut verlangt – wurde in vielen kirchlichen Traditionen abgeschwächt oder umgedeutet.

Diese Opferlogik zeigt sich auch in der Haltung der Kirche zu menschlichem Leiden: Oft wurde Leid als gottgefällige Prüfung oder als Teilnahme am Opfer Christi gedeutet, anstatt als etwas, das es zu überwinden gilt. Diese Perspektive hat lange Zeit dazu geführt, dass sich Gläubige mit strukturellem Unrecht, Unterdrückung oder persönlichem Leid abfinden sollten, weil es vermeintlich einen höheren Sinn hatte bzw. hätte.

Letztlich kann man also sagen, dass die Kirche nicht unbedingt das Opferprinzip pervertiert, sondern es transformiert und weitergetragen hat – auf eine Weise, die dem ursprünglichen Anliegen Jesu, Opfergewalt zu durchbrechen, *teilweise entgegenläuft*. Die Frage bleibt, ob eine Kirche, die wirklich aus der Logik des Opfers ausbrechen will, ihre Theologie so reformulieren könnte, dass sie nicht länger auf Blut, Schuld und Sühne fokussiert ist, sondern auf eine Spiritualität der Befreiung, des Lebens und der radikalen Annahme. Dann müsste sie sich vom „Lamm Gottes“, das geopfert wird, verabschieden.

In diesem Licht betrachtet, sei nach James Alison jede Form der Diskriminierung, auch gegenüber LGBT-Personen, eine Verleugnung der christlichen Grundbotschaft. Somit ruft das Evangelium dazu auf, Menschen in ihrer ganzen Identität anzunehmen und sie nicht durch theologische Konstruktionen zu unterdrücken.

Theologisch argumentiert James Alison, dass die Kirche in ihrer Haltung zu queeren Menschen die eigene Botschaft der bedingungslosen Liebe und Erlösung verrät. Queere Menschen werden in der kirchlichen Struktur oft zu einem modernen Sündenbock gemacht werden – obwohl sie nichts anderes tun, als ihr Leben authentisch zu leben. Statt die Mechanismen der Ausgrenzung zu entlarven, wie es das Evangelium eigentlich fordert, perpetuiert die Kirche diese Muster. Alison fordert deshalb eine tiefgehende Reform der kirchlichen Lehre, die nicht auf Verurteilung, sondern auf echter Inklusion basiert. Er fordert die Kirche auf, ihre Angst vor Vielfalt abzulegen und queere Menschen als vollwertige Mitglieder der Gemeinschaft willkommen zu heißen – nicht trotz, sondern mit und gerade wegen ihrer Identität.

Nur so könne die Kirche ihrer eigenen Botschaft der Liebe und Befreiung, der Soldarität sowie der Verantwortung dem Bruder Jesu gegenüber treu bleiben: Er fordert daher eine Theologie, die nicht aus Angst oder Kontrolle heraus agiert, sondern aus Vertrauen und Großzügigkeit. Die Kirche müsse erkennen, dass ihre ablehnende Haltung gegenüber LGBT-Menschen weniger auf biblischen Prinzipien als auf historisch gewachsenen kulturellen Mustern beruhe. Eine wirklich christliche Haltung wäre es, Vielfalt als Teil der Schöpfung anzuerkennen und in den Mittelpunkt des Glaubens die *Einladung zur Liebe zu stellen, die keine Bedingungen oder Ausgrenzung kennt.*

Die Kirche muss daher eine *neue Lehre des Heils* formulieren, die sich nicht mehr auf das Opferprinzip stützt, sondern auf die radikale *Offenbarung des Kreuzes:* Jesus starb nicht, weil Gott ein Opfer verlangte, sondern weil die Menschen ihre eigene Gewalt und Ausgrenzungsmechanismen auf ihn projizierten. Das Kreuz ist kein notwendiges Sühneopfer, sondern die ultimative Entlarvung der menschlichen Neigung, Unschuldige zu opfern, um Ordnung und Stabilität zu sichern. Jesus ist nicht das *"Lamm Gottes"*, das zur Versöhnung geschlachtet werden musste, sondern der *"Bruder der Ausgestoßenen"* - so die richtig verortete Heilslehre auf den Punkt gebracht -, der in seinem Leiden offenbart, dass keine Gewalt, keine Ausgrenzung und kein Opfer jemals göttlichen Willen widerspiegeln. Das wahre Heil liegt nicht in einer *Blut-Theologie*, sondern in der Überwindung des Kreislaufs der Gewalt. Die Kirche sollte nicht das Opfer Christi liturgisch fortsetzen, sondern seine Botschaft in eine *Theologie der Befreiung und Solidarität* übersetzen: Das Reich Gottes entsteht nicht durch Sühne, sondern durch die radikale Solidarität mit den Marginalisierten, durch Vergebung statt Vergeltung und durch eine Gemeinschaft, in der kein Mensch mehr geopfert werden oder Ausgestossen sein muss, um Frieden zu schaffen. Das Kreuz ruft nicht zur Unterwerfung unter eine göttliche Opfer-Ordnung auf, sondern zur Umkehr von einem Denken, das Sündenböcke sucht - hin zu einer neuen Ethik der Annahme, der Heilung, der Inklusion und Solidarität sowie des Lebens. Das ist die *Bruder-Theologie der nicht-Inkludierten*.

Ein Gläubiger, der die Jesu Heilslehre des *„Bruders der Ausgestoßenen“* in seinem Alltag umsetzen möchte, beginnt damit, den Mechanismus der Ausgrenzung in seinem eigenen Umfeld zu erkennen und aktiv dagegen zu arbeiten. In der Familie und Schule bedeutet das, Kindern und Angehörigen zu vermitteln, dass niemand zurückgelassen oder als „weniger wert“ betrachtet werden darf – sei es aufgrund von Fehlern, sozialem Status oder persönlichen Eigenheiten. Es bedeutet, Konflikte nicht durch Schuldzuweisungen oder Bestrafung zu lösen, sondern durch Verständnis und Versöhnung.

Ein praktischer Schritt wäre, bewusst auf Situationen zu achten, in denen jemand ungerecht behandelt oder ausgeschlossen wird – sei es in der Nachbarschaft, am Arbeitsplatz, in der Schule oder in der Gemeinde – und diesen Menschen aktiv beizustehen. Statt moralischer

Überlegenheit geht es darum, sich solidarisch mit denen zu zeigen, die gesellschaftlich benachteiligt sind. Auch das Gebet kann sich verändern: Nicht um Vergebung für Sünden zu bitten, die durch Opfer „gesühnt“ werden müssen, sondern *„um Kraft bitten wir, Menschen nicht auszugrenzen, sie zu inkludieren und ihnen mit Mitgefühl solidarisch zu begegnen.“*

Wie kann diese Heilslehre im Religionsunterricht vermittelt werden?

Um Schüler:innen die Idee des *„Bruders der zu Inkludierenden“* näherzubringen, braucht es konkrete und erfahrbare Ansätze. Eine wichtige Methode ist das Erkennen von Ausgrenzungsmechanismen im eigenen Umfeld, etwa durch Reflexionen über Mobbing, Gruppendruck oder soziale Ungleichheiten in der Schule. Ein zentrales Element könnte die Frage sein: „Wer sind heute die Ausgestoßenen, und wie können wir uns mit ihnen solidarisieren?“

Möglich sind praktische Übungen, zum Beispiel:

- **Rollenspiele oder Perspektivwechsel** – Schüler:innen versetzen sich in die Lage einer Person, die ausgeschlossen oder gemobbt wird, und überlegen gemeinsam, wie man diesen Menschen stärken kann.
- **Geschichten aus dem Evangelium mit heutigen Parallelen verbinden** – Das Gleichnis vom barmherzigen Samariter oder Jesu Umgang mit Zöllnern und Sündern kann als Ausgangspunkt dienen, um die Mechanismen von Ausgrenzung in der heutigen Gesellschaft zu verstehen.
- ***„Solidaritäts-Challenge“* für den Pausenhof** – Eine Aktion, bei der sich Schüler:innen vornehmen, auf diejenigen zu achten, die oft alleine stehen oder ignoriert werden, und gezielt versuchen, sie in Gespräche oder Gruppen einzubeziehen.
- **Kritische Reflexion über Opfermechanismen** – Diskussion darüber, warum Menschen in Gruppen oft nach Sündenböcken suchen und wie man sich diesem Mechanismus bewusst entgegenstellen kann.

Ein wesentliches Ziel sollte es sein, Kindern und Jugendlichen zu vermitteln, dass Glaube nicht bedeutet, sich an einem überkommenen

Opferdenken zu orientieren, sondern *Verantwortung füreinander* zu übernehmen. Eine Schule, die diesen Gedanken ernst nimmt, könnte beispielsweise *„Anwaltssysteme“* oder *„Buddy-Systeme“* einführen, bei denen Schüler:innen gezielt Verantwortung übernehmen, um Mitschüler:innen zu schützen, die sonst leicht ins Abseits geraten.

Am Ende steht eine einfache, aber tiefgehende Botschaft: *Gott braucht keine Opfer, sondern Menschen, die füreinander einstehen.* Nur durch eine echte Inklusion könne sie ihrer eigenen Botschaft der Liebe, Gnade und Befreiung gerecht werden. Wenn dies im Alltag greifbar wird, kann diese Theologie tatsächlich zu einer neuen Praxis des Glaubens werden – nicht nur in der Kirche, sondern mitten in der Gesellschaft.

Folgende Neufassung im Entwurf eines Gebets setzt dieses um und verwirft das Wort des geopferten "Lamms":

"Frau und Herr, schenke uns die Kraft, niemanden auszuschließen:

Um offene Herzen, die in anderen nicht Fehler,
sondern Schwestern und Brüder sehen, bitten wir
- denn wir werden nicht um Vergebung bitten,
als wären wir schuldig geboren,
sondern hilf uns, dort hinzusehen, wo Menschen ausgegrenzt werden,
und gib uns den Mut, nicht schweigend Teil solcher Muster zu sein.
Wir wollen andere mit ausgestreckten Armen willkommen heissen
und inkludieren.
Lass uns erkennen,
wo wir durch Gleichgültigkeit oder Angst andere zurücklassen,
und wecke in uns den Geist der Solidarität, der nicht urteilt,
sondern versteht.
Lass uns nicht nach Sündenböcken suchen,
sondern nach Wegen der Heilung.
Frau und Herr, begleite uns auf dem Weg der Versöhnung,
auf dem niemand geopfert werden muss,
damit andere sich sicher fühlen.
Stärke in uns die Liebe, die nicht fordert, sondern gibt
– damit dein Reich nicht eines der Schuld,
sondern eines der Gemeinschaft wird.

Amen."

128 • Ist die Diskussion über Jesu Sexualität letztlich eine Frage nach der Offenheit der Kirchen?

Die Diskussion über Jesu Sexualität ist tatsächlich eher eine Diskussion über die Offenheit, Flexibilität und Modernisierungsfähigkeit der Kirchen selbst als über historische Tatsachen. Jesu Sexualität kann historisch nicht eindeutig geklärt werden – die Quellenlage gibt keine abschließenden Antworten. Wenn Menschen dennoch intensiv darüber diskutieren, spiegeln sie damit in erster Linie gesellschaftliche und theologische Dialoge wider, insbesondere über den Umgang der Kirchen mit Sexualität, Vielfalt und modernen Lebensentwürfen.

Solche Dialoge zeigen häufig, ob und wie sehr sich Kirchen heute öffnen und weiterentwickeln können. Eine ernsthafte Auseinadersetzung mit der Frage signalisiert oft Bereitschaft zu Inklusion, Dialog und kritischer Selbstreflexion. Gleichzeitig löst das Thema Widerstand und Ablehnung bei Gruppen aus, die traditionell-konservative Moralvorstellungen vertreten. Somit wird die Diskussion zu einem Gradmesser dafür, wie offen, dialogfähig und reformbereit eine Kirche und jede:r Einzelne tatsächlich ist.

129 • Sind Christen bereit, traditionelle Überzeugungen zugunsten neuer Erkenntnisse aufzugeben?

Historisch betrachtet haben sich christliche Überzeugungen bereits mehrfach gewandelt, wenn neue Erkenntnisse oder gesellschaftliche Entwicklungen dies erforderten. Ein Beispiel ist der Wandel in der Haltung zur Sklaverei: Während die Bibel in mehreren Passagen Sklaverei akzeptiert oder regelt (Epheser 6,5–9, 1. Timotheus 6,1–2), lehnen heute nahezu alle christlichen Kirchen diese Praxis kategorisch ab. Ein weiteres Beispiel ist die Gleichberechtigung der Frau. Während Frauen über Jahrhunderte hinweg von kirchlichen Ämtern ausgeschlossen waren, hat sich die Situation in vielen Konfessionen grundlegend verändert – etwa in der Evangelischen Kirche, in der Frauen seit Jahrzehnten Pfarrer:innen und Bischöf:innen sein können.

Ähnliche Entwicklungen gibt es in der Sexualethik. Viele christliche Gemeinschaften haben ihre Haltung zu Themen wie

Empfängnisverhütung, Scheidung und gleichgeschlechtlichen Partnerschaften angepasst, da neue wissenschaftliche, psychologische und soziologische Erkenntnisse traditionelle Ansichten herausgefordert haben. In den 1960er Jahren lehnte die katholische Kirche Verhütungsmethoden wie die Pille strikt ab, doch heute ignorieren viele Gläubige diese Vorschriften oder fordern eine Neubewertung. Auch die Ehe für geschiedene Personen wird in einigen katholischen Gemeinden inzwischen pastoral begleitet, obwohl sie offiziell als problematisch gilt.

Jedoch gibt es Widerstände gegen Veränderungen, insbesondere in kirchlichen Traditionen, die die Bibel als wörtlich inspiriertes und unveränderliches Wort Gottes betrachten.

Die Bereitschaft, traditionelle Überzeugungen aufzugeben, ist also nicht gleichmäßig unter Christ:innen verteilt. Während liberale und reformorientierte Kirchen aktiv nach neuen Wegen suchen, um Glauben und moderne Erkenntnisse zu vereinen, bleiben andere an jahrhundertealten Lehren fest. Die Debatte um Themen wie Homosexualität, Genderrollen oder eine offene Sexualethik zeigt, dass sich innerhalb des Christentums verschiedene Dynamiken gegenüber Veränderungen entfalten.

Letztlich zeigt die Geschichte, dass Wandel im Christentum möglich ist – oft nicht von heute auf morgen, aber durch kontinuierlichen theologischen Diskurs und gesellschaftlichen Druck bzw. Anerkennung der gesellschaftlichen Realität. Christ:innen, die bereit sind, ihre Überzeugungen zu überdenken, tun dies meist aus einem tiefen Glauben an die Notwendigkeit, sich an die Grundwerte Jesu – Liebe, Gerechtigkeit und Barmherzigkeit – anzupassen, anstatt an überholten kulturellen Normen festzuhalten. Die entscheidende Frage bleibt, wie stark die Kirche als Institution bereit ist, diesen Wandel aktiv mitzugestalten und den Weg mitzugehen.

130 • Wie könnte eine Kirche aussehen, die sich nicht auf Macht, sondern auf den Geist des Evangeliums gründet?

Leonardo Boff stellt der hierarchisch organisierten, machtzentrierten Kirche eine *„wahre Kirche“* gegenüber, die sich am Geist des Heiligen Geistes orientiert. Für ihn ist Kirche keine Institution, die von oben regiert wird, sondern eine lebendige Gemeinschaft, in der der Glaube durch Mitgestaltung und Solidarität wächst. Besonders in den Basisgemeinden der Armen Lateinamerikas sah er dieses Ideal verwirklicht: Gemeinschaften, in denen Gläubige eigenständig das Evangelium leben, soziale Gerechtigkeit fördern und sich gegenseitig unterstützen – ohne die Bevormundung durch eine zentral gesteuerte kirchliche Autorität.

Diese Vorstellung widersprach dem Machtanspruch des Vatikans, der auf Hierarchie, Gehorsam und kirchlicher Kontrolle basiert. Boff kritisierte, dass die Kirche sich von den Bedürfnissen der Menschen entfernt habe, weil sie sich zu sehr mit politischer und wirtschaftlicher Macht verbinde, anstatt sich konsequent auf die Seite der Unterdrückten zu stellen.

Seine Theologie führte zu starken Diskursen mit der katholischen Amtskirche. Aufgrund seiner Themen wurde er 1985 vom Vatikan zum Schweigen verurteilt und später mit Sanktionen belegt. Schließlich legte er 1992 sein Priesteramt nieder, um sich freier für eine Kirche einzusetzen, die nicht durch Macht, sondern durch den Geist der Befreiung und Gerechtigkeit bestimmt wird.

Der Geist des Evangeliums ist geprägt von Liebe, Gerechtigkeit, Mitgefühl und Befreiung. Im Zentrum steht die Botschaft Jesu, dass Gott den Menschen nicht durch Macht oder Strafe begegnet, sondern durch bedingungslose Annahme und Zuwendung. Das Evangelium fordert dazu auf, sich den Armen, Schwachen und Ausgegrenzten zuzuwenden, anstatt sich an Reichtum und Hierarchie zu klammern.

Dieser Geist zeigt sich in der radikalen Nächstenliebe, die keine Bedingungen stellt, sondern den Menschen in seiner Würde ernst nimmt. Er fordert Vergebung statt Vergeltung, Demut statt Herrschaft und eine Gemeinschaft, die sich nicht durch starre Regeln, sondern durch gelebte Solidarität definiert.

Abbildung 22: Eine schlichte Kirche mit offenen Türen wird von vielen Händen getragen – über dem Eingang steht deutlich „Evangelium statt Macht“. Es ist ein Idealbild für eine gemeinschaftlich getragene, dienende Kirche. Die Kirche wird getragen von vielen Händen – darunter auch sichtbar das Banner „Wir sind Kirche“. Ein Bild für eine glaubwürdige, gemeinschaftlich getragene Kirche im Geist des Evangeliums.

Gleichzeitig enthält das Evangelium eine befreiende Dimension: Es ruft dazu auf, sich von Unterdrückung, Angst und Zwängen zu lösen – sowohl im persönlichen als auch im gesellschaftlichen Sinne. Glaube wird nicht als Gehorsam gegenüber Institutionen verstanden, sondern als mutige Nachfolge Jesu, die bestehende Ungerechtigkeiten infrage stellt. Wer sich ernsthaft auf den Geist des Evangeliums einlässt, wird nicht nur Helfer:in, sondern auch Kritiker:in – weil wahre Gerechtigkeit immer Veränderung verlangt.

Fragen sind ein zentrales Mittel zum Dialog und des Erkenntnisgewinns. Sie durchbrechen festgefahrene Denkmuster, hinterfragen vermeintliche Gewissheiten und eröffnen neue Perspektiven. In der Theologie als Wissenschaft sollte die fragende Methode essenziell sein, denn gerade im Glauben geht es nicht um bloßes Wiederholen überlieferter Dogmen, sondern um die Suche nach Wahrheit und Bedeutung. Wer nicht fragt, bleibt in vorgegebenen Strukturen gefangen, während Fragen Bewegung schaffen – genau das, was Jesus in seiner Verkündigung tat.

Die Wissenschaft hat den Auftrag, auch die Kirche kritisch zu betrachten. Theologie als Wissenschaft müsste kontinuierlich prüfen, ob kirchliche Strukturen tatsächlich dem Geist des Evangeliums entsprechen oder ob sie sich in Machtinteressen, Dogmatismus und Hierarchie verfestigt haben. Gerade hier könnte eine mutige, kritische Theologie Brücken schlagen, indem sie Missstände benennt, Reformen anstößt und neue Wege für eine glaubwürdige Kirche aufzeigt.

Doch oft versagt die Wissenschaft in dieser Aufgabe. Zu häufig bleibt sie in kirchlichen Institutionen gefangen oder scheut die Konfrontation mit übermächtigen Interessen. Statt einer echten kritischen Auseinandersetzung mit der Kirche findet oft eine vorsichtige Anpassung an bestehende Strukturen statt. Die Angst vor Sanktionen, die Abhängigkeit von kirchlichen Mitteln oder einfach ein institutioneller Konservatismus können dazu führen, dass Wissenschaftler sich nicht trauen, grundlegende Fragen zu stellen.

Wenn die Theologie ihrer wissenschaftlichen Verantwortung gerecht werden will, muss sie die Kirche im Licht des Evangeliums prüfen – nicht als verlängerter Arm der Institution, sondern als kritische Instanz, die fragt, zweifelt und unbequem ist, um den Glauben von unnötigen Lasten zu befreien und ihn lebendig zu halten.

Um wissenschaftliche und theologische Unabhängigkeit zu wahren, braucht es Strukturen, die Kritik ermöglichen, ohne existenzielle Abhängigkeiten zu schaffen. Theolog:innen und Wissenschaftler:innen, die sich zu sehr an kirchliche oder staatliche Geldgeber binden, laufen Gefahr, nur das zu vertreten, was erwartet wird – anstatt zu forschen und zu lehren, was wahr und notwendig ist.

Eine Lösung liegt in einer breiteren institutionellen Unabhängigkeit. Wissenschaftliche Einrichtungen sollten sich stärker durch vielfältige Finanzierungsquellen absichern, um nicht allein von kirchlichen oder staatlichen Mitteln abhängig zu sein. Stiftungsgelder, öffentliche Forschungsgelder ohne ideologische Vorgaben und internationale Kooperationen könnten helfen, den Einfluss einzelner Geldgeber zu reduzieren.

Doch Unabhängigkeit beginnt auch bei der persönlichen Haltung - mit dieser können sich Theolog:innen und Wissenschaftler:innen von der Devise *„Wessen Brot ich ess, dessen Lied ich sing“* befreien. Theolog:innen und Wissenschaftler:innen müssen sich bewusst sein, dass ihre Aufgabe nicht darin besteht, bestehende Strukturen zu legitimieren, sondern sie kritisch zu hinterfragen. Dazu gehört Mut, intellektuelle Redlichkeit und die Bereitschaft, notfalls gegen den Mainstream oder gegen persönliche Vorteile zu stehen.

Auch Netzwerke von fragenden Theolog:innen und Wissenschaftler:innen können helfen, die/den Einzelne:n zu stärken. Wer sich nicht isoliert fühlt, sondern in einem größeren Diskurs steht, kann mutiger auftreten und Reformen anstoßen.

Somit geht es darum, Wissenschaft und Theologie als Werkzeuge zur Wahrheitssuche zu verstehen, nicht als Instrumente zur Bestätigung bestehender Machtstrukturen. Eine ehrliche, analysierende Wissenschaft und Theologie hat nicht die Aufgabe, den Mächtigen nach dem Mund zu reden – sondern den Mut, auch dann Fragen zu stellen, wenn die Antworten unbequem sind.

131 • Die Vermittlung von Werten wie Nächstenliebe, Gerechtigkeit und Verantwortung steht im Vordergrund: Wie können die Zehn Gebote als Leitfaden für ein ethisches Handeln von queeren und nicht-queeren Menschen in der heutigen Gesellschaft dienen?

Die Zehn Gebote sind ein zentraler ethischer Leitfaden des Christentums und können unabhängig von der sexuellen Orientierung als Orientierung für ein gerechtes und respektvolles Miteinander in der heutigen Gesellschaft dienen. Sie betonen universelle Werte wie Achtung vor dem Leben, Ehrlichkeit, Respekt gegenüber Mitmenschen und die Bedeutung von Gemeinschaft. Für queere und nicht-queere Menschen bieten sie eine Grundlage, um ein Leben in Verantwortung, Liebe und Gerechtigkeit zu gestalten.

Das erste Gebot (*„Du sollst keine anderen Götter haben neben mir“*) erinnert daran, dass Menschen nicht an Ideologien oder gesellschaftlichen Erwartungen gebunden sein sollten, sondern sich an Werten wie Wahrheit, Liebe und Mitmenschlichkeit orientieren. Dies kann für queere Menschen bedeutsam sein, die oft gesellschaftlichem Druck ausgesetzt sind, sich an traditionelle Normen anzupassen.

Das Gebot, den Namen Gottes nicht missbräuchlich zu verwenden, fordert einen respektvollen Umgang mit Glauben und Religion. Für queere Menschen ist dies besonders wichtig, da religiöse Sprache oft dazu genutzt wurde, um ihre Identität zu marginalisieren. Eine ethische Anwendung dieses Gebots bedeutet, dass Religion nicht als Instrument der Ausgrenzung missbraucht werden darf. Religiöse Sprache ist daher anzupassen, textlich neu zu fomulieren, um zu integrieren und Selbstverständlichkeiten zu benennen.

Die Gebote, den Sabbat zu heiligen und Eltern zu ehren, betonen die Bedeutung von Ruhe, Selbstfürsorge und familiären Beziehungen. Für queere Menschen, die manchmal von ihren Familien nicht akzeptiert werden, kann dies bedeuten, alternative familiäre Strukturen und Gemeinschaften zu wertschätzen und Verantwortung füreinander in ihrer Community zu übernehmen.

Die Gebote *„Du sollst nicht töten“* und *„Du sollst nicht stehlen“* lassen sich auf eine Gesellschaft übertragen, in der Gewalt, Diskriminierung und Ungerechtigkeit noch immer Realität sind. Sie mahnen dazu, aktiv für eine Kultur des Respekts und des Schutzes aller Menschen einzutreten, insbesondere für Minderheiten, die oft Ziel von Hass und Ausgrenzung sind.

Die Gebote gegen Ehebruch und falsches Zeugnis rufen zu Treue, Ehrlichkeit und Verlässlichkeit in zwischenmenschlichen Beziehungen auf. Für queere Menschen kann dies bedeuten, ihre Beziehungen mit denselben Werten der Verantwortung und Integrität zu gestalten wie heterosexuelle Paare. Gleichzeitig fordern sie auch die Gesellschaft heraus, Ehrlichkeit und Wahrhaftigkeit im Umgang mit queeren Menschen zu praktizieren, anstatt Vorurteile und Fehlinformationen zu verbreiten.

Für queere Menschen bedeuten die Gebote gegen Ehebruch und falsches Zeugnis, dass ihre Beziehungen denselben moralischen Werten unterliegen wie heterosexuelle Partnerschaften. Sie fordern Treue, Ehrlichkeit und Verlässlichkeit in zwischenmenschlichen Verbindungen und unterstreichen, dass Liebe und Verantwortung nicht an eine bestimmte sexuelle Orientierung gebunden sind. In einer Gesellschaft, in der queere Beziehungen lange Zeit nicht als gleichwertig anerkannt wurden, ist dies ein wichtiger ethischer Maßstab, der ihre Liebe, Ehe und Partnerschaft als ebenso moralisch wertvoll betrachtet wie jede andere Form der Beziehung. Gleichzeitig stellt das Gebot gegen falsches Zeugnis eine Herausforderung an die Gesellschaft dar. Es bedeutet, dass queere Menschen nicht durch Lügen, Vorurteile oder Fehlinformationen diskriminiert oder ausgegrenzt werden sollten. Die Verbreitung von falschen Darstellungen über queere Identitäten oder die gezielte Verzerrung von Fakten widerspricht dem Gebot der Wahrhaftigkeit und schadet der gesellschaftlichen Gerechtigkeit. Das Gebot ermutigt alle dazu, ehrliche und offene Gespräche über queere Themen zu führen und für eine Kultur des Respekts und der Aufrichtigkeit einzutreten.

Das letzte Gebot, das vor Neid und Missgunst warnt, ruft dazu auf, sich nicht durch Vergleiche oder gesellschaftlichen Druck bestimmen zu lassen, sondern ein zufriedenes und authentisches Leben zu führen.

Dies ist für queere Menschen ebenso ein Ziel der persönlichen Entwicklung, ein zufriedenes Leben zu führen.

Insgesamt bieten die Zehn Gebote also eine ethische Grundlage für alle Menschen, um in Verantwortung und Respekt miteinander zu leben. Sie laden dazu ein, ein gerechtes und liebevolles Miteinander zu fördern, in dem Unterschiede nicht als Bedrohung, sondern als Bereicherung gesehen werden. Indem sie universelle Werte wie Gerechtigkeit, Ehrlichkeit und Mitgefühl in den Mittelpunkt stellen, bieten sie einen zeitlosen Maßstab für ethisches Handeln in einer vielfältigen Gesellschaft.

132 • Kann eine moderne Kirche ohne Reformen überleben?

Nach Hans Küng kann eine moderne Kirche ohne Reformen kaum überleben, weil sie sonst Gefahr läuft, den Anschluss an die gesellschaftliche Wirklichkeit und an die Gläubigen zu verlieren. In *Unfehlbar?* kritisiert Küng vor allem das Dogma der päpstlichen Unfehlbarkeit, das er als ein Hindernis für offene Diskussion, Selbstkorrektur und Erneuerung innerhalb der katholischen Kirche sieht. Für ihn braucht die Kirche eine Rückkehr zu mehr Transparenz, theologischer Vielfalt und dialogischer Offenheit, um im 21. Jahrhundert glaubwürdig zu bleiben. Küng war überzeugt: Eine Kirche, die sich nicht reformiert, wird erstarrt, autoritär – und verliert ihre moralische und spirituelle Relevanz.

Die katholische Kirche hat sich in Teilen reformiert – etwa im *Zweiten Vatikanischen Konzil* –, hält aber in zentralen Fragen wie Frauenordination, Sexualmoral oder Machtstruktur am Status quo fest. Viele Gläubige empfinden diese Stagnation als Entfremdung, es ist eine *Entfremdete Kirche bzw. eine Entfremdungs-Theologie*. Die Verwaltung des Bestehenden ersetzt oft die lebendige Auseinandersetzung mit neuen Fragen. Besonders in pluralen, aufgeklärten Gesellschaften führt das zu einem schwindenden Vertrauen in kirchliche Autorität und sinkender kirchlicher Bindung bzw. umgekehrt führt es zu Eigenverantwortung und Bindung an alternativen, z. B. ethischen Werten.

Die queere Theologie betont besonders eindrücklich, wie dringend Reformen notwendig sind – nicht nur strukturell, sondern auch theologisch. Sie kritisiert die Ausgrenzung queerer Menschen, die Ablehnung gleichgeschlechtlicher Beziehungen und das Festhalten an binären Geschlechterbildern. Eine Kirche, die Inklusion ernst nimmt, muss ihre Lehren um 180 Grad wenden, um ihre spirituelle Tiefe für alle Menschen zu behalten. Queere Theolog:innen sehen Reform nicht als Veränderung am Glauben, sondern als dessen konsequente Weiterentwicklung im Geist der Gerechtigkeit und Liebe. Wer dieses Ziel erkennt, soll die Wende herbeiführen und den weiteren Weg nach diesen Theolog:innen beschleunigen.

Fazit: Ohne Reformen verliert die Kirche ihre Anschlussfähigkeit an die Gegenwart. Hans Küng forderte Reform nicht aus Widerspruch, sondern aus tiefer kirchlicher Loyalität. *Loyale Theologie*, auch queere Theologie, ruft die Kirche dazu auf, sich ihrer Wurzeln zu besinnen – und sich zugleich dem Wandel zu öffnen. Nur so kann sie glaubwürdig, lebendig und zukunftsfähig bleiben.

Kapitel 10: Selbstbestimmung & Befreiungstheologie: Gesellschaftliche und spirituelle Perspektiven

Die Idee der Selbstbestimmung steht im Zentrum moderner Freiheits- und Menschenrechtsdiskurse – doch wie verhält sich diese zur christlichen Tradition? Ist Selbstbestimmung ein unchristliches oder vielmehr ein zutiefst christliches Ideal? Besonders im Bereich der Sexualität hat sich die Kirche lange Zeit gegen individuelle Entscheidungsfreiheit gestellt. Die Kontrolle über moralische Normen diente dabei nicht nur spirituellen, sondern auch machtpolitischen Zwecken. Hat die Kirche Angst vor einer selbstbestimmten Sexualität ihrer Mitglieder?

Die Befreiungstheologie stellt genau diese Machtstrukturen infrage. Sie betont die zentrale Botschaft Jesu, die nicht in Dogmen, sondern in einer radikalen Hinwendung zum Menschen besteht. Ist sexuelle Selbstbestimmung ein Kernanliegen von Jesu Lehre? Betrachtet man seine Interaktionen mit gesellschaftlichen Außenseitern, seine Kritik an starren religiösen Vorschriften und seine Forderung nach Gerechtigkeit, scheint die Antwort darauf naheliegend zu sein. Denn das verstehen viele unter „queer“: einen Unterschied zu machen. Eine befreite Sicht auf Sexualität könnte daher kirchliche Gemeinschaften stärken, statt sie zu schwächen.

Doch warum fürchten viele Kirchen einen Verlust ihrer moralischen Autorität, wenn sie sich solchen Reformprozessen öffnen? Ein Blick auf die Psychologie religiöser Glaubensinhalte zeigt, dass viele Vorstellungen aus tiefliegenden menschlichen Bedürfnissen nach Ordnung, Sicherheit und Zugehörigkeit entstanden sind. Gleichzeitig wird Religion von einigen Denker:innen als Illusion betrachtet, die eher gesellschaftliche Strukturen stabilisieren soll, als dass sie echte Befreiung ermöglicht. Welche Rolle spielen religiöse

Glaubensstrukturen im ideologischen Überbau, und wie könnte sich Religion in einer klassenlosen Gesellschaft verändern?

Ein zentraler Ansatz der Befreiungstheologie ist die Forderung nach einer Neuinterpretation der christlichen Botschaft, die den Menschen in den Mittelpunkt stellt und ihn von Angst und Dogmatismus befreit. Doch wie weit darf oder sollte eine solche Neuinterpretation gehen? Ist ein authentisch gelebter Glaube ohne Zwang zu heteronormativen Strukturen denkbar? Immer mehr Christen nehmen die Selbstbestimmung über den eigenen Körper inzwischen an – eine Entwicklung, die sowohl für fortschrittliche Theologie als auch für gesellschaftliche Veränderungen relevant ist.

Schließlich stellt sich die Frage, ob Jesus selbst als Befreier von sexueller Unterdrückung gesehen werden kann. Seine Botschaft der Liebe, der individuellen Verantwortung und der Befreiung aus fremdbestimmten Zwängen könnte als Grundlage für eine theologische Ethik dienen, die nicht auf Verboten, sondern auf persönlicher Integrität basiert. Damit könnte die christliche Theologie nicht nur ihre eigenen Traditionen überdenken, sondern auch aktiv dazu beitragen, dass Kirche und Gesellschaft Räume schaffen, in denen Menschen ihre Identität frei entfalten können.

a) Psychologische und philosophische Grundlagen

133 • Welche psychologischen Bedürfnisse führen zur Entstehung religiöser Glaubensinhalte, und warum wird Religion als Illusion betrachtet?

Sigmund Freud sieht die Wurzeln der Religion in tief verwurzelten psychologischen Bedürfnissen des Menschen, insbesondere in kindlichen Wunschvorstellungen. Er argumentiert, dass religiöse Glaubensinhalte aus der Sehnsucht nach Schutz, Geborgenheit und Ordnung entstehen – ähnlich wie ein Kind sich auf die Autorität und Fürsorge der Eltern verlässt. Der Glaube an einen allmächtigen Gott entspreche dabei dem Wunsch nach einem schützenden Vater, der Halt gibt und Sicherheit in einer chaotischen und bedrohlichen Welt verspricht.

Diese Vorstellung ermögliche es den Menschen, existenzielle Ängste – etwa vor Leid, Tod oder Ungerechtigkeit – zu bewältigen, indem sie auf eine höhere Macht vertrauen, die Sinn und Gerechtigkeit herstellt. Doch für Freud ist diese Hoffnung letztlich eine Illusion: Religion beruhe nicht auf rationalen Erkenntnissen, sondern auf psychischen Projektionen. Sie biete tröstende Erklärungen, wo Unsicherheit herrscht, und gebe moralische Regeln vor, um das menschliche Verhalten zu steuern – ähnlich wie eine Autorität, die dem Individuum Verantwortung abnimmt.

Freud betrachtet die Aufgabe der Religion als notwendigen Schritt in der geistigen Entwicklung des Menschen. Statt sich an Illusionen zu klammern, solle der Mensch die Realität anerkennen und sich von übernatürlichen Vorstellungen lösen. In einer aufgeklärten Gesellschaft sollte nicht religiöser Glaube, sondern wissenschaftliche Erkenntnis, rationale Ethik und psychologische Selbsterkenntnis den Weg weisen. Die Abkehr von der Religion sei daher kein Verlust, sondern ein Zeichen geistiger Reife – eine Befreiung aus der Abhängigkeit von übernatürlichen Vaterfiguren hin zu einem selbstbestimmten Leben.

Im Film Matrix steht die rote Pille für das Erwachen in die Realität, während die blaue Pille für das Verharren in einer bequemen Illusion steht. Wer die blaue Pille nimmt, bleibt in der gewohnten, aber manipulierten Welt, während die rote Pille bedeutet, sich der unbequemen Wahrheit zu stellen – auch wenn sie schmerzhaft ist.

Freud würde diese Wahl im Zusammenhang mit seiner Religionskritik als Metapher für die psychologische Entwicklung des Menschen deuten. Die blaue Pille entspricht der religiösen Illusion: Sie gibt Sicherheit, bietet einfache Erklärungen für komplexe Fragen und bewahrt den Menschen davor, sich seiner existenziellen Unsicherheit zu stellen. Die rote Pille hingegen steht für die mühsame, aber notwendige Erkenntnis, dass es keinen übergeordneten Schutz gibt und der Mensch selbst für sein Leben verantwortlich ist. Sie ist der Schritt zur geistigen Reife, zur Auflösung der kindlichen Wunschvorstellungen und zur Konfrontation mit der Realität.

Die Wahl ist dabei keine zufällige 50:50-Entscheidung, sondern ein Test des eigenen Entwicklungsstandes. Wer die rote Pille wählt, zeigt die Bereitschaft, sich von fremdbestimmten Weltbildern zu lösen und sich aktiv mit der Wahrheit auseinanderzusetzen – selbst wenn diese herausfordernd ist. Die blaue Pille steht hingegen für das Festhalten an Bequemlichkeit und Abhängigkeit.

So kann man Menschen ermutigen, die rote Pille zu wählen – sich also aus Abhängigkeiten zu befreien:

Aufklärung und kritisches Denken fördern: Menschen müssen lernen, Dogmen zu hinterfragen und sich nicht mit vorgefertigten Antworten zufriedenzugeben. Bildung, Philosophie und Wissenschaft sind entscheidende Werkzeuge, um eigenständiges Denken zu entwickeln.

Ängste ernst nehmen, aber nicht ausnutzen: Viele halten an Illusionen fest, weil sie Angst vor der Realität haben. Es hilft nicht, diese Ängste zu belächeln, sondern sie bewusst anzusprechen und Alternativen aufzuzeigen, die ein sinnerfülltes Leben auch ohne Illusion ermöglichen.

Selbstverantwortung stärken: Ein freies Leben bedeutet nicht nur Befreiung von Abhängigkeiten, sondern auch die Fähigkeit,

Verantwortung für sich selbst und andere zu übernehmen. Menschen müssen lernen, dass sie ihr eigenes Leben gestalten können – und dass dies eine befreiende, nicht beängstigende Perspektive ist.

Vorleben statt belehren: Wer zeigt, dass ein Leben ohne Illusionen erfüllend und sinnvoll sein kann, hat mehr Überzeugungskraft als jeder theoretische Diskurs. Menschen orientieren sich oft an Vorbildern, die authentisch und reflektiert mit der Realität umgehen.

Fragender Dialog statt Zwang: Die Wahl der „richtigen Pille“ kann nicht erzwungen werden. Menschen brauchen Raum, um selbst zu reflektieren und zu entscheiden. Der Ausstieg aus Illusionen ist ein individueller Prozess, der Zeit und innere Auseinandersetzung erfordert.

Die Wahl der roten Pille ist also kein Zufall, sondern ein Zeichen geistiger Reife. Sie erfordert Mut, Ungewissheit zu akzeptieren und Verantwortung zu übernehmen. Wer sich aus Abhängigkeiten befreien will, muss Fragen stellen, braucht Zugang zu Wissen, eine reflektierte Auseinandersetzung mit seinen Ängsten und das Bewusstsein, dass ein selbstbestimmtes Leben letztlich der einzige Weg zu echter Freiheit ist.

134 • Welche Rolle spielen Mythen und Symbole in der religiösen Erfahrung und wie prägen sie das menschliche Selbstverständnis?

Mircea Eliade betrachtet Mythen und Symbole als zentrale Ausdrucksformen der religiösen Erfahrung, die es dem Menschen ermöglichen, sich mit dem Heiligen zu verbinden. In seinen Werken betont er, dass Mythen nicht bloße Erzählungen sind, sondern als Modelle für die Ordnung der Welt und das menschliche Dasein dienen. Symbole wiederum eröffnen einen Zugang zu transzendenten Wirklichkeiten und helfen, die Kluft zwischen dem *Profanen* und dem *Sakralen* zu überbrücken. Für Eliade ist Religion kein bloßes kulturelles Phänomen, sondern ein fundamentales Element menschlicher Existenz, da sie dem Individuum Sinn und Orientierung gibt. Besonders betont er die Idee der *„Ewigen Wiederkehr“*, wonach religiöse Rituale und Mythen es ermöglichen, sich immer wieder auf eine heilige, archetypische Zeit zurückzubeziehen.

Mythen sind symbolische Erzählungen, die grundlegende Weltdeutungen vermitteln und oft die Ursprünge von Naturphänomenen, sozialen Strukturen oder religiösen Praktiken erklären. Sie beschreiben oft den Kampf zwischen Ordnung und Chaos, die Beziehung zwischen Göttern und Menschen oder die Entstehung der Welt. In vielen Kulturen sind Mythen nicht nur Geschichten, sondern haben eine tiefere spirituelle oder rituelle Bedeutung.

Im Christentum gibt es zahlreiche mythische Elemente, die zentrale theologische Konzepte und Glaubensvorstellungen veranschaulichen. Dazu gehören unter anderem:

- **Die Schöpfungsgeschichte** (Genesis 1–2) – Die Erzählung von der Erschaffung der Welt durch Gott in sechs Tagen und der Erschaffung von Adam und Eva im Garten Eden.
- **Der Sündenfall** (Genesis 3) – Die Geschichte vom Essen der verbotenen Frucht durch Adam und Eva, die zur Vertreibung aus dem Paradies führte und als Ursprung der Erbsünde gedeutet wird.
- **Die Sintflut** (Genesis 6–9) – Die Erzählung von Noah, der von Gott beauftragt wird, eine Arche zu bauen, um sich und die Tiere vor der weltweiten Flut zu retten.
- **Der Turmbau zu Babel** (Genesis 11,1–9) – Der Mythos über die Entstehung unterschiedlicher Sprachen als Folge menschlicher Hybris.
- **Die Höllenfahrt Christi** (1. Petrus 3,18–20) – Die Vorstellung, dass Christus nach seinem Tod in die Unterwelt hinabstieg, um die Seelen der Verstorbenen zu erlösen.

Viele dieser Erzählungen weisen Ähnlichkeiten mit Mythen aus anderen Kulturen auf, etwa die Sintflut mit babylonischen Überlieferungen wie der Geschichte von Utnapischtim im Gilgamesch-Epos. Theologisch werden sie oft nicht als *"Mythen"* im Sinne von erfundenen Geschichten betrachtet, sondern als Offenbarungen tieferer Wahrheiten. Dennoch sind ihre symbolische und archetypische Struktur typisch für mythologische Erzählungen.

Ob die Bibel als *„Mythos"* bezeichnet werden kann, hängt also von der Definition des Begriffs *„Mythos"* und der Perspektive ab, aus der man sie betrachtet.

Aus religionswissenschaftlicher Sicht kann die Bibel als Sammlung von Mythen, historischen Berichten, Gesetzestexten, Weisheitsliteratur und prophetischen Schriften verstanden werden. Besonders die Erzählungen der Schöpfung, der Sintflut oder des Turmbaus zu Babel weisen typische Merkmale mythischer Überlieferungen auf: Sie erklären Ursprünge und grundlegende Strukturen der Welt in einer symbolischen Form.

Aus theologischer Sicht wird der Begriff *„Mythos“* oft vermieden, da er den Eindruck erwecken könnte, die biblischen Erzählungen seien bloße Fiktionen. Stattdessen wird die Bibel als göttliche Offenbarung betrachtet, die nicht nur symbolische, sondern auch geistliche und moralische Wahrheiten vermittelt. Und viele Gleichnisse enthält, die es zu interpretieren gilt, um sie zu verstehen und auf die eigene Lebenslage beziehen zu können.

Aus historisch-kritischer Sicht gibt es in der Bibel sowohl mythologische Elemente als auch historisch nachvollziehbare Berichte. Die frühen Teile des Alten Testaments, etwa Genesis oder Exodus, enthalten Erzählungen mit mythischen Strukturen, während spätere Texte (z. B. die Evangelien) stärker in einem geschichtlichen Kontext verankert sind.

Zusammenfassend enthält die Bibel also mythische Elemente, ist aber nicht ausschließlich ein Mythos. Sie ist ein vielschichtiges Werk, das sowohl religiöse als auch historische und ethische Dimensionen umfasst, das macht die Interpretation der Bibel so vielfältig und notwendig.

135 • Inwiefern ist Selbstreflexion die Grundlage für moralisches Handeln?

Nach Montaigne ist Selbstreflexion die Grundlage für moralisches Handeln, weil sie den Menschen dazu befähigt, sich seiner eigenen Unzulänglichkeiten, Widersprüche und begrenzten Erkenntnisfähigkeit bewusst zu werden. In seinen *Essais* zeigt er, dass moralisches Handeln nicht auf starren Regeln beruhen sollte, sondern auf der Fähigkeit, sich selbst kritisch zu hinterfragen und sich an wechselnde Umstände anzupassen. Er betont die Bedeutung der Selbsterkenntnis als Voraussetzung für Weisheit und Tugend, da nur ein reflektierter

Mensch in der Lage ist, moralisch verantwortungsbewusste Entscheidungen zu treffen. Dabei distanziert er sich von dogmatischen moralischen Systemen und plädiert für eine individuelle, erfahrungsbasierte Ethik, die sich durch Zweifel und Selbstkritik auszeichnet.

Auch in der Theologie spielt Selbstreflexion eine zentrale Rolle. In der katholischen Tradition wird sie insbesondere in der Praxis der Gewissenserforschung und der Beichte betont. Augustinus etwa sieht in der Selbstprüfung einen Weg zur Einsicht in die eigene Sündhaftigkeit und zur Annäherung an Gott. Die katholische Lehre fordert den Gläubigen dazu auf, sein Gewissen regelmäßig zu prüfen, um moralisch richtig handeln zu können. Dabei ist die Reflexion über die eigene Verantwortung und die Konsequenzen des Handelns zentral, da moralische Entscheidungen nicht allein aus äußeren Vorschriften, sondern aus einem inneren Ringen um das Gute hervorgehen sollen.

Gleichzeitig zeigt die Geschichte der katholischen Kirche, dass institutionelle Strukturen oft eine unkritische Haltung gegenüber der eigenen Moral fördern. In Zeiten von Machtmissbrauch oder Dogmatismus wurde Selbstreflexion zugunsten eines autoritären Verständnisses von Moral unterdrückt. Reformbewegungen innerhalb der Kirche, wie die Befreiungstheologie oder die queere Theologie, fordern daher eine tiefere Auseinandersetzung mit den eigenen moralischen Widersprüchen. Die queere Theologie, die sich für die Inklusion von LGBTQIA+-Personen in der Kirche einsetzt, macht deutlich, dass moralisches Handeln nicht allein auf überlieferten Dogmen beruhen kann, sondern eine *ständige Reflexion* über Gerechtigkeit und Liebe erfordert. Sie hinterfragt starre Normen und betont, dass wahre Moral nicht in Gehorsam gegenüber institutionellen Regeln liegt, sondern in einem kritischen, selbstreflexiven Umgang mit ethischen Fragen, insbesondere im Hinblick auf Diskriminierung und gesellschaftliche Machtverhältnisse.

Daher zeigt sich, dass Fragen und Selbstreflexion die Grundlage für moralisches Handeln ist, weil sie den Menschen dazu bringt, über sich selbst hinauszudenken, moralische Normen zu hinterfragen und Verantwortung für die eigenen Entscheidungen zu übernehmen. Während Montaigne diesen Prozess als individuellen Akt des Zweifels und der Erkenntnis beschreibt, ist er in der Theologie oft eingebunden in die Suche nach göttlicher Wahrheit. In der katholischen Kirche wird Selbstreflexion und der fragende Dialog sowohl als spirituelle Praxis als auch als notwendiges Korrektiv für moralisches Handeln verstanden, während manche in der Theologie sie als Mittel zur Dekonstruktion normativer Ethiken und zur Schaffung einer gerechteren, inklusiveren Moral betrachten.

136 • Sind Freiheit und Determinismus miteinander vereinbar?

Nach Spinoza sind Freiheit und Determinismus nicht im klassischen Sinne miteinander vereinbar, sondern nur dann, wenn Freiheit nicht als absolute Willensautonomie verstanden wird, sondern als *Einsicht in die Notwendigkeit*. In seiner *Ethica* argumentiert er, dass alles in der Natur durch eine Kausalordnung bestimmt ist, einschließlich des menschlichen Denkens und Handelns. Der Mensch besitzt keinen freien Willen im traditionellen Sinne, weil sein Wollen und Handeln durch äußere und innere Ursachen bestimmt sind. Dennoch ist Freiheit für Spinoza nicht eine Illusion, sondern eine höhere Form des Erkennens: Ein Mensch ist umso freier, je mehr er versteht, warum er so handelt, wie er handelt, und sich seiner eigenen Determination bewusst wird. Freiheit bedeutet also nicht Unabhängigkeit von Ursachen, sondern Einsicht in die notwendige Ordnung der Dinge. In der Theologie, insbesondere in der katholischen Kirche, ist das Verhältnis zwischen Freiheit und Determinismus daher ein zentrales Thema.

Determinismus ist die philosophische Auffassung, dass alle Ereignisse, einschließlich menschlicher Entscheidungen und Handlungen, durch vorhergehende Ursachen vollständig bestimmt sind. Das bedeutet, dass alles nach festen Naturgesetzen oder Kausalzusammenhängen abläuft und es keine echten Zufälle oder willkürlichen Entscheidungen gibt.

Es gibt verschiedene Formen des Determinismus:

- **Kausaldeterminismus** (z. B. Laplace): Jede Handlung ist durch frühere Ereignisse und Naturgesetze festgelegt.

- **Theologischer Determinismus:** Gottes Allwissenheit oder Vorsehung bestimmt den Lauf der Welt.
- **Biologischer oder genetischer Determinismus:** Menschliches Verhalten ist durch Gene und biologische Faktoren vorherbestimmt.
- **Sozialer Determinismus:** Gesellschaftliche Strukturen und Erziehung beeinflussen den Menschen so stark, dass seine Entscheidungen nicht wirklich frei sind.

In der Debatte um Willensfreiheit wird oft gefragt, ob Menschen trotz dieser Determination Verantwortung für ihr Handeln tragen oder ob Freiheit nur eine Illusion ist.

Pierre-Simon Laplace (1749–1827) war ein französischer Mathematiker, Physiker und Astronom, der vor allem für seine Arbeiten zur Wahrscheinlichkeitstheorie, Himmelsmechanik und den Determinismus bekannt ist. Er formulierte den **Laplaceschen Determinismus**, die Idee, dass das gesamte Universum nach festen Naturgesetzen verläuft und vollständig vorhersehbar wäre, wenn man den Zustand aller Teilchen zu einem bestimmten Zeitpunkt genau kennen würde.

Er stellte sich ein hypothetisches Wesen, bekannt als *Laplacescher Dämon*, vor, das alle Positionen und Geschwindigkeiten aller Teilchen im Universum kennt. Ein solches Wesen könnte dann mit den Naturgesetzen exakt berechnen, was in der Zukunft passieren wird und was in der Vergangenheit passiert ist.

Laplace vertrat also eine strikt deterministische Weltsicht, in der es keinen Platz für Zufall oder freien Willen gibt – alles folgt einer notwendigen Kausalität. Seine Ideen beeinflussten die klassische Physik stark, wurden aber später durch die Quantenmechanik infrage gestellt, die echte Unbestimmtheit auf subatomarer Ebene nahelegt.

Die katholische Lehre betont, dass der Mensch einen freien Willen besitzt, da er moralische Verantwortung trägt und für seine Entscheidungen zur Rechenschaft gezogen wird. Gleichzeitig erkennt die Kirche an, dass göttliche Vorsehung existiert und Gott als allwissendes Wesen bereits weiß, welche Entscheidungen ein Mensch treffen wird. Dies führt zu einem Spannungsverhältnis zwischen göttlicher Allwissenheit und menschlicher Willensfreiheit. Augustinus etwa argumentiert, dass Freiheit nicht darin besteht, sich gegen Gottes Willen zu stellen, sondern darin, das Gute zu erkennen und zu wählen – ähnlich Spinozas Idee, dass wahre Freiheit in der Einsicht in die Notwendigkeit liegt.

Die queere Theologie hinterfragt traditionelle Konzepte von Freiheit und Determination vor allem im Hinblick auf Identität und soziale Normen. Während klassische Theologien oft eine vorgegebene göttliche Ordnung betonen, setzt sich die queere Theologie kritisch mit der Vorstellung auseinander, dass Geschlecht, Sexualität oder gesellschaftliche Rollen *„von Natur aus“* festgelegt seien. Hier könnte Spinozas Ansatz eine interessante Perspektive bieten: Wenn Freiheit nicht bedeutet, außerhalb aller Determination zu handeln, sondern zu verstehen, warum man handelt, wie man handelt, dann könnte man argumentieren, dass die Befreiung marginalisierter Identitäten nicht darin besteht, eine absolute Unabhängigkeit von sozialen und biologischen Bedingungen zu fordern, sondern darin, diese Bedingungen zu reflektieren und selbstbestimmt damit umzugehen.

Letztlich bleibt die Frage, ob Freiheit und Determinismus vereinbar sind, davon abhängig, wie Freiheit definiert wird. Nach Spinoza gibt es keine Willensfreiheit im Sinne einer völligen Unabhängigkeit, aber eine *Freiheit durch Erkenntnis*. In der katholischen Theologie wird Freiheit als moralische Verantwortung trotz göttlicher Vorsehung verstanden, während die queere Theologie diese Begriffe weiter hinterfragt und alternative *Konzepte von Selbstbestimmung* entwickelt.

b) Kirchliche Autorität und Machtstrukturen

137 • Ist kirchliche Autorität wichtiger als persönliche Integrität?

Kirchliche Autorität und persönliche Integrität stehen idealerweise nicht in einem Gegensatz, sondern sollten sich ergänzen. In der Realität kommt es jedoch oft zu Spannungen zwischen beiden. Die Frage, welche von beiden wichtiger ist, hängt davon ab, aus welcher Perspektive man sie betrachtet – theologisch, ethisch oder institutionell.

Theologisch betrachtet steht die christliche Botschaft im Zentrum, die sich in den Lehren Jesu widerspiegelt. Jesus selbst stellte immer wieder individuelle Wahrhaftigkeit und innere Überzeugung über institutionelle Autorität – etwa wenn er sich gegen religiöse Heuchelei wandte (z. B. Matthäus 23). Er kritisierte Autoritäten, die Regeln über Mitgefühl und Gerechtigkeit stellten. Daraus könnte man schließen, dass persönliche Integrität Vorrang hat, wenn sie der eigentlichen Glaubensbotschaft näherkommt als institutionelle Vorgaben.

Ethisch betrachtet erfordert persönliche Integrität ein Handeln im Einklang mit eigenen moralischen Überzeugungen, selbst wenn diese von kirchlichen Regeln abweichen. Wenn eine Institution von ihren Mitgliedern Gehorsam verlangt, der gegen ihr Gewissen oder ihre ethischen Prinzipien verstößt, stellt sich die Frage, ob solche Autorität noch legitim ist. Historische Beispiele – etwa die kirchliche Haltung zu Missbrauchsfällen oder diskriminierende Dogmen – zeigen, dass blinder Gehorsam gegenüber der Institution problematisch sein kann.

Institutionell betrachtet sieht sich die Kirche als von Gott eingesetzte Autorität, die Glaubenswahrheiten bewahrt und leitet. Aus dieser Perspektive könnte argumentiert werden, dass individuelle Überzeugungen nicht über die überlieferte Lehre gestellt werden dürfen. Allerdings hängt die Glaubwürdigkeit kirchlicher Autorität auch von der persönlichen Integrität ihrer Vertreter:innen ab. Wenn

Amtsträger korrupt, heuchlerisch oder moralisch fragwürdig handeln, untergräbt dies die Autorität der Kirche insgesamt.

Wenn also kirchliche Autorität und persönliche Integrität in Konflikt geraten, sollte die Orientierung an Wahrheit, Mitgefühl und ethischen Prinzipien Vorrang haben – Werte, die auch Jesus betonte. Eine Autorität, die nicht glaubwürdig ist, verliert ihre Legitimation. In diesem Sinne könnte man sagen, dass persönliche Integrität wichtiger ist, weil sie die Basis für eine wahrhaftige, glaubwürdige Kirche bildet.

138 • Welche Rolle spielen religiöse Glaubensstrukturen im ideologischen Überbau, und wie könnte sich Religion in einer klassenlosen Gesellschaft verändern?

Marx betrachtet die Religion als Teil des ideologischen Überbaus, der die bestehenden gesellschaftlichen Verhältnisse stabilisiert und legitimiert. Sie dient dazu, die wirtschaftlichen und sozialen Strukturen der herrschenden Klasse zu rechtfertigen, indem sie Leid und Ungerechtigkeit als gottgewollt darstellt oder als Prüfungen für eine spätere Belohnung im Jenseits deutet. Dadurch hält sie die arbeitende Klasse davon ab, gegen ihre Unterdrückung aufzubegehren, und trägt zur Aufrechterhaltung des Status quo bei.

In einer zukünftigen, klassenlosen Gesellschaft erwartet Marx, dass die Notwendigkeit der Religion allmählich verschwindet. Da er Religion als eine Reaktion auf soziale Entfremdung und materielles Leid sieht, geht er davon aus, dass sie überflüssig wird, wenn die Ursachen dieser Entfremdung beseitigt sind. Wenn Menschen nicht mehr in wirtschaftlicher Abhängigkeit und sozialer Ungleichheit leben, müssen sie sich nicht länger in religiöse Vorstellungen flüchten, um Trost oder Sinn zu finden. Stattdessen könne der Mensch sich selbst als schöpferisches, freies Wesen begreifen, das sein eigenes Schicksal gestaltet, ohne es an eine höhere Instanz zu delegieren.

Religion würde in diesem Prozess nicht zwangsläufig sofort verschwinden, aber sie würde an Einfluss verlieren, da sie nicht mehr als gesellschaftliche Notwendigkeit bestünde. Für Marx ist die

Überwindung der Religion somit kein direktes Ziel, sondern eine Folge der Überwindung der Klassengesellschaft.

Der Übergang zu einer klassenlosen Gesellschaft erfordert tiefgreifende wirtschaftliche, politische und soziale Veränderungen, um Ungleichheiten abzubauen und Machtstrukturen zu demokratisieren. Dabei können auch Gläubige eine entscheidende Rolle spielen, indem sie ihre Werte von Gerechtigkeit, Solidarität und Mitmenschlichkeit aktiv in diesen Prozess einbringen.

1. Bewusstseinsbildung und politische Aufklärung

Die arbeitende Klasse muss erkennen, dass soziale Ungleichheit nicht gottgegeben oder naturbedingt ist, sondern das Ergebnis von wirtschaftlichen und politischen Strukturen. Bildung und kritisches Denken sind notwendig, um die Mechanismen der Ausbeutung zu verstehen und gerechtere Alternativen zu entwickeln.

Ein gläubiger Mensch kann sich für eine Theologie der Befreiung einsetzen, die soziale Gerechtigkeit ins Zentrum rückt, und gegen religiöse Lehren argumentieren, die Ungleichheit als gottgewollt oder unveränderlich darstellen. Er kann in Kirchengemeinden Aufklärungsarbeit leisten, sich in sozialpolitischen Diskussionen engagieren und Menschen ermutigen, für ihre Rechte einzutreten.

2. Demokratisierung der Wirtschaft

In einer klassenlosen Gesellschaft müssen Produktionsmittel nicht in den Händen einer kleinen Elite bleiben, sondern gemeinschaftlich genutzt werden. Das erfordert eine stärkere Mitbestimmung von Arbeiter:innen in Unternehmen, genossenschaftliche Wirtschaftsmodelle und eine Abkehr von einem System, das nur den Profit weniger steigert.

Ein:e Gläubige:r kann sich für wirtschaftliche Modelle einsetzen, die nicht auf Ausbeutung basieren. Das bedeutet, ethisch zu konsumieren, nachhaltige Unternehmen zu unterstützen und sich für gerechte Löhne und bessere Arbeitsbedingungen einzusetzen. Christliche Gemeinden können genossenschaftliche Strukturen fördern oder faire Handelsnetzwerke unterstützen, um eine gerechtere Wirtschaft mitzugestalten.

3. Stärkung des Sozialstaats und Umverteilung

Eine gerechtere Gesellschaft braucht eine solide soziale Absicherung durch gerechte Steuersysteme, existenzsichernde Löhne, kostenlose Bildung und eine bezahlbare Gesundheitsversorgung. Ohne diese Grundsicherungen bleibt soziale Mobilität begrenzt und Ungleichheit verfestigt sich.

Ein gläubiger Mensch kann sich für politische Initiativen einsetzen, die soziale Gerechtigkeit fördern, und in der eigenen Gemeinde soziale Projekte unterstützen – etwa durch Spenden für Bedürftige oder durch ehrenamtliche Arbeit in Suppenküchen und Bildungsprogrammen. Auch das Eintreten für gerechte Steuerpolitik und soziale Sicherheitssysteme ist ein direkter Beitrag zu mehr gesellschaftlicher Fairness.

4. Abbau hierarchischer Machtstrukturen

Nicht nur wirtschaftliche, sondern auch politische Macht muss demokratisiert werden. Basisdemokratische Prozesse, mehr Mitbestimmung und eine Politik, die nicht nur den Eliten dient, sind entscheidend für eine klassenlose Gesellschaft.

Kirchliche Strukturen selbst sollten hier ein Vorbild sein. Ein Gläubiger kann sich für eine Kirche einsetzen, die demokratischer und partizipativer wird, indem Laien und Frauen stärker eingebunden werden. Er kann in politischen Gruppen aktiv werden, die sich für mehr Bürger:innenbeteiligung einsetzen, oder Gemeindeprojekte fördern, die basisdemokratische Entscheidungsprozesse praktizieren.

5. Internationale Solidarität und Widerstand gegen kapitalistische Strukturen

Ungleichheit ist nicht nur ein nationales, sondern ein globales Problem. Eine faire Weltwirtschaft setzt voraus, dass Arbeitsrechte weltweit gestärkt, Rohstoffausbeutung gestoppt und gerechte Handelsbeziehungen geschaffen werden.

Ein:e Gläubige:r kann internationale Hilfsprojekte unterstützen, sich für fairen Handel einsetzen und Kampagnen gegen moderne Sklaverei oder Ausbeutung in der globalen Lieferkette fördern. Christliche Netzwerke und Hilfsorganisationen wie *Misereor* oder *Brot für die Welt* bieten konkrete Möglichkeiten, soziale Gerechtigkeit über Ländergrenzen hinweg zu fördern.

6. Veränderung der Kultur und Ideologie

Klassenverhältnisse bestehen nicht nur aus wirtschaftlichen Unterschieden, sondern sind auch tief in kulturellen und ideologischen Denkmustern verankert. Die Werte von Konkurrenz, Profitmaximierung und Individualismus müssen durch eine Kultur der Solidarität, Gemeinschaft und des Gemeinwohls ersetzt werden.

Ein:e Gläubige:r kann im eigenen Umfeld eine Kultur der Mitmenschlichkeit fördern, in Diskussionen für soziale Gerechtigkeit eintreten und Menschen ermutigen, nicht nur an ihren eigenen Vorteil zu denken. Gemeinden können Orte der Solidarität werden, an denen ein alternatives Wirtschafts- und Gesellschaftsmodell vorgelebt wird, das nicht auf Profit, sondern auf Gemeinschaft basiert.

Die Transformation hin zu einer klassenlosen Gesellschaft erfordert also tiefgreifende wirtschaftliche, politische und kulturelle Veränderungen. Gläubige haben eine besondere Verantwortung, sich für soziale Gerechtigkeit einzusetzen, da viele religiöse Traditionen auf Nächstenliebe und Solidarität basieren. Durch politisches Engagement, wirtschaftliche Alternativen, soziale Arbeit und Bewusstseinsbildung können sie aktiv zu einer gerechteren Welt beitragen. Dann beginnt der gläubige Mensch sich selbst als schöpferisches, freies Wesen zu begreifen, das sein eigenes Schicksal gestaltet.

139 • Wie entstand die Befreiungstheologie, und welche Kritik richtet sie an der Rolle der Kirche in bestehenden Machtstrukturen?

Die Befreiungstheologie entstand in den 1960er- und 1970er-Jahren in Lateinamerika als Reaktion auf massive soziale Ungleichheit, Armut und politische Unterdrückung. In vielen Ländern des Kontinents herrschten autoritäre Regime, die mit westlichen Wirtschaftsinteressen verflochten waren und durch Gewalt, Repression und Ausbeutung ihre Macht sicherten. Während große Teile der Bevölkerung in extremer

Armut lebten, profitierten Eliten und internationale Konzerne von einem System, das soziale Ungleichheit verfestigte.

Die Kirche spielte in dieser Situation eine zwiespältige Rolle. Einerseits war sie traditionell eng mit den Mächtigen verbunden und oft ein stabilisierendes Element der bestehenden Ordnung. Andererseits gab es innerhalb der Kirche wachsenden Widerstand gegen die Unterdrückung der Armen. Priester:innen und Theolog:innen wie Gustavo Gutiérrez und Óscar Romero forderten, dass die Kirche nicht länger schweigend neben der Ungerechtigkeit stehen dürfe, sondern aktiv an der Seite der Unterdrückten kämpfen müsse.

Die Befreiungstheologie kritisiert daher die traditionelle Kirchenhaltung, die sich oft mit autoritären Regimen arrangierte oder soziale Missstände als „gottgewollt" hinnahm. Sie fordert stattdessen eine *„Kirche der Armen"*, die sich nicht mit spirituellem Trost begnügt, sondern konkrete gesellschaftliche Veränderungen anstrebt. Ihr Ziel ist nicht nur individuelle Seelsorge, sondern eine tiefgreifende Transformation von Strukturen, die Ausbeutung und Ungleichheit aufrechterhalten.

Diese Haltung brachte sie in Dialog mit konservativen Kirchenführern und dem Vatikan, insbesondere unter Papst Johannes Paul II., der jegliche Verbindung zwischen christlichem Glauben und marxistischer Gesellschaftsanalyse ablehnte. Dennoch blieb die Befreiungstheologie eine zentrale Stimme für soziale Gerechtigkeit, deren Ideen bis heute in kirchlichen Basisgemeinden und sozialen Bewegungen weiterleben.

140 • Warum fürchten Kirchen einen Verlust ihrer moralischen Autorität?

Kirchen fürchten einen Verlust ihrer moralischen Autorität, weil diese über Jahrhunderte hinweg eine zentrale Grundlage für ihre gesellschaftliche und spirituelle Macht war. Die Kirche verstand sich traditionell als Hüter:in göttlicher Gebote und als moralische Instanz, die den Menschen Orientierung in ethischen Fragen bietet. Ihre Autorität beruhte darauf, als Vermittler:in zwischen Gott und den Gläubigen zu fungieren und moralische Normen zu setzen, die für das private und öffentliche Leben als verbindlich galten.

Mit der Aufklärung, der Säkularisierung und den wissenschaftlichen Fortschritten des 19. und 20. Jahrhunderts begann diese Autorität zu erodieren. Moderne Gesellschaften entwickeln zunehmend eigene ethische Maßstäbe, die nicht mehr zwingend an religiöse Vorgaben gebunden sind. Insbesondere in Fragen der Sexualität, der Familienordnung, der Geschlechterrollen und der individuellen Selbstbestimmung widersprechen gesellschaftliche Entwicklungen oft traditionellen kirchlichen Lehren. Viele Menschen akzeptieren kirchliche Moralvorstellungen nicht mehr als absolute Wahrheit, sondern hinterfragen sie kritisch oder lehnen sie gänzlich ab.

Besonders brisant ist dieses Thema im Bereich der Sexualethik. Mit der zunehmenden gesellschaftlichen Akzeptanz unterschiedlicher Lebensweisen steht die Kirche unter Druck, ihre Lehren zu überdenken. Die Angst besteht darin, dass eine Anpassung an moderne Werte als Schwächung ihrer eigenen Lehrautorität interpretiert werden könnte.

Ein weiteres Problem ist der Umgang mit historischen Fehlentscheidungen und Missständen. Der Missbrauchsskandal und die jahrzehntelange Vertuschung durch kirchliche Institutionen haben das Vertrauen in die moralische Integrität der Kirche schwer beschädigt. Während sie sich als moralische Instanz präsentiert, wurde durch diese Verfehlungen offengelegt, dass auch innerhalb der Kirche Machtmissbrauch und unethisches Verhalten verbreitet sind. Dies hat dazu geführt, dass viele Menschen die Kirche nicht mehr als glaubwürdige moralische Instanz betrachten und ihre Autorität infrage stellen.

Die Angst vor dem Verlust der moralischen Autorität ist aber nicht nur eine institutionelle Sorge, sondern auch eine theologische. Viele Kirchen sehen sich als Bewahrer göttlicher Wahrheit und nicht als eine Organisation, die ihre Lehren nach gesellschaftlichen Strömungen ausrichtet. Doch genau hier liegt das Dilemma: Bleibt die Kirche bei traditionellen Lehren, riskiert sie, gesellschaftlich irrelevant zu werden, insbesondere für jüngere Generationen, die sich an modernen ethischen Standards orientieren. Öffnet sie sich jedoch zu sehr, könnte sie an Glaubwürdigkeit bei konservativen und meist älteren Gläubigen verlieren, die auf einer gelernten Moral bestehen.

Letztlich steht die Kirche vor einer schwierigen Gratwanderung. Um ihre moralische Autorität zu bewahren, müsste sie Wege finden, ihre zentralen Werte – Liebe, Gerechtigkeit und Mitgefühl – mit den heutigen gesellschaftlichen Realitäten in Einklang zu bringen: Eine Erneuerung ihrer Ethik auf Basis von Dialog, Reflexion und theologischer Weiterentwicklung könnte eine Möglichkeit sein, weiterhin als moralische Instanz wahrgenommen zu werden, die nicht auf Verboten, sondern auf Orientierung und Verantwortung basiert.

c) Sexualität, Selbstbestimmung und christliche Ethik - Perspektiven für eine moderne Theologie

141 • Hat die Kirche Angst vor einer selbstbestimmten Sexualität ihrer Mitglieder?

Hat die Kirche Angst vor einer selbstbestimmten Sexualität ihrer Mitglieder? - Betrachtet man die offizielle Haltung und viele Äußerungen kirchlicher Vertreter, könnte man durchaus diesen Eindruck gewinnen. Eine Sexualität, die individuell gelebt, frei entschieden und unabhängig von religiösen Dogmen gestaltet wird, scheint oft als Bedrohung empfunden zu werden – vielleicht deshalb, weil eine selbstbestimmte Sexualität nicht nur bestehende Machtstrukturen hinterfragt, sondern auch traditionelle Moralvorstellungen der Kirche ins Wanken bringen könnte. Diese Angst könnte erklären, weshalb sich kirchliche Institutionen häufig schwer damit tun, offen über Sexualität zu sprechen oder sie gar anzuerkennen, wenn sie sich außerhalb der engen Grenzen kirchlicher Lehren bewegt.

Damit Kirchen und ihre Vertreter:innen besser öffentlich über Sexualität sprechen können, sind folgende Empfehlungen besonders sinnvoll:

- **Offene Haltung entwickeln:** Vertreter:innen der Kirchen sollten bereit sein, Sexualität als natürliche, positive Kraft menschlichen Lebens wahrzunehmen und diese Haltung auch öffentlich klar zu kommunizieren.

- **Vorurteile abbauen und Tabus hinterfragen:** Kirchen sollten eigene Vorurteile kritisch reflektieren und bestehende Tabus aktiv aufbrechen. Offenheit, statt Angst, schafft Vertrauen.
- **Kompetenz und Weiterbildung:** Kirchliche Mitarbeiter:innen sollten fundiert geschult werden, auch durch Zusammenarbeit mit Fachleuten aus Medizin, Psychologie und Sexualpädagogik, um Kompetenz und Glaubwürdigkeit zu stärken.
- **Dialogbereitschaft und Empathie:** Vertreter:innen der Kirchen sollten bereit sein, zuzuhören und verschiedene Perspektiven und Lebensweisen wertschätzend wahrzunehmen, ohne diese vorab moralisch zu verurteilen.
- **Realitätsnähe und Alltagsbezug:** Kirchen sollten die reale Lebenswelt ihrer Mitglieder anerkennen und ansprechen, statt Sexualität als rein abstraktes moralisches Thema zu behandeln.
- **Mut zur Aktualisierung kirchlicher Lehren:** Eine offenere und ehrliche Diskussion über Sexualität gelingt nur, wenn Kirchen den Mut zeigen, überkommene Haltungen kritisch zu überprüfen und gegebenenfalls anzupassen.

Durch diese Schritte können Kirchen und ihre Vertreter:innen glaubwürdiger, zeitgemäßer und konstruktiver mit dem Thema Sexualität umgehen – und dabei gesellschaftliche Relevanz zurückgewinnen.

Um kirchliche Lehren zum Thema Sexualität zeitgemäß anzupassen und Kirchenvertreter entsprechend weiterzubilden, könnte folgendes Konzept sinnvoll sein:

A. Anpassung kirchlicher Lehren zur Sexualität

1. Lehre zu vorehelichem Geschlechtsverkehr

Bisher: Sexuelle Beziehungen ausschließlich in der Ehe erlaubt.

Neu: Sexualität wird verantwortungsvoll und liebevoll gestaltet, unabhängig von einem Ehestatus. Entscheidende Werte sind gegenseitige Verantwortung, Respekt und Einvernehmlichkeit.

2. Lehre zur Homosexualität und sexuellen Diversität

Bisher: Häufig Ablehnung oder zumindest moralische Einschränkung homosexueller Beziehungen.

Neu: Anerkennung und Gleichstellung aller sexuellen Orientierungen als Ausdruck der Vielfalt menschlichen Lebens. Wertschätzung jeder partnerschaftlichen Beziehung, sofern sie in Liebe, Respekt und gegenseitigem Einverständnis gelebt wird.

3. Lehre zur Sexualmoral und Verhütung

Bisher: Ablehnung künstlicher Verhütungsmethoden, Sexualität primär auf Fortpflanzung ausgerichtet.

Neu: Verantwortungsvolle Sexualität schließt bewusste Familienplanung und Verhütung ausdrücklich ein. Sexuelle Beziehungen werden nicht primär auf Fortpflanzung reduziert, sondern als wertvolle Ausdrucksform von Liebe, Partnerschaft und menschlicher Nähe anerkannt.

4. Umgang mit Geschiedenen und Wiederverheirateten

Bisher: Geschiedene und wiederverheiratete Menschen werden häufig ausgegrenzt oder benachteiligt (z. B. in Sakramentenempfang).

Neu: Wertschätzung und volle Einbeziehung geschiedener und wiederverheirateter Menschen in das kirchliche Leben. Anerkennung, dass Beziehungen scheitern können und trotzdem Würde und Teilnahme nicht infrage gestellt werden.

B. Mögliche Formulierungen angepasster Lehren:

„Sexualität ist eine von Gott geschenkte Kraft, die Menschen verbindet und Nähe, Liebe und Vertrauen stärkt. Entscheidend für ihre moralische Qualität sind Respekt, Verantwortung und gegenseitige Zustimmung – nicht der Familienstand oder die sexuelle Orientierung.“

„Die Kirche wertschätzt die Vielfalt sexueller Identitäten und Lebensformen und betrachtet diese Vielfalt als Teil der Schöpfungsordnung.“

„Verantwortungsvolle Sexualität schließt bewusst eingesetzte Verhütungsmethoden ausdrücklich ein. Sie dienen dazu, partnerschaftliche Beziehungen zu schützen, das Wohlbefinden zu sichern und verantwortungsvolle Elternschaft zu ermöglichen.“

„Die Kirche begegnet gescheiterten Ehen mit Respekt und Einfühlungsvermögen. Geschiedene und Wiederverheiratete sind vollwertige Mitglieder der Gemeinschaft."

C. Weiterbildungs-Curriculum für kirchliche Vertreter:innen:

Modul 1: Grundlagen einer zeitgemäßen Sexualethik

- Aktuelle wissenschaftliche Erkenntnisse zu Sexualität, Beziehung und Identität
- Überblick über gesellschaftliche Veränderungen und Herausforderungen
- Bedeutung von Selbstbestimmung, Einvernehmlichkeit und Respekt

Modul 2: Vielfalt und Inklusion

- Anerkennung verschiedener sexueller Orientierungen und Identitäten (LGBTQIA+)
- Sensibilisierung und Umgang mit Diskriminierungserfahrungen
- Theologische Neubewertung sexueller Diversität im Licht christlicher Grundwerte

Modul 3: Sexualpädagogik und Kommunikation

- Fachgerechte und empathische Kommunikation über Sexualität
- Abbau von Tabus und Ängsten im öffentlichen Diskurs
- Praktische Übungen in Gesprächsführung und Öffentlichkeitsarbeit

Modul 4: Medizinische und psychologische Grundlagen

- Verhütungsmethoden und deren Wirkung, Möglichkeiten verantwortungsvoller Familienplanung
- Grundlagen sexueller Gesundheit, Prävention und Beratungskompetenz
- Psychologische Grundlagen von Sexualität und Beziehungen

Modul 5: Krisenbewältigung und Beratungskompetenz

- Umgang mit Konflikten, Grenzverletzungen und sexueller Gewalt

- Seelsorgerische Begleitung von Menschen in Beziehungskrisen oder bei Fragen zu Sexualität
- Kooperation mit Fachstellen und externen Beratern (Psychologen, Ärzte, Therapeuten)

Modul 6: Praxis- und Dialogtraining

- Öffentliche Gespräche und Diskussionen gestalten
- Umgang mit kritischen Fragen und Vorbehalten aus der Gemeinde
- Entwicklung eines eigenen, glaubwürdigen Kommunikationsstils

Fazit: Eine zeitgemäße Anpassung kirchlicher Lehren und gezielte Weiterbildung kirchlicher Vertreter:innen würden es ermöglichen, Sexualität offen, authentisch und glaubwürdig zu thematisieren – als integralen Teil eines modernen, lebensnahen Glaubensverständnisses.

142 • Ist Selbstbestimmung ein unchristliches oder christliches Ideal?

Selbstbestimmung kann sowohl als christliches als auch als unchristliches Ideal betrachtet werden, je nachdem, wie man sie definiert und in welchen theologischen Kontext man sie stellt.

Selbstbestimmung als christliches Ideal

In vielen Aspekten der christlichen Lehre findet sich eine Betonung auf individuelle Entscheidungsfreiheit und Eigenverantwortung:

Der freie Wille: Das Christentum betont, dass der Mensch mit freiem Willen geschaffen wurde. Bereits in der Schöpfungsgeschichte erhält der Mensch die Wahlfreiheit, Gott zu folgen oder nicht (1. Mose 2-3).

Jesus‘ Botschaft der inneren Umkehr: Jesus forderte Menschen immer wieder dazu auf, persönliche Entscheidungen zu treffen – sei es zur Umkehr, zur Nächstenliebe oder zur Nachfolge. Er zwang niemanden, sondern lud ein (Matthäus 16,24).

Ethische Verantwortung: Christlicher Glaube ist nicht blinder Gehorsam gegenüber Regeln, sondern eine bewusste Entscheidung für

Werte wie Liebe, Gerechtigkeit und Barmherzigkeit. Paulus betont in Galater 5,1: *„Zur Freiheit hat uns Christus befreit."*

Selbstbestimmung als unchristliches Ideal?

In traditionellen christlichen Strömungen wird Selbstbestimmung manchmal kritisch gesehen:

Gott als höchste Autorität: Christliche Theologie lehrt, dass der Mensch nicht autonom ist, sondern in Beziehung zu Gott lebt. Eine Selbstbestimmung, die sich völlig von Gott löst, könnte als Überhöhung des Menschen verstanden werden.

Demut und Gehorsam: Die Bibel spricht oft von Gehorsam gegenüber Gott (z. B. Jakobus 4,7: *„So unterwerft euch nun Gott"*). Wer allein nach eigener Entscheidung lebt, könnte als selbstbezogen oder hochmütig gelten.

Sünde als Folge falscher Selbstbestimmung: In der christlichen Tradition wird oft argumentiert, dass die Abwendung von Gott (etwa im Sündenfall) durch eine übersteigerte Selbstbestimmung geschah – der Mensch wollte selbst wie Gott sein (1. Mose 3,5).

Selbstbestimmung ist kein grundsätzlich unchristliches Ideal, solange sie nicht in völliger Selbstherrlichkeit endet, sondern mit Verantwortung und moralischer Reflexion verbunden bleibt. Das Christentum kennt keine blinde Selbstaufgabe, sondern ruft zu einer Freiheit auf, die im Dienst an der Liebe steht. In diesem Sinne ist Selbstbestimmung christlich, wenn sie nicht egoistisch, sondern ethisch verantwortungsvoll gelebt wird.

143 • Ist sexuelle Selbstbestimmung ein Kernanliegen von Jesu Lehre?

Sexuelle Selbstbestimmung ist kein explizit formuliertes Kernanliegen in der Lehre Jesu, aber seine Botschaft von Freiheit, Würde und Verantwortung lässt sich durchaus darauf beziehen. Jesus sprach nicht direkt über sexuelle Selbstbestimmung im modernen Sinne, doch seine Haltung gegenüber Menschen, gesellschaftlichen Normen und moralischen Fragen zeigt eine klare Tendenz zu persönlicher

Verantwortung und einem ethischen Umgang mit sich selbst und anderen. Er stellte immer wieder den individuellen Willen und die innere Haltung über starre religiöse Vorschriften. In seinen Begegnungen mit gesellschaftlich geächteten Menschen – etwa der Ehebrecherin oder der Sünderin, die ihm die Füße salbt – zeigte er eine Haltung der Barmherzigkeit und ließ den Menschen Raum zur persönlichen Entscheidung, anstatt sie zu verurteilen.

In zahlreichen Aussagen betonte Jesus, dass das Gesetz für den Menschen da ist und nicht umgekehrt. Dies kann als Hinweis darauf gesehen werden, dass auch Sexualethik nicht allein von äußeren Regeln bestimmt werden sollte, sondern von einer verantwortungsvollen und liebevollen Haltung. Während Jesus sexuelle Ausbeutung oder Ehebruch kritisierte, setzte er dabei nicht auf strenge Verbote, sondern auf die innere Einstellung der Menschen. So sagt er etwa in der Bergpredigt, dass nicht nur äußerliches Handeln, sondern bereits die innere Haltung zählt. Damit betont er nicht eine blinde Unterwerfung unter Regeln, sondern eine ethisch reflektierte Entscheidung.

Die zentrale Botschaft Jesu ist die Liebe – zu Gott, zum Nächsten und zu sich selbst. Daraus lässt sich ableiten, dass jede Form von Sexualität, die auf gegenseitigem Respekt, Einvernehmen und Verantwortung basiert, mit dieser Botschaft vereinbar ist. Eine Ethik, die Menschen ihre sexuelle Selbstbestimmung abspricht und sie zu rigiden Normen zwingt, widerspricht dem Geist von Jesu Lehre. Zwar äußerte sich Jesus nicht direkt über sexuelle Selbstbestimmung im heutigen Sinn, doch seine Botschaft von Freiheit, Verantwortung und Würde legt nahe, dass Menschen über ihr eigenes Leben – einschließlich ihrer Sexualität – selbstbestimmt und ethisch verantwortlich entscheiden sollen. Anstatt auf starre Regeln setzte er auf das Gewissen und die Fähigkeit des Einzelnen, in Liebe und Achtsamkeit zu handeln.

144 • Kann eine befreite Sicht auf Sexualität kirchliche Gemeinschaften stärken, statt sie zu schwächen?

Oft wird befürchtet, dass eine offenere Haltung zu Sexualität zu einem Verlust von Moral und Zusammenhalt führen könnte. Tatsächlich könnte eine solche Veränderung aber das Gegenteil bewirken, indem sie Authentizität, Inklusion und eine tiefere spirituelle Verbundenheit innerhalb christlicher Gemeinschaften fördert. Eine reflektierte, theologisch fundierte Neubewertung der Sexualität könnte dazu beitragen, dass Kirchen sich stärker an der zentralen Botschaft Jesu orientieren – der Liebe, Gerechtigkeit und Barmherzigkeit.

Authentizität und Ehrlichkeit statt Heuchelei

Viele Kirchen verlieren heute Mitglieder, weil ihre Sexualmoral als realitätsfern oder lebensfremd empfunden wird. Eine befreite Sicht auf Sexualität könnte dazu beitragen, dass Gläubige nicht mehr zwischen ihrem Glauben und ihrer Lebensrealität zerrissen sind. Wenn Sexualität nicht länger als Tabuthema gilt, kann ein ehrlicherer Austausch über persönliche Fragen, Beziehungen und Identität entstehen – was zu einer authentischeren Gemeinschaft beiträgt. In einigen evangelischen und fortschrittlich-katholischen Gemeinden hat sich bereits eine Praxis etabliert, in der die Sexualmoral nicht mehr nach traditionellen Dogmen, sondern nach individuellen Lebensrealitäten und ethischen Maßstäben diskutiert wird.

Inklusion statt Ausgrenzung

Kirchliche Gemeinschaften, die eine liberale Sicht auf Sexualität fördern, schließen weniger Menschen aus und gewinnen dadurch an Vielfalt und Lebendigkeit. Queere Menschen, unverheiratete Paare oder geschiedene Personen, die sich in traditionellen Kirchen oft abgelehnt fühlen, könnten sich willkommen fühlen und aktiv am Gemeindeleben teilnehmen. Dies stärkt die Gemeinschaft, weil sich mehr Menschen mit ihren individuellen Lebensrealitäten ernst genommen fühlen. Die Segnung gleichgeschlechtlicher Ehe-Paare in vielen evangelischen Kirchen und die Forderungen nach einer Reform der katholischen Sexualmoral – etwa durch die Initiative *#OutInChurch* – zeigen, dass ein Wandel bereits in Gang ist. Theologisch wird diese Entwicklung durch queere Theologie gestützt, etwa in Elizabeth Stuarts *„Just Good Friends: Towards a Lesbian and Gay Theology of Relationships“* (1995) oder Marcella Althaus-Reids *„Indecent Theology: Theological Perversions in Sex, Gender and Politics“* (2000).

Fokussierung auf Liebe und Verantwortung statt auf Verbote

Jesus betonte immer wieder Liebe, Mitgefühl und Verantwortung als zentrale Werte. Eine Sexualethik, die sich daran orientiert, anstatt an starren Vorschriften, könnte das Vertrauen in kirchliche Gemeinschaften stärken. Statt einengender Regeln könnte eine verantwortungsbewusste Ethik entstehen, die gesunde Beziehungen, Einvernehmen und gegenseitigen Respekt fördert. Der Theologe Dietrich Bonhoeffer beschreibt in *„Ethik"* (posthum veröffentlicht 1949), dass Christsein nicht in Gesetzlichkeit, sondern in gelebter Verantwortung bestehe – eine Sichtweise, die sich auch auf Fragen der Sexualität übertragen lässt.

Offene Gespräche statt Tabuisierung

Kirchliche Gemeinschaften könnten wachsen, wenn sie Raum für echte Gespräche über Sexualität und Beziehungen bieten. Viele Gläubige wünschen sich einen offenen Dialog über Themen wie Partnerschaft, Liebe, Identität und Ethik. Wenn Kirchen solche Gespräche ermöglichen, könnten sie für viele wieder relevanter werden. In reformorientierten Gemeinden finden bereits Diskussionsforen und Workshops zu Sexualethik statt, etwa in der alt-katholischen Kirche oder in fortschrittlichen evangelischen Kreisen. Die theologische Reflexion über Geschlecht und Sexualität ist auch in Werken wie Susannah Cornwalls *„Sex and Uncertainty in the Body of Christ"* (2010) und Patrick Chengs *„Radical Love: An Introduction to Queer Theology"* (2011) vertieft worden.

Stärkung der Spiritualität durch eine ganzheitliche Sicht auf den Menschen statt Monofokussierung

Eine befreite Sicht auf Sexualität kann helfen, den Menschen in seiner Ganzheit wahrzunehmen – als Wesen mit Körper, Geist und Seele. Wenn Sexualität nicht als Störfaktor oder „sündhafter" Teil des Menschen betrachtet wird, sondern als natürlicher Ausdruck von Liebe und Beziehung, könnte sich eine tiefere und ganzheitlichere Spiritualität entwickeln. Diese Perspektive entspricht auch der jüdisch-christlichen Tradition, in der der Mensch als gut erschaffen wurde (*„Und siehe, es war sehr gut"*, 1. Mose 1,31). Eine positive Sicht auf Sexualität könnte dazu beitragen, dass Glaube nicht als unterdrückend, sondern als befreiend erlebt wird.

Eine befreite Sicht auf Sexualität muss also nicht zu einem Verlust moralischer Werte oder zur Schwächung kirchlicher Gemeinschaften führen – sie kann vielmehr zu einer stärkeren, authentischeren und inklusiveren Kirche beitragen. Indem Sexualität nicht länger als Tabu behandelt, sondern in den Kontext von Liebe, Verantwortung und Respekt gestellt wird, können Gemeinschaften wachsen und für mehr Menschen eine spirituelle Heimat bieten. Die kirchliche Geschichte zeigt, dass Glaube sich immer wieder an neue Erkenntnisse und gesellschaftliche Entwicklungen anpassen musste. Eine erneuerte, lebensnahe Sexualethik könnte das Christentum nicht schwächen, sondern ihm neue Kraft verleihen.

145 • Warum nehmen einige Christen die Selbstbestimmung über den eigenen Körper inzwischen an?

Einige Christ:innen nehmen die Selbstbestimmung über den eigenen Körper inzwischen an, weil sich ihr theologisches Verständnis von Freiheit, Verantwortung und Menschenwürde weiterentwickelt hat. Viele moderne christliche Denker und Gemeinschaften erkennen an, dass die Würde des Menschen auch seine Fähigkeit zur Selbstbestimmung umfasst und dass persönliche Entscheidungen über den eigenen Körper nicht zwangsläufig im Widerspruch zum Glauben stehen müssen.

Ein zentrales Argument für die Akzeptanz der Selbstbestimmung ist die Betonung des Gewissens als moralischer Instanz. Insbesondere in reformatorischen und liberalen theologischen Traditionen wird der Mensch als selbstverantwortliches Wesen betrachtet, das in ethischen Fragen eigenständig handeln kann. Schon Martin Luther betonte mit seinem berühmten Satz *„Hier stehe ich, ich kann nicht anders“* die Bedeutung des individuellen Gewissens. Heute argumentieren viele Christen, dass ethische Entscheidungen, auch in Bezug auf den eigenen Körper, auf Basis eines reflektierten Gewissens und nicht allein auf dogmatischen Vorschriften getroffen werden sollten.

Auch das biblische Verständnis von Freiheit und Verantwortung hat zu einem Umdenken geführt. Statt eines Verbots der Selbstbestimmung sehen fortschrittliche Christ:innen darin eine Aufforderung, den eigenen Körper mit Respekt zu behandeln – was auch bedeuten kann, eigenverantwortliche Entscheidungen über Sexualität, medizinische Eingriffe oder geschlechtliche Identität zu treffen.

Ein weiterer Faktor ist der Wandel in der kirchlichen Ethik, insbesondere im Umgang mit Sexualität, Geschlechterrollen und reproduktiven Rechten. Während konservative Kirchen lange Zeit starre Normen vorgaben, hat sich in vielen christlichen Gemeinschaften eine neue Sichtweise etabliert, die persönliche Freiheit nicht als Gegensatz zu christlichen Werten, sondern als deren Ausdruck versteht. So erkennen immer mehr christliche Strömungen die Rechte von Frauen an, über ihren eigenen Körper zu bestimmen, was sich in einer zunehmenden Akzeptanz von Empfängnisverhütung, reproduktiven Rechten und geschlechtlicher Selbstbestimmung zeigt.

Besonders in queeren und feministischen theologischen Bewegungen wird darauf hingewiesen, dass der Glaube nicht dazu benutzt werden sollte, Menschen zu kontrollieren oder ihnen ihre Autonomie abzusprechen. Stattdessen wird betont, dass Jesus selbst Menschen immer in ihrer individuellen Würde ernst nahm und nicht durch Zwang, sondern durch Liebe und Einladung wirkte. Seine Begegnungen mit gesellschaftlichen Außenseitern – etwa mit der Ehebrecherin, die vor der Steinigung bewahrt wurde, oder mit der Frau, die unter Blutungen litt und nach Heilung suchte – zeigen eine Haltung, die auf Mitgefühl, nicht auf Kontrolle basiert.

Auch die gesellschaftlichen Veränderungen haben Einfluss auf die kirchlichen Debatten. Während die Kirche früher eine moralische Autorität war, die das gesamte gesellschaftliche Leben prägte, leben Christ:innen heute in pluralistischen Gesellschaften, in denen sie mit anderen Werten und ethischen Perspektiven in Dialog treten müssen. Viele haben erkannt, dass eine rigide Ablehnung der Selbstbestimmung Menschen von der Kirche entfremdet und dass eine christliche Ethik, die persönliche Freiheit und Verantwortung anerkennt, eher dazu beiträgt, dass der Glaube als lebensnah und relevant wahrgenommen wird.

Letztlich zeigt sich, dass immer mehr Christ:innen die Selbstbestimmung über den eigenen Körper als mit dem christlichen Glauben vereinbar ansehen, weil sie den Fokus von Kontrolle auf Verantwortung verlagern. Statt starrer Dogmen rückt die Frage in den Mittelpunkt, wie Menschen ihre Freiheit in einer Weise nutzen können, die mit christlichen Werten wie Nächstenliebe, Respekt und Achtung vor der Schöpfung in Einklang steht. Diese Haltung ermöglicht es, den Glauben mit modernen ethischen und wissenschaftlichen Erkenntnissen in Einklang zu bringen, ohne dabei die spirituelle Dimension des Menschseins zu vernachlässigen.

146 • Ist ein authentisch gelebter Glaube ohne Zwang zu heteronormativen Strukturen denkbar?

Ein authentisch gelebter Glaube ohne Zwang zu heteronormativen Strukturen ist denkbar und wird von vielen Theolog:innen und Ethiker:innen vertreten. Die christliche Botschaft gründet sich auf Liebe, Respekt und Gerechtigkeit – Prinzipien, die nicht notwendigerweise an eine bestimmte sexuelle Orientierung oder Geschlechtsidentität gebunden sind. Bereits der Theologe James Alison (*Faith Beyond Resentment*, 2001) argumentiert, dass die christliche Lehre nicht zwangsläufig heteronormativ interpretiert werden muss, sondern eine radikale Offenheit für alle Menschen beinhaltet. Er plädiert für eine entkrampfte und von Schuld befreite Sicht auf Sexualität im christlichen Kontext.

Die feministische Theologin Elisabeth Schüssler Fiorenza (*In Memory of Her*, 1983) hat ebenfalls aufgezeigt, dass viele kirchliche Strukturen eher kulturell gewachsene Machtverhältnisse widerspiegeln als eine ursprüngliche biblische Wahrheit. Sie fordert eine Befreiungstheologie, die auch nicht-heteronormative Identitäten einschließt. Auch Marcella Althaus-Reid (*Indecent Theology*, 2000) entwickelt eine *„unzüchtige Theologie“*, die die Kategorien von Sexualität, Geschlecht und Glauben neu denkt und die oft unterdrückten Stimmen in der kirchlichen Tradition sichtbar macht.

Theologen wie David R. Brockman (*No Longer the Same*, 2011) oder Todd Salzman und Michael Lawler (*The Sexual Person*, 2008) hinterfragen zudem die traditionelle katholische Sexualethik und argumentieren für eine Ethik der Verantwortung, die nicht auf festen biologischen oder gesellschaftlichen Normen basiert, sondern auf der gelebten Erfahrung von Liebe und Treue.

Diese Ansätze zeigen, dass ein Glaube ohne heteronormativen Zwang nicht nur möglich, sondern theologisch begründbar ist. Er setzt allerdings voraus, dass Kirche und Gläubige sich von überkommenen Dogmen lösen und den christlichen Glauben als eine lebendige, mit den Menschen wachsende Realität verstehen.

147 • Kann man Jesus als Befreier von sexueller Unterdrückung sehen?

Jesus kann als Befreier von sexueller Unterdrückung gesehen werden, wenn man seine Botschaft im Kontext seiner Zeit und ihrer gesellschaftlichen Normen betrachtet. Während das antike Judentum strenge Vorschriften zur Sexualmoral kannte und Frauen sowie sozial ausgegrenzte Gruppen oft unter repressiven Strukturen litten, begegnete Jesus Menschen mit einer Haltung der Barmherzigkeit, Würde und Befreiung.

Ein zentrales Beispiel dafür ist seine Begegnung mit der Ehebrecherin in Johannes 8, die nach dem damaligen Gesetz gesteinigt werden sollte. Anstatt das Urteil zu bestätigen, stellte Jesus die Ankläger vor eine moralische Herausforderung: *„Wer von euch ohne Sünde ist, werfe den ersten Stein."* Diese Episode zeigt, dass Jesus nicht an starren Gesetzesvorschriften festhielt, sondern eine Ethik der Barmherzigkeit und Vergebung vertrat. Ebenso wandte er sich gegen Doppelmoral, indem er gesellschaftliche Heuchelei entlarvte und die Würde des Individuums über gesetzliche Strafen stellte.

Auch in anderen Begegnungen – etwa mit der samaritanischen Frau am Jakobsbrunnen oder mit Frauen, die gesellschaftlich als *„Sünderinnen"* galten – zeigt sich, dass Jesus Menschen unabhängig von ihrer gesellschaftlichen oder moralischen Bewertung annahm. Er durchbrach soziale und geschlechtliche Barrieren, indem er Frauen als Jüngerinnen akzeptierte und sie in seine Lehre einbezog. Dies lässt sich als Befreiung von rigiden Geschlechternormen und patriarchalen Zwängen interpretieren.

Die Frage, ob Jesus aktiv eine neue Sexualmoral verkündete, bleibt offen. Seine Botschaft drehte sich nicht um die Reform konkreter Vorschriften, sondern um eine tiefere Veränderung des menschlichen Umgangs miteinander. Die Prinzipien von Liebe, Gerechtigkeit und persönlicher Verantwortung, die er lehrte, lassen sich jedoch auf Fragen der Sexualität übertragen. Wer Sexualmoral nicht als reines Regelwerk versteht, sondern als Ausdruck von Liebe und Achtung vor der Würde des Menschen, kann in Jesu Haltung einen Impuls zur Befreiung von unterdrückenden und diskriminierenden Normen der Kirche und Gesellschaft sehen.

Moderne theologische Strömungen, insbesondere feministische und queere Theologie, sehen in Jesus daher eine Figur, die dazu inspiriert, alte Zwänge zu hinterfragen und Raum für eine gerechtere, respektvolle und selbstbestimmte Sexualmoral zu schaffen. Während traditionelle christliche Strömungen betonen, dass Jesus keine explizite neue Sexualethik formulierte, zeigt seine *Praxis der radikalen Inklusion*, dass die Befreiung von Unterdrückung, auch in Fragen der Sexualität, mit dem Geist seines Wirkens übereinstimmt.

Abbildung 23: Eine leuchtende Gestalt: Die Haltung der offenen Arme wie ein Kompass, in dessen Mitte ein Lichtstrahl symbolisch jeden Fesseln auflösen kann - für wen könnte sie stehen, wenn nicht für jeden einzelnen von uns - zerreißt sie symbolische Ketten. Im Umfeld dabei Menschen, die sich angesprochen fühlen und aktiv werden, sich erheben und durch Licht befreit werden. Die Illustration steht für Befreiung, Aufrichtung und Hoffnung - ohne wörtliche Darstellung einer religiösen Figur, die auch Perspektiven neben den Empfindungen von sexueller Unterdrückung beschreiben kann - und damit Hoffnungsträger:in ist.

Die Thematik, ob ein schwuler Geistlicher, der seine Queerness nicht öffentlich macht, gegen den Sinn Jesu handelt oder gar sündigt (weil er seine Queerness nicht öffentlich macht), ist komplex und hängt von mehreren ethischen, theologischen und persönlichen Aspekten ab.

Jesus sprach sich in seiner Lehre wiederholt gegen Heuchelei aus, insbesondere wenn Menschen aus Angst vor gesellschaftlichem Druck oder zur Wahrung ihrer Machtposition eine Fassade aufrechterhielten. Er kritisierte die Pharisäer, weil sie nach außen hin fromm wirkten, während ihre inneren Haltungen nicht mit ihren äußeren Handlungen übereinstimmten (Matthäus 23,27). Wenn ein schwuler Geistlicher seine Sexualität bewusst versteckt, um einer ablehnenden kirchlichen Struktur zu entgehen, könnte dies als eine Form der Anpassung an ein System gewertet werden, das Unehrlichkeit erzwingt.

Allerdings wäre es zu einfach, dies pauschal als Heuchelei zu verurteilen. Viele schwule Geistliche stehen vor einem moralischen Dilemma: Einerseits wollen sie ihrer Berufung folgen, andererseits müssen sie sich einer Institution anpassen, die Queerness – je nach Konfession – immer noch als problematisch ansieht. Ein öffentliches Coming-Out kann erhebliche Konsequenzen oder auch Wirkung haben, einschließlich des Verlusts der Anstellung, sozialer Ausgrenzung oder persönlicher Angriffe. In diesem Sinne kann das Verschweigen der eigenen Sexualität auch als Selbstschutz verstanden werden und nicht als bewusste Täuschung aus eigennützigen Motiven.

Die Überlegung jedoch, ob ein Geistlicher sündigt, weil er kein Coming-Out vollzieht, hängt auch davon ab, wie man Sünde definiert. In der christlichen Ethik ist Sünde nicht nur die Übertretung eines Gesetzes, sondern vielmehr das Verfehlen des Ideals der Liebe und Wahrhaftigkeit. Wenn ein Geistlicher aufgrund innerer Überzeugung und aus Loyalität gegenüber seiner Kirche seine Sexualität nicht offenlegt, handelt er nicht zwangsläufig sündhaft. Falls er jedoch aktiv gegen queere Menschen predigt oder sich an der Diskriminierung beteiligt, obwohl er selbst betroffen ist, könnte dies als Heuchelei und moralisches Fehlverhalten gewertet werden.

Letztlich würde eine am Evangelium orientierte Betrachtung eher dazu führen, nicht den betroffenen Geistlichen zu verurteilen, sondern die kirchlichen Strukturen, die ihn in diese Zwangslage bringen. Das wahre Problem ist weniger das individuelle Coming-Out als vielmehr die fortgesetzte institutionelle Ablehnung von Homosexualität, die Geistliche dazu bringt, sich verstecken zu müssen. Eine Kirche, die sich auf Jesus beruft, sollte keine Umstände schaffen, die Menschen zur

Verleugnung ihrer Identität zwingen, sondern Offenheit, Ehrlichkeit und Authentizität ermöglichen.

Die Thematik, ob nicht besonders viele Geistliche schwul sind und ob sie *„alle unter einer Decke stecken"*, indem sie ihre Sexualität verbergen und in einem System der Heuchelei verharren, berührt mehrere sensible Themen: die Realität der sexuellen Orientierung innerhalb des Klerus, die kirchlichen Strukturen, die dieses Verhalten begünstigen, und die moralische Verantwortung der Einzelnen.

1. Abschätzungen, wie viele Geistliche schwul sind: Es gibt keine verlässlichen Zahlen, da viele Geistliche ihre Sexualität nicht offenlegen können oder wollen. Untersuchungen, wie die von Donald Cozzens (*The Changing Face of the Priesthood*, 2000), legen nahe, dass ein überdurchschnittlich hoher Anteil homosexueller Männer im katholischen Klerus vertreten ist. Schätzungen sprechen je nach Region von 20 bis 50 Prozent oder mehr – in jedem Fall deutlich mehr als in der Gesamtbevölkerung. Dies könnte mehrere Gründe haben: Das Priestertum bietet manchen queeren Männern eine Möglichkeit, ihrer Identität nachzugehen, ohne in der Gesellschaft auffallen zu müssen. Das Zölibat kann als Schutzschild dienen, um gesellschaftlichem oder familiärem Druck bezüglich Heirat und heterosexuellen Beziehungen zu entgehen. Die Kirche zieht Menschen mit einem starken spirituellen Idealismus an, unabhängig von ihrer sexuellen Orientierung.

2. Das Verbergen der eigenen Sexualität als Heuchelei und Doppelleben: Es gibt eine deutliche Spannung zwischen der Realität einer großen Zahl homosexueller Geistlicher und der offiziellen kirchlichen Lehre, die Homosexualität oft als *„ungeordnet"* einstuft. Dies führt dazu, dass viele schwule Geistliche ein Doppelleben führen oder zumindest ihre Identität verschweigen müssen, um innerhalb der kirchlichen Hierarchie bestehen zu können. Die Frage, ob dies Heuchelei ist, hängt davon ab, ob die Geistlichen aus Überzeugung hinter der kirchlichen Lehre stehen oder sich nur aus Angst oder Karrieredenken anpassen.

Ein Geistlicher mit einem Doppelleben, der insgeheim homosexuell ist, aber sich dennoch für eine Kirche einsetzt, die ihn als *„nicht ordnungsgemäß"* betrachtet, steht in einem moralischen Dilemma. Manche versuchen, sich in diesem Spannungsfeld ehrlich zu verhalten, indem sie keine Diskriminierung unterstützen. Andere hingegen predigen gegen die gleichgeschlechtliche Liebe, um sich selbst zu schützen oder ihre Machtposition nicht zu gefährden – hier kann man tatsächlich von sündiger Heuchelei sprechen.

3. Wenn *„alle unter einer Decke“* stecken: Die Vorstellung, dass alle schwulen Geistlichen ein stillschweigendes Bündnis pflegen, ist stark vereinfacht. Innerhalb der Kirche gibt es unterschiedliche Haltungen: Manche queere Geistliche leben tatsächlich im Verborgenen und unterstützen ein System, das sie selbst diskriminiert. Andere arbeiten offen und aktiv an Reformen, um eine offenere Kirche zu schaffen. Wieder andere profitieren von einem System des Schweigens, weil es ihnen Schutz und Einfluss sichert. Es gibt Berichte darüber, dass in bestimmten kirchlichen Hierarchien queere Netzwerke existieren, die nicht nur Selbstschutz, sondern auch Macht sichern. Einige Skandale deuten darauf hin, dass manche Kirchenführer ihre Sexualität verbergen, während sie gleichzeitig konservative Positionen vertreten – und dies aus rein opportunistischen Gründen tun. Die Community *#OutinChurch* umfasst hingegen queere Geistliche, die einen offenen Umgang mit ihrer sexuellen Orientierung pflegen und daher auch ein neues Netzwerk bieten, dem sich andere anschließen können.

4. Übernahme moralischer Verantwortung: Anstatt alle schwulen Geistlichen pauschal als „Heuchler“ zu bezeichnen, sollte die Kritik vor allem die kirchlichen Strukturen treffen, die ein solches Verhalten erzwingen. Wer queere Geistliche zwingt, sich zu verstecken, schafft ein System, in dem Unehrlichkeit und Doppelmoral fast unausweichlich sind. Das Problem ist also nicht primär die individuelle Sexualität der Geistlichen, sondern die institutionelle Homophobie, die offene Lebensformen und Queerness verhindert.

Es ist also ein komplexes Dilemma - nicht offen zu leben: Es gibt innerhalb der Kirche homosexuelle Geistliche, die ihre Identität verbergen, um nicht verfolgt zu werden – das ist eher ein Zeichen institutionellen Zwangs als persönlicher Schuld. Gleichzeitig gibt es aber auch jene, die aktiv zur Unterdrückung beitragen, indem sie sich selbst schützen, während sie anderen das Leben schwer machen – und diese kann man durchaus als Heuchler bezeichnen. Und es gibt die offen Lebenden z. B. im Netzwerk *#OutinChurch*. Die eigentliche

Verantwortung liegt nicht nur bei den Einzelnen, sondern vor allem bei der Kirche als Institution, die durch ihre restriktiven Sexualmoralvorgaben erst die Bedingungen für ein System der Doppelmoral und Heuchelei geschaffen hat. Je mehr die Öffentlichkeit dieses erkennt, und Geisltiche nach ihrer sexuellen Orientierung fragt, kann die Bereitschaft wachsen, Queerness als inklusiv und Teil der Schöpfung zu betrachten.

148 • Wie kann die christliche Botschaft neu interpretiert werden, um den Menschen in den Mittelpunkt zu stellen und ihn von Angst und Dogmatismus zu befreien?

Einige Autoren wie Eugen Drewermann plädieren für eine Rückkehr zu einer Spiritualität, die den einzelnen Menschen ernst nimmt und nicht von Angst, Gehorsam oder rigiden Dogmen geprägt ist. Für ihn steht die Botschaft Jesu nicht für eine hierarchische, machterhaltende Institution, sondern für eine radikale Befreiung des Menschen von Zwängen, Schuldgefühlen und inneren Ängsten. Statt Glauben als eine Pflichterfüllung gegenüber der Kirche zu sehen, betont er eine persönliche, tiefenpsychologisch fundierte Gotteserfahrung, die den Menschen stärkt und heilt.

Seine Interpretation sieht Jesus nicht als Begründer einer strengen Glaubensordnung, sondern als jemanden, der Ausgegrenzte aufrichtet und Menschen ermutigt, ihrem Herzen und Gewissen zu folgen. Im Gegensatz zur institutionalisierten Kirche, die oft durch Kontrolle und festgelegte Lehrsätze den Glauben reglementiert, geht es Drewermann um eine Theologie der Freiheit, in der der Mensch nicht durch Angst vor Sünde und Strafe, sondern durch Vertrauen und Liebe seinen Glauben lebt.

Damit knüpft er an das ursprüngliche Anliegen Jesu an: eine Botschaft, die nicht durch Hierarchie und Macht vermittelt wird, sondern durch unmittelbare Begegnung, Mitgefühl und innere Erfahrung. In dieser Perspektive ist Religion keine Last, sondern eine Quelle innerer Befreiung und existenzieller Sinnfindung.

Dann wird eine *Theologie der Freiheit* auch Inklusion und Nächstenliebe fördern: Eine Theologie der Freiheit stellt den Menschen in den Mittelpunkt, unabhängig von Herkunft, Geschlecht, sexueller Orientierung oder sozialem Status. Indem sie Glauben nicht an starre Dogmen oder Ausgrenzung knüpft, sondern an die gelebte Erfahrung von Liebe und Gerechtigkeit, schafft sie Raum für echte Inklusion. Anstatt Regeln darüber aufzustellen, wer *„dazugehört“* und wer nicht, lädt sie dazu ein, den Glauben als einen offenen, mitfühlenden Weg zu verstehen. Nächstenliebe bedeutet in diesem Verständnis nicht nur karitative Hilfe, sondern eine grundsätzliche Haltung des Respekts und der Anerkennung jedes Menschen als Ebenbild Gottes.

Diese Form der Theologie hinterfragt bestehende kirchliche Strukturen, die oft exklusive statt inklusive Gemeinschaften schaffen. Sie fordert dazu auf, Menschen nicht nach moralischen Maßstäben oder Traditionen zu beurteilen, sondern ihnen auf Augenhöhe zu begegnen.

In der Praxis bedeutet das, dass Glaubensgemeinschaften zu offenen Orten werden, in denen niemand aufgrund seiner Identität oder seiner Zweifel ausgeschlossen wird. Es bedeutet, dass Spiritualität nicht dazu dient, Menschen kleinzuhalten, sondern sie zu stärken, ihr Leben selbstbestimmt und mit Solidarität für andere zu gestalten. In einer solchen Theologie ist Nächstenliebe keine Verpflichtung, sondern eine natürliche Folge eines Glaubens, der Freiheit schenkt, anstatt Furcht zu erzeugen.

Kapitel 11:
Glaube zwischen sozialer Gerechtigkeit und sozialer Ungleichheit

Das Christentum versteht sich traditionell als eine Religion der Nächstenliebe und Gerechtigkeit. Doch in der Praxis zeigt sich oft ein anderes Bild: Während sich die Kirche in moralischen Fragen – insbesondere zur Sexualität – häufig klar zu streng positioniert, bleibt ihr Engagement für soziale Gerechtigkeit oft hinter den eigenen Idealen zurück. Warum gelten sexuelle Handlungen in vielen kirchlichen Kontexten oft als schlimmer als soziale Ungerechtigkeit? Und warum spielt Sexualität in der Kirche häufig eine größere Rolle als konkrete Maßnahmen gegen Armut oder soziale Ausgrenzung?

Eine zentrale theologische Strömung, die sich mit dieser Problematik auseinandersetzt, ist die Befreiungstheologie. Sie betont die „Option für die Armen“ als grundlegendes christliches Prinzip. Doch wie verändert diese Perspektive das theologische Denken und die Ausrichtung der Kirche? Wie kann eine Kirche der Armen tatsächlich zu mehr Gerechtigkeit beitragen, und welche Strukturen stehen dem im Weg? Während einige christliche Bewegungen aktiv soziale Missstände bekämpfen, werden andere kirchliche Institutionen kritisiert, weil sie eher bestehende Machtverhältnisse stabilisieren als gesellschaftlichen Wandel zu fördern. Diese Ambivalenz führt zur Frage nach der Funktion von Religion in unterdrückten Gesellschaften: Wird sie als Werkzeug der Befreiung oder eher – wie Karl Marx es formulierte – als „Opium des Volkes“ genutzt, das die Menschen ruhigstellt und von revolutionären Veränderungen abhält?

Auch die Beziehung zwischen Kirche und Staat spielt in dieser Debatte eine Rolle. In vielen Ländern gibt es trotz formeller Trennung immer noch enge Verbindungen zwischen kirchlichen und politischen Institutionen. Warum wird die Trennung von Staat und Kirche nicht immer konsequent umgesetzt? Und welche Auswirkungen hat dies auf soziale Ungleichheit?

Eine interessante Perspektive in dieser Diskussion ist die Frage, ob die Auseinandersetzung mit sexueller Identität dazu beitragen kann, soziale Diskriminierung abzubauen. Kann die Diskussion und Interpretation über Jesu Sexualität helfen, soziale Vorurteile in kirchlichen und gesellschaftlichen Strukturen zu hinterfragen? Wenn Jesus sich mit den gesellschaftlich Ausgegrenzten seiner Zeit solidarisierte, müsste eine Kirche, die seinem Vorbild folgt, dann nicht auch aktiv gegen jede Form von Ausgrenzung – sei es aufgrund von Armut, Herkunft oder sexueller Orientierung – eintreten?

Die Verbindung von Glaube, sozialem Engagement und spiritueller Erfahrung bleibt eine der zentralen Herausforderungen für das moderne Christentum. Eine Kirche, die sich glaubwürdig für Gerechtigkeit einsetzen will, muss sich kritisch mit ihren eigenen Strukturen auseinandersetzen und sich der Frage stellen, wie sie zu einer gerechteren Welt beitragen kann – nicht nur durch Worte, sondern durch konkrete Taten und Solidarität.

a) Glaube, soziale Verantwortung und gesellschaftliche Strukturen

149 • Wie kann Glaube mit gesellschaftlichem Engagement und spiritueller Erfahrung verbunden werden?

Dorothee Sölle entwickelte das Konzept der *„politischen Theologie“*, das Glaube untrennbar mit gesellschaftlicher Verantwortung verband. Für sie war Christentum nicht nur eine individuelle Glaubensfrage, sondern ein Auftrag zur Veränderung von ungerechten Strukturen. Sie kritisierte eine Kirche, die sich aus sozialen Kämpfen heraushielt, und forderte stattdessen eine aktive Auseinandersetzung mit Armut, Unterdrückung und politischen Missständen. Gleichzeitig integrierte sie mystische Spiritualität in ihr Denken. Sie verstand Mystik nicht als Rückzug aus der Welt, sondern als tiefgehende Gotteserfahrung, die Menschen ermutigt, Verantwortung zu übernehmen. Diese Verbindung von Mystik und Engagement sollte ein neues Gottesverständnis ermöglichen – jenseits eines autoritären, fernen Gottes hin zu einem Gott, der in der Welt und im Handeln der Menschen erfahrbar ist. Ihre *„Theologie nach dem Tode Gottes“* zielte darauf ab, ein überholtes Gottesbild zu überwinden: Nicht ein allmächtiger Herrscher-Gott stand im Mittelpunkt, sondern ein Gott, der in der Begegnung zwischen Menschen lebt. Kirche sollte deshalb nicht auf Macht und Dogmen beruhen, sondern eine Gemeinschaft sein, die sich solidarisch und befreiend in die Gesellschaft einbringt. Damit eine *„Auferstehung Gottes“* möglich wird, muss etwas vergehen und dabei sollte etwas Neues entstehen: Wenn von einer *„Auferstehung Gottes“* gesprochen wird, bedeutet das zunächst, dass ein überholtes Gottesbild sterben muss – insbesondere das Bild eines autoritären, distanzierten oder strafenden Gottes, der als Herrscher:in über die Welt wacht, aber mit dem Leid und der Ungerechtigkeit der Menschen unverbunden bleibt. Auch eine Kirche, die sich auf Machterhalt, Dogmen und institutionelle Selbstwahrung konzentriert, müsste in dieser Cäsur untergehen. Neu aufleben könnte ein Gottesbild, das in der gelebten Erfahrung der Menschen verankert ist – ein Gott, der nicht über, sondern in der Welt existiert, in Beziehungen, in Solidarität, im Einsatz für Gerechtigkeit. Eine Kirche, die nicht von oben herab regiert, sondern als offene Gemeinschaft auf Augenhöhe funktioniert, könnte daraus entstehen. Eine solche *„Auferstehung" - nicht Jesu, sondern "Gottes"* würde bedeuten, dass Glaube nicht mehr als blinde Unterordnung unter starre Lehren verstanden wird, sondern als befreiende Kraft, die Menschen ermutigt, Verantwortung für sich und andere zu übernehmen. Es wäre eine Rückkehr zu einem Gott bzw. einer Göttin, der nicht durch Kontrolle, sondern durch Liebe und Mitgestaltung erfahrbar wird.

150 • Wie kann eine Kirche der Armen zu mehr Gerechtigkeit beitragen und welche Strukturen stehen dem im Weg?

Leonardo Boff thematisiert die hierarchischen und undemokratischen Strukturen der katholischen Kirche, die oft mehr der Machterhaltung als der gelebten Nächstenliebe dienen. Für ihn ist das Christentum untrennbar mit sozialer Gerechtigkeit verbunden, weshalb er eine *„Kirche der Armen"* fordert – eine Kirche, die sich nicht an Privilegien klammert, sondern aktiv an der Seite der Unterdrückten steht.

Er sieht in der traditionellen Kirchenstruktur ein Hindernis für diese Mission, da sie zentralistisch und autoritär organisiert ist. Statt einer von oben gelenkten Institution plädiert er für eine Kirche, in der die Gläubigen gleichberechtigt mitgestalten und die Stimme der Armen und Marginalisierten gehört wird.

Für Boff bedeutet eine *„Kirche der Armen"* nicht nur karitative Hilfe, sondern eine grundlegende Umkehr – eine Kirche, die nicht auf Macht und Besitz, sondern auf Solidarität und Befreiung basiert. Dabei nimmt er Bezug auf Jesus selbst, der sich nicht mit den Herrschenden, sondern mit den Schwachen und Ausgegrenzten identifizierte. Diese Haltung brachte Boff in Konflikt mit dem Vatikan, da seine Befreiungstheologie die bestehenden kirchlichen Machtstrukturen infrage stellte und eine tiefgreifende Veränderung des Kirchenverständnisses forderte.

Es liegt nahe, dass der immense Reichtum der Kirche dazu beiträgt, dass sich viele Amtsträger:innen eher mit der Bewahrung bestehender

Strukturen als mit einer radikalen Hinwendung zu den Armen beschäftigen. Eine Institution, die über große finanzielle Mittel, Immobilien und wirtschaftliche Verflechtungen verfügt, hat oft wenig Interesse daran, sich grundlegend zu verändern – insbesondere wenn eine echte *„Kirche der Armen"* auch bedeuten würde, Macht abzugeben und auf Privilegien zu verzichten.

Armut ist unbequem. Sie fordert nicht nur Mildtätigkeit, sondern eine tiefgreifende Auseinandersetzung mit Ungleichheit und Ungerechtigkeit. Wenn eine Kirche jedoch mit politischen und wirtschaftlichen Eliten verflochten ist, riskiert sie, ihre Botschaft so zu gestalten, dass sie bestehende Verhältnisse nicht zu stark infrage stellt. Statt einer Kirche, die aktiv für strukturelle Veränderungen kämpft, bleibt dann oft nur eine, die punktuell Almosen gibt, ohne die Ursachen der Armut anzugehen.

Natürlich gibt es Amtsträger:innen, die sich ehrlich für soziale Gerechtigkeit einsetzen. Doch die Frage bleibt, ob die institutionelle Kirche als Ganzes bereit wäre, sich so zu verändern, dass nicht mehr Wohlstand und Einfluss, sondern die tatsächliche Option für die Armen ihr zentrales Anliegen wird. Solange die Kirche sich eher als Bewahrerin von Reichtum und Privilegien sieht, wird Armut oft nicht als drängendes Problem, sondern als Randthema behandelt – aus Bequemlichkeit, Selbstinteresse oder schlichtem Festhalten an einer Machtstruktur, die sich selbst schützen will.

Die Kirchensteuer sichert der Kirche in Ländern wie Deutschland finanziellen Wohlstand und institutionelle Stabilität. Durch die Kirchensteuer sowie staatliche Zuschüsse erhält jede der beiden Kirchen jährlich ca. 6–7 Milliarden Euro. Mit einem Vermögen von 200–300 Milliarden Euro pro Kirche wird über beträchtliche finanzielle Mittel verfügt. Verpachtungen des Grundbesitzes und Eigenbetriebe können zudem zusätzlichen Umsatz generieren. Dadurch sind viele Geistliche in einem System tätig, das wirtschaftliche Sicherheit bietet und wenig Druck erzeugt, sich direkt mit existenzieller Not auseinanderzusetzen. Die Abschaffung der Kirchensteuer könnte diesen Komfort beenden und dazu führen, dass sich die Kirche stärker auf freiwillige Beiträge und Spenden stützen muss – ähnlich wie in vielen anderen Ländern.

Dadurch könnte ein Mentalitätswandel einsetzen: Eine Kirche, die nicht mehr automatisch über feste Einnahmen verfügt, müsste sich viel stärker um ihre Gläubigen bemühen und sich direkt mit ihren Bedürfnissen befassen. Das könnte zu mehr Nähe zu den Menschen führen, insbesondere zu sozial Benachteiligten. Gleichzeitig würde es wohl zu einer Entschlackung kirchlicher Verwaltungsapparate führen, die derzeit oft bürokratisch und träge wirken.

Allerdings birgt die Abschaffung der Kirchensteuer auch Risiken. Soziale und caritative Einrichtungen der Kirche, die in vielen Bereichen essenzielle Hilfe leisten, könnten darunter leiden, wenn keine tragfähige Alternative für ihre Finanzierung gefunden wird oder sie nicht in gemeinnützige Einrichtungen gewandelt werden. Zudem besteht die Gefahr, dass sich die Kirche dann verstärkt auf wohlhabende Spender:innen konzentriert, um Einnahmen zu sichern, was eine echte *„Kirche der Armen“* nicht unbedingt voranbringen würde.

Letztlich hängt alles davon ab, ob die Abschaffung der Kirchensteuer mit einem echten Wertewandel einherginge – einem bewussten Verzicht auf Luxus und Machtstrukturen zugunsten einer Kirche, die sich konsequent den Menschen zuwendet. Nur dann könnte eine solche Reform tatsächlich die Vision einer *„Kirche der Armen“* näherbringen.

151 • Welche Funktion erfüllt Religion in unterdrückten Gesellschaften, und warum wird sie als „Opium des Volkes“ bezeichnet?

Karl Marx kritisierte die Religion als Instrument der Herrschaftssicherung und prägte den Satz, sie sei das *„Opium des Volkes“*. Damit meinte er, dass Religion den Menschen zwar Trost spenden kann, aber zugleich ihre soziale Lage verschleiert und sie davon abhält, gegen Ungerechtigkeiten aufzubegehren.

Für unterdrückte Menschen dient Religion oft als Hoffnungsträger – sie bietet die Aussicht auf eine bessere Welt nach dem Tod und lindert das Leid, das in der realen Gesellschaft nicht überwunden werden kann. Dadurch kann sie kurzfristig eine seelische Erleichterung bewirken, ähnlich wie ein Betäubungsmittel, das Schmerzen lindert. Doch genau hierin sieht Marx die problematische Funktion: Statt die Ursachen von Leid und sozialer Ungleichheit zu beseitigen, tröstet Religion lediglich über die bestehenden Verhältnisse hinweg und hält Menschen davon ab, gegen ihre Unterdrückung aktiv zu werden.

Abbildung 24: Eine einfache offene Kapelle mit einem gemeinsamen Tisch, an dem Menschen aus benachteiligten Gruppen mit einer Priesterin auf Augenhöhe sitzen. Im Hintergrund die leere Kathedrale – ein starkes Zeichen für eine Theologie, die sich an den Armen orientiert: Das Abendmahl mit den Armen und zu Integrierenden.

Für die herrschenden Klassen ist Religion daher ein nützliches Mittel zur Stabilisierung der bestehenden Machtverhältnisse. Sie legitimiert soziale Ungleichheiten, indem sie Armut, Gehorsam und Leid als gottgewollt oder als Prüfung für ein besseres Jenseits darstellt. Wer seine Hoffnung auf eine göttliche Gerechtigkeit setzt, stellt die weltlichen Machtstrukturen weniger infrage.

Marx fordert daher nicht nur eine Religionskritik, sondern eine grundsätzliche Veränderung der gesellschaftlichen Verhältnisse. Die Menschen sollen nicht auf eine bessere Zukunft im Himmel hoffen, sondern in der Realität für ihre Befreiung kämpfen. Erst wenn die sozialen Ursachen des Leids beseitigt sind, werde auch die Notwendigkeit religiöser Vertröstung verschwinden.

Um soziale Ungleichheit zu verringern und die Ursachen von Leid zu beseitigen, muss der Staat gezielt in wirtschaftliche und gesellschaftliche Strukturen eingreifen. Dies kann durch eine gerechtere Verteilung von Ressourcen, eine starke soziale Infrastruktur und politische Reformen geschehen. Wichtige Maßnahmen sind:

Umverteilung durch Steuersysteme – Eine fortschrittliche Besteuerung, bei der hohe Einkommen und große Vermögen stärker besteuert werden, kann finanzielle Mittel für soziale Programme generieren. Gleichzeitig kann die Senkung der Steuerlast für untere und mittlere Einkommensgruppen die Kaufkraft stärken und soziale Mobilität fördern.

Investitionen in Bildung und Chancengleichheit – Bildung ist der Schlüssel zur Bekämpfung sozialer Ungleichheit. Ein kostenloser oder erschwinglicher Zugang zu hochwertiger Bildung ermöglicht es Menschen, ihre sozialen Bedingungen selbst zu verbessern. Programme zur Förderung sozial benachteiligter Gruppen können dazu beitragen, dass sich strukturelle Benachteiligungen nicht über Generationen hinweg verfestigen.

Stärkung des Sozialstaats – Mindestlöhne, bezahlbare Wohnungen, eine gute Gesundheitsversorgung und sichere Rentensysteme sind essenziell, um Armut zu bekämpfen und soziale Sicherheit zu gewährleisten.

Wirtschaftliche Teilhabe fördern – Der Staat kann durch gezielte Anreize und Regulierung eine gerechtere Wirtschaft fördern. Genossenschaftsmodelle, Mitbestimmung in Unternehmen und eine

Begrenzung von Lohndumping sind wirksame Mittel, um eine nachhaltige und faire Wirtschaft zu schaffen.

Change Management-Methoden, die in Unternehmen angewandt werden, können auch in gesellschaftlichen Veränderungsprozessen helfen:

Partizipation und Mitbestimmung: Sozialer Wandel gelingt nur, wenn die betroffenen Menschen aktiv einbezogen werden. Demokratische Strukturen, Bürgerforen und direkte Mitbestimmungsmöglichkeiten können Reformen legitimieren und ihre Akzeptanz erhöhen.

Transparente Kommunikation: Veränderungen stoßen oft auf Widerstand. Durch klare Informationspolitik und den Dialog mit der Bevölkerung kann verhindert werden, dass Reformen als Bedrohung wahrgenommen werden.

Schrittweise Umsetzung und Pilotprojekte: Große soziale Reformen lassen sich oft besser realisieren, wenn sie zunächst in kleineren Einheiten getestet und bei Erfolg ausgeweitet werden.

Anpassungsfähigkeit und Evaluation: Soziale Veränderungsprozesse müssen überprüft und gegebenenfalls korrigiert werden. Eine fortlaufende Analyse der Maßnahmen stellt sicher, dass Reformen tatsächlich wirksam sind.

Gesellschaftlicher Wandel braucht neben politischen Maßnahmen auch einen kulturellen Bewusstseinswandel. Bildung, soziale Bewegungen und Medien spielen eine entscheidende Rolle, um gerechtere Strukturen zu fördern. Wenn Menschen erkennen, dass Ungleichheit nicht naturgegeben, sondern politisch gemacht ist, steigt die Bereitschaft, sich für Veränderungen einzusetzen.

Wenn Parteien, die sich auf christliche Werte berufen, in der Praxis wirtschaftspolitische Maßnahmen fördern, die soziale Ungleichheit verschärfen, entsteht ein Widerspruch zwischen ihrem Anspruch und ihrer tatsächlichen Politik. Eine Politik, die primär die Interessen der Wohlhabenden bedient, ignoriert den biblischen Auftrag, sich um die Armen und Benachteiligten zu kümmern.

Sozialverträglichkeit bedeutet, dass politische Entscheidungen die gesamte Gesellschaft im Blick haben und nicht nur einzelne Gruppen bevorzugen. Eine Wirtschafts- und Sozialpolitik, die den Reichtum weiter an die oberen Schichten verteilt, während sozial schwächere Gruppen wenig Unterstützung erhalten, ist langfristig nicht tragfähig und untergräbt gesellschaftlichen Zusammenhalt.

Stattdessen wäre eine Politik im Sinne christlicher Werte daran orientiert, eine Balance zwischen wirtschaftlicher Freiheit und sozialer Verantwortung herzustellen, damit Wohlstand nicht auf Kosten der Schwächeren wächst, sondern allen zugutekommt.

152 • Wie verändert die Option für die Armen das theologische Denken und die Ausrichtung der Kirche?

Die lateinamerikanische Befreiungstheologie stellt die Kirche nachhaltig in den Dienst der Armen und Unterdrückten. Sie sieht im Evangelium nicht nur eine spirituelle Botschaft, sondern einen klaren gesellschaftlichen Auftrag: Glaube darf nicht auf Rituale und Dogmen reduziert werden, sondern muss sich aktiv für soziale Gerechtigkeit einsetzen. Die *„Option für die Armen“* bedeutet, dass die Kirche nicht neutral bleiben kann, wenn Menschen in Armut und Ausbeutung leben – sie muss Partei ergreifen und an der Befreiung aus ungerechten Strukturen mitwirken.

Dieses Denken stellt traditionelle theologische Denkmuster infrage, da es nicht mehr nur um die persönliche Erlösung im Jenseits geht, sondern um konkrete Veränderungen im Hier und Jetzt. Die Befreiungstheologie lehnt eine Kirche ab, die sich mit den Mächtigen verbündet oder Ungleichheit als gottgegeben hinnimmt. Stattdessen betont sie, dass Gott auf der Seite der Leidenden steht und dass wahre Nachfolge Jesu bedeutet, sich aktiv für ihre Rechte einzusetzen.

Damit stellt die Befreiungstheologie auch die institutionelle Kirche vor eine Herausforderung: Ist sie bereit, ihre Rolle als Bewahrerin bestehender Verhältnisse zu hinterfragen und sich konsequent für eine gerechtere Gesellschaft einzusetzen? Kritiker:innen werfen ihr vor, dass sie politisch sei – doch genau das ist ihr Anspruch: dass Glaube und gesellschaftliche Verantwortung nicht getrennt werden können. Wer an einen gerechten Gott glaubt, kann sich nicht mit Ungerechtigkeit abfinden.

b) Sexualität und soziale Gerechtigkeit in der Kirche

153 • Kann die Diskussion über Jesu Sexualität helfen, soziale Diskriminierung abzubauen?

Die Diskussion über Jesu Sexualität kann helfen, soziale Diskriminierung abzubauen, indem sie bestehende Tabus hinterfragt, neue Perspektiven aufzeigt und zu einer inklusiveren Theologie beiträgt. Eine solche Debatte könnte nicht nur theologische, sondern auch gesellschaftliche Impulse setzen, da sie den Umgang mit Sexualität im Christentum hinterfragt und zu einer offeneren Ethik beitragen kann.

Wenn wir anerkennen, dass Jesus ein Mensch war, der Liebe, Nähe und Beziehungen erlebte, dann könnte dies zu einer offeneren Auseinandersetzung mit Sexualität und Identität führen. Die Reflexion darüber, wie Jesus mit menschlichen Bedürfnissen und gesellschaftlichen Normen umging, könnte die Vorstellung hinterfragen, dass bestimmte sexuelle Orientierungen oder Beziehungsformen nicht anerkannt oder gar sündhaft seien. Diese Diskussion ist nicht nur für Theolog:innen von Bedeutung, sondern auch für Gläubige, die sich fragen, ob die kirchliche Sexualmoral tatsächlich im Einklang mit der Botschaft Jesu steht. Eine dogmatische Verweigerung dieser Fragen könnte verhindern, dass christliche Gemeinschaften der Vielfalt menschlicher Erfahrung gerecht werden.

Darüber hinaus zeigt Jesu Verhalten in den Evangelien eine klare Tendenz zur Inklusion und Annahme aller Menschen – unabhängig von gesellschaftlichen, sexuellen oder religiösen Konventionen. Seine Nähe zu allen Menschen, seine Offenheit gegenüber den Geschlechtern und seine Kritik an rigiden Moralvorstellungen legen nahe, dass er Diskriminierung aufgrund von Identität oder Lebensweise ablehnte. Wenn Jesu Botschaft von Liebe und Annahme konsequent auf moderne Fragen der Sexualität angewandt wird, könnte dies ein starkes Argument gegen die Diskriminierung queerer Menschen, unverheirateter Paare oder anderer Lebensentwürfe sein. Statt starrer

Normen könnte eine theologisch reflektierte Ethik entstehen, die auf gegenseitigem Respekt, Verantwortung und Fürsorge basiert.

Die Diskussion über Jesu Sexualität bricht also nicht nur dogmatische und soziale Barrieren auf, sondern lenkt auch den Fokus auf eine ethische Haltung, die sich an Mitgefühl, Respekt und persönlicher Integrität orientiert. Dies wird kirchliche Positionen in Fragen der Sexualmoral modernisieren und sie stärker an den ursprünglichen Kern des Evangeliums anpassen. Eine solche Perspektive hilft, traditionelle Vorurteile zu überwinden und christliche Gemeinschaften zu Orten der Akzeptanz und Solidarität zu machen. Dadurch könnte das Christentum als spirituelle Tradition lebendig bleiben, indem es sich den Herausforderungen einer sich wandelnden Gesellschaft stellt, ohne seine grundlegenden Werte zu verlieren.

154 • Warum gelten sexuelle Sünden oft als schlimmer als soziale Ungerechtigkeit?

Während soziale Ungerechtigkeit ein sichtbares, strukturelles Problem ist, das meist auf gesellschaftliche Machtverhältnisse zurückgeführt wird, wird Sexualität oft als direkter Ausdruck individueller Moral oder Unmoral betrachtet.

Ein wesentlicher Grund für diese Gewichtung liegt in der historischen Entwicklung kirchlicher Moralvorstellungen. Die frühe Kirche übernahm sowohl aus dem Judentum als auch aus der griechisch-römischen Welt eine starke Fixierung auf Keuschheit, Enthaltsamkeit und die Kontrolle sexueller Begierden. Während Jesus vor allem Liebe, Mitgefühl und die Überwindung sozialer Schranken lehrte, entwickelte sich im Laufe der Kirchengeschichte eine zunehmend körperfeindliche Ethik. Die strenge Regulierung individuellen Verhaltens wurde zu einem Kernbestandteil christlicher Moral, während soziale Gerechtigkeit oft als sekundäre, weltliche Angelegenheit behandelt wurde.

Ein weiterer Faktor ist die enge Verbindung von Sexualität und Macht. Die Kontrolle über sexuelle Normen bedeutet auch die Kontrolle über Menschen – insbesondere über Frauen, queere Personen und all jene, die nicht in das traditionelle Familienbild passen. Während soziale Ungerechtigkeit oft durch komplexe wirtschaftliche und politische

Strukturen bedingt ist und daher schwerer einer einzelnen Person moralisch anzulasten ist, sind Verstöße gegen sexuelle Normen meist individuelle Entscheidungen, die sich leicht sanktionieren lassen. Die Kirche konnte durch die Fokussierung auf Sexualmoral ihre Autorität über das private Leben der Gläubigen ausweiten, während soziale Gerechtigkeit oft als politisches oder wirtschaftliches Problem betrachtet wurde, für das die Kirche keine unmittelbare Verantwortung übernehmen wollte.

Hinzu kommt, dass viele kirchliche Institutionen selbst historisch in soziale Ungerechtigkeiten verstrickt waren – von der Unterstützung feudaler Strukturen über die Duldung von Sklaverei bis hin zur Kooperation mit autoritären Regimen. Die katholische Kirche profitierte über Jahrhunderte hinweg von diesen Systemen und hielt sich aus wirtschaftlichen und machtpolitischen Gründen oft zurück, wenn es um soziale Gerechtigkeit ging. Eine starke Betonung sexueller Sünden konnte von diesen eigenen Verfehlungen ablenken und die moralische Deutungshoheit aufrechterhalten. Wer sich auf individuelle sexuelle Reinheit konzentriert, neigt dazu, strukturelle Ungerechtigkeiten weniger kritisch zu hinterfragen. Dies erklärt, warum Themen wie vorehelicher Sex, Homosexualität oder Ehebruch oft mit großer Strenge verurteilt wurden, während wirtschaftliche Ausbeutung, Armut oder Diskriminierung zwar theoretisch kritisiert, aber selten mit der gleichen moralischen Schärfe behandelt wurden.

Ein Blick auf die Bibel zeigt jedoch, dass soziale Gerechtigkeit eigentlich ein zentraleres Thema in den Lehren Jesu ist. Jesus sprach wiederholt über den Wert der Armen, die Notwendigkeit von Barmherzigkeit und die Verantwortung gegenüber den Schwachen. In den Gleichnissen vom barmherzigen Samariter (Lukas 10,25–37) und vom Weltgericht (Matthäus 25,31–46) stellt er soziale Gerechtigkeit über formale Gesetzestreue. In den Evangelien sind es meist religiöse Autoritäten, die sexuelle Sünden anprangern, während Jesus Menschen in solchen Situationen mit Vergebung begegnete. Er stellte damit eine Ethik der Liebe und Barmherzigkeit über eine starre, strafende Moral.

Eine christliche Ethik, die sich stärker an den Werten Jesu orientiert, müsste soziale Gerechtigkeit als gleichwertig oder sogar wichtiger als persönliche Moral betrachten und sich für eine gerechtere Welt einsetzen, anstatt z. B. sexuelles Verhalten als oberste moralische Norm-Priorität zu behandeln. Eine Kirche, die soziale Verantwortung ernst nimmt, müsste sich konsequenter gegen Armut, Diskriminierung und Ausbeutung einsetzen, anstatt den Fokus auf die Sexualmoral einzelner Menschen zu legen. Ein solcher Perspektivwechsel würde nicht nur die christliche Botschaft authentischer widerspiegeln, sondern auch die Glaubwürdigkeit der Kirche in einer modernen Gesellschaft stärken.

155 • Warum spielt Sexualität in der Kirche oft eine größere Rolle als soziale Gerechtigkeit?

Die Tatsache, dass Sexualität in der Kirche oft eine größere Rolle spielt als soziale Gerechtigkeit, hat damit tief verwurzelte theologische, historische und gesellschaftliche Gründe.

Zunächst ist Sexualität eng mit Fragen von Identität, Moral und Kontrolle verbunden. Viele religiöse Traditionen haben über Jahrhunderte hinweg Normen zu Geschlecht und Sexualität aufgestellt, um soziale Ordnung zu gewährleisten. Insbesondere die christliche Kirche hat Sexualität oft auf Fortpflanzung und Ehe beschränkt. Und da Sexualität ein sehr persönlicher und emotional aufgeladener Bereich ist, lassen sich über sie leichter klare Regeln und Verbote formulieren als über komplexe gesellschaftliche Themen wie soziale Gerechtigkeit, die oft strukturelle Veränderungen erfordern.

Denn soziale Gerechtigkeit könnte dazu führen, dass bestehende Hierarchien infrage gestellt werden. Wenn die Kirche sich stärker für soziale Gleichheit engagieren würde, müsste sie sich auch mit ihrer eigenen Rolle in gesellschaftlichen Ungleichheiten auseinandersetzen, etwa im Zusammenhang mit wirtschaftlicher Ungleichheit oder historischen Verstrickungen in Kolonialismus und Sklaverei.

Darüber hinaus bieten Fragen der Sexualmoral eine klare Trennlinie zwischen „richtig“ und „falsch“, während soziale Gerechtigkeit komplexer und oft ambivalenter ist. Während es einfach ist, beispielsweise Homosexualität in einem binären Schema als „Sünde“ oder „Normverletzung“ zu deklarieren, sind Themen wie Armut, Klimagerechtigkeit oder Migration vielschichtiger. Sie erfordern nicht nur individuelle ethische Entscheidungen, sondern auch politisches Handeln und strukturelle Reformen, für die sich Kirchen oft weniger verantwortlich fühlen.

Auch mediale und gesellschaftliche Dynamiken verstärken die Fixierung auf Sexualität. Kirchliche Stellungnahmen zu Abtreibung, Homosexualität oder Ehe werden häufig breit diskutiert, während soziale Gerechtigkeitsthemen wie faire Löhne oder Armutsbekämpfung in kirchlichen Debatten oft untergehen. Dies liegt auch daran, dass Sexualitätsdebatten oft emotionaler und polarisierender sind, was zu größerer medialer Aufmerksamkeit führt.

Letztlich könnte die starke Fokussierung auf Sexualität auch eine Art *Ablenkungsmechanismus* sein. Indem die Kirche sich auf Sexualmoral konzentriert, vermeidet sie, sich mit anderen drängenden, aber unbequemen Themen auseinanderzusetzen. Ein stärkerer Fokus auf soziale Gerechtigkeit würde erfordern, dass die Kirche sich auch selbst hinterfragt – etwa ihre eigenen wirtschaftlichen Strukturen, ihr Verhalten gegenüber marginalisierten Gruppen oder ihre Rolle in globalen Ungerechtigkeiten.

Eine fortschrittliche Kirche müsste sich daher fragen, ob sie weiterhin Sexualität überproportional moralisiert oder ob sie sich stärker auf die zentralen christlichen Werte wie Nächstenliebe, Gerechtigkeit und Solidarität konzentriert. Nur wenn soziale Gerechtigkeit nicht länger als Nebenthema behandelt wird, kann die Kirche ihrem eigenen Anspruch auf ein ethisch verantwortliches Handeln gerecht werden.

---

c) Religion, Kirche, Staat und politische Ordnungen und ihre gesellschaftliche Bedeutung

---

156 • Warum wird die Trennung von Staat und Kirche nicht immer konsequent umgesetzt?

Obwohl die Verfassung die Trennung von Staat und Kirche vorsieht, gibt es in Deutschland zahlreiche historische und strukturelle Gründe, warum diese Trennung nicht konsequent umgesetzt wird. Ein zentraler

Faktor sind die Staatskirchenverträge, die über Jahrhunderte gewachsene Privilegien der Kirchen zementiert haben. Diese Verträge regeln nicht nur finanzielle Zuwendungen, sondern auch Einflussbereiche der Kirchen in Bildung, Wohlfahrt und anderen gesellschaftlichen Bereichen.

Ein besonders umstrittenes Beispiel sind die Staatsleistungen an die Kirchen, die ursprünglich als Entschädigung für Enteignungen kirchlicher Besitztümer im 19. Jahrhundert eingeführt wurden. Obwohl die Weimarer Reichsverfassung von 1919 eine Ablösung dieser Zahlungen forderte, wurden sie nie abgeschafft und summieren sich bis heute auf Hunderte Millionen Euro jährlich. Der politische Wille, diese Zahlungen zu beenden, fehlt oft, da sich Kirchen als gesellschaftliche Akteure tief in das soziale und kulturelle Leben eingebunden haben.

Ein weiterer Grund ist die enge Verzahnung zwischen Kirche und staatlichen Institutionen. Kirchliche Träger betreiben viele soziale Einrichtungen wie Krankenhäuser, Kindergärten und Schulen, die mit öffentlichen Geldern finanziert werden. Dadurch entsteht eine Abhängigkeit, die eine klare Trennung erschwert. Zudem genießen die Kirchen zahlreiche Sonderrechte, wie etwa das kirchliche Arbeitsrecht, das ihnen weitgehende Autonomie bei der Einstellung und Entlassung von Mitarbeiter:innen ermöglicht – sogar in staatlich finanzierten Einrichtungen.

Auch die politische Landschaft spielt eine Rolle. Viele christlich geprägte Parteien und Entscheidungsträger scheuen sich, bestehende Strukturen infrage zu stellen, da die Kirchen weiterhin als gesellschaftliche Autoritäten betrachtet werden. Der Einfluss kirchlicher Lobbyarbeit ist nicht zu unterschätzen, und viele Politiker:innen halten an traditionellen Kooperationen fest, um Konflikte mit den großen Kirchen zu vermeiden.

Friedrich Wilhelm Graf, ein renommierter deutscher Theologe und Religionswissenschaftler, untersucht das Verhältnis von Kirche und Politik in der Moderne kritisch. Er betont, dass die historische Verflechtung von Staat und Kirche in Deutschland, manifestiert durch Staatskirchenverträge und finanzielle Leistungen, einer ständigen Überprüfung bedarf, um den verfassungsrechtlichen Anforderungen eines säkularen Staates gerecht zu werden. Graf weist darauf hin, dass die im Grundgesetz verankerte Trennung von Staat und Kirche nicht immer konsequent umgesetzt wird. Insbesondere die fortdauernden Staatsleistungen an die Kirchen, die eigentlich laut Weimarer Reichsverfassung von 1919 abgelöst werden sollten, sieht er als problematisch an. Diese finanziellen Zuwendungen des Staates an die Kirchen stehen im Widerspruch zum Prinzip der staatlichen Neutralität in religiösen Angelegenheiten. Zudem thematisiert Graf die mangelnde Transparenz in der Vermögensverwaltung der Kirchen und fordert eine offenere Kommunikation gegenüber der Öffentlichkeit. Er plädiert für eine Reform der Kirchenfinanzierung, die den veränderten gesellschaftlichen Realitäten Rechnung trägt und die Unabhängigkeit von Staat und Kirche stärkt.

Die unvollständige Trennung von Staat und Kirche ist also das Ergebnis historischer Verpflichtungen, politischer Zurückhaltung und praktischer Verflechtungen, die es schwer machen, eine konsequente Trennung umzusetzen. Eine echte Reform würde nicht nur juristische Änderungen erfordern, sondern auch eine tiefgehende gesellschaftliche Debatte über die Rolle der Kirchen in einem säkularen Staat.

157 • Ist direkte Demokratie die beste Regierungsform?

Nach Rousseau ist die direkte Demokratie die beste Regierungsform, weil sie am engsten mit dem allgemeinen Willen (*volonté générale*) verknüpft ist und die Volkssouveränität direkt verwirklicht. In *Du contrat social* argumentiert er, dass legitime Herrschaft nur aus der kollektiven Zustimmung der Bürger:innen hervorgeht und dass Gesetze nur dann gerecht sind, wenn sie vom Volk selbst beschlossen werden. Allerdings räumt er ein, dass direkte Demokratie nur in kleinen Staaten praktikabel ist, da sie einen informierten und aktiven Bürger:innenkörper erfordert. In großen, komplexen Gesellschaften hält er eine repräsentative Demokratie oder Mischformen für realistischer.

Aus theologischer Sicht gibt es eine lange Debatte darüber, ob Demokratie mit christlichen Prinzipien vereinbar ist. Die katholische Kirche stand der Demokratie lange skeptisch gegenüber, da sie die göttliche Ordnung eher mit monarchischen oder hierarchischen

Modellen verband. Erst mit dem Zweiten Vatikanischen Konzil wurde die Demokratie als mit christlichen Werten vereinbar anerkannt, insbesondere wenn sie auf Menschenwürde, Gemeinwohl und Gerechtigkeit beruht. Allerdings bleibt die Kirche selbst eine nichtdemokratische Institution, in der Autorität von oben nach unten weitergegeben wird.

In der queeren Theologie könnte Rousseaus Konzept des allgemeinen Willens eine kritische Perspektive eröffnen: Wenn Demokratie bedeutet, dass alle Bürger gleichermaßen an der Gestaltung des Gemeinwesens beteiligt sind, dann müssen auch marginalisierte Gruppen – darunter queere Menschen – vollständige politische und gesellschaftliche Mitsprache haben. Direkte Demokratie kann hier als Chance gesehen werden, um herrschaftsfreie, gleichberechtigte Strukturen zu schaffen. Gleichzeitig besteht die Gefahr, dass Mehrheitsentscheidungen Minderheitenrechte unterdrücken, weshalb in der politischen Praxis Schutzmechanismen notwendig sind.

Daher bleibt die Frage offen, ob direkte Demokratie die beste Regierungsform ist. Rousseau sieht sie als ideal, aber schwer umsetzbar. Die katholische Kirche akzeptiert Demokratie als politische Ordnung, setzt jedoch selbst auf Hierarchie. Die queere Theologie betont die Notwendigkeit echter Partizipation, warnt aber vor dem Risiko der Mehrheitsdiktatur. Damit bleibt direkte Demokratie ein Ideal, das stets kritisch hinterfragt und praktisch angepasst werden muss.

158 • Ist Religion mehr schädlich als nützlich für die Gesellschaft?

Nach Christopher Hitchens ist Religion mehr schädlich als nützlich für die Gesellschaft, da sie nicht nur wissenschaftlichen Fortschritt behindert, sondern auch als Werkzeug für Unterdrückung, Gewalt und dogmatische Kontrolle dient. In *God Is Not Great* argumentiert er, dass Religion oft irrationales Denken fördert, moralische Normen verfestigt, die Menschenrechte einschränkt und Konflikte verschärft. Besonders kritisiert er, dass Religion sich als Quelle moralischer Autorität aufspielt, während sie historisch gesehen oft Diskriminierung, Kriege und Zensur legitimiert hat. Für Hitchens sind säkulare Ethik und wissenschaftlicher Fortschritt die besseren Alternativen, da sie auf Vernunft und universellen Menschenrechten beruhen, statt auf göttlichen Geboten oder religiöser Tradition.

Die katholische Kirche hat in ihrer Geschichte sowohl Fortschritt gehemmt als auch soziale Entwicklungen gefördert. Einerseits stand sie wissenschaftlichen Erkenntnissen oft skeptisch gegenüber, hielt an dogmatischen Vorstellungen fest und spielte eine Rolle bei der Unterdrückung von Minderheiten, etwa durch ihre Haltung zur LGBTQIA+-Gemeinschaft oder zur Frauenrolle. Andererseits hat sie durch Soziallehre, Bildung und karitative Arbeit auch bedeutende gesellschaftliche Beiträge geleistet. Die Kirche sieht sich selbst als moralische Instanz, die für Gerechtigkeit und Menschenwürde eintritt – ein Selbstbild, das in vielen Fällen mit ihrer historischen Praxis im Widerspruch steht.

Aus der Perspektive der queeren Theologie ist Religion ambivalent: Sie wurde oft genutzt, um queere Menschen auszuschließen und zu diskriminieren, gleichzeitig bietet sie aber auch Ressourcen für Befreiung und Identitätsbildung. Queere Theolog:innen argumentieren, dass Religion nicht per se unterdrückend ist, sondern dass ihre Interpretation entscheidend sei. Theologie kann auch dazu genutzt werden, Inklusion, Gerechtigkeit und eine spirituelle Perspektive auf Diversität zu fördern. Während also Hitchens Religion als grundsätzlich schädlich betrachtet, betonen queere Theolog:innen, dass es auf die gelebte Praxis ankommt – Religion kann sowohl zur Unterdrückung als auch zur Befreiung beitragen.

Während Hitchens ihre historischen und aktuellen Gefahren hervorhebt, verweist die katholische Kirche auf ihre positiven gesellschaftlichen Beiträge. Religion kann destruktiv sein, aber sie kann auch Raum für Gemeinschaft, Sinnsuche und soziale Gerechtigkeit bieten.

159 • *Gott als Tyrann: Kann eine säkulare Gesellschaft moralisch sein?*

Nach Michel Onfray kann eine säkulare Gesellschaft nicht nur moralisch sein, sondern sogar eine bessere Grundlage für Ethik bieten als eine religiös geprägte Gesellschaft. In *Traité d'athéologie* argumentiert er, dass Moral nicht von göttlichen Geboten abhängen muss, sondern aus rationalem Denken, Mitgefühl und sozialer Verantwortung erwächst. Er kritisiert religiös fundierte Moralvorstellungen als oft repressiv, da sie häufig auf Gehorsam, Dogmen und Sanktionen basieren, anstatt individuelle Freiheit und ethische Reflexion zu fördern. Eine *säkulare Ethik* hingegen könne universelle Prinzipien wie Menschenrechte, Gleichheit und Gerechtigkeit stärken, ohne sich auf eine bestimmte religiöse Tradition zu stützen.

Die katholische Kirche vertritt hingegen die Auffassung, dass wahre Moral ohne eine höhere, göttliche Ordnung nicht möglich sei. Nach christlicher Lehre ist Gott die Quelle des Guten, und moralische Prinzipien sind nicht bloß menschliche Konventionen, sondern in der göttlichen Ordnung verankert. Die Kirche befürchtet, dass eine säkulare Gesellschaft, die Moral ohne religiöse Grundlage entwickelt, in Relativismus abgleitet, in dem es keine objektiven Werte mehr gibt. Gleichzeitig hat die katholische Soziallehre aber auch gezeigt, dass es Überschneidungen zwischen religiöser und säkularer Ethik gibt, etwa im Einsatz für Menschenrechte oder soziale Gerechtigkeit.

Eine säkulare Gesellschaft ermöglicht es, ethische Fragen neu zu denken, ohne sich auf überlieferte religiöse Hierarchien oder veraltete Normen zu stützen.

Somit zeigt sich auch bei diesem Autor, dass eine säkulare Gesellschaft durchaus moralisch sein kann, wenn sie auf universellen Werten wie Mitmenschlichkeit, Gleichheit und Vernunft basiert. Während die Kirche betont, dass Moral eine göttliche Grundlage braucht, argumentieren säkulare Denker wie Onfray, dass Ethik auch ohne Religion kohärent und gerecht sein kann.

Ob Gerechtigkeit etwas mit Gott zu tun hat, hängt von der Perspektive ab. In der klassischen Theologie, insbesondere in der katholischen Tradition, wird Gott als die höchste Quelle der Gerechtigkeit betrachtet. Nach dieser Auffassung ist Gerechtigkeit nicht nur ein menschliches Ideal, sondern ein göttliches Prinzip, das sich in der Schöpfung und in göttlichen Geboten offenbart. Thomas von Aquin sieht Gerechtigkeit als eine Tugend, die in der göttlichen Ordnung verankert ist und sich durch moralisches Handeln ausdrückt. In der Bibel wird Gerechtigkeit oft mit Gottes Willen gleichgesetzt – etwa wenn es heißt, dass Gott die Armen und Unterdrückten verteidigt.

Allerdings stellt sich die Frage, ob Gerechtigkeit auch unabhängig von Gott existieren kann. Philosophische Ethiken, insbesondere im Säkularismus, argumentieren, dass Gerechtigkeit ein menschlich entwickeltes Prinzip ist, das auf Vernunft, Mitgefühl und sozialer Verantwortung basiert. Moderne Gerechtigkeitstheorien, wie die von John Rawls, sehen Gerechtigkeit als eine gesellschaftliche Struktur, die Fairness und Gleichheit sichert, ohne dass eine göttliche Instanz nötig wäre. Auch Michel Onfray oder Richard Dawkins vertreten die Auffassung, dass moralische Prinzipien wie Gerechtigkeit nicht von religiösen Vorstellungen abhängen, sondern aus rationalen und humanistischen Überlegungen entstehen.

Ob ein ungerechter Gott als böse betrachtet werden muss, hängt von der Definition von Gerechtigkeit und vom Gottesbild ab. In der klassischen Theologie, insbesondere in der christlichen Tradition, gilt Gott als vollkommen gerecht. Seine Gerechtigkeit wird dabei oft mit seiner Allmacht und Allgüte verbunden (*theodizeische Fragestellung*). Wenn Gott nicht gerecht wäre, würde das sein vollkommenes Wesen infrage stellen. Dennoch gibt es in der Bibel zahlreiche Stellen, in denen Gottes Handeln aus menschlicher Sicht als ungerecht erscheint, etwa in der Geschichte von Hiob, in der Vernichtung ganzer Völker oder in der Vorstellung der ewigen Verdammnis.

Hier stellt sich die Frage: Ist Gott nach menschlichen Maßstäben gerecht, oder ist seine Gerechtigkeit eine, die wir nicht vollständig verstehen können? Theologen wie Augustinus oder Thomas von Aquin argumentieren, dass Gottes Gerechtigkeit über unser menschliches Verständnis hinausgeht. Was für uns ungerecht erscheint, könne auf einer höheren göttlichen Ordnung basieren, die wir nicht erfassen. Diese Sichtweise erfordert allerdings einen starken Glauben daran, dass Gott per definitionem gerecht ist – auch wenn sein Handeln anders wirkt.

Die queere Theologie hinterfragt diesen Ansatz und stellt die kritische Frage, ob ein Gott, der Ungleichheit, Leid oder Unterdrückung zulässt, wirklich als gerecht gelten kann. Wenn etwa religiöse Dogmen dazu verwendet werden, LGBTQIA+-Menschen auszuschließen oder moralisch abzuwerten, könnte man argumentieren, dass ein solcher Gott – oder zumindest seine theologische Interpretation – als ungerecht empfunden wird. Einige queere Theolog:innen plädieren dafür, Gottesbild und Gerechtigkeitsverständnis neu zu denken: Ein wirklich gerechter Gott muss für Befreiung, Inklusion und Liebe stehen, sonst wäre er kein verehrungswürdiger Gott, sondern eine religiöse Projektion menschlicher Machtstrukturen.

Philosophisch betrachtet führt die Frage nach einem ungerechten Gott direkt zur *Theodizee-Debatte*: Wenn Gott nicht gerecht ist – lässt er oder sie dann bewusst Ungerechtigkeit zu? Und wäre das nicht gleichbedeutend mit Bosheit? Theist:innen, die an einen gerechten Gott glauben, müssen erklären, warum Leid existiert. Atheist:innen oder religionskritische Denker:innen wie Dawkins oder Hitchens argumentieren hingegen, dass ein Gott, der Leid und Ungerechtigkeit zulässt, moralisch nicht besser sei als ein Tyrann – oder schlicht nicht existiert.

Ein Mensch kann das Leid als Gerechtigkeit Gottes empfinden, wenn er davon ausgeht, dass göttliche Gerechtigkeit nicht mit menschlicher Gerechtigkeit identisch ist und dass Leid einen höheren, oft verborgenen Sinn hat. In vielen religiösen Traditionen, insbesondere im Christentum, wird Leid nicht nur als Strafe oder Folge von Sünde verstanden, sondern auch als Prüfung, Reifung oder Teilhabe an einem göttlichen Heilsplan.

1. Leid als Prüfung oder Läuterung: In der biblischen Geschichte von Hiob etwa verliert ein frommer Mensch alles – Besitz, Familie, Gesundheit –, obwohl er unschuldig ist. Hiob ringt mit Gott, klagt ihn an, findet aber keine rationale Erklärung. Am Ende erkennt er, dass Gottes Wege für den Menschen nicht vollständig begreifbar sind: *„Ich hatte von dir nur vom Hörensagen vernommen; jetzt aber hat mein Auge dich geschaut.“* (Hiob 42,5). Für gläubige Menschen kann Leid also ein Moment sein, der zur spirituellen Tiefe, zur Demut und zur Gotteserkenntnis führt – auch wenn er menschlich nicht gerecht erscheint.

2. Leid als Teil des göttlichen Plans: In der katholischen Theologie wird das Leiden oft im Licht der Passion Christi gedeutet: Jesus, obwohl unschuldig, leidet und stirbt am Kreuz – und genau darin liegt der Schlüssel zum Heil. Wer leidet, kann sich in dieser Perspektive mit dem leidenden Christus verbinden. Leid wird damit nicht aufgehoben, aber in einen heilsgeschichtlichen Zusammenhang gestellt, in dem es Bedeutung bekommt. Die Gerechtigkeit Gottes zeigt sich dann nicht darin, dass er Leid verhindert, sondern dass er es mitträgt und verwandelt.

3. Leid als Konsequenz von Freiheit: Ein anderer theologischer Ansatz argumentiert, dass menschliches Leid oft die Folge menschlicher Freiheit ist. Wenn Gott dem Menschen echte Freiheit gibt, muss er auch die Möglichkeit zulassen, dass der Mensch Unrecht tut. In dieser Perspektive ist das Leid nicht direkt von Gott gewollt, aber ein Teil seiner gerechten Entscheidung, den Menschen nicht zu Marionetten zu machen. Gerechtigkeit bedeutet hier: Gott respektiert die Freiheit seiner Geschöpfe – auch wenn sie Leid hervorruft.

4. Fragende Perspektive - queere Theologie und Gerechtigkeit im Leid: Diese Theologie fragt: Ist es wirklich gerecht, Leid als göttlich gewollt zu interpretieren – besonders wenn Menschen systematisch unterdrückt oder diskriminiert werden? Wer etwa queeren Menschen ihre Leiden als „Prüfung“ erklärt, verkennt die gesellschaftlichen Ursachen dieses Leids und verschiebt Verantwortung von den Menschen auf Gott. In diesem Sinne kann eine zu schnelle religiöse Deutung von Leid als „gerecht“ auch gefährlich und entmenschlichend sein.

Ein Mensch kann Leid als Gerechtigkeit Gottes nur dann so empfinden, wenn er vertraut, dass Gottes Maßstäbe größer sind als die menschlichen und dass Leid einen tieferen Sinn im göttlichen Plan hat. Dieses Vertrauen kann trösten und stärken – muss aber kritisch reflektiert werden, um nicht zum Deckmantel für menschliche Ungerechtigkeit zu werden. Gerechtigkeit Gottes darf nicht bedeuten, Leid zu verherrlichen, sondern sollte zum Mitgefühl und zur aktiven Überwindung von Unrecht führen.

Wer *Gerechtigkeit als intrinsisches Merkmal Gottes* sieht, muss daher erklären, warum die Welt oft ungerecht erscheint. Wer einen Gott akzeptiert, dessen Gerechtigkeit über menschliche Maßstäbe hinausgeht, muss annehmen, dass unsere Vorstellung von Gut und

Böse begrenzt ist. Und wer Gerechtigkeit als unabhängig von Gott betrachtet, könnte fragen, *ob ein ungerechter Gott nicht einfach ein menschengemachtes Konzept ist, das kritisiert und verändert werden sollte.*

Aus juristischer und menschenrechtlicher Perspektive ist Ungerechtigkeit kein bloß subjektives oder beliebiges Konzept, sondern ein gesellschaftlich definierter Zustand, der dann vorliegt, wenn grundlegende Rechte, Gleichheit oder faire Verfahren verletzt werden. Dennoch wird anerkannt, dass Vorstellungen von Gerechtigkeit und Ungerechtigkeit historisch, kulturell und politisch geprägt sind – und sich daher verändern und kritisieren lassen müssen.

1. Recht als Spiegel gesellschaftlicher Gerechtigkeitsvorstellungen: In der Rechtswissenschaft wird Gerechtigkeit häufig als Ziel, aber nicht als Maßstab des positiven Rechts verstanden. Das Recht beschreibt, was gilt, nicht unbedingt, was gerecht ist. Ungerechtigkeit liegt juristisch gesehen oft dann vor, wenn gegen geltende Gesetze oder Prinzipien wie Rechtsgleichheit, Nichtdiskriminierung, Verhältnismäßigkeit oder rechtsstaatliches Verfahren verstoßen wird.

Doch: Gesetze selbst können ungerecht sein – etwa wenn sie systematisch Gruppen benachteiligen. Hier kommt die Rechtskritik ins Spiel: Sie prüft, ob geltendes Recht menschenrechtlichen oder ethischen Standards genügt.

2. Menschenrechte - universelle Maßstäbe für Gerechtigkeit: Aus menschenrechtlicher Sicht ist Ungerechtigkeit dann gegeben, wenn grundlegende Rechte verletzt werden – etwa: das Recht auf Leben und körperliche Unversehrtheit, Religions- und Meinungsfreiheit, Gleichheit vor dem Gesetz, Recht auf künsterlische Freiheit, Schutz vor Diskriminierung aufgrund von Geschlecht, Herkunft, Sexualität usw. Diese Rechte sind in Dokumenten wie der Allgemeinen Erklärung der Menschenrechte (1948), dem UN-Zivilpakt oder der Europäischen Menschenrechtskonvention festgeschrieben. Hier wird deutlich: Ungerechtigkeit ist mehr als ein individuelles Empfinden – sie ist ein objektivierbares Unrecht, das durch internationale Normen benennbar und rechtlich anfechtbar ist.

3. Wandelbarkeit von Gerechtigkeitsvorstellungen: Trotz universeller Prinzipien gilt: Was als gerecht oder ungerecht gilt, verändert sich über die Zeit.

Beispiele: Früher galten Gesetze gegen Homosexualität in vielen Ländern als legitim – heute werden sie international als menschenrechtswidrig bewertet. *Oder:* Frauen durften in vielen Staaten bis ins 20. Jahrhundert weder wählen noch Eigentum verwalten – auch das galt einst als „rechtens“, heute als strukturelle Ungerechtigkeit.

Daraus folgt: Ungerechtigkeit ist nicht rein subjektiv, aber auch nicht ewig festgelegt. Sie ist ein gesellschaftliches Konzept, das immer wieder kritisch reflektiert und weiterentwickelt werden muss – im Diskurs zwischen Recht, Moral, Politik und öffentlicher Erfahrung.

Die Thematik, dass manche sich lieber den grundlegenden Menschenrechten als der Religion, Theologie oder dem Glauben verpflichtet fühlen sollte, wenn man Gerechtigkeit in der Welt wünscht, ist keine eindimensinale Betrachtung – sondern hängt stark davon ab, wie man Gerechtigkeit versteht und welchen Rahmen man für moralisches Handeln anerkennt. Es lassen sich jedoch einige klare Überlegungen anstellen:

Menschenrechte: universell, rational begründet, rechtlich bindend: Die Menschenrechte bieten einen säkularen, rechtlich verankerten Maßstab, um Gerechtigkeit global zu definieren und zu schützen – unabhängig von Religion, Kultur oder individueller Überzeugung. Sie beruhen auf dem Prinzip, dass alle Menschen gleiche Würde und gleiche Rechte besitzen, allein weil sie Menschen sind.

- In pluralistischen, demokratischen Gesellschaften sind die Menschenrechte besonders wichtig, weil sie Verbindlichkeit schaffen und Diskriminierung – auch religiös begründete – rechtlich begrenzen können.
- Sie bieten Schutz für alle – auch vor religiösem Machtmissbrauch oder theologischer Ausgrenzung (z. B. von Frauen, queeren Menschen oder Andersgläubigen).

Religion und Glaube: moralische Orientierung, aber oft nicht universell: Religion und Theologie können ebenfalls zur Gerechtigkeit beitragen – etwa durch Werte wie Nächstenliebe, Solidarität, Barmherzigkeit und Schutz der Schwachen. Viele religiöse Akteure engagieren sich weltweit für soziale Gerechtigkeit, etwa in der Armutsbekämpfung oder Friedensarbeit.

- Aber: Religiöse Moral ist häufig an bestimmte Glaubensgemeinschaften gebunden, nicht immer inklusiv und manchmal mit Dogmen verbunden, die mit modernen Menschenrechten kollidieren (z. B. in Fragen der Geschlechtergerechtigkeit, sexuellen Selbstbestimmung oder Meinungsfreiheit).

Queere Theologie ist ein richtungsweisender Vermittlungsversuch: Die queere Theologie ist ein Beispiel dafür, wie Glaube und Menschenrechte nicht im Widerspruch stehen müssen. Sie versucht, theologische Traditionen deshalb kritisch zu hinterfragen, um sie mit einem inklusiven, menschenrechtsbasierten Verständnis von Gerechtigkeit zu verbinden. Darin liegt ihre Stärke und Perspektive als Brückenfunktion: Für sie bedeutet Glaube nicht blinder Gehorsam, sondern eine offene Suche nach Gerechtigkeit im Lichte von Erfahrung, Verletzbarkeit und Vielfalt.

Wenn man also Gerechtigkeit in einer vielfältigen, globalen Gesellschaft wünscht, sind die Menschenrechte der verlässlichere gemeinsame Bezugspunkt, weil sie rational begründbar, rechtlich geschützt und inklusiv sind.

Religion und Glaube können ergänzend eine tiefere moralische Motivation bieten – aber sie sollten nicht über den Menschenrechten stehen und müssen sich an ihnen messen lassen, wenn sie zur Gerechtigkeit beitragen wollen. Wer also Gerechtigkeit für alle anstrebt – unabhängig von Glaube, Herkunft, Geschlecht oder Identität – sollte sich in erster Linie den Menschenrechten verpflichtet fühlen, ohne notwendigerweise auf spirituelle oder queere oder religiöse Dimensionen verzichten zu müssen.

Kapitel 12: Interreligiöse Perspektiven durch Dialoge und Vergleiche

Die Frage nach der Zukunft der Religionen in einer globalisierten Welt ist untrennbar mit dem interreligiösen Dialog verbunden. Der Austausch zwischen verschiedenen Glaubensrichtungen bietet Chancen für gegenseitiges Verständnis, wirft aber auch Herausforderungen auf – insbesondere dann, wenn es um moralische und ethische sowie interpretative Fragestellungen und persönliche Antworten geht. Ein Beispiel hierfür ist die Kritik der Philosophie an der christlichen Moral, die häufig als lebensverneinend oder schwächend beschrieben wird. Während religiöse Traditionen moralische Orientierung bieten, argumentieren säkulare Denker:innen, dass dogmatische Vorgaben oft zu einer Einschränkung der individuellen Freiheit führen. Wie kann also ein Dialog zwischen philosophischer Ethik und theologischer Moral aussehen, der nicht auf Abgrenzung, sondern auf gegenseitiger Bereicherung basiert?

Innerhalb des Christentums existieren ebenfalls unterschiedliche Perspektiven, etwa zwischen der katholischen und der evangelischen Kirche. Dies zeigt sich insbesondere in ihrer Haltung zu fortschrittlich zu konstatierenden oder queeren Themen. Während die evangelische Kirche in vielen Ländern bereits Schritte in Richtung einer vollständigen Akzeptanz von LGBTQIA+-Personen unternommen hat – beispielsweise durch die Segnung gleichgeschlechtlicher Ehe-Paare oder die Möglichkeit für queere Geistliche, offen in Leitungsfunktionen tätig zu sein –, hält die katholische Kirche offiziell noch immer an einer restriktiven Sexualmoral fest. Diese Unterschiede werfen die Frage auf, wie sich das Christentum insgesamt im Umgang mit queeren Gläubigen weiterentwickeln kann und ob der interkonfessionelle Austausch dazu beitragen könnte, neue Perspektiven auf Inklusion und Menschenrechte zu eröffnen.

Ein weiteres zentrales Thema im interreligiösen Vergleich ist das Verständnis des Abendmahls. Die katholische und die evangelische Kirche haben historisch unterschiedliche Interpretationen dieses Sakraments entwickelt, die bis heute theologische und praktische Auswirkungen haben. Während in der katholischen Kirche die Eucharistie als eine tatsächliche Wandlung des Brotes und Weins in Leib und Blut Christi verstanden wird, sieht die evangelische Kirche das Abendmahl stärker als ein gemeinschaftliches Erinnerungsmahl. Diese Differenzen betreffen nicht nur theologische Diskussionen, sondern auch die Frage, welche Bedeutung diese Sakramente für queere Menschen haben. Wer darf dieses wie interpretieren? Welche Rolle spielen queere Gläubige in der Liturgie und wie werden sie inhaltlich berücksichtigt? Und inwiefern spiegeln sich in diesen Sakramenten Ideen von Inklusion oder Exklusivität wider?

Besonders in der katholischen Kirche ist die Eucharistiefeier ein zentraler Bestandteil des Gottesdienstes. Welche Elemente sind für queere Menschen dabei besonders bedeutend? Die Eucharistie als Zeichen der Gemeinschaft ist ein starkes Symbol für die uneingeschränkte Annahme aller Gläubigen – doch die Realität sieht oft anders aus. In vielen katholischen Gemeinden erleben queere Menschen noch keine vollständige Inklusion, sei es durch die offizielle kirchliche Lehre oder durch gesellschaftliche Frage-Prozesse. Wie kann das Sakrament der Eucharistie so gestaltet werden, dass es seinem ursprünglichen Sinn als Zeichen der göttlichen Liebe für alle gerecht wird?

Der interreligiöse und interkonfessionelle Dialog bietet die Möglichkeit, neue Wege für eine offenere und gerechtere Theologie zu finden. Wenn Religionen in einen ehrlichen Austausch über ihre Gemeinsamkeiten und Unterschiede treten, können sie nicht nur ihr eigenes Selbstverständnis erweitern, sondern auch einen wichtigen Beitrag zu einer pluralistischen und inklusiven Gesellschaft leisten. Dabei geht es nicht nur um akademische Debatten, sondern um konkrete Reformen, die Menschen in ihren spirituellen und gesellschaftlichen Identitäten ernst nehmen und unterstützen - z. B. queere Ehe-Paare und Lebensgemeinschaften, mit und ohne Kinder.

160 • *Wie thematisiert die Philosophie die christliche Moral als lebensverneinend und schwächend?*

Friedrich Nietzsche sieht in der *christlichen Moral eine „Sklavenmoral"*, die das Leben nicht bejaht, sondern schwächt und unterdrückt. Er argumentiert, dass das Christentum Tugenden wie Demut, Mitleid und Bescheidenheit als höchste Werte propagiert, um die Starken zu zähmen und eine Gesellschaft zu schaffen, in der Schwäche zur Norm erhoben wird. Statt Selbstverwirklichung, Kraft und schöpferischem Gestaltungswillen zu fördern, fordere die christliche Moral Unterwerfung, Gehorsam und Verzicht.

Für Nietzsche ist diese Ethik nicht aus einer freien, selbstbewussten Haltung entstanden, sondern aus Ressentiment – aus dem Neid der Schwachen auf die Starken. Indem sie Tugenden wie Leidensfähigkeit und Gehorsam verherrlicht, verneint sie das Leben und die natürliche Vitalität des Menschen. Anstatt nach Größe und Selbstüberwindung zu streben, werden die Menschen dazu erzogen, sich selbst kleinzumachen und auf eine jenseitige Belohnung zu hoffen, statt ihr Schicksal selbst in die Hand zu nehmen.

Nietzsche setzt dieser Sklavenmoral eine *„Herrenmoral"* entgegen, die auf Selbstbestimmung, Mut und der Schaffung neuer Werte basiert. Er fordert den Menschen auf, sich von der christlichen Moral zu befreien und eine Ethik zu entwickeln, die nicht aus Angst oder Schuldgefühlen erwächst, sondern aus der Freude am Leben und der Bereitschaft, Verantwortung für das eigene Dasein zu übernehmen.

Um Freude am Leben zu erfahren und Verantwortung für das eigene Dasein zu übernehmen, braucht es eine innere Haltung der Selbstannahme, eine aktive Lebensgestaltung und eine bewusste Auseinandersetzung mit Herausforderungen. Nietzsche fordert den Menschen auf, sein eigenes Leben nicht nach fremden Regeln oder religiösen Dogmen zu richten, sondern seine individuellen Stärken zu entfalten und selbstbestimmt Werte zu schaffen.

Dazu gehören:

- **Selbstakzeptanz:** Sich selbst in Stärken und Schwächen anzunehmen und nicht nach einem unerreichbaren Ideal zu streben.
- **Schöpferische Gestaltung:** Die eigene Existenz aktiv formen, anstatt passiv in vorgegebenen Strukturen zu verharren. Das kann durch kreative Tätigkeiten, persönliche Entwicklung oder mutige Entscheidungen geschehen.
- **Überwindung von Angst und Schuldgefühlen:** Sich nicht von überkommenen Moralvorstellungen oder gesellschaftlichen Erwartungen lähmen lassen, sondern das eigene Leben nach individuellen Maßstäben bewerten.
- **Mut zur Veränderung:** Die Bereitschaft, sich Herausforderungen zu stellen, alte Muster zu hinterfragen und neue Wege zu beschreiten.
- **Lebensbejahung:** Den Moment bewusst erleben, Sinn in kleinen Dingen finden und sich selbst als handelndes, kraftvolles Wesen begreifen.

Ein Mensch in tiefer Verzweiflung braucht nicht abstrakte philosophische Konzepte, sondern konkrete Hilfe, Verständnis und neue Perspektiven. Wenn jemand den Lebenswillen verliert, ist es entscheidend, dass er sich gehört und nicht allein fühlt. Wichtige Impulse können sein:

- **Annahme des Schmerzes:** Es ist wichtig zu vermitteln, dass Schmerz und Leid zum Leben gehören, aber nicht für immer bestimmen müssen. Es gibt Auswege, selbst wenn sie im Moment nicht sichtbar erscheinen.
- **Das Gefühl der Isolation durchbrechen:** Oft fühlen sich Menschen allein oder unverstanden. Aktives Zuhören, empathische Gespräche und das Angebot, da zu sein, können helfen, das Gefühl der Einsamkeit zu lindern.
- **Den Blick auf das Gestaltbare lenken:** Wenn alles aussichtslos erscheint, kann es helfen, kleine Schritte aufzuzeigen – Dinge, die verändert werden können, auch wenn sie im Moment unbedeutend wirken. Es gibt im Schachspiel immer einen besten Zug.
- **Neue Perspektiven eröffnen:** Wer z. B. suizidgefährdet ist, sieht oft nur noch einen engen Korridor der Möglichkeiten.

Externe Impulse – Gespräche mit anderen, professionelle Hilfe oder neue Erfahrungen – können helfen, aus dieser gedanklichen Enge herauszutreten.

- **Hilfe annehmen enttabuisieren:** Psychologische oder therapeutische Unterstützung ist keine Schwäche, sondern ein Akt der Selbstfürsorge. Zu vermitteln, dass professionelle Hilfe eine Option und keine Scham ist, kann ein erster Schritt zur Veränderung sein.

Letztlich geht es in der *Helfenden Theologie* darum, das Leben nicht als erdrückende Pflicht, sondern als Möglichkeit zu sehen – eine Möglichkeit, die zwar mit Schmerz, aber auch mit Potenzial gefüllt ist. Menschen sollte das Gefühl vermittelt werden, dass sie nicht allein sind, dass ihre Gefühle ernst genommen werden und dass es Wege gibt, die auch in dunkelsten Momenten noch nicht sichtbar sind. Das ist auch Aufgabe der Seelsorge und der Gemeinschaft einer Community von Nachbar:innen, Freund:innen und auch Gläubigen im Orte.

161 • Welche Bedeutung hat die Eucharistiefeier in der katholischen Kirche, und welche Elemente sind dabei für queere Menschen zentral?

Die Eucharistiefeier ist das zentrale Sakrament der katholischen Kirche und symbolisiert die Gegenwart Christi, Gemeinschaft und Versöhnung. Sie erinnert an das letzte Abendmahl Jesu, in dem er Brot und Wein mit seinen Jüngern teilte und damit ein Zeichen der Liebe und Hingabe setzte. Für queere Menschen und Paare kann die Eucharistie eine tiefgehende Bedeutung haben, weil sie die universelle Einladung Gottes an alle Menschen verkörpert. Jesus selbst aß mit allen Menschen, was queeren Gläubige uneingeschränkt in dieser Gemeinschaft integriert. Besonders bedeutend ist die Erfahrung der Einheit und Annahme, die in der Eucharistie gefeiert wird. Für queere Paare kann dies ein Zeichen sein, dass ihre Liebe und ihr Glaube trotz kirchlicher Widerstände von Gott angenommen sind. Das „Amen" beim Empfang der Kommunion ist eine bewusste Bestätigung des eigenen Glaubens und der Zugehörigkeit zur Kirche, was für queere Gläubige oft mit einem Gefühl der Bestärkung und der spirituellen Selbstbehauptung verbunden ist. Somit ist die Eucharistie ein spiritueller Anker für queere Menschen, die sich in ihrem Glauben verwurzelt wissen und darauf hoffen, dass die Kirche eines Tages die Botschaft der bedingungslosen Liebe vollständig lebt. Sie können aus der Feier Kraft schöpfen, um für eine inklusive Kirche einzutreten und sich von der Sendung am Ende der Eucharistiefeier inspirieren lassen, die Liebe Gottes in die Welt zu tragen – für sich selbst und für andere.

162 • Welche Gemeinsamkeiten und Unterschiede bestehen zwischen dem katholischen und dem evangelischen Verständnis des Abendmahls und welche Auswirkungen hat das auf queere Menschen?

Das katholische und das evangelische Verständnis des Abendmahls weisen sowohl Gemeinsamkeiten als auch zentrale Unterschiede auf, die auch für queere Menschen und ihre Teilhabe an diesem Sakrament bedeutend sind.

Gemeinsamkeiten: Beide Konfessionen betrachten das Abendmahl als eine zentrale Feier des christlichen Glaubens, die an das letzte Mahl Jesu mit seinen Jünger:innen erinnert. Es symbolisiert die Gemeinschaft mit Christus und unter den Gläubigen sowie die Vergebung der Sünden. Zudem wird das Abendmahl in beiden Kirchen als Ausdruck der göttlichen Gnade verstanden, die allen Menschen gilt, die daran teilnehmen.

Unterschiede: Der wichtigste Unterschied liegt in der Sakramentsauffassung - Die katholische Kirche lehrt die *Transsubstantiationslehre*, wonach Brot und Wein tatsächlich in Leib und Blut Christi verwandelt werden. Das Abendmahl ist ein wiederholtes Opfergeschehen, das durch einen geweihten Priester vollzogen werden muss. Die evangelische Kirche hingegen versteht das Abendmahl meist symbolischer oder als eine Realpräsenz Christi, die nicht durch eine substanzielle Verwandlung, sondern durch den Glauben der Gemeinschaft vermittelt wird.

Ein weiterer Unterschied liegt in der Zugangsbeschränkung: In der katholischen Kirche ist das Abendmahl (*Eucharistie*) offiziell nur für getaufte Katholiken erlaubt, die sich im *„Stand der Gnade“* befinden, also keine schwere Sünde begangen haben. Das bedeutet, dass Menschen, deren Lebensweise als „irregulär“ gilt – dazu zählen nach katholischer Lehre etwa wiederverheiratete Geschiedene oder homosexuelle Paare in einer Partnerschaft –, häufig von der Kommunion ausgeschlossen werden oder sich selbst daran gehindert fühlen. In vielen evangelischen Kirchen hingegen ist das Abendmahl für alle Gläubigen offen, unabhängig von ihrer sexuellen Orientierung oder ihrem Lebensstand.

Auswirkungen auf queere Menschen: Für queere Menschen kann dieser Unterschied erheblich sein. In evangelischen Kirchen, insbesondere in liberalen *Denominationen*, sind queere Gläubige meist uneingeschränkt zum Abendmahl eingeladen, da es als Ausdruck der bedingungslosen Liebe Gottes verstanden wird. In der katholischen Kirche gibt es hingegen nach wie vor Spannungen. Zwar wird queeren Menschen offiziell keine generelle Teilnahme verweigert, doch sie stehen vor der Herausforderung, dass gleichgeschlechtliche Partnerschaften nach katholischer Lehre als „ungeordnet“ gelten. Dadurch kann das Sakrament zu einem Symbol der Ausgrenzung werden, wenn queere Gläubige erlebten, dass sie nur unter bestimmten Bedingungen – etwa bei Vorhandensein einer Partnerschaft oder Ehe-Urkunde – zur Kommunion zugelassen wären.

In der Praxis gibt es jedoch auch innerhalb der katholischen Kirche unterschiedliche Handhabungen. Während einige Gemeinden und Priester:innen eine inklusive Haltung praktizieren und queere Menschen nicht von der Eucharistie ausschließen, hält sich der offizielle Lehrstandpunkt des Vatikans weiterhin an eine restriktivere Linie.

Das evangelische Abendmahlsverständnis bietet queeren Menschen also in der Regel eine größere Offenheit und Akzeptanz, während das katholische Verständnis mit Zugangsvoraussetzungen bzw. Zusatzargumentationen der Handelnden vor Ort verbunden sein kann. Dennoch bleibt das Abendmahl in beiden Traditionen ein Zeichen der göttlichen Liebe und Gnade – ein Aspekt, der langfristig auch innerkirchliche Debatten über Inklusion und Gleichberechtigung beeinflussen könnte.

163 • Welche Haltung hat die evangelische Kirche zu queeren Themen?

Die Haltung der evangelischen Kirche zu queeren Themen ist vielfältig und hängt stark von der jeweiligen Konfession, Landeskirche und theologischen Ausrichtung ab. Während einige evangelische Kirchen eine vollständige Akzeptanz und Gleichstellung queerer Menschen befürworten, gibt es auch konservative Strömungen, die eine solche Anerkennung ablehnen oder nur eingeschränkt zulassen.

Grundsätzlich zeigt sich die evangelische Kirche offener als die römisch-katholische Kirche, insbesondere in Fragen der Segnung gleichgeschlechtlicher Paare, der Ordination queerer Geistlicher und der geschlechtergerechten Theologie. In vielen Landeskirchen, insbesondere in Europa und Nordamerika, können gleichgeschlechtliche Paare kirchlich getraut werden, und queere Menschen sind als Pfarrerinnen und Pfarrer tätig. Die *Evangelische Kirche in Deutschland* (EKD) beispielsweise hat in mehreren Landeskirchen die Ehe für alle kirchlich anerkannt und setzt sich für eine inklusive Theologie ein, die auch nicht-binäre und trans Personen einbezieht.

In der Praxis zeigt sich ein wachsender Wandel in Richtung Inklusion. Viele evangelische Kirchen fördern mittlerweile queere Seelsorgeangebote, setzen sich für Antidiskriminierung ein und beteiligen sich an gesellschaftlichen Debatten zur Gleichberechtigung. Auch theologisch gibt es eine zunehmende Auseinandersetzung mit queeren Perspektiven, die biblische Texte neu interpretiert und ihre kulturellen Kontexte berücksichtigt.

Damit lässt sich sagen, dass die evangelische Kirche in ihrer Haltung zu queeren Themen insgesamt fortschrittlicher ist als die katholische Kirche, es jedoch innerhalb der verschiedenen Strömungen und Konfessionen weiterhin unterschiedliche Besprechungsbedarfe gibt. Während viele Landeskirchen die vollständige Anerkennung queerer Menschen und ihrer Beziehungen befürworten, gibt es in freikirchlichen und konservativen evangelischen Kreisen weiterhin Begründungsbedarf für eine vollständige Inklusion. Es zeigt sich in den letzten Jahrzehnten aber eine deutlich klare Entwicklung hin zu mehr Akzeptanz und Gleichberechtigung.

164 • Wie entsteht religiöse Intoleranz durch die Unterscheidung zwischen wahr und falsch in Glaubensfragen?

Jan Assmann beschreibt in seiner *Theorie der „mosaischen Unterscheidung"*, dass mit dem Aufkommen monotheistischer Religionen eine neue, trennende Denkweise eingeführt wurde: die scharfe Abgrenzung zwischen wahrem und falschem Glauben. Während polytheistische Kulturen meist ein Nebeneinander verschiedener Götter und religiöser Traditionen zuließen, etablierten monotheistische Religionen eine exklusive Wahrheit.

Nach Assmann geht diese Entwicklung auf die biblische Erzählung von Mose zurück, der nicht nur einen einzigen Gott verkündete, sondern auch die Abkehr von fremden Göttern forderte. Damit wurde Religion nicht mehr nur als kulturelles Erbe, sondern als eine Frage der richtigen oder falschen Überzeugung verstanden. Diese Unterscheidung führte dazu, dass Andersgläubige nicht mehr einfach als Verehrer:innen anderer Götter betrachtet wurden, sondern als Irrgläubige oder Abtrünnige, was die Grundlage für religiöse Intoleranz und Verfolgung schuf.

Assmann argumentiert, dass diese Struktur bis in die Moderne wirkt: Die Vorstellung einer absoluten Wahrheit in religiösen Fragen erzeugt ein Feindbild gegenüber Andersdenkenden. Diese Dynamik lässt sich historisch in den Religionskriegen, aber auch in modernen ideologischen Auseinandersetzungen beobachten. Die *„mosaische Unterscheidung"* zeigt also, wie sich Religion von einem pluralistischen zu einem exklusiven System entwickelte und dadurch Konflikte beförderte.

Dieser Übergang vom Polytheismus zum Monotheismus führt nach Jan Assmann deshalb zu gesellschaftlichen und personalen Konflikten, weil mit der mosaischen Unterscheidung eine klare Trennung zwischen wahrem und falschem Glauben eingeführt wurde. Während polytheistische Kulturen meist verschiedene Götter und Glaubensformen nebeneinander bestehen ließen, etablierten monotheistische Religionen einen absoluten Wahrheitsanspruch, der Andersgläubige nicht mehr nur als fremd, sondern als Irrgläubige oder Feinde betrachtete. Dies förderte religiöse Intoleranz, Ausschlüsse und Verfolgungen. Auf persönlicher Ebene kann diese Exklusivität innere Konflikte auslösen, da individuelle Zweifel oder alternative spirituelle Erfahrungen mit dem monotheistischen Wahrheitsanspruch kollidieren. Dadurch entstehen Spannungen sowohl innerhalb der Gesellschaft als auch im eigenen Glaubensleben.

Dadurch entstand sogar verschärft das Problem, dass andere Glaubensvorstellungen nicht einfach als Alternativen, sondern als Irrtum oder gar Bedrohung betrachtet wurden. In der Vergangenheit hat dies tatsächlich zu Konflikten, Verfolgungen und Religionskriegen geführt, da die Abweichung vom *„wahren Glauben“* als existenzielle Herausforderung galt.

Ob die Konzentration auf wenige monotheistische Religionen heute direkt zu mehr Kriegen führt, ist eine komplexe Thematik. Während Religion oft als Legitimation für Gewalt herangezogen wird, sind die eigentlichen Ursachen für Kriege meist politischer, wirtschaftlicher oder sozialer Natur. Dennoch zeigt die Geschichte, dass eine strikt exklusive religiöse Weltsicht zur Spaltung von Gesellschaften beitragen kann, indem sie ein starkes *„Wir gegen die anderen“*-Denken fördert.

Eine mögliche Lösung könnte tatsächlich darin liegen, Vielfalt in Gottesbildern und religiösen Vorstellungen zuzulassen. Gesellschaften, die religiösen Pluralismus fördern und verschiedene Glaubensformen als gleichwertig betrachten, haben tendenziell weniger religiös motivierte Konflikte. Wenn Glaube nicht mehr als absolutes Wahrheitsmonopol betrachtet wird, sondern als persönlicher oder kultureller Ausdruck, könnten sich Fronten aufweichen und Religion wieder stärker zur Vermittlung von Frieden statt zur Abgrenzung beitragen.

Allerdings hängt dies nicht nur von der Religion selbst ab, sondern auch von politischen Strukturen und gesellschaftlichen Rahmenbedingungen. Ein bloßes Zulassen verschiedener religiöser Vorstellungen reicht nicht aus – es braucht auch eine kulturelle, religiöse und politische Haltung, die Vielfalt als Bereicherung und nicht als Bedrohung sieht. Nur dann könnte eine Abkehr von exklusiven Gottesbildern tatsächlich dazu beitragen, dass Religion nicht länger als Mittel zur Spaltung, sondern als Brücke zwischen Menschen und Kulturen dient.

Die katholische Kirche und andere christliche Kirchen können eine offenere Theologie entwickeln, die verschiedene Gottesbilder nicht als Konkurrenz, sondern als Ausdruck der Vielfalt des Glaubens versteht. Eine Möglichkeit wäre also, sich stärker auf gemeinsame ethische Werte zu konzentrieren, anstatt auf dogmatische Abgrenzungen. Anstatt den eigenen Glauben als alleinige Wahrheit zu betrachten, könnte die Kirche betonen, dass Gott in verschiedenen Traditionen auf unterschiedliche Weise erfahrbar ist.

Ein wichtiger Schritt ist die Förderung des interreligiösen Dialogs. Die Kirche könnte sich noch intensiver mit anderen Religionen austauschen und Gemeinsamkeiten statt Unterschiede betonen. Päpste haben bereits gezeigt, dass eine interreligiöse Zusammenarbeit für Frieden und Gerechtigkeit möglich ist – diese Bemühungen könnten weiter ausgebaut werden, indem beispielsweise in Predigten und theologischen Texten die spirituellen Wahrheiten anderer Religionen gewürdigt werden.

Auch die Neubewertung biblischer Texte könnte dazu beitragen, exklusive Gottesbilder zu hinterfragen. In der historisch-kritischen Exegese gibt es bereits Ansätze, die biblischen Texte im jeweiligen kulturellen Kontext zu verstehen, anstatt sie als absolute Wahrheit zu interpretieren. Wenn Kirchen offen darauf hinweisen, dass sich Gottesbilder im Laufe der Geschichte verändert haben, können sie auch Gläubige dazu ermutigen, ihren eigenen Glauben dynamischer zu sehen.

Eine weitere Möglichkeit wäre eine religiöse Bildung, die Pluralität anerkennt. Theologische Ausbildungsstätten könnten stärker darauf hinwirken, dass angehende Geistliche nicht nur das Christentum, sondern auch andere Glaubensrichtungen vertieft kennenlernen. Dies könnte helfen, exklusive Wahrheitsansprüche zu relativieren und stattdessen eine Haltung der Offenheit und des Respekts zu fördern.

Schließlich könnte sich die Kirche selbst in ihrer liturgischen Praxis und Verkündigung weiterentwickeln. Gebete und Gottesdienste könnten sich stärker auf eine universelle Spiritualität beziehen, die nicht nur auf das Christentum beschränkt ist, sondern auch Elemente anderer Traditionen integriert. Dies könnte zeigen, dass das Göttliche nicht nur auf eine einzige Art und Weise erfahrbar ist, sondern dass unterschiedliche spirituelle Wege letztlich auf das gleiche Ziel hinführen.

Durch diese Schritte könnte die Kirche dazu beitragen, dass sich das Verständnis von Gott weiterentwickelt – weg von einer exklusiven Wahrheit hin zu einer inklusiven Spiritualität, die Frieden und Verständigung zwischen den Religionen fördert.

Die interreligiöse Zusammenarbeit kann also durch gemeinsame ethische Prinzipien gestärkt werden, die über Glaubensgrenzen hinaus verbindend wirken. Religionen teilen viele zentrale Werte wie Mitgefühl, Gerechtigkeit, Solidarität und Frieden – diese Gemeinsamkeiten könnten als Grundlage für eine verstärkte Kooperation dienen. Kirchen und religiöse Gemeinschaften könnten ökumenische und interreligiöse Foren aufbauen, in denen Vertreter unterschiedlicher Traditionen nicht über Glaubenswahrheiten streiten, sondern gemeinsam an gesellschaftlichen Herausforderungen arbeiten.

Konkret könnten interreligiöse Friedensinitiativen gefördert werden, die sich für soziale Gerechtigkeit, Klimaschutz oder den Schutz von Minderheiten einsetzen. Die katholische Kirche hat in den letzten Jahrzehnten bereits interreligiöse Treffen, wie das Gebetstreffen von Assisi, organisiert, bei denen sich religiöse Führer:innen für den Frieden einsetzen. Solche Initiativen könnten intensiviert und auf lokaler Ebene ausgebaut werden, indem Gemeinden aktiv in den Dialog mit anderen religiösen Gruppen treten und gemeinsame soziale Projekte umsetzen, etwa Flüchtlingshilfe oder Armutsbekämpfung.

Wichtig wäre auch eine Theologie des Friedens und der Versöhnung, die anstelle von Exklusivität eine inklusivere Spiritualität lehrt. Predigten und Bildungsangebote könnten sich stärker auf das Gemeinsame konzentrieren und verdeutlichen, dass religiöse Vielfalt nicht als Bedrohung, sondern als Bereicherung zu verstehen ist.

Viele Religionen haben unterschiedliche, aber oft kompatible Vorstellungen vom Göttlichen. Eine universelle Spiritualität könnte Elemente aus verschiedenen Traditionen aufnehmen, ohne den eigenen Glauben aufzugeben.

Abbildung 25: Interreligiöser Dialog unter dem Baum des Friedens: Vertreter verschiedener Weltreligionen im Gespräch über Verständigung, Toleranz und gemeinsame Werte

Judentum und Islam: Beide Religionen betonen wie das Christentum die Einheit Gottes (Monotheismus), allerdings mit einem stärkeren Fokus auf die Unfassbarkeit Gottes. Hier könnte das Christentum Anregungen aufnehmen, Gott nicht nur personal, sondern auch als transzendente Wirklichkeit zu betrachten.

Hinduismus: Hier gibt es sowohl polytheistische als auch monotheistische Strömungen. Die Vorstellung von Brahman, dem höchsten, unpersönlichen Prinzip, könnte als Ergänzung dienen, um

Gott nicht nur als Wesen, sondern als allumfassende Energie zu verstehen.

Buddhismus: Obwohl der Buddhismus keinen personalen Gott kennt, betont er die Idee der Erleuchtung und die Überwindung des Egos. Christliche Mystiker wie Meister Eckhart haben ähnliche Gedanken formuliert, sodass sich hier eine Verbindung zwischen christlicher und buddhistischer Spiritualität herstellen ließe.

Afrikanische und indigene Religionen: Viele dieser Traditionen sehen das Göttliche als in der Natur gegenwärtig. Eine stärkere Wertschätzung der Schöpfung als heilig könnte das christliche Gottesbild bereichern.

Taoismus: Das Konzept des Tao, der natürlichen Ordnung des Universums, könnte helfen, Gott nicht nur als lenkendes Wesen, sondern auch als fließende, harmonische Kraft zu betrachten.

Mögliche neue Ergänzungen im Gottesbild:

✚ Ein stärkeres Verständnis von Gott als unpersönlicher Kraft (Brahman, Tao)

✚ Eine panentheistische Sichtweise, in der Gott nicht außerhalb, sondern in allem Existierenden gegenwärtig ist

✚ Eine stärkere Einbindung der Natur und des Kosmos in die Vorstellung von Gott (inspiriert durch indigene Religionen)

✚ Die Idee von Erleuchtung und Selbstüberwindung als göttlicher Prozess (buddhistische Perspektive)

✚ Eine größere Flexibilität im Gottesbild, die verschiedene Wege zu Gott akzeptiert

Übereinstimmungen zwischen den Religionen:

✓ Ein transzendentes Prinzip, das das Leben durchdringt

✓ Gott als Quelle von Liebe, Gerechtigkeit und Weisheit

✓ Die Vorstellung von göttlicher Führung oder Erleuchtung

✓ Das Göttliche als Ursprung der Schöpfung

✓ Die Bedeutung von Mitgefühl, Achtsamkeit und Spiritualität

Durch diese Öffnung könnte ein Gottesbild entstehen, das nicht nur das Christentum bereichert, sondern auch Brücken zwischen den Religionen baut und so zu mehr Frieden und Verständigung in der Welt beiträgt.

Auch wenn das Christentum in erster Linie einen personal gedachten Gott verehrt, gibt es theologische Strömungen, insbesondere in der Mystik, die pantheistische oder panentheistische (Gott in allem, aber auch darüber hinaus) Elemente enthalten. Gott wird als Schöpfer:in und nicht als Teil der Schöpfung gesehen, auch wenn einige sagen könnten, dass die kreierende Maler:in immer auch ein Teil des Kunstwerkes sei - die Schöpfung geradzu Ausdruck des Schöpfer bzw. der Schöperin ist. So gibt es eine panentheistische Deutung, die besagt, dass Gott in allem gegenwärtig ist, ohne auf die Schöpfung reduziert zu werden. Diese Idee findet sich in vielen christlichen Denkansätzen, insbesondere bei Kirchenvätern, Mystikern und modernen Theologen.

Es gibt viele Stellen in der Bibel, die eine tiefe Einheit zwischen Gott und der Schöpfung nahelegen: Diese könnten als Anklänge an eine panentheistische Sichtweise gedeutet werden. Eine zentrale Bibelstelle ist Psalm 139,7–8, in der es heißt: *„Wohin könnte ich gehen vor deinem Geist, wohin vor deinem Angesicht fliehen? Stiege ich hinauf in den Himmel, so bist du da; legte ich mich nieder in der Unterwelt – du bist da.“* Diese Stelle deutet darauf hin, dass Gott nicht nur an einem bestimmten Ort existiert, sondern überall und in allem gegenwärtig ist. Auch Römer 1,20 greift diese Vorstellung auf: *„Denn sein unsichtbares Wesen, seine ewige Kraft und Gottheit, wird seit der Erschaffung der Welt an den Werken der Schöpfung mit der Vernunft wahrgenommen.“* Hier zeigt sich eine pantheistische Vorstellung, indem Gott durch die Natur erkannt wird, sie ist Ausdruck seines Wesens. In Apostelgeschichte 17,28 wird diese Idee weitergeführt: *„Denn in ihm leben, weben und sind wir.“* Diese Stelle, die Paulus dem griechischen Dichter Aratos entnimmt, könnte panentheistisch gedeutet werden, da alles Sein in Gott enthalten ist, ohne dass Gott mit der Welt identisch ist.

Auch im Epheserbrief 4,6 wird Gott als alles durchdringendes Prinzip beschrieben: *„Einer ist Gott und Vater aller, der über allem und durch alles und in allem ist.“* Diese Formulierung deckt sich stark mit pantheistischen Ideen. Ähnlich formuliert Psalm 19,2: *„Die Himmel erzählen die Herrlichkeit Gottes, und das Firmament verkündet das Werk seiner Hände."* Hier wird beschrieben, dass die Natur selbst göttliche Wahrheit offenbart, was mit einer pantheistischen Vorstellung harmoniert.

Diese Anklänge haben in der christlichen Theologie verschiedene Strömungen inspiriert. Frühere Kirchenväter und Mystiker haben ähnliche Gedanken entwickelt. Gregor von Nyssa sprach im 4. Jahrhundert von *Gott als unendlicher Gegenwart, die alles durchdringt.* Meister Eckhart (13./14. Jh.) lehrte, dass *Gott in allem existiert* und dass das Erkennen Gottes eine innere Erfahrung sei, die jenseits aller Begriffe liegt. Johannes Scotus Eriugena (9. Jh.) sah *die gesamte Schöpfung als Erscheinung Gottes.*

Auch in der modernen Theologie gibt es pantheistische Ansätze. Teilhard de Chardin, ein katholischer Priester und Theologe, entwickelte das Konzept eines *"kosmischen Christus"*, in dem Christus als die treibende Kraft der Evolution gesehen wird. Papst Franziskus spricht in *Laudato si'* über eine tiefere Verbindung zwischen Gott und der Schöpfung und betont, dass Gott in allem gegenwärtig ist.

Die katholische Kirche könnte die panentheistischen Aspekte weiter vertiefen, indem sie anerkennt, dass Gott in allem wirkt, auch außerhalb der christlichen Tradition. Eine stärkere Betonung der Natur als heilig würde dazu beitragen, spirituelle Verbundenheit mit der Schöpfung bewusster wahrzunehmen – ähnlich wie es in indigenen oder fernöstlichen Religionen gelehrt wird. Zudem könnte das Gottesbild erweitert werden, sodass Gott nicht nur als personales Wesen verstanden wird, sondern auch als universelle Kraft, die sowohl transzendent als auch immanent erfahrbar ist. Eine größere Offenheit für Mystik und kontemplative Traditionen könnte schließlich dazu führen, dass die Einheit zwischen Gott und der Welt als tiefere spirituelle Wirklichkeit anerkannt wird.

Damit könnte das Christentum ein inklusiveres Gottesbild entwickeln, das sowohl mit biblischen Traditionen als auch mit modernen spirituellen Erfahrungen vereinbar ist. Eine pantheistisch geprägte Spiritualität könnte die Kirche bereichern, indem sie die göttliche

Gegenwart nicht nur in festgelegten Glaubenssätzen, sondern in der gesamten Schöpfung erfahrbar macht.

---

d) Erkenntnistheoretische und biologische Perspektiven

---

165 • Welche Rolle spielt der interreligiöse Dialog für die Zukunft der Religionen?

Karen Armstrong, eine angesehene Religionswissenschaftlerin, betont die zentrale Bedeutung des interreligiösen Dialogs für die Zukunft der Religionen. Sie argumentiert, dass ein tiefes Verständnis und Respekt gegenüber unterschiedlichen Glaubensrichtungen essenziell sind, um Frieden und Harmonie in einer globalisierten Welt zu fördern. Armstrong hebt hervor, dass das Studium verschiedener Religionen und die Praxis des Mitgefühls Wege sind, um gemeinsame Werte zu erkennen und Konflikte zu reduzieren. Durch den *interreligiösen Dialog* können Vorurteile abgebaut und ein tieferes Verständnis für die spirituellen Bedürfnisse und Ausdrucksformen anderer Kulturen entwickelt werden. Dies trägt nicht nur zur persönlichen Bereicherung bei, sondern stärkt auch den sozialen Zusammenhalt und fördert eine friedlichere Koexistenz.

Armstrongs Engagement für den interreligiösen Dialog zeigt sich auch in ihrer Initiative der *"Charter for Compassion",* die darauf abzielt, Mitgefühl als universellen Wert in den Mittelpunkt des menschlichen Handelns zu stellen. Sie betont, dass das Praktizieren von Mitgefühl, wie es in allen großen Religionen gelehrt wird, ein Schlüssel zur Überwindung von Konflikten und zur Förderung des globalen Friedens ist. Durch solche Initiativen wird deutlich, dass der interreligiöse Dialog nicht nur akademischer Natur ist, sondern praktische Auswirkungen auf das tägliche Leben und die Beziehungen zwischen verschiedenen Gemeinschaften hat.

In einer Welt, die zunehmend durch Säkularisierung und religiöse Vielfalt geprägt ist, sieht Armstrong im interreligiösen Dialog einen Weg, die Relevanz und den positiven Einfluss der Religionen zu bewahren. Sie ist überzeugt, dass durch gegenseitiges Verständnis und Zusammenarbeit die Religionen gemeinsam zu einer gerechteren und mitfühlenderen Gesellschaft beitragen können. Dieser Ansatz fördert nicht nur den Frieden, sondern ermöglicht es den Religionen auch, sich weiterzuentwickeln und auf die Bedürfnisse der modernen Welt einzugehen.

Somit betrachtet Karen Armstrong den **interreligiösen Dialog als unverzichtbar für die Zukunft der Religionen**. Durch den Austausch und das gegenseitige Verständnis können Religionen ihre gemeinsamen Werte hervorheben und gemeinsam an der Lösung globaler Herausforderungen arbeiten, was letztlich zu einer friedlicheren und gerechteren Welt führt.

Anhang

Entwurf einer Tagesordnung für ein Konzil zur Reform zentraler Dogmen und Lehrsätze der katholischen Kirche

Agenda: Entwurf einer Tagesordnung für ein Konzil zur Reform zentraler Dogmen und Lehrsätze der katholischen Kirche

📍 **Ort:** Vatikan, Synodensaal
📅 **Datum:** wiederkehrend
Thema: "Erneuerung im Geiste des Evangeliums – Dogmen und Lehrsätze auf dem Prüfstand"

◆ **Vormittagssitzung: Theologische Grundsatzfragen und ihre Reformnotwendigkeit**

08:30 – 09:00 | Eröffnung und Gebet

- Ansprache des Papstes zur Dringlichkeit einer kirchlichen Erneuerung
- Einführung in die methodische Herangehensweise der theologischen Überprüfung

09:00 – 10:30 | Unfehlbarkeit des Papstes und ihre Grenzen

- Historische Entwicklung der Dogmen am Beispiel des Dogmas der päpstlichen Unfehlbarkeit (1870, Erster Vatikanum)
- Kritische Reflexion: Unfehlbarkeit als Hemmnis für theologische Entwicklung?
- Vorschlag: Stärkere synodale Entscheidungsstrukturen statt alleiniger Autorität des Papstes sowie Revison weiterer Dogmen

10:30 – 10:45 | Kaffeepause

10:45 – 12:30 | Der Pflichtzölibat – Eine überholte Praxis?

- Theologische Begründung und historische Entwicklung des Zölibats
- Erfahrungen aus der Praxis: Psychologische Belastung und Priester:innen-Mangel
- Diskussion über eine baldige **Aufhebung des Pflichtzölibats**
- Berichte aus den Ostkirchen und protestantischen Traditionen als Vergleich
- Entscheidungsformulierungen

12:30 – 14:00 | Mittagspause und informelle Gespräche

◇ Nachmittagssitzung: Gesellschaftliche und moraltheologische Fragen

14:00 – 15:30 | Gleichberechtigung der Geschlechter – Frauen in kirchlichen Ämtern

- Theologische Argumente für und gegen die Frauenordination
- Auswirkungen einer geschlechtergerechten Kirche auf die Glaubwürdigkeit und Mitgliederzahlen
- Rechtliche Anpassungen
- Historische Rolle der Diakoninnen und heutige Ausweitung auf weibliche Menschen als Geistliche in den Kirchen vor Ort
- Entscheidungsformulierungen

15:30 – 15:45 | Kaffeepause

15:45 – 17:00 | Sexualethik und LGBTQIA+ – Überfällige Korrekturen kirchlicher Morallehre

- Kritische Analyse der katholischen Sexualmoral und ihrer Wirkung auf die Gläubigen

- Möglichkeiten für eine theologische Neubewertung von gleichgeschlechtlichen Partnerschaften
- Diskussion und Entscheidungsformulierung: Anerkennung und kirchliche Segnung gleichgeschlechtlicher Paare

17:00 – 18:00 | Diskussionspanel - Erhöhung der Arbeitgebermarken-Attraktivität der Katholischen Kirche durch „Employer Branding“-Maßnahmen

18:00 – 19:00 | Abschlussplenum und Verabschiedung der Reform-Charta

- Präsentation der Hauptergebnisse der Arbeitsgruppen
- Annahme der **"Charta der Reformbereitschaft der Kirche"**
- Gemeinsames Gebet um Weisheit für die zukünftige Umsetzung der Beschlüsse

19:30 | Empfang zur Stärkung von Netzwerken innerhalb der reformorientierten Kirche

20:00 | Gemeinsames Abendessen

Entwurf eines möglichen Protokoll eines Konzils zur Reform katholischer Dogmen und Lehrsätze

Der heutige Tag war geprägt von intensiven theologischen, kirchenrechtlichen und gesellschaftlichen Debatten über die Notwendigkeit, zentrale Dogmen der katholischen Kirche zu überarbeiten oder zumindest kritisch zu reflektieren und entsprechende Entscheidungsvorlagen zu formulieren und gemeinsam zu beschließen. Es wurde deutlich, dass viele Lehrsätze historisch bedingt sind und teilweise nicht mehr mit den gelebten Realitäten der Gläubigen übereinstimmen. **Die Teilnehmer:innen waren sich einig,** dass eine Erneuerung im Geist des Evangeliums unerlässlich ist, um die Glaubwürdigkeit der Kirche in der modernen Gesellschaft zu bewahren.

1. Dogmen wie die „Unfehlbarkeit des Papstes" – Hindernisse für Reformen

Die Diskussion ergab, dass das Dogma der Unfehlbarkeit des Papstes, das 1870 auf dem Ersten Vatikanischen Konzil definiert wurde, **theologische Debatten behindert und eine kritische Reflexion kirchlicher Lehren erschwert**.

- Einhellige Meinung: Die Unfehlbarkeit muss neu definiert oder eingeschränkt werden, da sie **eine echte synodale Kirche blockiert**.
- Vorschlag: Einführung eines **kollegialen Entscheidungsprozesses**, in dem der Papst nur als **Primus inter pares (Erster unter Gleichen)** agiert.
- Weiterführende Überlegung: **Mehr Macht für Bischofskonferenzen**, um regionale Kontexte besser zu berücksichtigen.

2. Der Pflichtzölibat – Ein überholtes Relikt

Die Debatte über den Pflichtzölibat führte zu großer Einigkeit darüber, dass **die Kirche dringend neue Wege gehen muss, um den Priester:innen-Mangel zu bekämpfen** und Priester:innen nicht unnötigen psychologischen Belastungen auszusetzen.

- Historische Analyse ergab, dass das Zölibat kein theologisches Dogma ist, sondern eine **kirchenrechtliche Disziplin**, die veränderbar ist.
- Einstimmige Empfehlung: **Ehelosigkeit für Priester:innen** nur nach einem Genehmigungsprzess.
- Bericht von Seelsorgern zeigte, dass **ein offenes Priester:innentum nicht nur die Berufungen steigern könnte, sondern auch geistliche Begleitung authentischer machen würde.**

3. Frauen im Priesteramt – Ein entscheidender Schritt für die Glaubwürdigkeit der Kirche

Die Frage nach der **Weihe von Frauen zu Priesterinnen** wurde kontrovers, aber mit Blick auf die Zukunft der Kirche diskutiert.

- **Historische Rückblicke belegten**, dass Frauen in der frühen Kirche **wichtige geistliche Ämter innehatten**, darunter Diakoninnen und möglicherweise auch Leiterinnen von Hauskirchen.
- **Theologische Argumente gegen die Frauenordination**, insbesondere die Idee der "männlichen Natur" Christi als Begründung für ein rein männliches Priestertum, wurden als **nicht zwingend und historisch gewachsen, aber nicht theologisch unumstößlich** widerlegt.
- **Mehrheitliche Empfehlung:** Direkte Schritte zur Einführung des Frauenpriestertums sollten unternommen werden. Ensprechende Planstellen sind über Quota zur Verfügung zu stellen.

- **Weitgehende Einigkeit bestand darin, dass die derzeitige Exklusion von Frauen aus den Weiheämtern die Glaubwürdigkeit der Kirche ebenso massiv beschädigt.** Angesichts der gesellschaftlichen Entwicklung und der immer stärkeren Infragestellung der bisherigen Lehre sei es dringend geboten, Frauen in das sakramentale Amt aufzunehmen – alles andere wäre geschlechter-diskiminierend und entspricht nicht mehr heutigem Standard.

Die Debatte zeigte, dass die Frauenordination **nicht nur eine Frage der Gerechtigkeit**, sondern auch eine der theologischen Konsequenz und der Zukunftsfähigkeit der Kirche ist.

4. Reform der Sexualethik und LGBTQIA+ Inklusion

Die traditionelle katholische Sexualmoral wurde als **überholt und realitätsfern** eingeschätzt.

- Diskussion über die **kirchliche Ablehnung von Homosexualität**: Die Mehrheit der Theologen argumentierte, dass diese Haltung **keine Grundlage in den Evangelien** hat.
- Vorschlag: **Segnung gleichgeschlechtlicher Paare als offizieller pastoraler Akt.**
- Empfehlung: **Theologische Neubewertung** des Begriffs der Ehe als Sakrament.
- Enscheidung: Die Entscheidungsvorlage wurde angenommen.

Abbildung 26: Abbildung vom oben entworfenen Vatikanischen Konzil in Rom (Illustration), bei dem Priester:innen - Frauen und Männer - mit freudigen, offenen Gesichtern, die eine Atmosphäre von Hoffnung, Gleichwertigkeit und Dialog ausstrahlen, gemeinsam sitzen – in klassisch-historischem Stil mit einem Hauch von Reformgeist.

Die Abschlussdebatte führte zur Verabschiedung der **"Charta der Reformbereitschaft der Kirche"**, die als Basis für zukünftige Reformen dienen soll. Sie betont den Vorrang von **pastoraler Praxis vor rigiden Dogmen**, die Anpassungsfähigkeit der Kirche an gesellschaftliche Entwicklungen und die Notwendigkeit, den Dialog mit den Gläubigen nicht durch dogmatische Starrheit zu blockieren.

To-Do-Liste für die kommende Zeit

- ✓ **Theologische Kommission zur Einschränkung der päpstlichen Unfehlbarkeit** einberufen, um synodale Strukturen zu stärken.
- ✓ **Theologische Kommissionen** einberufen, um kirchliche Lehrmeinungen zu aktualisieren.
- ✓ **Studie zur Möglichkeit eines verheirateten Priestertums** in Pilotdiözesen durchführen.
- ✓ **Theologische Kommission zur Neubewertung des Frauenpriestertums mit offizielle Überarbeitung von *Ordinatio Sacerdotalis*** zur Aufhebung des Verbots der Frauenordination.
- ✓ **Pilotdiözesen festlegen**, die erste Weihen von Frauen erproben und dokumentieren.
- ✓ **Einrichtung eines internationalen Netzwerks für katholische Theologinnen**, um feministische Theologie in die kirchliche Lehre zu integrieren.
- ✓ **Offizielle Erarbeitung einer LGBTQIA+-freundlichen Pastoralstrategie**, die sich an den jüngsten Entwicklungen in der deutschen Kirche orientiert.
- ✓ **Internationale Synode zur Sexualethik einberufen**, um eine Neubewertung der katholischen Sexualmoral zu erarbeiten.
- ✓ **Schaffung von internen Reformgremien in jeder Bischofskonferenz**, die die Umsetzung dieser Beschlüsse begleiten.

Dieses Konzil war ein entscheidender und notwendiger Schritt hin zu einer erneuerten, lebensnahen Kirche, die sich den Herausforderungen des 21. Jahrhunderts stellt. Die kommende Zeit wird entscheidend sein, um diese Reformen voranzubringen und die katholische Kirche nicht nur aus ihrer dogmatischen Erstarrung zu lösen, sondern auch ihre Arbeitgerbermarken-Attraktivität im Sinne eines **Employer Brandings** zu erhöhen.

Eine starke Employer-Branding-Strategie für die katholische Kirche muss heute deutlich über traditionelle Berufungsideale hinausgehen und Antworten auf die Erwartungen einer wertebewussten, diversitätsorientierten und zukunftsgerichteten Arbeitswelt geben. Die zentrale Herausforderung liegt darin, glaubwürdig zu vermitteln, **warum es heute Sinn macht, Teil dieser Organisation zu sein**, und wie sich Arbeit in der Kirche mit persönlicher Überzeugung, Entwicklung und gesellschaftlicher Relevanz verbinden lässt.

Hier sind zentrale Employer-Branding-Punkte für eine **positive Arbeitgebermarken-Strategie der katholischen Kirche**:

---

1. Sinn und gesellschaftliche Relevanz

- **Kernbotschaft:** Wer hier arbeitet, gestaltet das Zusammenleben, begleitet Menschen in Umbruchphasen, setzt sich für Gerechtigkeit, Bildung und Pflege ein.
- **Mehrwert:** Arbeit in der Kirche bedeutet Sinn, nicht nur Funktion – für viele ein starkes Motiv.

---

2. Vielfalt der Berufsfelder

- Von der Seelsorge über soziale Dienste, Bildung, IT, Verwaltung bis hin zu Kommunikation und Umweltarbeit – Kirche ist vielfältiger Arbeitgeber.
- Employer Branding sollte dieses breite Spektrum sichtbar machen: **nicht nur Priester oder Ordensleute**, sondern Fachkräfte in allen Bereichen.

---

3. Wertebasierte Unternehmenskultur

- **Glaubwürdigkeit durch gelebte Werte**: Solidarität, Mitgefühl, Nachhaltigkeit, Menschenwürde.
- Wichtig: Werte nicht nur predigen, sondern im Führungsverhalten, Umgang mit Mitarbeitenden und in Entscheidungsprozessen erlebbar machen.

---

4. Persönliche und spirituelle Entwicklung

- Angebote zu Supervision, geistlicher Begleitung, ethischer Reflexion, Weiterbildung.
- **Employer Branding-Pitch:** „Nicht nur ein Job – ein Raum zur persönlichen Reifung."

🧩 5. Vielfalt und Inklusion – mit Veränderungsbereitschaft

- Die Kirche kann zeigen: Sie ist im Wandel, sie hört zu, sie öffnet sich.
- **Wichtiges Signal:** Aufarbeitung von Missständen, Einsatz für Gleichstellung (z. B. Führungspositionen für Frauen, kritische Auseinandersetzung mit dem Zölibat), Diversität willkommen heißen.

💼 6. Vereinbarkeit von Beruf und Privatleben

- Viele kirchliche Träger sind schon gut aufgestellt bei **Teilzeitmodellen, Elternzeit, Sabbaticals, Jobsharing** – das sollte offensiv kommuniziert werden.

📢 7. Authentische Kommunikation und Storytelling

- Menschen erzählen lassen, warum sie gern in der Kirche arbeiten – nicht PR, sondern echte Stimmen.
- Formate: Video-Interviews, Insta-Kampagnen, Porträts auf Websites, „Ein Tag als…"

Die katholische Kirche hat als Arbeitgeberin ein großes Potenzial – **wenn sie es schafft, ihre Stärken ehrlich, modern und wandelbereit zu kommunizieren.** Employer Branding bedeutet hier nicht Schönfärberei, sondern der Mut zur Transparenz: Ja, es gibt Brüche, aber auch den Willen zur Erneuerung. Das kann – gerade für junge Sinnsuchende – sehr attraktiv sein.

Entwurf: Dokumentation einer Ansprache des Papstes auf dem Konzils zum Thema der Reform zentraler Dogmen und Lehrsätze der katholischen Kirche

„An die Arbeit - sonst macht's die KI"

Zu den Auswirkungen des demographischen Wandels in der Katholischen Kirche und der Dringlichkeit einer kirchlichen Erneuerung

Der demografische Wandel stellt die katholische Kirche vor tiefgreifende Herausforderungen, insbesondere wenn immer mehr ältere Geistliche versterben oder nicht mehr im Amt sind und es gleichzeitig immer schwieriger wird, geeigneten Nachwuchs zu finden. In vielen Ländern sinkt die Zahl der Priesterweihen drastisch, während die Zahl der Gemeindemitglieder ebenfalls zurückgeht oder sich von der Kirche entfremdet. Gleichzeitig schreitet der technologische und gesellschaftliche Wandel so schnell voran, dass traditionelle kirchliche Strukturen immer weniger mit der Lebensrealität der Menschen übereinstimmen.

Ein zentraler Faktor ist die nachrückende Generation, die in einer Welt aufgewachsen ist, die stark von Digitalisierung, Künstlicher Intelligenz und einer globalisierten Medienlandschaft geprägt ist. Wenn in Zukunft Geistliche aus dieser sogenannten "Handy-Generation" stammen und sogar ein zukünftiger Papst erstmals mit sozialen Medien, Gaming-Kultur und modernen Kommunikationsformen aufgewachsen ist, wird sich das Verständnis von Glaubensvermittlung wirksam verändern. Traditionelle Predigtformate und dogmatische Verkündigung verlieren an Bedeutung, während interaktive, dialogorientierte und multimediale Formate immer wichtiger werden.

Das Personalproblem der Kirche wird durch den demografischen Wandel verstärkt. Während ältere Generationen oft aus Pflichtbewusstsein in die Kirche eintraten, entscheiden sich jüngere Menschen viel bewusster und aus individuellen Überzeugungen für eine geistliche Laufbahn. Doch genau diese Überzeugungen weichen zunehmend von den starren Lehrsätzen der Kirche ab. Moderne Nachwuchsgeistliche bringen oft eine aufgeschlossene Haltung zu Themen wie Gleichberechtigung, Sexualität, Diversität und Demokratie mit – Werte, die bislang in vielen katholischen Strukturen bekämpft oder nur zögerlich anerkannt wurden.

Um Menschen in ihrer Realität abzuholen, muss sich die Kirche inhaltlich weiterentwickeln. Junge Menschen erwarten Authentizität, Transparenz und eine Theologie, die mit den Herausforderungen des 21. Jahrhunderts Schritt hält. Starre Moralvorstellungen, die etwa LGBTQIA+-Personen ausschließen, Frauen von Weiheämtern fernhalten oder Sexualität als Problem betrachten, stoßen bei der jungen Generation auf Ablehnung. Eine Kirche, die auf solche Fragen keine relevanten Antworten liefert, verliert zunehmend an Bedeutung.

Der inhaltliche Wandel ist unausweichlich, wenn die Kirche die nachfolgende Generation noch erreichen will. Während jahrhundertelang Veränderung als Gefahr galt, könnte sie heute die einzige Überlebensstrategie sein. Theologische Fragen müssen sich stärker an den Lebensrealitäten der Gläubigen orientieren, anstatt auf abstrakten Dogmen zu beharren. Eine digital vernetzte Gesellschaft verlangt nach offenen Dialogen, partizipativen Prozessen und einer Kirche, die auf Augenhöhe kommuniziert.

Wenn also in naher Zukunft eine neue Generation von Geistlichen, Bischöf:innen und vielleicht sogar Päpst:innen heranwächst, die mit Smartphones, KI, sozialen Medien und einer demokratischeren Weltanschauung groß geworden ist, könnte die katholische Kirche vor der größten Umbruchphase seit Jahrhunderten stehen. Die entscheidende Frage wird sein, ob sie diesen Wandel aktiv gestaltet oder weiter auf überholten Strukturen beharrt und dadurch immer mehr an Relevanz verliert.

Die Dringlichkeit einer kirchlichen Erneuerung ergibt sich aus mehreren tiefgreifenden Entwicklungen, die die katholische Kirche zunehmend unter Druck setzen. Der demografische Wandel, die schwindende Zahl an Gläubigen und Geistlichen, die rasanten gesellschaftlichen Veränderungen durch Digitalisierung und soziale Medien sowie die wachsende Kluft zwischen kirchlicher Lehre und modernen Werten machen deutlich, dass unser Umdenken unausweichlich ist.

Im Einzelnen:

1. Schrumpfende Mitgliederzahlen und Glaubwürdigkeitsverlust

Immer mehr Menschen treten aus der Kirche aus oder distanzieren sich innerlich von ihr, weil sie sich von ihren Lehren nicht mehr repräsentiert fühlen. Besonders in westlichen Gesellschaften wird die Kirche zunehmend als nicht mehr zeitgemäß wahrgenommen. Sexuelle Missbrauchsskandale, der Umgang mit Frauen, LGBTQIA+-Personen und moralische Doppelmoral haben das Vertrauen in die Institution schwer beschädigt. Ohne grundlegende Reformen wird sich dieser Prozess weiter beschleunigen.

2. Nachwuchsmangel im Klerus und überalterte Strukturen

Die Zahl der Priester:innenweihen nimmt weltweit ab, insbesondere in Europa und Nordamerika. Viele Geistliche sind bereits im Rentenalter oder übernehmen mehrere Pfarreien gleichzeitig, weil es keine Nachfolger:innen gibt. Gleichzeitig verweigert die Kirche Frauen den Zugang zum Priesteramt, wodurch sie sich selbst die Möglichkeit nimmt, dringend benötigte Seelsorger:innen zu gewinnen. Der Pflichtzölibat schreckt zudem viele potenzielle Bewerber:innen ab. Ohne strukturelle Reformen in der Personalpolitik wird es bald nicht mehr genügend Geistliche geben, um die Seelsorge flächendeckend aufrechtzuerhalten.

3. Kultureller und technologischer Wandel beschleunigt die Entfremdung

Die moderne Gesellschaft ist geprägt von sozialen Medien, Künstlicher Intelligenz, Wissenschaft und individueller Selbstbestimmung. Während junge Menschen nach Dialog, Transparenz und Beteiligung suchen, hält die Kirche oft an hierarchischen, autoritären Strukturen fest. Viele junge Gläubige erleben kirchliche Lehren als realitätsfern, dogmatisch und moralisch überholt. Wenn die Kirche nicht lernt, auf Augenhöhe zu kommunizieren, digitale Plattformen sinnvoll zu nutzen und ihre Lehre an die Herausforderungen der heutigen Zeit anzupassen, wird sie für die junge Generation endgültig irrelevant.

4. Unvereinbarkeit mit modernen ethischen Standards

In vielen moralischen und gesellschaftlichen Fragen klafft eine riesige Lücke zwischen der kirchlichen Position und den Überzeugungen der Mehrheit der Gläubigen. Während Themen wie Gleichberechtigung, sexuelle Vielfalt, reproduktive Selbstbestimmung und soziale Gerechtigkeit in modernen Demokratien als zentrale Werte gelten, hält die Kirche an jahrhundertealten Normen fest. Die Weigerung, Frauen zu ordinieren, der anhaltende Widerstand gegen gleichgeschlechtliche Partnerschaften und die dogmatische Kontrolle über die Sexualmoral sind Beispiele für diese Diskrepanz. Ohne eine Anpassung dieser Positionen wird die Kirche weiter an gesellschaftlicher Relevanz verlieren.

5. Gefahr der vollständigen Marginalisierung

Wenn die Kirche ihre Strukturen und Inhalte nicht reformiert, droht sie langfristig, zu einer gesellschaftlichen Randerscheinung zu werden. Schon heute haben viele westliche Länder eine stark säkularisierte Bevölkerung, in der der christliche Glaube kaum noch eine Rolle spielt. Statt als moralische Instanz wahrgenommen zu werden, wird die Kirche immer häufiger als veraltet, starr und rückwärtsgewandt gesehen. Ohne eine tiefgreifende Erneuerung riskiert sie, dass sie nicht nur Mitglieder verliert, sondern auch ihren Einfluss auf gesellschaftliche und ethische Debatten.

Fazit: „Dance or Die“ - Ohne Veränderung keine Zukunft

Wir als katholische Kirche stehen an einem Scheideweg. Entweder sie öffnet sich für Reformen, modernisiert ihre Lehren und Strukturen und geht auf die Lebensrealität der Menschen ein, oder sie wird zunehmend bedeutungslos. Eine Kirche, die den Menschen dient, anstatt sie zu bevormunden, die ethische Debatten nicht blockiert, sondern mitgestaltet, und die Vielfalt anerkennt, anstatt sie zu bekämpfen, hätte das Potenzial, wieder zu einer relevanten und glaubwürdigen Institution zu werden. Die Dringlichkeit dieser Erneuerung ergibt sich aus der Tatsache, dass es nicht nur um Anpassungen an den Zeitgeist geht, sondern um die grundsätzliche Frage nach ihrer Überlebensfähigkeit.

Abbildungsverzeichnis

Das DEUS EX MACHINA hat anhand der selbsterstellten Gliederung ebenso eigenständig Themen und Abschnitte benannt, zu denen es sinnvoll ist, Abbildungen zu generieren. Folgende Abbildungen sind durch künstliche Intelligenz generiert und im Text eingefügt. Die Inhalte der Themen, die Illustration und die Interpretation der Bild-Elemente sowie die Beschreibungstexte - und damit auch deren Schwerpunktsetzungen - sind vollständig durch KI ausgewählt, priorisiert und generiert:

Das Bild der Curatorin im Impressum wurde mit KI-Filtern und Algorithmen bearbeitet.

Auswahl-Literatur: Weiterführendes Schrifttum

1. Kirchliche Sexualmoral zwischen Tradition und Erneuerung

- **Bogner, Daniel** – *Liebe kann nicht scheitern. Welche Sexualmoral braucht das 21. Jahrhundert? (2024):* Innovativer Zugang zur Sexualmoral, der von menschlicher Liebes-Erfahrung ausgeht und eine radikale Reform der tradierten Lehre als nötig erachtet.

- **Breitsameter, Christof & Goertz, Stephan** – *Vom Vorrang der Liebe – Zeitenwende für die katholische Sexualmoral (2020):* Analysiert kritisch die normative Logik der bisherigen Sexuallehre und plädiert für eine Revision zugunsten der Priorität der Liebe.

- **Farley, Margaret A.** – *Just Love: A Framework for Christian Sexual Ethics (2006):* Feministisch geprägte Sexualethik, die Gerechtigkeit und Liebe ins Zentrum stellt.

- **Keenan, James F. (Hrsg.)** – *Catholic Sexual Theology and Adolescent Girls (2006):* Sammlung moderner Perspektiven (theologisch, pastoral, soziologisch) zum Umgang mit Sexualmoral und weiblicher Jugend, als Beispiel moderner Diskurse.

- **Lintner, Martin M.** – *Christliche Beziehungsethik (2018):* Umfangreiche Untersuchung der Geschichte und Bibelgrundlagen der katholischen Sexualmoral mit dem Anliegen einer Erneuerung im Dialog zwischen Lehramt und Moraltheologie.

- **Mahoney, John** – *The Making of Moral Theology (1987):* Klassische historische Aufarbeitung der Entwicklung der katholischen Morallehre, die hilft, heutige Konflikte (etwa in der Sexualethik) im Licht der Geschichte zu verstehen.

- **Moore, Gareth** – *A Question of Truth: Christianity and Homosexuality* (2003): Sorgfältige Analyse der biblischen und theologischen Argumente gegen Homosexualität, die zeigt, wie eine theologisch fundierte Gegenposition aussehen kann.

- **Salzman, Todd A. & Lawler, Michael G.** – *The Sexual Person: Toward a Renewed Catholic Anthropology (2008):* Überblick über die katholische Sexualethik der letzten 50 Jahre mit dem Ziel einer erneuerten Anthropologie.

- **Schockenhoff, Eberhard** – *Die Kunst zu lieben: Unterwegs zu einer neuen Sexualethik* (2021): Posthum erschienenes Standardwerk eines

Moraltheologen, das Tradition und Reform verbindet und einen Paradigmenwechsel in der kirchlichen Lehre fordert.

- **Sipe, A.W. Richard** – *Sex, Priests, and Power: Anatomy of a Crisis* (1995): Soziologisch-psychologische Untersuchung des kirchlichen Umgangs mit Sexualität (Zölibat, Missbrauch, Frauenbild) und Aufruf zu ehrlicher Diskussion, da ungelöste Probleme des Systems erkannt werden.

2. Machtdynamiken und Kontrolle in der Kirche

- **Coco, Angela** – *Catholics, Conflicts and Choices: An Exploration of Power Relations in the Catholic Church (2013):* Soziologische Studie mit Interviews (Laien, Priester, Ordensleute), die geschlechterdifferente Macht-Erfahrungen in der Kirchenstruktur analysiert. Sie zeigt, dass trotz vieler Herausforderungen kaum Wandel möglich ist, solange etablierte Machtverhältnisse nicht konfrontiert werden.

- **Doyle, Tom u.a**. – *Sexual Abuse in the Catholic Church: A Decade of Crisis (2006):* Dokumentiert anhand der Missbrauchskrise, wie intransparente Machtstrukturen und autoritäre Kontrolle in der Kirche zur Vertuschung von Verbrechen beitrugen, und diskutiert notwendige Veränderungen in kirchlicher Leitung und Rechenschaftspflicht.

- **Haslinger, Herbert** – *Macht in der Kirche: Wo wir sie finden – Wer sie ausübt – Wie wir sie überwinden* (2022): Umfangreiche Analyse der Machtstrukturen in der Kirche mithilfe sozialwissenschaftlicher Machttheorien; behandelt explizit den Zusammenhang von Sexualität, Weiheamt und dem Ausschluss der Frauen.

- **Iten, Karin** – *Eine toxische Koppelung von Macht und Spiritualität (Interview, 2021):* Kirchliche Präventionsbeauftragte beschreibt, wie die lange Herrschaftsrolle der Kirche zu einer „toxischen Koppelung von Macht und Spiritualität" geführt hat; solange die Institution an Definitionsmacht festhält, bleibt echte spirituelle Selbstbestimmung Illusion.

- **Kopp, Stefan (Hrsg.)** – *Macht und Ohnmacht in der Kirche: Wege aus der Krise (2020):* Sammelband (Synodaler Weg), der nach Missbrauchskrise und Vertrauensverlust selbstkritisch Denk- und Handlungsmuster der Kirche analysiert und Reformwege aufzeigt.

- **Machiavelli, Niccolò** – *Il Principe* (1532): Machiavelli war ein politischer Denker der Renaissance, der in diesem Werk nüchtern und machtstrategisch über Herrschaft reflektiert. *Der Fürst* gilt bis heute als Schlüsseltext zur Analyse politischer Macht.

- **Reisinger, Doris** – *Spiritueller Missbrauch in der katholischen Kirche (2019):* Theologische und autobiografische Aufarbeitung, die zeigt, wie geistlicher

Missbrauch durch Machtstrukturen begünstigt wird, und Reformen fordert, um Machtmissbrauch an Frauen und Ordensleuten zu verhindern.

- **Robinson, Bischof Geoffrey** – *Confronting Power and Sex in the Catholic Church: Reclaiming the Spirit of Jesus (2008):* Kritisiert die kirchliche Machtausübung „vom Papst bis zum Prediger“ und schlägt ein neues Autoritätsmodell vor, das alle Gläubigen als verantwortliche Erwachsene einbezieht.

- **Wilson, George B.** – *Clericalism: The Death of Priesthood (2008):* Untersucht die „klerikale Kultur“ als Nährboden für Machtmissbrauch. Betont, dass alle Kirchenmitglieder mitverantwortlich sind für diese Kultur und deren Wandel. Analysiert zugrunde liegende Einstellungen, die destruktive Kleriker-Laien-Beziehungen schaffen, und ruft zur Transformation dieser Kultur auf.

- **Zagano, Phyllis** – *Women: Icons of Christ (2020):* Untersucht die systemische Ausschließung von Frauen von Weiheämtern als Machtproblem und plädiert für Frauen in diakonalen Ämtern als Schritt, klerikale Machtmonopole aufzubrechen.

3. Reflexionen über Dogmatismus und kirchliche Lehren

- **Darwin, Charles** – *On the Origin of Species* (1859): Darwin begründete mit diesem Werk die Evolutionstheorie. Seine naturwissenschaftliche Sicht stellte das christlich-biblische Schöpfungsverständnis radikal infrage.
- **Dawkins, Richard** – *The God Delusion* (2006):n Dawkins ist Evolutionsbiologe und ein prominenter Vertreter des Neuen Atheismus. In *Der Gotteswahn* greift er religiösen Glauben als irrational und gesellschaftlich schädlich an.

- **Haight, Roger** – *Jesus Symbol of God (1999):* Versucht, christologische Dogmen in heutiger Sprache zu deuten. Wegen Abweichungen von klassischen Formeln wurde das Buch jedoch vom Vatikan kritisiert – ein aktuelles Beispiel für Spannungen zwischen innovativer Theologie und Dogmenhüter-Mentalität.

- **Harris, Sam** – *The End of Faith* (2004): Harris ist Neurowissenschaftler und Religionskritiker. Er argumentiert, dass Glaube ohne Beweise gefährlich ist und religiöse Dogmen moralischen Fortschritt behindern.

- **Küng, Hans** – *Unfehlbar? Eine Anfrage (1970):* Küngs kritische Hinterfragung des Dogmas der päpstlichen Unfehlbarkeit. Das Buch löste große Kontroversen aus – 1979 verlor Küng hierfür seine kirchliche Lehrerlaubnis – und steht exemplarisch für den Konflikt zwischen freier Theologie und Dogmatismus.

- **Lindbeck, George** – *The Nature of Doctrine (1984):* Begründet das Verständnis von Lehre nicht als unveränderliche Wahrheitssätze, sondern als kulturellsprachliches *Regelwerk*. Sein Ansatz half, Dogmatismus zu überwinden, indem Doktrinen als *„gleichzeitig wahr und reformbedürftig"* in einem kirchlichen Sprachspiel gesehen werden.

- **Massa, Mark S.** – *The Structure of Theological Revolutions* (2018): Analysiert am Beispiel der Enzyklika *Humanae Vitae* 1968 den Bruch zwischen kirchlicher Lehrentwicklung und moderner Welt. Zeigt, dass viele Theologen damals die starre Sexuallehre als *„rigide, ahistorisch und lebensfremd"* empfanden und einen Paradigmenwechsel erwarteten – die Nicht-Öffnung in *Humanae Vitae* wurde als reaktionärer Schritt gesehen. Massa nutzt Thomas Kuhns Paradigmenbegriff, um solche Phasen theologischen Umbruchs verständlich zu machen.

- **Metz, Johann Baptist** – *Glaube in Geschichte und Gesellschaft (1977):* Politische Theologie, die erstarrten Dogmatismus kritisiert. Metz betont, dass kirchliche Lehre immer neu aus der gefährlichen Erinnerung an Jesu Praxis der Solidarität mit den Leidenden zu formulieren sei, statt in zeitlosen Sätzen fern der Realität.

- **Ratzinger, Joseph** – *Einführung in das Christentum (1968):* Zwar kein Plädoyer gegen Dogmen, aber eine verständliche Darlegung des Credo *im Kontext moderner Fragestellungen*. Zeigt indirekt, wie auch ein später streng dogmatischer Papst zuvor die zeitbedingte Interpretation von Dogmen anerkennt – etwa durch Betonung des persönlichen Glaubensvollzugs hinter bzw. vor lehramtlichen Formeln.

- **Schüssler Fiorenza, Elisabeth** – *In Memory of Her (1983):* Feministisch-theologische Rekonstruktion der frühchristlichen Geschichte. Zeigt auf, wie dogmatische Geschichtsschreibung die entscheidenden Beiträge von Frauen in der Urkirche marginalisierte. Stellt damit das *„Androzentrische"* kirchlicher Lehrtraditionen in Frage und fordert eine inklusivere Erinnerung.

- **Voltaire** – *Dictionnaire philosophique* (1764): Voltaire war ein scharfer Kritiker religiöser Dogmen und kirchlicher Macht. In seinem *Philosophischen Wörterbuch* setzt er sich satirisch und aufklärerisch mit Religion, Toleranz und Vernunft auseinander.

- **Wills, Garry** – *Papal Sin: Structures of Deceit (2000):* Schonungslos-kritische Untersuchung, wie in der Neuzeit kirchliche Autoritäten durch *„Strukturen der Täuschung"* dogmatische Positionen (z. B. zum Frauenpriestertum oder zur Empfängnisverhütung) um jeden Preis verteidigen. Wills beschreibt eine Kirche, die aus Angst vor Autoritätsverlust historische Wahrheiten leugnet und Reformen blockiert.

4. Auslegungssachen: Bibel, Erziehung & Bildung im Dialog

- **Achilles, Oliver** – *Wer sein Kind liebt, der schlägt es?* (Blog, 2020): Biblisch-hermeneutische Neubewertung von *Spr 13,24*. Achilles zeigt, dass bereits antike Übersetzer die *„Rute“* als Erziehungsmetapher verstanden – „Liebe heißt erziehen, nicht prügeln“ –, und wendet sich gegen jedwede biblische Rechtfertigung von Gewalt in der Kindererziehung.

- **Bibel in gerechter Sprache (2006):** Deutsche Bibelübersetzung, die auf inklusiver Sprache fußt. Ein praktisches Zeugnis des Dialogs von Bibel und modernem Verständnis: Sie verwendet etwa weibliche Gottesmetaphern und will in *Erziehung und Lehre* ein Bewusstsein für Sprachbilder wecken.

- **Bunge, Marcia J. (Hrsg.)** – *The Child in the Bible (2008):* Sammelband von 19 Exeget:innen, der *biblische Perspektiven auf Kinder und Kindheit* untersucht. Die Beiträge beleuchten etwa Erziehung und Zucht in Sprüchen, das Bild vom Menschen als Gottes Kind u.a. – und laden dazu ein, die Rolle von Kindern in Religionsgemeinschaften neu zu bedenken

- **Descartes, René** – *Meditationes de prima philosophia* (1641): Descartes gilt als Vater des modernen Rationalismus. In den *Meditationen* entwickelt er seinen berühmten Grundsatz „Ich denke, also bin ich“ und begründet eine neue Methode des Zweifelns.
- **Diderot, Denis** – *Encyclopédie* (1751–72): Diderot war Mitbegründer der *Encyclopédie*, die das Wissen der Aufklärung sammelte. Sie war ein revolutionäres Projekt zur Befreiung des Denkens von kirchlicher und absolutistischer Kontrolle.
- **Feuerbach, Ludwig** – *Das Wesen des Christentums* (1841): Feuerbach war ein Religionskritiker, der argumentierte, dass Gott eine Projektion des menschlichen Wesens sei. Sein Werk war wegweisend für die spätere Religionskritik von Marx, Nietzsche und Freud.

- **Groome, Thomas H.** – *Christian Religious Education (1980):* Begründet die Methode der *Shared Christian Praxis*. Groome zeigt, wie Religionspädagogik als Dialog funktionieren kann: Christliche Geschichten (Bibel, Tradition) werden mit der Lebensgeschichte der Lernenden in kritischen Dialog gebracht, damit Glaube im Leben Gestalt annimmt. Diese dialogische Praxis verbindet Bibelauslegung und Bildung exemplarisch.

- **Hume, David** – *A Treatise of Human Nature* (1739–40): Hume analysiert menschliches Denken als psychologischen Prozess und bezweifelt die Existenz objektiver Kausalität. Er gilt als radikaler Skeptiker und Wegbereiter der Aufklärung.

- **Jeanrond, Werner G.** – *Die Bibel verstehen (1994):* Einführung in die biblische Hermeneutik, die auch didaktische Fragen streift. Zeigt auf, dass jede Bibelauslegung Kontexte (etwa Bildungssituationen) berücksichtigen muss und dass Verstehen immer Dialog zwischen Text und Leser ist – was direkt auf Bibelvermittlung in Schule und Gemeinde anwendbar ist.

- **Jensen, David H.** – *Graced Vulnerability: A Theology of Childhood (2005):* Theologische Reflexion über Kindheit im Dialog mit biblischer Theologie. Hilft, Erziehung als Mitwirken an Gottes Gnade zu verstehen und Kinder theologisch nicht als *„unfertige Erwachsene"*, sondern als eigenständige Subjekte anzusehen.

- **Klein, Stephanie** – *Gottesbilder von Mädchen (2000):* Empirische Untersuchung in der Religionspädagogik. Beleuchtet, wie Mädchen biblische Geschichten wahrnehmen und welche Gottesbilder daraus erwachsen. Liefert wertvolle Einblicke, um Bibelauslegung und Erziehungsziele geschlechtersensibel aufeinander abzustimmen.

- **Laplace, Pierre-Simon** – *Essai philosophique sur les probabilités* (1814): Laplace war ein Mathematiker und Aufklärer, der in diesem Werk das deterministische Weltbild mit der Wahrscheinlichkeitstheorie verband. Er sah in Gott keine notwendige Hypothese für Naturerklärung.
- **Locke, John** – *An Essay Concerning Human Understanding* (1690): Locke war ein zentraler Vertreter des Empirismus. In seinem *Essay* legt er dar, dass alle menschliche Erkenntnis aus der Erfahrung stammt – ein Gegenmodell zum rationalistischen Denken.
- **Saramago, José** – *Das Evangelium nach Jesus Christus* (1991): Saramago war ein portugiesischer Schriftsteller und Nobelpreisträger. In seinem Evangelium stellt er eine menschlich-zweifelnde Jesus-Figur ins Zentrum und kritisiert institutionalisierte Religion.

- **Schmidt, Tanja** – *Die Bibel als Medium religiöser Bildung (2008):* Religionspädagogische Studie, die klassische Bibeldidaktik weiterdenkt. Sie betont, dass die Bibel im *„posttraditionalen"* Kontext neu entdeckt werden muss. Schmidt zeigt, wie die Bibel als unverzichtbare Ressource für Identitätsbildung dient und plädiert dafür, Bibelunterricht im Schulcurriculum zentral zu verankern.

5. Frauen in der Kirche und Religion: Historische Entwicklungen und feministische Perspektiven

- **Boff, Leonardo & Boff, Clodovis** – *Frauen – Kirche – Amt (dt. 1982):* Die Befreiungstheologen Boff zeigen aus lateinamerikanischer Perspektive, dass die Unterdrückung der Frau in der Kirche mit der Option für die Armen unvereinbar ist. Sie argumentieren theologisch für die vollständige Gleichberechtigung der Frau in Gemeinde und Amt.

- **Cahill, Lisa Sowle** – *Women and Sexuality in Christian Tradition (1996):* Soziologisch-ethische Aufarbeitung der wechselvollen Geschichte kirchlicher

Lehren zu Frauen (von frühchristlichen Gemeinden über Mittelalter bis heute). Cahill zeigt Kontinuitäten und Brüche und entwickelt daraus eine zeitgemäße feministische Sexualethik innerhalb der Tradition.

- **Daly, Mary** – *The Church and the Second Sex (1968):* Frühfeministische Kritik an der katholischen Kirche. Daly, selbst Theologin, prangert an, dass die Kirche jahrhundertelang Frauen spirituell entmündigt hat. Das Buch inspirierte eine ganze Generation katholischer Frauen, Gleichberechtigung einzufordern, und bereitete den Weg für radikalere Werke Dalys (z. B. *Beyond God the Father*).

- **de Beauvoir, Simone** – *Le Deuxième Sexe (Das andere Geschlecht, 1949):* Beauvoir gilt als Mitbegründerin des modernen Feminismus. In *Das andere Geschlecht* analysiert sie, wie Religion und Philosophie Frauen in eine untergeordnete Rolle drängen.

- **Heine, Susanne** – *Women and Early Christianity: Are the Feminist Scholars Right? (1987):* Untersucht sachlich die Thesen feministischer Exegese. Heine bestätigt viele einzigartige Einsichten (z. B. neue Sicht auf neutestamentliche Frauenrollen), mahnt aber auch zu *irenischer* Versöhnung mit der Tradition. Ein wichtiges Werk im deutschsprachigen Raum, das die internationale Debatte rezipiert.

- **Küng, Hans** – *Die Frau im Christentum (2001):* Historischer Überblick von der Urkirche bis heute. Küng zeigt anschaulich, dass Frauen *im frühen Christentum* selbstverständlich Apostelgefährtinnen, Jüngerinnen und Prophetinnen waren. Erst im Mittelalter wurden Frauen aus Leitungsämtern verdrängt – dieser historische Befund bildet die Grundlage für heutige Reformforderungen.

- **Mulack, Christa** – *Maria, die geheime Göttin im Christentum* (1983): Kulturgeschichtliche Untersuchung über die verdrängten weiblichen Aspekte der christlichen Gottesvorstellung. Mulack interpretiert Maria als *„verborgenes göttliches Weibliches“* und kritisiert, wie die Kirche weibliche Spiritualität marginalisiert hat.

- **Radford Ruether, Rosemary** – *Sexism and God-Talk (1983):* Grundlagentext feministischer Theologie. Ruether analysiert die christliche Tradition auf patriarchale Verzerrungen (z. B. ausschließlich männliche Gottesbilder) und entwirft Leitlinien für eine erneuerte, nicht-sexistische Theologie. Besonders wichtig ist ihr historischer Teil über Frauengestalten wie *Macrina, Paula, Marcella*, die in der Alten Kirche spirituelle Führung übernahmen.

- **Ranke-Heinemann, Uta** – *Eunuchen für das Himmelreich: Frauen, Sexualität und die Katholische Kirche (1988):* Klassiker der Kirchenkritik. Mit beißender Ironie führt Ranke-Heinemann *„feministische Anklagen“* gegen Kirchenväter und Päpste von Augustinus bis Johannes Paul II. Sie dokumentiert, wie Frauen als Christen zweiter Klasse behandelt und ihre Sexualität verteufelt wurden.

Ein zentrales Thema ist die kirchliche Lustfeindlichkeit, die Ehe, Mutterschaft und Weiblichkeit verzerrt.

- **Schüssler Fiorenza, Elisabeth** – *In Memory of Her (1983):* Pionierwerk feministischer Bibelwissenschaft. Rekonstruiert die tatsächliche Rolle von Frauen in der frühen Kirche und deckt auf, wie die etablierte Theologie diese Beiträge vergessen hat. Ihr Ansatz – *„Erinnerung von Frauen sichtbar machen“* – wurde grundlegend für spätere feministische Theologien.

6. Queer Jesus: Vom Suchen, Finden und Interpretieren seiner sexuellen Identität

- **Althaus-Reid, Marcella** – *The Queer God (2003):* Die argentinische Theologin entwickelt keine historische These zu Jesu Sexualität, doch sie *„queert“* die gesamte Gotteslehre. Dabei stellt sie auch Fragen nach Jesus' Körperlichkeit und Sexualität. Ihre „indecent theology“ ermutigt, nach verborgenen, möglicherweise queeren Facetten Jesu zu suchen, statt ihn entsexualisiert darzustellen.

- **Bauer, J. Edgar** – *War Jesus verheiratet? (2003):* Populärwissenschaftliche Aufarbeitung der Spekulationen um Jesu Beziehungsleben (Maria Magdalena, Johannes). Obwohl Bauer keinen eindeutigen Schluss zieht, sammelt er historische Hypothesen, die die Heteronormativität der Jesusbilder hinterfragen.

- **Benny Liew, Tat-siong** – *Queer Biblical Hermeneutics on the Gospel of John (Artikel, 2009):* Liest das Johannesevangelium aus asiatisch-amerikanisch-queerer Sicht. Er interpretiert etwa die *Fußwaschung* und die innige *Brustsituation beim Abendmahl* als bewusste Queer-Codierungen im Text. Hilft, die Figur Jesu jenseits heteronormativer Klischees zu sehen.

- **Brinkschröder, Michael** – *Sodom als Symptom (2006):* Queer-theologische Analyse der traditionellen Ablehnung Homosexueller. Nicht direkt über Jesu Sexualität, aber Brinkschröder wendet queer-theoretische Kritik auf biblische Texte an (wie Gen 19) und plädiert dafür, „verdrängte queere Perspektiven“ auch auf Jesus anzuwenden, anstatt ihn ausschließlich heteronormativ zu betrachten.

- **Cheng, Patrick S.** – *Radical Love: An Introduction to Queer Theology (2011):* Einführung, die auch eine *„queere Christologie“* skizziert. Cheng deutet Christus als Inkarnation radikaler göttlicher Liebe, die alle sexuellen und Geschlechter-Grenzen sprengt. Im Kapitel „Queer Christ“ verbindet er theologisch Jesu Identität mit der Erfahrung queerer Menschen (Ablehnung, Coming-out, Befreiung).

- **Goss, Robert E.** – *Jesus Acted Up: A Gay and Lesbian Manifesto (1993):* Ein frühes queer-theologisches Manifest. Goss, selbst Theologe und ehemaliger

Priester, stellt Jesus als solidarischen *„Outcast“* dar, der gegen religiöse und sexuelle Ausgrenzung rebellierte. Er ruft LGBT-Christen dazu auf, Jesus' inclusive Botschaft radikal für sich zu reklamieren.

- **Jennings Jr., Theodore W.** – *The Man Jesus Loved: Homoerotic Narratives from the New Testament (2003):* Provokante These eines evangelischen Theologen: Jennings liest das Johannesevangelium *gay-affirmativ* und fragt nach der *„Geliebten Jünger“*-Beziehung. Er untersucht gründlich die Szenen mit dem „Jünger, den Jesus liebte“, um die Intimität dieser Beziehung offenzulegen – ohne platt zu behaupten „Jesus war schwul“, sondern um die biblischen Andeutungen ernst zu nehmen.

- **Werner, Gunda (Hrsg.)** – *Queer-Theologie (2021):* Sammelband mit einem Beitrag *„Queerer Jesus?“*, der darlegt, wie Jesus als identifikationsstiftende Figur für LGBTQIA+ gelesen werden kann. Hier fließen biblische Wissenschaft, Psychologie und persönliche Spiritualität zusammen.

7. Queere Community: Perspektiven in Kirche und Theologie durch LGBTQIA+

- **#OutInChurch** – *Für eine Kirche ohne Angst (2022, Hrsg. Brinkschröder et al.):* Sammlung von Erfahrungsberichten katholischer Mitarbeiter:innen, die sich 2022 als queer outeten. Authentisch schildern Priester, Lehrkräfte, Ordensleute ihre Geschichten: *„Darf ich als lesbische Religionslehrerin offen ich selbst sein? Nimmt mich die Kirche an, wie ich bin?“*. Begleitet von Fachbeiträgen (Psychologie, Moraltheologie) mündet das Buch in einen dringenden Appell für eine *„Kirche ohne Angst“*, in der alle ihre Identität ehrlich leben können.

- **Alison, James** – *Faith Beyond Resentment: Fragments Catholic and Gay (2001):* Theologische Essays eines schwulen katholischen Theologen. Alison reflektiert aus erster Hand den Glauben *zwischen Zugehörigkeit und Ausgrenzung*. Er zeigt Wege auf, wie LGBTQ-Christen ihren Glauben ohne Verzweiflung leben können, und liefert zugleich subtile Kritik an kirchlicher Homophobie.

- **Amaladoss, Michael** – *Inclusive Community: A Gospel Model (1990):* Aus indischer Perspektive entwickelt der Autor die Vision einer *„inklusiven Kirche“*. Nicht spezifisch LGBTQ, aber das Konzept einer Gemeinschaft, die alle Identitäten willkommen heißt, lässt sich auf queere Gläubige anwenden – ein wichtiger Beitrag zur theologischen Grundlegung von Diversität in der Kirche.

- **Boswell, John** – *Christianity, Social Tolerance, and Homosexuality (1980): „Bahnbrechende“* historische Studie über den Umgang der Kirche mit Homosexualität von der Antike bis zum Mittelalter. Boswell zeigt, dass es in der frühen Kirche Phasen relativer Akzeptanz gab – z. B. homosexuelle Kleriker und sogar Heilige. Seine akribische Forschung widerlegt die Annahme, die Verurteilung Homosexueller sei immer schon kirchlicher Standard gewesen.

- **Katholische Jugendkommission DBK** – *Segensfeiern für alle Liebenden? (Empfehlung 2022):* Impulstext der Jugendbischöfe, der sich für die kirchliche Anerkennung gleichgeschlechtlicher Paare einsetzt. Steht exemplarisch für den Wandel der Perspektiven innerhalb der Kirche zugunsten der LGBTQIA+-Community.

- **Luciani, Rafael** – *Pueblo de Dios, pueblo diverso* (2021): Spanischsprachige Theologie, die aufzeigt, wie die lateinamerikanische Kirche sich bemüht, der Vielfalt des Volkes Gottes gerecht zu werden. Enthält Stimmen von LGBT-Katholik:innen und plädiert für *pastorale Umkehr* zugunsten Ausgegrenzter.

- **Papst Franziskus** – *„Wer bin ich, ihn zu verurteilen?" (Ausspruch 2013):* Kein Buch, aber ein historisch wichtiger Moment: Franziskus' öffentlich geäußerte Haltung gegenüber einem schwulen Priester (*„Wer bin ich, ihn zu verurteilen, wenn er den Herrn sucht?"*) markierte einen Wendepunkt im Ton der Kirche zu LGBTQ-Personen. Sie wird oft als Beginn eines offeneren Dialogs zitiert.

- **Zagano, Phyllis / Macy, Gary / et al.** – *Women Deacons: Past, Present, Future (2011):* Dieses Werk fokussiert Frauen, hat aber Überschneidungen mit LGBTQ-Inklusion: Es argumentiert, dass der Ausschluss von Gruppen (wie Frauen vom Amt) der Inklusivität des Evangeliums widerspricht. Die Autoren fordern – gestützt auf historische Forschung – die Öffnung kirchlicher Strukturen für alle Getauften. Solche Reformen würden auch LGBTQ-Personen zugutekommen, da sie eine *Kultur des Willkommens* stärken.

8. Gottesbilder und Geschlechtervielfalt: Dekonstruktion traditioneller Vorstellungen

- ***Bibel in gerechter Sprache*** – *Anrede „Gott" (2006):* Diese Bibelübersetzung experimentiert mit geschlechtergerechter Gottesansprache (z. B. „Gott Vater und Mutter"). Sie spiegelt den Versuch wider, traditionelle einseitige Bilder zu dekonstruieren. Ein Beispiel aus Hos 11,9: *„Denn Gott bin ich und nicht ein Mann"* – betont Gottes Transzendenz über männliche Vorstellung hinaus.

- **Daly, Mary** – *Beyond God the Father (1973):* Radikalfeministisches Standardwerk. Daly entlarvt das Identifizieren Gottes als männlich als Grundproblem: *„If God is male, then male is God."* – „Wenn Gott männlich ist, ist das Männliche Gott". Sie fordert die „Entpatrifizierung" der Gottesvorstellung, um Frauen aus geistlicher Unterordnung zu befreien.

- **Dinkelaker, Veit** – *Der Gender-Gtt (Essay, 2019):* Fasst aktuelle Überlegungen zusammen: Vielfalt der Geschlechter spiegelt sich auch in Gottesbildern. „Geschlechtervielfalt und die Gender-Frage bestehen schon immer", auch in biblischen Gottesmetaphern. Dinkelaker argumentiert, dass ein zeitgemäßes

Gottesbild die Binarität übersteigen muss, um Gottes Größe gerecht zu werden.

- **Hofmann, Siegfried (Hrsg.)** – *Gott weiblich – Gottesbilder von Frauen (1994):* Aufsätze über weibliche Gottesbilder in Bibel, Geschichte und Gegenwart. Zeigt u.a. biblische *„Gott als Mutter"*-Motive (z. B. Jesaja) und dokumentiert, wie Frauen in der Spiritualitätsgeschichte immer wieder Gottes mütterliche Seite betont haben.

- **Johnson, Elizabeth A.** – *She Who Is: The Mystery of God in Feminist Theological Discourse (1992):* Meilenstein feministischer Theologie. Johnson plädiert dafür, weibliche Gottesmetaphern gleichberechtigt zu verwenden. Gott habe *kein konkretes Geschlecht*, sondern alle unsere Bilder (väterlich wie mütterlich) seien unzureichend – werden aber erst in Kombination dem unendlichen Geheimnis gerecht. Sie zeigt, dass rein männliche Gottesrede *falsche Grenzen* um den transzendenten Gott zieht.

- **Kath. Jugendverband KjG** – *Vorschlag „Gott" (2021):* Der Jugendverband diskutierte, Gott künftig mit Genderstern „Gott*" zu schreiben. Diese *Sensibilisierung* entstand, weil *„immer mehr Gläubige vom Bild eines männlich-patriarchalen, weißen Gottes befremdet sind"*. Die Initiative zeigt praktisch, wie junge Gläubige traditionelle Gottesvorstellungen hinterfragen und inklusiver formulieren möchten.

- **Moltmann, Jürgen** – *Der gekreuzigte Gott (1972):* Hinterfragt triumphalistische Gottesbilder. Zwar kein Genderbuch, aber Moltmann betont Gottes Solidarität im Leiden. Indirekt dekonstruiert er das allzu männlich-monarchische Gottesbild und öffnet für ein mitfühlendes, *„weiblich"* konnotiertes Bild des mitschmerzenden Gottes.

- **Seitl, Gertrud** – *Gottes Bilder – unsere Bilder (1995):* Religionspädagogische Studie, wie Kinder verschiedene Gottesbilder (väterlich, mütterlich, schöpferisch) aufnehmen. Zeigt auf, dass vielfältige Gottesbilder schon früh vermittelt werden können, um einengende Vorstellungen (z. B. „alter Mann mit Bart") zu vermeiden – solche Klagen hört man selbst von Bischöfen: Gott sei „kein alter Mann mit langem weißen Bart".

9. Wege zu einer inklusiven Kirche: Reformen für eine heutige christliche Ethik

- **Beschlüsse des Synodalen Weges** *(Deutschland, 2022):* Z. B. der Orientierungstext zur kirchlichen Lehrentwicklung betont: *„Reformen sind integraler Bestandteil der Tradition: Der Gottesdienst wandelt sich; die Lehre entwickelt sich"*. Tradition darf nicht zum *„Korsett"* werden – sie ist lebendig und muss sich **„im Wandel der Zeiten"** weiterentfalten. Dieser Grundsatz unterstützt alle Reformen hin zu Inklusivität (z. B. neue Ethik in Sexualmoral, Beteiligung aller Getauften).

- **de Chardin, Pierre Teilhard** – *Die Zukunft der Kirche (Schriften, 1950er):* Vorausschauende Gedanken eines Jesuiten, der eine dynamische, *inklusiv-evolutionäre* Ekklesiologie entwirft. Teilhard prognostizierte, dass die Kirche nur zukunftsfähig bleibt, wenn sie sich an die wachsende Einheit der Menschheit anpasst (Stichwort *„Punkt Omega“*) – eine indirekte Vision von Inklusion als Teil des göttlichen Plans.

- **Laien-Initiative *Wir sind Kirche*** (seit 1995): Bürgerbewegung, die Reformen fordert (Zölibat optional, Frauenämter, Sexualmoral neu). Ihre veröffentlichten Forderungskataloge und Studien belegen, dass Inklusivität in der Kirche ein Anliegen breiter Gläubigenschichten ist – und sie haben theologisch fundierte Begründungen erarbeitet, wie eine *„Kirche der Beteiligung“* aussehen kann.

- **Mann, Gerald** – *Evolution des Dogmas (2020):* Zeigt anhand der Kirchengeschichte (etwa Entwicklung der Soziallehre, der Religionsfreiheit), dass die Kirche immer gelernt hat, Ethik und Lehre zu erneuern. Daraus leitet Mann ab, dass aktuelle Reformen – von der *Einbeziehung aller Geschlechter* bis zur Neubewertung moderner Lebensweisen – legitime Fortsetzungen dieser Tradition sind.

- **Mertes, Klaus** – *Verwundete Kirche (2019):* Der Jesuit Mertes (bekannt als Missbrauchsaufklärer) plädiert für *Demut und Reformbereitschaft* der Kirche. Er sieht die Aufarbeitung von Machtmissbrauch und Ungerechtigkeit als geistlichen Weg zur Inklusion: Nur eine Kirche, die ihre Wunden anerkennt, kann **heute glaubwürdig inklusiv** sein.

- **Papst Franziskus** – *Amoris Laetitia (2016):* Öffnet in Fragen der Familienethik Wege zu mehr Barmherzigkeit und Einzelfallgerechtigkeit (z. B. Umgang mit wiederverheirateten Geschiedenen). Dieses Dokument steht exemplarisch für einen ethischen Neuansatz, der Inklusivität über rigide Regeln stellt, und die Lehre weiterentwickelt.

- **Papst Franziskus** – *Apostolisches Schreiben Evangelii Gaudium (2013):* Programmatische Vision einer missionarisch offenen Kirche. Franziskus fordert ein Ende der *„Abschottung“* und ruft zu pastoraler Kreativität auf. Besonders in *EG* 47–49 zeigt er Wege, wie eine *„Kirche im Aufbruch“* niemanden an den Rändern zurücklassen soll.

- **Zagano, Phyllis u.a.** – *Women Deacons: Past, Present, Future (2011):* Untersucht die Geschichte der Diakoninnen und argumentiert für ihre Wiederzulassung heute. Das Buch dokumentiert gründlich, dass es in der Vergangenheit weibliche Diakone gab und dass die Kirche *heute* solche Dienste braucht – *„in einer sich wandelnden Welt“*. Die Öffnung von Ämtern für Frauen wäre ein wichtiger Schritt zu einer inklusiveren Kirche.

10. Selbstbestimmung & Befreiungstheologie: Gesellschaftliche und spirituelle Perspektiven

- **Boff, Leonardo** – *Kirche: Charisma und Macht (1981):* Boff übt fundamentale Kritik an klerikaler Macht, die oft der Botschaft von Freiheit entgegensteht. Er entwickelt Visionen einer *basisorientierten Kirche*, in der die Charismen aller wirken – ein Konzept, das Selbstbestimmung der Gemeinden fördert und den „Option für die Armen"-Gedanken strukturell verankern will. Boff verbindet so innere Kirchenreform mit gesellschaftlicher Befreiung.

- **Cone, James H.** – *God of the Oppressed (1975):* Begründer der schwarzen Theologie in den USA. Cone betont, dass Gott aufseiten der Unterdrückten steht (in seinem Kontext der Afroamerikaner). Seine Theologie verbindet biblischen Exodus und die Bürgerrechtsbewegung und ruft die Kirche auf, aktiv gegen Rassismus und soziale Sünden zu kämpfen. Ein Beispiel, wie Befreiungstheologie je nach Gesellschaftskontext unterschiedliche Gesichter hat (hier Rassismus).

- **de Montaigne, Michel** – *Essais* (1580): Montaigne war ein französischer Humanist, der in seinen *Essais* erstmals das persönliche Selbst zum philosophischen Gegenstand machte. Seine Skepsis gegenüber absoluten Wahrheiten prägt bis heute die moderne Subjektivität.
- **de Spinoza, Baruch** – *Ethica* (1677): Spinoza entwickelte ein pantheistisches Gottesbild und verstand Gott und Natur als identisch. Die *Ethik* ist ein systematisches Werk, das Logik und Metaphysik miteinander verbindet.

- **Freire, Paulo** – *Pedagogy of the Oppressed (1970):* Schlüsselwerk zur Bildung als Weg zur Selbstbestimmung. Freire erklärt: *„Erziehung dient entweder der Integration der Jüngeren in die Logik des Systems – oder sie wird zur Praxis der Freiheit"*. Seine Methode der Bewusstwerdung (*conscientização*) hat Befreiungstheologen inspiriert, Glaube mit politischer Bildung zu verknüpfen, damit Unterdrückte selbstbestimmt für Gerechtigkeit eintreten.

- **Gutiérrez, Gustavo** – *A Theology of Liberation (1971):* Gründungstext der Befreiungstheologie. Gutiérrez verbindet Heil und Befreiung und fordert *revolutionäre Veränderungen statt Reformkosmetik: „Wir sprechen folglich von sozialer Revolution, nicht von Reform; von Befreiung, nicht von Entwicklung"*. Theologie müsse zur *„kritischen Reflexion"* werden, die den Status quo nicht religiös rechtfertigt, sondern die Gesellschaft vom Absolutsetzen zeitlicher Ordnungen befreit. Armut ist für ihn ein *„skandalöser Zustand gegen den Willen Gottes"*.

- **Kairos-Dokument (Südafrika, 1985):** Ein *„Moment der Wahrheit"* für die Kirchen im Kampf gegen die Apartheid. Südafrikanische Theologen riefen darin die Kirchen auf, sich aktiv auf die Seite der Unterdrückten zu stellen – notfalls sogar *zivilem Ungehorsam* zu leisten gegen das Unrechtsregime. Dieses Dokument ist ein praktisches Beispiel von Befreiungstheologie: Glaube verpflichtet hier direkt zum Kampf gegen soziale Ungleichheit (Rassentrennung).

- **McKenna, Megan** – *Luke 4:18 – A Spirituality of Liberation (1989):* Bibelgeistliche Betrachtung von Jesu programmatischer Rede „Der Geist des Herrn... er hat mich gesandt, den Gefangenen Befreiung zu verkünden". McKenna zeigt, wie dieser Vers als spirituelles Zentrum für christliches Engagement in der Welt dienen kann: echte Frömmigkeit zielt immer auf Gerechtigkeit und Befreiung ab, nie nur aufs Innere.

- **Sobrino, Jon** – *Jesus der Befreier (1991; dt. 1998):* Christologie aus salvadorianischer Perspektive. Sobrino zeichnet Jesus als den, der *ganzheitlich befreit* – von Sünde und von ungerechten Strukturen. Seine Betonung, dass Nachfolge Jesu heute Einsatz für die Armen bedeutet, verbindet Spiritualität und Sozialperspektive untrennbar.

- **Sölle, Dorothee** – *Leiden (1973) & Stellvertretung (1965):* Die deutsche Befreiungstheologin Sölle fordert individuelle und kollektive *„Selbst-Befreiung"*. In *Stellvertretung* entwickelt sie die Idee, dass Christen Leid und Unrecht nicht passiv hinnehmen dürfen, sondern für andere einstehen müssen (politisches Zeugnis). Ihre Werke verbinden Mystik und Widerstand – Selbstbestimmung bedeutet für Sölle auch, sich von falschen Autoritäten (auch kirchlichen) zu emanzipieren.

11. Glaube zwischen sozialer Gerechtigkeit und sozialer Ungleichheit

- **„Kairos für die Schöpfung"** – *Ökumenische Erklärung (2020):* Verbindet soziale Gerechtigkeit mit Umweltgerechtigkeit. Die Aussage *„Klimawandel trifft die Ärmsten am stärksten"* unterstreicht, dass Einsatz für Gottes Schöpfung auch Einsatz für die Weltarmen ist. Dieser breite ökumenische Konsens zeigt ein erweitertes Verständnis von Gerechtigkeit, bei dem Glaube zur Bewahrung der ganzen Schöpfung motiviert.

- **„Preferential Option for the Poor"** – *Beschluss der Bischofskonferenz von Medellín (1968):* Lateinamerikanische Bischöfe erklärten, die Kirche müsse den Armen den Vorrang geben. Dieses Prinzip – „Option für die Armen" – ist seither Kern der kirchlichen Soziallehre und verbindet Glaube untrennbar mit Einsatz für Gerechtigkeit. Es bedeutet, dass kirchliches Handeln an seinem Beitrag zur Verringerung von Ungleichheit gemessen werden muss.

- **Compendium der Soziallehre der Kirche (2004):** Überblickswerk des Vatikan, das biblisch-theologisch die Prinzipien der sozialen Gerechtigkeit darlegt – Menschenwürde, Gemeinwohl, Solidarität, Subsidiarität. Es zeigt, wie Glaube und Gerechtigkeit zusammenhängen: *„Liebe ohne Gerechtigkeit ist Sentimentalität, Gerechtigkeit ohne Liebe ist Legalismus."* Die zahlreichen

Zitate (Konzilstexte, Enzykliken) illustrieren den gewachsenen kirchlichen Konsens gegen soziale Ungleichheit.

- **Franziskus, Papst** – *Evangelii Gaudium §53 (2013):* Deutliche Anklage globaler Ungerechtigkeit: *„So eine Wirtschaft tötet."* Franziskus fragt: *„Wie kann es sein, dass der Tod eines obdachlosen Alten keine Nachricht wert ist, aber ein Börsenrückgang schon?"*. Er brandmarkt die Gleichgültigkeit gegenüber Armen als *„Globalisierung der Gleichgültigkeit"* und fordert, Wirtschaft und Gesellschaft am Menschen auszurichten statt am Profit.

- **Hitchens, Christopher** – *God Is Not Great* (2007): Hitchens war ein streitbarer Journalist und Intellektueller. In seinem Buch kritisiert er Religion als Quelle von Gewalt, Unterdrückung und intellektuellem Stillstand.

- **Johannes Paul II.** – *Enzyklika Centesimus Annus (1991):* Zum 100. Jahrestag von *Rerum Novarum* bekräftigt der Papst die Verpflichtung der Kirche zur sozialen Gerechtigkeit. Er lobt freie Wirtschaft, mahnt aber: *„Eine Gesellschaft, in der die Marktgesetze absolut herrschen, läuft Gefahr, die Schwachen zu opfern."* Dieses Lehrschreiben vermittelt katholische Soziallehre zwischen Kapitalismus und Sozialismus und aktualisiert den Auftrag zur Solidarität.

- **Kant, Immanuel** – *Kritik der reinen Vernunft* (1781): Kant versuchte, Rationalismus und Empirismus zu versöhnen. Seine Kritik ist eine Grundlegung der modernen Erkenntnistheorie und beeinflusste Theologie und Ethik nachhaltig.

- **King Jr., Martin Luther** – *Letter from Birmingham Jail (1963):* Der Baptistenpastor argumentiert biblisch und moralisch gegen rassistische Ungleichheit: *„Ungerechtigkeit an irgendeinem Ort bedroht die Gerechtigkeit an jedem Ort."* Dieses Schreiben – gerichtet auch an gemäßigte Kirchenführer – appelliert an das christliche Gewissen, nicht neutral zu bleiben. Es illustriert den Spannungsbogen zwischen persönlichem Glauben und gesellschaftlicher Verantwortung.

- **Onfray, Michel** – *Traité d'athéologie* (2005): Onfray ist ein französischer Philosoph, der sich für eine säkulare Ethik ohne Gott starkmacht. In seinem *Traktat über Atheologie* polemisiert er gegen die drei monotheistischen Religionen.

- **Romero, Oscar A.** – *Die Stimme der Stimmlosen (Predigtsammlung, 1977–80):* Der salvadorianische Erzbischof prangerte in seinen Predigten immer wieder die soziale Ungleichheit an: *„Die Kirche wird zur Stimme derer, die keine Stimme haben."* Seine Wortmeldungen zeigen gelebten Glauben inmitten von Unrecht – und wie prophetisches Eintreten für Arme letztlich zum Martyrium führen kann. Romero personifiziert den Glauben an einen Gott der Gerechtigkeit.

- **Rousseau, Jean-Jacques** – *Du contrat social* (1762): Rousseau entwirft eine politische Philosophie, die auf Volkssouveränität basiert. Der *Gesellschaftsvertrag* war zentral für moderne Demokratievorstellungen.
- **Zentralkomitee der deutschen Katholiken (ZdK)** – *Sozialwort (2003):* Gemeinsames Wort von katholischer und evangelischer Seite zur wirtschaftlichen und sozialen Lage. Es ruft zu nachhaltiger Bekämpfung der Arbeitslosigkeit und Armut in Deutschland auf. Ein Beispiel, wie Kirchen konkret politische Entwicklungen begleiten und anmahnen, dass die Würde jedes Menschen im Wirtschaftsleben respektiert wird.

12. Interreligiöse Perspektiven durch Dialoge und Vergleiche

- **Deklaration *Nostra Aetate* (Vatikan II, 1965):** Grundlagentext des interreligiösen Dialogs. Schlüsselsatz: *„Die katholische Kirche verwirft nichts, was in diesen Religionen wahr und heilig ist."* Sie betrachtet mit aufrichtiger Achtung die Handlungs- und Lebensweisen der anderen Glaubensrichtungen, die *„oft einen Strahl jener Wahrheit erkennen lassen"*, die alle Menschen erleuchtet. Dieses neue Selbstverständnis öffnete die Tür zu respektvollem Dialog nach Jahrhunderten des Gegensatzes.
- **Eck, Diana L.** – *Encountering God: A Spiritual Journey from Bozeman to Banaras (1993):* Die Religionswissenschaftlerin schildert ihre persönliche spirituelle Bereicherung durch die Begegnung mit dem Hinduismus in Indien. Sie illustriert *„doppeltes Zugehörigkeitsgefühl"* – wie man als Christin durch den Dialog mit Hindu-Traditionen den eigenen Glauben neu entdeckt. Solche Erfahrungsberichte zeigen die Frucht interreligiöser Vergleiche auf individueller Ebene.
- **Franziskus & Großimam al-Tayyeb** – *Dokument über die Brüderlichkeit aller Menschen* (Abu Dhabi, 2019): Gemeinsame Erklärung von Papst und Kairoer Großimam, die Brüderlichkeit, Frieden und Freiheit als Gotteswillen für alle Menschen betont. Sie verurteilt Extremismus im Namen der Religion. Dieses Dokument ist historisch, weil es zeigt, wie direkte Dialoge höchster Vertreter verschiedener Religionen zu gemeinsamen moralischen Appellen führen – ein greifbarer Fortschritt im interreligiösen Verständnis.
- **Küng, Hans** – *Projekt Weltethos (1990) & Parlament der Weltreligionen (Chicago 1993):* Küngs Leitsatz *„Kein Friede unter den Nationen ohne Friede unter den Religionen. Kein Friede unter den Religionen ohne Dialog der Religionen."* wurde programmatisch. Die *Erklärung zum Weltethos* (1993) formulierte gemeinsame ethische Grundsätze aller Religionen (Goldene Regel, Gerechtigkeit, Wahrhaftigkeit, Gewaltverzicht). Dies zeigt, wie Vergleiche der Traditionen zu einem Konsens über Grundwerte führen können, ohne Unterschiede zu einen, aber um Zusammenarbeit zu ermöglichen.

- **Kuschel, Karl-Josef** – *Jesus im Dialog der Religionen (1994):* Untersucht, wie andere Religionen (Islam, Hinduismus, Buddhismus) Jesus sehen, und wie Christen wiederum mit Buddha, Mohammed & Co umgehen können. Kuschel plädiert für einen **„komparativen Theologiedialog“**: Lernen von den jeweils anderen Gotteserfahrungen, um den eigenen Glauben zu vertiefen, anstatt ihn zu relativieren.

- **Maimonides / von Aquin, Thomas** – *Vergleich der Gotteslehren (12./13. Jh.):* Schon im Mittelalter traten jüdische und christliche Gelehrte in indirekten Dialog durch Texte. Maimonides' *Führer der Unschlüssigen* und Aquins *Summa contra Gentiles* vergleichen philosophisch Gottesbegriffe. Daraus erwuchs etwa die *negative Theologie*, die Juden, Christen und später Muslime beeinflusste – ein Beispiel, wie Vergleiche zu tieferem gegenseitigem Verständnis beitragen.

- **Scriptural Reasoning (seit ca. 2002):** Eine neuere Dialogmethode, bei der Juden, Christen, Muslime gemeinsam ihre Heiligen Schriften lesen und diskutieren. Sie entstand an der Universität Cambridge und verbreitete sich weltweit. Dieses gemeinsame *Schriftvergleichen* hat gezeigt, dass im Dialog selbst bei unterschiedlicher Theologie ein gemeinsames Lernen vor Gott möglich ist – oft werden parallele Erzählungen (z. B. Abraham) verglichen, was überraschende Einsichten in alle drei Traditionen erlaubt.

- **Swidler, Leonard** – *The Dialogue Decalogue (1983):* Zehn Prinzipien für interreligiösen Dialog, u.a.: *„Dialog erfordert wechselseitiges Lernen“* und *„Bleibe in deiner Identität verwurzelt, während du dich öffnest.“* Swidlers Regeln sind in der Religionswissenschaft weithin rezipiert und dienen als praktischer Leitfaden, damit Begegnungen auf Augenhöhe gelingen.